Treasures for Scholars Worldwide

黃仕忠 李芳 關瑾華 著

中國俗文學研究目錄叢刊第二種

# 新編子弟書總目

Xinbian Zidishu Zongmu

廣西師範大學出版社
GUANGXI NORMAL UNIVERSITY PRESS
·桂林·

本書出版得到國家古籍整理出版專項經費資助
本書爲國家社科基金藝術學項目"子弟書研究"相關成果

圖書在版編目（CIP）數據

新編子弟書總目／黃仕忠，李芳，關瑾華著．—桂林：廣西師範大學出版社，2012.12
ISBN 978-7-5495-2569-0

Ⅰ．新… Ⅱ．①黃…②李…③關… Ⅲ．子弟書－圖書目錄 Ⅳ．Z88：J

中國版本圖書館 CIP 數據核字（2012）第 209302 號

廣西師範大學出版社出版發行
（廣西桂林市中華路 22 號　郵政編碼：541001
　網址：http://www.bbtpress.com　）
出版人：何林夏
全國新華書店經銷
廣西民族印刷包裝集團有限公司印刷
（廣西南寧市高新區高新三路 1 號　郵政編碼：530007）
開本：787 mm ×1 092 mm　1/16
印張：38.25　　字數：720 千字
2012 年 12 月第 1 版　　2012 年 12 月第 1 次印刷
定價：328.00 元
如發現印裝質量問題，影響閱讀，請與印刷廠聯繫調換。

# 前 言

子弟書是由北京八旗人士創製的一種文藝樣式，興起於雍正、乾隆間，在嘉慶、道光之後廣爲流行，並傳播到東北地區，稱作"清音子弟書"，至天津地區，則名"衛子弟書"，最後隨清代的覆亡而消歇。

當子弟書消亡之初，即有有心人致力於收集、編目，甚至有編選整理出版之舉，惜因戰爭及時代的更迭而未果，其收藏亦聚而復散。另一方面，在1920年代之後，隨著俗文學研究的興起，子弟書開始進入學者的視野，得到關注與收集。故子弟書的文本，多屬個人專藏。這些劫後幸存的文本，今日大多歸於各公私圖書館，但由於收藏分散，一般學者尋訪利用爲艱。

傅惜華先生在1954年刊出《子弟書總目》，第一次爲此種體裁作品編製了完整的目錄，並一一注明所藏之處，可知當時的收藏情況。但時隔半個多世紀之後，傅目所著錄的情況已經發生了很大的變化，既有新的篇章被發現，也有舊存文本轉輾散失。同時，由於傅先生當時未能一一目驗原書，故未述及故事内容及本事來源，且偶亦存在訛以傳訛的情況；一些同書異名或異書同名的現象，間或未能得到很好的梳理，因而有必要重新編製一份目錄，以反映現存子弟書的面貌。

本書在全面訪查今知藏處的子弟書版本的基礎上，考察以往的著錄，以目驗爲據，諸別本、異本均作過比較梳理，然後加以著錄，以圖全面反映子弟書的著錄、收藏、出版等情況。兹對所據文獻與子弟書文本的存藏情況，作一説明。

## 一 子弟書的著錄

子弟書在清代主要以鈔本形式流傳。一些以抄寫通俗唱本爲業的書坊，大多編有可提供選鈔的子弟書文本的目錄，以供讀者選訂，然後代爲抄錄。這些目錄已成今日考鏡子弟書著錄源流的重要資料。及至民國初年，隨著子弟書演出與創作的消歇而有學者關注，並編有目錄。至傅惜華《子弟書總目》，始集其成。此後學者僅是在傅目基礎上作補充訂正。兹依編錄時間爲序，對本書所據以引證的目錄文獻，作一介紹。

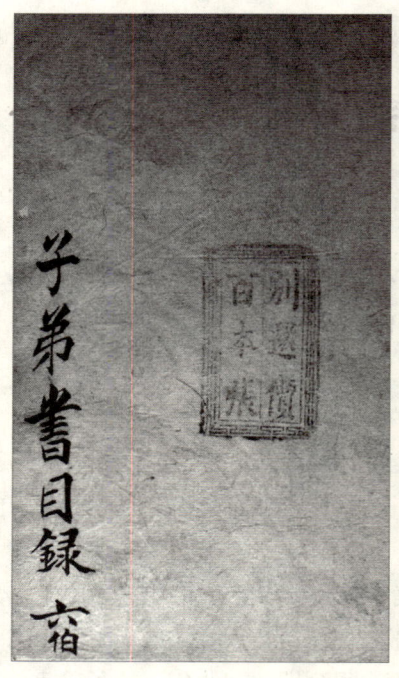
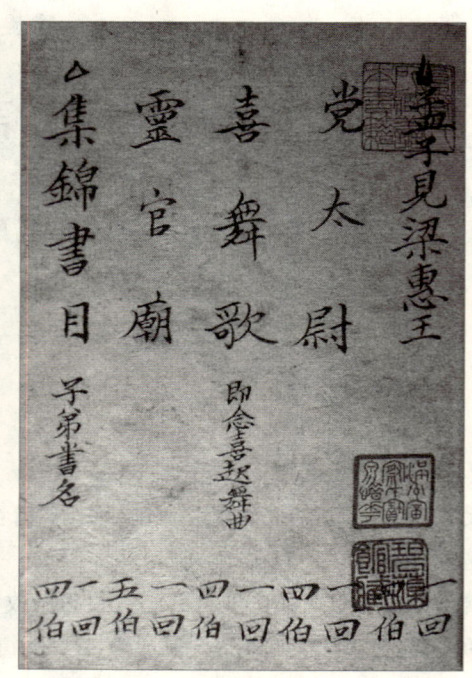

[圖1]傅惜華舊藏百本張《子弟書目錄》

## 一、百本堂編鈔《子弟書目錄》

百本堂爲清代中後期最著名的抄錄俗曲唱本的書坊，主人姓張，其鈔本多鈐有"百本張/別還價"印。百本堂始自乾隆年間，衰歇於庚子事變之後，以抄售子弟書等俗曲曲本爲業，在北京隆福寺、護國寺等處長期設攤售賣。其所鈔曲本也被内廷及王府所訂購。今故宫博物院藏子弟書及蒙古車王府舊藏本子弟書，有不少出於該書坊之手，故百本張鈔本子弟書也是清代最爲流行的子弟書鈔本。百本堂所編《子弟書目錄》，著錄了所售賣的子弟書290餘種，另附石派書於後。此種目錄的鈔本存世尚多，筆者所引者，以傅惜華舊藏本［圖1］爲底本，校以吴曉鈴舊藏甲本（首圖·己459）、吴曉鈴舊藏乙本（首圖·己473）、傅斯年圖書館藏本、長澤規矩也舊藏本［圖2］及緑棠吟館舊藏《子弟書詞曲全目》，此亦爲百本張鈔，書衣新裝，

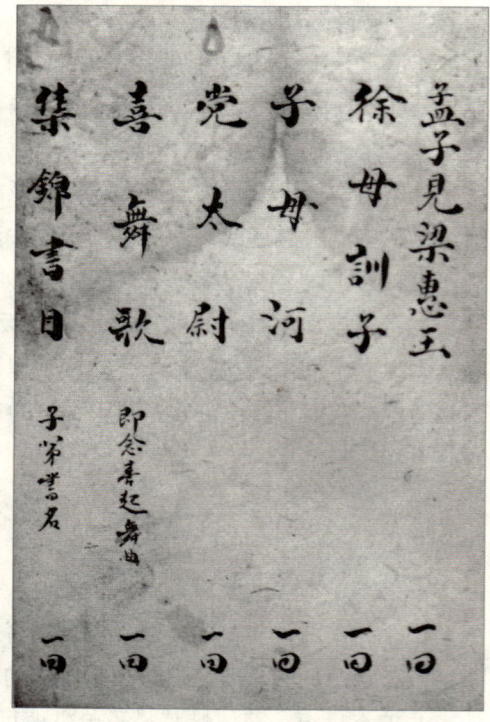

[圖2]雙紅堂舊藏百本張鈔本《子弟書目錄》

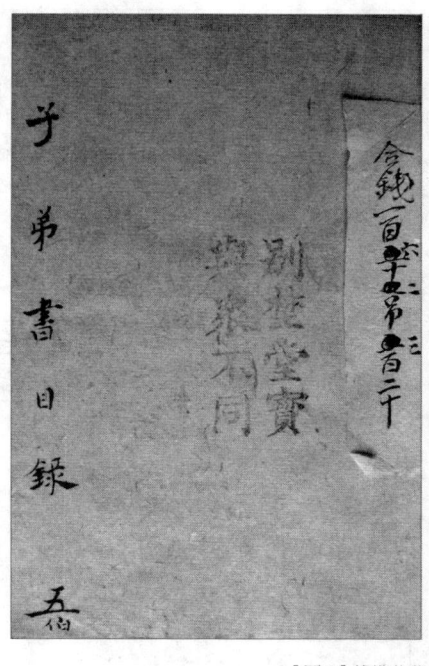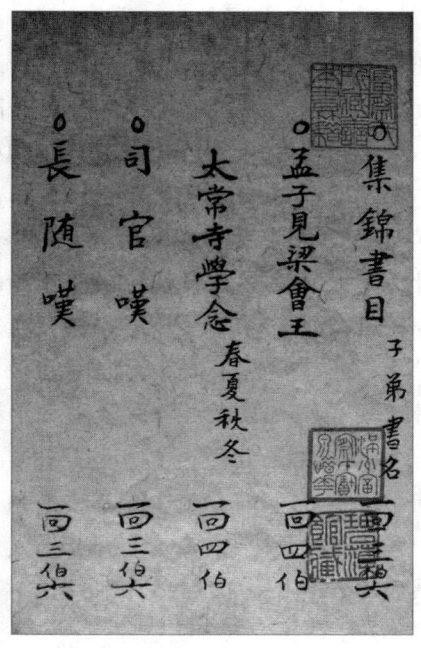

［圖3］傅惜華舊藏別埜堂《子弟書目録》

題"子弟書詞曲全目 百本張底本／緑棠吟舘珍藏"。

**二、別埜堂編鈔《子弟書目録》**

別埜堂亦爲清代抄録俗曲唱本的書坊。其曲本文字與百本張本有細微出入，相對晚出。其目録僅見中國藝術研究院有藏，書衣有墨記："別埜堂寶，與衆不同。"注明價錢作"五佰（文）"，今據此本引録。［圖3］

**三、樂善堂編鈔《子弟大鼓書目録》**

據傅斯年圖書館藏清鈔本校録。同樂堂亦爲清代抄録俗曲唱本的書坊，此目的編成時間，或較今存的百本張、別埜堂《子弟書目録》要早。

清代鈔録子弟書的書坊，尚有億本剛、聚卷堂、匯劇堂等，亦當編有目録，惜今已不存。

**四、鶴侶撰《集錦書目子弟書》**

鶴侶本名愛新覺羅・奕賡（1792？—1862之後），即生於乾隆間，卒於同治以後。爲清宗室，亦是子弟書的重要作家。撰有子弟書近20種。《集錦書目》，又作《集書目》，嵌有150餘種子弟書篇名，是咸豐之前流傳的子弟書的一份重要清單。本書據清車王府舊藏本引録。［圖4］

**五、民初無名氏編《子弟書目録》**

今存稿本，藏天津圖書館。收録子弟書328種，釐爲四十八卷，係輯者據自藏本所撰的目録。此目按題材內容分爲68類，大略依年代先後編排。所録每一篇目，先列篇名，後舉回數及所在卷數。如首爲"喜慶子弟書目録"，録有《喜起舞》、《天官賜福》、《八仙慶壽》等慶賀吉祥子弟書五種；次爲"四書子弟書"，錄有《孟子見梁惠王》、《齊人有一妻一妾》等三種。其編纂時間約在民國初年。其中頗有爲以往書坊目錄所未見的篇目。本書引錄時，簡稱"民初輯本《子弟書目錄》"。[圖5]

此稿本及所集子弟書，在1917年時已歸天津的蕭文澄，但所得子弟書文本已有散失，蕭氏復據存本新編一種《子弟書目錄》，其稿本今亦存天津圖書館。書衣題"子弟書目錄 共計二百另九目"，抄錄時間亦當在1917年前後。因與前一種重合，故本書不另作引錄。蕭氏所得文本，後亦散出，其殘存之最大部分，由馬彥祥獲得。而馬氏藏書今亦已不知下落，令人抑腕歎息。

**六、蕭文澄撰《子弟書約選日記》**

稿本今存天津圖書館。此本書衣題名後署"蕭文澄"。內文以時間爲序，記錄了自六月二十八日至十月廿二日間，摘選、評介子弟書的情況。每日編選之篇目數目不等，共選評子弟書128種。所載子弟書篇目均標有卷數（有時題冊數）及編者之評語，部分篇目標有回數；每篇之前，又以朱筆標有一"鈔"字或一"△"符號。此書雖題曰"約選日記"，但在著錄子弟書篇目的同時，附有評語，亦可視爲子弟書目錄之一種，故予引錄。此稿本當作於1917年夏，其"約選"的目的，是擬在天津的報刊上登載。蕭氏同時還令抄錄副本，用來教導盲生。這種副本，現在尚有一部分保存在天津圖書館，鈐有"盲生詞曲傳習所"印章。此日記實據前文所述蕭氏自編的含有209目的《子弟書目錄》選錄。[圖6]

**七、雲深處主人選輯《晴雪梅花錄》**

雲深處主人，清末民初瀋陽人，業醫。所編《晴雪梅花錄》上中下三卷，存稿本，無目錄，卷中已有殘闕，僅存二篇，原本所選，當在30篇左右。卷首有民國十年（1921）遼陽董璞珩（玉璿）序，謂雲深處主人自撰有《庸醫嘆》，"並將古今小說有關世道人心者，悉搜盡採，共成一册，總名《晴雪梅花錄》。"此書今藏中國藝術研究院圖書館，書衣另題"抄本鼓詞"，藏者亦以此名入目錄。今考其所錄者，基本上屬於子弟書，故本書亦加採擇。[圖7]

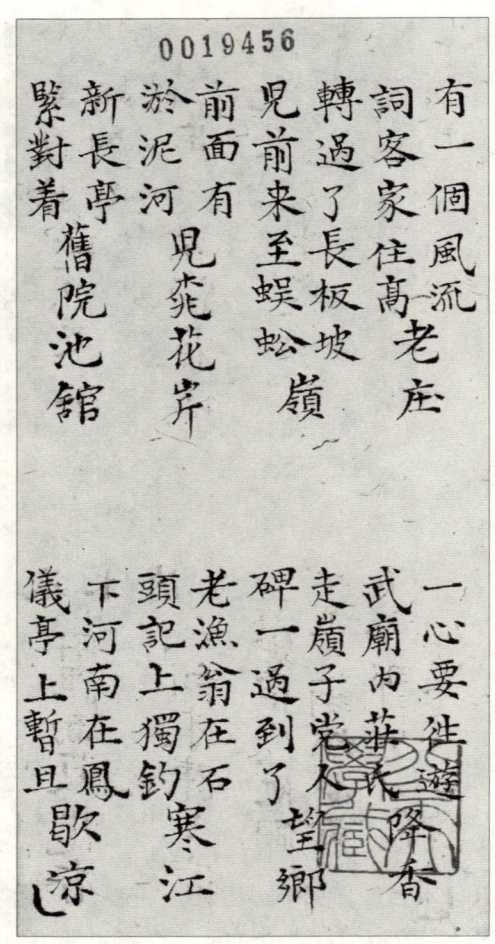

[圖4] 車王府舊藏本《集錦書目》

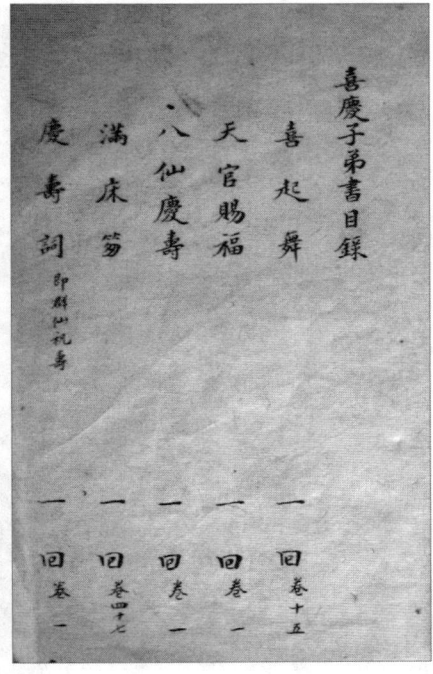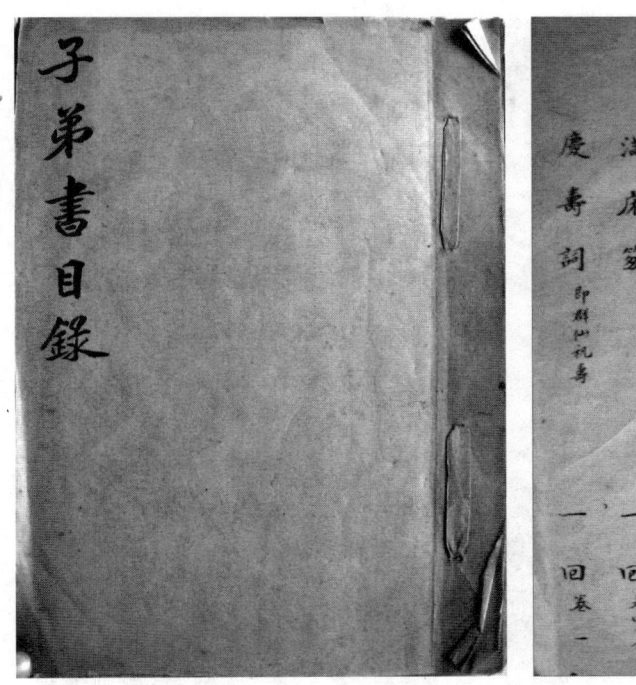

[圖5] 民初輯本《子弟書目錄》

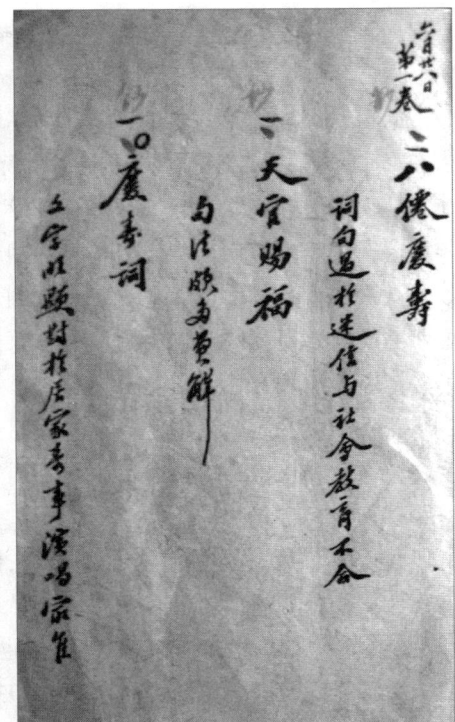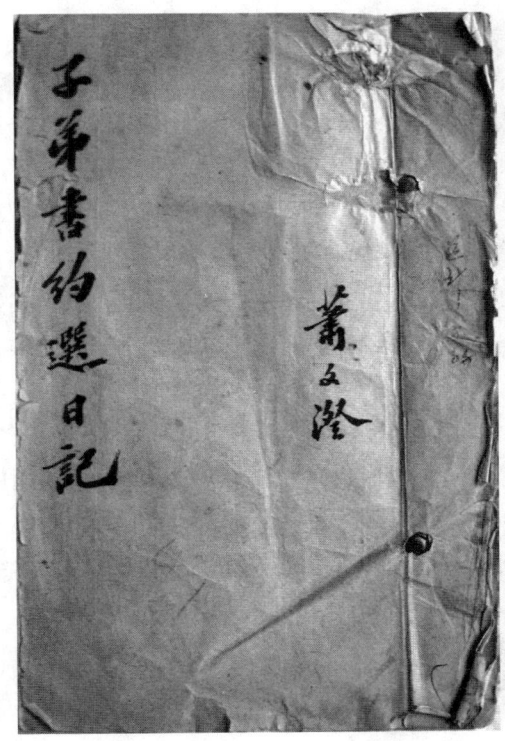

[圖6] 蕭文澄撰《子弟書約選日記》

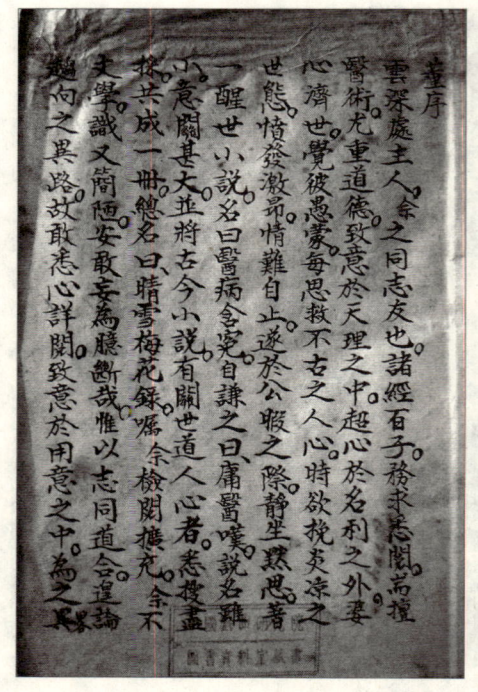 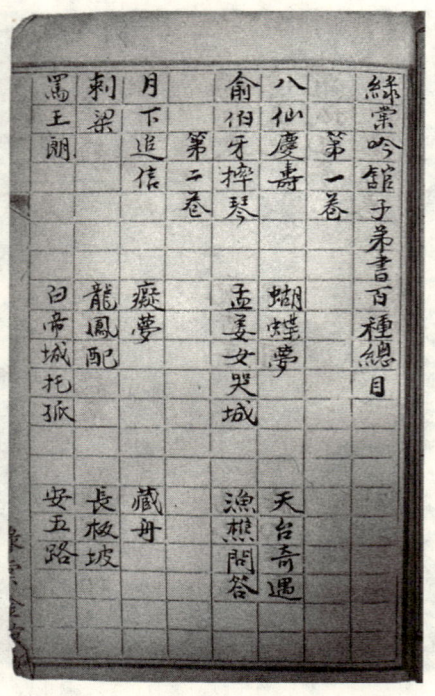

［圖7］民國鈔本《晴雪梅花錄》　　　［圖8］金臺三畏氏撰《綠棠吟舘子弟書百種總目》

### 八、金臺三畏氏編《綠棠吟舘子弟書百種總目》

　　金臺三畏氏，生平、姓氏不詳，僅知爲清末民初北京金臺人，號三畏，齋名綠棠吟舘。幼喜子弟書，因痛子弟書之消亡，遂仿明人臧懋循編《元曲選》之例，編選"綠棠吟舘子弟書百種"，集爲二十卷。卷首有序，謂："從前余家所藏此項子弟書不下百餘種，因庚子變亂，盡行遺失。追和局定後，而京師出售此項曲本之家，大都歇業。暇時偶一思及，頗難物色，殊可惜也。比年以來，又復隨時搜羅，僅得六十餘種。然瑕瑜互見，非盡無上妙品。蓋作者既非出自一人之手筆，則文字之工拙自然不能一致。惟區區次數，亦如麟角鳳毛而求之不易得者也。近蒙老友蔡石隱先生介紹，謂其友小蓮池居士家藏此項曲本甚多。余即往訪求之，而居士慨然允許鈔錄。於是又得四十餘種，如獲奇珍。爰仿《元人百種曲》體裁，選成百種，以存古人高山流水之遺韻焉。余因恐此項曲本失傳，有如廣陵之散，特爲付梓，以供於世。凡我同好，每當飯後茶餘之時，酒酣耳熟之際，而展卷一觀，斯有消閒遣悶之一助云爾。"自序所署時間爲民國十一年（1922）中秋。但此集未經刊行而散佚，惟卷首序文、凡例、目錄及前二卷所選子弟書文本尚存。此殘本經吳曉鈴收藏，今歸首都圖書館。［圖8］

### 九、劉復、李家瑞編著《中國俗曲總目稿》

　　中央研究院歷史語言研究所印行，1932。此書主要著錄了中央研究院史語所及北平圖書館所藏的子弟書。

### 十、傅惜華撰《子弟書總目》

上海文藝聯合出版社 1954 出版，又古典文學出版社於 1957 年重新排印，未作修訂。這是著者在 1946 年在《中法漢學研究所圖書館館刊》第二號所刊《子弟書總目》的基礎上，增訂而成，爲第一部完善的子弟書總目。

### 十一、傅惜華撰《北京傳統曲藝總目》

中華書局 1962 出版。此書卷五著錄有"子弟快書"。

### 十二、吳曉鈴撰《綏中吳氏雙楯書屋藏子弟書目錄》

初刊於《文學遺產》1982 年第 4 期；後收入《吳曉鈴集》第五冊，河北教育出版社，2000。吳氏在此目編成後仍有所獲，故實際的收藏，較此目爲多。

### 十三、《趕板牌子快書岔曲馬頭調各樣曲目》

清光緒十二年（1886）鈔本。傅惜年舊藏，今歸藝研院（曲 309.60 / 0.198），其中"快書"部分，收錄《鐧對棒》等 14 種快書，本書引錄，簡題爲"各樣曲目"。

此外，台灣政治大學陳錦釗教授以史語所的藏品爲主要依據，撰成《子弟書之題材來源及其綜合研究》博士論文（1977，未刊），對傅目有所補充訂正；又有《快書研究》（台北民文書局，1982），在探討快書源流的同時，對所得快書文本作了校錄；此外亦續有文章刊出，並以《六十年來子弟書的整理與研究》等文，貢獻較著。又有崔蘊華博士的《書齋與書坊之間——清代子弟書研究》一書（北京大學出版社，2005），係據其博士論文修訂而成，亦有一些由她首先披露的子弟書版本。這些學者的相關工作，爲我們的訪書提供了可供參考的途徑。

子弟書有關的目錄，新近亦有二書出版。一是李豫教授等合編的《中國鼓詞總目》（山西古籍出版社，2006），內含"子弟書單唱鼓詞總目"，錄子弟書 450 餘目，但此目完全是根據傅氏《子弟書總目》加以刪減而成，並刊落原目詳載的收藏情況，實無編撰者新發現的文獻，且猶以爲史語所藏本在抗戰中被毀，而未能對現藏於傅斯年圖書館的這些文獻加以利用，也未能利用傅圖的網上檢索系統，因而存在明顯的缺陷。二是昝紅宇、張仲偉、李雪梅合編的《清代八旗子弟書總目提要》（三晉出版社，2010）。三位編者原爲《中國鼓詞總目》的主要撰寫成員。其《代前言》稱"歷經兩載"，撰成此目，"主要是對《中國鼓詞總目》'子弟書單唱鼓詞總目'部分內容進行了增、刪、改，並單獨成書。與第一版相比，子弟書總目增加到 560 餘條"（頁 21）。此外，爲已有標點或影印出版的子弟書文本，編寫了"內容提要"。此書實因前一書存在明顯錯誤而作（前書付印時編者已經知道這些重大錯誤的存在），而並未將版本的尋訪作爲編目工作的基礎，成書仍顯倉促，雖然訂正了前一書的明顯錯誤，而新衍生的問題仍有不少。其新增部分，主要是引用了陳錦釗、崔蘊華等人的研究成果，但也只是據以移錄而已，對學者新發現的版本猶未能一一復訪閱讀，故相關的"文本內容提要"多付之闕如。除新增清音子弟書《武松》一目（此種是否屬子弟亦存疑問）外，實未貢獻確鑿可靠的新篇章（如將傅目有錄的京都合義堂、中和堂合刻的《西廂全本》十五卷十五冊，以卷名爲篇名，分拆作 15 種單行本著錄，則係訛誤，不屬新增）。故本書在最後校正定稿時雖然已經見到此書，但不作爲引錄對象。

## 二　子弟書的個人收藏

子弟書文本得以保存下來，應當歸功於一批俗文學研究者與愛好者。雖然他們的舊藏在今天大多移歸公立圖書館，甚至散入衆書而不可辨識，但我們不應當忘記他們的貢獻。

### 一、傅惜華

傅惜華（1907—1970），正白旗人，滿州富察氏。原名寶堃，又名寶泉、佩涵。筆名有仲涵、涵廬，號曲盦，書齋名碧蕖館。俗文學研究家、藏書家。編纂有《子弟書總目》《北京傳統曲藝總錄》以及《中國古典戲曲總錄》，編校整理有《綴玉軒藏曲志》《曲藝論叢》、《中國戲曲聲樂論著叢編》等。一生收藏戲曲、小説、俗曲甚豐，收藏子弟書更多達310餘種，爲私人收藏子弟書之冠。其藏品也包含乃兄傅芸子（1902—1948）的部分藏書。其藏本中，有相當一部分由其本人手錄，本書所著錄的"曲盦鈔本"，即其自鈔本。"文革"初傅氏遭迫害，碧蕖館藏書全部被抄，傅氏也一病不起。"文革"結束後，大部分藏書發還其遺屬，後捐贈給中國藝術研究院，今存該院圖書館。據館藏目錄卡片、存本與傅氏總目著錄者相比對，有一小部分藏本已經散佚，但也有一些篇目係後來所獲。

### 二、杜穎陶

杜穎陶（1908—1963），筆名北嬰，俗文學研究者。編著有《曲海總目提要補正》等，編校有《董永沉香合集》、《岳飛故事戲曲説唱集》等。並與傅惜華等合作編校有《中國古典戲曲論著集成》（十册）。其所藏子弟書今歸中國藝術研究院圖書館。該館注明爲杜氏所藏者，超過110種，但比照傅惜華《子弟書總目》，其中有30餘種，傅氏著錄有程硯秋舊藏本，而無杜氏藏本，故未詳是否今藏者登記有誤。

### 三、程硯秋

程硯秋（1904—1958），字玉霜，京劇著名演員，畢生收集戲曲俗曲甚富。其舊藏俗曲、戲曲多達數千册，一部分今歸北京大學圖書館。其所藏子弟書，則歸中國藝術研究院圖書館。據傅惜華《子弟書總目》所著錄者統計，程氏所藏超過百種，今據該館注明爲程氏舊藏者，尚有近80種。

### 四、梅蘭芳

梅蘭芳（1894—1961），京劇著名演員，亦甚爲關注戲曲與俗曲文獻的收集保存，其戲曲部分有舊編《綴玉軒藏戲曲目錄》，向受學者關注。所藏子弟書30餘種，今歸中國藝術研究院圖書館。

### 五、鄭振鐸

鄭振鐸（1898—1958），號西諦。俗文學研究家。著有《中國俗文學史》、《插圖本中國文學史》、《中國文學研究》等，並主持了《古本戲曲叢刊》的編集影印工作。一生收藏薈集戲曲小説及俗曲文獻甚富。所藏子弟書十餘種，今歸北京國家圖書館。他也是最早關注子弟書的研究者，早在1930年代編集《世界文庫》時，就選録了羅松窗的子弟書6種，題作《西調選》；又選録韓小窗子弟書5種，題作《東調選》。雖然其中如《大瘦腰肢》屬於誤收，《上任》等是否爲羅氏作品實尚存疑，但其開創之功應當肯定。

### 六、吴曉鈴

吴曉鈴（1914—1995），戲曲與俗文學研究家。其書齋名雙棔書屋。參與《古本戲曲叢刊》的編集出版，並主持了其中第五集的編選工作。其著述後人編集爲《吴曉鈴集》五卷。畢生收藏戲曲俗曲甚富，今人據其舊藏，選輯影印有《綏中吴氏藏鈔本戲曲叢刊》。所藏子弟書80餘種，自編有《綏中吴氏雙棔書屋所藏子弟書目録》。其中源自緑棠吟舘舊藏的《緑棠吟舘子弟書百種》，吴氏得其前數卷，目録及序文均存，尤爲引人注目。其藏書今歸首都圖書館。

### 七、長澤規矩也

長澤規矩也（1901—1980），字士倫，號靜庵，書齋名雙紅堂。日本著名書誌學家。畢業於日本東京帝國大學漢學科，因受鹽谷温影響，開始關注中國戲曲小説。1927年至1932年間六度訪問中國，在北京書肆大量收購各類曲本，客觀促使中國學者對這類俗曲唱本加以關注。其個人所藏的數千册戲曲小説，於1950年代售歸東京大學東洋文化研究所，該所爲設"雙紅堂文庫"，並編有《雙紅堂文庫分類目録》（東洋文化研究所，1961）。文庫收録有30餘種子弟書及快書，其中子弟書部分後由波多野太郎收入《子弟書集》影印出版。另有百本張鈔本《子弟書目録》及《蝴蝶夢子弟書》等，則於長澤去世後，與其他遺藏一併售歸地處京都的關西大學，設有"長澤文庫"。

### 八、倉石武四郎

倉石武四郎（1897—1975），畢業於東京帝國大學哲學文學科，研究生時轉京都帝國大學，師從狩野直喜。1920年代末以京都帝國大學副教授身份赴北京留學，得以大量購藏中國古籍；又因與馬廉等交往密切，也頗留意俗曲文獻的收藏。1939年以《段懋堂的音韻學》獲文學博士學位。二戰結束之後，更致力於現代漢語教學。籌設"日中學院"，自任院長，其藏書亦寄存於日中學院圖書館，以供借閱。其中有子弟書多種，由波多野太郎收入《子弟書集》影印出版，注明文獻來源爲"日中學院"。倉石去世後，包括子弟書在內的藏書均歸東京大學東洋文化研究所，爲設"倉石文庫"。

### 九、長田夏樹

長田夏樹（1920—2010），中國語學阿勒泰語學研究家，長期任教於神户外國語大學。曾購藏有一批俗曲唱本，其中包括子弟書十餘種。波多野太郎嘗將其藏本收入《子弟書集》影印。關瑾華2008年留學京都時，通過佐藤晴彦教授作介，訪問其本人，並攝得全部書影。

### 十、馬彥祥

馬彥祥（1907—1988），戲曲導演、戲曲理論家。主編有《中國大百科全書·戲曲曲藝卷》。早年因受叔父馬廉影響，從事戲曲活動之外，亦熱心於戲曲小說與俗曲的收藏。阿英《彈詞書目紀事·鄞縣馬氏彈詞目》云："馬氏故後，藏書歸北大，唯彈詞、鼓詞部分，則爲其侄彥祥氏所得。"故馬彥祥藏書中的稀見子弟書文本，可能承自馬廉。馬彥祥去世後，其戲曲、小說、彈詞等藏書，由其後人捐贈首都圖書館，然其舊藏子弟書則不知去向，今僅能從傅氏《子弟書總目》知其舊藏篇目，其中頗有孤本、稀見之什，不知他日能否重現人間。

### 十一、李嘯倉

李嘯倉（1921—1985），俗文學研究者。所撰有《李嘯倉戲曲曲藝論文集》。所收集的曲藝文獻，也甚爲可觀。李氏藏書今存其夫人劉寶綿先生手中。按：傅惜華《子弟書總目》著錄了李氏所藏的子弟書，但在版本記錄上存在錯訛，且有些篇章是否是子弟書，亦存疑問。傅目完成於1954年，其"例言"第六條謂"本目錄的初稿，成於十餘年前，關於子弟書的曲本，後來又屢有所獲。最近更承……諸先生供給材料，得以重新校補一過"，這"供給材料""諸先生"的名單中並無李嘯倉之名，可知傅目付印時，未能親驗李氏所藏。今筆者所見傅氏藏書，從李嘯倉藏本過錄的子弟書文本，即在六種以上，因知傅惜華後來已經目驗李氏藏書，並過錄了李氏藏本中的的孤本稀見本，似當對舊目有所補充修訂，惜其修訂本今已不可得見。

### 十二、賈天慈

賈天慈，俗文學研究者，生平不詳。與傅惜華、關德棟等學者有交往。晚年居西安。傅氏《子弟書總目》錄有其所藏篇目，惜今未能訪知其藏本下落。

### 十三、阿英

阿英，本名錢杏邨（1900—1977），俗文學研究者。後人集其著作爲《阿英文集》。其早年所撰《刺虎子弟書兩種》一文，曾提及所得"金氏鈔本子弟書十六種"等，這些藏書似在戰亂中失去。此外，傅氏《子弟書總目》也錄有其所藏刻本、鈔本多種。阿英藏書後捐贈給安徽省蕪湖市圖書館，爲設"阿英藏書陳列室"，然傅氏《總目》著錄及早年文章提及者，均不在其內。

### 十四、關德棟

關德棟（1920—2005），滿族鑲黃旗人，俗文學研究者，長期任教於山東大學。曾與周中明合編有《子弟書叢鈔》，與李萬鵬合編有《聊齋誌異說唱集》，自撰有《曲藝論集》等。其所編《子弟書叢鈔》，實據從傅惜華等人處過錄的子弟書，加以自藏者，因知其所得子弟書的各類文本，原不在少數。關氏遺藏今存其哲嗣手中，惜時過多年，尚未能整理，故本書未能引用並著錄，亦未能借此表彰其傳藏之功績，不免令人遺憾。

## 三　子弟書的單位收藏

### 一、中國藝術研究院圖書館

中國藝術研究院爲文化部下屬學術研究機構。其所屬圖書館，收藏有傅惜華、程硯秋、杜穎陶、梅蘭芳等人的子弟書舊藏，此外，還有部分收藏，承自1950年代設立的中國戲曲研究院。故該館是目前收藏子弟書最爲豐富的藏書單位之一。本書著錄時簡稱"藝研院"。

### 二、傅斯年圖書館

中央研究院歷史語言研究所，設立於1927年。劉復（半農）曾任"民間文藝"組主任，他在1928—1929年間，組織收集了兩萬餘種俗文學文獻，共六萬餘冊。以此爲基礎，劉復與助手李家瑞共同編纂了《中國俗曲總目稿》(1932)。史語所的藏書，在抗日戰爭期間，轉輾於西南，嘗有傳聞，謂載書的船隻被日軍炮火炸沈於江中，故傅惜華《子弟書總目》在據《總目稿》移錄的同時，每以其被燬爲憾。其實這些書籍保存完好，在國民黨退出大陸之際，運往臺灣，今存臺北南港"中央研究院"史語所所屬的傅斯年圖書館。其中有子弟書版本近千種，有312種原爲百本張鈔本子弟書。惜該館的子弟書收藏屢經歸類整理，其間頗多失去書衣，遂難以辨明爲清人鈔本、書坊鈔本，抑民初鈔本、民初過錄本。除少部分尚存封面及題識者外，其目錄惟以"鈔本"一名籠統概之。今該館已經將全部藏本掃描成數碼文檔；又選錄300餘種子弟書，收入《俗文學叢刊》第四輯（第384-400冊），2006年由臺灣新文豐出版公司影印出版，大大方便了讀者的利用。

### 三、國家圖書館

國家圖書館藏有子弟書各類文本130餘種。其中一部分爲鄭振鐸舊藏。另外部分爲歷年所得，主體部分爲北平圖書館時期收集、抄存者，一部分則爲北京圖書館時期續加購得者。本書引錄時，亦簡稱"國圖"。

### 四、北京大學圖書館

北京大學圖書館藏子弟書及子弟快書近300種，主要爲清蒙古車王府舊藏本。這批圖書原爲俗文學研究家馬廉主政孔德學校時期所購，並由顧頡剛編成《蒙古車王府曲本分類目錄》，其中"單唱鼓詞"內收錄子弟書。按，清代子弟書的鈔本，通常於書衣左側豎行直接題作"□□□子弟書□回"，而車王府舊藏本則均於左上粘紅簽，題作"□□□全□回"，故間有將快書歸入子弟書的情況。傅惜華《子弟書總目》因爲未能一一校核原本，亦未能加以區分。孔德學校所藏車王府舊藏曲本，在抗戰後期，轉入北京大學文學院，今存北大圖書館；其中子弟書部分，除數函仍留存架上未交外，均歸北大。因而北大圖書館是保存車王府舊藏的原鈔本子弟書最多的機構。又，此外，該館還有馬廉等人收藏的子弟書若干。本書引錄時簡稱"北大圖書館"；所錄書影，凡不特別說明而只標稱"車王府舊藏本"者，均爲北大圖書館藏本。

### 五、首都圖書館

首都圖書館藏子弟書，主要由三部分組成。一是孔德學校的舊藏。孔德學校於1952年撤銷，其藏書移歸首都圖書館，其中有數函長篇子弟書，爲車王府舊藏，係抗戰期間移交北大時遺漏者。二是車王府舊藏本的過錄本。該館於1960年前後，過錄了北大圖書館所藏的大部分車王府舊藏曲本，其中全部過錄了北大圖書館所藏子弟書，本書引錄的首圖所藏過錄本，均抄成於這一時期。這兩批文獻，後來一併收入《車王府藏曲本》影印出版。北京民族古籍整理小組整理本《清蒙古車王府藏子弟書集》，即據這兩批藏本校錄。三是吳曉鈴捐贈的子弟書。本書引錄時，簡稱"首圖"。

### 六、故宮博物院

故宮博物院所藏子弟書，均爲清代內廷從民間採集者，總數達60餘種，以百本張鈔本爲主。除鐫刻有"百本張"印章者外，從其書衣題名字跡，亦可知多出自百本張書坊。這批子弟書，現已收入《故宮珍本叢刊》。

### 七、天津圖書館

天津圖書館收藏的子弟書，主要來自民初蕭文澄的舊藏和來自"盲生詞曲傳習所"的過錄本。其中《子弟圖》等數種且爲孤本。又有民初無名氏輯本《子弟書目錄》及蕭文澄《子弟書約選日記》等多種子弟書相關的珍貴文獻。本書引錄時，亦簡稱"天圖"。

### 八、民族圖書館

民族圖書館藏有劉復舊藏《舊鈔北京俗曲》一集一冊，內含短篇子弟書數十種，多經煦園改訂，疑原爲煦園所鈔。另藏有石印本唱本數種，亦含有子弟書文本。

### 九、中山大學圖書館

中山大學圖書館所藏子弟書，均是1920年代末，由顧頡剛主持從北京孔德學校抄錄者。該校中國古文獻研究所劉烈茂教授等主持編校的《清蒙古車王府鈔藏曲本·子弟書集》，即據該館藏本校錄。本書引錄時簡稱"中大圖書館"。

### 十、東洋文化研究所圖書館

日本東京大學東洋文化研究所收藏有子弟書數十種，存於雙紅堂文庫（長澤規矩也舊藏）、倉石文庫（倉石武四郎舊藏）和永尾文庫。其中永尾文庫所藏主要爲石印本。本書引錄時，亦簡稱"雙紅堂"、"倉石文庫"及"永尾文庫"。

### 十一、早稻田大學圖書館

日本早稻田大學圖書館所藏子弟書，主要來自澤田瑞穗（1912—2002）的舊藏（風陵文庫）。澤田號風陵主人，俗文學研究專家，著有《寶卷研究》等。另有數種來自波多野太郎（1913—2003），波多野太郎亦爲俗文學研究名家，編有《子弟書集》等。早稻田所藏，含有數種清刻本、清鈔本及一些民初石印本、排印本。本書引錄時，或簡稱"早稻田"。

### 十二、九州大學圖書館

日本九州大學藏有子弟書多種，均存於濱文庫，來自原九州大學圖書館教養部分館館長濱一衛教授（1909—1984）的舊藏。濱一衛1930年代曾經留學北京，收藏有京劇相關研究資料甚夥。

## 四　子弟書的影印本與排印本

### 一、影印本

波多野太郎編，《子弟書集》，日本橫濱市立大學紀要第一輯，1975。此集收錄東京大學東洋文化研究所"雙紅堂文庫"、日中學院（即倉石武四郎藏本）、長田夏樹、澤田瑞穗及編者本人所藏子弟書共53種，影印出版。卷首有目錄解題，卷末有校記。

首都圖書館編，《清車王府藏曲本》（以下簡稱"首圖縮印本"），此書第51-56冊收錄首都圖書館藏全部源自車王府舊藏的子弟書與快書。含子弟書及快書300餘種。其中僅有數種爲原鈔本，其他均爲從北京大學抄錄的過錄本。

故宮博物院編，《故宮珍本叢刊》，海南出版社，2001。其中第697-699冊爲"岔曲秧歌快書子弟書"，收錄有故宮藏子弟書及快書90餘種。

"中央研究院"歷史語言研究所編，《俗文學叢刊》，臺灣新文豐出版公司，2004。其第384-400冊收錄傅斯年圖書館藏子弟書320餘種；第412-413冊收錄快書39種。

### 二、排印本

鄭振鐸編，《世界文庫》，生活書店，1935。其中"西調選"收錄了羅松窗的《出塞》、《藏舟》、《鵲橋》、《上任》、《百花亭》、《大瘦腰肢》；"東調選"收錄了韓小窗的《托孤》、《周西坡》、《數羅漢》、《千鍾禄》、《寧武關》。其中《大瘦腰肢》實非子弟書。

瀋陽市文學藝術工作者聯合會編，《鼓詞彙集》（一至四輯），1956。其中部分篇章取自子弟書。

闕名編，《子弟書選》（又一版作"東北子弟書選"），係從《鼓詞彙集》中選錄《憶真妃》、《黛玉悲秋》、《露淚緣》、《青樓遺恨》（四回本）、《望兒樓》五種排印，遼寧人民出版社，1957。

趙景深編校，《鼓詞選》，古典文學出版社，1957。其中部分篇章屬於子弟書。

傅惜華編校，《西廂記說唱集》，古典文學出版社，1957。此書收錄了取材自《西廂記》的子弟書數種。

中國曲協遼寧分會編，《子弟書選》，內部出版，1979。收錄子弟書83種。此輯主要根據傅惜華的舊藏本予以校錄。但也有數種，在傅氏《子弟書總目》裏非屬其自藏，當是後來傅氏另有過錄本。

胡文彬編校，《紅樓夢子弟書》，瀋陽：春風文藝出版社，1983。此集彙集了取材自《紅樓夢》的子弟書27種。主要以車王府舊藏本爲底本校錄而成。

關德棟、李萬鵬編校，《聊齋誌異說唱集》，上海古籍出版社，1983。其中包含取材於《聊齋誌異》的子弟書14種。

關德棟、周中明編校，《子弟書叢鈔》，上海古籍出版社，1984。此書上下兩卷，選錄子弟書 101 種。上卷爲作者可考者，下卷爲無名氏作品。

　　杜穎陶、俞薈編校，《岳飛故事戲曲說唱集》，上海古籍出版社，1985。此書收錄有岳飛題材子弟書數種。

　　傅惜華編校，《白蛇傳集》，上海古籍出版社，1987。此書收錄有取材於白蛇傳故事的子弟書數種。

　　劉烈茂、郭精銳等編校，《清車王府鈔藏曲本・子弟書集》（本書引錄時簡稱"中大整理本"），南京：江蘇古籍出版社，1993。收錄子弟書 280 種。此書主要據中山大學圖書館藏本校錄。

　　北京市民族古籍整理出版規劃小組輯校，《清蒙古車王府藏子弟書》（本書引錄時簡稱"北京整理本"），北京：國際文化出版公司，1994。收錄子弟書 275 種。此書主要據首都圖書館藏本校錄。

　　張壽崇主編，《滿族說唱文學：子弟書珍本百種》（本書引錄時簡稱"子弟書珍本百種"），北京：民族出版社，2000。此書收錄有車王府舊藏本之外的子弟書 100 種。但内有數種，是否屬於子弟書，存在疑問。所錄文本末尾均注明版本來源，但存在誤題，故本書在說明其版本來源時，並不完全按照原書注文。

## 五　關於本書的編寫

　　本書的編寫工作正式開始於 2000 年，初稿完成於 2006 年。至最後校定付印稿時，歷時已經十有二年。

　　本書也是黄仕忠主持的《子弟書全集》（北京：社會科學文獻出版社，2012）的系列工作之一。而其因緣，則始於 1992 年參與編校《清車王府鈔藏曲本・子弟書集》之時。當時初次接觸此種體裁，負責第二卷的編校。由於對子弟書這一體裁瞭解甚少，故未能很好地利用別本資料。後來關注稍多，並撰成《車王府藏子弟書作者考》（1998）一文，遂萌生編纂全集的想法。此項計劃，在 2000 年得到了教育部全國高校古籍整理與研究工作委員會的立項資助，因而得以啓動。最初的工作，便是對版本存佚情況作系統的訪求，即參照傅惜華《子弟書總目》，補入此後新刊佈的材料，參酌學者的相關研究成果，撰成草目，然後依目進行訪書校核。後來李芳、關瑾華兩位加入工作團隊，並在 2004 年冬及 2005 年春夏之際，兩度對北京地區的圖書館所存子弟書版本展開全面的尋訪，重點對中國藝術研究院圖書館、國家圖書館、首都圖書館的藏本作了詳細的調查記錄。2006 年秋後，李芳又赴台灣"中央研究院"做爲時一年的訪問研究，調查了傅斯年圖書館的全部收藏，並爲之編寫了七萬餘字的目錄。積年所得，凡今知收藏有子弟書的單位，我們都作了訪查閱讀；有子弟書收藏的個人，亦盡力作了訪求。這些調查工作爲本書的編撰奠定了基礎。即以第一手資料爲基礎，以目驗爲據，借助編纂《子弟書全集》

時對各類文本的比較梳理，最後由黃仕忠作爲主撰者彙總編定成稿。

　　此目錄在 2008 年實已基本完成，但著錄尚未敢稱完善，仍有數種已知有存的版本未能寓目，多種同書異名、異書同名的版本尚未能得到很好梳理，故未敢付梓。隨著《子弟書全集》編校工作的進展，主撰人對現存子弟書文本都有過三次以上的校核閱讀，凡存有疑問的文本與篇目已得到釐清。隨後對編撰體例也作了若干調整，由李芳補充了各回的韻轍與韻句，主撰人則對原不分回者，根據句數與用韻，酌爲分回。復經再三校改，成此定稿。

　　初稿時所做的工作，是以"加法"爲主，即凡疑似子弟書，儘量收錄；至定稿時，則以"減法"爲主，儘量剔除非屬子弟書者。並爲每種版本配以書影。惟本書雖盡力注明每種藏本的藏書號，而訪查時或記錄未周，故亦有部分版本只著錄了收藏單位，未能標明索書號。

　　本書的編纂，得到了許多學者與友人的幫助。特別應當感謝的是中國藝術研究院圖書館的吳秀慧女士和傅斯年圖書館的陳鴻森先生、湯蔓媛女士，他們在我們的訪書過程中給予了多方面的幫助。還有年已耄耋的李嘯倉先生夫人劉寶綿先生、日本學者長田夏樹先生，無私地提供了珍藏的資料。此外，波多野太郎先生、任光偉先生、陳錦釗先生、戴宏森先生等，對我們的訪書亦曾給予了指點；北京大學姚伯岳教授、中國藝術研究院秦華生研究員、天津圖書館李國慶研究館員、北京師範大學楊健先生、美國趙雪瑩女士等，亦曾從不同角度提供過幫助；博士生丁春華、仝婉澄、王宣標、熊静、歐陽菲等，參與了一部分子弟書的訪書與復核工作。而在此期間，波多野太郎先生、長田夏樹先生、任光偉先生（1933－2006）已先後去世，未能將此書面呈請益，是筆者最大的遺憾。

　　由於此稿在近五六年的時間裏經過不斷的調整體例、增補刪削，在改正舊有錯誤與不足的同時，或又衍生新的問題；主撰者雖力圖簡要概括各篇所演內容，並考明其本事來源，而力有所未逮，尚未能稱準確。其版本衆多而且流傳譜系有別、有改訂編刪者，因分藏各處，分別查看，而或存在混淆未清者。而此外的錯誤，亦恐仍有不少。本擬再作打磨，但新的工作已接踵而至，故只能就此告一段落。敬祈方家有以指正，容待他日再作修訂完善。

黃仕忠謹記於廣州中山大學<br>
2012 年 10 月 6 日

# 凡 例

一、本書著錄清代子弟書、硬書及子弟快書，下延及少量民國初年前後的作品。其中屬於硬書、快書者，另於題下注明。

二、著錄大略以所敍故事發生的時代先後爲序。其中取材於《三國演義》、《隋唐演義》、《西遊記》、《水滸傳》等小說者，歸入相應時代；取材於《紅樓夢》、《聊齋誌異》者，分別單列於後；故事年代不明的作品置於最末。書末另附篇目索引。

三、對同書異名者，以一名作統領，他名標作"別題"，臚列於次。存世版本較多者，大略以車王府舊藏本或百本張鈔本等的題名爲正題，其他題名爲別題。異書同名者，於題下注明甲乙，並移錄各篇的首尾文句，以明區別。

四、凡作者可考者，予以注明，並說明依據。子弟書篇章多於卷首或篇末嵌入作者名號，如韓小窗《徐母訓子》有"**小窗**圖寫女英豪"句，嵌"小窗"二字，故引錄該句爲證，作者名並以黑體突出表示。有他種文獻佐證者，另加引證。作者有爭議者，亦予說明。

五、所錄版本，皆注明前人著錄情況。其未見於前人目錄，而爲《子弟書珍本百種》等收錄者，亦予說明。

六、所收篇目，皆扼要說明各篇之內容，並略考其本事來源及編寫依據。

七、凡可見存本者，注明回數、回目、用韻、句數，以見其篇幅與體制。子弟書以回爲單位，但早期版本分回情況尚不固定。特別是子弟書的刻本，頗多不分回，或僅標以卷次，導致學者著錄不一，凡此類情況，則參其篇幅及用韻，爲之斟酌分回，並予說明。

八、對所錄篇目，皆詳列版本存佚情況，並以目驗爲據，注明所藏機構及索書編號。其過錄本、影印本、排印本，附於祖本之後。子弟書之收藏，多出於學者個人彙集，今則大多歸於公立圖書館，故先列舊藏者名號，次列今藏處，以表示對原藏者的尊重。著錄時詳於鈔本、刻本的存藏情況，至石印本、排印本的收藏者，則僅舉其大略。原收藏單位著錄有誤者，徑取實際版本改正，不一一作說明。藏者將多種子弟書匯集成輯者，著錄時或注明財產號等，以便於檢索。

九、傅惜華《子弟書總目》爲以往收録子弟書版本篇目最爲完備的目録，惟因時過境遷，其所録私人收藏，今頗有散佚或藏處不明者，故凡傅目有録而筆者未見者，亦予説明。

# 目　錄

分類目錄 …………………………… 1
圖版目錄 …………………………… 17
商周故事 …………………………… 1
秦漢故事 …………………………… 29
三國故事 …………………………… 55
兩晉南北朝故事 …………………… 107
隋唐故事 …………………………… 113
宋代故事 …………………………… 191
金元故事 …………………………… 289
明代故事 …………………………… 295
清代故事 …………………………… 341
《紅樓夢》子弟書 ………………… 435
《聊齋誌異》子弟書 ……………… 473
朝代不明故事 ……………………… 495
附：子弟書辨偽 …………………… 523
主要參考文獻 ……………………… 535
篇名索引 …………………………… 537

# 分類目錄

## 商周故事

| | |
|---|---|
| 千金一笑 四回 ……………… 1 | 范蠡歸湖 八回 ……………… 13 |
| 渭水河 五回 ………………… 1 | 陰魂陣快書（甲）二回 ……… 14 |
| 　別題一：飛熊夢 …………… 2 | 陰魂陣快書（乙）一回 ……… 14 |
| 　別題二：飛熊兆 …………… 2 | 孟子見梁惠王 一回 …………… 15 |
| 封神榜 一回 ………………… 3 | 齊人有一妻一妾 一回 ………… 16 |
| 弔綿山 一回 ………………… 3 | 齊人嘆 □回 …………………… 17 |
| 　別題一：焚綿山 …………… 4 | 齊陳相罵 一回 ………………… 18 |
| 　別題二：焚棉山 …………… 4 | 搧墳 二回 ……………………… 19 |
| 　別題三：火燒棉山 ………… 4 | 蝴蝶夢（甲）四回 ……………… 19 |
| 　別題四：重耳走國 ………… 4 | 蝴蝶夢（乙）四回 ……………… 20 |
| 百里奚 □回 ………………… 4 | 蝴蝶夢（丙）四回 ……………… 21 |
| 孔子去齊 五章 ……………… 5 | 　別題：劈棺 ………………… 22 |
| 　別題：齊景公待孔子 ……… 5 | 藍橋會 三回 …………………… 22 |
| 子路追孔 二回 ……………… 6 | 新藍橋 五回 …………………… 23 |
| 論語小段 一回 ……………… 6 | 金印記 四回 …………………… 24 |
| 鞭打蘆花 二回 ……………… 7 | 　別題：六國封印 …………… 24 |
| 子胥救孤 二回 ……………… 8 | 當絹投水 二回 ………………… 25 |
| 　別題：救孤 ………………… 9 | 炎涼嘆 一回 …………………… 25 |
| 禪魚寺 快書 二回 …………… 9 | 　別題：蘇秦嘆 ……………… 25 |
| 　別題：禪宇寺 ……………… 9 | 馬鞍山 □回 …………………… 25 |
| 伍子胥過江 二回 …………… 9 | 摔琴 五回 ……………………… 25 |
| 子胥過江 快書 二回 ………… 10 | 　別題一：伯牙摔琴 ………… 27 |
| 　別題：浣沙河 ……………… 10 | 　別題二：俞伯牙摔琴 ……… 28 |
| 滾樓 四回 …………………… 11 | 　別題三：俞伯牙摔琴謝知音 … 28 |
| 　別題：藍家莊 ……………… 12 | 攜琴訪友 快書 一回 …………… 28 |
| 一顧傾城 二回 ……………… 12 | |

## 秦汉故事

| | |
|---|---|
| 刺秦 一回 …………………… 29 | 哭城 五回 ……………………… 29 |
| 　別題：荊軻刺秦 …………… 29 | 　別題一：哭長城 …………… 30 |

別題二：孟姜女尋夫 …………… 30
　　　別題三：孟姜女哭城 …………… 31
　　　別題四：姜女尋夫 ……………… 31
滿漢合璧尋夫曲 四回 ……………… 31
追信 五回 …………………………… 32
　　　別題一：月下追賢 ……………… 33
　　　別題二：月下追信 ……………… 33
月下追賢 二回 ……………………… 33
韓信封侯 一回 ……………………… 33
　　　別題：漂母飯信 ………………… 34
別姬 二回 …………………………… 34
　　　別題：霸王別姬 ………………… 35
十面埋伏 四回 ……………………… 35
　　　別題：英雄淚 …………………… 36
張良辭朝 一回 ……………………… 36
　　　別題一：紫羅袍 ………………… 36
　　　別題二：張良辭朝紫羅袍 ……… 37
相如引卓 十回 ……………………… 37
逼休 一回 …………………………… 37
買臣休妻 不分回 …………………… 37
寄信 二回 …………………………… 37
痴夢 一回 …………………………… 38
玉天仙癡夢 一回 …………………… 38
　　　別題：天仙癡夢 ………………… 39
潑水 二回 …………………………… 40
得書 一回 …………………………… 40
出塞 五回 …………………………… 40
　　　別題：昭君出塞 ………………… 40
新昭君 二回 ………………………… 41
　　　別題：昭君出塞 ………………… 41

出塞 一回 …………………………… 42
明妃別漢 一回 ……………………… 42
查關 二回 …………………………… 43
鬧昆陽 快書 一回 ………………… 44
藏舟 五回 …………………………… 44
　　　別題一：艙舟 …………………… 46
　　　別題二：太子藏舟 ……………… 46
　　　別題三：蒼舟 …………………… 46
藏舟 三回 …………………………… 46
刺梁 一回 …………………………… 47
漁家樂 七回 ………………………… 47
　　　別題：相梁刺梁 ………………… 48
相梁 四回 …………………………… 48
刺梁 三回 …………………………… 48
趙五娘吃糠 二回 …………………… 49
　　　別題一：吃糠 …………………… 49
　　　別題二：五娘吃糠 ……………… 49
五娘行路 四回 ……………………… 49
　　　別題：行路 ……………………… 51
五娘哭墓 一回 ……………………… 51
　　　別題：哭墓 ……………………… 51
五娘描容 一回 ……………………… 52
牛氏盤夫 三回 ……………………… 52
　　　別題：盤夫 ……………………… 52
廊會 四回 …………………………… 52
　　　別題一：趙五娘廊會 …………… 53
　　　別題二：廟會 …………………… 53
廊會 五回 …………………………… 53
廊會 二回 …………………………… 54

## 三國故事

斬華雄 快書 一回 ………………… 55
虎牢關 □回 ………………………… 55
虎牢關 快書（甲）一回 …………… 55
虎牢關 快書（乙）一回 …………… 56
　　　別題一：虎牢關斬華雄 ………… 56
　　　別題二：溫酒斬華雄 …………… 56

連環記 一回 ………………………… 57
　　　別題：連環計 …………………… 57
王允賜環 一回 ……………………… 58
鳳儀亭 三回 ………………………… 58
新鳳儀亭 四回（或析作五回）…… 59
　　　別題一：鳳儀亭 ………………… 60

| | |
|---|---|
| 別題二：新戲蟬 …………… 60 | 赤壁鏖兵 一回 …………… 80 |
| 鳳儀亭 快書 二回……………… 60 | 借東風 二回 ……………… 81 |
| 許田射鹿 快書 二回…………… 61 | 借東風 快書 一回 ………… 81 |
| 擊鼓罵曹 硬書 三回…………… 61 | 火燒戰船 不分回 ………… 82 |
| 罵阿瞞 一回…………………… 62 | 擋曹 一回 ………………… 82 |
| 別題一：罵曹瞞 …………… 62 | 華容道 二回 ……………… 83 |
| 別題二：擊鼓罵曹 ………… 62 | 別題：關公擋曹 ………… 84 |
| 血帶詔 快書 二回……………… 63 | 華容道 快書 二回 ………… 84 |
| 別題：拷打吉平 …………… 64 | 別題一：華容道擋曹 …… 84 |
| 十問十答 二十二回…………… 64 | 別題二：擋曹 …………… 84 |
| 別題：關公盤道（不分回）… 65 | 赤壁鏖兵 快書 一回 ……… 85 |
| 關公盤道 不分回……………… 65 | 三戰黃忠 硬書 二本十八回… 86 |
| 看春秋 二回…………………… 65 | 戰長沙 快書 二回 ………… 86 |
| 古城相會 快書 二回…………… 66 | 東吳招親 一回 …………… 87 |
| 別題：斬蔡陽 ……………… 66 | 東吳記 八回 ……………… 88 |
| 馬跳檀溪 一回………………… 66 | 甘露寺 二回 ……………… 89 |
| 別題一：馬跳潭溪 ………… 66 | 龍鳳配（甲）二回 ………… 89 |
| 別題二：襄陽會（不分回）… 67 | 龍鳳配（乙）二回 ………… 89 |
| 徐母訓子 一回………………… 67 | 喬公問答 六回 …………… 91 |
| 別題一：庶母訓子 ………… 68 | 單刀會 硬書 五回 ………… 91 |
| 別題二：訓子 ……………… 68 | 單刀會 五回 ……………… 92 |
| 徐母訓子 快書………………… 69 | 觀水 一回 ………………… 93 |
| 長坂坡 二回…………………… 70 | 單刀會 二回 ……………… 93 |
| 別題一：長板坡救主 ……… 71 | 單刀会 八段 ……………… 94 |
| 別題二：糜氏托孤 ………… 71 | 單刀會 快書 一回 ………… 94 |
| 長板坡 快書 二回……………… 72 | 子龍趕船 二回 …………… 95 |
| 舌戰群儒 三回………………… 72 | 別題：張飛趕船 ………… 95 |
| 舌戰群儒 快書 二回…………… 73 | 截江奪斗 快書 …………… 95 |
| 孔明觀魚 一回………………… 74 | 別題一：截江奪阿斗 …… 96 |
| 赤壁遺恨 二回………………… 75 | 別題二：截江 …………… 96 |
| 孔明借箭 不分回……………… 75 | 八陣圖 快書 二回 ………… 96 |
| 草船借箭 快書（甲）二回…… 75 | 白帝城（甲）一回 ………… 97 |
| 草船借箭 快書（乙）二回…… 76 | 別題一：白帝城託孤 …… 97 |
| 草船借箭 快書（丙）一回…… 77 | 別題二：白帝託孤 ……… 98 |
| 苦肉計 一回…………………… 77 | 別題三：託孤 …………… 99 |
| 打黃蓋 快書 一回……………… 78 | 白帝城（乙）一回 ………… 99 |
| 別題一：苦肉計 …………… 78 | 祭瀘水 一回 ……………… 100 |
| 別題二：群英會打蓋 ……… 79 | 鳳鳴關 快書 ……………… 100 |
| 別題三：江東計 …………… 79 | 罵朗 一回 ………………… 101 |
| 闞澤下書 二回………………… 79 | 別題一：罵王朗 ………… 101 |

  別題二：諸葛罵朗 …………101
罵朗　二回 ………………………102
  別題一：諸葛罵朗 …………103
  別題二：罵王朗 ……………103
  別題三：安五路 ……………103
罵王朗　一回 ……………………103
空城計　快書　二回 ……………103
五丈原　二回 ……………………104

嘆武侯　硬書　一回 ……………104
武鄉侯　硬書　一回 ……………105
  別題一：嘆武侯 ……………106
  別題二：哭諸葛 ……………106
三國事蹟（甲）一回 ……………106
三國事蹟（乙）一回 ……………106
三國事蹟　二回 …………………106

## 兩晉南北朝故事

天台傳　一回 ……………………107
  別題一：劉阮入天台 ………107
  別題二：天台緣 ……………107
桃洞仙緣　二回 …………………108
天台奇遇　三回 …………………108
二仙採藥　三回 …………………109

武陵源　一回 ……………………110
雀緣　一回 ………………………110
花木蘭　六回 ……………………110
  別題一：木蘭從軍 …………111
  別題二：木蘭行 ……………112
風月魁　三回 ……………………112

## 隋唐故事

南陽關　快書　一回 ……………113
紅拂女私奔　八回 ………………113
  別題一：紅拂私奔 …………114
  別題二：紅拂女 ……………114
盜令　五回 ………………………114
  別題一：張紫黶盜令 ………115
  別題二：麒麟閣 ……………115
紫黶托夢　□回 …………………115
打登州　一回 ……………………116
打登州　快書　二回 ……………116
  別題一：秦瓊觀陣 …………116
  別題二：鐧對棒 ……………116
鐧對棒　快書（甲）二回 ………117
  別題：打登州 ………………117
鐧對棒　快書（乙）一回 ………118
馬上聯姻　十四回 ………………118
  別題一：馬上連姻 …………119
  別題二：羅賓聯姻（聯姻彈詞）…119

秦氏思子　一回 …………………120
  別題一：秦氏憶子 …………120
  別題二：憶子 ………………120
莊氏降香　六回 …………………121
  別題一：登樓降香 …………122
  別題二：登樓 ………………122
  別題三：降香 ………………122
周西坡　三回 ……………………122
  別題一：箭攢羅成 …………123
  別題二：洲西坡 ……………124
  別題三：淤泥河 ……………124
叫關　一回 ………………………124
淤泥河　一回 ……………………124
羅成托夢　六回 …………………124
羅成托夢　五回（或析作八回）…125
  別題：托夢（八回）………126
羅成托夢　快書　二回 …………126
托夢　快書 ………………………127

| | |
|---|---|
| 別題：羅成托夢 …… 127 | 撞天婚 四回 …… 146 |
| 秦王弔孝 二本（六回）…… 128 | 火雲洞 五回 …… 146 |
| 秦王降香 硬書 二回 …… 128 | 別題：火焰山 …… 147 |
| 望兒樓 三回 …… 129 | 觀雪乍冰 帶戲 一回 …… 147 |
| 望兒樓 九落 …… 131 | 別題：乍冰 …… 148 |
| 打朝 一回 …… 131 | 子母河 一回 …… 148 |
| 別題：敬德打朝 …… 131 | 芭蕉扇 二回 …… 149 |
| 竊打朝 三回 …… 131 | 別題一：借芭蕉扇 …… 149 |
| 別題一：時打朝 …… 132 | 別題二：盜芭蕉扇 …… 150 |
| 別題二：打朝 …… 132 | 狐狸思春 四回 …… 151 |
| 釣魚子 二回 …… 132 | 別題：思春 …… 151 |
| 別題一：敬德釣魚 …… 133 | 盤絲洞 三回 …… 151 |
| 別題二：釣魚 …… 133 | 羅刹鬼國 五回 …… 152 |
| 鏡花緣 四回 …… 133 | 桃李園 一回 …… 153 |
| 投店連三不從 十三回 …… 133 | 李白醉酒 四回 …… 154 |
| 別題一：投店 …… 134 | 酒樓 一回 …… 154 |
| 別題二：狄梁公投店 …… 134 | 楊妃醉酒 五回 …… 154 |
| 淤泥河 快書 三回 …… 134 | 別題：醉酒 …… 155 |
| 淤泥河 快書 六落 …… 135 | 沉香亭 一回 …… 156 |
| 淤泥河 快書 九落 …… 137 | 梅妃自嘆 二回 …… 156 |
| 薛禮救駕 快書 七落 …… 137 | 別題：梅妃嘆 …… 157 |
| 訴功 帶戲 四回 …… 138 | 絮閣 四回 …… 157 |
| 別題：薛禮訴功 …… 138 | 別題一：敘閣 …… 158 |
| 罵城 三回 …… 138 | 別題二：楊妃絮閣 …… 158 |
| 別題：樊金定罵城 …… 139 | 長生殿 一回 …… 159 |
| 續罵城 一回 …… 139 | 別題一：鵲橋密誓 …… 159 |
| 罵城 四回 …… 140 | 別題二：鵲橋 …… 160 |
| 天緣巧配 六回 …… 140 | 鵲橋密誓 一回 …… 160 |
| 別題一：紅葉題詩 …… 141 | 鵲橋盟誓 二回 …… 160 |
| 別題二：天緣巧合 …… 142 | 別題一：七夕密誓 …… 160 |
| 別題三：天緣巧 …… 142 | 別題二：雀橋密誓 …… 160 |
| 別題四：天緣配 …… 142 | 別題三：雀橋 …… 161 |
| 紅葉題詩 二回 …… 142 | 別題四：長生殿 …… 161 |
| 送枕頭 二回 …… 142 | 別題五：鵲橋密誓 …… 161 |
| 薛蛟觀畫 二回 …… 143 | 別題六：鵲橋 …… 161 |
| 別題：觀畫 …… 144 | 賜珠 二回 …… 161 |
| 反天宮 快書 …… 144 | 馬嵬驛 一回 …… 162 |
| 別題一：鬧天宮 …… 144 | 驚變埋玉 二回 …… 162 |
| 別題二：大鬧天宮 …… 144 | 別題一：埋玉 …… 162 |
| 高老莊 六回 …… 145 | 別題二：馬嵬坡 …… 162 |

聞鈴 二回 ································ 163
　　別題：唐明皇聞鈴 ···················· 164
聞鈴 一回 ································ 164
憶真妃 一回 ······························ 164
　　別題：全憶真妃 ······················ 165
錦水祠 一回 ······························ 166
哭像 一回 ································ 167
郭子儀上壽 硬書 一回 ···················· 167
　　別題一：滿床笏 ······················ 167
　　別題二：郭子儀 ······················ 168
鍾馗嫁妹 二回 ···························· 168
　　別題：嫁妹 ·························· 169
負心恨 三回 ······························ 169
琵琶記 四回 ······························ 169
　　別題：琵琶行 ························ 170
西廂記 八回 ······························ 170
遊寺 三回 ································ 170
　　別題一：張生遊寺（四回） ············ 171
　　別題二：張君瑞遊寺（四回） ·········· 171
　　別題三：借廂 ························ 171
紅娘寄柬 一回 ···························· 172
　　別題一：紅娘下書 ···················· 172
　　別題二：寄柬 ························ 172
　　別題三：紅娘寄簡 ···················· 173
下書 二回 ································ 173
鶯鶯降香 二回 ···························· 173
鶯鶯聽琴 一回 ···························· 174

西廂段 四回 ······························ 174
　　別題：全西廂 ························ 174
花諫會 不分回 ···························· 175
雙美奇緣 五回 ···························· 175
拷紅 八回 ································ 176
拷紅 一回 ································ 177
拷紅 二回 ································ 177
新拷紅 二回 ······························ 178
拷紅 五回 ································ 178
長亭餞別 三回 ···························· 179
　　別題：長亭 ·························· 180
新長亭 三回 ······························ 181
夢榜 二回 ································ 181
　　別題：鶯鶯夢榜 ······················ 182
全西廂 十五本二十八回 ···················· 182
　　別題：西廂全本 ······················ 182
望鄉 一回 ································ 183
趕妓 八回 ································ 185
會緣橋 六回 ······························ 185
牧羊圈 三回 ······························ 185
千金全德 八回 ···························· 186
　　別題一：全德報 ······················ 187
　　別題二：全德 ························ 188
竇公訓女 一回 ···························· 189
罵女代戲 一回 ···························· 189
　　別題：罵女 ·························· 190
打關西 不分回 ···························· 190

## 宋代故事

送荊娘 五回 ······························ 191
訪普 帶戲 四回 ·························· 191
　　別題一：訪賢代戲 ···················· 192
　　別題二：雪夜訪賢 ···················· 192
訪賢 四回 ································ 192
　　別題：風雲會 ························ 192
訪賢 五回 ································ 192
　　別題：雪夜訪賢 ······················ 193
党太尉 一回 ······························ 193

　　別題：賞雪 ·························· 194
碰碑 快書 二回 ·························· 194
　　別題一：令公碰碑 ···················· 195
　　別題二：托兆碰碑 ···················· 195
　　別題三：楊令公碰碑 ·················· 195
八郎探母（甲）八回 ······················ 195
　　別題：八郎別妻 ······················ 196
八郎別妻 硬書 五回 ······················ 196
八郎探母（乙）八回 ······················ 197

| | |
|---|---|
| 八郎別妻 三回（二回）……………198 | 赤壁賦 一回………………………218 |
| 痴訴 一回…………………………198 | 　別題：後赤壁…………………219 |
| 林和靖 一回………………………199 | 三難新郎 四回……………………219 |
| 全彩樓 三十回……………………200 | 　別題：難新郎…………………220 |
| 　別題一：呂蒙正全事（三十二回）……201 | 梳妝跪池 二回……………………220 |
| 　別題二：彩樓…………………201 | 黨人碑 一回………………………220 |
| 呂蒙正困守寒窑 不分回…………201 | 　別題：打碑……………………221 |
| 呂蒙正 三回………………………203 | 水滸全人名 一回…………………221 |
| 祭灶 二回…………………………203 | 　別題一：水滸…………………222 |
| 　別題：祭皂……………………204 | 　別題二：全水滸………………222 |
| 蒙正祭灶 五回……………………204 | 　別題三：水滸人名……………222 |
| 　別題一：祭灶…………………205 | 　別題四：水滸綱目……………222 |
| 　別題二：歸窑祭灶……………205 | 醉打山門 一回……………………222 |
| 歸窑祭灶 二回……………………205 | 　別題：山門……………………223 |
| 趕齋 一回（八落）………………205 | 夜奔 一回…………………………223 |
| 　別題：蒙正趕齋………………205 | 賣刀試刀 二回……………………224 |
| 宮花報喜 三回……………………206 | 　別題一：楊志賣刀……………225 |
| 　別題：報喜……………………207 | 　別題二：賣刀…………………226 |
| 陳琳救主 一回……………………207 | 坐樓殺惜 四回……………………226 |
| 　別題：救主……………………208 | 　別題一：殺惜…………………226 |
| 劉后盤盒 一回……………………208 | 　別題二：宋江怒殺閻婆惜段…226 |
| 　別題：盤盒……………………209 | 煙花樓 四回………………………226 |
| 救主盤盒 二回……………………209 | 　別題：烟花樓…………………227 |
| 　別題一：盤盒救主……………210 | 活捉 二回…………………………228 |
| 　別題二：救主（二回）………210 | 　別題一：烏龍院………………229 |
| 拷御 二回…………………………210 | 　別題二：活捉張三郎…………229 |
| 　別題一：拷玉…………………211 | 武松打虎 快書 一回………………229 |
| 　別題二：打御…………………211 | 　別題：景陽崗…………………230 |
| 尋親記 四回………………………211 | 義俠記 存第二回…………………230 |
| 巧姻緣 二回………………………211 | 武松殺嫂 二回……………………231 |
| 　別題：喬太守亂點鴛鴦譜……212 | 十字坡 二回………………………231 |
| 花叟逢仙 二回……………………212 | 走嶺子 一回………………………231 |
| 賣胭脂 二回………………………213 | 蜈蚣嶺 四回………………………232 |
| 　別題：買胭脂…………………214 | 削道冠兒 快書 二回………………233 |
| 陽告 一回…………………………214 | 　別題：蜈蚣嶺…………………233 |
| 思凡 三回…………………………215 | 蜈蚣嶺 快書 一回…………………234 |
| 　別題：尼姑思凡………………216 | 蜈蚣嶺 快書 二回…………………234 |
| 僧尼會 三回………………………216 | 蜈蚣嶺 快書………………………235 |
| 下山相調 五回……………………217 | 李逵接母 三回……………………236 |
| 秋聲賦 一回………………………218 | 翠屏山 二十四回…………………236 |

| | |
|---|---|
| 翠屏山 三回 …… 238 | 胡迪罵閻 快書 一回 …… 256 |
| 戲秀 二回 …… 238 | 　別題一：胡迪謗閻 …… 257 |
| 醉歸 二回 …… 238 | 　別題二：謗閻快書 …… 257 |
| 全殺山 十七回 …… 239 | 　別題三：謗閻 …… 257 |
| 盜甲 三回 …… 239 | 　別題四：謗閻醒勸 …… 257 |
| 　別題：時遷盜甲 …… 240 | 天閣樓 硬書 二十六回 …… 257 |
| 丁甲山 十回 …… 240 | 　別題一：掃秦 …… 258 |
| 挑簾定計 一回 …… 241 | 　別題二：全掃秦 …… 258 |
| 　別題一：挑簾裁衣 …… 241 | 全掃秦 二十八回 …… 259 |
| 　別題二：王婆說計 …… 242 | 　別題一：瘋僧掃秦 …… 259 |
| 子虛入夢 一回 …… 242 | 　別題二：天閣樓 …… 259 |
| 陞官圖 一回 …… 242 | 玉簪記 十回 …… 259 |
| 葡萄架 一回 …… 243 | 上任 一回 …… 261 |
| 　別題：戲金蓮 …… 243 | 月下追舟 一回 …… 261 |
| 得鈔嗷妻 二回 …… 244 | 玉簪記 十八回 …… 261 |
| 　別題：常峙節傲妻 …… 245 | 　別題一：玉簪計 …… 262 |
| 續鈔借銀 二回 …… 246 | 　別題二：思凡 …… 262 |
| 　別題一：續得鈔傲妻 …… 246 | 鳳鸞儔 十三回 …… 263 |
| 　別題二：借銀續鈔 …… 247 | 算命 一回 …… 263 |
| 得鈔嗷妻 四回 …… 247 | 　別題一：嚴大舍算命 …… 263 |
| 哭官哥兒 四回 …… 247 | 　別題二：嚴大舍 …… 264 |
| 　別題一：哭官哥 …… 247 | 綉香囊 三十二回 …… 264 |
| 　別題二：官哥 …… 248 | 麟兒報 四回 …… 265 |
| 遣春梅 五回 …… 248 | 　別題：雙生貴子 …… 265 |
| 　別題一：遣梅 …… 249 | 賣油郎獨占花魁 二卷十六回 …… 265 |
| 　別題二：不垂別泪 …… 249 | 雷峰寶塔 三卷三十回 …… 266 |
| 遣春梅 四回 …… 249 | 　別題一：雷峰塔 …… 267 |
| 　別題：不垂別泪 …… 249 | 　別題二：白娘娘雷峰寶塔 …… 267 |
| 永福寺 四回 …… 250 | 雷峰塔 八回 …… 267 |
| 舊院池館 四回 …… 251 | 合鉢 一回 …… 269 |
| 　別題一：春梅遊舊院 …… 252 | 　別題一：合鉢嗟兒 …… 269 |
| 　別題二：遊舊院 …… 253 | 　別題二：嗟兒合鉢 …… 269 |
| 　別題三：春梅池館 …… 253 | 合鉢 二回 …… 269 |
| 　別題四：春梅遊舊家池館 …… 253 | 數羅漢 一回 …… 270 |
| 　別題五：池館 …… 253 | 　別題一：入塔 …… 271 |
| 詔班師 一回 …… 253 | 　別題二：入塔數羅漢 …… 271 |
| 　別題：調精忠 …… 254 | 　別題三：轉塔 …… 271 |
| 胡迪罵閻 四回 …… 254 | 　別題四：入塔轉塔 …… 272 |
| 　別題：謗閻 …… 255 | 探塔 二回 …… 272 |
| 謗閻 一回 …… 255 | 　別題一：哭塔 …… 273 |

| | |
|---|---|
| 別題二：青兒哭塔 …………273 | 別題一：尋夢 ……………280 |
| 哭塔 一回 …………………273 | 別題二：遊園驚夢 ………280 |
| 祭塔 一回 …………………273 | 別題三：杜麗娘尋夢 ……280 |
| 別題一：狀元祭塔 ………274 | 離魂 三回 …………………281 |
| 別題二：哭塔祭塔 ………274 | 還魂 一回 …………………282 |
| 出塔 二回 …………………274 | 離魂 四回 …………………282 |
| 白蛇傳 四回（八回）………275 | 雙郎追舟 四回 ……………282 |
| 趁心願 三回 ………………276 | 紅梅閣 三回 ………………283 |
| 別題：稱心願 ……………277 | 紅梅閣 四回 ………………284 |
| 鬧學 三回 …………………277 | 慧娘鬼辯 一回 ……………285 |
| 別題一：春香鬧學 ………277 | 別題一：鬼辯（辨）………285 |
| 別題二：學堂 ……………278 | 別題二：慧娘魂辨 ………285 |
| 春香鬧學 二回 ……………278 | 別題三：魂辯 ……………285 |
| 別題：鬧學全書 …………278 | 路旁花 四回 ………………286 |
| 學堂 二回 …………………279 | 別題一：花鼓子 …………287 |
| 遊園尋夢 三回 ……………279 | 別題二：打花鼓 …………287 |

## 金元故事

| | |
|---|---|
| 奇逢 三回 …………………289 | 別題三：劉高手 …………292 |
| 別題一：舊奇逢 …………289 | 幽閨記 十六回 ……………292 |
| 別題二：曠野奇逢 ………290 | 百花亭 四回 ………………292 |
| 奇逢 一回 …………………290 | 別題：百花點將 …………293 |
| 別題：新奇逢 ……………290 | 嬌紅記 十六回 ……………293 |
| 劉高手探病 二回 …………291 | 出寨 五回 …………………294 |
| 別題一：劉高手治病 ……291 | 魂完宿願 二回 ……………294 |
| 別題二：劉高手看病 ……291 | |

## 明代故事

| | |
|---|---|
| 遊武廟 硬書 六回（一作七回）…295 | 巧斷家私 五回 ……………298 |
| 草詔敲牙 四回 ……………296 | 別題一：鬼斷家私 ………298 |
| 別題一：千鍾祿 …………297 | 別題二：滕大尹鬼斷家私 …298 |
| 別題二：建文出家草詔 …297 | 雪梅弔孝 二回 ……………299 |
| 焚宮落髮 二回 ……………297 | 別題：秦雪梅弔孝 ………299 |
| 別題：焚宮 ………………297 | 商郎回煞 二回 ……………300 |
| 草詔敲牙 二回 ……………297 | 別題一：回煞 ……………301 |
| 慘睹 一回 …………………297 | 別題二：商林回煞 ………301 |

| | | | |
|---|---|---|---|
| 掛帛 二回 | 301 | 別題：百寶箱 | 317 |
| 　別題：掛帛上墳 | 302 | 青樓遺恨 二回 | 318 |
| 百年長恨 五回 | 302 | 百寶箱 三回 | 318 |
| 談劍術 三回 | 303 | 　別題一：沉百寶箱 | 319 |
| 　別題：韋娘論劍 | 304 | 　別題二：青樓遺恨譜 | 319 |
| 雙官誥 六回 | 304 | 青樓遺恨 五回 | 319 |
| 　別題：雙冠誥 | 305 | 　別題：杜十娘怒沉百寶箱 | 321 |
| 珍珠衫 四卷（八回） | 305 | 百寶箱 一回 | 321 |
| 珍珠衫 不分回 | 306 | 吒美 一回 | 321 |
| 玉搔頭 五回 | 306 | 意中緣 八回 | 322 |
| 　別題：萬年歡 | 307 | 賣畫 四回 | 323 |
| 遊龍傳 十六回 | 307 | 梅嶼恨 四回 | 323 |
| 　別題一：遊龍戲鳳 | 308 | 下河南 四回 | 325 |
| 　別題二：美龍鎮 | 308 | 　別題：巧團圓 | 325 |
| 　別題三：戲鳳 | 308 | 背娃入府 二回 | 325 |
| 富春院 二回 | 308 | 　別題一：背子入府 | 326 |
| 三笑姻緣 五回 | 308 | 　別題二：背娃子入府 | 326 |
| 　別題：三笑緣 | 309 | 　別題三：入府 | 327 |
| 何必西廂 十三回 | 309 | 　別題四：溫涼盞 | 327 |
| 　別題：梅花夢 | 310 | 連陞三級 二回 | 327 |
| 盜令牌 一回 | 310 | 　別題：聯陞三級 | 327 |
| 　別題：盜牌 | 311 | 寧武關（甲） 五回 | 328 |
| 刺湯 一回 | 311 | 　別題：寧五關 | 330 |
| 　別題：雪豔刺湯 | 312 | 寧武關（乙） 五回 | 330 |
| 刺湯 二回 | 312 | 分宮 二回 | 332 |
| 　別題一：雪豔刺湯 | 313 | 　別題：焚宮 | 333 |
| 　別題二：審頭刺湯 | 313 | 刺虎（甲） 四回 | 333 |
| 祭姬 一回 | 313 | 　別題：費宮人刺虎 | 334 |
| 思親感神 二回 | 315 | 刺虎（乙） 四回 | 334 |
| 佛門點元 不分回 | 315 | 　別題一：韓貴貞刺虎 | 335 |
| 　別題：佛門點將 | 315 | 　別題二：宮娥刺虎 | 335 |
| 炎天雪 一回 | 315 | 刺虎（丙） 四回 | 335 |
| 　別題：斬竇娥 | 316 | 刺虎 二回 | 336 |
| 樓會 二回 | 317 | 請清兵 快書 二回 | 337 |
| 　別題：西樓記 | 317 | 柳敬亭 一回 | 338 |
| 杜十娘怒沉百寶箱 五回 | 317 | 守樓 三回 | 339 |

## 清代故事

| | |
|---|---|
| 絃杖圖 一回 …… 341 | 禄壽堂 一回 …… 363 |
| 鄉城罵 五回 …… 341 | 梨園舘 二回 …… 364 |
| 鄉城罵 一回 …… 342 | 鬍子譜 三回 …… 365 |
| 　別題一：探親 …… 342 | 鬍子論 一回 …… 365 |
| 　別題二：新鄉城罵（一回）…… 342 | 　別題一：篡鬍子論 …… 365 |
| 花別妻 三回 …… 342 | 　別題二：篡鬍子 …… 366 |
| 　別題一：花大漢別妻 …… 343 | 票把兒上台 一回 …… 366 |
| 　別題二：花別 …… 343 | 　別題一：上場票把 …… 367 |
| 續花別妻 二回 …… 343 | 　別題二：票把上場 …… 367 |
| 　別題一：續別妻 …… 344 | 　別題三：票板上台 …… 367 |
| 　別題二：續花別 …… 344 | 　別題四：票把上台 …… 367 |
| 打麵缸 二回 …… 344 | 歎子弟頑票 □回 …… 367 |
| 新麵缸 一回 …… 345 | 評崑論 一回 …… 367 |
| 送盒子 二回 …… 345 | 　別題：石玉崑 …… 368 |
| 靈官廟 一回 …… 346 | 郭棟兒 一回 …… 368 |
| 續靈官廟 二回 …… 347 | 隨緣樂 一回 …… 369 |
| 　別題：靈官廟 …… 347 | 絕紅柳 一回 …… 370 |
| 俏東風 十二回 …… 348 | 　別題：大實話 …… 371 |
| 　別題：玉美人長恨 …… 349 | 風流詞客 三回 …… 371 |
| 續俏東風 八回 …… 350 | 　別題：像聲麻子 …… 371 |
| 　別題：俏東風二集 …… 350 | 爲票傲夫 一回 …… 372 |
| 俏東風集傳 二十回 …… 350 | 勸票嗷夫 一回 …… 372 |
| 　別題：俏東風 …… 351 | 　別題：爲票傲夫 …… 373 |
| 荷花記 二十回 …… 351 | 拐棒樓 一回 …… 373 |
| 梅花塢 十二回 …… 352 | 子弟圖 一回 …… 375 |
| 悲歡夢 十四回 …… 353 | 文鄉試 三回 …… 375 |
| 連理枝 四回 …… 354 | 武鄉試 一回 …… 375 |
| 連理枝 二回 …… 355 | 紅旗捷報 二回 …… 376 |
| 三皇會 一回 …… 356 | 張格爾造反 二回 …… 377 |
| 桃花岸 十三回 …… 356 | 擒張格爾 一回 …… 377 |
| 姑嫂拌嘴 二回 …… 357 | 軍營報喜 一回 …… 378 |
| 　別題一：拌嘴 …… 358 | 　別題一：軍營 …… 379 |
| 　別題二：桃花岸（二回）…… 358 | 　別題二：報喜 …… 379 |
| 鴛鴦扣 二十四回 …… 358 | 　別題三：成功報喜 …… 379 |
| 綉荷包 二回 …… 359 | 碧玉將軍 四回 …… 379 |
| 女觔斗 一回 …… 360 | 　別題：碧玉將軍翡翠嘆 …… 380 |
| 老斗嘆（甲）一回 …… 361 | 苦海茫茫 六回 …… 380 |
| 老斗嘆（乙）一回 …… 362 | 大煙歎 一回 …… 380 |

| | |
|---|---|
| 太常寺 一回 …… 382 | 光棍嘆 二回 …… 401 |
| 　別題一：太常侍 …… 382 | 光棍歎 一回 …… 401 |
| 　別題二：太常寺學念 …… 383 | 腐儒嘆 一回 …… 402 |
| 贊禮郎 一回 …… 383 | 庸醫嘆 二回 …… 402 |
| 打圍回圍 二回 …… 383 | 軍妻嘆 二回 …… 403 |
| 　別題：熱河圍 …… 383 | 誅心劍 一回 …… 403 |
| 女侍衛嘆 一回 …… 383 | 嘆時詞 二回 …… 403 |
| 少侍衛嘆 一回 …… 384 | 榮華夢 一回 …… 403 |
| 　別題：侍衛嘆 …… 385 | 飯會 二回 …… 404 |
| 老侍衛嘆 一回 …… 385 | 燈謎會 一回 …… 405 |
| 侍衛論 一回 …… 386 | 　別題：燈謎社 …… 405 |
| 　別題：侍衛嘆 …… 387 | 平謎論 一回 …… 405 |
| 宦途論 一回 …… 387 | 打十湖 二回 …… 406 |
| 司官嘆 一回 …… 387 | 　別題一：打拾湖 …… 406 |
| 官銜嘆 一回 …… 388 | 　別題二：打十壺 …… 406 |
| 　別題：官箴嘆 …… 389 | 　別題三：打拾壺 …… 407 |
| 長隨嘆 一回 …… 389 | 骨牌名 一回 …… 407 |
| 嘆旗詞 二回 …… 390 | 葦蓮換笋雞 一回 …… 408 |
| 　別題：嘆固山 …… 390 | 　別題：換笋雞 …… 408 |
| 鑾儀衛嘆 二回 …… 390 | 拿螃蟹 三回 …… 409 |
| 　別題：鑾儀衛 …… 391 | 　別題一：螃蟹段兒 …… 410 |
| 嘆煕齋 二回 …… 392 | 　別題二：吃螃蟹 …… 410 |
| 先生嘆 一回 …… 392 | 謀財顯報 三回 …… 410 |
| 廚子嘆 一回 …… 392 | 覆恩往報 二回 …… 411 |
| 　別題：廚子訴功 …… 393 | 瞞心枉說 一回 …… 412 |
| 蕩子嘆 二回 …… 394 | 離情 三回 …… 412 |
| 窮酸嘆 一回 …… 394 | 　別題：俏佳人離情 …… 412 |
| 窮鬼自嘆 一回 …… 395 | 瘋僧治病 二回 …… 413 |
| 　別題：窮鬼嘆 …… 395 | 　別題一：瘋和尚治病 …… 413 |
| 浪子歎 一回 …… 396 | 　別題二：瘋和尚 …… 414 |
| 大爺嘆 一回 …… 397 | 鶴侶自嘆 一回 …… 414 |
| 老漢嘆 一回 …… 397 | 瘋僧治病 一回 …… 414 |
| 　別題：老漢自嘆 …… 398 | 　別題：瘋和尚治病 …… 415 |
| 妓女嘆 不分回 …… 398 | 風流公子 一回 …… 415 |
| 　別題：陰陽歎 …… 398 | 　別題一：才子風流 …… 415 |
| 煙花嘆 二回 …… 398 | 　別題二：風流子弟 …… 416 |
| 　別題：煙花院 …… 399 | 公子戲環 三回 …… 416 |
| 代數歎 二回 …… 399 | 家主戲環 三回 …… 417 |
| 心高嘆 一回 …… 400 | 調春戲姨 二回 …… 418 |
| 書生歎 四回 …… 400 | 　別題一：怨女思春 …… 418 |

| | | | |
|---|---|---|---|
| 別題二：戲姨 | 418 | 別題二：聽善會戲 | 425 |
| 續戲姨 一回 | 418 | 別題三：大奶奶出善會 | 425 |
| 別題一：調春戲姨續 | 419 | 闊大奶奶逛二閘 一回 | 426 |
| 別題二：傲姨 | 420 | 別題：逛二閘 | 427 |
| 捐納大爺 一回 | 420 | 逛護國寺 二回 | 427 |
| 假老斗嘆 二回 | 420 | 別題：護國寺 | 428 |
| 別題一：時道人 | 421 | 家園樂 三回 | 429 |
| 別題二：時道人兒 | 421 | 活財神 一回 | 430 |
| 假羅漢 一回 | 422 | 活菩薩 一回 | 430 |
| 爲賭嗷夫 一回 | 422 | 喜舞歌 一回 | 431 |
| 射鵠子 二回 | 422 | 別題：喜起舞 | 431 |
| 別題：鵠棚爾 | 423 | 越法交兵 快書 二回 | 431 |
| 碧雲寺 二回 | 423 | 別題：炮打輪船 | 431 |
| 別題：逛碧雲寺 | 424 | 日俄交兵 快書 一回 | 431 |
| 別善惡 一回 | 424 | 別題：遠東戰略 | 433 |
| 闊大奶奶聽善會戲 一回 | 425 | 袁世凱憶帝非 一回 | 433 |
| 別題一：出善會 | 425 | 別題：憶帝非 | 434 |

## 《紅樓夢》子弟書

| | | | |
|---|---|---|---|
| 會玉摔玉 二回 | 435 | 海棠結社 二回 | 445 |
| 一入榮國府 四回 | 435 | 別題：海棠詩社 | 446 |
| 別題：一入榮府 | 436 | 二入榮國府 十二回 | 446 |
| 玉香花語 四回 | 436 | 別題一：二入榮府 | 447 |
| 別題：玉香 | 437 | 別題二：劉姥姥探親 | 447 |
| 玉潤花香 二回 | 437 | 信口開河 六段 | 447 |
| 埋紅 一回 | 437 | 兩宴大觀園 一回 | 447 |
| 別題一：雙玉埋紅 | 438 | 議宴陳園 二回 | 449 |
| 別題二：黛玉埋花 | 439 | 別題：劉姥姥初進大觀園 | 449 |
| 別題三：埋花 | 439 | 遊亭入舘 一回 | 449 |
| 黛玉埋花 一回 | 439 | 三宣牙牌令 一回 | 449 |
| 傷春葬花 五回 | 439 | 別題一：金鴛鴦三宣牙牌令 | 450 |
| 別題一：葬花 | 439 | 別題二：三宣牌令 | 451 |
| 別題二：黛玉葬花 | 440 | 別題三：牙牌令 | 451 |
| 二玉論心（甲） 二回 | 440 | 品茶櫳翠庵 一回 | 451 |
| 二玉論心（乙） 二回 | 441 | 別題：櫳翠庵品茶 | 451 |
| 椿齡畫薔 一回 | 442 | 醉臥怡紅院 一回 | 451 |
| 晴雯撕扇 一回 | 443 | 別題：劉姥姥醉臥怡紅院 | 453 |
| 寶釵代綉 一回 | 444 | 過繼巧姐兒 一回 | 453 |

別題：過寄巧姐兒 ………… 454
鳳姐尔送行 一回 ………… 454
　　別題：鳳姐送行 ………… 454
湘雲醉酒 一回 ………… 455
　　別題一：史湘雲醉酒 ………… 455
　　別題二：湘雲醉臥 ………… 456
　　別題三：醉臥芍藥陰 ………… 456
遣晴雯 二回 ………… 456
　　別題：追囊遣雯 ………… 457
遣晴雯 一回 ………… 457
　　別題：遣雯 ………… 457
探雯換襖 二回 ………… 458
　　別題：寶晴換衣 ………… 459
探雯祭雯 二回 ………… 459
晴雯賣恨 一回 ………… 459
　　別題：晴雯遺恨 ………… 459
芙蓉誄傳 六卷 ………… 460
　　別題：芙蓉誄 ………… 461
全悲秋 五回 ………… 461
　　別題一：悲秋 ………… 461
　　別題二：黛玉悲秋 ………… 462
　　別題三：林黛玉悲秋 ………… 463
　　別題四：悲秋探病 ………… 463
寶玉探病 二回 ………… 464
　　別題：探病 ………… 464
雙玉聽琴 二回 ………… 464
黛玉聽琴 □回 ………… 466
雙玉緣 三回 ………… 466
石頭記 四回 ………… 466
焚稿 四回 ………… 467
思玉戲環 一回 ………… 467
　　別題一：候芳魂 ………… 468
　　別題二：戲柳 ………… 468
露淚緣 十三回 ………… 468
　　別題：紅樓夢 ………… 471
紫鵑思玉 一回 ………… 471
寶釵產玉 二回 ………… 471
　　別題一：產玉 ………… 472
　　別題二：寶釵產桂 ………… 472

## 《聊齋誌異》子弟書

俠女傳 一回 ………… 473
蓮香傳 一回 ………… 474
　　別題：蓮香 ………… 475
姊妹易嫁 二回 ………… 475
大姨換小姨 四回 ………… 475
夢中夢 三回 ………… 476
　　別題：續黃粱 ………… 477
綠衣女 二回 ………… 477
馬介甫 一回 ………… 477
大力將軍 一回 ………… 479
大力將軍傳 一回 ………… 480
　　別題：大力將軍 ………… 480
秋容傳 一回 ………… 480
　　別題：秋容 ………… 480
蕭七 二回 ………… 481
菱角 二回 ………… 481
姚阿綉 三回 ………… 482
　　別題：阿綉 ………… 482
鍾生 三回 ………… 483
嫦娥傳 一回 ………… 483
　　別題：嫦娥 ………… 484
鳳仙 三回 ………… 484
　　別題：鳳仙傳 ………… 485
鳳仙傳 一回 ………… 485
　　別題：鳳仙 ………… 485
續女 二回 ………… 486
胭脂傳 三回 ………… 486
　　別題：胭脂 ………… 487
疑媒 二回 ………… 488
　　別題：冤外冤 ………… 488
瑞雲 存三回 ………… 488
葛巾傳 一回 ………… 489

別題：葛巾 …………………… 490
顏如玉　一回 …………………… 490
　　別題一：如玉 ………………… 491
　　別題二：書痴 ………………… 491
陳雲棲　一回 …………………… 492

洞庭湖　二回 …………………… 492
王杏齋　四回 …………………… 493
謎目奇觀　一回 ………………… 493
　　別題：聊齋目 ………………… 493

# 朝代不明故事

集錦書目　一回 ………………… 495
　　別題：集書目 ………………… 495
八仙慶壽　一回 ………………… 496
　　別題：慶壽 ………………… 496
慶壽　一回 ……………………… 497
　　別題一：群仙祝壽 …………… 497
　　別題二：群仙慶壽 …………… 498
　　別題三：八仙慶壽 …………… 498
贏航旒珊（天官賜福）　一回 …… 498
　　別題：賜福 ………………… 499
面然示警　一回 ………………… 499
佛旨度魔　二回 ………………… 500
森羅殿考　一回 ………………… 500
花子拾金　三回 ………………… 501
一疋布　四回 …………………… 501
一疋布　五回 …………………… 502
打門吃醋　四回 ………………… 503
　　別題：喫醋 ………………… 504
打門吃醋　五回 ………………… 504
玉兒獻花　一回 ………………… 504
　　別題：玉兒送花 …………… 505
幻中緣　二十二回（存五回） …… 505
借靴　二回 ……………………… 506
趕靴　一回 ……………………… 507
借靴趕靴　三回 ………………… 507
　　別題：借靴 ………………… 507
頂燈　二回 ……………………… 508
　　別題：頂鐙（一回） ………… 509
燈草和尚　四回 ………………… 509
要賬該賬大戰脫空　四回 ……… 509

　　別題一：大戰脫空 …………… 510
　　別題二：要賬大戰 …………… 510
　　別題三：脫空老祖 …………… 510
脫空祖師　不分回 ……………… 511
鴇兒訓妓　四回 ………………… 511
　　別題：訓妓 ………………… 512
鴇兒入院　四回 ………………… 512
燒靈改嫁　一回 ………………… 512
薄命辭灶　二回 ………………… 512
黔之驢　一回 …………………… 513
漁樵對答　一回 ………………… 514
　　別題：漁樵問答 …………… 515
雪江獨釣　一回 ………………… 515
　　別題：寒江獨釣 …………… 515
報喜　一回 ……………………… 516
聖賢集署　五回 ………………… 516
　　別題：八字成文 …………… 517
有人心　四回 …………………… 517
　　別題：俗語良言 …………… 517
排難解紛　□回 ………………… 518
賢孫孝祖　四回 ………………… 518
雙善橋　□回 …………………… 518
教訓子孫　二回 ………………… 519
訓女良辭　四回 ………………… 519
愛女嫌媳　□回 ………………… 521
萬壽山　二回 …………………… 521
香閨怨　一回 …………………… 521
房得遇俠　一回 ………………… 521
郭橋認子　十回 ………………… 521
青草園　□回 …………………… 522

## 附：子弟書辨僞

大瘦腰肢 …………………… 523
靈官廟 不分回（馬頭調）…… 524
闊大煙嘆 一回 ……………… 525
天下景致 不分回 …………… 525
綱鑑圖 一回 ………………… 525
古城相會 不分回 …………… 527
拆西廂 不分回 ……………… 527
王元上壽 一回 ……………… 527
刺虎 四回 …………………… 527
妓女上墳 一回 ……………… 529

武松 三本 …………………… 529
雄黃酒 一回 ………………… 530
鴻雁捎書 快書 一回 ………… 530
雙鳳奇緣 一回 ……………… 531
後婚 …………………………… 532
借東風 十二回 ……………… 532
逃學 快書 …………………… 532
出關 □回 …………………… 533
綺春閣 十二回 ……………… 533

# 圖版目録

［圖1］傅惜華舊藏百本張《子弟書目録》…………………………………… 2
［圖2］雙紅堂舊藏百本張鈔本《子弟書目録》…………………………… 2
［圖3］傅惜華舊藏別埜堂《子弟書目録》………………………………… 3
［圖4］車王府舊藏本《集錦書目》………………………………………… 4
［圖5］民初輯本《子弟書目録》…………………………………………… 5
［圖6］蕭文澄撰《子弟書約選日記》……………………………………… 5
［圖7］民國鈔本《晴雪梅花録》…………………………………………… 6
［圖8］金臺三畏氏撰《緑棠吟館子弟書百種總目》……………………… 6
［圖1］車王府舊藏本《千金一笑》………………………………………… 2
［圖2］藝研院藏百本張鈔本《飛熊夢》…………………………………… 2
［圖3］早稻田藏石印本《封神榜》………………………………………… 3
［圖4］長田夏樹藏會文山房刻本《弔綿山》……………………………… 4
［圖5］會文山房刻本《孔子去齊》………………………………………… 5
［圖6］李嘯倉藏石印本《子路追孔》……………………………………… 6
［圖7］早稻田藏石印本《論語小段》……………………………………… 7
［圖8］首圖藏石印本《鞭打蘆花》………………………………………… 7
［圖9-1］故宮藏清鈔本《子胥救孤》……………………………………… 8
［圖9-2］傅斯年圖書館藏鈔本《子胥救孤》……………………………… 8
［圖10］傅斯年圖書館藏清鈔本《襌魚寺》……………………………… 9
［圖11］早稻田藏石印本《伍子胥過江》………………………………… 10
［圖12］傅斯年圖書館藏清鈔本《浣沙河》……………………………… 11
［圖13］車王府舊藏本《滾樓》…………………………………………… 11
［圖14］傅斯年圖書館藏鈔本《一顧傾城》……………………………… 13
［圖15］車王府舊藏本《范蠡歸湖》……………………………………… 13
［圖16］雙紅堂藏百本張鈔本《陰魂陣快書》…………………………… 15
［圖17］藝研院藏民國鈔本《陰魂陣快書》……………………………… 15
［圖18］車王府舊藏本《孟子見梁惠王》………………………………… 16
［圖19-1］故宮藏清鈔本《齊人有一妻一妾》…………………………… 17
［圖19-2］傅斯年圖書館藏鈔本《齊人有一妻一妾》…………………… 17

［圖 20］李嘯倉藏別埜堂鈔本《齊陳相罵》..................19
［圖 21］車王府舊藏本《搨墳》..................19
［圖 22］長田夏樹藏文盛堂刻本《蝴蝶夢》..................20
［圖 23-1］車王府舊藏本《蝴蝶夢》..................21
［圖 23-2］關西大學藏長澤規矩也舊藏百本張鈔本《蝴蝶夢》..................21
［圖 24］車王府舊藏本《藍橋會》..................23
［圖 25］藝研院藏刻本《新藍橋》..................23
［圖 26］傅斯年圖書館藏鈔本《六國封印》..................24
［圖 27］會文山房光緒壬寅刻本《馬鞍山》..................26
［圖 28-1］同樂堂刻本《摔琴》..................26
［圖 28-2］首圖藏嘉慶鈔本《摔琴》..................27
［圖 29］藝研院藏民國鈔本《攜琴訪友》..................28
［圖 30］車王府舊藏本《哭城》..................30
［圖 31］德國科隆大學嵇穆藏滿漢合璧《尋夫曲》..................31
［圖 32-1］首圖藏車王府舊藏《追信》..................32
［圖 32-2］藝研院藏清刻本《月下追賢子弟書》..................32
［圖 33］早稻田藏石印本《漂母飯信》..................34
［圖 34］傅斯年圖書館藏鈔本《別姬》..................35
［圖 35］車王府舊藏本《十面埋伏》..................35
［圖 36］首圖藏石印本《張良辭朝紫羅袍》..................36
［圖 37］車王府舊藏本《痴夢》..................39
［圖 38］永尾文庫藏石印本《玉天仙癡夢》..................39
［圖 39］車王府舊藏本《得書》..................41
［圖 40］首圖藏車王府舊藏本《出塞》..................41
［圖 41］傅斯年圖書館藏鈔本《新昭君》..................42
［圖 42］雙紅堂藏百本張鈔本《查關》..................43
［圖 43］傅斯年圖書館藏《鬧昆陽快書》..................45
［圖 44］車王府舊藏本《艠（藏）舟》..................45
［圖 45］傅斯年圖書館藏鈔本《刺梁》..................48
［圖 46］車王府舊藏本《漁家樂》..................48
［圖 47］車王府舊藏本《趙五娘吃糠》..................50
［圖 48］車王府舊藏本《趙五娘行路》..................50
［圖 49］車王府舊藏本《五娘哭墓》..................51
［圖 50］車王府舊藏本《廟會》..................53
［圖 51］故宮藏清鈔本《廊會》..................54
［圖 52］中大過錄本《虎牢關快書》..................56
［圖 53］傅斯年圖書館藏清鈔本《虎牢關快書》..................56
［圖 54］車王府舊藏本《連環記》..................57
［圖 55-1］車王府舊藏本《鳳儀亭》..................58
［圖 55-2］藝研院藏光緒刻本《鳳儀亭》..................58

［圖56-1］首圖藏車王府舊藏本《新鳳儀亭》…………………………………… 59
［圖56-2］首圖藏百本張鈔本《鳳儀亭》……………………………………………… 59
［圖57］傅斯年圖書館藏清鈔本《鳳儀亭快書》……………………………………… 61
［圖58］中大過錄本《許田射鹿快書》………………………………………………… 61
［圖59］李嘯倉藏鈔本《擊鼓罵曹》…………………………………………………… 62
［圖60］早稻田藏石印本《罵阿瞞》…………………………………………………… 63
［圖61］車王府舊藏本《血帶詔》……………………………………………………… 64
［圖62］車王府舊藏本《十問十答》…………………………………………………… 64
［圖63］藝研院藏民國鈔本《關公盤道》……………………………………………… 65
［圖64］傅斯年圖書館藏清鈔本《古城相會》………………………………………… 67
［圖65］藝研院藏民國鈔本《襄陽會》………………………………………………… 67
［圖66］車王府舊藏本《徐母訓子》…………………………………………………… 69
［圖67］藝研院藏齊如山抄《徐母訓子快書》………………………………………… 69
［圖68-1］李嘯倉藏鈔本《長阪坡》…………………………………………………… 71
［圖68-2］長田夏樹藏會文山房刻本《糜氏托孤》…………………………………… 71
［圖69］故宮藏百本張鈔本《長板坡快書》…………………………………………… 73
［圖70］雙紅堂藏百本張鈔本《舌戰群儒快書》……………………………………… 74
［圖71］藝研院藏民初鈔本《赤壁遺恨》……………………………………………… 74
［圖72］傅斯年圖書館藏別埜堂鈔本《草船借箭快書》……………………………… 76
［圖73］故宮藏百本張鈔本《草船借箭快書》………………………………………… 77
［圖74］李嘯倉藏鈔本《草船借箭》…………………………………………………… 78
［圖75］藝研院藏民初钞本《苦肉計》………………………………………………… 78
［圖76］傅斯年圖書館藏鈔本《打黃蓋快書》………………………………………… 79
［圖77］藝研院藏民初鈔本《闞澤下書》……………………………………………… 79
［圖78］車王府舊藏本《赤壁鏖兵》…………………………………………………… 80
［圖79］藝研院藏民初鈔本《借東風》………………………………………………… 80
［圖80-1］故宮藏百本張鈔本《借東風快書》………………………………………… 81
［圖80-2］故宮藏清鈔本《借東風快書》……………………………………………… 81
［圖81］民族圖書館藏劉復舊藏鈔本《擋曹》………………………………………… 83
［圖82］藝研院藏民初鈔本《華容道》………………………………………………… 83
［圖83］傅斯年圖書館藏清鈔本《擋曹快書》………………………………………… 85
［圖84］車王府舊藏本《赤壁鏖兵快書》……………………………………………… 85
［圖85］首圖藏車王府舊藏《三戰黃忠》……………………………………………… 87
［圖86］中大過錄本《戰長沙快書》…………………………………………………… 87
［圖87］車王府舊藏本《東吳招親》…………………………………………………… 88
［圖88］車王府舊藏本《東吳記》……………………………………………………… 88
［圖89］早稻田藏石印本《龍鳳配》…………………………………………………… 90
［圖90］藝研院藏民初鈔本《龍鳳配》………………………………………………… 90
［圖91］首圖藏車王府舊藏《單刀會硬書》…………………………………………… 92
［圖92］藝研院藏文萃堂刻二十回本《單刀會》……………………………………… 93

［圖93］李嘯倉藏鈔本《單刀会》…………………………………………………… 94
［圖94］藝研院藏民初鈔本《子龍趕船》………………………………………… 94
［圖95］雙紅堂藏百本張鈔本《截江快書》……………………………………… 95
［圖96］社科院圖書館藏鈔本《八陣圖快書》…………………………………… 96
［圖97-1］北師大藏鈔本《白帝城託孤》………………………………………… 98
［圖97-2］天圖藏鈔本《託孤》……………………………………………………… 98
［圖98］早稻田藏石印本《白帝城》……………………………………………… 99
［圖99］藝研院藏民初鈔本《祭瀘水》…………………………………………… 100
［圖100］中大過録本《鳳鳴關快書》……………………………………………… 100
［圖101］民族圖書館藏劉復舊藏鈔本《罵朗》………………………………… 101
［圖102］故宮藏百本張鈔本《罵朗》……………………………………………… 102
［圖103］藝研院藏民初鈔本《罵王朗》…………………………………………… 104
［圖104］傅斯年圖書館藏清鈔本《空城計》…………………………………… 104
［圖105］車王府舊藏本《嘆武侯》………………………………………………… 105
［圖106］傅斯年圖書館藏鈔本《武鄉侯》……………………………………… 105
［圖107-1］車王府舊藏本《天台傳》……………………………………………… 108
［圖107-2］社科院藏老聚卷堂鈔本《劉阮入天台》…………………………… 108
［圖108］藝研院藏海城合順書坊刻本《天台奇遇》…………………………… 109
［圖109］藝研院藏海城合順書坊刻本《二仙採藥》…………………………… 109
［圖110］車王府舊藏本《武陵源》………………………………………………… 111
［圖111］車王府舊藏本《花木蘭》………………………………………………… 111
［圖112］車王府舊藏本《風月魁》………………………………………………… 112
［圖113］李嘯倉藏鈔本《南陽關》………………………………………………… 113
［圖114］車王府舊藏本《紅拂女私奔》………………………………………… 115
［圖115］首圖藏車王府舊藏《盜令》……………………………………………… 115
［圖116］車王府舊藏本《打登州快書》…………………………………………… 117
［圖117］雙紅堂藏百本張鈔本《鐧對棒快書》………………………………… 117
［圖118-1］車王府舊藏本《馬上聯姻》…………………………………………… 119
［圖118-2］藝研院藏百本張鈔本《馬上聯姻》………………………………… 119
［圖119］車王府舊藏本《秦氏思子》……………………………………………… 120
［圖120］藝研院藏文萃堂刻本《莊氏降香》及牌記…………………………… 121
［圖121-1］車王府舊藏本《周西坡》……………………………………………… 123
［圖121-2］李嘯倉藏百本張鈔本《周西坡》…………………………………… 123
［圖122］藝研院藏乾隆刻本《羅成托夢》及牌記……………………………… 125
［圖123］首圖藏車王府舊藏《羅成托夢》……………………………………… 127
［圖124］藝研院藏光緒鈔本《羅成托夢》快書………………………………… 127
［圖125］傅斯年圖書館藏《托夢快書》…………………………………………… 128
［圖126］車王府舊藏本《秦王降香》……………………………………………… 129
［圖127］故宮藏百本張鈔本《望兒樓》…………………………………………… 130
［圖128］傅斯年圖書館藏百本張鈔本《打朝》………………………………… 132

| | | |
|---|---|---|
| ［圖129］ | 車王府舊藏本《竊打朝》 | 132 |
| ［圖130］ | 車王府舊藏本《釣魚子》 | 133 |
| ［圖131］ | 國圖藏《狄梁公投店》 | 135 |
| ［圖132］ | 社科院圖書館藏聚卷堂鈔本《淤泥河快書》 | 135 |
| ［圖133］ | 車王府舊藏本《淤泥河快書》 | 136 |
| ［圖134］ | 傅斯年圖書館藏《淤泥河快書》 | 137 |
| ［圖135］ | 雙紅堂藏鈔本《薛禮救駕快書》 | 137 |
| ［圖136］ | 車王府舊藏本《罵城》 | 139 |
| ［圖137］ | 車王府舊藏本《續罵城》 | 140 |
| ［圖138］ | 車王府舊藏本《天元巧配》 | 141 |
| ［圖139］ | 車王府舊藏本《送枕頭》 | 143 |
| ［圖140］ | 車王府舊藏本《薛蛟觀畫》 | 143 |
| ［圖141］ | 傅斯年圖書館藏鈔本《反天宮》 | 145 |
| ［圖142］ | 車王府舊藏本《高老莊》 | 145 |
| ［圖143］ | 車王府舊藏本《撞天婚》 | 147 |
| ［圖144］ | 首圖藏車王府舊藏本《火雲洞》 | 147 |
| ［圖145-1］ | 車王府舊藏本《觀雪乍冰》 | 148 |
| ［圖145-2］ | 傅斯年圖書館藏百本張鈔本《乍冰》 | 148 |
| ［圖146］ | 傅斯年圖書館藏百本張鈔本《子母河》 | 149 |
| ［圖147-1］ | 車王府舊藏本《芭蕉扇》 | 150 |
| ［圖147-2］ | 傅斯年圖書館藏百本張鈔本《借芭蕉扇》 | 150 |
| ［圖148］ | 車王府舊藏本《狐狸思春》 | 152 |
| ［圖149］ | 車王府舊藏本《盤絲洞》 | 152 |
| ［圖150-1］ | 車王府舊藏本《桃李園》 | 153 |
| ［圖150-2］ | 傅斯年圖書館藏百本張鈔本《桃李園》 | 153 |
| ［圖151］ | 傅斯年圖書館藏百本張鈔本《酒樓》 | 155 |
| ［圖152］ | 車王府舊藏本《楊妃醉酒》 | 155 |
| ［圖153］ | 車王府舊藏本《沉香亭》 | 157 |
| ［圖154］ | 車王府舊藏本《梅妃自嘆》 | 157 |
| ［圖155-1］ | 故宮藏清鈔本《楊妃絮閣》 | 158 |
| ［圖155-2］ | 傅斯年圖書館藏光緒鈔本《敘閣》 | 158 |
| ［圖156］ | 車王府舊藏本《長生殿》 | 159 |
| ［圖157］ | 雙紅堂藏老聚卷堂鈔本《雀橋蜜誓》 | 161 |
| ［圖158］ | 藝研院藏清鈔本《馬嵬驛》 | 163 |
| ［圖159］ | 傅斯年圖書館藏鈔本《馬嵬坡》 | 163 |
| ［圖160］ | 傅斯年圖書館藏鈔本《聞鈴》 | 164 |
| ［圖161］ | 長田夏樹藏會文山房刻本《憶真妃》 | 166 |
| ［圖162］ | 國圖藏清刻《憶真妃、錦水祠》合刊本 | 166 |
| ［圖163］ | 傅斯年圖書館藏百本張鈔本《郭子儀》 | 168 |
| ［圖164］ | 車王府舊藏本《鍾馗嫁妹》 | 168 |

［圖165］車王府舊藏本《琵琶記》⋯⋯⋯⋯⋯⋯⋯⋯⋯⋯⋯⋯⋯⋯⋯⋯⋯ 171
［圖166］雙紅堂藏百本張鈔本《遊寺》⋯⋯⋯⋯⋯⋯⋯⋯⋯⋯⋯⋯⋯ 171
［圖167］車王府舊藏本《紅娘寄柬》⋯⋯⋯⋯⋯⋯⋯⋯⋯⋯⋯⋯⋯⋯ 172
［圖168］車王府舊藏本《鶯鶯降香》⋯⋯⋯⋯⋯⋯⋯⋯⋯⋯⋯⋯⋯⋯ 173
［圖169］藝研院藏錦文堂刻本《全本西廂段》⋯⋯⋯⋯⋯⋯⋯⋯⋯ 175
［圖170］上海槐蔭山房石印本《全西廂》⋯⋯⋯⋯⋯⋯⋯⋯⋯⋯⋯ 175
［圖171］車王府舊藏本《拷紅》⋯⋯⋯⋯⋯⋯⋯⋯⋯⋯⋯⋯⋯⋯⋯⋯ 177
［圖172］傅斯年圖書館藏鈔本《拷紅》⋯⋯⋯⋯⋯⋯⋯⋯⋯⋯⋯⋯ 178
［圖173］故宮藏百本張鈔本《拷紅》⋯⋯⋯⋯⋯⋯⋯⋯⋯⋯⋯⋯⋯ 179
［圖174］車王府舊藏本《長亭餞別》⋯⋯⋯⋯⋯⋯⋯⋯⋯⋯⋯⋯⋯ 180
［圖175］車王府舊藏本《夢榜》⋯⋯⋯⋯⋯⋯⋯⋯⋯⋯⋯⋯⋯⋯⋯⋯ 181
［圖176］清刻本《西廂全本》⋯⋯⋯⋯⋯⋯⋯⋯⋯⋯⋯⋯⋯⋯⋯⋯⋯ 183
［圖177］車王府舊藏本《望鄉》⋯⋯⋯⋯⋯⋯⋯⋯⋯⋯⋯⋯⋯⋯⋯⋯ 184
［圖178］天圖藏鈔本《趕妓》⋯⋯⋯⋯⋯⋯⋯⋯⋯⋯⋯⋯⋯⋯⋯⋯⋯ 184
［圖179］藝研院藏鈔本《牧羊圈》⋯⋯⋯⋯⋯⋯⋯⋯⋯⋯⋯⋯⋯⋯ 185
［圖180-1］車王府舊藏本《千金全德》⋯⋯⋯⋯⋯⋯⋯⋯⋯⋯⋯⋯ 187
［圖180-2］長田夏樹藏財勝堂刻本《全德報》⋯⋯⋯⋯⋯⋯⋯⋯ 187
［圖181］傅斯年圖書館藏百本張鈔本《罵女帶戲》⋯⋯⋯⋯⋯ 189
［圖182］車王府舊藏本《訪普》⋯⋯⋯⋯⋯⋯⋯⋯⋯⋯⋯⋯⋯⋯⋯⋯ 191
［圖183］國圖藏文萃堂刻本《訪賢》⋯⋯⋯⋯⋯⋯⋯⋯⋯⋯⋯⋯⋯ 193
［圖184］傅斯年圖書館藏百本張鈔本《党太尉》⋯⋯⋯⋯⋯⋯ 194
［圖185］社科院圖書館藏聚卷堂鈔本《令公碰碑快書》⋯⋯ 194
［圖186］車王府舊藏本《八郎探母》⋯⋯⋯⋯⋯⋯⋯⋯⋯⋯⋯⋯⋯ 196
［圖187］首圖藏車王府舊藏《八郎別妻》⋯⋯⋯⋯⋯⋯⋯⋯⋯⋯ 196
［圖188］傅斯年圖書館藏鈔本《八郎探母》⋯⋯⋯⋯⋯⋯⋯⋯ 197
［圖189］車王府舊藏本《八郎別妻》⋯⋯⋯⋯⋯⋯⋯⋯⋯⋯⋯⋯⋯ 199
［圖190］車王府舊藏本《痴訴》⋯⋯⋯⋯⋯⋯⋯⋯⋯⋯⋯⋯⋯⋯⋯⋯ 199
［圖191］傅斯年圖書館藏百本張鈔本《林和靖》⋯⋯⋯⋯⋯⋯ 200
［圖192］車王府舊藏本《全彩樓》⋯⋯⋯⋯⋯⋯⋯⋯⋯⋯⋯⋯⋯⋯ 200
［圖193］上海石印本《呂蒙正困守寒窑》⋯⋯⋯⋯⋯⋯⋯⋯⋯⋯ 202
［圖194］李嘯倉藏鈔本《呂蒙正》⋯⋯⋯⋯⋯⋯⋯⋯⋯⋯⋯⋯⋯⋯ 203
［圖195］藝研院藏文萃堂刻本《祭灶》⋯⋯⋯⋯⋯⋯⋯⋯⋯⋯⋯ 204
［圖196］國圖藏鈔本《歸窑祭灶》⋯⋯⋯⋯⋯⋯⋯⋯⋯⋯⋯⋯⋯⋯ 205
［圖197］天圖藏鈔本《趕齋》⋯⋯⋯⋯⋯⋯⋯⋯⋯⋯⋯⋯⋯⋯⋯⋯⋯ 206
［圖198］車王府舊藏本《宮花報喜》⋯⋯⋯⋯⋯⋯⋯⋯⋯⋯⋯⋯⋯ 207
［圖199］故宮藏百本張鈔本《救主》⋯⋯⋯⋯⋯⋯⋯⋯⋯⋯⋯⋯⋯ 208
［圖200］故宮藏百本張鈔本《盤盒》⋯⋯⋯⋯⋯⋯⋯⋯⋯⋯⋯⋯⋯ 209
［圖201］傅斯年圖書館藏鈔本《救主盤盒》⋯⋯⋯⋯⋯⋯⋯⋯⋯ 210
［圖202］車王府舊藏本《拷玉》⋯⋯⋯⋯⋯⋯⋯⋯⋯⋯⋯⋯⋯⋯⋯⋯ 210
［圖203］車王府舊藏本《巧姻緣》⋯⋯⋯⋯⋯⋯⋯⋯⋯⋯⋯⋯⋯⋯ 213

［圖204］車王府舊藏本《花叟逢仙》⋯⋯⋯⋯⋯⋯⋯⋯⋯⋯⋯⋯⋯213
［圖205］車王府舊藏本《賣胭脂》⋯⋯⋯⋯⋯⋯⋯⋯⋯⋯⋯⋯⋯⋯214
［圖206］故宮藏百本張鈔本《陽告》⋯⋯⋯⋯⋯⋯⋯⋯⋯⋯⋯⋯⋯215
［圖207］車王府舊藏本《思凡》⋯⋯⋯⋯⋯⋯⋯⋯⋯⋯⋯⋯⋯⋯⋯216
［圖208-1］傅斯年圖書館藏百本張鈔本《僧尼會》⋯⋯⋯⋯⋯⋯217
［圖208-2］車王府舊藏本《僧尼會》⋯⋯⋯⋯⋯⋯⋯⋯⋯⋯⋯⋯217
［圖209］國圖藏清鈔本《秋聲賦》⋯⋯⋯⋯⋯⋯⋯⋯⋯⋯⋯⋯⋯218
［圖210］國圖藏鈔本《後赤壁》⋯⋯⋯⋯⋯⋯⋯⋯⋯⋯⋯⋯⋯⋯219
［圖211］雙紅堂藏百本張鈔本《三難新郎》⋯⋯⋯⋯⋯⋯⋯⋯⋯219
［圖212］故宮藏百本張鈔本《黨人碑》⋯⋯⋯⋯⋯⋯⋯⋯⋯⋯⋯221
［圖213］車王府舊藏《水滸全人名》⋯⋯⋯⋯⋯⋯⋯⋯⋯⋯⋯⋯223
［圖214］雙紅堂藏百本張鈔本《醉打山門》⋯⋯⋯⋯⋯⋯⋯⋯⋯223
［圖215］故宮藏百本張鈔本《夜奔》⋯⋯⋯⋯⋯⋯⋯⋯⋯⋯⋯⋯224
［圖216］李嘯倉藏鈔本《楊志賣刀》⋯⋯⋯⋯⋯⋯⋯⋯⋯⋯⋯⋯225
［圖217］車王府舊藏本《坐樓殺惜》⋯⋯⋯⋯⋯⋯⋯⋯⋯⋯⋯⋯227
［圖218］藝研院藏會文山房刻本《煙花樓》⋯⋯⋯⋯⋯⋯⋯⋯⋯227
［圖219］故宮藏百本張鈔本《活捉》⋯⋯⋯⋯⋯⋯⋯⋯⋯⋯⋯⋯229
［圖220］天圖藏鈔本《義俠記》⋯⋯⋯⋯⋯⋯⋯⋯⋯⋯⋯⋯⋯⋯230
［圖221］車王府舊藏本《走嶺子》⋯⋯⋯⋯⋯⋯⋯⋯⋯⋯⋯⋯⋯232
［圖222］車王府舊藏本《蜈蚣嶺》⋯⋯⋯⋯⋯⋯⋯⋯⋯⋯⋯⋯⋯232
［圖223］車王府舊藏本《削道冠爾》⋯⋯⋯⋯⋯⋯⋯⋯⋯⋯⋯⋯234
［圖224］李嘯倉藏民初鈔本《蜈蚣嶺快書》⋯⋯⋯⋯⋯⋯⋯⋯⋯234
［圖225］傅斯年圖書館藏鈔本《蜈蚣嶺快書》⋯⋯⋯⋯⋯⋯⋯⋯235
［圖226］社科院圖書館藏《梁山好漢》⋯⋯⋯⋯⋯⋯⋯⋯⋯⋯⋯236
［圖227］車王府舊藏本《李逵接母》⋯⋯⋯⋯⋯⋯⋯⋯⋯⋯⋯⋯237
［圖228］車王府舊藏本《翠屏山》⋯⋯⋯⋯⋯⋯⋯⋯⋯⋯⋯⋯⋯237
［圖229］藝研院藏文萃堂刻本《戲秀子弟書》⋯⋯⋯⋯⋯⋯⋯⋯239
［圖230］藝研院藏清東二酉刻本《醉歸子弟書》⋯⋯⋯⋯⋯⋯⋯239
［圖231-1］車王府舊藏本《盜甲》⋯⋯⋯⋯⋯⋯⋯⋯⋯⋯⋯⋯⋯240
［圖231-2］社科院圖書館藏老聚卷堂鈔本《盜甲》⋯⋯⋯⋯⋯⋯240
［圖232］車王府舊藏本《挑簾定計》⋯⋯⋯⋯⋯⋯⋯⋯⋯⋯⋯⋯241
［圖233］藝研院藏清鈔本《陞官圖》⋯⋯⋯⋯⋯⋯⋯⋯⋯⋯⋯⋯242
［圖234］車王府舊藏本《葡萄架》⋯⋯⋯⋯⋯⋯⋯⋯⋯⋯⋯⋯⋯244
［圖235］車王府舊藏本《得鈔嗷妻》⋯⋯⋯⋯⋯⋯⋯⋯⋯⋯⋯⋯244
［圖236-1］車王府舊藏本《續鈔借銀》⋯⋯⋯⋯⋯⋯⋯⋯⋯⋯⋯246
［圖236-2］首圖藏百本張鈔本《續鈔借銀》⋯⋯⋯⋯⋯⋯⋯⋯⋯246
［圖237］傅斯年圖書館藏鈔本《得鈔傲妻》⋯⋯⋯⋯⋯⋯⋯⋯⋯248
［圖238］車王府舊藏本《哭官哥》⋯⋯⋯⋯⋯⋯⋯⋯⋯⋯⋯⋯⋯248
［圖239］傅斯年圖書館藏鈔本《遣梅》⋯⋯⋯⋯⋯⋯⋯⋯⋯⋯⋯250
［圖240］車王府舊藏本《遣春梅》⋯⋯⋯⋯⋯⋯⋯⋯⋯⋯⋯⋯⋯250

［圖241］車王府舊藏本《永福寺》⋯⋯⋯⋯⋯⋯⋯⋯⋯⋯⋯⋯⋯⋯⋯⋯⋯⋯ 251
［圖242-1］車王府舊藏本《舊院池館》⋯⋯⋯⋯⋯⋯⋯⋯⋯⋯⋯⋯⋯⋯⋯ 252
［圖242-2］李嘯倉藏文萃堂刻本《春梅遊舊家池館》⋯⋯⋯⋯⋯⋯⋯⋯ 252
［圖243］李嘯倉藏刻本《詔班師》⋯⋯⋯⋯⋯⋯⋯⋯⋯⋯⋯⋯⋯⋯⋯⋯ 255
［圖244］藝研院藏百本張鈔本《胡迪罵閻》⋯⋯⋯⋯⋯⋯⋯⋯⋯⋯⋯⋯ 255
［圖245-1］車王府舊藏本《胡迪罵閻》⋯⋯⋯⋯⋯⋯⋯⋯⋯⋯⋯⋯⋯⋯ 256
［圖245-2］雙紅堂藏百本張鈔本《謗閻快書》⋯⋯⋯⋯⋯⋯⋯⋯⋯⋯⋯ 256
［圖246］藝研院藏同治鈔本《天閣樓硬書》⋯⋯⋯⋯⋯⋯⋯⋯⋯⋯⋯⋯ 258
［圖247］車王府舊藏本《全掃秦》⋯⋯⋯⋯⋯⋯⋯⋯⋯⋯⋯⋯⋯⋯⋯⋯ 260
［圖248］車王府舊藏本《玉簪記》⋯⋯⋯⋯⋯⋯⋯⋯⋯⋯⋯⋯⋯⋯⋯⋯ 260
［圖249］藝研院藏光緒辛卯鈔本《玉簪記》⋯⋯⋯⋯⋯⋯⋯⋯⋯⋯⋯⋯ 262
［圖250］首圖藏車王府舊藏本《鳳鸞傳》⋯⋯⋯⋯⋯⋯⋯⋯⋯⋯⋯⋯⋯ 263
［圖251］藝研院藏清鈔本《繡香囊》⋯⋯⋯⋯⋯⋯⋯⋯⋯⋯⋯⋯⋯⋯⋯ 264
［圖252］藝研院藏財勝堂刻本《麟兒報》⋯⋯⋯⋯⋯⋯⋯⋯⋯⋯⋯⋯⋯ 265
［圖253］北師大圖書館藏鈔本《賣油郎獨占花魁》⋯⋯⋯⋯⋯⋯⋯⋯⋯ 266
［圖254］車王府舊藏本《雷峰塔》⋯⋯⋯⋯⋯⋯⋯⋯⋯⋯⋯⋯⋯⋯⋯⋯ 266
［圖255］車王府舊藏本《合鉢》⋯⋯⋯⋯⋯⋯⋯⋯⋯⋯⋯⋯⋯⋯⋯⋯⋯ 268
［圖256］傅斯年圖書館藏鈔本《合鉢》⋯⋯⋯⋯⋯⋯⋯⋯⋯⋯⋯⋯⋯⋯ 270
［圖257］藝研院藏別墅堂鈔本《合鉢》⋯⋯⋯⋯⋯⋯⋯⋯⋯⋯⋯⋯⋯⋯ 270
［圖258］社科院圖書館藏老聚卷堂鈔本《數羅漢》⋯⋯⋯⋯⋯⋯⋯⋯⋯ 272
［圖259］車王府舊藏本《探塔》⋯⋯⋯⋯⋯⋯⋯⋯⋯⋯⋯⋯⋯⋯⋯⋯⋯ 272
［圖260］車王府舊藏本《祭塔》⋯⋯⋯⋯⋯⋯⋯⋯⋯⋯⋯⋯⋯⋯⋯⋯⋯ 275
［圖261］車王府舊藏本《出塔》⋯⋯⋯⋯⋯⋯⋯⋯⋯⋯⋯⋯⋯⋯⋯⋯⋯ 275
［圖262］藝研院藏海城聚有書坊刻本《白蛇傳》⋯⋯⋯⋯⋯⋯⋯⋯⋯⋯ 276
［圖263］車王府舊藏本《趁心願》⋯⋯⋯⋯⋯⋯⋯⋯⋯⋯⋯⋯⋯⋯⋯⋯ 276
［圖264］雙紅堂藏老聚卷堂鈔本《鬧學》⋯⋯⋯⋯⋯⋯⋯⋯⋯⋯⋯⋯⋯ 279
［圖265］藝研院藏文華堂刻本《春香鬧學》⋯⋯⋯⋯⋯⋯⋯⋯⋯⋯⋯⋯ 279
［圖266］車王府舊藏本《遊園尋夢》⋯⋯⋯⋯⋯⋯⋯⋯⋯⋯⋯⋯⋯⋯⋯ 280
［圖267］故宮藏百本張鈔本《離魂》⋯⋯⋯⋯⋯⋯⋯⋯⋯⋯⋯⋯⋯⋯⋯ 281
［圖268］藝研院藏文萃堂刻本《還魂子弟全書》⋯⋯⋯⋯⋯⋯⋯⋯⋯⋯ 283
［圖269］藝研院藏鈔本《雙郎追舟》⋯⋯⋯⋯⋯⋯⋯⋯⋯⋯⋯⋯⋯⋯⋯ 283
［圖270］車王府舊藏本《紅梅閣》⋯⋯⋯⋯⋯⋯⋯⋯⋯⋯⋯⋯⋯⋯⋯⋯ 284
［圖271］傅斯年圖書館藏鈔本《紅梅閣》⋯⋯⋯⋯⋯⋯⋯⋯⋯⋯⋯⋯⋯ 284
［圖272］車王府舊藏本《慧娘鬼辯》⋯⋯⋯⋯⋯⋯⋯⋯⋯⋯⋯⋯⋯⋯⋯ 285
［圖273-1］車王府舊藏本《路旁花》⋯⋯⋯⋯⋯⋯⋯⋯⋯⋯⋯⋯⋯⋯⋯ 286
［圖273-2］傅斯年圖書館藏百本張鈔本《路旁花》⋯⋯⋯⋯⋯⋯⋯⋯⋯ 286
［圖274］傅斯年圖書館藏鈔本《舊奇逢》⋯⋯⋯⋯⋯⋯⋯⋯⋯⋯⋯⋯⋯ 289
［圖275］傅斯年圖書館藏鈔本《新奇逢》⋯⋯⋯⋯⋯⋯⋯⋯⋯⋯⋯⋯⋯ 291
［圖276］傅斯年圖書館藏鈔本《劉高手》⋯⋯⋯⋯⋯⋯⋯⋯⋯⋯⋯⋯⋯ 291
［圖277］北大藏車王府舊藏鈔本《百花亭》⋯⋯⋯⋯⋯⋯⋯⋯⋯⋯⋯⋯ 292

| | | |
|---|---|---|
| ［圖278］ | 早稻田藏石印本《魂完宿願》 | 294 |
| ［圖279］ | 車王府舊藏本《遊武廟》 | 295 |
| ［圖280］ | 李嘯倉藏鈔本《千鐘祿》 | 296 |
| ［圖281］ | 藝研院藏會文堂刻本《巧斷家私》 | 298 |
| ［圖282］ | 車王府舊藏本《雪梅弔孝》 | 299 |
| ［圖283-1］ | 車王府舊藏本《商郎回煞》 | 300 |
| ［圖283-2］ | 藝研院藏百本張鈔本《回煞》 | 300 |
| ［圖284］ | 車王府舊藏本《掛帛》 | 302 |
| ［圖285］ | 東京都立圖書館藏文盛書房刻本《百年長恨》 | 303 |
| ［圖286］ | 車王府舊藏本《談劍術》 | 304 |
| ［圖287］ | 故宮藏百本張鈔本《雙官誥》 | 305 |
| ［圖288］ | 天圖藏石印本《珍珠衫》 | 306 |
| ［圖289］ | 國圖藏清鈔本《玉搔頭》 | 307 |
| ［圖290］ | 車王府舊藏本《遊龍傳》 | 307 |
| ［圖291］ | 傅斯年圖書館藏石印本《富春院》 | 309 |
| ［圖292］ | 首圖藏車王府舊藏《三笑姻緣》 | 309 |
| ［圖293］ | 首圖藏車王府舊藏本《何必西廂》 | 311 |
| ［圖294］ | 傅斯年圖書館藏百本張鈔本《盜令牌》 | 311 |
| ［圖295］ | 故宮藏百本張鈔本《刺湯》 | 312 |
| ［圖296］ | 九州大學藏文萃堂刻本《刺湯》 | 313 |
| ［圖297］ | 車王府舊藏本《祭姬》 | 314 |
| ［圖298］ | 藝研院藏財勝堂刻本《思親感神》 | 314 |
| ［圖299］ | 首圖藏石印本《佛門點元》 | 316 |
| ［圖300］ | 車王府舊藏本《炎天雪》 | 317 |
| ［圖301］ | 國圖藏清鈔本《杜十娘怒沉百寶箱》 | 318 |
| ［圖302］ | 國圖藏民國鈔本《青樓遺恨》 | 318 |
| ［圖303］ | 車王府舊藏本《百寶箱》 | 319 |
| ［圖304-1］ | 車王府舊藏本《青樓遺恨》 | 320 |
| ［圖304-2］ | 藝研院藏老會文堂刻本《青樓遺恨》 | 320 |
| ［圖305］ | 傅斯年圖書館藏百本張鈔本《咤美》 | 323 |
| ［圖306］ | 車王府舊藏本《意中緣》 | 323 |
| ［圖307］ | 國圖藏鈔本《賣畫》 | 324 |
| ［圖308］ | 車王府舊藏本《梅嶼恨》 | 324 |
| ［圖309］ | 車王府舊藏本《下河南》 | 326 |
| ［圖310］ | 雙紅堂藏百本張鈔本《背娃入府》 | 326 |
| ［圖311-1］ | 車王府舊藏本《連陞三級》 | 328 |
| ［圖311-2］ | 藝研院藏別埜堂鈔本《聯陞三級》 | 328 |
| ［圖312-1］ | 車王府舊藏本《寧武關》 | 329 |
| ［圖312-2］ | 藝研院藏誠文信房刻本《寧武關》 | 329 |
| ［圖313］ | 故宮藏清鈔本《寧武關》 | 331 |

［圖314］藝研院藏別埜堂鈔本《分宮》……………………………………332
［圖315］車王府舊藏本《刺虎》……………………………………………332
［圖316］故宮藏百本張鈔本《刺虎》………………………………………335
［圖317］早稻田大學藏文萃堂刻本《刺虎》………………………………336
［圖318］國圖藏聚卷堂鈔本《刺虎》………………………………………337
［圖319］雙紅堂藏百本張鈔本《請清兵快書》……………………………338
［圖320］車王府舊藏本《柳敬亭》…………………………………………339
［圖321］藝研院藏稿本《絃杖圖》…………………………………………341
［圖322］車王府舊藏本《鄉城罵》…………………………………………343
［圖323］車王府舊藏本《花別妻》…………………………………………343
［圖324］車王府舊藏本《續花別妻》………………………………………345
［圖325］車王府舊藏本《打麵缸》…………………………………………345
［圖326］車王府舊藏本《送盒子》…………………………………………346
［圖327］車王府舊藏本《靈官廟》…………………………………………346
［圖328］車王府舊藏本《續靈官廟》………………………………………348
［圖329］車王府舊藏本《俏東風》…………………………………………348
［圖330］車王府舊藏本《續俏東風》………………………………………351
［圖331］藝研院藏崇藝堂刻本《俏東風》…………………………………351
［圖332］車王府舊藏本《荷花記》…………………………………………352
［圖333］雙紅堂藏百本張鈔本《梅花塢》…………………………………352
［圖334］國圖藏清鈔本《悲歡夢》…………………………………………354
［圖335］車王府舊藏本《連理枝》…………………………………………354
［圖336］國圖藏清刻本《連理枝》…………………………………………355
［圖337］首圖藏鈔本《三皇會》……………………………………………355
［圖338］故宮藏百本張鈔本《桃花岸》……………………………………357
［圖339］國圖藏文萃堂刻本《姑嫂拌嘴》…………………………………358
［圖340］國圖藏鈔本《鴛鴦扣》……………………………………………359
［圖341］車王府舊藏本《繡荷包》…………………………………………361
［圖342］車王府舊藏本《女斛斗》…………………………………………361
［圖343］車王府舊藏本《老斗嘆》…………………………………………362
［圖344］傅斯年圖書館藏鈔本《老斗嘆》…………………………………362
［圖345］車王府舊藏本《祿壽堂》…………………………………………363
［圖346］傅斯年圖書館藏鈔本《梨園舘》…………………………………364
［圖347］車王府舊藏本《鬍子譜》…………………………………………364
［圖348］車王府舊藏本《鬍子論》…………………………………………366
［圖349］車王府舊藏本《票把兒上台》……………………………………366
［圖350］車王府舊藏本《評崑論》…………………………………………369
［圖351］車王府舊藏本《郭棟兒》…………………………………………369
［圖352］車王府舊藏本《隨緣樂》…………………………………………370
［圖353］國圖藏清刻本《大實話》…………………………………………370

［圖 354］傅斯年圖書館藏百本張鈔本《風流詞客》……………………372
［圖 355］傅斯年圖書館藏鈔本《爲票傲夫》……………………372
［圖 356］車王府舊藏本《爲票嗷夫》……………………373
［圖 357］車王府舊藏本《拐棒樓》……………………373
［圖 358］天圖藏鈔本《子弟書圖》……………………374
［圖 359］車王府舊藏本《文鄉試》……………………376
［圖 360］傅斯年圖書館藏百本張鈔本《武鄉試》……………………376
［圖 361］傅斯年圖書館藏百本張鈔本《紅旗捷報》……………………377
［圖 362］車王府舊藏本《張格爾造反》……………………378
［圖 363］國圖藏鈔本《擒張格爾》……………………378
［圖 364］車王府舊藏本《軍營報喜》……………………379
［圖 365］傅斯年圖書館藏鈔本《碧玉將軍翡翠嘆》……………………381
［圖 366］傅斯年圖書館藏鈔本《苦海茫茫》……………………381
［圖 367］長田夏樹藏同治刻本《大煙歎》……………………382
［圖 368］車王府舊藏本《太常寺》……………………382
［圖 369］傅斯年圖書館藏鈔本《熱河園》……………………384
［圖 370］車王府舊藏本《女侍衛嘆》……………………384
［圖 371］傅斯年圖書館藏百本張鈔本《少侍衛嘆》……………………386
［圖 372］車王府舊藏本《老侍衛嘆》……………………386
［圖 373］車王府舊藏本《侍衛論》……………………388
［圖 374］車王府舊藏本《司官嘆》……………………388
［圖 375］車王府舊藏本《官銜嘆》……………………389
［圖 376］車王府舊藏本《長隨嘆》……………………389
［圖 377］傅斯年圖書館藏鈔本《嘆旗詞》……………………391
［圖 378］車王府舊藏本《鑾儀衛》……………………391
［圖 379］車王府舊藏本《先生嘆》……………………393
［圖 380］車王府舊藏本《廚子嘆》……………………393
［圖 381］藝研院藏民初鈔本《蕩子嘆》……………………394
［圖 382-1］清刻本《窮酸歎》……………………395
［圖 382-2］藝研院藏民初鈔本《窮酸嘆》……………………395
［圖 383］故宮藏百本張鈔本《窮鬼嘆》……………………396
［圖 384］長田夏樹藏文盛堂刻本《浪子歎》……………………397
［圖 385］藝研院藏民初鈔本《老漢嘆》……………………397
［圖 386］藝研院藏民初鈔本《妓女嘆》……………………399
［圖 387］首圖藏百本張鈔本《煙花嘆》……………………399
［圖 388］首圖藏稿本《代數歎》……………………400
［圖 389］藝研院藏民初鈔本《心高嘆》……………………400
［圖 390］傅斯年圖書館藏石印本《書生歎》……………………401
［圖 391］藝研院藏民初鈔本《光棍嘆》……………………401
［圖 392］傅斯年圖書館藏石印本《光棍歎》……………………402

［圖 393］藝研院藏民初鈔本《腐儒嘆》…… 402
［圖 394］藝研院藏民初鈔本《庸醫嘆》…… 403
［圖 395］國家圖書館藏民國鈔本《榮華夢》…… 404
［圖 396］車王府舊藏本《飯會》…… 404
［圖 397］車王府舊藏本《燈謎會》…… 406
［圖 398］傅斯年圖書館藏鈔本《平謎論》…… 406
［圖 399］傅斯年圖書館藏鈔本《打十湖》…… 407
［圖 400］車王府舊藏本《骨牌名》…… 407
［圖 401］車王府舊藏本《葦連換笋雞》…… 408
［圖 402-1］車王府舊藏本《拿螃蟹》…… 409
［圖 402-2］波太野太郎舊藏本《吃螃蟹滿漢兼》…… 409
［圖 403］早稻田藏石印本《謀財顯報》…… 410
［圖 404］早稻田藏石印本《覆恩往報》…… 411
［圖 405］早稻田藏石印本《瞞心枉說》…… 412
［圖 406］李嘯倉藏三文堂刻本《離情》…… 413
［圖 407］雙紅堂藏百本張鈔本《瘋和尚治病》…… 413
［圖 408］藝研院藏清鈔本《鶴侶自嘆》…… 414
［圖 409］國圖藏民國鈔本《瘋和尚治病》…… 414
［圖 410］傅斯年圖書館藏百本張鈔本《風流公子》…… 415
［圖 411］車王府舊藏本《公子戲環》…… 416
［圖 412-1］車王府舊藏本《家主戲環》…… 417
［圖 412-2］藝研院藏別埜堂鈔本《家主戲環》…… 417
［圖 413］車王府舊藏本《調春戲姨》…… 419
［圖 414］車王府舊藏本《續戲姨》…… 419
［圖 415］傅斯年圖書館藏百本張鈔本《捐納大爺》…… 421
［圖 416］傅斯年圖書館藏百本張鈔本《時道人》…… 421
［圖 417］車王府舊藏本《爲賭嗷夫》…… 423
［圖 418］傅斯年圖書館藏鈔本《射鵠子》…… 423
［圖 419］傅斯年圖書館藏光緒鈔本《碧雲寺》…… 424
［圖 420］天圖藏石印本《別善惡》…… 424
［圖 421-2］車王府舊藏本《闊大奶奶聽善會戲》…… 426
［圖 421-2］傅斯年圖書館藏光緒鈔本《出善會》…… 426
［圖 422-1］車王府舊藏本《闊大奶奶逛二閘》…… 427
［圖 422-2］雙紅堂藏百本張鈔本《逛二閘》…… 427
［圖 423-1］車王府舊藏本《逛護國寺》…… 428
［圖 423-2］傅斯年圖書館藏鈔本《逛護國寺》…… 428
［圖 424］車王府舊藏本《家園樂》…… 429
［圖 425］車王府舊藏本《喜舞歌》…… 430
［圖 426］傅斯年圖書館藏清鈔本《越法交兵》…… 432
［圖 427］傅藏清刻本《日俄交兵》…… 433

| 圖號 | 說明 | 頁碼 |
|---|---|---|
| ［圖428］ | 首圖藏石印本《袁世凱憶帝非》 | 433 |
| ［圖429］ | 車王府舊藏本《會玉摔玉》 | 435 |
| ［圖430］ | 車王府舊藏本《一入榮國府》 | 437 |
| ［圖431］ | 車王府舊藏本《玉香花語》 | 437 |
| ［圖432］ | 雙紅堂藏百本張鈔本《雙玉埋紅》 | 438 |
| ［圖433］ | 劉復舊藏鈔本《黛玉埋花》 | 438 |
| ［圖434］ | 雙紅堂藏百本張鈔本《葬花》 | 441 |
| ［圖435］ | 雙紅堂藏百本張鈔本《二玉論心》 | 441 |
| ［圖436］ | 傅斯年圖書館藏鈔本《二玉論心》 | 442 |
| ［圖437］ | 雙紅堂藏百本張鈔本《椿齡畫薔》 | 442 |
| ［圖438］ | 雙紅堂藏百本張鈔本《晴雯撕扇》 | 443 |
| ［圖439-1］ | 車王府舊藏本《寶釵代綉》首頁 | 445 |
| ［圖439-2］ | 傅斯年圖書館藏鈔本《寶釵代綉》首頁 | 445 |
| ［圖440］ | 車王府舊藏本《海棠結社》 | 446 |
| ［圖441］ | 李嘯倉藏鈔本《劉姥姥探親》 | 446 |
| ［圖442］ | 藝研院藏《信口開河》 | 447 |
| ［圖443］ | 雙紅堂藏百本張鈔本《兩宴大觀園》 | 448 |
| ［圖444］ | 車王府舊藏本《議宴陳園》 | 448 |
| ［圖445］ | 藝研院藏別埜堂鈔本《遊亭入館》 | 450 |
| ［圖446］ | 雙紅堂藏百本張鈔本《三宣牙牌令》 | 450 |
| ［圖447］ | 雙紅堂藏百本張鈔本《品茶櫳翠庵》 | 452 |
| ［圖448］ | 雙紅堂藏百本張鈔本《醉臥怡紅院》 | 452 |
| ［圖449-1］ | 車王府藏舊本《過繼巧姐爾》 | 453 |
| ［圖449-2］ | 故宮藏清鈔本《過繼巧姐尔》 | 453 |
| ［圖450-1］ | 車王府舊藏本《鳳姐爾送行》 | 455 |
| ［圖450-2］ | 故宮藏清鈔本《鳳姐尓送行》 | 455 |
| ［圖451］ | 雙紅堂藏百本張鈔本《湘雲醉酒》 | 456 |
| ［圖452］ | 雙紅堂藏百本張鈔本《遣晴雯》 | 456 |
| ［圖453］ | 車王府舊藏本《探雯換褥》 | 458 |
| ［圖454-1］ | 車王府舊藏本《晴雯賫恨》 | 460 |
| ［圖454-2］ | 故宮藏清鈔本《晴雯賫恨》 | 460 |
| ［圖455］ | 藝研院藏清刻本《芙蓉誄傳》 | 460 |
| ［圖456-1］ | 車王府舊藏本《全悲秋》 | 462 |
| ［圖456-2］ | 長田夏樹藏會文山房刻本《黛玉悲秋》 | 462 |
| ［圖457］ | 傅斯年圖書館藏鈔本《探病》 | 464 |
| ［圖458］ | 車王府舊藏本《雙玉聽琴》 | 465 |
| ［圖459］ | 車王府舊藏本《石頭記》 | 467 |
| ［圖460］ | 車王府舊藏本《思玉戲環》 | 468 |
| ［圖461-1］ | 故宮藏百本張鈔本《露淚緣》 | 469 |
| ［圖461-2］ | 文盛書房刻本《露淚緣》 | 470 |

［圖461-3］崇文閣刻本《露淚緣》⋯⋯⋯⋯⋯⋯⋯⋯⋯⋯⋯⋯⋯⋯⋯⋯ 470
［圖462］車王府舊藏本《寶釵產玉》⋯⋯⋯⋯⋯⋯⋯⋯⋯⋯⋯⋯⋯⋯⋯ 471
［圖463］劉復舊藏鈔本《俠女傳》⋯⋯⋯⋯⋯⋯⋯⋯⋯⋯⋯⋯⋯⋯⋯⋯ 473
［圖464］劉復舊藏鈔本《蓮香傳》⋯⋯⋯⋯⋯⋯⋯⋯⋯⋯⋯⋯⋯⋯⋯⋯ 474
［圖465］早稻田藏石印本《姊妹易嫁》⋯⋯⋯⋯⋯⋯⋯⋯⋯⋯⋯⋯⋯⋯ 474
［圖466］藝研院藏清刻本《夢中夢》⋯⋯⋯⋯⋯⋯⋯⋯⋯⋯⋯⋯⋯⋯⋯ 476
［圖467］車王府舊藏本《綠衣女》⋯⋯⋯⋯⋯⋯⋯⋯⋯⋯⋯⋯⋯⋯⋯⋯ 476
［圖468］劉復舊藏鈔本《馬介甫》⋯⋯⋯⋯⋯⋯⋯⋯⋯⋯⋯⋯⋯⋯⋯⋯ 478
［圖469］車王府舊藏本《大力將軍》⋯⋯⋯⋯⋯⋯⋯⋯⋯⋯⋯⋯⋯⋯⋯ 479
［圖470］劉復舊藏鈔本《大力將軍傳》⋯⋯⋯⋯⋯⋯⋯⋯⋯⋯⋯⋯⋯⋯ 479
［圖471］劉復舊藏鈔本《秋容傳》⋯⋯⋯⋯⋯⋯⋯⋯⋯⋯⋯⋯⋯⋯⋯⋯ 481
［圖472］國圖藏清鈔本《蕭七》⋯⋯⋯⋯⋯⋯⋯⋯⋯⋯⋯⋯⋯⋯⋯⋯⋯ 481
［圖473］國圖藏鈔本《菱角》⋯⋯⋯⋯⋯⋯⋯⋯⋯⋯⋯⋯⋯⋯⋯⋯⋯⋯ 482
［圖474］傅斯年圖書館藏鈔本《姚阿綉》⋯⋯⋯⋯⋯⋯⋯⋯⋯⋯⋯⋯⋯ 482
［圖475］傅斯年圖書館藏鈔本《鍾生》⋯⋯⋯⋯⋯⋯⋯⋯⋯⋯⋯⋯⋯⋯ 483
［圖476］劉復舊藏鈔本《嫦娥傳》⋯⋯⋯⋯⋯⋯⋯⋯⋯⋯⋯⋯⋯⋯⋯⋯ 484
［圖477］傅斯年圖書館藏百本張鈔本《鳳仙傳》⋯⋯⋯⋯⋯⋯⋯⋯⋯⋯ 486
［圖478］車王府舊藏本《鳳仙傳》⋯⋯⋯⋯⋯⋯⋯⋯⋯⋯⋯⋯⋯⋯⋯⋯ 486
［圖479］國圖藏鈔本《績女》⋯⋯⋯⋯⋯⋯⋯⋯⋯⋯⋯⋯⋯⋯⋯⋯⋯⋯ 487
［圖480］車王府舊藏本《聊齋胭脂傳》⋯⋯⋯⋯⋯⋯⋯⋯⋯⋯⋯⋯⋯⋯ 487
［圖481］長田夏樹藏甲辰刻本《疑媒》⋯⋯⋯⋯⋯⋯⋯⋯⋯⋯⋯⋯⋯⋯ 488
［圖482］李嘯倉藏鈔本《瑞雲》⋯⋯⋯⋯⋯⋯⋯⋯⋯⋯⋯⋯⋯⋯⋯⋯⋯ 489
［圖483-1］車王府舊藏本《葛巾傳》⋯⋯⋯⋯⋯⋯⋯⋯⋯⋯⋯⋯⋯⋯⋯ 490
［圖483-2］劉復舊藏鈔本《葛巾傳》⋯⋯⋯⋯⋯⋯⋯⋯⋯⋯⋯⋯⋯⋯⋯ 490
［圖484-1］車王府舊藏本《顏如玉》⋯⋯⋯⋯⋯⋯⋯⋯⋯⋯⋯⋯⋯⋯⋯ 491
［圖484-2］劉復舊藏鈔本《顏如玉》⋯⋯⋯⋯⋯⋯⋯⋯⋯⋯⋯⋯⋯⋯⋯ 491
［圖485］車王府舊藏本《陳雲棲》⋯⋯⋯⋯⋯⋯⋯⋯⋯⋯⋯⋯⋯⋯⋯⋯ 493
［圖486］傅斯年圖書館藏鈔本《謎目奇觀》⋯⋯⋯⋯⋯⋯⋯⋯⋯⋯⋯⋯ 493
［圖487-1］傅斯年圖書館藏百本張鈔本《集錦書目》⋯⋯⋯⋯⋯⋯⋯⋯ 496
［圖487-2］藝研院藏別埜堂鈔本《集錦書目》⋯⋯⋯⋯⋯⋯⋯⋯⋯⋯⋯ 496
［圖488］車王府舊藏本《八仙慶壽》⋯⋯⋯⋯⋯⋯⋯⋯⋯⋯⋯⋯⋯⋯⋯ 497
［圖489］車王府舊藏本《慶壽》⋯⋯⋯⋯⋯⋯⋯⋯⋯⋯⋯⋯⋯⋯⋯⋯⋯ 497
［圖490-1］車王府舊藏本《天官賜福》⋯⋯⋯⋯⋯⋯⋯⋯⋯⋯⋯⋯⋯⋯ 499
［圖490-2］傅斯年圖書館藏鈔本《賜福》⋯⋯⋯⋯⋯⋯⋯⋯⋯⋯⋯⋯⋯ 499
［圖491］車王府舊藏本《面然示警》⋯⋯⋯⋯⋯⋯⋯⋯⋯⋯⋯⋯⋯⋯⋯ 500
［圖492］車王府舊藏本《佛旨度魔》⋯⋯⋯⋯⋯⋯⋯⋯⋯⋯⋯⋯⋯⋯⋯ 501
［圖493］國圖藏鈔本《森羅殿考》⋯⋯⋯⋯⋯⋯⋯⋯⋯⋯⋯⋯⋯⋯⋯⋯ 501
［圖494］社科院圖書館藏老聚卷堂鈔本《一疋布》⋯⋯⋯⋯⋯⋯⋯⋯⋯ 502
［圖495］傅斯年圖書館藏鈔本《一疋布》⋯⋯⋯⋯⋯⋯⋯⋯⋯⋯⋯⋯⋯ 502
［圖496-1］車王府舊藏本《打門吃醋》⋯⋯⋯⋯⋯⋯⋯⋯⋯⋯⋯⋯⋯⋯ 503

［圖496-2］藝研院藏文萃堂刻本《喫醋》……………………………………… 503
［圖497］天圖藏鈔本《打門吃醋》………………………………………………… 505
［圖498］傅斯年圖書館藏百本張鈔本《玉兒送花》…………………………… 505
［圖499］國圖藏民國鈔本《幻中緣》……………………………………………… 506
［圖500］傅斯年圖書館藏百本張鈔本《借靴》…………………………………… 506
［圖501］傅斯年圖書館藏百本張鈔本《趕靴》…………………………………… 507
［圖502］藝研院藏鈔本《借靴趕靴》合鈔本…………………………………… 508
［圖503］傅斯年圖書館藏百本張鈔本《頂燈》…………………………………… 508
［圖504］車王府舊藏本《燈草和尚》……………………………………………… 510
［圖505］車王府舊藏本《要賬該賬大戰脫空》……………………………… 510
［圖506］藝研院藏清刻本《脫空祖師》…………………………………………… 511
［圖507］車王府舊藏本《鴇兒訓妓》……………………………………………… 511
［圖508］傅斯年圖書館藏百本張鈔本《燒靈改嫁》…………………………… 513
［圖509］石印本《薄命辭灶》……………………………………………………… 513
［圖510］傅斯年圖書館藏百本張鈔本《黔之驢》…………………………… 514
［圖511］車王府舊藏本《漁樵對答》……………………………………………… 514
［圖512］劉復舊藏鈔本《雪江獨釣》……………………………………………… 516
［圖513］傅斯年圖書館藏鈔本《報喜》…………………………………………… 516
［圖514］藝研院藏老會文堂刻本《聖賢集畧》………………………………… 517
［圖515］藝研院藏活字本《俗語良言》…………………………………………… 518
［圖516］藝研院藏財勝堂刻本《賢孫孝祖》…………………………………… 519
［圖517］藝研院藏財勝堂刻本《教訓子孫》…………………………………… 520
［圖518］藝研院藏財勝堂刻本《訓女良辭》…………………………………… 520
［圖519］李嘯倉藏清鈔本《大瘦腰肢》…………………………………………… 523
［圖520］藝研院藏光緒刻本《靈官廟》…………………………………………… 524
［圖521］李嘯倉藏石印本《綱鑒圖》……………………………………………… 526
［圖522］藝研院藏清刻本《王元上壽》…………………………………………… 528
［圖523］國圖藏鈔本《刺虎時篇》首頁與末頁………………………………… 528
［圖524］傅斯年圖書館藏清鈔本《妓女上墳》………………………………… 529
［圖525］孔夫子舊書網所見五龍堂刻本《武松》書影………………………… 530
［圖526］李嘯倉藏鈔本《鴻雁捎書》……………………………………………… 531
［圖527］傅斯年圖書館藏石印本《雙鳳奇緣》………………………………… 531
［圖528］傅斯年圖書館藏清刻本《逃學》………………………………………… 532

# 商周故事

## 千金一笑 四回

作者疑爲静齋。其結句云："閒筆墨**静齋**開寫千金笑，寫將來萬古千秋笑幽王。"又正文首句"**静**寫幽王寵褒姒，**齋**中悶作戲諸侯"，亦寓"静齋"所作之意。故"静齋"二字或爲作者所嵌齋名。静齋，生平居里不詳。

《子弟書總目》頁 32 著錄。

演周幽王爲博褒姒一笑，舉烽火以戲諸侯。本事見《東周列國志》第二回"褒人贖罪獻美女，幽王烽火戲諸侯"。皮黃有同名劇目。

頭回由求轍，二回遥條轍，三回灰堆轍，四回江陽轍。每回 50 韻。

版本：①清鈔本，車王府舊藏，今歸北大圖書館・□ 812.08/5105/:120（242/19613）。過錄本，首圖・甲四 2296；首圖縮印本 51 册頁 132-143；北京整理本頁 866-873。過錄本，中大圖書館・92233；中大整理本頁 1-8。［圖 1］

## 渭水河 五回

作者芸窗。據結句："笑痴人**芸窗**把閒筆成段，留與詩人解悶題。"

《中國俗曲總目稿》頁 257、《子弟書總目》頁 120 著錄。

演周文王夜夢飛熊入帳，在渭水河邊得姜尚事。本事見明許仲琳《封神演義》二十三回"文王夜夢飛熊兆"、二十四回"渭水文王聘子牙"。道光間《春台班戲目》有同名劇目。

頭回言前轍，二回中東轍，三回人辰轍，四回遥條轍，五回一七轍。每回 44 韻。

版本：①清百本剛鈔本（前四回封底有"百本剛記"朱色木記），車王府舊藏，北大圖書館・□ 812.08/5105/:121（249/19620）。過錄本，首圖・甲四 2303；首圖縮印本 51 册頁 123-132；北京整理本頁 921-928。過錄本，中大圖書館・92735；中大整理本頁 355-363。

②鈔本，傅斯年圖書館藏，T31-387；《俗文學叢刊》384 册頁 1。

③鈔本，傅斯年圖書館藏，T31-386。

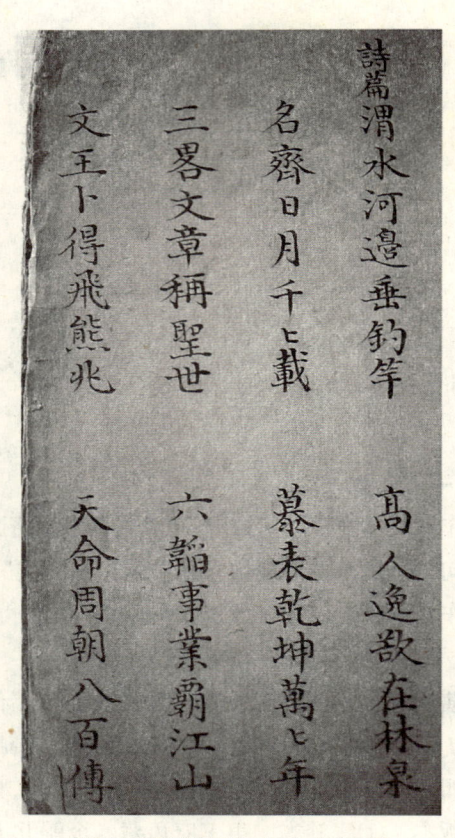

[圖1] 車王府舊藏本《千金一笑》　　[圖2] 藝研院藏百本張鈔本《飛熊夢》

**別題一：飛熊夢**

百本張《子弟書目録》："飛熊夢。五回。一吊八。"樂善堂《子弟大鼓書目録》著録，書價"一吊五"。民初輯本《子弟書目録》入"《列國》子弟書目録"。並見《子弟書總目》頁80著録。

  版本：①百本張鈔本，傅惜華舊藏，藝研院・曲310.651/0.356（142861/3）；《子弟書叢鈔》頁354–367據同一版本收録（題"芸窗"作）；又，吳曉鈴舊藏，首圖・己503（首缺三面、末脱一面）。[圖2]

  ②鈔本，傅氏《總目》謂馬彥祥有藏，今藏處未詳。

**別題二：飛熊兆**

《子弟書總目》頁79著録。

  版本：①百本張鈔本，傅惜華舊藏，藝研院・曲310.651/0.356（142858/4）。

  ②《子弟書選》頁281–289據傅惜華藏本排印（題"芸窗"作）。

【説明】傅氏《總目》因未考後二目爲《渭水河》之別題，故分作不同篇目之兩種加以著録，並謂作者不詳，非是。

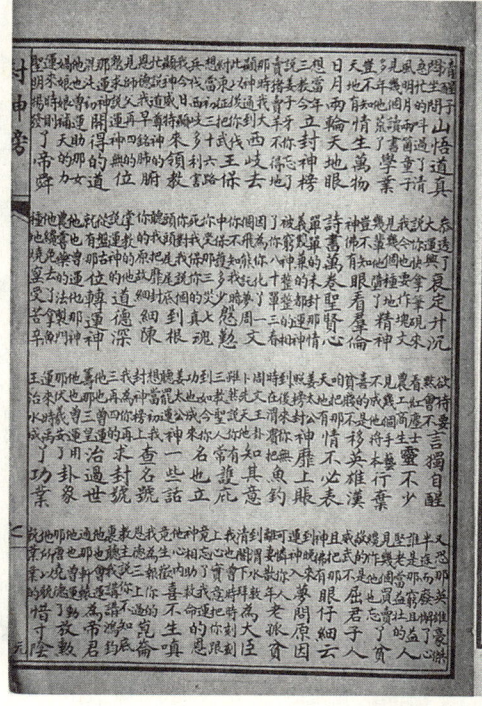

[圖3] 早稻田藏石印本《封神榜》

**封神榜** 一回

　　作者未詳。

　　未見著錄。存本未標子弟書名；據體式及同冊他種爲子弟書，姑錄以備考。

　　演姜太公封神，漏封運神，運神托夢，質其忘恩，姜謂實爲之求封而不得，運神遂罷。出處不詳。

　　人辰轍，54 韻。

　　版本：①石印本《繪圖改良新劇》第三册，早稻田大學圖書館藏（ヘ 19-3031）。[圖3]
　　　　②清末上海石印本（"元"字），天津圖書館藏。

**弔綿山** 一回

　　作者臨溟痴痴子。會文山房刻本封面題："臨溟痴痴子作"。藝研院藏石印本篇末較他本獨多兩句："**小窗氏**泪灑忠賢譜，描寫列國君弔卿。"則當歸入韓小窗名下。

　　《子弟書總目》頁40 著錄。

　　演晉文公火焚綿山後憑弔介子推。本事見《新序》卷七及《東周列國志》三十七回"介子推守志焚綿上"。道光間《春台班戲目》、《慶昇平班戲目》有同名劇目。

　　中東轍，55 韻。

　　版本：①光緒二十九年（1903）瀋陽會文山房刻本，長田夏樹藏（封面題"時癸卯清明／臨溟痴々子作／盛京會文山房"），波多野太郎《子弟書集》據以影印。《子弟書珍本百種》頁 1-2 據以排印。

［圖 4］

②光緒三十年（1904）永遠堂刻本，傅惜華舊藏，藝研院・曲 310.651/0.356（07772/11）。

［圖 4］長田夏樹藏會文山房刻本《弔綿山》

**別題一：焚綿山**

《中國俗曲總目稿》頁 267 著錄。

版本：①北平中華印刷局排印本《文明大鼓書詞》第十一冊，傅斯年圖書館藏，KUIII-13-246。

**別題二：焚棉山**

版本：①清鈔本，李嘯倉藏。

**別題三：火燒棉山**

版本：①民國十三年（1924）齊嘉笨編《鼓曲彙編》排印本卷壹，雙紅堂文庫等有藏。

**別題四：重耳走國**

未見著錄。

版本：①石印本，藝研院藏，曲 310.651/0.356（07772/34）；末尾較他本多兩句："小窗氏泪灑忠賢譜，描寫列國君弔卿。"

②石印本《繪圖改良新劇》第一冊，早稻田大學圖書館藏（ヘ 19-3031）、藝研院藏（傅惜華舊藏，曲 310.651/0.356/2-142933）。

③奉天石印本，傅惜華舊藏，藝研院・曲 310.651/0.356-142933。

④《鼓詞彙集》第一輯排印本頁 164-166。

## 百里奚　□回

作者未詳。

樂善堂《子弟大鼓書目錄》著錄："二吊文。百里奚。"

演秦穆公以五羖羊皮贖取百里奚授相國事。本事見《史記》卷五《秦本紀》及《東周列國志》第二十五回"智荀息假途滅虢，窮百里飼牛拜相"、第二十六回"歌扊扅百里認妻，獲陳寶穆公證夢"。

未見傳本。

【說明】樂善堂目錄將此篇與"四吊文　鴛鴦扣"均置於"四回起"內，但據"二吊文"的書價，此篇顯然不止四回。"鴛鴦扣"係二十四回本攙入，樂目中售價作"二吊"的另有十回本《郭橋認子》，則此篇疑亦是十回本。

### 孔子去齊　五章

作者未詳。有木刻本篇末題"我是個不識字的學問人刪錄"。

《子弟書總目》頁 37 著錄。

演孔子遊齊國不遇，途遇長沮，子路失散遇農夫等事。據《論語》卷九"微子十八"之"齊景公待孔子"段編寫。

言前轍，142 韻；題下原署"五章"，可酌分爲三回。

版本：①光緒戊寅（1878）會文山房刻本（封面題"光緒戊寅仲秋月梓鎸/孔子去齊/野史古詞全段/會文山房"），藝研院·曲 310.651/0.356（07772/12）。[圖 5]

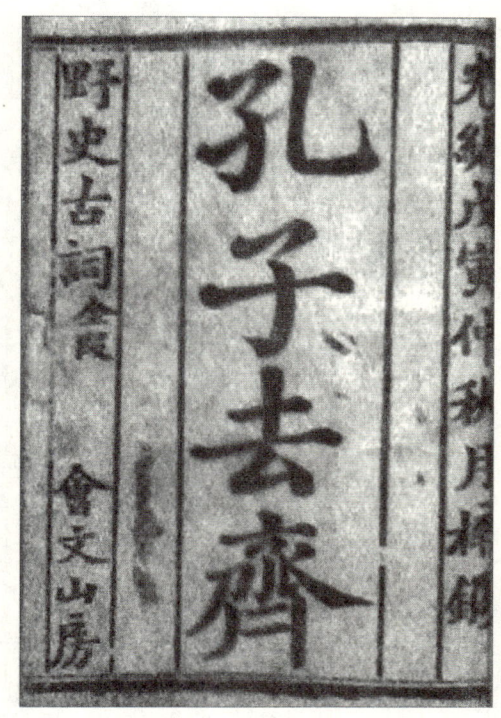

[圖 5] 會文山房刻本《孔子去齊》

②上海槐蔭山房石印本（"宇"字），李嘯倉藏。

③石印本（"哈"字，每行六句），傅斯年圖書館藏，KU Ⅳ 4–088。

④石印本（"哈"字，每行五句），天津圖書館（集部–曲類–彈詞 6745/4）、傅斯年圖書館（KU Ⅳ 4–087）等藏。

⑤民國排印本，藝研院等藏。

⑥石印本，藝研院藏本，曲 310.651/0.356（07772/34）。

⑦石印本（"鹹"字，與《子路追孔》、《樊金定罵城》、《別善惡》合刊），傅斯年圖書館（T–548）等有藏。

⑧久敬齋石印本（《孔子去齊》、《子路追孔》、《罵城》合刊），藝研院藏，曲 310.651/0.356/07772–37。

⑨民國煉石書局石印本，傅惜華藏。

⑩《鼓詞彙集》第一輯排印本頁 140–145。

**別題：齊景公待孔子**

《子弟書總目》頁 143 著錄。

版本：①清鈔本，傅氏《總目》謂有自藏本，今未見。

### 子路追孔 二回

作者未詳。

《子弟書總目》頁32著錄。

演子路在追孔途中遇隱者之事。據《論語》卷九"微子十八"之"子路從而後"一段改編。

江陽轍，94韻。存本原不分回，可酌分作二回。

版本：①清末石印本（"哈"字，每行六句），天津圖書館（集部－曲類－彈詞6745）、傅斯年圖書館（KU Ⅳ 4-087）等有藏。
②石印本（"哈"字，每行六句），傅斯年圖書館藏，KU Ⅳ 4-088。
③上海槐蔭山房石印本（"字"字），李嘯倉藏。［圖6］
④民國上海煉石書局石印本，傅惜華舊藏，曲310.651/0.356（07772/37）。
⑤光緒二十八年（1902）格致書坊刻本，傅氏《總目》謂阿英曾藏，今未見。
⑥石印本（"鹹"字，與《孔子去齊》、《樊金定罵城》、《別善惡》合刊），傅斯年圖書館藏，T-548。
⑦清末奉天東都石印局本，《子弟書珍本百種》頁4-6據以排印。

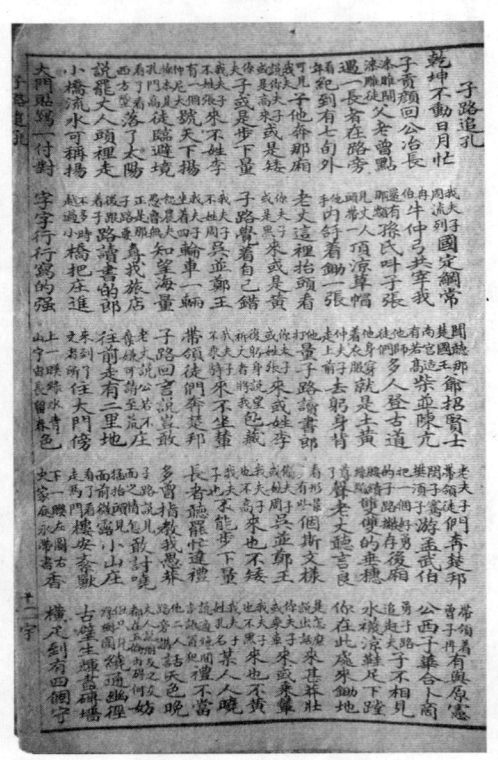

［圖6］李嘯倉藏石印本《子路追孔》

### 論語小段 一回

作者未詳。

未見著錄。有刻本題"清音子弟書"，《子弟書珍本百種》收錄。

演太師摯適齊事。本事出自《論語》。此據賈鳧西《木皮鼓詞·太師摯適齊》改編。

中東轍，40韻。

版本：①清盛京財盛堂本（封面題"清音子弟書"），傅惜華舊藏，今歸藝研院·曲310.651/0.356/1（142932）；封面已殘缺，據字體及版本形式，似同光緒間格致書坊刻本。《子弟書珍本百種》頁7-9據以排印。《鼓詞彙集》第三輯頁5-6據同一版本排印。

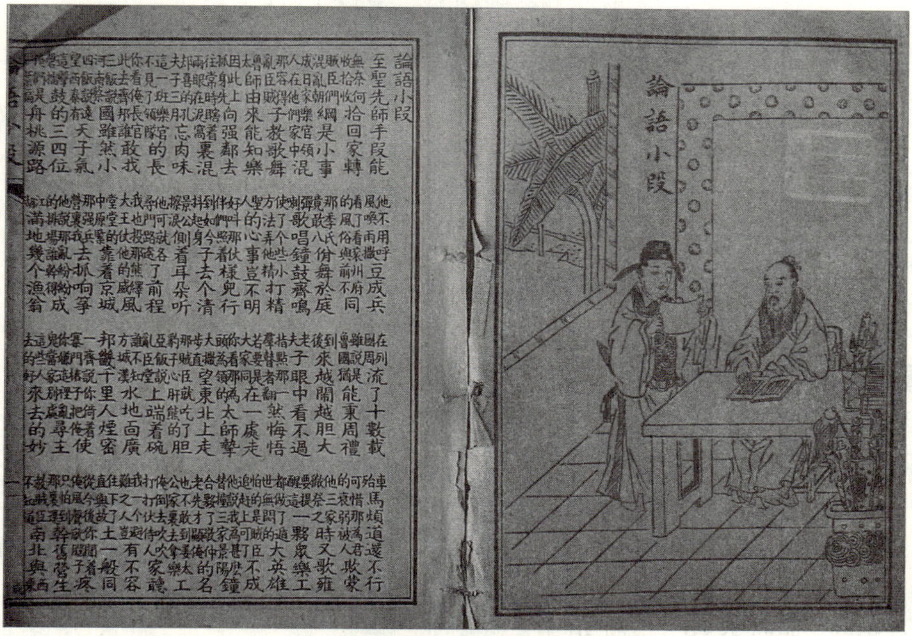

[圖7] 早稻田藏石印本《論語小段》

②石印本《繪圖改良新劇》第二十七冊，早稻田大學圖書館藏（ヘ19-3031）。[圖7]

## 鞭打蘆花 二回

作者未詳。

《中國俗曲總目稿》頁649著錄有石印本，未標曲類。另有財勝堂刻本封面題作"子弟書"，今據以收錄。

演閔子騫受繼母虐待穿蘆花絮所製棉衣事。本事見《說苑》、《史記》卷六十七《仲尼弟子列傳》及二十四孝故事。清代花部有《蘆花記》，亦演此事。

言前轍，89韻；各本均不分回，相當於二回。

版本：①清盛京財盛堂刻本（封面題"閔子騫勸父救母／鞭打蘆花／子弟書—盛京財勝堂"），藝研院藏，曲310.651/0.356（0772/28）；

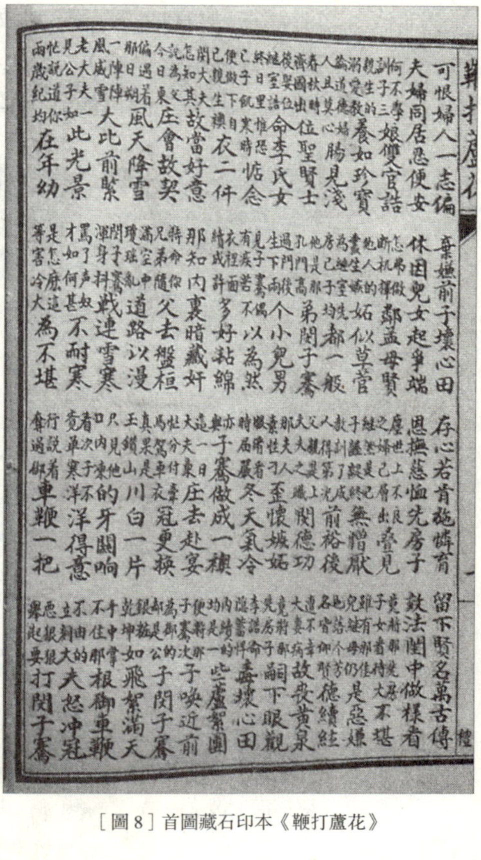

[圖8] 首圖藏石印本《鞭打蘆花》

《子弟書珍本百種》頁 10-12 據以排印。
②上海錦章書局石印本（"寒"字），天津圖書館藏，集部－曲類－彈詞 6745/2。
③石印本（"禮"字），首圖·集·丁 9418（《鼓詞彙刊》之 21）。[圖 8]
④清末石印本，國家圖書館、天津圖書館、傅斯年圖書館等均有藏。
⑤北京泰山堂排印本，雙紅堂·戲曲·190 "唱本" 第五紮之五。
⑥《鼓詞彙集》第一輯排印本頁 167-170。

### 子胥救孤 二回

作者未詳。

百本張《子弟書目錄》："子胥救孤。苦。二回。八佰。"民初輯本《子弟書目錄》列入"《臨潼會》子弟書目錄"。《中國俗曲總目稿》頁 401、《子弟書總目》頁 32 著錄。

演馬昭儀攜太子避難禪宇寺，爲伍子胥所救。本事見明《春秋列國志》及清《鼎峙春秋》傳奇；皮黃有《禪魚寺》，亦演此事。

江陽轍，頭回 38 韻，二回 30 韻。

版本：①百本張鈔本，傅斯年圖書館藏，T-545。
②清鈔本，故宮博物院藏，《故宮珍本叢刊》699 冊頁 173（據書衣題名字跡，知實爲百本張鈔本）。[圖 9-1]
③鈔本，傅斯年圖書館藏，T-544；《俗文學叢刊》384 冊 63 頁。[圖 9-2]

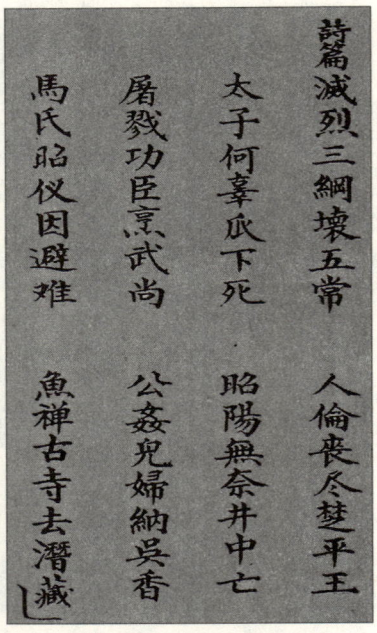

[圖 9-1] 故宮藏清鈔本《子胥救孤》　　[圖 9-2] 傅斯年圖書館藏鈔本《子胥救孤》

④民初鈔本，傅氏《總目》謂馬彥祥有藏，今藏處未詳。
⑤《子弟書珍本百種》頁 43–45 據清鈔本排印。

**別題：救孤**

樂善堂《子弟大鼓書目錄》："子弟書四回起。八佰文。救孤。"

版本：①鈔本，傅斯年圖書館藏，T6–076。

## 禪魚寺 快書 二回

作者未詳。

別埜堂《快書目錄》："禪魚寺。二回。五佰。"《各樣曲目》、《中國俗曲總目稿》頁 339、《北京傳統曲藝總目》頁 314 著錄。

演伍子胥在禪魚寺救太子事。本事見明《春秋列國志》及清《鼎峙春秋》傳奇，皮黃有同名劇目。卷末注謂下接《子胥過江》快書。一七轍，凡三落。

版本：①清鈔本，車王府舊藏，北大圖書館·□ 812.08/5105/ 快書。過錄本，中大圖書館·雜曲·19。
②清鈔本，傅斯年圖書館藏，KS3–048。傅斯年圖書館藏，《俗文學叢刊》412 冊頁 1–25。《快書研究》頁 268–270 據以排印。[圖10]

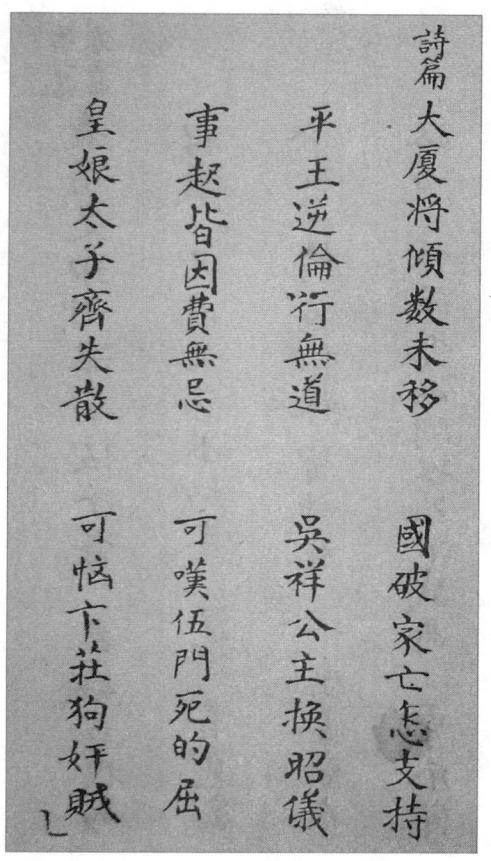

[圖10] 傅斯年圖書館藏清鈔本《禪魚寺》

**別題：禪宇寺**

未見著錄。

版本：①別埜堂鈔本，程硯秋舊藏，藝研院·曲 319.651/0.582/5.98。

## 伍子胥過江 二回

作者未詳。

《中國俗曲總目稿》頁 726 著錄，未題曲類名。然另有《子胥過江》快書實據此改編，故予收錄。

演伍子胥逃難過江遇浣紗女事。本事出《東周列國志》七十二、七十三回。皮黃有《子胥投吳》（又名《浣紗記》）。中東轍。今存本不分回，可分爲二回，各 36 韻。

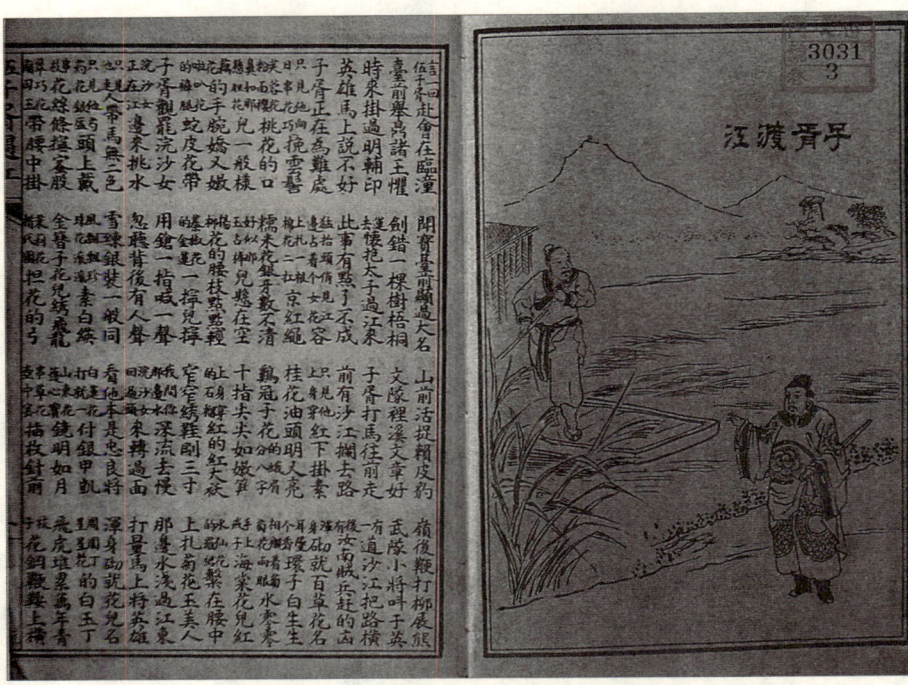

［圖11］早稻田藏石印本《伍子胥過江》

版本：①石印本（"崑"字號），天津圖書館藏。

②石印本《繪圖改良新劇》第三冊"元"字號，早稻田大學圖書館藏（ヘ 19-3031）。［圖11］

## 子胥過江　快書　二回

作者未詳。

別墊堂《快書目錄》："子胥過江。二回。五佰。"《北京傳統曲藝總錄》頁298著錄。
演伍子胥逃難過江遇浣紗女事。據《子胥過江》子弟書改編。上接《襌魚寺》快書。中東轍，共三落。

版本：①《快書研究》頁270-272排印本，據傅斯年圖書館藏《浣沙河》校錄。

**別題：浣沙河**

《各樣曲目》、《中國俗曲總目稿》頁214、《北京傳統曲藝總錄》頁306著錄。

版本：①清鈔本，傅斯年圖書館藏，KS2-024。《俗文學叢刊》412冊頁25-42。［圖12］

②清鈔本，車王府舊藏，北大圖書館・□ 812.08/5105/ 快書。過錄本，中大圖書館・雜曲18。

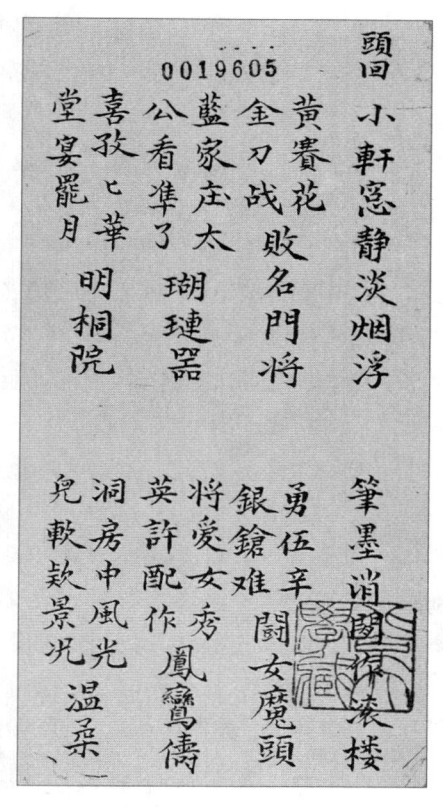

[圖12] 傅斯年圖書館藏清鈔本《浣沙河》　　[圖13] 車王府舊藏本《滾樓》

## 滾樓　四回

作者韓小窗。據首句："小軒窗静淡烟浮，筆墨消閒作滾樓。"又結句："小窗下縱橫筆墨提成目，正是菊花爾幾點開放了東籬。"

百本張《子弟書目錄》："滾樓。藍家莊。四回。一吊六。"别埜堂《子弟書目錄》："滾樓。四回。一吊六。"《緑棠吟舘子弟書百種總目》卷七、《中國俗曲總目稿》頁44、《子弟書總目》頁141著録。又《集錦書目》第31句："見滾樓、絮閣直聳百尺將頂燈掛。"

演藍秀英成全伍辛與黄賽花婚事，使惡緣化作美姻緣。乾隆四十四年（1779）至四十七年（1782），蜀伶魏長生以演《滾樓》一戲轟動京師，一時不得識交魏三者，無以爲人焉。（《嘯亭雜録》卷八）此即據高腔《滾樓》改編。

頭回由求轍、二回人辰轍、三回中東轍、四回一七轍。每回40韻。

版本：①清鈔本，車王府舊藏，北大圖書館・□ 812.08/5105/:120（234/19605，二十葉）。過録本，首圖・甲四2288；首圖縮印本55册頁415-424；首圖整理本頁809-815。過録本，中大圖書館・92023；中大整理本頁379-384。[圖13]

②鈔本，傅斯年圖書館藏，T10-132；《俗文學叢刊》384册83頁。

③别埜堂鈔本，傅惜華舊藏，藝研院・曲310.651/0.356（139253）。

④清鈔本，傅氏《總目》謂有李嘯倉舊藏本，今未見。

⑤百本張鈔本，傅斯年圖書館藏，T10-131；又，傅氏《總目》謂馬彥祥有藏本，今藏處未詳。

⑥鈔本，國家圖書館藏，98792。

⑦文盛書局刻本，傅氏《總目》謂有阿英舊藏本，今藏處未詳。

⑧石印本（"鹹"字，與《孔子去齊》、《子路追孔》、《別善惡》合刊），傅斯年圖書館（T-548）、藝研院（曲 310.651/0.356/07772/37）等有藏。

⑨石印本（"哈"字；與《孔子去齊》、《子路追孔》、《樊金定罵城》、《別善惡》合刊），天津圖書館（集部–曲類–彈詞 6745/4）、傅斯年圖書館（DG2-019）等有藏。

⑩民初奉天東都石印本（與《憶真妃》《滾樓》合刊），傅惜華舊藏，藝研院·曲 310.651/0.356/07772/36。

⑪舊鈔本，傅氏《總目》謂馬彥祥有藏本，今藏處未詳。

**別題：藍家莊**

樂善堂《子弟大鼓書目錄》："子弟書四回起。八佰文。藍家莊。"民初輯本《子弟書目錄》著錄作"藍家莊即滾樓"，列入"《列國》子弟書目錄"。《子弟書總目》頁 171 著錄。

版本：①清鈔本，鄭振鐸舊藏，國家圖書館·t3448/21（第三回闕）。

②鈔本，傅目傅氏《總目》謂馬彥祥有藏，今藏處未詳。

## 一顧傾城　二回

作者伯莊氏。末句曰："**伯莊氏**小窗無事閑中筆，這就是一顧聯姻子弟文。"若此處"小窗"二字非偶合，則韓小窗或名伯莊，號小窗。

百本張《子弟書目錄》："一顧傾城。范蠡。二回。八佰。"樂善堂《子弟大鼓書目錄》著錄，書價"四百文"。民初輯本《子弟書目錄》列入"《浣紗記》子弟書目錄"。《中國俗曲總目稿》頁 371、《子弟書總目》頁 24 著錄。又《集錦書目》第 16 句："直奔那**一顧傾城**走慌忙。"

演范蠡在若耶溪邊遇西施，一見鍾情，互訂終身。本事見《東周列國志》。據《浣紗記》傳奇第二齣"遊春"改編。

人辰轍，分別為 57、45 韻。

版本：①鈔本，傅斯年圖書館藏，T-526；《俗文學叢刊》384 冊 125 頁。［圖 14］

②清鈔本，故宮博物院藏，《故宮珍本叢刊》699 冊頁 213（據書衣題名字跡，知實為百本張鈔本）。

③鈔本，傅斯年圖書館藏，T-525。

④《子弟書珍本百種》頁 33-36 據傅斯年圖書館藏本排印。

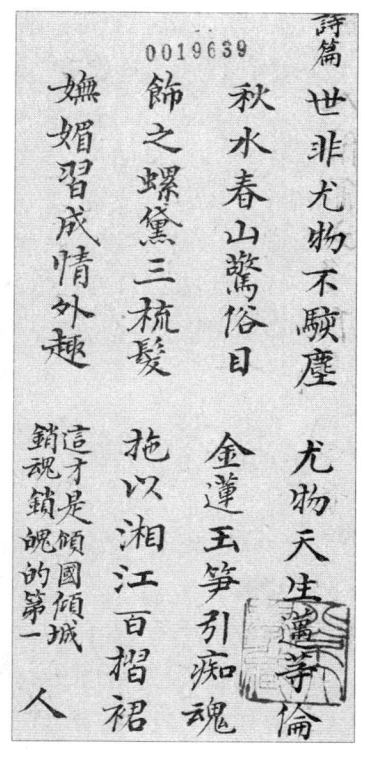

[圖14] 傅斯年圖書館藏鈔本《一顧傾城》　　[圖15] 車王府舊藏本《范蠡歸湖》

## 范蠡歸湖　八回

作者未詳。

百本張《子弟書目錄》："范蠡歸湖。八回。二吊八。"別埜堂《子弟書目錄》："范蠡歸湖。六回。二吊八。"民初輯本《子弟書目錄》列入"《浣紗記》子弟書目錄"。《中國俗曲總目稿》頁536、《子弟書總目》頁80著錄。

演范蠡助越王滅吳後身退，改名陶朱，行商，後榮歸故里。本事見司馬遷《史記》卷三十一《吳太伯世家》、卷四十一《越王勾踐世家》；明汪道昆有《五湖遊》雜劇，亦演此事。

頭回〈貢豔〉，人辰轍；二回〈貪歡〉，遙條轍；三回〈麕兵〉，言前轍；四回〈遁跡〉，姑蘇轍；五回〈遊湖〉，中東轍；六回〈販寶〉，一七轍；七回〈旋里〉，江陽轍；八回〈散金〉，懷來轍。每回均有詩篇，各50韻。

版本：①清鈔本，車王府舊藏，北大圖書館‧□ 812.08/5105/:124（268/19639，五十五葉半，第六回有"仁利和記"印記）。過錄本，首圖‧甲四2322；首圖縮印本51冊頁147–170，首圖整理本頁1121–1134。過錄本，中大圖書館‧92355；中大整理本頁364–378。[圖15]

②鈔本，傅斯年圖書館藏，T-614；《俗文學叢刊》384冊151頁。

　　　　　③鈔本，傅氏《總目》謂馬彥祥有藏，今藏處未詳。
　【説明】此篇僅篇末有一分落符號，故疑是硬書。

### 陰魂陣快書（甲）　二回
　　作者未詳。
　　聚卷堂《連珠調快書》："陰魂陣。兩本。"別埜堂《快書目録》："陰魂陣。二回。一吊八。"《各樣曲目》、《中國俗曲總目稿》頁252、《北京傳統曲藝總録》頁308著録。
　　演孫臏與黃伯央陰魂陣鬥法事。本事出《劍鋒春秋》三十八至四十二回；此據皮黃《五雷陣》改編。
　　江陽韻。三落。
　　版本：①清鈔本，車王府舊藏，北大圖書館・□812.08/5105/快書。過録本，中大圖書館・雜曲・19。
　　　　②百本張鈔本，雙紅堂文庫藏，戲曲・243（有"絳雪軒圖記"朱印）。又，杜穎陶舊藏，藝研院・曲319.651/0.582/8.186（09690）。[圖16]又題作"三回"，程硯秋舊藏，藝研院・曲319.651/0.582/5.110。
　　　　③光緒丁未（1907）愛新氏鈔本（扉頁有題："丙午巧月初七日付抄此。愛新氏。""丙午榴月望日抄此。愛新氏抹。丁未杏月初五日再抄此。愛新氏塗。"），傅斯年圖書館藏，KS3-038；《俗文學叢刊》412冊頁43-72。《快書研究》272-275據以排印。
　　　　④鈔本，傅斯年圖書館藏，KS3-037。
　　　　⑤清鈔本，國家圖書館藏，98752。
　　　　⑥清鈔本，程硯秋舊藏，藝研院・曲319.651/0.582/5.99。
　　　　⑦別埜堂鈔本，程硯秋舊藏，藝研院・曲319.651/0.582/5.100。
　　　　⑧滙劇堂鈔本，前半殘失，傅斯年圖書館藏，KS3-036。
　【説明】此篇卷首作："[春雲板]堪嘆興邦與喪邦，亙古來多少英雄枉自忙。大周國破家亡敗，天命一統歸始皇。"結句作："把一個得了道的三爺臉都嚇黃。"

### 陰魂陣快書（乙）　一回
　　作者未詳。
　　《中國俗曲總目稿》頁252、《北京傳統曲藝總録》308著録。
　　所演内容同上条。此本實據上一種改編。
　　江陽轍，三落。
　　版本：①鈔本，傅惜華舊藏，藝研院・曲311.651/0.136（140796/1）。
　　　　②民初百舍齋紅格鈔本，傅惜華舊藏，藝研院・曲311.651/0.682（145720）。
　　　　[圖17]

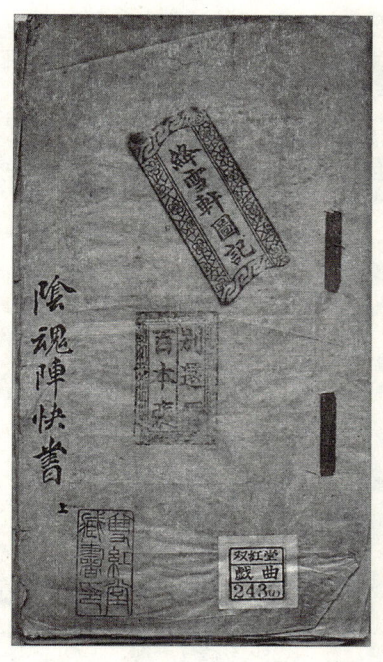 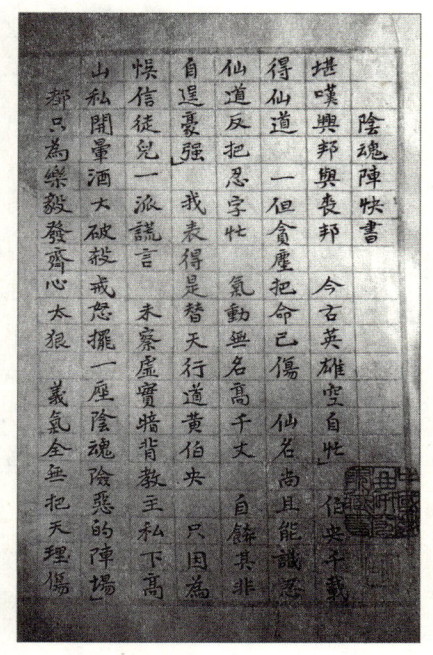

［圖16］雙紅堂藏百本張鈔本《陰魂陣快書》　　［圖17］藝研院藏民國鈔本《陰魂陣快書》

③清鈔本，李嘯倉藏。

④《文明大鼓書詞》十一册排印本；《快書研究》275–277 又據此版本排印。

【説明】此篇卷首作："[詩篇] 堪嘆興邦與喪邦，今古英雄空自忙。伯央千載得仙道，一但貪塵把命已傷。"結句作："大喝一聲説來呀孫百靈，今日今朝要把你的命亡。"百舍齋鈔本末句作"大叫一聲好一個孫百齡，今日今時叫你的命亡。"

### 孟子見梁惠王　一回

作者鶴侶。據結句："只爲連朝飄朔雪，**鶴侶氏**柴濕灶冷粟瓶空。"

百本張《子弟書目録》："孟子見梁惠王。一回。四佰。"別埜堂《子弟書目録》："孟子見梁惠王。一回。四佰。"民初輯本《子弟書目録》著録列入"《四書》子弟書"；《中國俗曲總目稿》頁862、《子弟書總目》頁68著録。《子弟書約選日記》："孟子見梁惠王。計一回。未免陳腐，不録。"

演孟子見梁惠王事。據《孟子·梁惠王》改編。

中東轍，共50韻。

版本：①清鈔本，車王府舊藏，北大圖書館·□ 812.08/5105/:110（26/19397，六葉半）。過録本，首圖·甲四2080；首圖縮印本51册頁144–147；北京整理本頁53–54。過録本，中大圖書館·92216；中大整理本頁394–395。［圖18］

②百本張鈔本，傅惜華舊藏，藝研院·曲310.651/0.356（142860/2）。

③清鈔本，故宫博物院藏，《故宫珍本叢刊》699 册頁 382–385（據書衣題名字跡，知實爲百本張鈔本）。

④别埜堂鈔本，程硯秋舊藏，藝研院 · 曲 319.651/0.582/5.15。又，傅惜華舊藏，藝研院 · 曲 310.651/0.356（142857/3）。《子弟書叢鈔》頁 234–237 據同一版本排印。

⑤舊鈔本，杜穎陶舊藏，藝研院 · 曲 319.651/0.582/8.156。按：據傅氏《總目》有程硯秋舊藏本，而無杜氏藏本，疑此兩本即是一本。

⑥鈔本，傅斯年圖書館藏，T–747；《俗文學叢刊》384 册 265 頁。

⑦鈔本，傅斯年圖書館藏，T–748。

⑧曲盦鈔本，傅惜華舊藏，藝研院 · 曲 310.651/0.356（134726）。

⑨《舊鈔北平俗曲》本，劉復舊藏，民族圖書館藏。

⑩《子弟書選》頁 312–314 據傅惜華藏本排印。

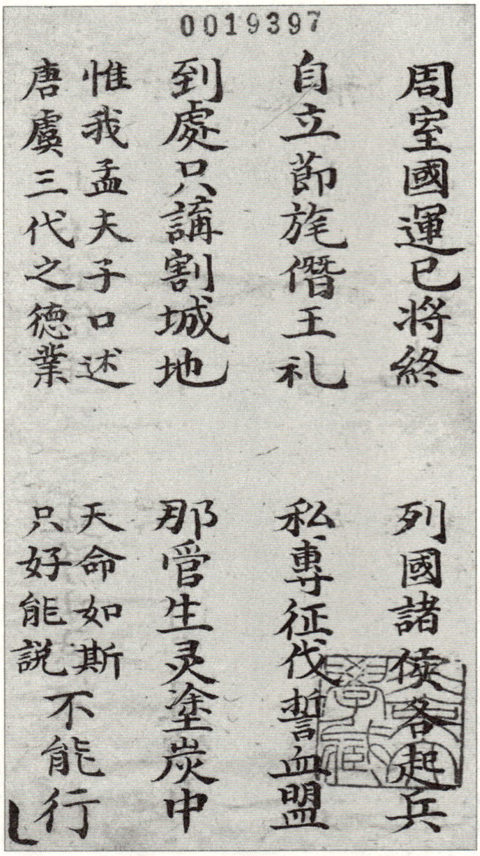
0019397
周室國運已將終
自立節旄僭王礼
到處只講割城地
惟我孟夫子口述
唐虞三代之德業
列國諸侯各起兵
私專征伐歃血盟
那管生灵塗炭中
天命如斯不能行
只好能説

［圖 18］車王府舊藏本《孟子見梁惠王》

## 齊人有一妻一妾　一回

作者鶴侶。據結句："這如今齊人的世業傳天下，鶴侶氏借他的行樂兒解悶磕牙。"

百本張《子弟書目録》："齊人有一妻一妾。一回。五佰。" 别埜堂《子弟書目録》："齊人一妻一妾。一回。三佰六。" 民初輯本《子弟書目録》列入 "《四書》子弟書目録"；《中國俗曲總目稿》頁 946、《子弟書總目》頁 143 著録。《子弟書約選日記》："齊人有一妻一妾。計一回。未免陳腐，不録。"

演齊人乞討過日，卻騙其妻妾謂赴盛筵。本事出於《孟子 · 離婁 · 齊人章》。此據明孫鍾齡《東郭記》傳奇二十二齣 "卒至東郭藩間之祭者"、二十三齣 "與其妾訕其良人而相泣於中庭" 改編。

發花轍，共 40 韻。

版本：①清鈔本，車王府舊藏。北大圖書館 · □ 812.08/5105/:112（65/19436，五葉）。

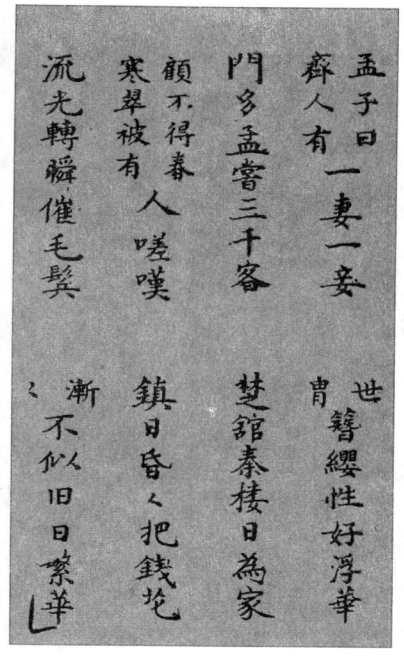

［圖19-1］故宮藏清鈔本《齊人有一妻一妾》　　［圖19-2］傅斯年圖書館藏鈔本《齊人有一妻一妾》

  首圖過錄本首圖·甲四2119；首圖縮印本51冊頁173-176，首圖整理本頁132-133。過錄本，中大圖書館·91376；中大整理本頁396-397。
② 百本張鈔本，程硯秋舊藏，藝研院·曲319.651/0.582/5.17。
③ 清鈔本，故宮博物院藏，《故宮珍本叢刊》699冊頁386（據書衣題名字跡，知實爲百本張鈔本）。［圖19-1］
④ 別埜堂鈔本，杜穎陶舊藏，藝研院·曲319.651/0.582/8.82；又，傅惜華舊藏，藝研院·曲310.651/0.356（142859/2）。
⑤ 鈔本，傅斯年圖書館藏，T-750；《俗文學叢刊》384冊281頁。［圖19-2］
⑥ 老聚卷堂鈔本，傅惜華舊藏，藝研院·曲310.651/0.356（142857/5）。
⑦《子弟書選》頁315-316據傅惜華舊藏本排印。

### 齊人嘆　□回

  作者春澍齋。據會文山房刻本《憶真妃》子弟書跋："澍齋……尤善著書。如《憶真妃》、《蝴蝶夢》、《齊人嘆》、《罵阿瞞》及《醉打山門》諸作，都中爭傳，已非朝夕。"
  未見著錄。
  疑所演亦爲齊人有一妻一妾故事，本事當出於《孟子·離婁·齊人章》。
  未見傳本。

### 齊陳相罵 一回

　　作者韓小窗。車王府藏本詩篇："**小窗**無事閑潑墨，寫一段齊陳相謗酸匪嚼牙。"阿英《中國俗文學研究·刺虎子弟書兩種》云："在金氏鈔本子弟書十六種之中，有韓小窗署名者凡四種，其目爲《歎子弟頑票》、《傲妻》、《齊陳相罵》及《刺虎》。"但"小窗"二字，國家圖書館藏鈔本一作"竹軒"（索書號35558）、一作"竹窗"（索書號98768），則作者亦可能是竹軒或竹窗。

　　百本張《子弟書目錄》："齊陳相罵。笑。一回。五佰。"別埜堂《子弟書目錄》："齊陳相罵。一回。四佰。"樂善堂《子弟大鼓書目錄》著錄，書價"三佰文"。民初輯本《子弟書目錄》列入"《四書》子弟書目錄"；《中國俗曲總目稿》頁616、《子弟書總目》頁143著錄。又《集錦書目》第26句："見六街上賣刀試刀，**齊陳相罵**，鬧學刺湯。"《子弟書約選日記》："齊陳相罵。計一回。齊人與陳仲子相罵，無理取鬧。不錄。"

　　演齊人與陳仲子爭吵相罵事。此書捏合齊人與陳仲子故事，並參《東郭記》傳奇有關情節編寫而成。清代高腔戲有《罵齊》，亦演此事。

　　發花轍，共48韻。

　　版本：①清鈔本，車王府舊藏，北大圖書館·□ 812.08/5105/:113（108/19479，六葉）。過錄本，首圖·甲四2169；首圖縮印本51冊頁176–179；北京整理本頁226–227。過錄本，中大圖書館·92619；中大整理本頁398–399。

②百本張鈔本，程硯秋舊藏，藝研院·曲 319.651/0.582/5.16（傅目誤錄作舊鈔本）。又，杜穎陶舊藏，藝研院·曲 319.651/0.582/8.83。又，傅斯年圖書館藏三部：T-678，《俗文學叢刊》384冊頁329；又，T-679；又，T-681。

③別埜堂鈔本，吳曉鈴舊藏，首圖·己 499；又，傅惜華舊藏，藝研院·曲 310.64/0.356（142857/6）。又，李嘯倉藏。《子弟書選》頁107–109、《子弟書叢鈔》頁43據同一版本排印。［圖20］

④舊鈔本，杜穎陶舊藏，藝研院·曲 319.651/0.582/8.159。

⑤舊鈔本，杜穎陶舊藏，藝研院·曲 319.651/0.582/8.165（藏者重裝時與《葦蓮換筍雞》《鶴侶自嘆》綴爲一冊，書衣原僅題"齊陳相罵"，別有鉛筆補"葦蓮換筍雞"、"鶴侶自嘆"）。

⑥曲盦鈔本，傅惜華舊藏，藝研院·曲 310.61/0.662（145338）。

⑦鈔本，國家圖書館藏，35558（《子弟書》卷十二）。

⑧清鈔本，國家圖書館藏，98768。

⑨鈔本，傅斯年圖書館藏，T-680。

⑩鈔本，傅斯年圖書館藏，T-682。

⑪據阿英文知有金氏鈔本，今存處不詳。

【說明】百本張、別埜堂鈔本篇尾較車王府舊藏本多二韻。

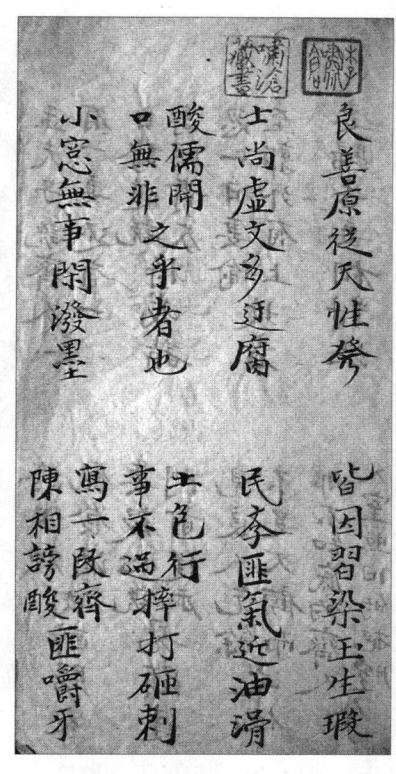
［圖20］李嘯倉藏別埜堂鈔本《齊陳相罵》

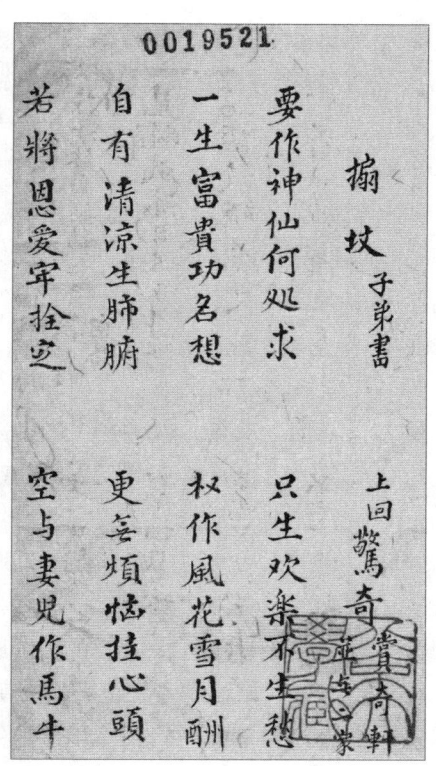
［圖21］車王府舊藏本《搧墳》

## 搧墳 二回

作者或爲賞奇軒。據車王府舊藏本頭回回目下注："賞奇軒並無二家"。

《子弟書總目》頁135著錄。

演觀音變相作新寡之婦人，以點化莊子。本事見《警世通言》卷二"莊子休鼓盆成大道"；此據《蝴蝶夢》傳奇二十齣"扇墳"改編。

由求轍，上回〈驚奇〉，下回〈贈扇〉；每回32韻。

版本：①清鈔本，車王府舊藏，北大圖書館·□812.08/5105/:115（150/19521，八葉，首頁正文題"搧墳子弟書／上回驚奇 賞奇軒並無二家"）。過錄本，首圖·甲四2204；首圖縮印本51冊頁170–173；北京整理本頁364–366。過錄本，中大圖書館·92661；中大整理本頁385–388。［圖21］

## 蝴蝶夢（甲）四回

作者春澍齋（"澍"或作"樹"）。篇尾有藏頭詩，作："**春**花秋柳君休戀，**樹**葉梅枝草上霜；**齋**藏聖賢書萬卷，**著**寫奇文字幾行。"每句首字寓"春樹齋著"。

《綠棠吟舘子弟書百種總目》卷一、《中國俗曲總目稿》頁323、《子弟書總目》頁160著錄。又《集錦書目》第14句"長隨嘆說笑他們不醒這蝴蝶夢黃粱"。

演莊子試妻田氏是否堅貞事。故事出《警世通言》卷二"莊子休鼓盆成大道"。據《蝴蝶夢》傳奇"嘆骷"、"扇墳"、"說親"、"劈棺"齣改編。

頭回〈幻化〉，由求轍；二回〈搧墳〉，言前轍；三回〈說情〉，中東轍；四回〈劈棺〉，江陽轍。每回41韻。

版本：①綠棠吟館鈔本，吳曉鈴舊藏，首圖·己486。

②同治十三年（1874）會文山房刻本（封面題"同治甲戌花朝日梓鐫／蝴蝶夢／清音子弟書－會文山房"，有跋），劉復、吳曉鈴遞藏，首圖·己477。

③光緒十九年（1893）會文山房刻本（封面題"光緒癸巳花朝日梓鐫／蝴蝶夢／清音子弟書－盛京會文山房"），國家圖書館藏，98650（有"敝帚千金"印）。

［圖22］長田夏樹藏文盛堂刻本《蝴蝶夢》

④光緒十九年盛京文盛堂刻本（封面題"光緒癸巳花朝日梓鐫／蝴蝶夢／清音子弟書－盛京文盛堂"，據會文山房刻本改書坊名重印），長田夏樹藏，波多野太郎《子弟書集》據以影印；《子弟書珍本百種》頁13-19據此版本排印。［圖22］

⑤北京石印本，傅斯年圖書館藏，Dg2-024。

⑥光緒戊申（1908）上海茂記書莊石印本《清音子弟書》（版心題"陽"字），民族圖書館、藝研院（曲310.651/0.356/1-142932）藏。

【說明】此篇卷首作："貴賤同歸土一丘，勸君何必苦追求。半生豪富回頭了，蓋世功名轉眼休。兒女情長真幻境，夫妻恩愛假溫柔。睡模糊猛然參透蝴蝶夢，寫一段骷髏幻化嘆骷髏。"

按，諸刻本均有跋："愛辛覺羅春樹齋先生，都門優貢生。宦遊奉省年久，與余筆墨中最爲知己。所著各種書詞，向蒙指示。公壽逾古稀，精神健壯。臨終先時，敬呈楹聯十四字云：公正廉明真學問，喜笑怒罵盡文章。夫子賞鑑，遂以此書稿相贈，梓付手民，以誌不忘云爾。二凌居士謹跋。"二凌居士，或謂本名邱文裕，號芝圃，瀋陽人。

## 蝴蝶夢（乙）四回

作者惠亭。據頭回末"行思堂惠亭無事憑書案"及結句："暮秋天惠亭無事消清晝，寫一篇有功名教警世文。"

《子弟書珍本百種》收録。

内容及故事來源同上一條。

頭回〈搧墳〉，言前轍，56韻；二回〈幻化〉，人辰轍，44韻；三回〈贅婚〉，人辰轍，40韻；四回〈鼓盆〉，人辰轍，44韻。

版本：①光緒二十二年（1896）漱香氏鈔本，梅蘭芳舊藏，藝研院·曲319.651/0.582/6.83；《子弟書珍本百種》頁20-26據以排印。

【説明】此篇卷首作："神仙踪跡甚難言，況是夫妻業孽緣。混俗和光空世法，虛無寂滅妙通玄。"

## 蝴蝶夢（丙） 四回

作者未詳。

百本張《子弟書目録》："蝴蝶夢。王孫弔孝，田氏劈棺。四回。一吊六。"樂善堂《子弟大鼓書目録》："子弟書四回起。八百文。蝴蝶夢。"民初輯本《子弟書目録》列入"《列國》子弟書目録"。《子弟書總目》頁160著録。又《集錦書目》第14句："長隨嘆説笑他們不醒這蝴蝶夢黄粱。"

演田氏為醫王孫之病，欲劈棺取詐死的莊子腦髓。本事出《莊子·齊物論》及《警世通言》卷二"莊子休鼓盆成大道"。據《蝴蝶夢》傳奇"劈棺"齣改編。

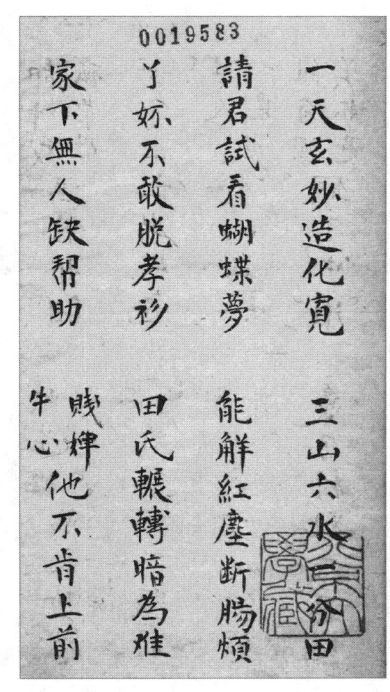 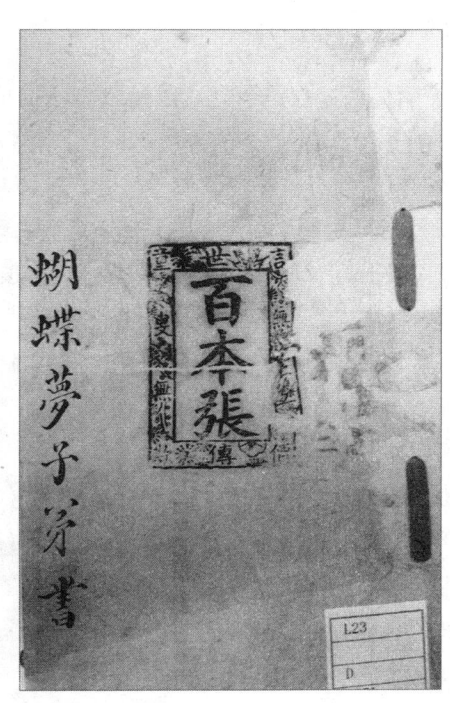

［圖23-1］車王府舊藏本《蝴蝶夢》　　［圖23-2］關西大學藏長澤規矩也舊藏百本張鈔本《蝴蝶夢》

言前轍。頭回 32 韻；二回 33 韻；三回 30 韻；四回 36 韻。

版本：①清鈔本，車王府舊藏，北大圖書館・□ 812.08/5105/:119（212/19683，十六葉）。過錄本，首圖・甲四 2266；首圖縮印本 51 冊頁 191–198；首圖整理本頁 671–674（内文不分回）。過錄本，中大圖書館・92002；中大整理本頁 389–393。〔圖 23-1〕

②百本張鈔本，雙紅堂舊藏，關西大學・L23-D-6850。又，傅惜華舊藏本，藝研院・曲 310.65/0.356/5（150367）。〔圖 23-2〕

③清鈔本（存卷下），故宮博物院藏，《故宮珍本叢刊》698 冊頁 175–179。

④鈔本，傅氏《總目》謂馬彥祥有藏，今藏處未詳。

⑤清鈔本，傅氏《總目》謂賈天慈曾藏，今藏處未詳。

**別題：劈棺**

《中國俗曲總目稿》頁 47、《子弟書總目》頁 159 著錄。

版本：①鈔本，傅斯年圖書館藏，T11-144；《俗文學叢刊》384 冊 293 頁。

【説明】本篇卷首作："一天玄妙造化寬，三山六水一分田。春日花開秋日卸，夏景風臨冬景寒。萬象有形終有壞，千金無處覓仙源。請君試看蝴蝶夢，能解紅塵斷腸煩。"篇尾作："莊子休聞報將頭點，暗忖道脱離孽海去訪名山。騰然見蝴蝶翩翩飛上下，這不就喚醒莊公去超然。"

## 藍橋會　三回

作者未詳。

《中國俗曲總目稿》頁 349 著錄有車王府藏本，標作"子弟書"，故《子弟書總目》頁 171 亦據以著錄。《子弟書珍本百種》並據車王府舊藏本予以校錄。

演韋景元與藍玉蓮在藍橋下私會，因暴雨水淹藍橋，韋淹死，藍投水死。本事出《莊子・盜跖》及《史記》卷六十九《蘇秦列傳》，即尾生水淹藍橋故事，因同音書作"韋公子"。

原不標分回，據用韻，可析爲三回：頭回言前轍，40 韻；二回梭撥轍，54 韻；三回人辰轍，45 韻。

版本：①清鈔本，車王府舊藏，北大圖書館・□ 812.08/5105。過錄本，首圖・甲四 2446；首圖縮印本 51 冊頁 199–207。《子弟書珍本百種》頁 27–32 據此版本排印。〔圖 24〕

卷首作："奈何人遇奈何天，又逢俏麗又勾煩。一寸機靈一寸摩，几日冤家几日緣。"篇尾作："痴公子發落南京王公子，藍瑞蓮托生北地玉堂春。都知道三堂會審情深重，豈不知三生石畔的舊姻緣。"

按：北京大學藏車王府舊藏原鈔本書衣題作"藍橋會"，正文連書，不分行，與子弟書通行的鈔錄格式不同；第二回開頭攙有説白。故藏者另有鉛筆於書衣之題下書作"（絃子書？）"；又另有鋼筆書作"（鼓詞？）"。後首都圖書館過錄本，則直接於篇首題作"藍

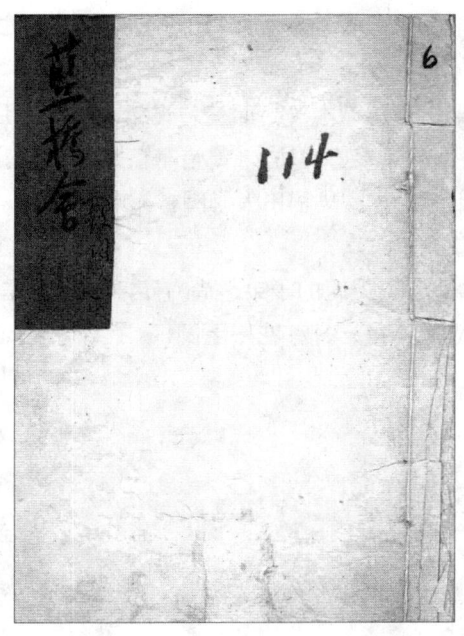

[圖24] 車王府舊藏本《藍橋會》

橋會絃子書"。《緑棠吟舘子弟書百種總目》凡例："如石玉崑、隨緣樂輩，亦負盛名。然其所唱者，只可謂之絃子曲，不得謂之子弟書。知其義者，則不致魚目混珠耳。"然則絃子書（曲）與子弟書原有區別。但此本書衣之"絃子書"三字既爲後人所加，故今仍作爲子弟書著録，存以備考。

### 新藍橋　五回

作者未詳。

《中國俗曲總目稿》頁287、《子弟書總目》頁130著録。

演金童玉女被謫下凡，男爲魏景元，女爲藍玉蓮，井邊相悦，相約晚間藍橋下私會，因暴雨水淹藍橋，魏淹死，藍投水死。本事出尾生水淹藍橋故事，因轉輾訛作"魏公子"或"未公子"。

[圖25] 藝研院藏刻本《新藍橋》

言前轍，共217韻。存本原不分回，可酌分爲五回。

版本：①海城聚有書坊光緒三十一年（1905）刻本（封面題"光緒乙巳年巧月／新

藍橋 / 清音子弟書 – 海城聚有書坊"），藝研院·曲 310.651/0.356（07772/17）。
［圖 25］
②光緒三十二年（1906）盛京聚盛書坊刻本（封面鐫"光緒丙午年桃月望日新改正 / 新藍橋 / 清音子弟書 – 盛京聚盛書坊"）傅惜華舊藏，今歸藝研院。
③石印本《繪圖改良新劇》二十五冊本，早稻田大學圖書館藏，ヘ 19–3031。
按：此係刪改本，與前一種差異頗大。

【說明】此本篇幅相當於五回，觀其體式，與規範的子弟書尚有距離。卷首作："金爐香盡漏聲殘，剪剪春風陣陣寒。春色惱人眠不得，月移花影上闌杆。"結句："這就是水淹藍橋一畫古，今古奇觀第二卷。"

## 金印記　四回

作者文西園。據結句："西園氏窗前草筆聯金印，激烈那十載寒氈坐破人。"

民初輯本《子弟書目錄》著錄作"全金印記"，列入"《金印記》子弟書目錄"。《子弟書總目》頁 72 著錄。《集錦書目》第 32 句"**金印記高懸佛殿穗頭兒長**"。

演蘇秦得志、六國封印之事。據《金印記》傳奇三十四齣《封贈》改編。《綴白裘初集》卷四選錄，即此書所據。

頭回中東轍，二回言前轍，三回中東轍，四回人辰轍。前二回 36 韻，後二回 40 韻。

版本：①精鈔本，傅氏《總目》謂有自藏本，今未見；《子弟書選》頁 365–370 據傅惜華藏本排印。《子弟書珍本百種》頁 37–42 亦據以排印。

別題：六國封印

《中國俗曲總目稿》頁 425、《子弟書總目》頁 34 著錄。

版本：①鈔本，傅斯年圖書館藏，T–556（第三回後半以下殘失）；《俗文學叢刊》384 冊頁 347。［圖 26］

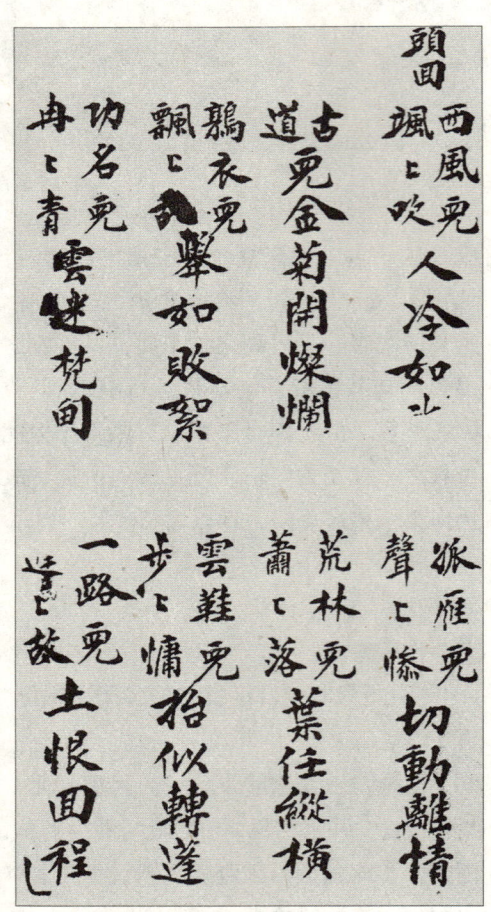

［圖 26］傅斯年圖書館藏鈔本《六國封印》

## 當絹投水 二回

作者虯松。據結句："**虯松氏**閒將筆墨驅倦鬼，翌日間把打上蘇門再續明。"

民初輯本《子弟書目錄》："《金印記》子弟書目錄。當絹投水。二回。"《子弟書總目》頁 140 著錄。又《子弟書約選日記》："當絹投水。文意頗佳，可登報端，以爲姁娌不和觀者勸，庶挽頹風也。"

演蘇秦弊裘而歸，其妻當絹投水事。本事見《金印記》傳奇十四齣"弊裘"，此據同題崑曲折子戲改編。

版本：①民初鈔本，傅氏《總目》謂馬彥祥有藏，今藏處未詳。

## 炎涼嘆 一回

作者未詳。

《綠棠吟舘子弟書百種總目》卷二十、《中國俗曲總目稿》頁 171、《子弟書總目》頁 62 著錄。

演蘇秦失意而歸，家人均不理睬，遂苦讀，後得六國封相，人皆趨迎，因嘆世態炎涼。本事見《金印記》四十二齣"封贈團圓"。

人辰轍，54 韻。

版本：①《文明大鼓書詞》第十三册排印本，藝研院、雙紅堂、傅圖等有藏。

**別題：蘇秦嘆**

《子弟書總目》頁 62 著錄。

版本：①清鈔本，傅氏《總目》謂李嘯倉有藏，今未見。

## 馬鞍山 □回

作者未詳。未見著錄。

所演當爲鍾子期與俞伯牙在馬鞍山相識歎爲知音事。本事見《呂氏春秋》卷十四及馮夢龍《警世通言》卷一"俞伯牙摔琴謝知音"。皮黃有《馬鞍山》。此本後爲京韻大鼓所承襲。疑此即是《摔琴》五回本之前三回。參見下文。

回數、韻轍未詳。

版本：①光緒二十八年（1902）會文山房刻本，封面題"光緒壬寅冬月鎸/馬鞍山/清音子弟書 會文山房"，孔夫子舊書網曾有拍賣，今藏處未詳。［圖27］

## 摔琴 五回

作者未詳。

百本張《子弟書目錄》："摔琴。苦。五回。一吊八。"別埜堂《子弟書目錄》："摔琴。五回。一吊八。"樂善堂《子弟大鼓書目錄》著錄，書價"一吊文"。民初輯本《子弟書目錄》入"《列國》子弟書目錄"。《中國俗曲總目稿》頁 43、《子弟書總目》頁 146 著錄。

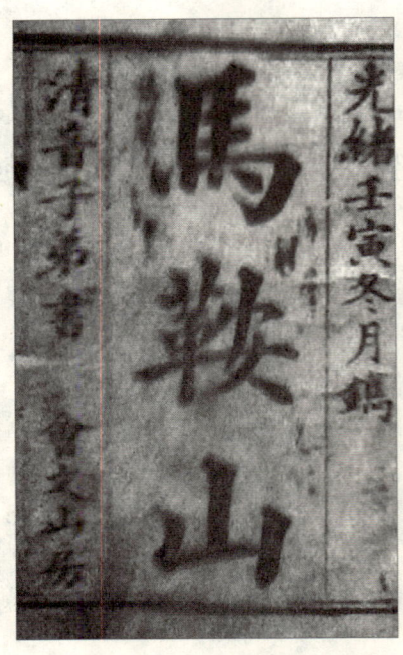
[圖27] 會文山房光緒壬寅刻本《馬鞍山》

[圖28-1] 同樂堂刻本《摔琴》

演晉大夫俞伯牙遇樵夫鍾子期，知音相賞之事。本事見《呂氏春秋》卷十四及馮夢龍《警世通言》卷一"俞伯牙摔琴謝知音"。皮黃有《撫琴訪友》，亦演此事。

頭回人辰轍，二回一七轍，三回言前轍，四回由求轍，五回中東轍。頭回 32 韻；後四回各 40 韻。

版本：①清鈔本，車王府舊藏，首圖·甲四 1317/2；首圖縮印本 51 冊頁 179-191；北京整理本頁 1579-1586。

②百本張鈔本（無回目），杜穎陶舊藏，藝研院·曲 319.651/0.582/8.142。

③清鈔本，國家圖書館藏，98971。

④清鈔本，傅惜華舊藏，藝研院·曲 310.651/0.356。

⑤光緒二十七年（1901）鈔本，傅惜華舊藏，藝研院·曲 310.651/0.356（139371）。

⑥聚卷堂鈔本（無回目），程硯秋舊藏，藝研院·曲 319.651/0.582/5.9（鈐"聚卷堂李不對管換"印）。按：傅氏《總目》所錄程氏藏本作百本張鈔本，當是誤記。

⑦清鈔本，中國社科院圖書館藏。

⑧鈔本，傅斯年圖書館藏，T10-123；《俗文學叢刊》384 冊 373 頁。

⑨鈔本，傅斯年圖書館藏，T10-124。又一種，傅斯年圖書館藏，T10-125。

⑩鈔本，藝研院藏，曲 319.651/0.582/8。

⑪光緒三十三年（1907）同樂堂刻本，封面題"上接馬安山 / 光緒丁未年伍月重刊 / 摔琴 / 清音子弟書 同樂堂"，孔夫子舊書網曾有拍賣，今藏處未詳。

[圖 28-1]

⑫舊鈔本，傅氏《總目》謂馬彥祥有藏，今藏處未詳。

**別題一：伯牙摔琴**

《子弟書總目》頁 60 著錄。《子弟書約選日記》："伯牙摔琴。計五回。可選。字句須加刪改。"

版本：①鈔本，國家圖書館藏，35558（《子弟書》卷一）。

②清刻本，傅惜華舊藏，藝研院·曲 310.651/0.356（136606）。

③經義堂刻本（封面題"京都新刻/伯牙摔琴段/經義堂梓行"；正文題"新

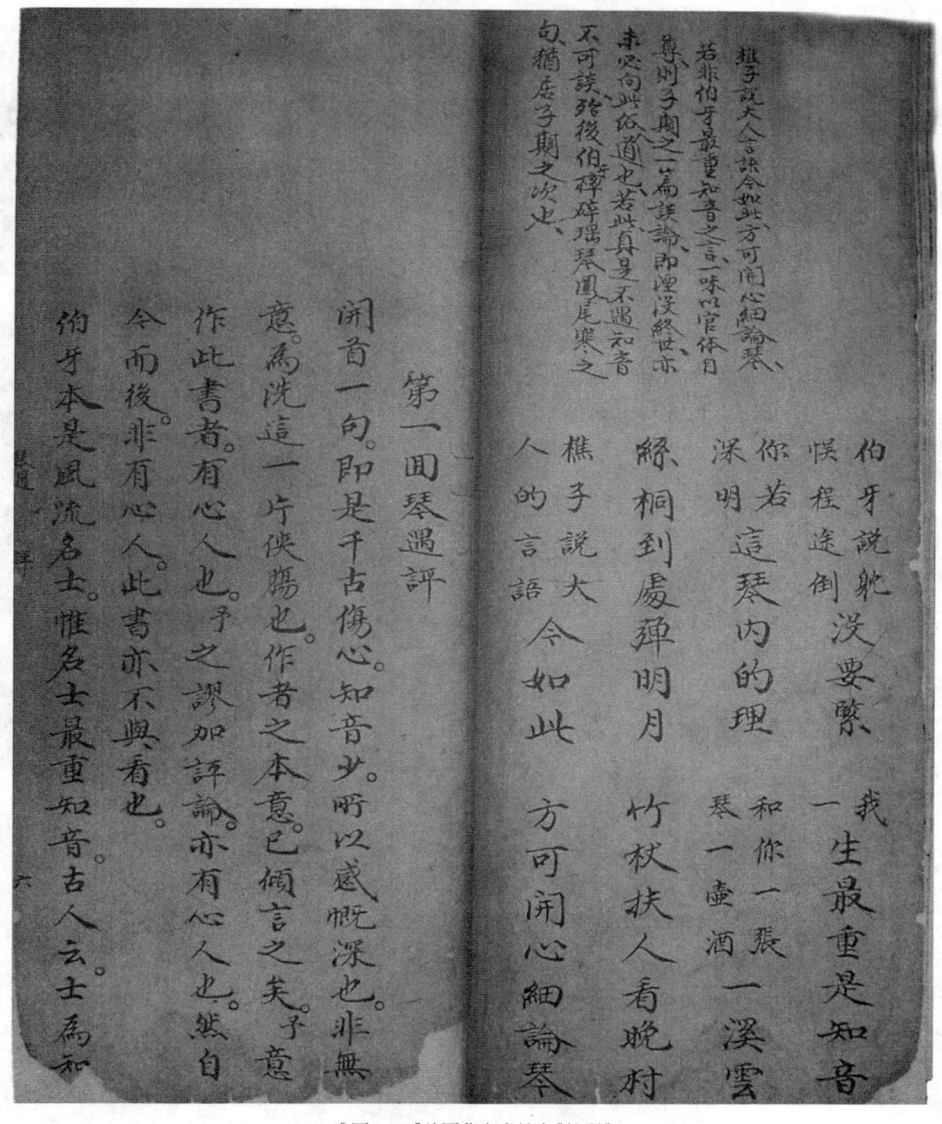

[圖 28-2]首圖藏嘉慶鈔本《摔琴》

刻伯牙摔琴段兒"），傅惜華舊藏，藝研院·曲 310.651/0.356（136605）；
又一種，失封面，136606。又，國家圖書館藏，98921。

### 別題二：俞伯牙摔琴
《綠棠吟舘子弟書百種總目》卷一著錄。
版本：①民國鈔本，即《綠棠吟舘子弟書選》卷一，吳曉鈴舊藏，首圖·己 486。

### 別題三：俞伯牙摔琴謝知音
《綏中吳氏雙栯書屋藏子弟書目錄》著錄。
版本：①嘉慶二十年乙亥（1815）北平王錦雯一石山房精鈔本，五回五卷附錄一卷，一冊，吳曉鈴舊藏，首圖·己 401。[圖 28-2]
【說明】王錦雯鈔本當是今存最早的子弟書鈔本。此書有大量的批語，各回有總評。

## 攜琴訪友 快書 一回

作者未詳。《中國俗曲總目稿》頁 664、《北京傳統曲藝總錄》頁 316 著錄。

據前揭同名子弟書改編。

中東轍。

版本：①民國間齊如山百舍齋紅格鈔本，傅惜華舊藏，藝研院·曲 311.651/0.682（145719）。[圖 29]
②《文明大鼓書詞》十四冊排印本；《快書研究》頁 265-268 復據以排印。
③北平學古堂排印本，傅斯年圖書館藏，DG1-011；又早稻田大學風陵文庫藏（F400-M2）。

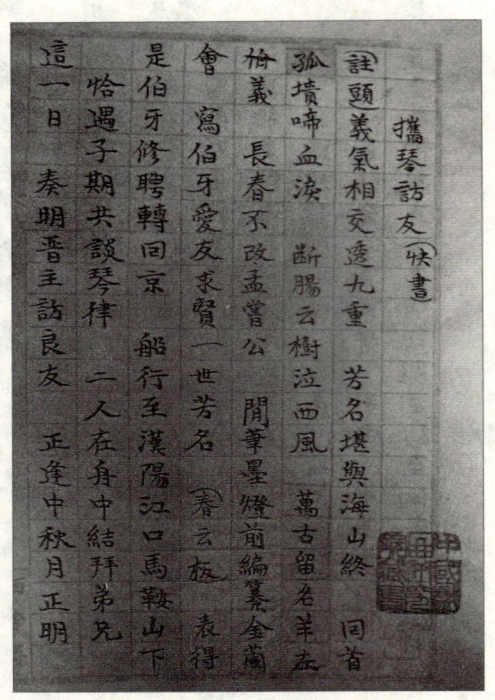

[圖 29] 藝研院藏民國鈔本《攜琴訪友》

# 秦漢故事

**刺秦** 一回

作者未詳。

民初輯本《子弟書目錄》："《俠客傳》子弟書目錄。刺秦即荊軻刺秦。一回。"

演荊軻刺秦王事。本事見《史記》卷八十六《刺客列傳》。

未見傳本。

**別題：荊軻刺秦**

《子弟書約選日記》："荊軻刺秦。確係一件事實，文句亦不俗。"

未見傳本。

**哭城** 五回

作者未詳。

百本張《子弟書目錄》："哭城。苦。五回。一吊八。"別埜堂《子弟書目錄》："哭城。五回。一吊八。"樂善堂《子弟大鼓書目錄》著錄，書價"一吊文"。民初輯本《子弟書目錄》作六回，列入"《列國》子弟書目錄"。《子弟書總目》頁98著錄。《子弟書約選日記》："哭城。六回。范杞良妻孟姜哭倒長城，有無其事，待考。"

演孟姜女尋夫哭倒長城、認夫屍骨故事。本事可參見《東周列國志》六十四回。明人有《長城記》傳奇，皮黃有《哭長城》，均演此事。

頭回灰堆轍，二回江陽轍，三回由求轍，四回中東轍，五回人辰轍。每回40韻。財勝堂刻本有回目：一〈離鄉〉、二〈入夢〉、三〈宿店〉、四〈路嘆〉、五〈認骨〉。

版本：①清鈔本，車王府舊藏，北大圖書館・□812.08/5105/:121（246/19617，二十五葉）。過錄本，首圖・甲四2300；首圖縮印本51冊頁247–255；北京整理本頁896–903。過錄本，中大圖書館・92732；中大整理本頁400–407。[圖30]

②百本張鈔本（四回本）1951年過錄本，中國戲曲研究院舊藏，藝研院・曲310.651/0.582/8。

③聚卷堂鈔本，四回本，程硯秋舊藏，藝研院·曲319.651/0.582/5.10（鈐"聚卷堂李不對管換"印）。按：文字同百本張本。又，傅氏《總目》所錄程氏藏本作百本張鈔本，當是誤記。

④民初鈔本（六回），傅氏《總目》謂馬彥祥有藏，此本當即民初輯本《子弟書目錄》著錄者，今藏處未詳。

⑤清刻本，傅惜華舊藏，藝研院·曲310.651/0.356（136597）。

⑥鈔本，國家圖書館藏，35558（《子弟書》卷一）。

**別題一：哭長城**

《中國俗曲總目稿》頁216、《子弟書總目》頁98著錄。

版本：①鈔本，傅斯年圖書館藏，T27-333；《俗文學叢刊》384冊423頁。

②鈔本，傅斯年圖書館藏，T27-334。

**別題二：孟姜女尋夫**

《子弟書總目》頁69著錄。

版本：①百本張鈔本，杜穎陶舊藏，藝研院·曲319.651/0.582/8.43（第四回文字與車王府藏本全別，作梭撥轍，40韻）。

②石印本（"月"。《與四書巧合》、《青樓遺恨》、《寧武關》同冊），天津圖書館（集部－曲類－彈詞6745）、藝研院藏《清音子弟書》第3冊，曲310.651/0.356/07772/39）。

③石印本，傅斯年圖書館藏，T26-325。

④石印本，王秋桂藏，《滿漢合璧子弟書尋夫曲校證》據以影印。

⑤學古堂排印本，《滿漢合璧子弟書尋夫曲校證》據以影印。

⑥洗俗齋鈔本（一回），傅氏《總目》謂馬彥祥有藏，今藏處未詳。

⑦《鼓詞選·大鼓編》收錄。

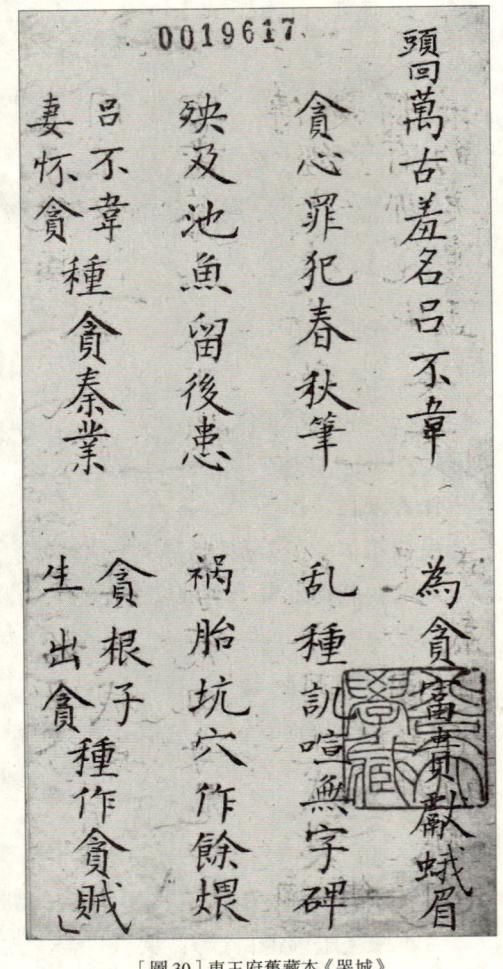

［圖30］車王府舊藏本《哭城》

### 別題三：孟姜女哭城

《綠棠吟舘子弟書百種總目》卷一著錄。

版本：①百本張鈔本，傅斯年圖書館藏，T27-335。

②清鈔本，故宮博物院藏，《故宮珍本叢刊》699 册頁 369（據書衣題名字跡，知實爲百本張鈔本）。

③鈔本，《綠棠吟舘子弟書選》卷一，吳曉鈴舊藏，首圖・己 486。

④經義堂刻本（封面題"新刻子弟書/孟姜女哭城/京都經義堂梓行"，首行作"哭城子弟書"），國家圖書館藏，98924。又，國家圖書館藏，98925。《子弟書叢鈔》頁 541-553 據同一版本排印。又，照片複製本，早稻田大學風陵文庫藏，F400-Z856。

⑤鈔本，國家圖書館藏鈔本《子弟書》卷一。

⑥民初鈔本，《子弟書十九種》之十，天津圖書館集部－曲類－彈詞 37014（有"盲生詞曲傳習所"印記；後半有缺文）。

⑦石印本，傅斯年圖書館藏，T26-325。又，傅惜華舊藏，藝研院・曲 310.651/0.356/4）。

⑧石印本，國家圖書館藏，98799。

### 別題四：姜女尋夫

版本：①光緒十年（1884）同文山房刻本，梅蘭芳舊藏，藝研院・曲 319.651/0.582/6.82。

②光緒十年財勝堂刻本，藝研院藏《清音子弟書》第 3 册，曲 310.651/0.356/3（07772）（題"光緒甲申荷夏中澣之吉鐫/姜女尋夫/清音子弟書財勝堂藏板"，有序）。

按：此兩種刻本與車王府舊藏本同源，有回目。

### 滿漢合璧尋夫曲　四回

作者未詳。

《滿漢合璧尋夫曲校證》收錄。

內容及故事來源同上。

版本：①清鈔本，德國科倫大學教授嵇穆藏；波多野太郎據此本作《滿漢合璧尋夫曲校證》（橫濱市立大學紀要人文科學第四篇，昭和四十八年），《子弟書叢鈔》頁 788-814 據校證本以

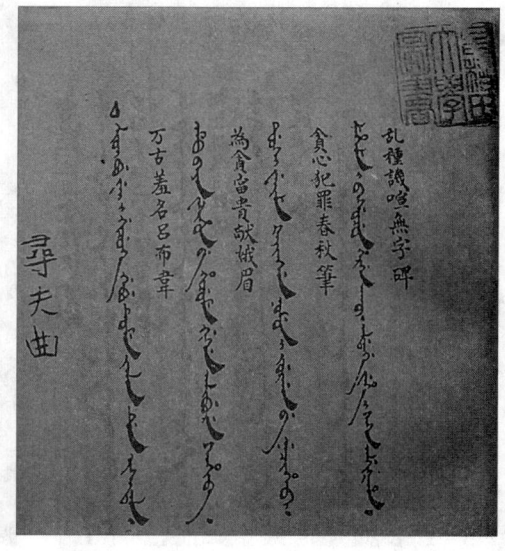

［圖 31］德國科隆大學嵇穆藏滿漢合璧《尋夫曲》

排印，《子弟書珍本百種》頁 46–86 又據以排印。［圖 31］

②日譯本，題《尋夫曲：滿文孟姜女》，德野伊勅譯，日本北九州中國書店，1992。

## 追信　五回

作者未詳。

別墅堂《子弟書目錄》："追信。五回。一吊八。"民初輯本《子弟書目錄》作六回，列入"《千金記》子弟書目錄"。《子弟書總目》頁 91 著錄。又《集錦書目》第 79 句："遣春梅追信與你寄柬。"

演蕭何月下追韓信故事。本事見《千金記》傳奇二十二齣"北追"，後衍爲崑曲折子戲《追信》，即此書所據。

言前轍，每回 50 韻。

版本：①清鈔本，車王府舊藏，首圖・甲四・1317/2；首圖縮印本 51 冊頁 232–246；北京整理本頁 1642–1650。［圖 32–1］

②同樂堂鈔本，藏處未詳；《子弟書叢鈔》頁 338–353 據以排印（題"梁霜毫"作，非是）。

③別墅堂鈔本，程硯秋舊藏，藝研院・曲 319.651/0.582/5.18（傅氏《總目》誤作二回本，入下條）。

④清鈔本，傅惜華舊藏，藝研院・曲 310.651/0.356（"子弟書選集"第一集冊十）。

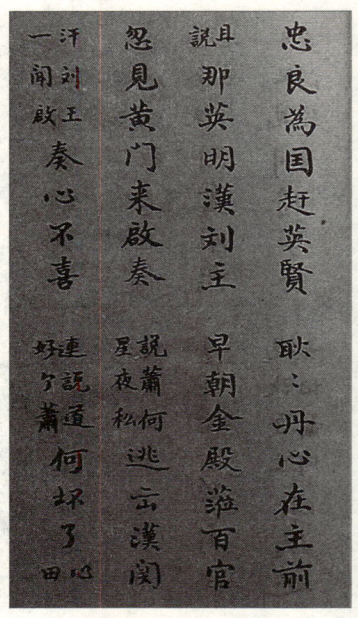

［圖 32–1］首圖藏車王府舊藏《追信》

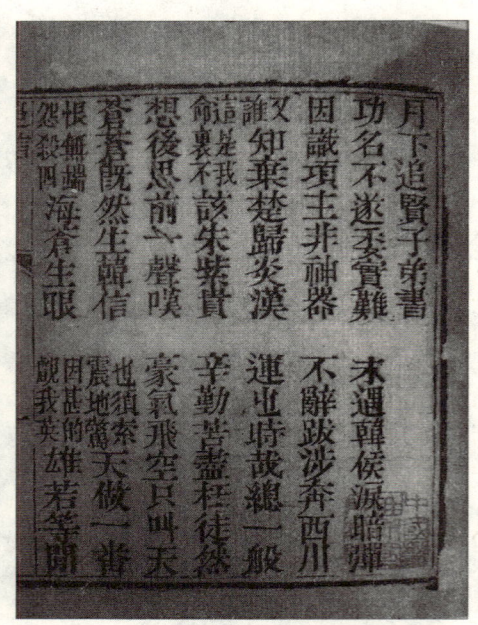

［圖 32–2］藝研院藏清刻本《月下追賢子弟書》

⑤清北京文萃堂刻本（不分回，封面題"京都新刻／追信子弟書／文萃堂梓行"。
首行作"月下追賢子弟書"），國家圖書館藏，98917。
⑥清刻本（不分回，首行作"月下追賢子弟書"），傅惜華舊藏，藝研院·曲
310.651/0.356（145879）。按：此即文萃堂刻本，失封面。［圖32-2］
⑦鈔本，分六回，傅氏《總目》謂馬彥祥有藏，當即民初輯本《子弟書目錄》
著錄者，今藏處未詳。

別題一：月下追賢
文萃堂刻本正文題作"月下追賢"，參前文。
別題二：月下追信
《綠棠吟舘子弟書百種總目》卷二著錄。
未見傳本。
【説明】《子弟書叢鈔》署作"梁霜毫"撰，依據爲第二回末句："到而今追賢佳話傳千古，**梁霜毫**敷演節目趁餘閑。"按：《叢鈔》所據之本同車王府舊藏本，有錯簡；據他本，此兩句乃全篇之結語，"梁"字係"染"字之訛，非作者名。

## 月下追賢　二回

作者未詳。
《子弟書總目》頁39著錄。
同上條。實擷取《追信》五回本之前二回及第三回之前半而成。文字相同。
版本：①光緒二十七年（1901）鈔本，傅惜華舊藏，藝研院·曲310.651/0.356（139376）。
【説明】光緒鈔本首句作"巧名不遂委實難，未遇韓侯泪暗彈"，結句作"久留惟恐把程途誤，因此懶下寶雕鞍"，相當於五回本第三回的前半，且相應部分文字相同，而所敍故事未完。因疑此本恐是殘失後半部分，而非別有一種二回本。而傅目將自藏清刻本、清鈔本，程硯秋藏別埜堂刻本、光緒二十七年鈔本均歸入此種所謂的二回本下，均非，參前文。
今姑參傅目，另設一條，備考。

## 韓信封侯　一回

作者未詳。
《子弟書總目》頁168著錄。又《中國俗曲總目稿》頁645著錄，但未標注曲類名。
演韓信功成名就後，欲報漂母一飯之恩而不可得。本事見《史記》卷九十二《淮陰侯列傳》。
中東轍，40韻。
版本：①清鈔本，傅氏《總目》謂有李嘯倉藏本，今未見；今知李氏藏有《文明大鼓詞》排印本，或著錄有誤。

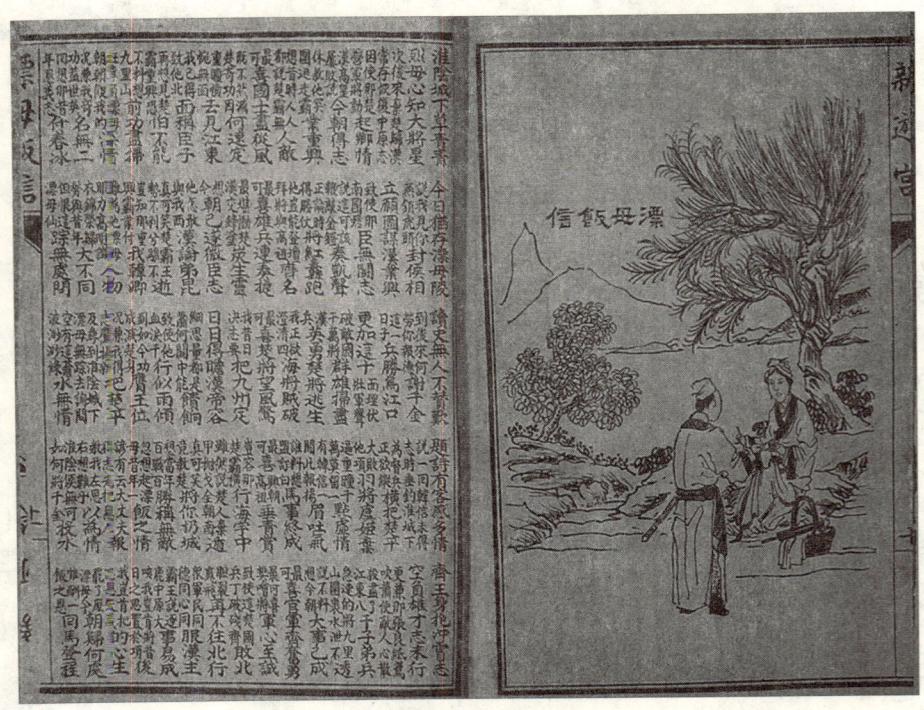

［圖33］早稻田藏石印本《漂母飯信》

②民初排印本《文明大鼓詞》第十一冊《韓信封侯》，此本實據別題"漂母飯信"之石印本排印，偶有誤字錯句。

**別題：漂母飯信**

版本：①石印本《繪圖改良新劇》第一冊，早稻田大學圖書館（ヘ19-3031）、藝研院（傅惜華舊藏，曲310.651/0.356/2-142933）藏。［圖33］

②《鼓詞彙集》第一輯排印本頁171–172。

【説明】此篇爲步《憶真妃》子弟書韻而作。

## 別姬 二回

作者青園。據結句："代喉舌青園揮灑千行墨，慘別離今古同懷寂寞情。"

百本張《子弟書目録》："別姬。千金記。二回。八佰。"民初輯本《子弟書目録》列入"《千金記》子弟書目録"。《中國俗曲總目稿》頁15、《子弟書總目》頁58著録。《子弟書約選日記》："別姬。計二回。"

演項羽垓下別虞姬事。本事見《千金記》三十七齣，後衍爲崑曲折子戲《別姬》，即此書所據。

中東轍，每回40韻。

版本：①百本張鈔本，程硯秋舊藏，藝術研究院・曲319.651/0.582/5.19；《子弟書

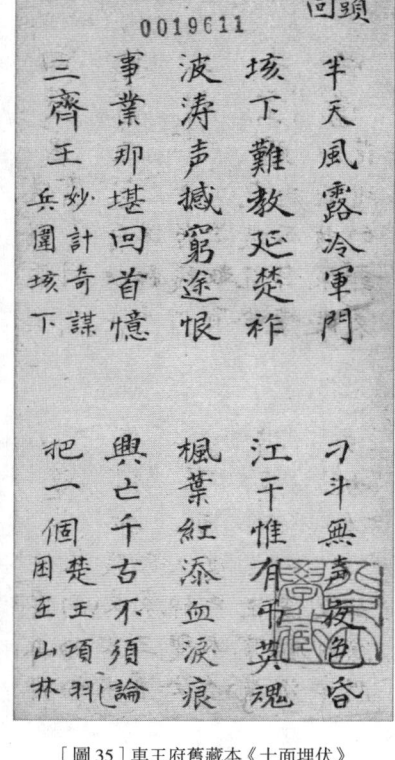

［圖34］傅斯年圖書館藏鈔本《別姬》　　［圖35］車王府舊藏本《十面埋伏》

珍本百種》頁87-90謂據百本張鈔本排印，所據當即程氏舊本。

②鈔本，傅斯年圖書館藏，T3-028；《俗文學叢刊》384冊475頁。［圖34］

**別題：霸王別姬**

樂善堂《子弟大鼓書目録》："二回起。四佰文。霸王別姬。"《中國俗曲總目稿》頁663、《子弟書總目》頁177著録。

版本：①鈔本，傅斯年圖書館藏，T3-029。按：傅斯年圖書館所藏兩種，今均歸《別姬》一題之下，然據總目稿，必有一本原題作《霸王別姬》，故移一種於此。

## 十面埋伏　四回

作者疑爲雪窗。結句云："讀漢史雪窗無事頻懷古，寫一段英雄血泪感慨深情。"《子弟書總目》頁26著録。

演韓信十面埋伏，項羽在烏江邊自刎。故事見《千金記》傳奇三十八齣"設伏"及清《楚漢春秋》傳奇第八本《霸王別姬》，皮黃有同名劇目（一名《霸王別姬》）。

頭回、三回人辰轍；二回、四回中東轍。每回40韻。

版本：①清鈔本，車王府舊藏，北大圖書館·□812.08/5105/:120（240/19611，十六葉）。

過錄本，首圖‧甲四2294；首圖縮印本51冊頁207-216；北京整理本頁851-857。過錄本，中大圖書館‧92231；中大整理本頁408-413。［圖35］

**別題：英雄泪**

民初輯本《子弟書目錄》："《千金記》子弟書目錄。英雄泪。四回。"另據《十面埋伏》結句"寫一段英雄血泪感慨深情"，可知此本即其別題。《子弟書紛選日記》："英雄泪。計四回。可選登報。"

未見傳本。

## 張良辭朝　一回

作者未詳。

《子弟書珍本百種》收錄。

演漢張良功成身退事。故事見《清平山堂話本》之"張子房慕道記"及明《赤松記》傳奇；京劇有同名劇目。

遙條轍，共58韻。

版本：①光緒三十二年（1906）盛京財勝書坊刻本（封面題"光緒丙午新刊紫羅袍／張良辭朝／清音子弟書－盛京財勝書坊"），藝研院藏，曲310.651/0.356（07772/16）；《子弟書珍本百種》頁91-93據以排印。

**別題一：紫羅袍**

《中國俗曲總目稿》頁268著錄，未題子弟書。

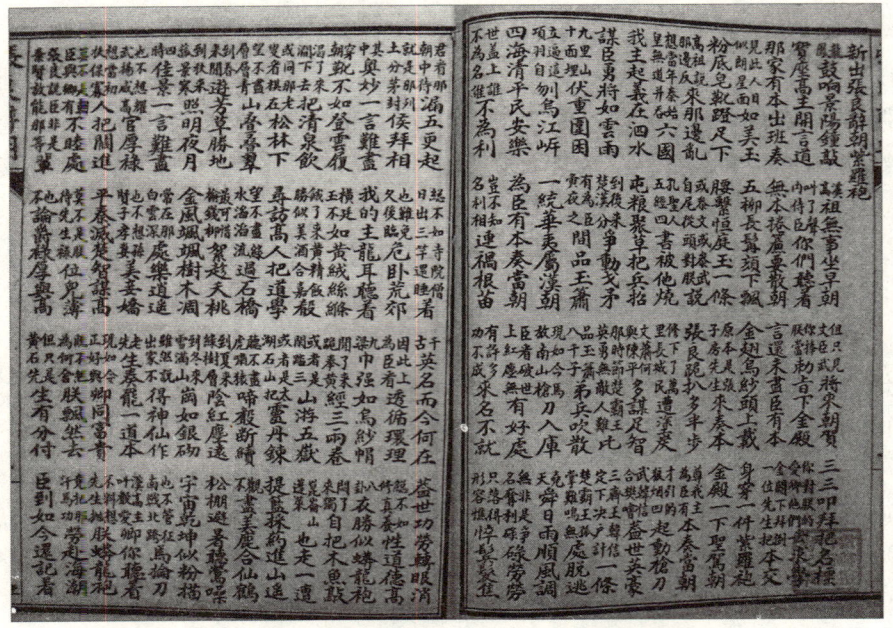

［圖36］首圖藏石印本《張良辭朝紫羅袍》

版本：①上海錦章書局石印本（"寒"字），天津圖書館（集部－曲類－彈詞 6745/2）、傅斯年圖書館等有藏。

別題二：張良辭朝紫羅袍

版本：①石印本（"露"字），題"新刻張良辭朝紫羅袍"，藝研院藏，曲 310.651/0.356/07772。

②上海燮記石印本（"土"字），首都圖書館藏。[圖 36]

【説明】後兩種當源出於刻本，卷首詩篇文字與刻本有異，正文多一段，餘同。

## 相如引卓　十回

作者未詳。

民初輯本《子弟書目錄》："《漢書》子弟書目錄，相如引卓。十回。"《子弟書總目》頁 73 著錄。

演司馬相如與卓文君故事。本事見《史記》卷一百一十七《司馬相如列傳》及明《琴心記》傳奇。

版本：①鈔本，傅氏《總目》謂馬彥祥有藏，今藏處未詳。

## 逼休　一回

作者未詳。

民初輯本《子弟書目錄》："《爛柯山》子弟書目錄。逼休。一回。"《子弟書總目》頁 140 著錄。

演朱買臣妻逼買臣寫下休書一事。本事見元雜劇《漁樵記》第二折，此據《爛柯山》傳奇"逼休"齣改編。

版本：①鈔本，傅氏《總目》謂馬彥祥有藏，今藏處未詳。

## 買臣休妻　不分回

作者未詳。

《子弟書總目》頁 127 著錄。

演朱買臣休妻事。本事同上條。

版本：①舊鈔本，藝研院·曲 319.651/0.582/8.158，歸入杜穎陶舊藏。按：據傅氏《總目》，有程硯秋舊藏本，而無杜氏藏本，疑此兩本即是一本。

【説明】疑與上條爲同一書。按：鼓詞有《朱買臣休妻》，有多種清刻本存世。

## 寄信　二回

作者鶴侶（頭回）。傅氏《總目》謂其自藏本卷首題作"頭回鶴侶氏作"。

民初輯本《子弟書目錄》："《爛柯山》子弟書目錄。寄信。二回。"《子弟書總目》

頁 103 著錄。

頭回一七轍，二回人辰轍。每回 50 韻。

演張別古替官爲太守的朱買臣捎信給玉天仙事。本事見元雜劇《漁樵記》第三折，崑曲衍爲折子戲《寄信》，即此篇所據。

版本：①清精鈔本，傅惜華舊有藏本，今未見；《子弟書選》頁 339-343 據傅氏藏本排印，《子弟書珍本百種》頁 99-103 復據以排印。

## 痴夢 一回

作者未詳。

百本張《子弟書目錄》："痴夢。玉天仙。一回。四佰。"（一本價格作"五佰"）樂善堂《子弟大鼓書目錄》著錄，書價"二佰文"。民初輯本《子弟書目錄》列入"《爛柯山》子弟書目錄"。《綠棠吟舘子弟書百種總目》卷二、《中國俗曲總目稿》頁 41、《子弟書總目》頁 175 著錄。又《集錦書目》第 13 句："先生嘆説人生痴夢耳。"

演朱買臣之前妻玉天仙，聞知買臣發跡，夢中見自己享受富貴。據《爛柯山》傳奇"痴夢"齣改編。

人辰轍，40 韻。

版本：①清鈔本，車王府舊藏，北大圖書館・□ 812.08/5105/:113（111/19482，五葉）。過錄本，首圖・甲四 2172；首圖縮印本 51 冊頁 287-289；北京整理本頁 233-234。過錄本，中大圖書館・92622；中大整理本頁 416-417。［圖 37］
②曲盒鈔本，傅惜華舊藏，藝研院・曲 310.651/0.356/2（143231/3）。
③百本張鈔本，傅斯年圖書館藏，T12-160。
④鈔本，傅斯年圖書館藏，T12-161；《俗文學叢刊》384 冊 497 頁。
⑤鈔本，傅斯年圖書館藏，T12-162。據陳錦釗《子弟書之題材來源及其綜合研究》，謂所見之本，封底陽題"宣統建元菊月念九日涂／迪元寫"，惟今已不可見，姑錄於此。

## 玉天仙癡夢 一回

原作者未詳，此爲二凌居士改訂本。

《中國俗曲總目稿》頁 714、《子弟書總目》頁 41 著錄。

本篇實據《痴夢》改訂而成，唯篇末倒數第二句之前多七韻十四句。

人辰轍，47 韻。

版本：①清鈔本，傅氏《總目》謂李嘯倉有藏，今未見。疑李氏所藏爲石印本。
②上海槐蔭山房石印本，傅斯年圖書館（T-736）、早稻田大學等有藏。
③石印本"天"字（首行題"新刻玉天仙癡夢子弟書詞全卷"），國家圖書館藏，98634。

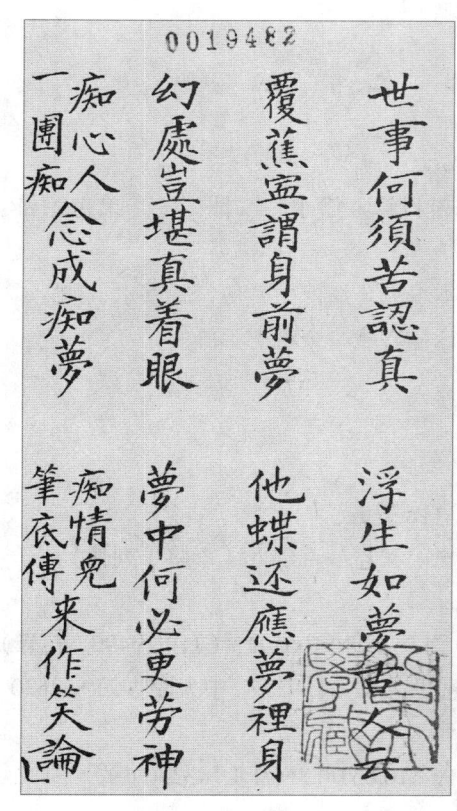

[圖37] 車王府舊藏本《痴夢》　　　　[圖38] 永尾文庫藏石印本《玉天仙癡夢》

④北京石印本，永尾文庫藏（題"新刻玉天仙痴夢全卷"）。[圖38]
⑤上海石印本（"畢"字。與《煙花樓》《珍珠衫》合刊，傅斯年圖書館藏，T25-306；《俗文學叢刊》400冊收錄。又，李嘯倉藏。
⑥石印本（"收"字。與《冤外冤》、《雙鳳奇緣》、《喬太守亂點鴛鴦譜》、《比古人》合刊），傅斯年圖書館，T-718。

**別題：天仙癡夢**

《中國俗曲總目稿》頁417著錄，未標曲類名。

版本：①上海石印本《繪圖改良新劇》第二十七冊，早稻田大學圖書館藏（へ19-3031，正文亦題"玉天仙癡夢"）。
②北平石印本，傅斯年圖書館藏，KUIV4-087。

【説明】早稻田大學藏上海石印本《繪圖改良新劇》收錄本卷首有序："歲在己卯，次庚伏日。是時閣内獨居，靜觀文中遊戲，間嘗懶遊，清吟無句，借得《癡夢》，殘篇補綴，完成合璧。一枕初醒黃粱，半榻當天紅日。燈火三更，寒窗十季。會稽太守，文運而轉鴻鈞；山野悍夫，房中以當幻續。著典出於老手，高歌盡乎壯志。本舘各種奇書，盡屬詞林筆墨，名貫東都，聲華北冀。謹此特跋。二凌居士。"據此，則原有光緒五年（1879）刻本，今未見。

### 潑水 二回

作者未詳。

民初輯本《子弟書目錄》："《爛柯山》子弟書目錄。潑水。二回。"《子弟書總目》頁 152 著錄。

演買臣貴後其妻求合，買臣示以潑水難收。本事見《爛柯山》傳奇《潑水》齣。

版本：①民國初年鈔本，傅氏《總目》謂馬彥祥有藏，今藏處不詳。

### 得書 一回

作者未詳。

《中國俗曲總目稿》頁 32、《子弟書總目》頁 118 著錄。

演李陵得故友蘇武信，感慨繫之。本事見《史記》卷一百○九《李將軍列傳》。

言前轍，40 韻。

版本：①清鈔本，車王府舊藏，北大圖書館·□ 812.08/5105/:113（119/19490，五葉）；首圖縮印本 51 冊頁 256-258；北京整理本頁 251-252；中大圖書館·92630；中大整理本頁 414-415。[ 圖 39 ]

②曲盒鈔本，傅惜華舊藏，藝研院·曲 310.651/0.356/1（143230/6）。

### 出塞 五回

作者未詳。

《集錦書目》第 48 句："遠看那出塞垛口似羣羊。"

演王昭君出塞和番事。本事見《後漢書》卷八十九《南匈奴傳》及《西京雜記》，並見元馬致遠《漢宮秋》雜劇。此據明無名氏《和戎記》傳奇"送昭"、"出塞"兩齣改編。

百本張鈔本作五回，用人辰轍，中間混用中東轍。各回分別爲 38、34、32、33、32 韻。

版本：①清鈔本，車王府舊藏，首圖·甲四 1317/2；首圖縮印本 51 冊頁 219-226；北京整理本頁 1587-1592。[ 圖 40 ]

**別題：昭君出塞**

百本張《子弟書目錄》："昭君出塞。五回。一吊八。"別埜堂《子弟書目錄》著錄相同。樂善堂《子弟大鼓書目錄》："子弟書四回起。一吊文。昭君出塞。"《中國俗曲總目稿》頁 517、《子弟書總目》頁 81 著錄。

版本：①百本張鈔本，傅惜華舊藏，藝研院·曲 310.651/0.356/2。《子弟書叢鈔》頁 631-641 據同一版本排印。

②鈔本，傅斯年圖書館藏，T-584；《俗文學叢刊》384 冊 509 頁。

③鈔本，傅斯年圖書館藏，T-585。

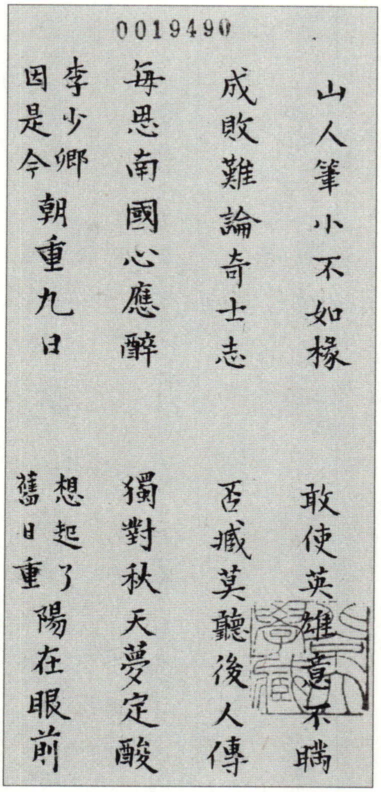

［圖39］車王府舊藏本《得書》 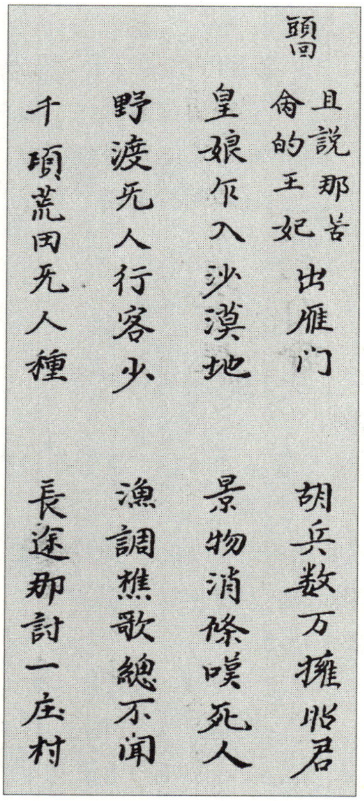　　［圖40］首圖藏車王府舊藏本《出塞》

④民初鈔本，《子弟書十九種》之十六，天津圖書館集部－曲類－彈詞37014（有"盲生詞曲傳習所"印記）。

【說明】車王府鈔本原祇標四回；然第一回含人辰、中東二韻，實爲二回；樂善堂本當即同一原因而祇作四回著錄。又，北京整理本頁1592有注："本書原抄本至'噗嗵嗵跳在黑河中'恰是頁末，未寫'完'字，且意猶未盡，查清抄本發現尚有四句，故補。"

## 新昭君 二回

作者未詳。

《中國俗曲總目稿》頁278、《子弟書總目》頁130著錄。

內容及故事來源同上條。

人辰轍，每回53韻。

版本：①鈔本，傅斯年圖書館藏，T34-413；《俗文學叢刊》384冊555頁。［圖41］
　　　②鈔本，傅斯年圖書館藏，T34-412。

**別題：昭君出塞**

百本張《子弟書目錄》："昭君出塞。二回。一吊。"《子弟書總目》頁81著錄。

未見傳本。

【説明】此篇卷首作："傷心千古斷腸文，最是明妃出雁門。南國佳人飄雉尾，北風絨服嫁昭君。"結尾作："言罷昭君整容貌，低頭無語去紅塵。身歸滄海動歸國，竟作了逍遙風月的一芳魂。"

### 出塞 一回

鄭振鐸《西調選》題羅松窗作，未詳所據，不足爲信。

《集錦書目》第 48 句："遠看那出塞垛口似羣羊。"《子弟書總目》頁 49 著錄。

內容及故事來源同上條。此篇實據《新昭君》改刪而成，且文字似未完。

人辰轍，45 韻。

版本：①《世界文庫·西調選》排印本。《鼓詞選·大鼓編》頁 121–122 據以排印；《子弟書選》頁 272–273、《子弟書珍本百種》頁 97–98 均據以排印。

②光緒六年（1880）鈔本，傅氏《總目》謂馬彥祥有藏，今藏處未詳；亦不詳其與《西調選》本文字是否相同。

③舊鈔本，傅氏《總目》謂馬彥祥有藏，今藏處未詳；亦不詳其與《西調選》本文字是否相同。

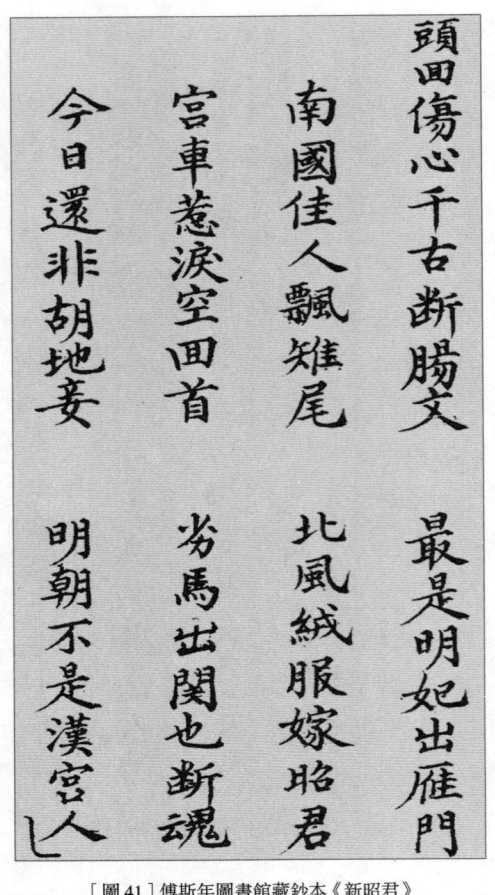

［圖 41］傅斯年圖書館藏鈔本《新昭君》

【説明】卷首詩篇全用杜甫詠昭君詩（"群山萬壑赴荊門，生長明妃尚有村"）。正文首句作："傷心千古斷腸文，最是明妃出雁門。"結尾作："這一日忽見道旁碑一統，娘娘駐馬看碑文。看吧低頭一聲嘆，呀原來是飛虎將軍李廣墳。"

### 明妃別漢 一回

作者未詳。

《子弟書珍本百種》收錄。

演王昭君別漢和番時自嘆身世。本事出處參前文。

江陽轍 共 52 韻。

版本：①光緒二十九年（1903）海城合順書坊刻本（封面題"光緒癸卯桃月上浣／明妃別漢／清音子弟書－海城合順書坊"），藝研院藏，曲 310.651/0.356（07772/5）；

《子弟書珍本百種》頁 94–96 據此一版本排印。

## 查關 二回

作者竹軒。據詩篇："人静**竹軒**閑弄筆，且把那梭羅宴查關演一場。"

百本張《子弟書目録》"查關。梭羅宴。二回。八佰。"樂善堂《子弟大鼓書目録》著録，書價"五百文"。民初輯本《子弟書目録》列入"《漢書》子弟書目録"；《中國俗曲總目稿》頁 23、《子弟書總目》頁 78 著録。又《集錦書目》第 21 句："那**查關**的侍衛嘆對司徒嘆。"《子弟書約選日記》："查關。計二回。無大意味。不必選。"

演漢元帝太子劉唐建獨行北漠遇番女故事。據梆子腔《宿關》改編。

江陽轍，每回 50 韻。

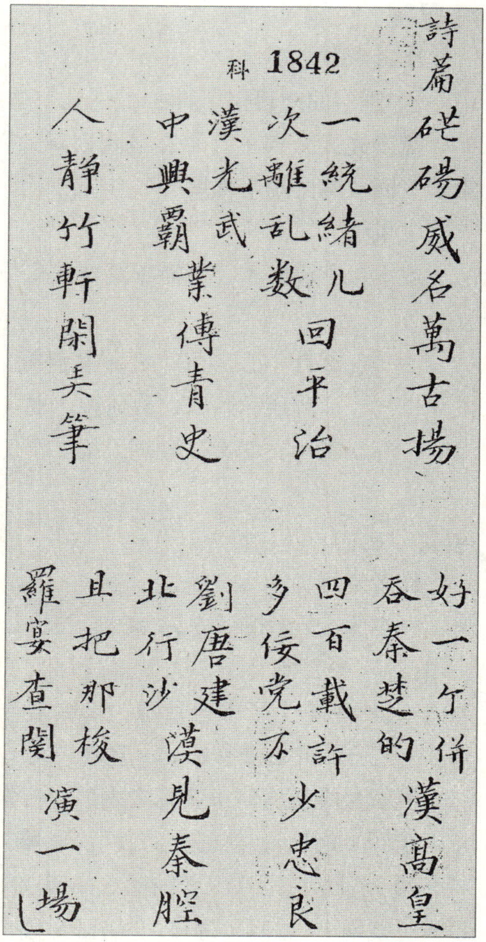
詩篇
硭碭威名萬古揚
一統緒儿回平治
次離乱数
漢光武
中興覇業傳青史
人静竹軒閑弄筆
科 1842
好一个併漢高皇
呑秦楚的
四百載許少忠良
多佞党不
劉唐建
北行沙漠見秦腔
且把那梭
羅宴查関演一場

［圖 42］雙紅堂藏百本張鈔本《查關》

版本：①清鈔本，車王府舊藏，北大圖書館・□ 812.08/5105/:115（155/19526，十二葉）。過録本，首圖・甲四 2206；首圖縮印本 51 册頁 226–232；北京整理本頁 371–374。過録本，中大圖書館・92663；中大整理本頁 418–421。

②百本張鈔本，雙紅堂文庫藏，戲曲・209，波多野太郎《子弟書集》據以收録；《子弟書叢鈔》頁 270–278 據同一版本排印。［圖 42］

③舊鈔本，杜穎陶舊藏，藝研院・曲 319.651/0.582/8.155。按：據傅氏《總目》有程硯秋舊藏本，而無杜氏藏本，疑此兩本即是一本。

④鈔本，傅斯年圖書館藏，T05–055；《俗文學叢刊》384 册頁 585。

⑤鈔本，傅斯年圖書館藏，T5–056。

⑥民初鈔本，《子弟書十九種》之五，天津圖書館集部・曲類・彈詞 37014（有"盲生詞曲傳習所"印記）。

⑦清鈔本，鄭振鐸舊藏，國家圖書館・t3448/1。

⑧同樂堂鈔本，傅傅氏《總目》謂有自藏本，今未見。

⑨《子弟書選》頁 358–262 排印本，所據底本未詳。

### 鬧昆陽 快書 一回

作者未詳。

《中國俗曲總目稿》頁 312、《北京傳統曲藝總目》頁 313 著錄。

演漢光武帝與王莽軍在昆陽對陣，鄧禹薦智君章大戰巨無霸。本事見《東漢演義》第十三回"鬧昆陽南郊哭天"；道光四年（1824）《慶昇平班戲目》有同名劇目。

中東轍，三落。

版本：①清鈔本，傅斯年圖書館藏，KS3-044；《俗文學叢刊》412 冊頁 73-96。[圖 43]

②百本張鈔本，杜穎陶舊藏，藝研院·曲 319.651/0.582/8.187（09690）。又，程硯秋舊藏，藝研院·曲 319.651/0.582/5.111。

③《文明大鼓書詞》第二十冊排印本，《快書研究》277-279 據以排印。

### 藏舟 五回

作者未詳。

百本張《子弟書目錄》："藏舟。五回。一吊八。"別埜堂《子弟書目錄》："藏舟。五回。一吊八。"樂善堂《子弟大鼓書目錄》著錄，書價"一吊文"。民初輯本《子弟書目錄》列入"《漁家樂》子弟書目錄"。《綠棠吟舘子弟書百種總目》卷二、《中國俗曲總目稿》頁 51、《子弟書總目》頁 171 著錄。又《集錦書目》第 11 句："舟子藏舟在梅花塢。"

演鄔飛霞救清河王劉蒜之事。據清朱佐朝《漁家樂》傳奇"端陽"、"藏舟"兩齣改寫。

頭回〈祭丘〉，發花轍；二回〈避難〉，由求轍；三回〈訴情〉，乜斜轍；四回〈封宮〉，一七轍；五回〈畢姻〉，言前轍。頭回 38 韻，後四回均為 40 韻。又，別埜堂鈔本回目作：頭回〈祭掃〉、二回〈逃難〉、三回〈藏舟〉、四回〈封宮〉、五回〈戲鳳〉。

版本：①百本張鈔本，杜穎陶舊藏，藝研院·曲 319.651/0.582/8.134；又，國家圖書館藏，98781/2。

②別埜堂鈔本，程硯秋舊藏，藝研院·曲 319.651/0.582/5.20。

③光緒八年（1882）聽秋館鈔本（附注曲譜，殘存二回第一落；書衣題"子弟書藏舟譜"；內題"光緒壬午花朝日觀於韻花齋南窗。法晉道人"），傅惜華舊藏，藝研院·曲 310.64/0.578（146614）。

④老聚卷堂鈔本，雙紅堂文庫藏，戲曲·233；波多野太郎《子弟書集》據以收錄。

⑤鈔本，傅斯年圖書館藏，T12-156；《俗文學叢刊》385 冊頁 1。

⑥舊鈔本，傅惜華舊藏，藝研院·曲 310.651/0.356（139850）。

⑦鈔本，國家圖書館藏，35558（《子弟書》卷二，主人公作劉算），35558。

⑧經義堂刻本（分六回；首冊題"京都新刻／藏舟子弟書／頭本－經義堂梓行"），國家圖書館藏兩種，98635、98904；又，傅惜華舊藏，藝研院·曲

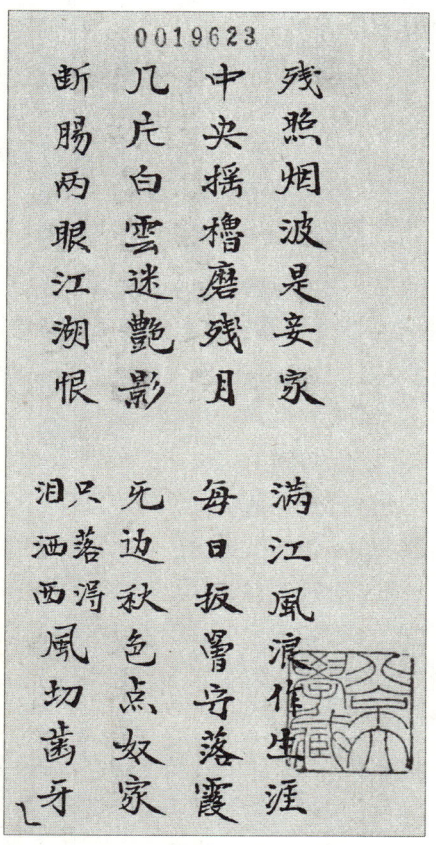

[圖43] 傅斯年圖書館藏《鬧昆陽快書》　　[圖44] 車王府舊藏本《艙(藏)舟》

　　310.651/0.356（142884）。

⑨義生堂刻本（分六回，首冊題"京都新刻/藏舟子弟書/上本 盛京東華門義生堂"），傅惜華舊藏，藝研院·曲 310.651/0.356（142885）。

⑩清刻本，杜穎陶舊藏，藝研院藏，曲 510.651/0.356（095531）。

⑪民國過錄本（署"北京圖書館抄藏"），國家圖書館藏，《曲文四種》之三，35611。

⑫光緒二十七年（1901）鈔本（題"光緒辛丑伏月抄"），傅惜華舊藏，藝研院·曲 310.651/0.356（139374）。

⑬鈔本，傅斯年圖書館藏，T12-155。

⑭民初鈔本，天津圖書館集部－曲類－彈詞 37491。

⑮民初鈔本，天津圖書館集部－曲類－彈詞 37492（藏者題："藏舟子弟書稿本"；五回；不著撰人；一冊。抄錄後有大量朱筆改文。故題曰稿本）。

⑯清末石印本（"薑"字），國家圖書館（98904）、天津圖書館等有藏。

⑰舊鈔本，傅氏《總目》謂馬彥祥有藏，今藏處不詳。

**別題一：艙舟**

此爲"藏舟"之同音別寫。未見著錄。

版本：○鈔本（原不分回），車王府舊藏，北大圖書館・□ 812.08/5105/:121（252/19623，二十六葉）。過錄本，首圖・甲四 2306；首圖縮印本 51 册頁 276-287；北京整理本頁 945-952。過錄本，中大圖書館・92738；中大整理本頁 422-429。按：兩整理本均改正作"藏舟"，並依韻分回。［圖 44］

**別題二：太子藏舟**

《中國俗曲總目稿》頁 413、《子弟書總目》頁 38 著錄（誤作"一回"）。

版本：①清鈔本，傅氏《總目》謂李嘯倉有藏，今未見。疑李氏所藏原爲石印本。

②上海槐蔭山房石印本（"張"字，首行題"新出太子藏舟子弟書詞"），傅斯年圖書館藏，T-736；又，首圖・集・丁 9418（《鼓詞彙刊》之 24），又，傅惜華舊藏，今歸藝研院。

③石印本（首行題"新刻藏舟子弟書"，與《遊舊院》《郭子儀上壽》《遊武廟》合刊），傅斯年圖書館藏，KUIV5-104。

④石印本（版心題"計"字，首行題"新刻藏舟子弟書"，與《遊舊院》、《郭子儀上壽》、《調精忠》合刊），傅惜華舊藏，藝研院・曲 310.651/0.356/2-142933。

⑤鉛印本（與《妓女悲傷》、《熱客回頭》、《萬里長城》、《未過門姑爺拜年》、《菜根譚前集》合刊），傅斯年圖書館藏，KUIII-5-097。

⑥北平寶文堂書舖鉛印本（首行題"太子藏舟又名漁家樂"，與《韓湘子上壽》等合刊），傅斯年圖書館藏，KUIII-10-213。

⑦《鼓詞彙集》第一集排印本頁 61-68。

**別題三：蒼舟**

此亦爲同音別寫。波多野太郎《子弟書集》收錄。

版本：①百本張鈔本，日中學院舊藏，現歸東洋文化研究所倉石文庫；波多野太郎《子弟書集》據以收錄。

【説明】此書存有鈔本、刻本、石印本二十餘種，大致可分兩個系統。其中百本張鈔本、史語所藏鈔本等，爲一系統，相互間較少出入，尚存初貌，男主角爲劉蕊。車王府藏鈔本、別墅堂鈔本及石印本等爲另一系統，後出，文字頗多改動，男主角改爲劉秀。

## 藏舟　三回

《西調選》題羅松窗作，未詳所據，不足憑信。

《子弟書總目》頁 171 著錄。

此爲選錄五回本《藏舟》之第二、四、五回而成。

版本：①《世界文庫・西調選》排印本。《子弟書選》頁 266-271 復據以排印。

## 刺梁　一回

作者未詳。

百本張《子弟書目錄》："刺梁。一回。四佰。"民初輯本《子弟書目錄》列入"《漁家樂》子弟書目錄"。《綠棠吟舘子弟書百種總目》卷二、《中國俗曲總目稿》頁17、《子弟書總目》頁66著錄。又《集錦書目》第24句："若有那罵城的前來用**刺梁**。"

演鄔飛霞刺梁冀事。據朱佐朝《漁家樂》傳奇"刺梁"齣改編。

中東轍，共56韻。

版本：①鈔本，傅斯年圖書館藏，T4-037-2；《俗文學叢刊》385冊頁53。[圖45]
　　　②鈔本，傅斯年圖書館藏，T4-037-2。
　　　③文萃堂刻本（封面題"京都新刻/刺梁子弟書/文萃堂梓行"），國家圖書館藏，98711。
　　　④刻本（五頁），傅惜華舊藏，藝研院·曲310.651/0.356（136588）。
　　　⑤同光間刻本（六頁，書口題"刺梁"），傅惜華舊藏，藝研院·曲310.651/0.356（142882）。
　　　⑥《子弟書叢鈔》頁679-682、《子弟書珍本百種》頁114-116（據道光間木刻本）排印本。
　　　⑦舊鈔本，傅氏《總目》謂馬彥祥有藏，今藏處不詳。

## 漁家樂　七回

作者未詳。

百本張《子弟書目錄》："漁家樂。鄔飛霞、萬家春，相梁、刺梁。七回。二吊六。"樂善堂《子弟大鼓書目錄》著錄，書價"一吊八"；《中國俗曲總目稿》頁293、《子弟書總目》頁142著錄。又《集錦書目》第9句："那拿螃蟹的人兒**漁家樂**。"

演鄔飛霞頂替馬瑤草入梁府刺死梁冀事。據清朱佐朝《漁家樂》傳奇"相梁"、"刺梁"齣改編。

頭回由求轍，二回中東轍，三回人辰轍，四回一七轍，五回言前轍，六回江陽轍，七回發花轍。每回均有詩篇。分別為41、43、43、40、43、43、44韻。

版本：①清鈔本，車王府舊藏，北大圖書館·□812.08/5105/:122（259/19630，四十葉，前六回末均有"言無二價/不對管換"印記）。過錄本，首圖·甲四2313；首圖縮印本51冊頁258-275；北京整理本頁1005-1016。過錄本，中大圖書館·92745；中大整理本頁430-441。[圖46]
　　　②百本張鈔本，國家圖書館藏，98781/1。又，吳曉鈴舊藏，首圖·己463（缺頭回）。
　　　③鈔本，傅斯年圖書館藏，T37-442；《俗文學叢刊》385冊頁69。
　　　④鈔本，傅斯年圖書館藏，T37-443。

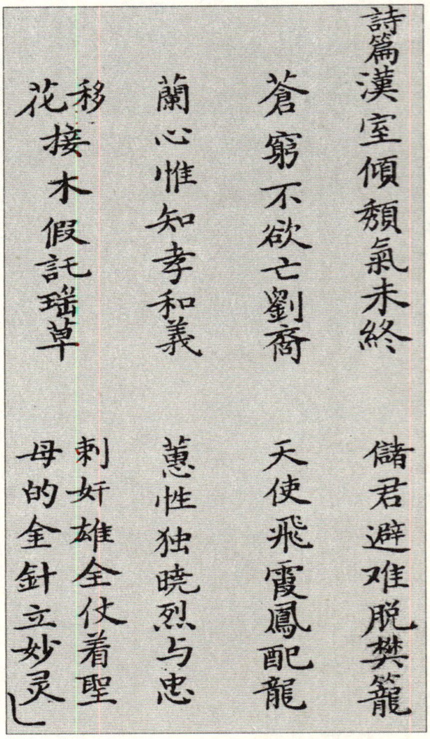

詩篇
漢室傾頹氣未終　儲君避难脱樊籠
蒼穹不欲亡劉裔　天使飛霞鳳配龍
蘭心惟知孝和義　蕙性独曉烈与忠
移花接木假託瑶草　刺奸雄全仗着聖母的金針立妙灵

［圖 45］傅斯年圖書館藏鈔本《刺梁》

0019630
詩篇
富貴憑天非自由　一生定数[illegible]謀
看花莫負春三月　沽酒休辭十里楼
鐵嘴一張成事業　芒鞋兩片似浮蝣
善观氣色陰陽理　敢定吉凶把姓氏留

［圖 46］車王府舊藏本《漁家樂》

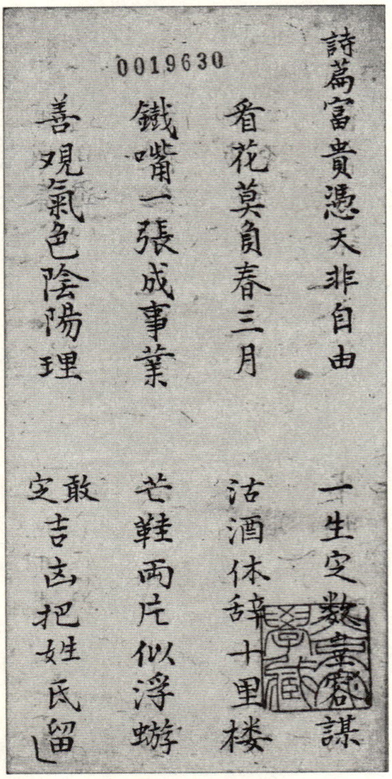

⑤舊鈔本，杜穎陶舊藏，藝研院・曲 319.651/0.582/8.163。

**別題：相梁刺梁**

民初輯本《子弟書目録》:“《漁家樂》子弟書目録。相梁刺梁。七回。”

未見傳本。

【説明】第七回詩篇有句“白鶴山人閑戲筆,聊與我輩作杯茶”,吴曉鈴以爲寓作者名。俟考。

## 相梁 四回

作者未詳。

《子弟書總目》頁 73 著録。

本事見清朱佐朝《漁家樂》傳奇“相梁”齣。

版本：①同樂堂鈔本，傅氏《總目》謂馬彦祥有藏，今藏處未詳。

【説明】疑即民初輯本《子弟書目録》所録七回本“相梁刺梁”之前四回。

## 刺梁 三回

作者未詳。

《子弟書總目》頁 67 著録。

本事來源參見前文。

版本：①同樂堂鈔本，傅氏《總目》謂馬彦祥有藏，今藏處不詳。

【說明】傅氏《總目》謂"此書未見著録；與上文著録之一回本完全不同，實爲別本。"按：疑即民初輯本《子弟書目録》所録七回本"相梁刺梁"之後三回。

### 趙五娘吃糠　二回

作者未詳。

百本張《子弟書目録》別本："趙五娘吃糠。接行路、廊會。苦。二回。八佰。"《子弟書總目》頁 145（題"三回"）。

演趙五娘瞞著公婆吃糠事。本事出《琵琶記》二十一齣"糟糠自厭"，此據崑曲折子戲《吃糠》改編。下接《行路》、《廊會》。

江陽轍，分別爲 50、47 韻。

版本：①清鈔本，車王府舊藏，北大圖書館·□ 812.08/5105/:118（193/19564，十三葉，封面題"全三回"，實爲二回）。過録本，首圖·甲四 2247；首圖縮印本 55 册頁 435–442；北京整理本頁 569–572。過録本，中大圖書館·92702；中大整理本頁 442–446。［圖 47］

#### 別題一：吃糠

百本張《子弟書目録》："吃糠。接行路、廊會。苦。二回。八佰。"樂善堂《子弟大鼓書目録》著録，書價"五佰文"。民初輯本《子弟書目録》列入"《琵琶記》子弟書目録"。《中國俗曲總目稿》頁 14、《子弟書總目》頁 53 著録。《集錦書目》第 76 句："說你遊園一日那管奴家咽土吃糠。"

版本：①鈔本，傅斯年圖書館藏，T2–022；《俗文學叢刊》385 册頁 155。
　　　②鈔本，傅斯年圖書館藏，T2–013。
　　　③民初鈔本，傅氏《總目》謂馬彦祥有藏，此本當即民初輯本《子弟書目録》著録者，今藏處未詳。

#### 別題二：五娘吃糠

版本：①清鈔本，故宮博物院藏，《故宮珍本叢刊》699 册頁 230（據書衣題名字跡，知實爲百本張鈔本）。

【說明】車王府藏本書衣所題"三回"當爲"二回"之誤書。中大排印本將頭回析作二回，以合三回之數，不妥。北京整理本謂原標三回，書內實僅有二回，百目亦著録作二回，故改作二回；並謂："又傅目稱此書之車王府抄本爲三回，可能是未經眼致誤。"

### 五娘行路　四回

作者未詳。

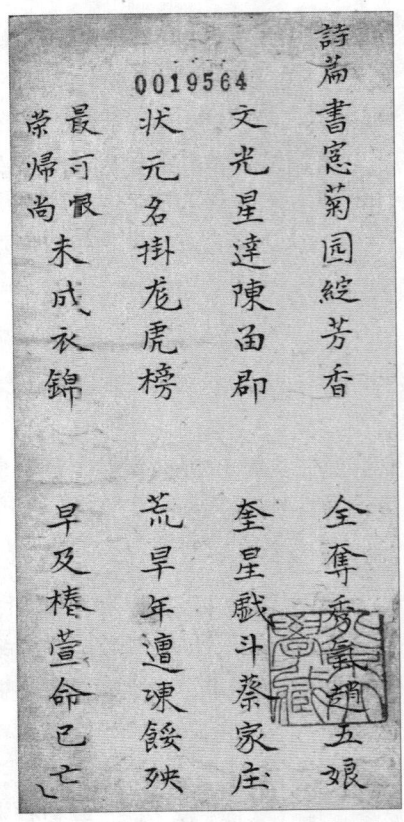 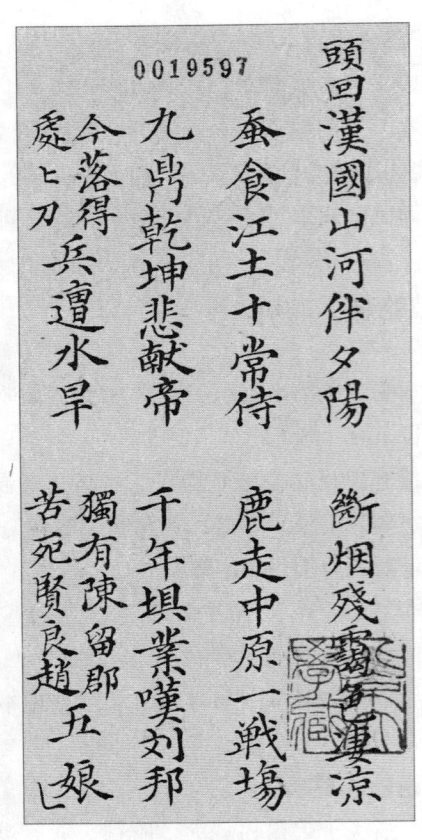

［圖47］車王府舊藏本《趙五娘吃糠》　　［圖48］車王府舊藏本《趙五娘行路》

　　百本張《子弟書目錄》："五娘行路。接廊會。苦。四回。一吊六。"《中國俗曲總目稿》頁423、《子弟書總目》頁36著錄。《集錦書目》第67句："説罷分手**五娘行路**。"《子弟書約選日記》："《描容》作一段，《五娘行路》，計四／三回；《廊會》兩回。將趙五娘苦楚賢孝，描寫殆盡。宜選登報，庶可挽頹風也。"

　　演趙五娘辭墳上京與張太公道別時之情狀。本事出《琵琶記》二十九齣"乞丐尋夫"，此據崑曲折子戲《別墳》改編。下接《廊會》。

　　江陽轍，分別爲40、51、49、49韻。

　　版本：①清鈔本，車王府舊藏，北大圖書館‧□ 812.08/5105/:119（226/19697，二十葉）。過錄本，首圖‧甲四2280；首圖縮印本55冊頁251–260；北京整理本頁764–769。過錄本，中大圖書館‧92016；中大整理本頁447–452。

　　②鈔本（作五回），國家圖書館藏，35558（《子弟書》卷二）。

　　③百本張鈔本，傅斯年圖書館藏，T-555；《俗文學叢刊》385冊頁183。

　　④清鈔本，故宮博物院藏，《故宮珍本叢刊》697冊頁356（據書衣題名字跡，知實爲百本張鈔本）。［圖48］

⑤鈔本，傅斯年圖書館藏，T-554。
⑥民初鈔本，《子弟書十九種》之十七，天津圖書館集部－曲類－彈詞37014（有"盲生詞曲傳習所"印記；書衣題"三回"，正文實不分回）。

**別題：行路**

樂善堂《子弟大鼓書目錄》："子弟書四回起。八百文。行路。"民初輯本《子弟書目錄》列入"《琵琶記》子弟書目錄"。《子弟書總目》頁56著錄。

版本：①清刻本（書口題"行路"），傅惜華舊藏，藝研院·曲310.651/0.356（136600）。

## 五娘哭墓 一回

作者未詳。

百本張《子弟書目錄》："五娘哭墓。一回。四佰。"（一本價格作"五佰"）《子弟書總目》頁37著錄。

此係摘取《五娘行路》子弟書之詩篇及第三回自"佳人哭泣祭燒錢紙"起至第四回"秋風紅葉那樣悽涼"句為止一段改寫而成，僅八句為新添。

江陽轍，37韻。

版本：①清鈔本，車王府舊藏，北大圖書館·□ 812.08/5105/:113（97/19468，五葉）。過錄本，首圖·甲四2151；首圖縮印本55冊頁260-263；北京整理本頁202-203。過錄本，中大圖書館·92608；中大整理本頁453-454。［圖49］
②曲盦鈔本，傅惜華舊藏，藝研院·曲310.651/0.356/（143232/5）。
③清鈔本，故宮博物院藏，《故宮珍本叢刊》698冊頁401（據書衣題名字跡，知實為百本張鈔本）。

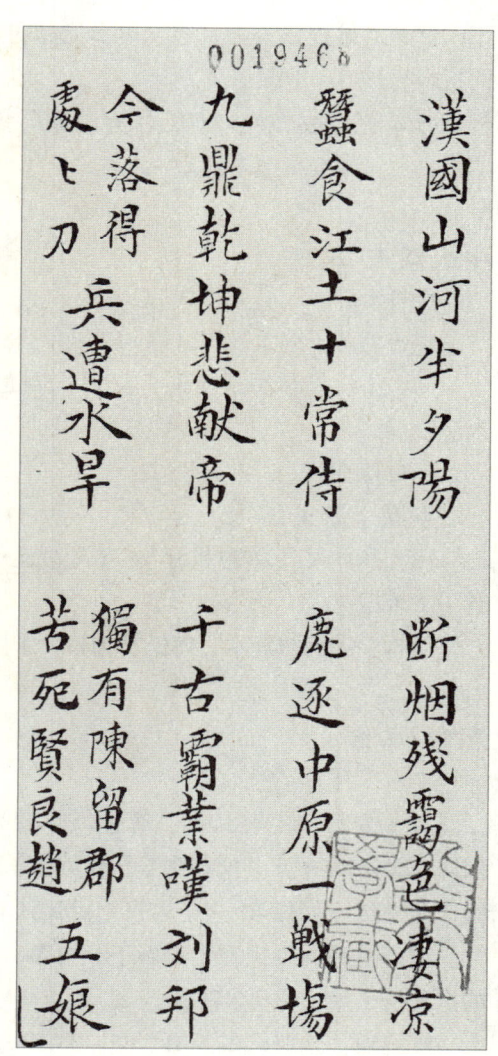

［圖49］車王府舊藏本《五娘哭墓》

**別題：哭墓**

《中國俗曲總目稿》頁28、《子弟書總目》頁99著錄。

版本：①鈔本，傅斯年圖書館藏，T6–068；《俗文學叢刊》385 冊頁 183。
　　　②鈔本，傅斯年圖書館藏，T6–069。

## 五娘描容　一回

作者未詳。

民初輯本《子弟書目錄》："《琵琶記》子弟書目錄。描容。一回。"《子弟書總目》頁 99 著錄。又《子弟書約選日記》："《描容》作一段。將趙五娘苦楚賢孝，描寫殆盡。宜選登報，庶可挽頹風也。"

演趙五娘描繪公婆真容。本事見高明《琵琶記》第二十九齣"乞丐尋夫"，此據崑曲折戲《描容》改編。

版本：①民初鈔本，傅氏《總目》謂馬彥祥有藏，當即民初輯本《子弟書目錄》收錄者，今藏處未詳。

## 牛氏盤夫　三回

作者未詳。

樂善堂《子弟大鼓書目錄》："子弟書三回起。六百文。牛氏盤夫。"

演牛小姐盤問蔡伯喈事。本事見《琵琶記》三十齣"瞷問衷情"；此據崑曲折子戲《盤夫》改編。

未見傳本。

別題：盤夫

民初輯本《子弟書目錄》："《琵琶記》子弟書目錄。盤夫。三回。"《子弟書總目》頁 162 著錄。

版本：①民初鈔本，傅氏《總目》謂馬彥祥有藏，今藏處未詳。

## 廊會　四回

作者未詳。

百本張《子弟書目錄》："廊會。苦。四回。一吊六。"別埜堂《子弟書目錄》："廊會。四回。一吊四佰四。"樂善堂《子弟大鼓書目錄》："四回起。八百文。琵琶記。廊會。"《中國俗曲總目稿》頁 40、《子弟書總目》頁 131 著錄。

演趙五娘與牛氏在牛府廊下相會事。本事出《琵琶記》三十五齣"兩賢相遘"；此據崑曲折子戲《廊會》改編。

江陽轍，分別爲 23、31、35、38 韻。

版本：①清鈔本，故宮博物院藏，《故宮珍本叢刊》697 冊頁 350（據書衣題名字跡，知實爲百本張鈔本）。
　　　②別埜堂鈔本，傅惜華舊藏，藝研院·曲 310.651/0.356–28（150390）；《子

弟書叢鈔》頁 610–618 據同一版本排印。

③ 聚卷堂鈔本，程硯秋舊藏，藝研院·曲 319.651/0.582/5.11（鈐"聚卷堂李/不對管換"印）。按：傅氏《總目》所錄程氏藏本作百本張鈔本，當是誤記。

④ 鈔本，傅斯年圖書館藏，T9-113；《俗文學叢刊》385 冊頁 237。

⑤ 鈔本，傅斯年圖書館藏，T9-114。

⑥ 鈔本，北京圖書館藏鈔本《子弟書》卷二，35558。

⑦ 民國初年鈔本，傅氏《總目》謂馬彥祥有藏，今藏處不詳。

**別題一：趙五娘廊會**

版本：① 1951 年據百本張鈔本過錄本，中國戲曲研究院舊藏，藝研院·曲 319.651/0.582（北京曲集第一集第八冊）

**別題二：廟會**

此係"廊會"之誤抄。

版本：① 清鈔本，車王府舊藏，北大圖書館·□ 812.08/5105/:119 225/19696，十六葉，題"廟會"）。過錄本，首圖·甲四 2279；首圖縮印本 55 冊頁 482–489；北京整理本頁 759–763（改題作"廊會"）。過錄本，中大圖書館·92015；中大整理本頁 455–459（題"廟會"）。

[圖 50]

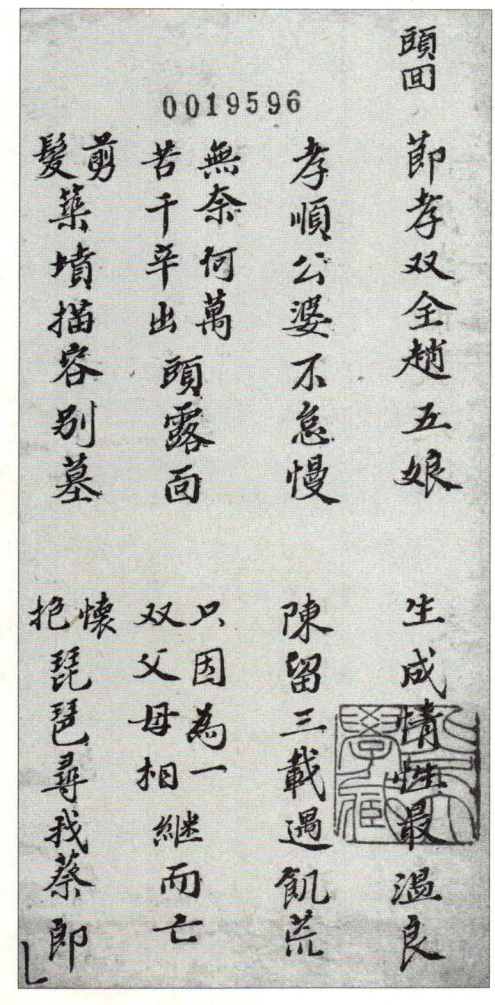

[圖 50] 車王府舊藏本《廟會》

【說明】此篇卷首作："節孝雙全趙五娘，生成情性最溫良。孝順公婆不怠慢，陳留三載遇飢荒。"卷尾作："題上了七言一律在真容上，真果是滿紙酸辛惹斷腸。寫完移步歸繡戶，合牛小姐把往日的傷心又訴了一場。"

## 廊會 五回

作者未詳。

此五回未見著錄。《故宮珍本叢刊》697 冊《子弟書》收錄。

敘牛氏與趙五娘在牛府廊下相見相認，五娘題詩，與蔡伯喈在書館相逢。據《琵琶記》中“兩賢相遘”、“書館悲逢”兩齣改編。

江陽韻。今存本頭回闕，二回以下分別爲：40、51、49、49 韻。

版本：①清鈔本，故宫博物院藏，《故宫珍本叢刊》697 册頁 364（闕第一回）。[圖 51]

【説明】今存本第一回佚，前所存二、三回與上種四回本《廊會》之二、三回文字相近。疑四回本從五回删改而成。

又，此篇第二回開頭作：“斜倚欄杆朝外望，恰好似背井梨花帶雨香。”卷尾作：“三人大哭多一會，真容懸掛在書房。實情訴與牛丞相，單等辭官歸故鄉。這正是書舘相逢夫婦會，千古留芳趙五娘。”

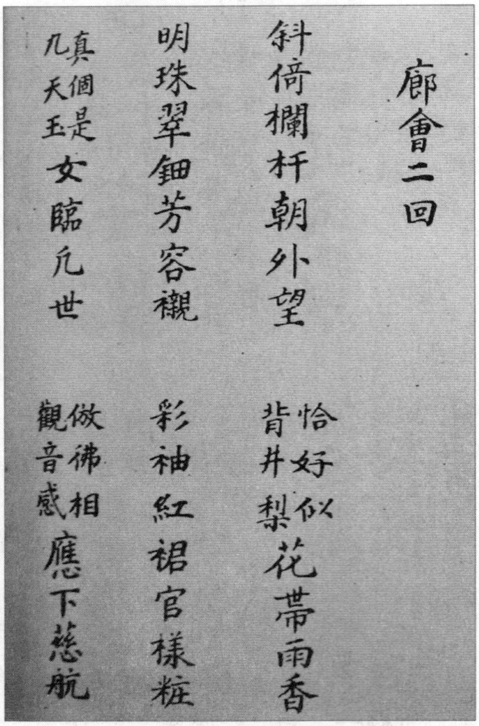
廊會二回
斜倚欄杆朝外望
恰好似背井梨花帶雨香
明珠翠鈿芳容襯
彩袖紅裙官樣粧
真個是九天玉女臨凡世
做佛相觀音感應下慈航

[圖 51] 故宫藏清鈔本《廊會》

## 廊會 二回

作者未詳。

民初輯本《子弟書目録》“《琵琶記》子弟書目録。廊會。二回。”《子弟書約選日記》：“《廊會》兩回。將趙五娘苦楚賢孝，描寫殆盡。宜選登報，庶可挽頽風也。”

敘牛氏與趙五娘在牛府廊下相見相認。本事出《琵琶記》之“兩賢相遘”齣。此即擷取前兩種《廊會》之前二回而成。

【説明】①鈔本，國家圖書館藏，35558（《子弟書》卷二，題作“廟會”）。

# 三國故事

**斬華雄　快書　一回**

作者未詳。

《中國俗曲總目稿》頁250、《北京傳統曲藝總錄》頁308 著錄。

演虎牢關關雲長溫酒斬華雄事。本事見《三國演義》第五回"破關兵三英戰呂布"。

懷來轍，二落。

版本：①《文明大鼓書詞》二十三冊排印本。《快書研究》頁209-210 據以排印。

【說明】此篇卷首作："富貴榮華轉輪回，費盡心機有何為。傷天害理驚神鬼，在地府陰曹放過誰？"結尾作："說罷青龍擺尾刀過無情，一合未走來人就把殘生廢，聖賢爺刀斬華雄萬古名垂。"

**虎牢關　□回**

作者未詳。

《集錦書目》第17句："遠遠的望見了**虎牢關**一座。"《子弟書總目》頁71 著錄。

演虎牢關三英戰呂布事。本事見《三國演義》第五回"破關兵三英戰呂布"。

未見傳本。

**虎牢關　快書（甲）一回**

作者未詳。

《北京傳統曲藝總錄》頁303 著錄。

演關雲長在虎牢關斬華雄，劉關張大戰呂布。本事見《三國演義》第五回"破關兵三英戰呂布"，道光四年（1824）《慶昇平班戲目》有同名劇目。

人臣轍，三落。

版本：①清鈔本，車王府舊藏，北大圖書館·□812.08/5105/快書。過錄本，中大圖書館·雜曲·19。［圖52］

【說明】：此篇卷首作："［詩篇］從今自古到如今，為利為名盡都是愚人。太平之時

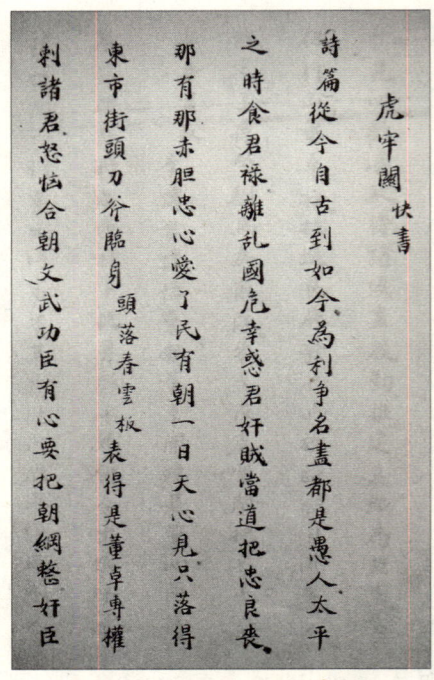 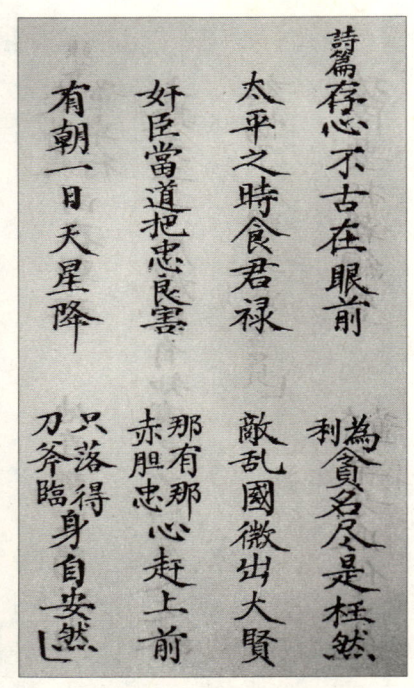

[圖52] 中大過錄本《虎牢關快書》　　[圖53] 傅斯年圖書館藏清鈔本《虎牢關快書》

食君祿，離亂國危幸感君。奸賊當道把忠良喪，那有那赤胆忠心愛了民。"結句作："這不就敗走了刺丁認董的人。"

## 虎牢關 快書（乙）一回

作者未詳。《中國俗曲總目稿》頁162、《北京傳統曲藝總錄》頁303著錄。

此篇實據前一種改寫而成。韻轍由"人臣"改爲"言前"，三落。

版本：①鈔本，傅斯年圖書館藏，KS1-019；《俗文學叢刊》412册頁97-120。[圖53]

②鈔本，傅斯年圖書館藏，KS1-020。

③清鈔本，李嘯倉藏。

④清滙劇堂鈔本，程硯秋舊藏，藝研院·曲319.651/0.582/5.101。

### 別題一：虎牢關斬華雄

《中國俗曲總目稿》頁864、《北京傳統曲藝總錄》頁303著錄。

版本：①鈔本，傅斯年圖書館藏，KS1-021。

②《文明大鼓書詞》十四册排印本。

### 別題二：溫酒斬華雄

未見著錄。

版本：①民初紅格鈔本，傅惜華舊藏，藝研院·曲311.651/0.682（145827/5）。

【説明】：此篇卷首作："存心不古在眼前，爲利貪名尽是枉然。太平之時食君禄，敵乱國微出大賢。"結句作："這不就敗走了貫戰能征的英勇魁元。"

## 連環記　一回

作者未詳。

百本張《子弟書目録》："連環記。王允賜環。一回。四佰。"《子弟書總目》頁108著録。

演王允與貂蟬議設連環計，欲使董卓、呂布内閧。本事見《三國演義》第八回"王司徒巧設連環計"及元雜劇《錦雲堂暗定連環記》、明傳奇《連環記》。道光間《春台班戲目》有同名劇目。

江陽轍，36韻。

版本：①清鈔本，車王府舊藏，北大圖書館·□812.08/5105/:111（48/19419，四葉半）。過録本，首圖·甲四2111；首圖縮印本51册頁383-385；北京整理本頁97-98。過録本，中大圖書館·91360；中大整理本頁723-724（改題作"連環計"）。[圖54]

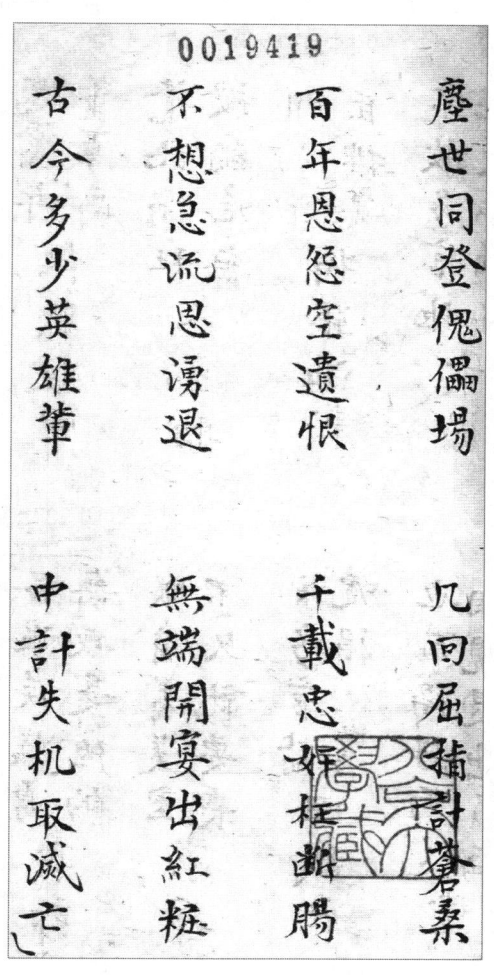

[圖54].車王府舊藏本《連環記》

②百本張鈔本，故宮博物院藏，《故宮珍本叢刊》698册頁208。

③曲盦鈔本，傅惜華舊藏，藝研院·曲301.151/227.5（150487）。

**別題：連環計**

《中國俗曲總目稿》頁230、《子弟書總目》頁108著録。

版本：①《舊鈔北平俗曲》本，劉復舊藏，民族圖書館藏。

②鈔本，傅斯年圖書館藏，T31-383；《俗文學叢刊》385册頁271。

③鈔本，傅斯年圖書館藏，T31-382。

④鈔本，傅斯年圖書館藏，T31-384。

### 王允賜環　一回

作者未詳。

民初輯本《子弟書目錄》："《三國志》子弟書目錄。王允賜環。一回。"

當演王允設連環計故事。本事來源參見上文。本篇疑即"連環記"之又一別題。

未見傳本。

### 鳳儀亭　三回

作者未詳。

樂善堂《子弟大鼓書目錄》："子弟書三回起。六佰文。鳳儀亭。"《集錦書目》第8句："下河南在**鳳儀亭**上暫且歇涼。"《子弟書總目》頁150（作"四回"，誤與下條合爲一目著錄）。

演董卓見呂布與貂蟬在鳳儀亭私會，父子反目成仇。本事見《三國演義》第八回"董太師大鬧鳳儀亭"。此據高腔《鳳儀亭》改編。

姑蘇轍。頭回、二回各46韻，三回34韻。

版本：①鈔本，車王府舊藏，北大圖書館・□812.08/5105/:118（194/19565，十六葉）。過錄本，首圖・甲四2248；首圖縮印本51冊頁421-426；北京整理本頁573-577。又，過錄本，中大圖書館・92730；中大整理本頁725-729。[圖55-1]

②清鈔本，國家圖書館藏，119988。

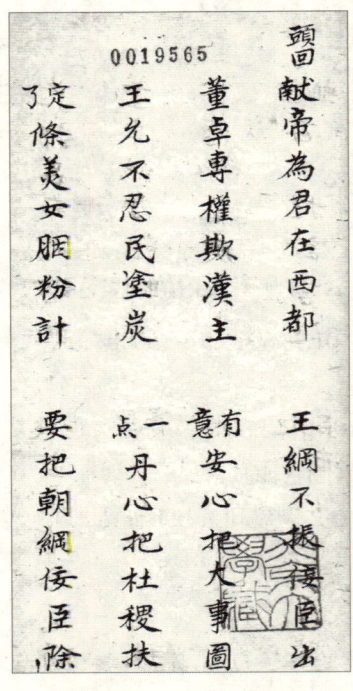

[圖55-1]車王府舊藏本《鳳儀亭》

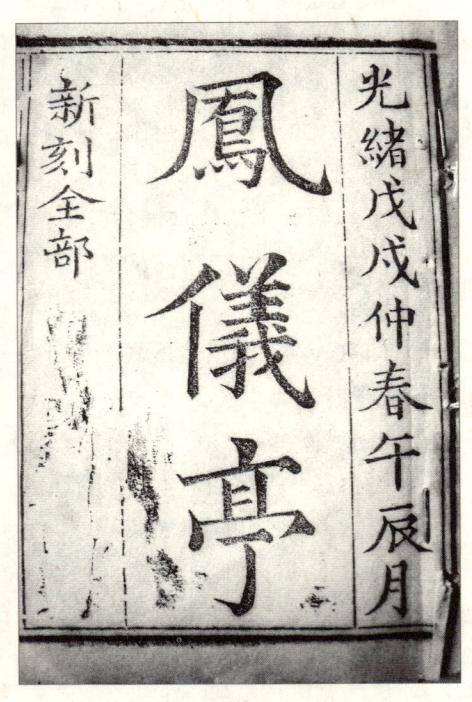

[圖55-2]藝研院藏光緒刻本《鳳儀亭》

③清鈔本，國家圖書館藏，119979。

④鈔本，國家圖書館藏，120343。

⑤光緒二十四年（1898）財盛堂刻本（不分回，封面鐫"光緒戊戌仲春午辰月／鳳儀亭／新刻全部"），傅惜華舊藏，藝研院·曲 310.651/0.356（143232/5）。
［圖 55-2］

⑥清刻本，傅惜華舊藏，藝研院·曲 310.651/0.356/1（142635）。

⑦石印本（版心題"天"字），傅惜華舊藏，曲 310.651/0.356/2（142933）。

⑨北平學古堂排印本，早稻田大學風陵文庫藏（F400-M70）。

【説明】此篇卷首作："獻帝爲君在西都，王綱不振佞臣出。董卓專權欺漢主，有意安心把大事圖。"篇尾云："這正是二八佳人體似酥，腰中帶劍斬愚人。今朝不納良言語，下回書血殘長安佞賊除。"

## 新鳳儀亭　四回（或析作五回）

原作者未詳。存本係鶴侶氏刪改。傅目謂有"精鈔本，卷首目録署曰鶴侶氏刪改"。《中國俗曲總目稿》頁 300 著録。

所演故事及出處同前篇。

梭撥轍。四回本，分別爲 45、43、57、58 韻。五回本作 45、43、37、35、21 韻。

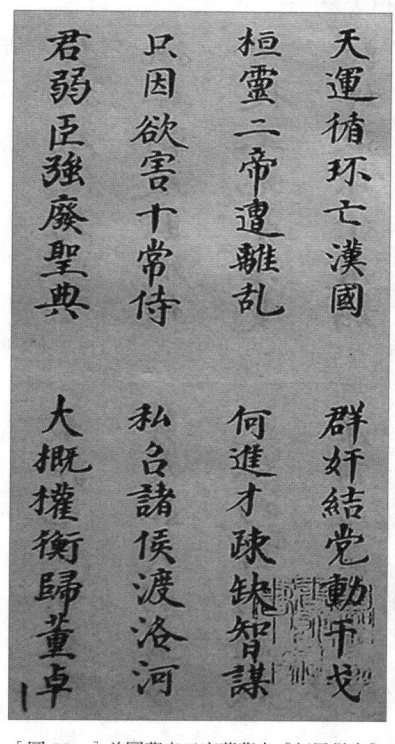 

［圖 56-1］首圖藏車王府舊藏本《新鳳儀亭》　　［圖 56-2］首圖藏百本張鈔本《鳳儀亭》

版本：①清鈔本（五回本），車王府舊藏，首圖·甲四 1317/2；首圖縮印本 51 冊頁 407–418；北京整理本頁 1617–1623。［圖 56-1］

**別題一：鳳儀亭**

百本張《子弟書目錄》："鳳儀亭。戲蟬。四回。一吊四。"民初輯本《子弟書目錄》列入"《三國志》子弟書目錄"。《子弟書總目》頁 150 著錄。

版本：①百本張鈔本（全四回），故宮博物院藏，《故宮珍本叢刊》698 冊頁 210；又，吳曉鈴舊藏二種，首圖·己 448、己 457。［圖 56-2］
②鈔本，傅斯年圖書館藏，T40-456；《俗文學叢刊》385 冊頁 283。
③鈔本，傅斯年圖書館藏，T40-455（內題"光緒三十三年荷月五日下午完／從容主人題"）。
④精鈔本（目錄頁題："鶴侶氏刪改"），傅氏《總目》謂有自藏本，今未見。又，《子弟書叢鈔》401–413 頁據清代精鈔本排印，當即傅氏藏本。又，《子弟書選》頁 344–351 排印本（四回，作者署"鶴侶"），亦據傅氏藏本排印。

**別題二：新戲蟬**

《集錦書目》第 70 句："**新戲蟬**在林和靖上韻幽揚。"《子弟書總目》頁 130 著錄。

按：據百本張《子弟書目錄》："鳳儀亭。戲蟬。四回。一吊四。"而此篇既題作"新鳳儀亭"，亦即演"戲蟬"之事的"新戲蟬"，故列於此。

【說明】車王府舊藏本題《新鳳儀亭》五回，書中實並未標明回次，僅以空行區分五段。此篇卷首作："天運循環亡漢國，群奸結党動干戈。桓靈二帝遭離亂，何進才疏缺智謀。"篇尾作："說罷時拂袖佯長入內室，到後來血濺長安殺董卓。"

## 鳳儀亭　快書　二回

作者未詳。

別埜堂《快書目錄》："鳳儀亭。二回。六佰。"《中國俗曲總目稿》頁 301、《北京傳統曲藝總錄》頁 312 著錄。

演呂布在鳳儀亭私會貂蟬，董卓見狀怒甚，持戟直奔呂布。本事見《三國演義》第八回"董太師大鬧鳳儀亭"。

言前轍，三落。

版本：①百本張鈔本，傅惜華舊藏，藝研院·曲 311.651/0.682（143039）。
②清鈔本，傅斯年圖書館藏，KS3-043；《俗文學叢刊》412 冊頁 121–148。《快書研究》頁 212–215 據以排印。［圖 57］
③別埜堂鈔本，程硯秋舊藏，藝研院·曲 319.651/0.582/5.109。
④《文明大鼓書詞》第八冊排印本。

【說明】卷首作："［詩篇］春踏芳郊百花鮮，夏賞涼亭玩碧蓮。秋來舉盞歌明月，冬吟瑞雪賦新篇。"結句作："但見董卓手抬畫戟，直奔花亭，大喊一聲眼睜圓。"

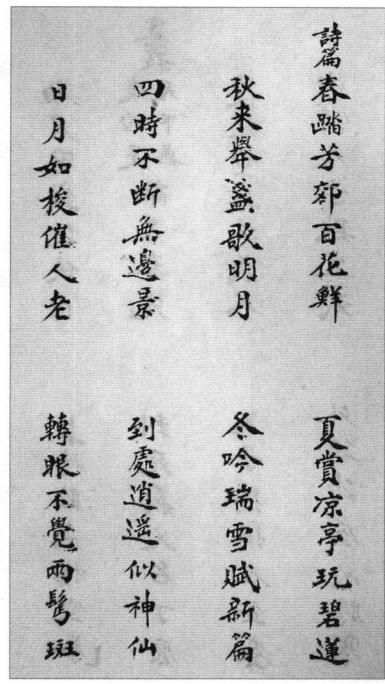

[圖57] 傅斯年圖書館藏清鈔本《鳳儀亭快書》　　[圖58] 中大過錄本《許田射鹿快書》

## 許田射鹿　快書　二回

　　作者未詳。別埜堂《快書目錄》："許田射鹿。二回。六佰。"《中國俗曲總目稿》頁564、《北京傳統曲藝總錄》頁307著錄。

　　演曹操在許田用御用金箭射鹿，驅帝前受群臣賀，關公怒欲斬之。本事見《三國演義》第二十回"曹阿瞞許田打圍"及《射鹿記》傳奇，道光四年（1824）《慶昇平班戲目》有同名劇目。

　　中東轍，三落。

　　版本：①清鈔本，車王府舊藏，北大圖書館・□ 812.08/5105/ 快書。過錄本，中大圖書館・雜曲・18。[圖58]

　　　　②鈔本，傅斯年圖書館藏，KS4–059（內題"丙午又四月十一日抄完，愛新氏塗"；"己未年抄完"）；《俗文學叢刊》412冊頁149–172。

　　　　③清鈔本，傅斯年圖書館藏，KS4–060。

　　　　④清滙劇堂鈔本，程硯秋舊藏，藝研院・曲 319.651/0.582/5.102。

　　　　⑤《文明大鼓書詞》二十一冊排印本；《快書研究》頁215–217又據以排印。

## 擊鼓罵曹　硬書　三回

　　作者未詳。

《子弟書總目》頁 168 著錄。

演禰衡擊鼓罵曹操事。本事見《三國演義》二十三回"禰正平裸衣罵賊",明徐渭有《四聲猿》之"狂鼓史"、《鼎峙春秋》之"席上裸衣充鼓吏",均演此事。崑曲折子戲取爲《擊鼓罵曹》,道光間《春台班戲目》有著錄,即此書所據。

頭回遙迢轍,二回言前轍,三回中東轍。每回各 50 韻。

版本:①精鈔本(書衣題"擊鼓罵曹子弟書/硬皮子弟書頭回窈窕"),李嘯倉藏;《子弟書珍本百種》頁 108–113 據以排印。[圖 59]

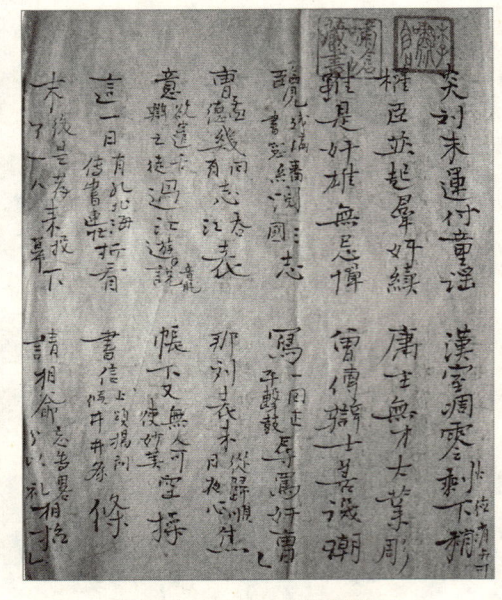

[圖 59] 李嘯倉藏鈔本《擊鼓罵曹》

②過錄本,傅惜華舊藏,藝研院·曲 310.651/0.356(148322)。

【説明】此篇卷首作:"炎劉末運付童謡,漢室凋零剩下稍。……覽殘編書窗繙閱《三國志》,寫一回正平擊鼓辱罵奸曹。"結句作:"到如今傷心鸚鵡洲邊水,替先生流去流來訴不平。"


## 罵阿瞞 一回

作者春澍齋。據會文山房刻本《憶真妃》子弟書跋:"澍齋……尤善著書。如《憶真妃》、《蝴蝶夢》、《齊人嘆》、《罵阿瞞》及《醉打山門》諸作,都中爭傳,已非朝夕。"

未見著錄。所演故事及本事來源同上條。中東轍,41 韻。

版本:①石印本("地"字;版心題"擊鼓罵曹"),《繪圖改良新劇》第二冊收錄,題《罵阿瞞子弟書》,早稻田大學圖書館藏(ヘ19–3031)。又,傅惜華舊藏,藝研院藏·曲 310.651/0.356/4。[圖 60]

### 別題一:罵曹瞞

張政烺《會文山房與韓小窗》(載《社會科學戰線》1982 年第二期)提及其所藏有《罵阿瞞》鈔本,與《煙花樓》、《祿壽堂》、《聞鈴》並列,當亦爲子弟書,且同本篇。筆者未見。故不知此本的"罵曹瞞",是否是"罵阿瞞"的誤記。

### 別題二:擊鼓罵曹

《中國俗曲總目稿》頁 647 著錄有鉛印本,未題子弟書。

版本:①民初北京排印本《文明大鼓書詞》第九冊,傅斯年圖書館藏,KUIII-12-242、KUIII-12-243。

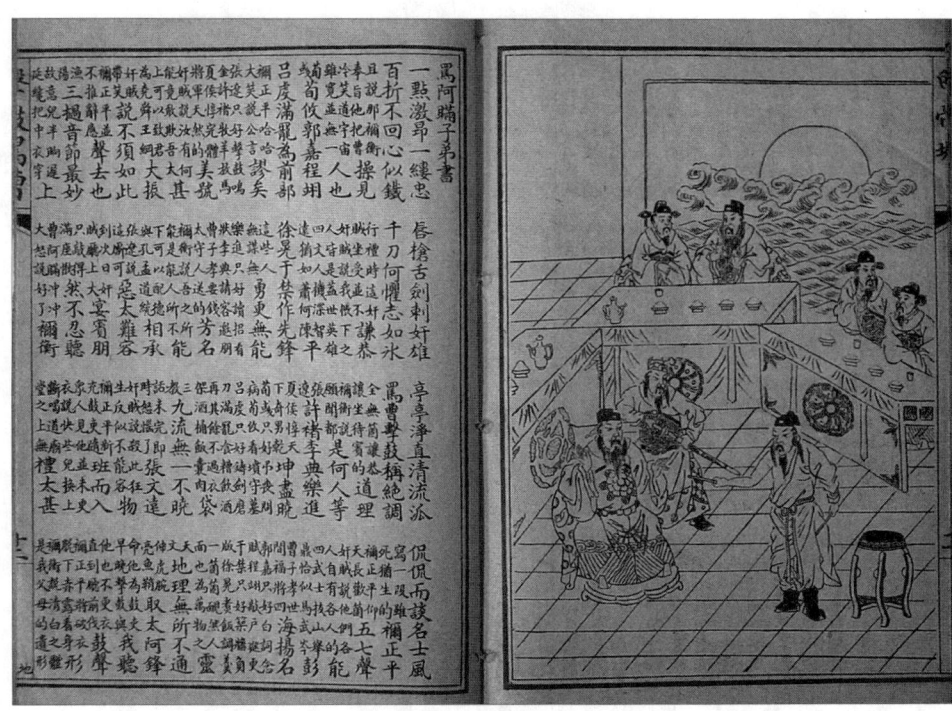

[圖60] 早稻田藏石印本《罵阿瞞》

【説明】卷首作："一點激昂一縷忠，唇槍舌劍刺奸雄。亭亭淨直清流派，侃侃而談名士風。"篇尾作："到後來黃祖無能竟爲奸賊所使，這不苦壞了視死如歸的禰正平。"

## 血帶詔　快書　二回

作者未詳。

別埜堂《快書目録》："血帶詔。二回。八佰。"百本張《子弟書目録》："快書血帶詔。拷打吉平。五落。一吊八。"《中國俗曲總目稿》頁136及138、《子弟書總目》頁53（作爲子弟書著録）、《北京傳統曲藝總録》頁301著録。

演董承傳漢獻帝血詔，曹操拷打吉平事。本事出《三國演義》二十三回"吉太醫下毒遭刑"及《鼎峙春秋》，皮黃有《拷打吉平》，亦演此事。

中東轍，五落。

版本：①清鈔本，車王府舊藏，北大圖書館・□ 812.08/5105/:116（169/19540，十三葉半，題"血帶詔全二回"）。過録本，首圖・甲四2223；首圖縮印本56册頁122-126；北京整理本頁432-435（署作"二回"）。過録本，中大圖書館・91356；中大整理本頁730-734（署作"二回"）。整理本均作爲子弟書收録。[圖61]

②清鈔本，傅斯年圖書館藏，KS001-016；《俗文學叢刊》412册頁173-204。

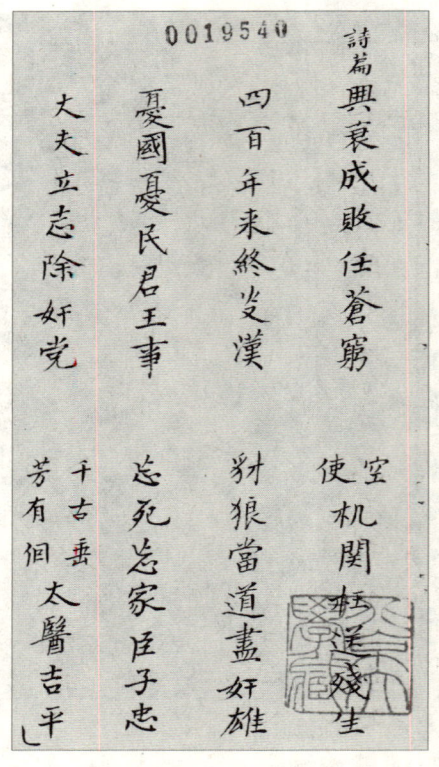
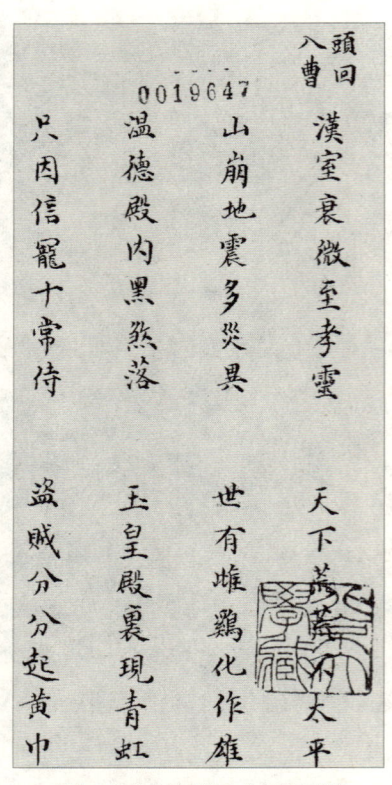

［圖61］車王府舊藏本《血帶詔》　　［圖62］車王府舊藏本《十問十答》

③《文明大鼓書詞》第十九册，《快書研究》頁217-220據以排印。

**別題：拷打吉平**

聚卷堂"連珠調快書"目錄："拷打吉平。三本。"《北京傳統曲藝總錄》頁304著錄。未見傳本。

## 十問十答　二十二回

作者未詳。

別埜堂《子弟書目錄》："十問十答。老爺問貂蟬。二十四回。九吊。"《中國俗曲總目稿》頁385、《子弟書總目》頁26著錄。

敘曹操欲用貂蟬美色留住關羽，關羽向貂蟬盤問十事，貂蟬對答如流，關羽欲送其至終南山，而瑤池王母適至，謂貂蟬原係其侍香女，攜之歸。此事《三國演義》未敘寫，元雜劇、崑腔折子戲及皮黃戲曲有《關羽斬貂蟬》等，但結局不同。車王府舊藏本書衣題二十二回，內文不標分回。用中東轍；每隔數回插入人辰轍。

版本：①清鈔本，車王府舊藏，北大圖書館・口812.08/5105/:126（276/19647，一百零四葉）。過錄本，首圖・甲四2330；首圖縮印本51冊頁290-325；北京整理本頁1281-1303。過錄本，中大圖書館・92251；中大整理本頁

735–763。［圖70］

**別題：關公盤道（不分回）**

版本：①鈔本，傅惜華舊藏，藝研院·曲 310.64/0.460/（135561–135562，二冊）。

②石印本（封面題作"關公送貂嬋出家"，文字有較大改動，結句作"一言難盡關公盤道貂嬋段，下一回過五關斬六將續敘書文"），傅惜華舊藏，藝研院·曲 310.651/0.356/4。

【說明】按：傅惜華舊藏本內有鉛筆題"即《十問十答》"，故傅目列入上題。又下冊末題："查此鼓詞，係關公故事。然觀《三國演義》中，只有關公在徐州失散後被曹將張遼請進曹營，後因曹操款待恩情重，故有誅顏良、斬文醜以報曹操款待之情。斬文醜之後，即封金掛印、鎖禁侍女，即保皇嫂尋兄而去，未有十問貂嬋一事也。查貂嬋爲王司徒歌姬，如何解博古通今？雖有才學，亦不解天文、地理、歷史、陰陽、釋教等件皆通也。至於結尾以王母收去，並言貂嬋爲侍香女童，尤屬荒誕不經。至於演義中又無。至白門樓呂布殞命後，貂嬋則又無下落，亦不題矣。尤（由）此觀之，此鼓詞妄造者明矣。總之，此實藉之編作茶餘酒後解悶可，初勿爲真事觀也。辛未年（1931）孟夏上浣識。"

**關公盤道** 不分回

作者未詳。

未見著錄。有石印本《三國子弟書詞八種》錄此篇，故予著錄。

內容及故事來源參見上條。此爲《十問十答》子弟書之刪節本。

版本：①民國十年（1921）鈔本《晴雪梅花錄》收錄，藝研院藏。［圖63］

②石印本（"冬"字。收入"三國子弟書詞八種"；有圖題"關公送貂嬋出家"），傅斯年圖書館（T-745、T-746）等有藏。

③石印本，傅惜華舊藏，藝研院·曲 310.651/0.356/4（142935）。

**看春秋** 二回

作者未詳。

樂善堂《子弟大鼓書目錄》："子弟書二回起。五百文。看春秋。"

［圖63］藝研院藏民國鈔本《關公盤道》

當演關雲長秉燭看《春秋》事。本事見《三國演義》。
未見傳本。

### 古城相會　快書　二回

作者未詳。

別埜堂《快書目錄》："古城相會。二回。六佰。"《中國俗曲總目稿》頁 441、《北京傳統曲藝總錄》頁 300 著錄。

演關雲長在古城前斬蔡陽與兄弟相會。本事見《三國演義》二十八回"斬蔡陽兄弟釋疑，會古城主臣聚義"及《古城記》傳奇；高腔有《古城會》；皮黃有《過五關》，均演此事。

江陽轍，四落。

版本：①清鈔本，車王府舊藏，北大圖書館·□ 812.08/5105/ 快書。過錄本，中大圖書館··雜曲·18。

②清鈔本，傅斯年圖書館藏，KS4-050；《俗文學叢刊》412 冊頁 205-230。《快書研究》頁 220-223 據以排印。［圖 64］

別題：斬蔡陽

未見著錄。

版本：①百本張鈔本，程硯秋舊藏，藝研院·曲 319.651/0.582/5.112。

### 馬跳檀溪　一回

作者未詳。

民初輯本《子弟書目錄》："《三國志》子弟書目錄。一回。馬跳檀溪。"《子弟書總目》頁 94 著錄。又《集錦書目》第 19 句："前有**馬跳澶溪**攔去徑。"《子弟書約選日記》："馬躍檀溪。可選登報端。"按："檀溪"亦作"澶溪"、"潭溪"。

演劉備赴襄陽之會，為避蔡瑁追殺，馬跳檀溪事。本事見《三國演義》三十四回"劉皇叔躍馬過澶溪"，道光四年（1824）《慶昇平班戲目》有《襄陽會》，亦演此事。

版本：①民初鈔本，傅氏《總目》謂馬彥祥有藏，此當即民初輯本《子弟書目錄》著錄者，今藏處不詳。

別題一：馬跳潭溪

《中國俗曲總目稿》頁 556 著錄。

版本：①石印本（與《夢中夢》、《佛門點將》、《開山救母》、《名賢集》、《舌戰群儒》合刊），傅斯年圖書館藏，T36-428。

②石印本（版心題"集"字，與《夢中夢》、《佛門點元》等合刊），神戶外國語大學、天津圖書館、藝研院（傅惜華舊藏，曲 310.651/0.356/1）等均有藏。

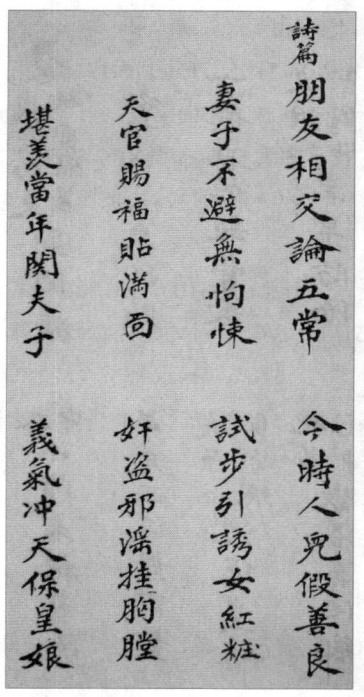 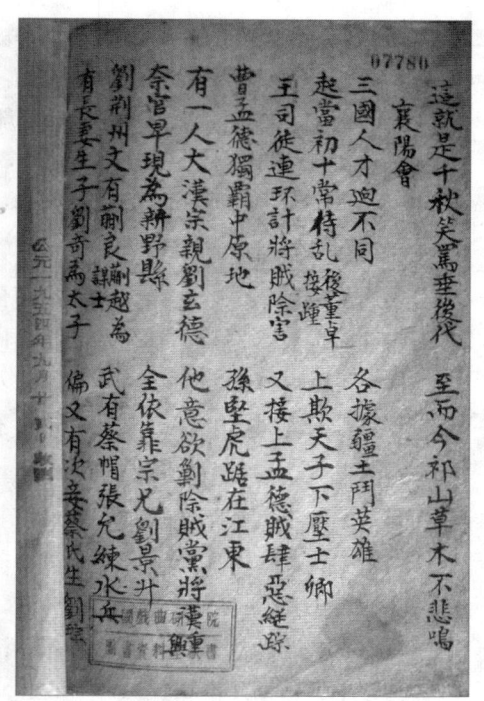

[圖64] 傅斯年圖書館藏清鈔本《古城相會》　　[圖65] 藝研院藏民國鈔本《襄陽會》

　　③上海大成書局石印本，藝研院藏。

**別題二：襄陽會**（不分回）

版本：①民國十年（1921）鈔本《晴雪梅花錄》收錄（殘），藝研院藏。[圖65]
　　　②石印本《繪圖改良新劇》第二冊收錄（與《罵阿瞞子弟書》同冊），傅惜華舊藏，
　　　　藝研院・曲310.651/0.356/4。又早稻田大學圖書館藏（ヘ19-3031）。

【說明】馬彥祥藏本今未知下落。考神戶外國語大學所藏石印本《馬跳潭溪》（與《夢中夢》子弟書同冊），所敘故事相同；另核早稻田大學藏石印本《繪圖改良新劇》第二冊《襄陽會》（與《罵阿瞞子弟書》同冊）及藝研院藏民初鈔本《晴雪梅花錄》卷下《襄陽會》殘葉，兩者實同。據其內容，神戶外大藏本《馬跳潭溪》屬後出，且有刪削改訂。石印本夾有散白，體式與通行之子弟書不甚相合，疑其與馬氏舊藏本子弟書不同。

### 徐母訓子　一回

　　作者韓小窗。據篇內句："千古下慷慨激昂筆作哭聲墨滴雨泪，**小窗**圖寫女英豪。"
　　百本張《子弟書目錄》："徐母訓子。一回。"別埜堂《子弟書目錄》："徐母訓子。一回。六佰。"《中國俗曲總目稿》頁539、《子弟書總目》頁102著錄。
　　演徐庶回許昌見母，徐母訓子後憤然自縊。本事見《三國演義》三十七回"司馬徽再薦名士"。

遙條轍。車王府舊藏本卷首有詩篇，凡44韻。他本無詩篇，40韻。

版本：①清鈔本，車王府舊藏，北大圖書館・□812.08/5105/:113（116/19487，五葉半）。過錄本，首圖・甲四2156；首圖縮印本51冊頁391–393；北京整理本頁244–246。過錄本，中大圖書館・92627；中大整理本頁764–765。〔圖66〕
②清鈔本，故宮博物院藏，《故宮珍本叢刊》699冊頁278（據書衣題名字跡，知實爲百本張鈔本）。
③別埜堂鈔本，無卷首詩篇，傅惜華舊藏，藝研院・曲310.651/0.356（142818/4）；又，梅蘭芳舊藏，藝研院・曲319.651/0.582/6.88；又，杜穎陶舊藏，藝研院・曲319.651/0.582/8.71。
④聚卷堂鈔本，日中學院、東洋文化研究所倉石文庫遞藏；波多野太郎《子弟書集》據以收錄（誤題別埜堂本）。
⑤曲盦鈔本，傅惜華舊藏，藝研院・曲301.151/227.5（150484）。
⑥鈔本，國家圖書館藏《子弟書》卷三，35558。
⑦清鈔本，國家圖書館藏，42695（此本有校筆，文字與同館35558相近）。
⑧鈔本，傅斯年圖書館藏，T-622；《俗文學叢刊》385冊頁337。
⑨鈔本，傅斯年圖書館藏，T-623。
⑩民初天津社會教育辦事處鉛印本（署"大興韓小窗先生原本，天津藝劇研究社潤色"），天津圖書館（集部–曲類20416）、早稻田大學演劇博物館（ル13–1189）等均有藏。
⑪《子弟書選》頁69–72排印本，所據底本爲傅惜華藏本。

### 別題一：庶母訓子

未見著錄。

版本：①鈔本，國家圖書館藏，35558（《子弟書》卷三）。

### 別題二：訓子

未見著錄。

版本：①民初鈔本，天津圖書館集部–曲類–彈詞37490之三（無卷首詩篇）

【說明】此篇卷首作："英男賢母姓名標，首冠東周次漢朝。專諸至孝終全義，慈母傾生始剌僚。忠烈王陵扶劉季，萱堂伏劍仰漢高。垂名千古惟徐母，訓子留芳只恨曹。"結句作："轉畫屏滿腔正氣三尺白綾，作成了千古壼儀第一豪。"

【說明】民初天津社會教育辦事處排印本有識語："按韓小窗先生在前清康熙年間，所編子弟書甚夥。每回有八起八落者，有十起十落者。此回《徐母訓子》，本係十起十落之格。惟第一段意在渾寫大概，詞藻過多，未免稍晦，非普通人所能領略。近今子弟書爲社會所不歡迎，其故亦實由於此。本處付印之始，原擬芟除。因小窗先生苦心撰述，未便以藝劇研究社少數人之所見，遽加評定。且書有先例，陡然刪節，亦恐証以他本，體例未符，故仍之。演唱諸君子，宜取通俗主義，務將開首數行全行刪去，即從第二段'太

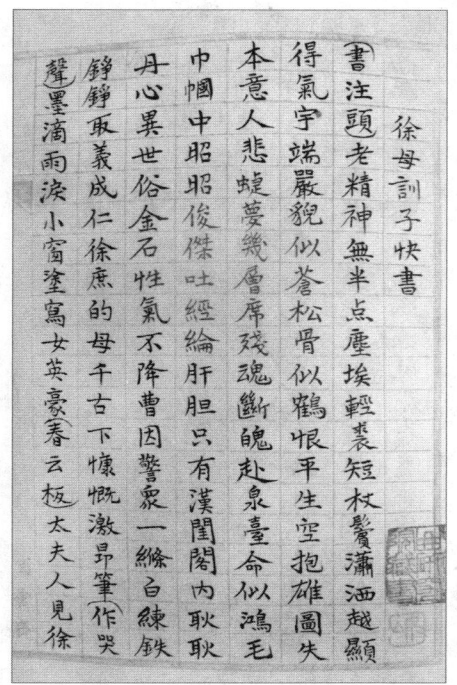

［圖66］車王府舊藏本《徐母訓子》　　［圖67］藝研院藏齊如山抄《徐母訓子快書》

夫人見徐庶請安在膝下跪'句唱起，以期詞意顯豁，免得令人聽之昏昏欲睡。區區之見，特附誌焉。民國七年（1918）七月，天津社會教育辦事處總董林兆翰識。"

## 徐母訓子　快書

作者韓小窗。據篇內句："千古下慷慨激昂筆（作哭聲）墨滴雨淚，**小窗**圖寫女英豪。"《中國俗曲總目稿》頁539、《北京傳統曲藝總錄》頁305著錄。此本實同《徐母訓子》子弟書，而今存本亦有題作"快書"者，故予收錄。

內容及故事同上條。

版本：①清鈔本，傅斯年圖書館藏，KS4–058。

②民初齊如山百舍齋紅格鈔本，傅惜華舊藏，藝研院・曲311.651/0.682（145725）。［圖67］

③北平二酉堂書局排印本《京音大鼓書詞》，《快書研究》頁223–225據以排印。

④《文明大鼓書詞》第二冊排印本。

⑤北京瑞文書局1925年排印本。

【說明】此篇從百本張鈔本韓小窗《徐母訓子》子弟書而來，惟無卷首詩篇，內文僅個別字詞差別，民初鈔本與排印本則加上"書注頭"、"春云板"、"流水板"等快書體式標記。觀韓氏此篇子弟書，句式獨特，篇內常含二個七字句或五字句，並多用四字句節，此類句式原屬快書的體制。故疑韓小窗所作本是快書，惟因係早期快書之作，其體制近於子弟書而尚未形成規範，故傳者或以子弟書視之，傳本多題"徐母訓子子弟書"，諸家目錄亦入子弟書，而不標"快書"；但此本在清末及民初也仍作爲快書演出，有傳本書衣題作"快書"。故兩錄之。

此篇卷首作："[書註頭] 老精神無半點塵埃輕裘短杖鬢瀟灑，越顯得氣宇端嚴貌似蒼松骨似鶴。恨平生空抱雄圖失本意人悲蝶夢，幾層席殘魂斷魄赴泉臺命似鴻毛。"結句作："轉銀屏滿腔正氣、三尺白綾，作成了千古坤儀第一豪。"

## 長坂坡 二回

作者韓小窗。據結句："閒筆墨小窗泪灑托孤事，寫將來千古鬚眉愧玉容。"

百本張《子弟書目錄》："長板坡。救阿斗。苦。二回。八佰。"別埜堂《子弟書目錄》："長板坡。救阿斗。七佰二。"樂善堂《子弟大鼓書目錄》："子弟書二回起。四佰文。長板坡。"民初輯本《子弟書目錄》列入"《三國志》子弟書目錄"。《中國俗曲總目稿》頁163、《子弟書總目》頁63著錄。亦作"長阪坡"，《綠棠吟舘子弟書百種總目》卷二著錄；又《集錦書目》第3句："轉過了長阪坡兒前來至蜈蚣嶺。"今存本"阪"亦作"板"。

演趙子龍在長板坡單騎救阿斗，糜夫人托孤事。本事見《三國演義》第四十一回"趙子龍單騎救主"及四十二回"張翼德大鬧長板橋"；並見於"鼎峙春秋"傳奇。道光間《春台班戲目》、道光四年（1824）《慶昇平班戲目》有同名劇目。

中東轍，分別爲40、36韻。

版本：①百本張鈔本，吳曉鈴舊藏，首圖·己448；又，梅蘭芳舊藏，藝研院·曲319.651/0.582/6.85–86。

②別埜堂鈔本，梅蘭芳舊藏，藝研院·曲319.651/0.582/6.87。

③聚卷堂鈔本，國家圖書館藏，98812。

④鈔本，國家圖書館藏，35558（《子弟書》卷三）。

⑤民初鈔本，天津圖書館集部–曲類–彈詞37490《子弟書》之十二（題"長板坡頭回十落"、"長板坡二回十落"）。

⑥舊鈔本，杜穎陶舊藏，藝研院·曲319.651/0.582/8.157。按：據傅氏《總目》有程硯秋舊藏本，而無杜氏藏本，疑此兩本即是一本。

⑦清鈔本（書衣題"真本長板坡"），李嘯倉藏。李氏藏又一種，清鈔本，失書衣，另用圓珠筆標"長坂坡"三字。[圖68–1]

⑧鈔本三種，傅斯年圖書館藏，T22–267、T23–268、T23–269；《俗文學叢刊》385冊頁349據T23–268收錄。

⑨民國間天津社會教育辦事處鉛印本《子弟書三種》（署"北京韓小窗先生原本，天津藝劇研究社潤色"），天津圖書館（集部–曲類20416）、早稻田大學演劇博物館（ル13–1189）均藏。

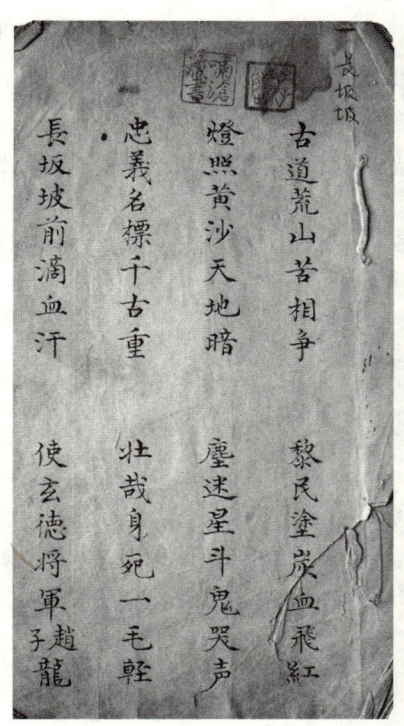
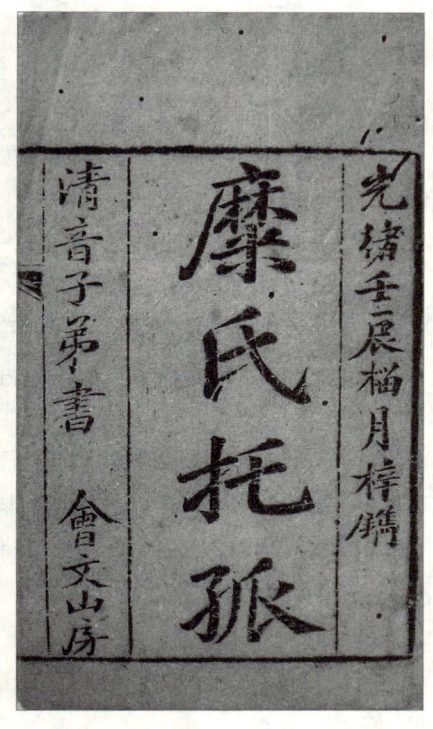

［圖68-1］李嘯倉藏鈔本《長阪坡》　　［圖68-2］長田夏樹藏會文山房刻本《糜氏托孤》

⑩音雅齋舊藏清刻本，國家圖書館藏，153996。

⑪洗俗齋鈔本，不分回，傅氏《總目》謂馬彥祥有藏，今藏處不詳。

⑫另有《子弟書選》頁62-65排印本；《子弟書叢鈔》頁48-53據清刻本排印本等。

**別題一：長板坡救主**

未見著錄。

版本：①三盛堂刻本（題"新刻子弟書／長阪坡救主／三盛堂梓行"），傅斯年圖書館藏，T-723。

②文德堂刻本（封面題"新刻子弟書／長阪坡救主／文德堂梓行"；卷端題"長阪坡子弟書"），國家圖書館藏，98933。

**別題二：糜氏托孤**

版本：①光緒十八年（1892）會文山房刻本（封面題"光緒壬辰榴月梓鐫／糜氏托孤／清音子弟書－會文山房"，有二凌居士題識），長田夏樹藏；波多野太郎《子弟書集》據以收錄；《子弟書珍本百種》頁104-107據以排印。［圖68-2］

②民國十年（1921）鈔本《晴雪梅花錄》收錄，藝研院藏。

③上海椿蔭書莊石印本"盈"字（與《白蛇傳》、《望兒樓》合刊，首行題"新

出糜夫人託孤"），天津圖書館（集部－曲類－彈詞6745）、傅斯年圖書館（T15-203）、藝研院（曲310.651/0.356-142933）藏。

④上海燮記書莊石印本，首圖·集·丁9418（《鼓詞彙刊》之18）。

⑤民初奉天東都石印本（與《憶真妃》《滾樓》合刊），傅惜華舊藏，藝研院·曲310.651/0.356/07772/36。

⑥石印本（與《白蛇傳》《望兒樓》等合刊），傅惜華舊藏，藝研院·曲310.651/0.356/3（142934）。

⑦齊家笨《鼓曲彙編》第一編卷一排印本，雙紅堂文庫藏，戲曲·206。

⑧北平中華印刷局《文明大鼓書詞》排印本，雙紅堂文庫藏，戲曲·190"唱本"內。

⑨《鼓詞彙集》第一輯排印本頁33-36。

【說明】會文山房刻本《糜氏託孤》有同治十二年（1874）跋："糜氏託孤、子龍救主，字字金石，句句入骨。寫夫人節義無雙，表將軍忠心不二，作者筆快如刀，觀者眼明似鏡。通篇看來，會意傳真。兩回編完，文心巧妙，描寫如畫，更如生神龍見首不見尾。甲戌上巳之吉題於靜樂軒。二凌居士謹識。"

### 長板坡 快書 二回

作者未詳。

別埜堂《快書目錄》："長阪坡。二回。八佰。"《中國俗曲總目稿》頁163、《北京傳統曲藝總錄》頁304 著錄。

內容及故事來源同上條。

中東轍，四落。前三落據韓小窗《長板坡》子弟書刪節改寫而成，第四落連珠調爲新撰。

版本：①清鈔本，車王府舊藏，北大圖書館·□812.08/5105/快書。過錄本，中大圖書館·雜曲·18。

②百本張鈔本，故宮博物院藏，《故宮珍本叢刊》697冊頁222-226。[圖69]

③清鈔本，故宮博物院藏，《故宮珍本叢刊》697冊頁217-222。

④清鈔本，傅斯年圖書館藏，KS2-022；《俗文學叢刊》412冊頁231-256。《快書研究》頁225-228據以排印。

⑤《文明大鼓書詞》第十五冊排印本。

### 舌戰群儒 三回

作者未詳。

《中國俗曲總目稿》頁466 著錄有北平致文堂刻本，未標注曲類歸屬。另有石印本，與《夢中夢子弟書》等合一冊，故錄以備考。

演諸葛亮舌戰群儒事。本事見《三國演義》第四十三回"諸葛亮舌戰群儒"及明傳奇《草

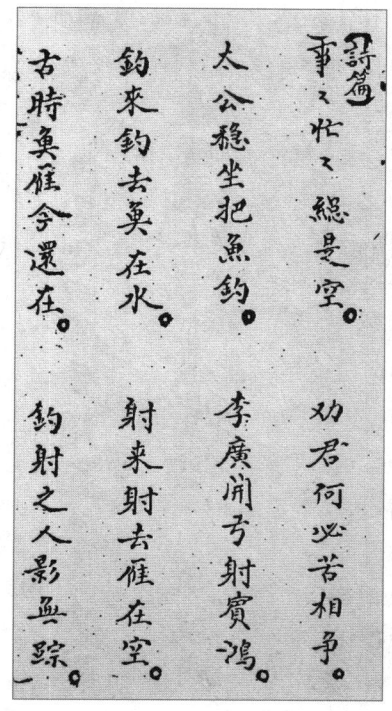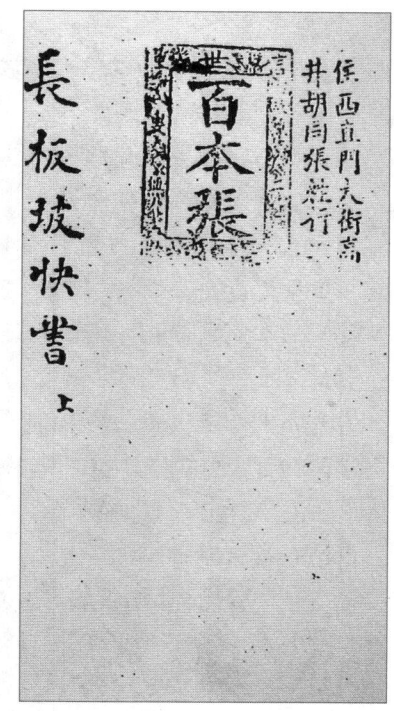

［圖69］故宮藏百本張鈔本《長板坡快書》

廬記》、清傳奇《鼎峙春秋》之"戰群儒舌吐蓮花"，道光四年（1824）"慶昇平班戲目"有同名劇目。

中東轍，共113韻。存本原不分回，可酌分作三回。

版本：①上海石印本（"集"字），天津圖書館、神户外語大學、藝研院等有藏。
②致文堂刻本，傅斯年圖書館藏，KU19–159。
③石印本（"初"字，與《馬跳潭溪》、《夢中夢》合刊），傅斯年圖書館藏，T36–428。
④寶文堂刻本，傅斯年圖書館藏，KU19–160。

### 舌戰群儒 快書 二回

作者未詳。

百本張《子弟書目錄》："快書舌戰群儒。三落。一吊四。"聚卷堂《連珠調快書》："舌戰群儒。兩本。"又別埜堂《快書目錄》："舌戰群儒。二回。六佰。"《中國俗曲總目稿》頁465、《子弟書總目》頁53（作爲子弟書著錄）、《北京傳統曲藝總錄》頁302 著錄。

演諸葛亮舌戰群儒事。本事來源見上條。

灰堆轍，三落。

版本：①清鈔本，車王府舊藏,北大圖書館·□812.08/5105/:11(168/19539,九葉,題作"舌戰群儒全二回"）。過錄本，首圖·甲四2222；首圖縮印本56冊頁119-122；北京整理本頁429-431。過錄本，中大圖書館·91355；中大整理本頁766-768。

②百本張鈔本，雙紅堂藏有二種，戲曲·244、戲曲·245。［圖70］

③光緒末鈔本，傅斯年圖書館藏，KS4-053；《俗文學叢刊》412冊頁257-280。按此本書末有題："舌戰群儒此曲原詞多有不對，祈爲訪真此曲原詞更正再賣。卅一年小陽春十三日，抄曲人據筆。"

④清鈔本，傅斯年圖書館藏，KS4-054。

⑤清鈔本，傅斯年圖書館藏，KS4-052。

⑥光緒十九年(1893)鈔本，傅惜華舊藏，藝研院·曲311.651/0.136（140796/2）。

⑦民初百舍齋紅格鈔本，傅惜華舊藏，藝研院·曲311.651/0.682（145724）。

⑧聚卷堂鈔本，王伯祥舊藏，今歸社科院圖書館藏。

⑨清鈔本，李嘯倉藏。

⑩中華印刷局《文明大鼓書詞》十八冊排印本，傅斯年圖書館（KUIII-14-258）等有藏；《快書研究》頁228-230據以排印。

### 孔明觀魚　一回

作者未詳。

民初輯本《子弟書目錄》："《三國志》子弟書目錄。孔明觀魚。一回。"

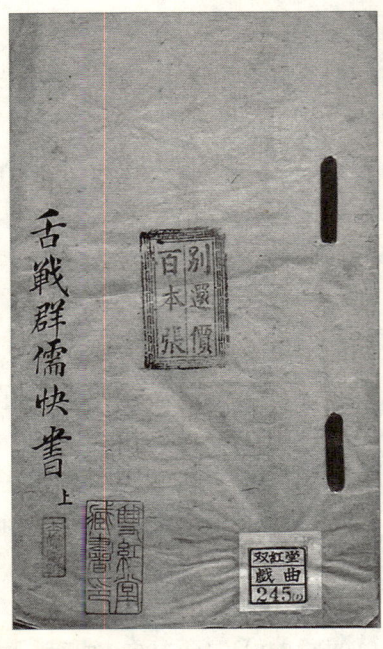

［圖70］雙紅堂藏百本張鈔本《舌戰群儒快書》

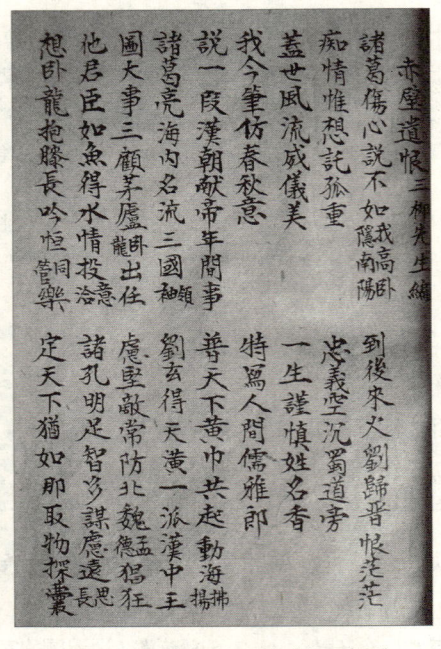

［圖71］藝研院藏民初鈔本《赤壁遺恨》

內容未詳。
未見傳本。

## 赤壁遺恨　二回

作者三柳先生。據《晴雪梅花錄》題下署"三柳先生編"。

未見著錄。以《晴雪梅花錄》所錄多爲子弟書，體式亦相符合，故予收錄。

敘諸葛亮草船借箭事。事見《三國演義》第四十六回前半"用奇謀孔明借箭"。

江陽轍、言前轍（原不標分回，據用韻，實含二回）。分別爲 40、19 韻。

版本：①民國十年（1921）鈔本《晴雪梅花錄》收錄，藝研院藏。[圖 71]

【說明】卷首與石印本《孔明借箭》子弟書詞同出一源；後半文字有不相銜接處，疑有錯簡。據其韻句，可析作兩段。而結尾處匆匆作結，似未全，故第二回僅有十九韻。

## 孔明借箭　不分回

作者未詳。

《中國俗曲總目稿》頁 1122 著錄。

演諸葛亮草船借箭事。本事見《三國演義》第四十六回前半"用奇謀孔明借箭"及《鼎峙春秋》之"河北自輸十萬矢"，道光四年（1824）《慶昇平班戲目》有《群英會》，亦演此事。

版本：①石印本，北平石印本"冬"字號《三國子弟書詞八種》。

【說明】《中國俗曲總目稿》頁 1122 著錄，據石印本標"子弟書詞"，歸入"子弟書"；傅惜華刊於《中法漢學研究所圖書館館刊》第二號之《子弟書總目》附"辨僞"，以爲"觀其體制，疑爲鼓詞之類"，故未入收錄。另有劉寶全真詞本鼓詞，據此書刪削而成。

## 草船借箭　快書（甲）　二回

作者未詳。

百本張《子弟書目錄》："快書草船借箭。五落。一吊四。"別埜堂《快書目錄》："草船借箭。二回。八佰。"聚卷堂《連珠調快書》："草船借箭。兩本。"《中國俗曲總目稿》頁 553，《北京傳統曲藝總錄》306 著錄。《子弟書總目》頁 97 作爲子弟書著錄。

演諸葛亮草船借箭事。本事見《三國演義》第四十六回前半"用奇謀孔明借箭"。

中東轍，五落。

版本：①清鈔本，車王府舊藏，北大圖書館・□ 812.08/5105/:116（160/19531，十一葉半，題"草船借箭全貳回"）。過錄本，首圖・甲四 2214；首圖縮印本 51 冊頁 385–390；北京整理本頁 402–405。過錄本，中大圖書館・91347；中大整理本頁 770–773。

②百本張鈔本，傅惜華舊藏，藝研院・曲 311.651/0.682（143040）。

③光緒十九年（1893）鈔本，傅惜華舊藏，藝研院‧曲311.651/0.136（140796/3）。

④鈔本，李嘯倉藏（改動稍多，尾有殘缺）。

⑤別埜堂鈔本，傅斯年圖書館藏，KS4–056。《俗文學叢刊》412册頁309–364。［圖72］

⑥清鈔本，程硯秋舊藏，藝研院‧曲319.651/0.582/5.113。

⑦鈔本（殘），傅斯年圖書館藏，T530。

【說明】卷首詩篇，各本有別。車王府舊藏本作："英雄虎視在江東，要把山河一掌擎。磊落胸衿懷武略，飄然氣宇帶儒風。滿腔壯志吞雲漢，一念扶王建奇功。嘆周郎枉費心機施謀巧，要害那神算諸葛號叫孔明。"結句作："謝丞相箭刁翎，來日在軍前再補你的盛情。"

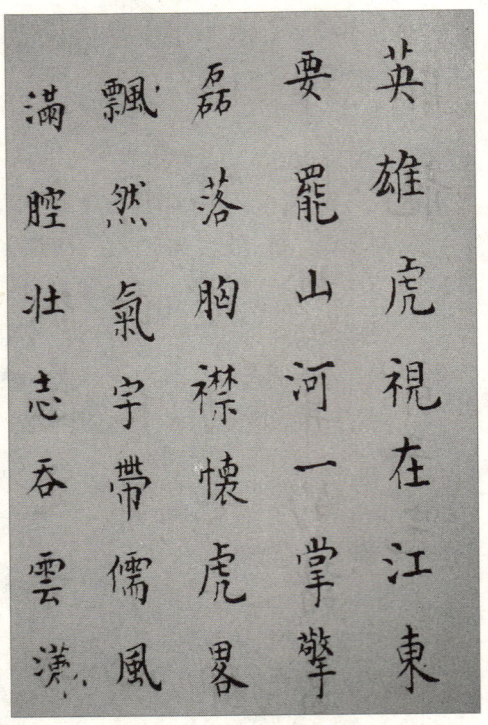

［圖72］傅斯年圖書館藏別埜堂鈔本《草船借箭快書》

## 草船借箭 快書（乙） 二回

作者未詳。

《中國俗曲總目稿》頁553，《北京傳統曲藝總錄》306著錄。

內容同上條。與上條相校，卷首詩篇不同，其他文字大同小異。

中東轍，五落。

版本：①清鈔本，傅斯年圖書館藏，KS4–057；《俗文學叢刊》412册頁365–390。《快書研究》頁232–235據以排印。

②百本張鈔本，故宮博物院藏，《故宮珍本叢刊》697册頁233–238。［圖73］

③清鈔本，故宮博物院藏，《故宮珍本叢刊》697册頁227–232。

④清鈔本，傅惜華舊藏，藝研院‧曲311.651/0.682（143045）。

⑤《文明大鼓書詞》第九册排印本，傅斯年圖書館，KUIII-12-242。

【說明】百本張本作："大廈將傾社稷中（終），番聚偏邦恨惱無窮。滿懷壯志圖王業，賢臣良將扶聖公。孫權已占江東地，阿瞞北魏逞英雄。桃園結義把江山整，浩氣長存志未成。"結句作："謝丞相贈刁翎，來日在軍前再補你的盛情。"

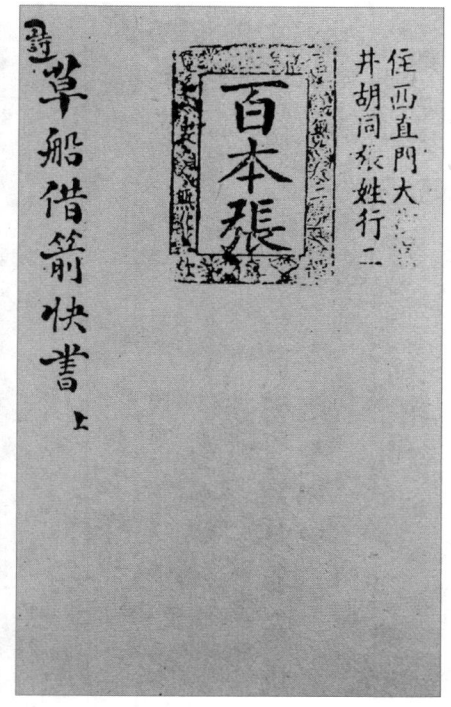

［圖73］故宮藏百本張鈔本《草船借箭快書》

## 草船借箭 快書（丙） 一回

作者未詳。

《北京傳統曲藝總錄》306 著錄。

所敘內容及本事出處同上條。

江陽轍。

版本：①鈔本（書衣題"子弟快書／草船□□"），李嘯倉藏（末有殘闕）。［圖74］

【說明】李嘯倉藏本卷首作："表得是漢室江山不久長，四起刀兵各逞豪強。孟德據守北魏地，皇叔仁義鎮荊襄。東吳孫權居渤海，三國交兵各為封疆。"結尾作："忽聽得水面上唰唰唰刁翎亂響不住聲，堪堪射到了天明亮。登時間風吹雲霧散……"似未完。

## 苦肉計 一回

作者持中無賴生。《晴雪梅花錄》題下署："持中無賴生編"。又詩篇："**無賴生**悶在旅窗閒弄筆，演一回三國時代的諸葛孔明。"

未見著錄。以《晴雪梅花錄》所錄多為子弟書，且此篇體式亦相符合，故予收錄。

演黃蓋苦肉計賺曹操事。本事見《三國演義》第四十六回"獻密計黃蓋受刑"，皮黃有《群英會》，亦演此事。

中東轍，共56韻。

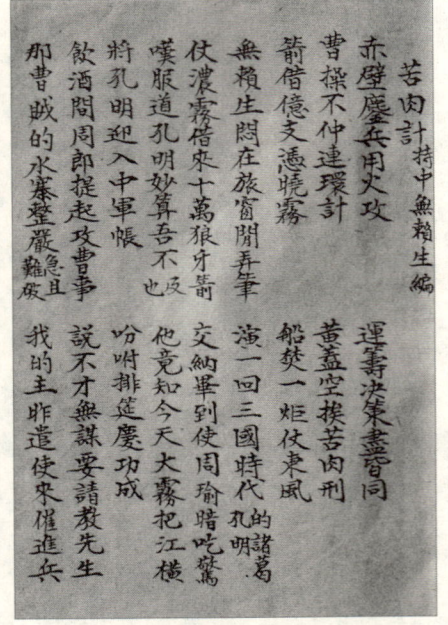

［圖74］李嘯倉藏鈔本《草船借箭》　　［圖75］藝研院藏民初鈔本《苦肉計》

版本：①民國十年（1921）鈔本《晴雪梅花錄》收錄，藝研院藏。［圖75］
　　　②石印本《繪圖改良新劇》第二冊收錄本，傅惜華舊藏，藝研院·曲310.651/0.356/4。又早稻田大學圖書館藏（ヘ19-3031）。

【說明】另有李嘯倉藏鈔本《江中計 打蓋》，與此本同出一源而多訛別字，打蓋之後，另據小說衍黃蓋與闞澤密謀事，故文字全別。

### 打黃蓋　快書　一回

作者未詳。

《中國俗曲總目稿》頁122、《北京傳統曲藝總目》頁300著錄。

所演故事及出處同上條。

中東轍，三落。

版本：①鈔本，傅斯年圖書館藏，KS1-15。《俗文學叢刊》412冊頁391-432。［圖76］

**別題一：苦肉計**

《北京傳統曲藝總目》頁305著錄。

版本：①清鈔本（書衣題"真詞快書/春雲板/連珠調/借箭打蓋"，卷端題"新編苦肉計快書"），國家圖書館藏，119995。

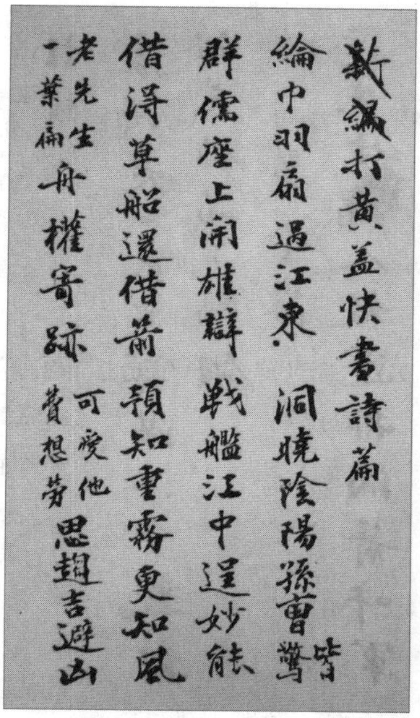
新編打黃蓋快書詩篇
綸巾羽扇過江東 洞曉陰陽孫曹皆驚
群儒座上鬧雄辯 戰艦江中逞妙能
借得草船還借箭 預知重霧更知風
老先生一葉扁舟權寄跡 可笑他費想勞思趨吉避凶

［圖 76］傅斯年圖書館藏鈔本《打黃蓋快書》

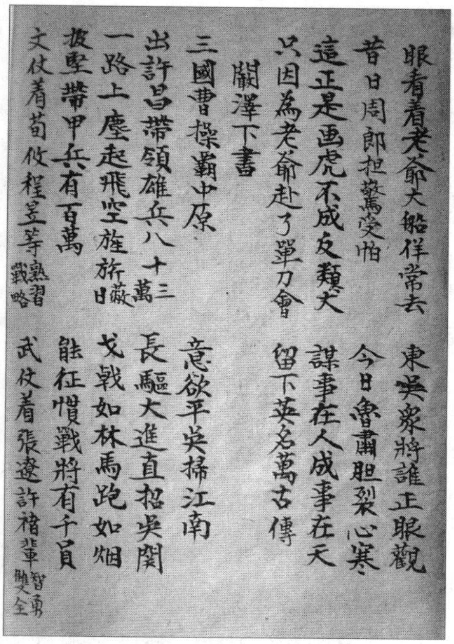
眼看着老爺大船徉常去 東吳衆將誰正眼觀
昔日周郎担驚受怕 今日魯肅膽裂心寒
這正是画虎不成反類犬 謀事在人成事在天
只因爲老爺赴了單刀會 留下英名萬古傳
闞澤下書
三國曹操霸中原 意欲平吳掃江南
出許昌帶領雄兵八十三萬 長驅大進直抵吳關
一路上塵起飛空旌旆蔽日 戈戟如林馬跑如烟
披堅帶甲兵有百萬 能征慣戰將有千員
文仗着荀攸程昱等熟習戰略 武仗着張遼許褚輩智勇雙全

［圖 77］藝研院藏民初鈔本《闞澤下書》

**別題二：群英會打蓋**

《中國俗曲總目稿》頁 808、《北京傳統曲藝總目》頁 310 著録。

版本：①中華印刷局《文明大鼓書詞》二十四册排印本，《快書研究》頁 235–239 據以排印。

**別題三：江東計**

《北京傳統曲藝總目》頁 301 著録。

版本：①清鈔本，李嘯倉藏。

## 闞澤下書 二回

作者未詳。

未見著録。以《晴雪梅花録》所録多爲子弟書，姑録以備考。

敘赤壁之戰前夕，闞澤下降書事。出《三國演義》四十七回《闞澤密獻詐降書》。但並非直接據演義改寫。

言前轍，67 韻。原不分回，可析作兩回。

版本：①民國十年（1921）鈔本《晴雪梅花録》收録，藝研院藏。［圖 77］

【説明】篇尾作："這就是闞澤下書三國一段，喜的是加官進禄喜報三元。" 據此結句，與子弟書格式存在距離。

### 赤壁鏖兵 一回

作者未詳。

民初輯本《子弟書目錄》:"《三國志》子弟書目錄。赤壁鏖兵。一回。"《子弟書總目》頁 57 著錄。

演龐統向曹操獻連環計後在江邊遇徐庶,授以脫身之計。本事見《三國演義》第四十八回"宴長江曹操賦詩"。皮黃有連台本戲《赤壁鏖兵》,亦演此事。

中東轍,42 韻。

版本:①清鈔本,車王府舊藏,北大圖書館·□ 812.08/5105/:113(117/19488,五葉半,"鏖"誤作"塵")。過錄本,首圖·甲四 2157;首圖縮印本 51 冊頁 354–356;北京整理本頁 247–248,過錄本,中大圖書館·92628;中大整理本頁 774–775。[圖 78]
②清鈔本,程硯秋舊藏,藝研院·曲 319.651/0.582/5.114。
③曲盦鈔本,傅惜華舊藏,曲 310.651/227.5(150488)。
④民國百舍齋鈔本,傅惜華舊藏,曲 311.64/0.208(146329)。
⑤民國初年鈔本,傅氏《總目》謂馬彥祥有藏,今藏處未詳。

【說明】另有車王府舊藏本,書籤題"赤壁塵[鏖]兵全二回",實為快書,內容全別。詳見下文。此篇卷首作:"獻帝難堪恨不平,几回按劍視奸雄。衣冠鹵簿虛天子,調遣生殺屬位公。"結尾作:"附耳低言二人一笑,小舟兒一葉隨風破浪行。"

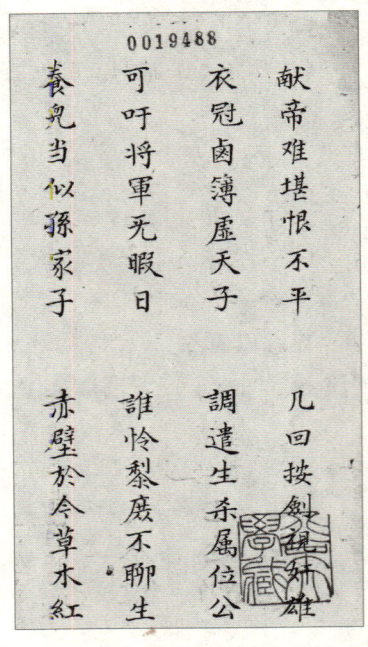

[圖 78] 車王府舊藏本《赤壁鏖兵》　　[圖 79] 藝研院藏民初鈔本《借東風》

### 借東風　二回

作者未詳。

《中國俗曲總目稿》頁216、《子弟書總目》頁100著錄。

演諸葛亮借東風事。本事見《三國演義》四十九回"七星壇諸葛祭風"及《鼎峙春秋》傳奇，道光四年（1824）《慶昇平班戲目》有同名劇目。

言前轍，各40韻。按：各本原不分回。按句數恰合二回。

版本：①民國十年（1921）鈔本《晴雪梅花錄》收錄，藝研院藏。［圖79］

②上海錦章書局石印本（《三國子弟書詞八種》），早稻田大學等均有藏。

③北京石印本"冬"字（《三國子弟書詞八種》），傅斯年圖書館藏，T-745、T-746。

### 借東風　快書　一回

作者未詳。

《中國俗曲總目稿》頁215、《北京傳統曲藝總錄》頁306著錄。

演諸葛亮借東風事。本事見《三國演義》四十九回"七星壇諸葛祭風"，並見於《鼎峙春秋》傳奇，道光四年（1824）《慶昇平班戲目》有同名劇目。

中東轍，四落。

版本：①百本張鈔本，故宮博物院藏，《故宮珍本叢刊》697冊頁209-216。［圖80-1］

②清鈔本，故宮博物院藏，《故宮珍本叢刊》697冊頁202-208．［圖80-2］

③鈔本，傅斯年圖書館藏，KS2-026。

④鈔本，傅斯年圖書館藏，KS2-025；《俗文學叢刊》412冊頁433-470。

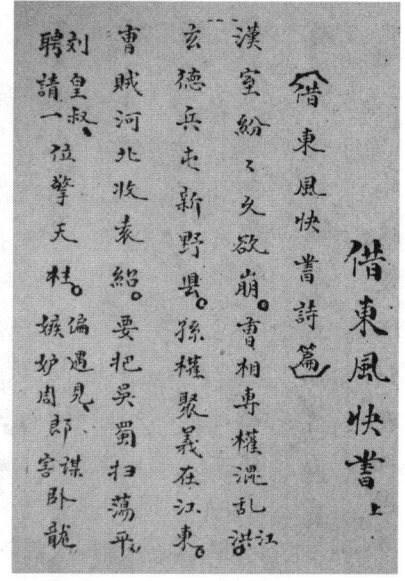

［圖80-1］故宮藏百本張鈔本《借東風快書》　　［圖80-2］故宮藏清鈔本《借東風快書》

⑤民初百舍齋紅格鈔本，傅惜華舊藏，藝研院·曲 311.651/0.682（145723）。
⑥北京學古堂排印本《文明大鼓書詞》七十一冊，傅斯年圖書館藏，KUIII-2-032。《快書研究》頁 239-242 據以排印。
⑦中華印刷局排印本《文明大鼓書詞》第十七冊，傅斯年圖書館藏兩種，KUIII-14-255、256。

### 火燒戰船　不分回

作者未詳。

《中國俗曲總目稿》頁 431 著錄，以有石印本標"子弟書詞"，標注作"子弟書"，姑錄以備考。

演赤壁之戰火燒戰船事。本事見《三國演義》四十九回"三江口周瑜縱火"。

中東轍，63 韻。

版本：①上海錦章書局石印本（"重"字，《三國子弟書詞八種》之五），傅斯年圖書館、早稻田大學等均藏。
②北京打磨廠泰山堂排印本，雙紅堂文庫 190 唱本之第 56 綮第 8 冊。
③石印（"冬"字，《三國子弟書詞八種》之五），傅斯年圖書館藏，T-745、T-746。

【說明】此篇夾有說白，與子弟書標準體制有差異。傅惜華刊於《中法漢學研究所圖書館館刊》第二號之《子弟書總目》附"辨偽"，"疑其為鼓詞曲本"，未予收錄。

### 擋曹　一回

作者煦園。據詩篇："煦園氏挑燈無事閑潑墨，寫一段華容道上義釋奸曹"；又《舊鈔北平俗曲》本題"煦園自著"。

百本張《子弟書目錄》："擋曹。一回。四佰。"《中國俗曲總目稿》頁 55、《子弟書總目》頁 185 著錄。

演曹操赤壁大敗，奪華容道而逃，被關羽攔截，關羽義釋曹操事。本事見《三國演義》五十回"諸葛亮智算華容，關雲長義釋曹操"；道光間《春台班戲目》著錄有《華容道》，亦演此事。

遙條轍，49 韻。

版本：①清鈔本，車王府舊藏，北大圖書館·□ 812.08/5105/:111（45/19416，六葉半）。過錄本，首圖·甲四 2108；首圖縮印本 51 冊頁 427-430；北京整理本頁 91-92。過錄本，中大圖書館·91282；中大整理本頁 780-781。
②百本張鈔本，傅氏《總目》謂有自藏本，今未見。
③鈔本，《舊鈔北平俗曲》收錄，劉復舊藏，民族圖書館藏。[圖 81]
④曲盦鈔本，傅惜華舊藏，藝研院·曲 310.651/0.356（148719）。

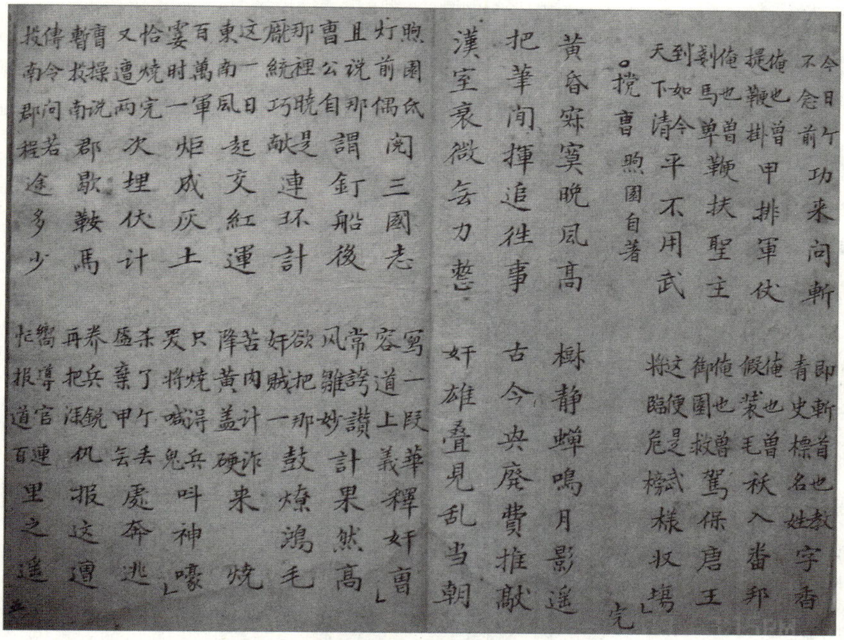
照園氏灯前偶閱三國志
且說那曹公自謂釘船後
那裡曉是龐統巧獻連環計
這一日東南風起交紅運
百萬軍霎時一炬成灰土
恰燒完又遭兩次埋伏計
曹操說暫拔南郡歇鞍馬
傳令向若拔南郡程途多少
寫一段華容道上義釋奸曹
常誇讚風雖妙計果然高
欲把那奸賊一鼓燎鴻毛
苦肉計詐降黃蓋硬來燒
只燒得兵罷將喊鬼叫神嚎
丢了个去盔棄甲无處奔逃
券兵銃再把漚机报這遭
嚮導官連忙報道百里之遙
今日个不念前功來問斬
俺也曾提鞭掛甲排軍伍
俺也曾剁馬單鞭扶聖主
到如今天下清平不用武
○攪曹 照園自著
黃昏寂寞晚風高
把筆閒揮追往事
漢室衰微无力整
即斬首也教青史標名姓字香
俺也曾假裝毛袄入番邦
俺也曾御園救駕保唐王
這便是將臨危試槍樣扠塌
樹靜蟬鳴月影遙
古今興廢費推獻
奸雄疊見亂當朝
完

［圖 81］民族圖書館藏劉復舊藏鈔本《擋曹》

⑤鈔本，傅斯年圖書館藏，T13-167；《俗文學叢刊》385 册 371 頁。

⑥鈔本，傅斯年圖書館藏，T13-168。

⑦鈔本（殘），傅斯年圖書館藏，Sup-926。

⑧《子弟書選》頁 407-409 排印本，據傅惜華藏本排印。

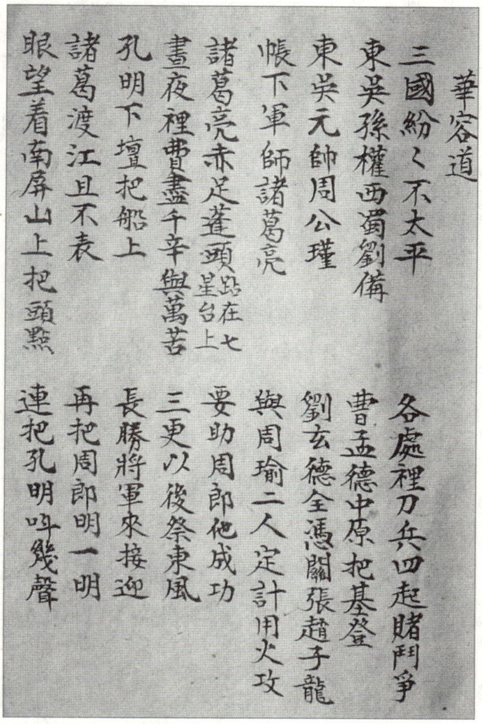
華容道
三國紛〻不太平
東吳孫權西蜀劉備
東吳元帥周公瑾
帳下軍師諸葛亮
諸葛亮赤足蓬頭站在七星台上
晝夜裡費盡千辛與萬苦
孔明下壇把船上
諸葛渡江且不表
眼望着南屏山上把頭點
各處裡刀兵四起賭鬥爭
曹孟德中原把基登
劉玄德全憑關張趙子龍
與周瑜二人定計用火攻
要助周郎他成功
三更以後祭東風
長勝將軍來接迎
再把周郎明一明
連把孔明叫幾聲

［圖 82］藝研院藏民初鈔本《華容道》

## 華容道　二回

作者未詳。

《中國俗曲總目稿》頁 263、《子弟書總目》頁 125 著録。

演關羽在華容道義釋曹操之事。本事見《三國演義》五十回“諸葛亮智算華容，關雲長義釋曹操”；道光間《春台班戲目》著録有《華容道》，亦演此事。

頭回中東轍，40韻；二回言前轍，50韻。

版本：①民國十年（1921）鈔本《晴雪梅花錄》收錄，藝研院藏。［圖82］

②上海錦章書局石印本（"重"字。《三國子弟書詞八種》），傅斯年圖書館、早稻田大學等均藏。

③北京石印本"冬"字《三國子弟書詞八種》，傅斯年圖書館藏，T-745、T-746。

**別題：關公擋曹**

《中國俗曲總目稿》頁652著錄。

版本：①石印本，《繪圖最新名劇》第二十七冊，早稻田大學等有藏。

【說明】此書首句作："三國紛紛不太平，各處裡刀兵四起賭鬥爭。東吳孫權西蜀劉備，曹孟德中原把基登。"傅惜華刊於《中法漢學研究所圖書館館刊》第二號之《子弟書總目》附"辨偽"，"疑為鼓詞之曲本"，故未予收錄。又1957年版《子弟書總目》125頁據《中國俗曲總目稿》頁263收錄"華容道"一目，謂有"鈔本，前中央研究院藏"，按中央研究院所藏抄本《華容道》為快書，見下條。

## 華容道 快書 二回

作者未詳。

別埜堂《快書目錄》："華容道。二回。六百。"《各樣曲目》、《中國俗曲總目稿》頁552、《北京傳統曲藝總錄》頁309著錄。又《中國俗曲總目稿》頁263、《子弟書總目》頁125作為"子弟書"著錄。

演關羽在華容道義釋曹操之事。本事見《三國演義》五十回"諸葛亮智算華容道，關雲長義釋曹操"。

中東轍，三落。

版本：①清鈔本，車王府舊藏，北大圖書館·□812.08/5105/ 快書。過錄本，中大圖書館·雜曲·18。

②清鈔本，李嘯倉藏。

③清鈔本，傅斯年圖書館藏，KS1-006。

**別題一：華容道擋曹**

聚卷堂《連珠調快書》："華容道擋曹。兩本。"《中國俗曲總目稿》頁800、《北京傳統曲藝總錄》頁309著錄。

版本：①民初百舍齋紅格鈔本，傅惜華舊藏，藝研院·曲311.651/0.682（145722）。

②《文明大鼓書詞》十七冊排印本；《快書研究》頁242-244據以排印。

**別題二：擋曹**

《中國俗曲總目稿》頁55、《北京傳統曲藝總錄》頁317著錄。

版本：①清鈔本，傅斯年圖書館藏，KS1-005；《俗文學叢刊》412冊頁471-490。［圖83］

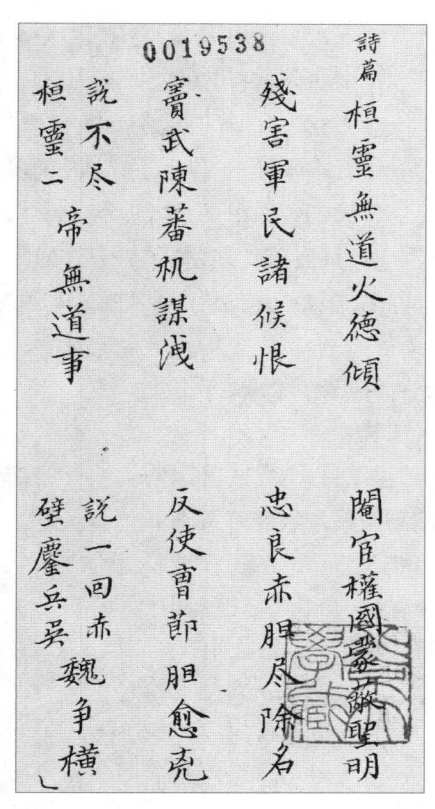

[圖83] 傅斯年圖書館藏清鈔本《擋曹快書》　　[圖84] 車王府舊藏本《赤壁鏖兵快書》

【說明】此篇卷首作："朝走西來暮走東，人生好似採花蜂。採得花來缺百壽，黃金難買永長生。"結句作："威振乾坤協天大帝亙古一人萬古傳留天下聞名。"

## 赤壁鏖兵 快書 一回

作者未詳。

百本張《子弟書目錄》："快書赤壁鏖兵。三落。一吊四。"聚卷堂《連珠調快書》："赤壁鏖兵。兩本。"別墅堂《快書目錄》："赤壁鏖兵。二回。一吊。"《中國俗曲總目稿》頁482、《北京傳統曲藝總錄》頁302 著錄。又《子弟書總目》頁57，作為子弟書著錄。

簡敘赤壁之戰事，至曹操在華容道突遇關羽擋道而止，內容及文字均與上條不同。本事見《三國演義》四十二至五十回。

中東轍，三落。

版本：①鈔本，車王府舊藏，北大圖書館・□812.08/5105/:116（167/19538，十葉，題"赤壁塵［鏖］兵全二回"）。過錄本，首圖・甲四2221；首圖縮印本56冊頁127-130；北京整理本頁426-428。過錄本，中大圖書館・91354；中大整理本頁776-779。整理本亦作為子弟書收錄。［圖84］

②清鈔本，傅斯年圖書館藏，KS4-055；《俗文學叢刊》412 册頁 281-304。《快書研究》頁 230-232 據以排印。
③光緒十九年（1893）鈔本，傅惜華舊藏，藝研院·曲 311.651/0.136（140796/4）。
④百本張鈔本（作上下二回），傅惜華舊藏，藝研院·曲 311.651/0.682（143041）。
⑤民初齊如山百舍齋鈔本，傅惜華舊藏，藝研院·曲 311.64/0.208（146329）。

【説明】此篇卷首作："桓靈無道火德傾，閹宦權國蒙蔽聖明。殘害軍民諸侯恨，忠良赤膽盡除名。"結句作："齊聲吶喊口口聲聲大叫道曹賊難逃小道華容。"

### 三戰黄忠　硬書　二本十八回

作者未詳。

《子弟書總目》頁 29 著錄。

演關羽戰長沙收老將黃忠事。本事見《三國演義》第五十三回"關雲長義釋黃漢升"。《鼎峙春秋》傳奇，皮黃有《戰長沙》，道光四年（1824）《慶昇平班戲目》已列其名。

中東轍，共 788 韻。篇幅相當於十八回。故車王府舊藏本題作六回，實則相當於六卷，即每"回（卷）"各含三回。

版本：①清鈔本（題"六回"，内文不分回），車王府舊藏，首圖·甲四 1317；首圖縮印本 51 册頁 329-350；北京整理本頁 1659-1673。[圖 85]
②文萃堂刻本（封面題"京都新刻子弟書/三戰黄忠/文萃堂梓行"，首行題"新刻三戰黃忠段兒"，不分回），傅惜華舊藏，藝研院·曲 310.651/0.356（145884）。

【説明】北京整理本頁 1673 云："本書名《三戰黃忠硬書》者，未見著錄。傅惜華《子弟書總目》著錄《三戰黃忠》不分回，有文萃堂刻本。本書題稱'六回'，實則書中未分回次，僅抄作兩本。"

### 戰長沙　快書　二回

作者未詳。

別埜堂《快書目錄》："戰長沙。二回。六佰。"《各樣曲目》、《中國俗曲總目稿》頁 328、《北京傳統曲藝總錄》頁 314 著錄。

演關羽戰長沙與老將黃忠對陣事。本事見《三國演義》第五十三回"關雲長義釋黃漢升"及《鼎峙春秋》傳奇，皮黃有《戰長沙》，道光四年（1824）《慶昇平班戲目》已列其名。

中東轍，三落

版本：①清鈔本，車王府舊藏，北大圖書館·□ 812.08/5105/ 快書。過錄本，中大圖書館·雜曲·18。
②清鈔本，傅斯年圖書館藏，KS1-46；《俗文學叢刊》412 册頁 491-510。[圖 86]

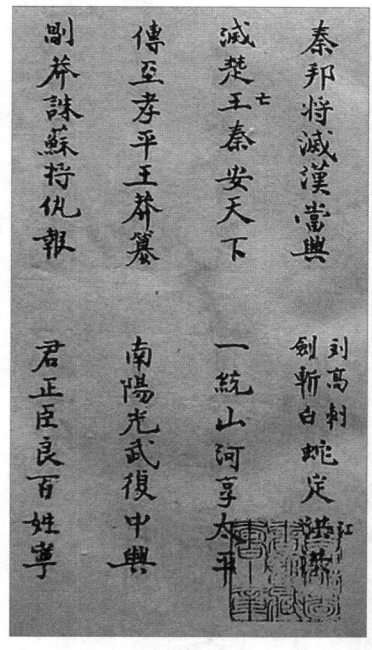
[圖85] 首圖藏車王府舊藏《三戰黃忠》

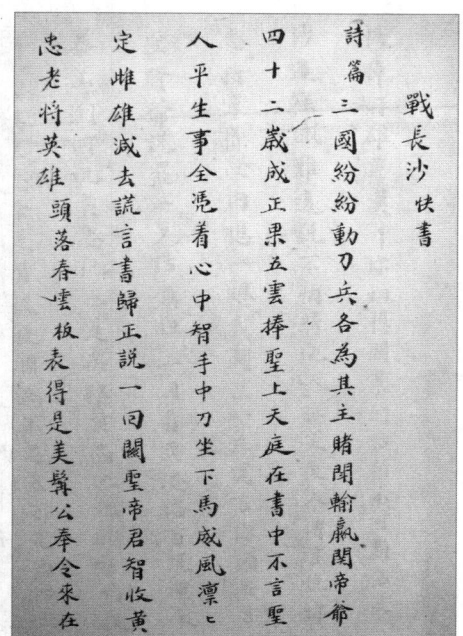
[圖86] 中大過錄本《戰長沙快書》

③清鈔本，傅斯年圖書館藏，KS1-47。

④北京中華印刷局排印本《文明大鼓書詞》第二十冊，傅斯年圖書館藏，KUIII-15-262、263；《快書研究》頁244-245據以排印。

## 東吳招親　一回

作者未詳。

百本張《子弟書目錄》："東吳招親。即三氣。一回。四佰。"民初輯本《子弟書目錄》列入"《三國志》子弟書目錄"。《中國俗曲總目稿》頁491、《子弟書總目》頁65著錄。

演劉備在東吳入贅，樂不思蜀。趙雲打開諸葛亮所授妙計呈劉備，劉備醒悟，返回江北，使周瑜賠了夫人。亦即三氣周瑜故事。據《三國演義》第五十四回"吳國太佛寺看新郎，劉皇叔洞房續佳偶"、五十五回"玄德智激孫夫人，孔明二氣周公瑾"撮要改編。

中東轍，60韻。

版本：①清鈔本，車王府舊藏，北大圖書館·□812.08/5105/:111（49/19420，五葉半，末葉補鈔）。過錄本，首圖·甲四2112；首圖縮印本51冊頁357-360；北京整理本頁99-101。過錄本，中大圖書館·91361；中大整理本頁796-798。[圖87]

②百本張鈔本，故宮博物院藏，《故宮珍本叢刊》698冊頁223。

③清鈔本，杜穎陶舊藏，藝研院·曲319.651/0.582/8.156。按：據傅氏《總目》

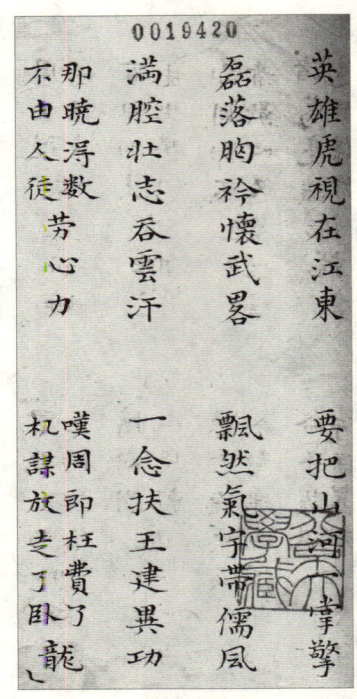 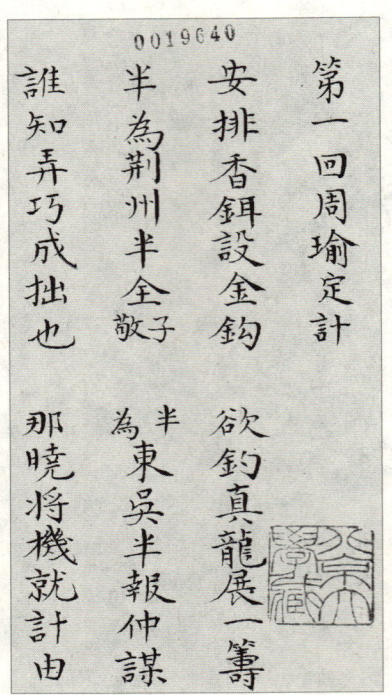

［圖87］車王府舊藏本《東吳招親》　　［圖88］車王府舊藏本《東吳記》

有程硯秋舊藏本，而無杜氏藏本，疑此兩本即是一本。
④曲盦鈔本，傅惜華舊藏，藝研院・曲310.651/0.356（148723）；《子弟書叢鈔》
　頁414–417據同一版本排印。
⑤鈔本，傅斯年圖書館藏，T–572；《俗文學叢刊》385冊頁387。
⑥鈔本，傅斯年圖書館藏，T–573。

## 東吳記 八回

作者未詳。

百本張、別埜堂《子弟書目錄》均著錄作："東吳記。八回。二吊八。"《中國俗曲總目稿》頁162、《子弟書總目》頁65著錄。

演劉備在東吳招親之事。據《三國演義》五十四回"吳國太佛寺看新郎，劉皇叔洞房續佳偶"及五十五回"玄德智激孫夫人，孔明二氣周公瑾"改編。

頭回〈周瑜定計〉，由求轍；二回〈巧說良緣〉，中東轍；三回〈通媒入贅〉，中東轍；四回〈國太看婿〉，江陽轍；五回〈砍石問卜〉，一七轍；六回〈洞房佳偶〉，人辰轍；七回〈賀年起行〉，言前轍；八回〈同歸荊州〉，中東轍。每回48韻。

版本：①清鈔本，車王府舊藏，北大圖書館・□812.08/5105/:124（269/19640，
　　五十四葉半）。過錄本，首圖・甲四2323；首圖縮印本51冊頁360–382；

北京整理本頁 1135–1149。過錄本，中大圖書館・92356；中大整理本頁 782–795。[圖 88]

②百本張鈔本（據書衣題名字跡判定），故宮博物院藏，《故宮珍本叢刊》698 冊頁 111；又，傅氏《總目》謂馬彥祥有藏，今藏處未詳。

③鈔本，傅斯年圖書館藏，T23–266。《俗文學叢刊》385 冊 405 頁。

④清鈔本，故宮博物院藏，《故宮珍本叢刊》698 冊頁 138。

⑤鈔本，傅斯年圖書館藏，T23–265。

### 甘露寺 二回

作者未詳。

《中國俗曲總目稿》頁 129、《子弟書總目》頁 44 著錄。

演劉備在東吳招親之事。本事來源同上。

言前轍。今存各本原不分回，可酌分作二回，分別為 45、49 韻。

版本：①上海錦章書局"重"字號石印本《三國子弟書詞八種》收錄，傅斯年圖書館、早稻田大學等有藏。

②石印本（《三國子弟書詞八種》"冬"字），傅斯年圖書館藏，T–745、T–746。

③北京泰山堂排印本，雙紅堂・戲曲・190 "唱本"內有藏。

【說明】此篇體式，與子弟書標準體制略異，實近於鼓詞。姑錄以備考。

### 龍鳳配（甲） 二回

作者未詳。

《綠棠吟舘子弟書百種總目》卷二、《中國俗曲總目稿》頁 331 著錄。

演劉備在東吳招親，吳國太甘露寺見婿事。本事出《三國演義》五十四回"吳國太佛寺看新郎，劉皇叔洞房續佳偶"。

人辰轍。今存各本原不分回，可酌分作二回，每回 49 韻。

版本：①石印本《繪圖改良新劇》第二冊《清音子弟書 龍鳳配》，國家圖書館（98755）、早稻田大學圖書館（ヘ 19–3031）、藝研院（傅惜華舊藏，曲 310.651/0.356/4）等均藏。[圖 89]

②北京中華印刷局排印本，雙紅堂文庫等有藏。

【說明】此篇卷首作："赤壁鏖兵戰烏林，周都督汗馬功勞化灰塵。劉皇叔漢（旱）地拾魚得了荊州郡，氣壞了碧眼赤鬚東吳主君。"篇尾作："這就是妙算荊州未得到手，反搭上如花似玉美貌佳人。"

### 龍鳳配（乙） 二回

作者未詳。

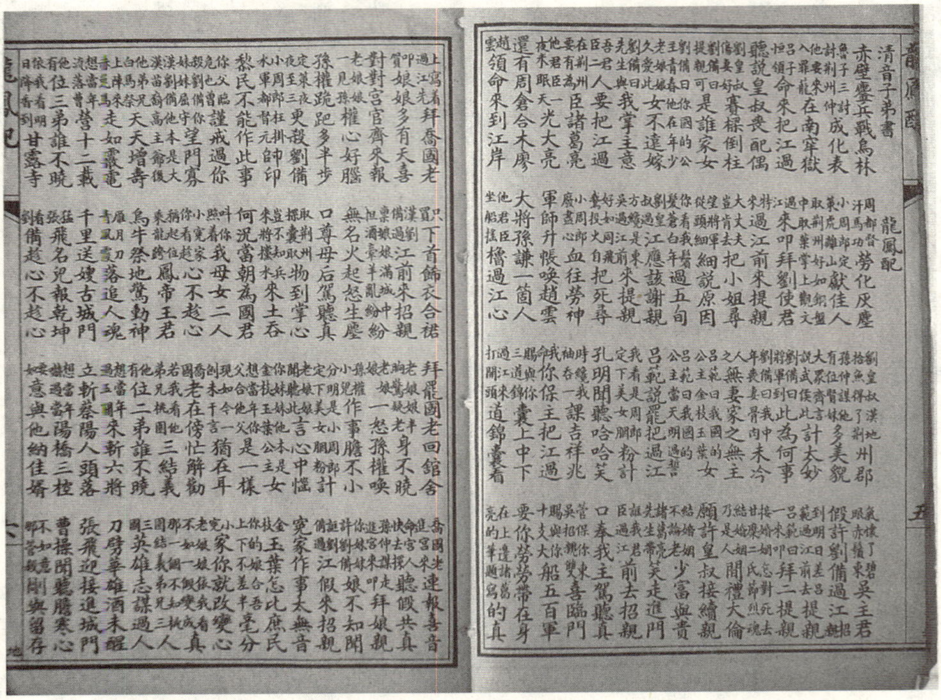

［圖 89］早稻田藏石印本《龍鳳配》

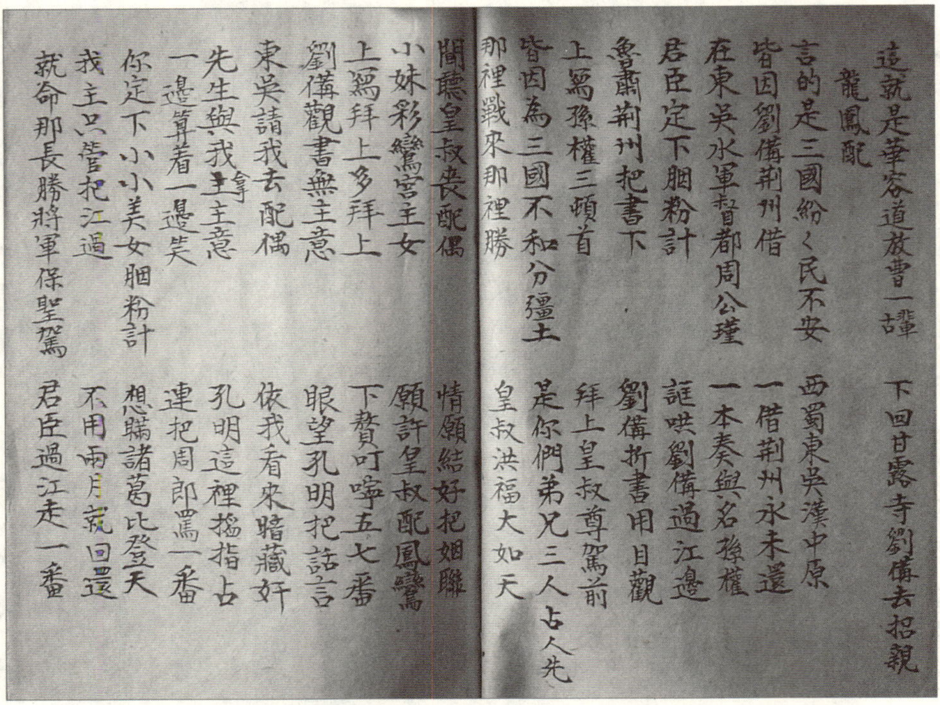

這就是華容道放曹一諢　下回甘露寺劉備去招親

龍鳳配

言的是三國紛〻民不安　西蜀東吳漢中原
皆因劉備荊州借　一借荊州永未還
在東吳水軍督都周公瑾　一本奏與名孫權
君臣定下胭粉計　誆哄劉備過江邊
魯肅荊州把書下　劉備折書用目觀
上寫孫權三頓首　拜上皇叔尊駕前
皆因為三國不和分彊土　是你們弟兄三人占人先
那裡戰來那裡勝　皇叔洪福大如天
聞聽皇叔要配偶　情願結好把姻聯
小妹彩鸞宮主女　願許皇叔配鳳鸞
上寫拜上多拜上　下贅叮嚀五七番
劉備觀書無主意　眼望孔明把話言
東吳請我去配偶　依我看來暗藏奸
先生與我拿主意　孔明這裡掐指占
一邊算着一邊笑　連把周郎罵一番
你定下小小美女胭粉計　想瞞諸葛比登天
我主只管把江過　不用兩月就回還
就命那長勝將軍保聖駕　君臣過江走一番

［圖 90］藝研院藏民初鈔本《龍鳳配》

未見著錄。此本實據同題清音子弟書改寫，姑錄以備考。

演劉備東吳招親，攜夫人還，周瑜追趕不及事。本事出《三國演義》五十四回"吳國太佛寺看新郎，劉皇叔洞房續佳偶"。

言前轍。今存各本原不分回，可酌分作二回，分別爲40、45韻。

版本：①民國十年（1921）鈔本《晴雪梅花錄》收錄，藝研院藏。按：此本與《三國子弟書詞八種》之《甘露寺》子弟書前半部分内容相同。[圖90]

【説明】此篇卷首作："言的是三國紛紛民不安，西蜀東吳漢中原。皆因劉備荆州借，一借荆州永未還。"卷尾作："這就是三氣周瑜龍鳳配，下一回劉玄德去取西川。"其體式似更近鼓詞。

### 喬公問答 六回

作者未詳。

民初輯本《子弟書目錄》："《三國志》子弟書目錄。喬公問答。六回。"《子弟書總目》頁127著錄。

所演當爲劉備拜見喬國老，喬公向吳國太挑明招親事。本事見《三國演義》五十四回"吳國太佛寺看新郎，劉皇叔洞房續佳偶"。

版本：①民國六年（1917）鈔本，傅氏《總目》謂馬彦祥有藏，今藏處未詳。

### 單刀會 硬書 五回

作者未詳。

百本張《子弟書目錄》："硬書單刀會。内有觀水。五回。一吊八。"別埜堂《子弟書目錄》："單刀會。内有觀水。五回。一吊八。"樂善堂《子弟大鼓書目錄》："子弟書五回起。一吊文。單刀會。硬書。"民初輯本《子弟書目錄》列入"《三國志》子弟書目錄"。《中國俗曲總目稿》頁255、《子弟書總目》頁126著錄。

演關羽單刀赴東吳之約，魯肅謀取荆州失敗之事。本事見《三國演義》六十六回。元關漢卿有《單刀會》雜劇，崑曲取雜劇第四回作折子戲《刀會》，即本篇所據。

言前轍。據車王府舊藏本，分別爲52、42、53、40、36韻。

版本：①清鈔本，車王府舊藏，首圖·甲四1317/2；首圖縮印本51册頁394–406；北京整理本頁1593–1600。[圖91]

②百本張鈔本（題"單刀會硬書"），傅惜華舊藏，藝研院·曲310.651/0.356（142822）。

③清鈔本（題"單刀會子弟書"），故宫博物院藏，《故宫珍本叢刊》698册頁238（據書衣題名字跡實爲百本張鈔本）。

④別埜堂鈔本（題"單刀會子弟書"），傅惜華舊藏兩種，藝研院·曲310.651/0.356（142814）。

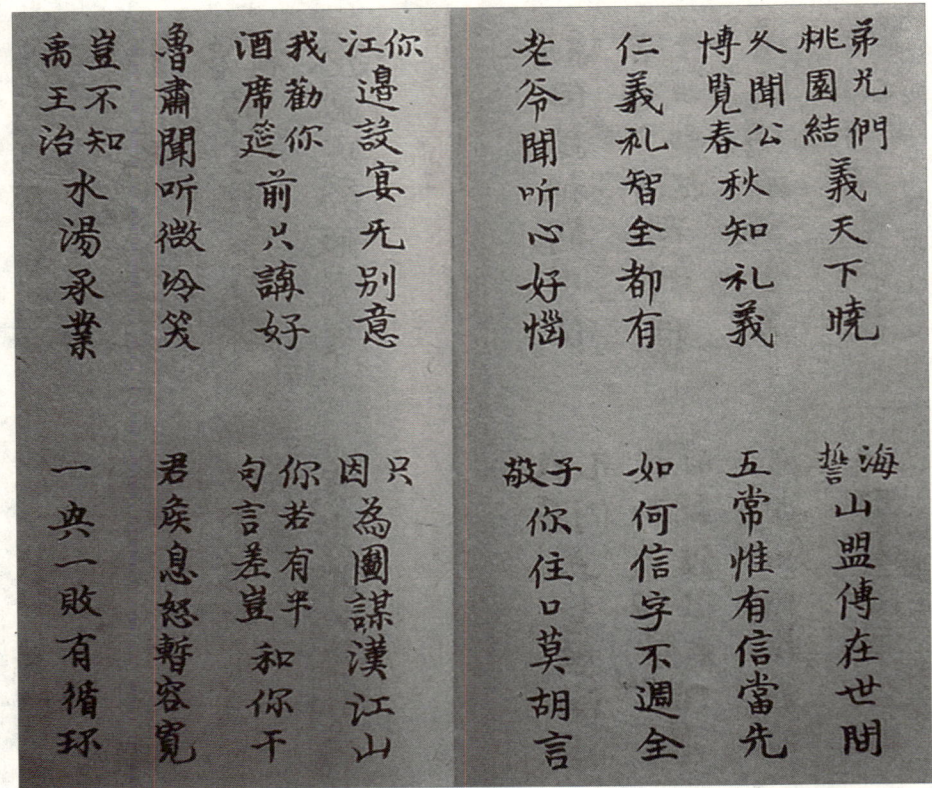

［圖91］首圖藏車王府舊藏《單刀會硬書》

⑤鈔本，傅斯年圖書館藏，T31-385；《俗文學叢刊》385 冊頁 521。
⑥北京中華印刷局排印本，雙紅堂文庫，戲曲·190 "唱本" 之第 3 帙第四冊。
⑦民國初年鈔本，傅氏《總目》謂馬彥祥有藏，今藏處未詳。
⑧《子弟書叢鈔》頁 418-431 據清代精鈔本排印。

【説明】此篇卷首作："三綱五常立人間，五倫事事要周全。皇王水土難答報，父母恩德天地寬。"結句作："只因爲聖賢爺赴了個單刀會，留下美名萬古傳。"

### 單刀會 五回

作者未詳。

《子弟書總目》頁 126 著錄。

此本據《單刀會硬書》刪節改訂而成。硬書每一回標一落，而此本則每四句韻作一 "落"，表明已改作子弟書，且文字頗有不同，故另立一目。

言前轍。據百本張鈔本分別爲 45、44、52、42、44 韻。

版本：①百本張鈔本（題 "單刀會子弟書"），日中學院舊藏，現歸東洋文化研究所倉石文庫；波多野太郎《子弟書集》據以收錄。

②文萃堂刻本，傅惜華舊藏，藝研院・曲 310.651/0.356（142878/5）。按：此刻本分四本二十回，每回十一韻左右。首本原封面已無，後補封面墨筆題"單刀會子弟書，鵬飛"，二本封面題"六回至十回/子弟書單刀會/二本–文萃堂梓行"。三本爲十一至十五回；四本十六至二十回。［圖92］

③音雅齋舊藏刻本，國家圖書館藏，153996。

【說明】此篇卷首作："三國紛紛民不安，西蜀東吳漢中原。先主爲君在城都府，曹操獨自佔中原。"結句作："只因爲老爺赴了個單刀會，留下英名萬古傳。"

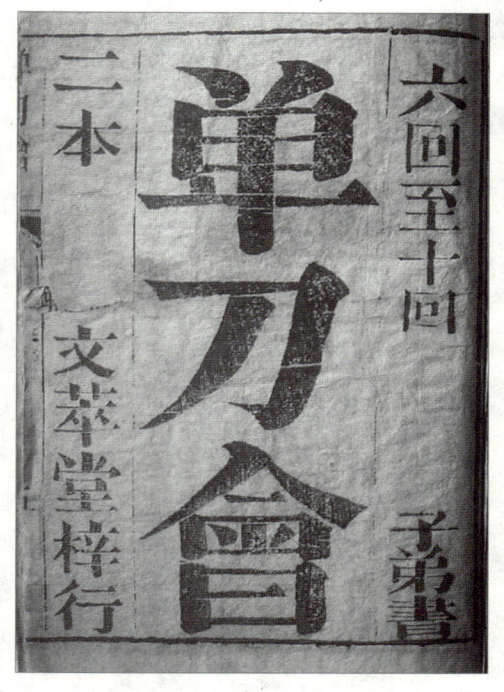

［圖92］藝研院藏文萃堂刻二十回本《單刀會》

## 觀水  一回

作者未詳。

百本張《子弟書目錄》："硬書觀水。單刀會內有。一回。四佰。"樂善堂《子弟大鼓書目錄》："三百文。觀水。硬書。"《中國俗曲總目稿》頁56、《子弟書總目》頁186著錄。又《集錦書目》第15句："**觀水**已畢把百花亭下。"

摘取《單刀會硬書》第三回"觀水"一段，獨立成篇。

版本：①百本張鈔本，傅惜華舊藏，藝研院・曲 310.651/0.356（142812/2）。又，程硯秋舊藏，藝研院・曲 319.651/0.582/5.124。傅氏《總目》謂賈天慈舊有藏，今藏處未詳。

②鈔本，傅斯年圖書館藏，T13–169。

③鈔本，傅斯年圖書館藏，T13–170。

## 單刀會  二回

作者未詳。

別埜堂《子弟書目錄》："單刀會。二回。七佰二。"《子弟書總目》頁126著錄。

傅氏《總目》謂即《單刀會硬書》，惟刪去"觀水"部分而成。

未見傳本。

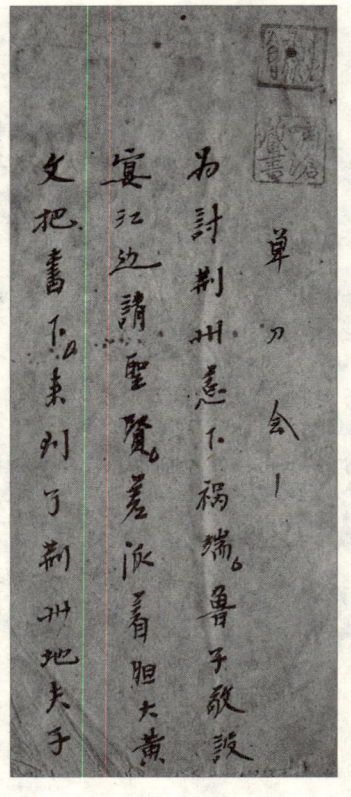 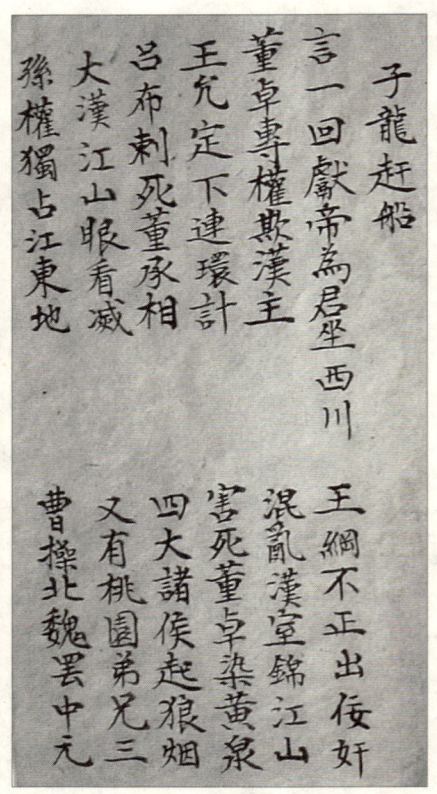

［圖93］李嘯倉藏鈔本《單刀会》　　　［圖94］藝研院藏民初鈔本《子龍趕船》

### 單刀会　八段

作者未詳。

未見著錄。

敘關羽單刀赴會之事。據《單刀會》硬書改寫，凡八段。本事見《三國演義》六十六回"關雲長單刀赴會"。

言前轍。

版本：①鈔本（封面題"子弟書/單刀会"），李嘯倉舊藏。［圖93］

【説明】卷首作："爲討荊州惹下禍端，魯子敬設宴江边請聖賢。差派着胆大黄文把書下，來到了荊州地夫子台前。"結句作："魯子敬無奈回朝轉，言説道從今交好莫結冤。"鈔本作不分行連書。疑此是據《單刀會》子弟書改删而成的鼓詞。

### 單刀會　快書　一回

作者未詳。

《北京傳統曲藝總錄》頁309著錄。

演關雲長單刀赴會事。本事來源同上文。

版本：①清鈔本，《總錄》謂有李嘯倉藏本，今未見。疑即上條所著錄之李氏藏本。

## 子龍趕船 二回

作者未詳。

《子弟書總目》以其近於鼓詞而未予收錄。按：此本有石印本題"子弟書詞"，其中含有子弟快書句式，屬於早期子弟書體制，故錄以備考。

演趙雲截江奪回阿斗事。本事見《三國演義》第六十一回"趙雲截江奪阿斗"。

言前轍。今存各本原不分回，可酌分作二回，分別爲47、60韻。

版本：①民國十年（1921）鈔本《晴雪梅花錄》收錄，藝研院藏。[圖94]
②《鼓詞彙集》第二輯頁 202-206，據奉天石印局石印本排印。

**別題：張飛趕船**

《中國俗曲總目稿》頁 62、571 著錄。

版本：①石印本《改良繪圖新劇》第二冊，傅惜華舊藏，藝研院·曲 310.651/0.356/4。又早稻田大學圖書館藏（ヘ19-3031）。
②石印本，《三國子弟書詞八種》收錄，國圖、傅圖、雙紅堂文庫、早稻田大學等均有藏。

## 截江奪斗 快書

作者未詳。

聚卷堂鈔本《連珠調快書》著錄："截江奪斗。兩本。"並見《中國俗曲總目稿》頁 610、《北京傳統曲藝總錄》頁 311 著錄。

演趙雲奪阿斗事。本事見《三國演義》第六十一回"趙雲截江奪阿斗"。

江陽轍，四落。

版本：①光緒十九年（1893）鈔本，傅惜華舊藏，藝研院·曲 311.651/0.136（140796/5）。
②鈔本（書衣題"截江奪斗/連珠調"），國家圖書館藏，119994。
③清鈔本，傅斯年圖書館藏，KS4-061；《俗文學叢刊》412 冊頁 511-546。《快書研究》頁 246-249 據以排印。

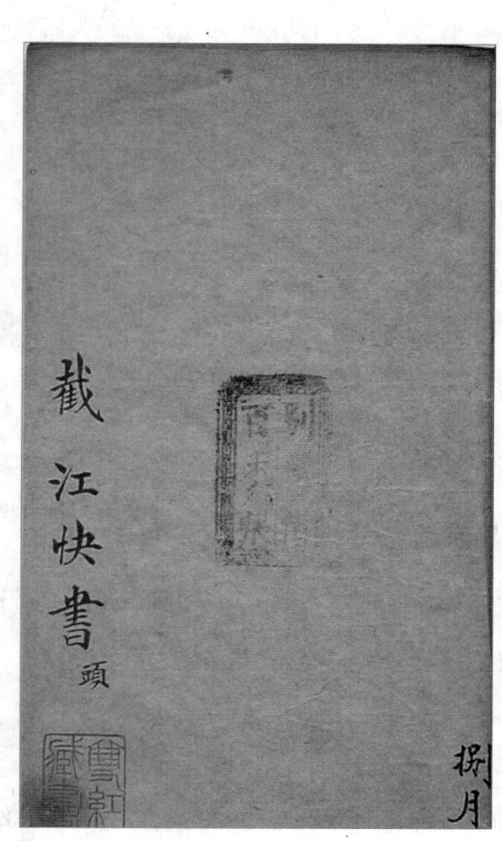

[圖95] 雙紅堂藏百本張鈔本《截江快書》

④清鈔本，李嘯倉藏。

⑤北平學古堂排印本《文明大鼓書詞》六一冊，傅斯年圖書館、早稻田大學風陵文庫（F400-M115）等有藏。

⑥北京中華印刷局排印本《文明大鼓書詞》第十冊，傅斯年圖書館藏，KUⅢ-13-244。

別題一：截江奪阿斗

《北京傳統曲藝總錄》頁 312 著錄。

版本：①百本張鈔本，傅惜華舊藏，藝研院・曲 311.651/0.682（143042）。

別題二：截江

別埜堂《快書目錄》："截江。二回。四佰。"《各樣曲目》、《北京傳統曲藝總錄》頁 311 著錄。

版本：①清鈔本，車王府舊藏，北大圖書館・□ 812.08/5105/ 快書。

②百本張鈔本，雙紅堂文庫藏有二種，戲曲・240、239。［圖 95］

③民初鈔本，藝研院藏（收入《鼓詞四種》，其卷首詩篇與各本不同，作："一伐英雄都善長，事危急處顯忠良。昔日英名留長板，今朝奮志復劫江。惟將性命醉恩主，博得英名震四方。閒消遣慢揮牙管傳奇事，略把常山名姓揚。"）

## 八陣圖 快書 二回

作者未詳。

《中國俗曲總目稿》頁 72、《北京傳統曲藝總錄》頁 298 著錄。

演陸遜率軍陷入諸葛亮所設八陣圖事。本事見《三國演義》八十四回 "孔明巧布八陣圖"。皮黃有同名劇目。

江陽轍，四落。

版本：①清鈔本，王伯祥舊藏，中國社科院圖書館藏。［圖 96］

②鈔本，傅斯年圖書館藏，KS1-007；《俗文學叢刊》412 冊頁 547-572。

③清鈔本，國家圖書館藏，111008。

④鈔本，藝研院・曲 319.651/0.582。

⑤清鈔本，程硯秋舊藏，藝研院・曲 319.651/0.582/5.103。（10873）

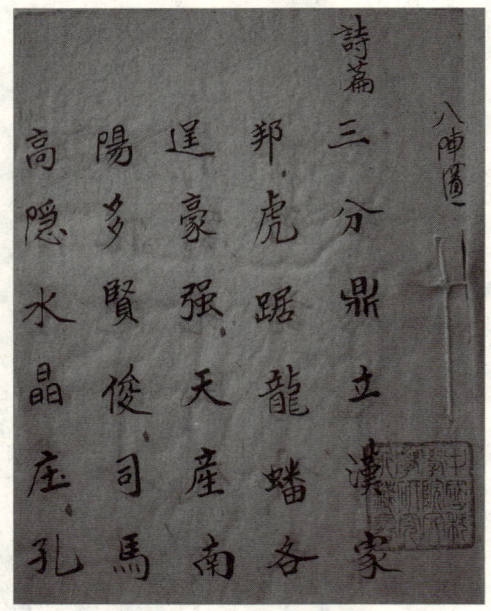

［圖 96］社科院圖書館藏鈔本《八陣圖快書》

⑥中華印刷局排印本《文明大鼓書詞》第十三冊，傅斯年圖書館藏，KUIII-13-249、250。《快書研究》頁249-251據以排印。

⑦北平學古堂排印本《文明大鼓書詞》六五冊，藝研院、傅斯年圖書館（KUIII-3-058）、早稻田大學風陵文庫（F400-M283）等有藏。

## 白帝城（甲）一回

作者韓小窗。據詩篇："閒筆墨小窗哭弔劉先主，寫臨危霜冷秋高在白帝城。"

百本張《子弟書目錄》："白帝城。托孤。苦。一回。四佰。"別埜堂《子弟書目錄》："白帝城。一回。三佰六。"民初輯本《子弟書目錄》："《三國志》子弟書目錄。白帝城即托孤。一回。"《中國俗曲總目稿》頁116、《子弟書總目》頁48著錄。

演劉備在白帝城臨終托孤事。本事見《三國演義》八十五回"劉先主遺詔托孤兒"及《鼎峙春秋》傳奇《托遺詔輔取兩全》，道光間《春台班戲目》、道光四年（1824）《慶昇平班戲目》著錄有同名劇目。

中東轍，50韻。

版本：①清鈔本，車王府舊藏，北大圖書館・□812.08/5105/:111（46/19417，六葉半）。過錄本，首圖・甲四2109；首圖縮印本51冊頁350-353；北京整理本頁93-94。過錄本，中大圖書館・91358；中大整理本頁799-800。

②百本張鈔本，杜穎陶舊藏，藝研院・曲319.651/0.582/8.40；又，故宮博物院藏，《故宮珍本叢刊》698冊頁227。

③清鈔本，故宮博物院藏，《故宮珍本叢刊》698冊頁235-238（據書衣題名字跡實爲百本張鈔本）。

④曲盦鈔本，傅惜華舊藏，藝研院・曲310.651/0.356（134719）。

⑤鈔本，傅斯年圖書館藏二種，T14-197、T14-198；《俗文學叢刊》385冊頁579據T14-198收錄。

⑥聚卷堂鈔本，吳曉鈴舊藏，首圖・己470。

⑦咸豐十年（1860）鈔本（內題"咸豐拾年荷月下浣日在臻福堂南窗下手抄。特芸台手抄"），國家圖書館藏，98969。

⑧清鈔本，國家圖書館藏，98969。

⑨民初鈔本，《子弟書十九種》之三，天津圖書館集部－曲類－彈詞37014（有"盲生詞曲傳習所"印記）。

⑩石印本（《繪圖改良新劇》第二冊），傅惜華舊藏，藝研院・曲310.651/0.356/4。又早稻田大學圖書館藏（ヘ19-3031）。

### 別題一：白帝城託孤

《綠棠吟舘子弟書百種總目》卷二、《中國俗曲總目稿》頁718、《子弟書總目》頁49著錄。

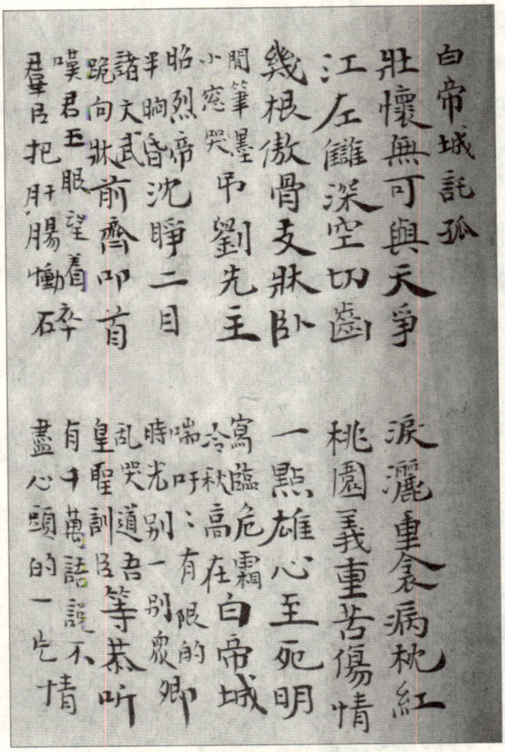

白帝城託孤
壯懷無可與天爭
江左讎深空切齒
幾根傲骨支牀臥
淚灑重衾病枕紅
桃園義重苦傷情
一點雄心至死明

［圖 97–1］北師大藏鈔本《白帝城託孤》

託孤 十二落

［圖 97–2］天圖藏鈔本《託孤》

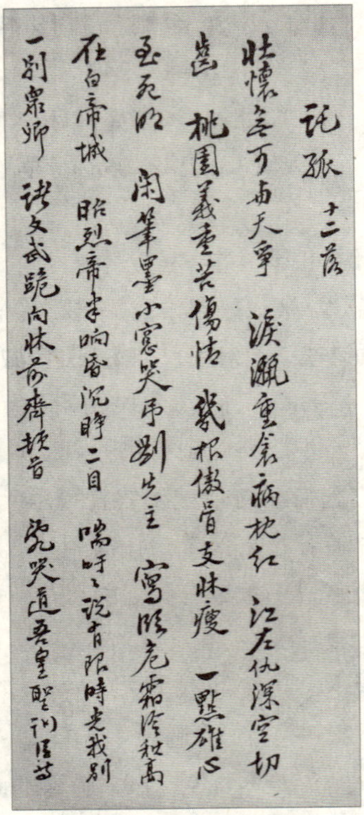

版本：①別埜堂鈔本，梅蘭芳舊藏，藝研院 · 曲 319.651/0.582/6.89。又，傅氏《總目》謂有自藏本，今未見。

②清刻本，音雅齋舊藏刻本，國家圖書館藏，153996。又，傅氏《總目》謂自藏有清刻本，今未見。

③三盛堂刻本（封面題“新刻子弟書 / 白帝城託孤 / 三盛堂梓行”），國家圖書館藏，98707。又，傅斯年圖書館藏，T–737。又，傅目謂賈天慈藏有“□盛堂刻本”，當即此種，今存處未詳。

④鈔本（題“白帝城託孤”），北京師範大學圖書館藏，858.4/701.3。［圖 97–1］

⑤民國間天津社會教育辦事處鉛印本《子弟書三種》（署“北京韓小窗先生原本，天津藝劇研究社潤色”），天津圖書館（集部 – 曲類 20416）、早稲田大學演劇博物館（ル 13–1189）均藏。

⑥齊家筌《鼓曲彙編》第一編卷一收録，雙紅堂 · 戲曲 · 206 種。

⑦《子弟書選》頁 66–68 排印本，據傅惜華舊藏本校録。

**別題二：白帝託孤**

百本張《子弟書目録》:“白帝託孤。苦。一回。四佰。”樂善堂《子弟大鼓書目録》:

"三百文。白帝託孤。"

版本：①鈔本，國家圖書館藏，35558（《子弟書》卷三）。

### 別題三：託孤

《子弟書總目》頁 51 著錄。

版本：①《舊鈔北平俗曲》本，劉復舊藏，民族圖書館藏。
②民初鈔本（內題"十二落"），津圖書館集部－曲類－彈詞 37490 之五。［圖 97-2］
③《世界文庫·東調選》排印本。

【説明】此篇卷首作："壯懷無可與天爭，淚灑重衾病枕紅。江左仇深空切齒，桃園義重苦傷情。幾根傲骨支牀瘦，一點雄心至死明。閑筆墨小窗哭弔劉先主，寫臨危霜冷秋高在白帝城。"

又，國家圖書館藏本（153996），篇末另有題識："單刀赴會令人驚，四面埋伏將與兵。忠心赤膽扶漢室，亙古一人關聖公。烈帝託孤白帝城，痛碎雄心重英雄。"

## 白帝城（乙）一回

作者未詳。

《中國俗曲總目稿》頁 116 著錄，未題子弟書。觀其體式相合，且石印本同冊爲《罵阿瞞子弟書》、《清音子弟書龍鳳配》等，姑錄以備考。

演劉備臨終託孤事。據《三國演義》八十五回"劉先主遺詔託孤兒"改編。

中東轍，61 韻。

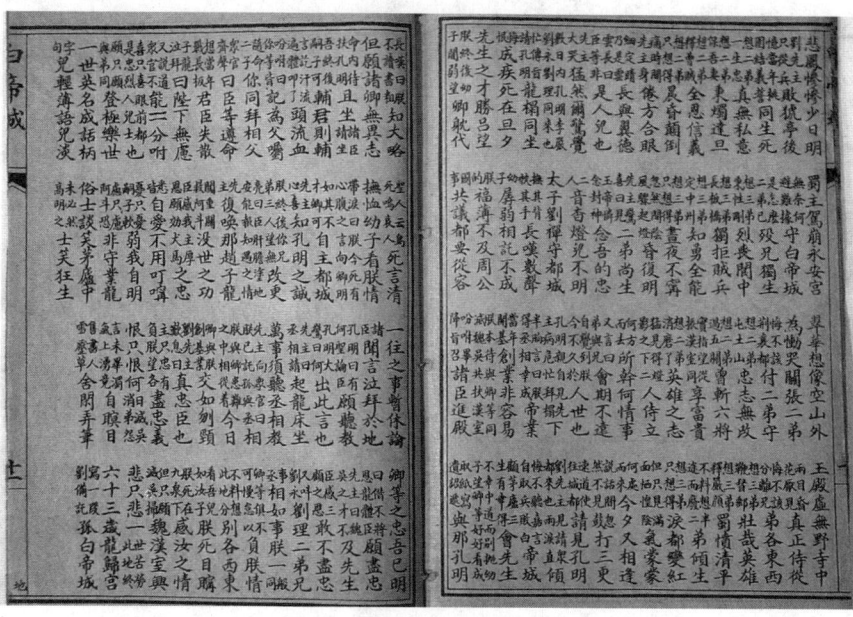

［圖 98］早稻田藏石印本《白帝城》

版本：①石印本（"地"字）《繪圖改良新劇》第二冊收錄，早稻田大學圖書館（ヘ19-3031）、傅斯年圖書館（KUIV6-111）等有藏。[圖98]

②石印本，傅惜華舊藏，藝研院·曲310.651/0.356/4（142932-142935）。

【説明】卷首作："悲風慘慘少日明，蜀主駕崩永安宮。翠華想像空山外，玉殿虛無野寺中。"篇末云："售書人雪壓草舍閑弄筆，寫一段劉備託孤白帝城。字句兒輕薄語兒淡，未必然高明之士笑狂生。"

### 祭瀘水　一回

作者松谷居士。據《晴雪梅花錄》題下署。

未見著錄。以《晴雪梅花錄》所錄多爲子弟書，體制亦相符合，錄以備考。

演諸葛亮南征班師渡瀘水事。據《三國演義》第九十一回"祭瀘水漢相班師"改編。遙條轍，35韻。

版本：①民國十年（1921）鈔本《晴雪梅花錄》收錄，藝研院藏。[圖99]

### 鳳鳴關　快書

作者未詳。

《各樣曲目》、《中國俗曲總目稿》頁300、《北京傳統曲藝總錄》頁312著錄。

演趙雲在鳴鳳關殺韓德父子事。本事見《三國演義》第九十二回"趙子龍力斬五將"。道光間《春台班戲目》、道光四年（1824）《慶昇平班戲目》有同名劇目。

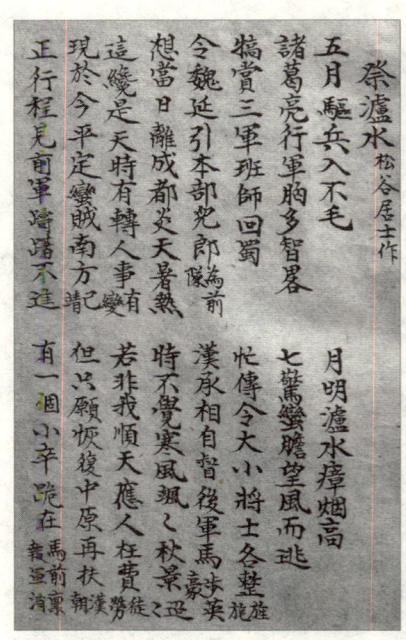

[圖99]藝研院藏民初鈔本《祭瀘水》

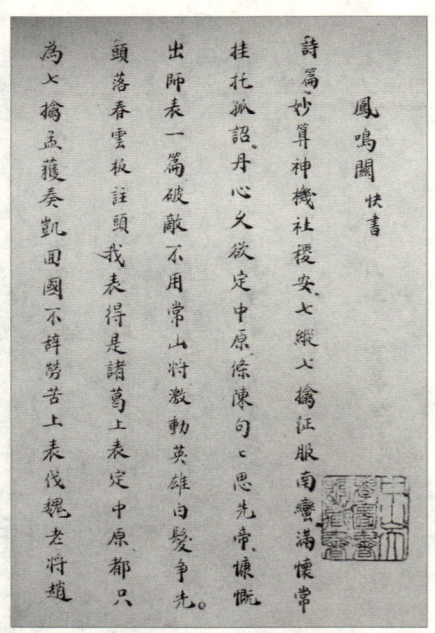

[圖100]中大過錄本《鳳鳴關快書》

言前轍。

版本：①清車王府藏清鈔本，北大圖書館・□ 812.08/5105/ 快書；中大圖書館・雜曲・19。［圖100］

【說明】卷首作："詩篇：妙算神機社稷安，七縱七擒征服南蠻。滿懷常挂托孤詔，丹心久欲定中原。條陳句句思先帝，慷慨出師表一篇。破敵不用常山將，激動英雄白髮爭先。（頭落春雲板）"

## 罵朗 一回

作者煦園。《舊鈔北平俗曲》書名下題："煦園自著"。《子弟書珍本百種》因誤將二回本《諸葛罵朗》歸煦園作，遂謂此篇"作者佚名"。

《中國俗曲總目稿》頁47《子弟書總目》頁163著錄。

演諸葛亮陣前罵死王朗之事。本事見《三國演義》九十三回"武鄉侯罵死王朗"；道光間《春台班戲目》有《罵王朗》。

言前轍，50韻。

版本：①《舊鈔北平俗曲》本（題"煦園自著"），劉復舊藏，今歸民族圖書館藏。［圖101］

②鈔本，傅斯年圖書館藏，T11–141；《俗文學叢刊》385冊597頁。

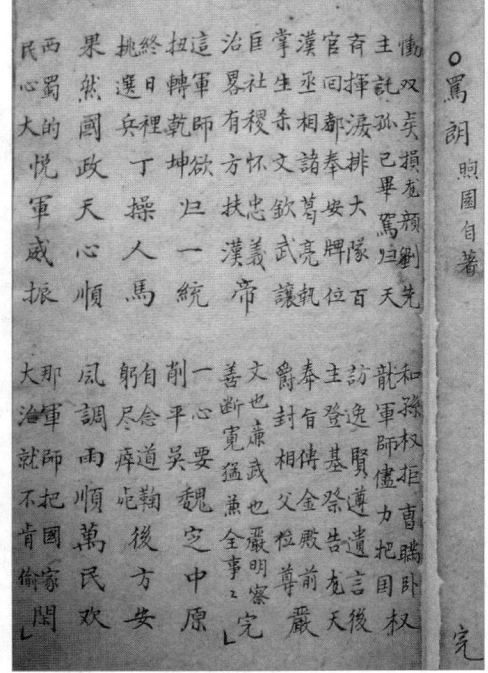

［圖101］民族圖書館藏劉復舊藏鈔本《罵朗》

③鈔本，傅斯年圖書館藏，T11–142。

④百本張鈔本，程硯秋舊藏，藝研院・曲 319.651/0.582/5.21（10873）；傅惜華舊藏，藝研院・曲 310.651/0.356（142866）；《子弟書珍本百種》頁121–122據同一版本收錄。

⑤清鈔本，吳曉鈴舊藏，首圖・己514。

**別題一：罵王朗**

版本：①別埜堂鈔本，杜穎陶舊藏，藝研院・曲 319.651/0.582/8.96。

**別題二：諸葛罵朗**

百本張《子弟書目錄》："諸葛罵朗。三國志。一回。四佰。"（一本價格作"五佰"）民初輯本《子弟書目錄》列入"《三國志》子弟書目錄"。《子弟書總目》頁153著錄。

未見傳本。

【說明】此篇卷首作："慟双賢損龍顏劉先主託孤已畢駕歸天，和孫權拒曹瞞臥龍軍師儘力把国權。齊揮淚排大隊百官回都奉安牌位，訪逸賢遵遺言後主登基祭告龍天。"
按：本篇與兩回本《罵朗》子弟書之第二回文字相合，唯韻句不同，語亦相異。

## 罵朗 二回

作者未詳。

《子弟書珍本百種》將煦園所作之一回本誤作此種二回本，故題煦園撰。

《中國俗曲總目稿》頁 47、《子弟書總目》頁 164 著錄。

頭回演諸葛亮計安五路來犯兵馬事；二回演罵死王朗之事。本事見《三國演義》八十五回"諸葛亮安居平五路"及九十三回"武鄉侯罵死王朗"。道光間《春台班戲目》、《慶昇平班戲目》著錄有《安五路》《罵王朗》，亦演此事。按：此兩回所敘事件相距稍遠，疑兩回原係獨立成篇。

頭回中東轍，二回人辰轍；各 50 韻。

版本：①百本張鈔本，故宮博物院藏，《故宮珍本叢刊》第 697 冊頁 289；又一種（存第二回），傅惜華舊藏，藝研院·曲 310.651/0.356（142866）。[圖 102]

②鈔本，傅斯年圖書館藏，T11-140；《俗文學叢刊》385 冊頁 611。

③光緒三十二年（1906）鈔本，傅斯年圖書館藏，T11-139（封面陽題"罵朗"，陰題"諸葛罵朗／丙午菊月初二日初次抄／愛新氏抹"）。

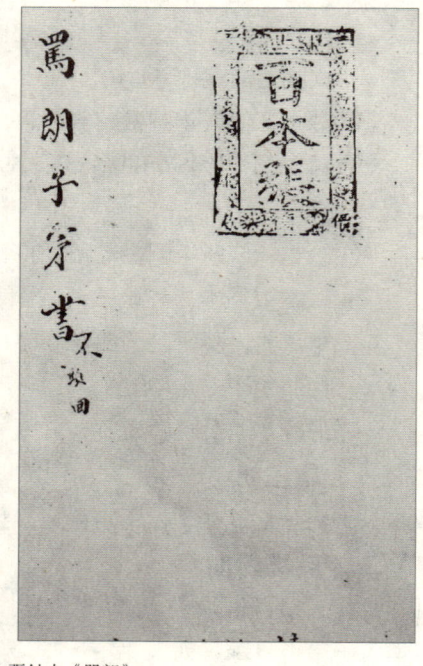

[圖 102] 故宮藏百本張鈔本《罵朗》

④鈔本，傅斯圖書館藏，K10-093。

**別題一：諸葛罵朗**

別埜堂《子弟書目錄》："諸葛罵朗。二回。七佰二。"《子弟書總目》頁153。

版本：①百本張鈔本，吳曉鈴舊藏，首圖·己514（末尾脫一葉）；《子弟書叢鈔》頁283-289據同一版本收錄（題煦園作；非是）。

②《子弟書珍本百種》頁117-120（謂作者煦園，據劉復藏"舊抄北平俗曲"本。誤。當據《叢鈔》移錄。劉復舊藏煦園本係一回本，見上條）。

**別題二：罵王朗**

《綠棠吟舘子弟書百種總目》卷二著錄。

版本：①別埜堂鈔本，杜穎陶舊藏，藝研院·曲319.651/0.582/8.96。

②清鈔本，國家圖書館藏，119992（與119991之"安五路"合成一篇）。

**別題三：安五路**

《綠棠吟舘子弟書百種總目》卷二著錄。

版本：①清鈔本，國家圖書館藏，119991（與119992之"罵王朗"合成二回一篇）。

②民國鈔本，《綠棠吟舘子弟書選》卷二收錄，今藏處未詳。

【說明】此篇卷首作："先帝晏駕白帝城,軍國大事托孔明。搬靈柩多官舉哀成都安葬,擇吉日阿斗受禪坐九重。"結句作："這王朗氣滿胸膛一聲大叫,翻勔斗跌於馬下雙目瞑。"

## 罵王朗 一回

作者韓小窗。據卷首詩句："小窗氏偶讀《三國志》，閑來時月下燈前寫孔明。"

未見著錄。

內容及本事來源同上條。

中東轍，69韻。

版本：①民國十年（1921）鈔本《晴雪梅花錄》收錄，藝研院藏。[圖103]

【說明】此篇卷首作："英雄起意在臥龍,大丈夫匡時遇主保江洪。運籌決勝千里外,遣將談兵八卦中。忠君肝胆垂千古,罵賊唇舌傳萬冬。小窗氏偶讀《三國志》,閑來時月下燈前寫孔明。"結句作："這就是千秋笑罵垂後代,至而今祁山草木不悲鳴。"

## 空城計 快書 二回

作者未詳。

《中國俗曲總目稿》頁166、《北京傳統曲藝總錄》頁304著錄。

演諸葛亮空城計唬退司馬懿事。本事出《三國演義》九十五回"武侯彈琴退仲達"；道光四年（1824）《慶昇平班戲目》有同名劇目。

中東轍。

版本：①清鈔本，傅斯年圖書館藏，KS2-23；《俗文學叢刊》412冊頁573-601；《快

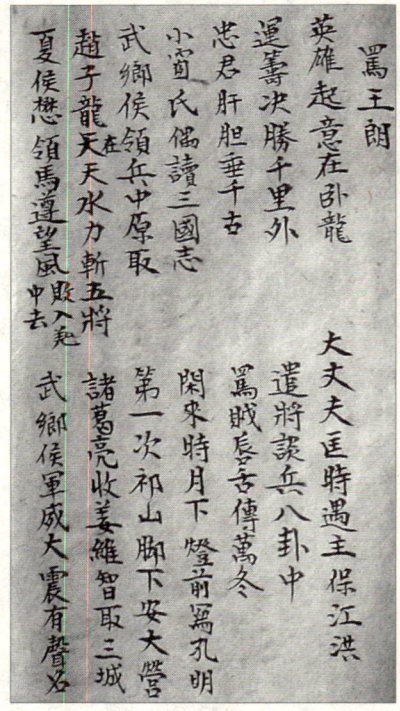
[圖103] 藝研院藏民初鈔本《罵王朗》

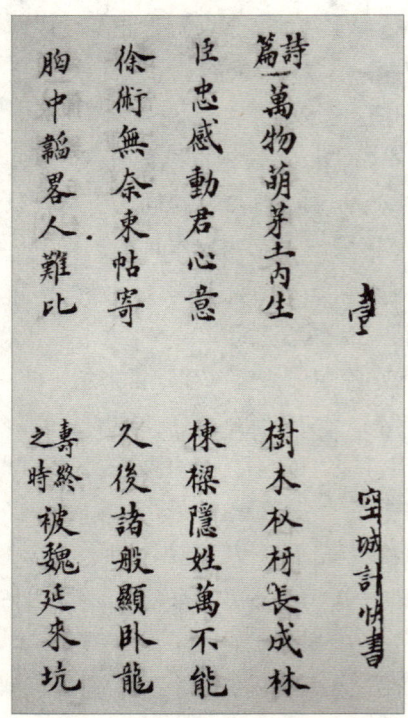
[圖104] 傅斯年圖書館藏清鈔本《空城計》

書研究》頁 252–255 據以排印。[圖 104]

## 五丈原 二回

作者未詳。

民初輯本《子弟書目錄》："《三國志》子弟書目錄。五丈原。二回。"

當演諸葛亮在五丈原搭台禳星事。本事見《三國演義》第一百三回"五丈原諸葛禳星"。未見傳本。

## 嘆武侯 硬書 一回

作者未詳。

百本張《子弟書目錄》："硬書嘆武侯。一回。四佰。"樂善堂《子弟大鼓書目錄》："三佰文。嘆武侯。硬書。"民初輯本《子弟書目錄》列入"《三國志》子弟書目錄"。《中國俗曲總目稿》頁 173、《子弟書總目》頁 147 著錄。《集錦書目》第 41 句："拜嘆了**武侯**數羅漢。"《子弟書約選日記》："嘆武侯。文可存。敘'莫不是'云云一節，略近迷信。"

總括諸葛亮一生的功績，嘆其耿耿忠心而壯志未酬。掇拾《三國演義》小說各回中有關諸葛亮故事而成。

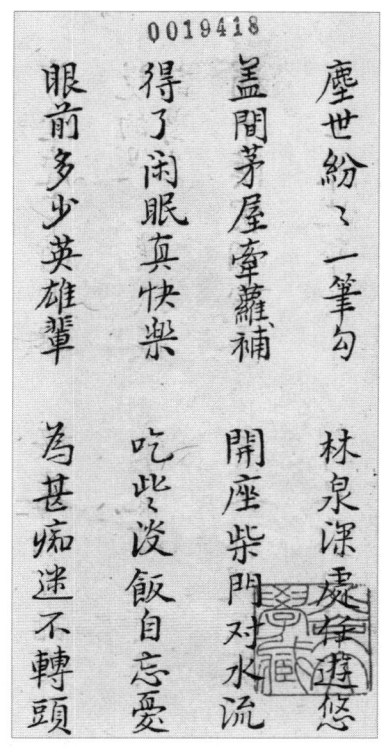

［圖105］車王府舊藏本《嘆武侯》　　［圖106］傅斯年圖書館藏鈔本《武鄉侯》

由求轍，54韻。

版本：①鈔本，車王府舊藏，北大圖書館・□812.08/5105/:111（47/19418，七葉，"侯"誤作"候"）。過錄本，首圖・甲四2110；首圖縮印本51冊頁418–420；北京整理本頁95–96。過錄本，中大圖書館・91359；中大整理本頁801–802。［圖105］

②曲盦鈔本，傅惜華舊藏，藝研院・曲310.651/0.356（148722）。

③民國初年鈔本，傅氏《總目》謂馬彥祥有藏，今藏處未詳。

【說明】此篇卷首作："塵世紛紛一筆勾，林泉深處任遊悠。盖間茅屋牽蘿補，開座柴門對水流。……剪綴荒言詩少敘，接連今古話重搜。"結句作："若要與先生重睹面，除非是畫影圖形在丹鳳樓。"

## 武鄉侯　硬書　一回

作者未詳。

《中國俗曲總目稿》頁173，《子弟書總目》頁63著錄。

由求轍，46韻。

此書所敘內容同上篇。惟較上篇少九韻，文字頗有出入。兩篇未詳孰先孰後。

版本：①鈔本，傅斯年圖書館藏，T23-284；《俗文學叢刊》386 册頁 1。[圖 106]
　　　②百本張鈔本，梅蘭芳舊藏，藝研院·曲 319.651/0.582/6.84。後人補題作《哭諸葛》，參見下文。
　　　③鈔本，傅斯年圖書館藏，T23-283。

**別題一：嘆武侯**
別埜堂《子弟書目録》："嘆武侯。一回。四百。"
版本：①別埜堂鈔本（題"嘆武侯硬書"），傅惜華舊藏，藝研院·曲 310.651/0.356（142918/3）；又，杜穎陶舊藏，藝研院·曲 319.651/0.582/8.185；《子弟書叢鈔》頁 432-435 據同一版本收録。

**別題二：哭諸葛**
版本：①百本張鈔本，梅蘭芳舊藏，藝研院·曲 319.651/0.582/6.84（失題，今藏者卡片以首句作篇名，後人補題《哭諸葛》），參上文。
【説明】卷首作："諸葛先生漢武侯，豪氣冲空貫斗牛。不平漢室凋零盡，那堪曹氏輔炎劉。"結句作："要想先生征睹面，只看行圖在五鳳樓。"

## 三國事蹟（甲）一回

作者未詳。
民初輯本《子弟書目録》："《三國志》子弟書目録。三國事蹟。一回。"
演三國故事。
未見傳本。

## 三國事蹟（乙）一回

作者未詳。
民初輯本《子弟書目録》："《三國志》子弟書目録。三國事蹟。一回。"
演三國故事。
未見傳本。
【説明】民初輯本《子弟書目録》著録有兩種一回本《三國事蹟》，兩本必非同一書。

## 三國事蹟 二回

作者未詳。
民初輯本《子弟書目録》："《三國志》子弟書目録。三國事蹟。二回。"
演三國故事。
未見傳本。

# 兩晉南北朝故事

## 天台傳　一回

作者漁村。據詩篇："漁村山左疎狂客，子弟書編破寂寥。"

百本張《子弟書目錄》別本："天台傳。一回。五百。"《中國俗曲總目稿》頁 101、《子弟書總目》頁 35 著錄。

演劉辰、阮肇上山採藥遇仙事。本事見南朝劉義慶《幽明錄》。明王子一有雜劇《誤入桃源》，清代花部有《長生樂》，道光間《春台班戲目》有《天台山》，亦演此事。

遙條轍，40 韻。

版本：①清鈔本，車王府舊藏，北大圖書館‧□ 812.08/5105/:112（89/19460，五葉）。過錄本，首圖‧甲四 2129；首圖縮印本 51 冊頁 217-218；北京整理本頁 185-186。過錄本，中大圖書館‧92600；中大整理本頁 19-20。[圖 107-1]
②清鈔本，傅氏《總目》謂有自藏本，今未見；《子弟書選》頁 382-383 據以排印。
③鈔本，傅斯年圖書館藏，T13-183；《俗文學叢刊》386 冊頁 61。
④鈔本，傅斯年圖書館藏，T13-184。

### 別題一：劉阮入天台

百本張《子弟書目錄》："劉阮入天台。一回。四百。"《子弟書總目》頁 160。又《集錦書目》第 81 句："說你劉阮入了天台路。"

版本：①百本張鈔本，程硯秋舊藏，藝研院‧曲 319.651/0.582/5.22；又，雙紅堂文庫藏，戲曲‧230，波多野太郎《子弟書集》據以收錄；又，國家圖書館藏，98789/3；又，傅斯年圖書館藏，T-737。
②老聚卷堂鈔本，王伯祥舊藏，中國社科院圖書館藏。[圖 107-2]
③《子弟書叢鈔》頁 305-308 據清代精鈔本排印。

### 別題二：天台緣

民初輯本《子弟書目錄》："《晉書》子弟書目錄。天台緣。一回。"《子弟書總目》頁 35 著錄。

版本：①精鈔本，傅氏《總目》謂有自藏本，今未見。

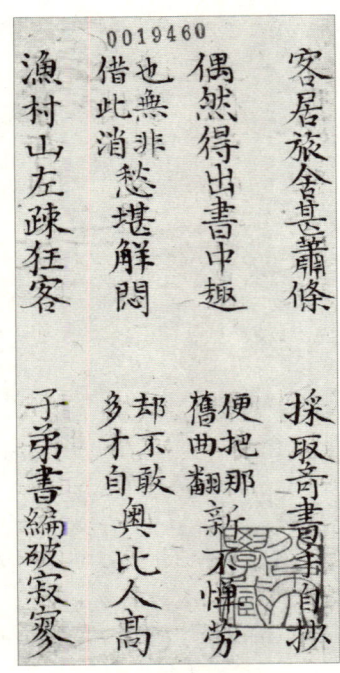 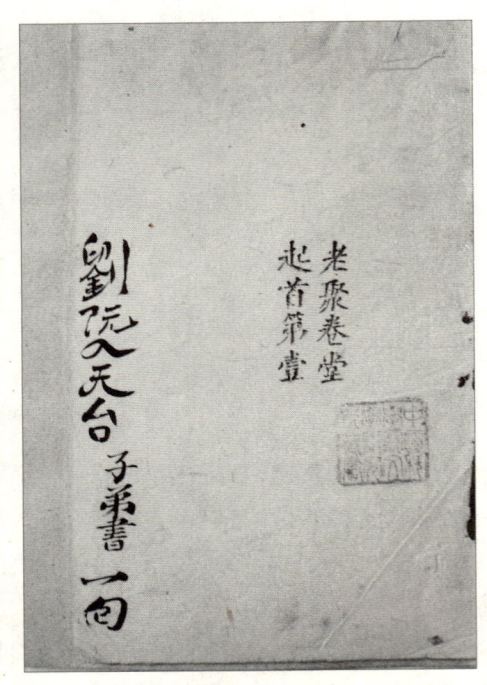

［圖107-1］車王府舊藏本《天台傳》　　［圖107-2］社科院藏老聚卷堂鈔本《劉阮入天台》

### 桃洞仙緣　二回

作者文西園。據結句："**西園氏**窗前墨譜桃源洞，堪羨那風流佳話助高吟。"

民初輯本《子弟書目錄》："《晉書》子弟書目錄。桃洞仙緣。二回。"《子弟書總目》頁96著錄。

演劉辰、阮肇兩人入天台之事。本事出處同前。

頭回由求轍，二回人辰轍；分別爲36、32韻。

版本：①清鈔本，傅氏《總目》謂有自藏本，今未見；《子弟書選》頁371-373據以排印；《子弟書珍本百種》頁125-127亦據以排印。

②《子弟書叢鈔》頁253-257據清代精鈔本排印。

### 天台奇遇　三回

作者未詳。

《綠棠吟舘子弟書百種總目》卷一、《中國俗曲總目稿》頁429著錄。

演劉晨、阮肇初入天台山遇二仙相見一段。本事出處同前。

頭回中東轍，二回江陽轍，三回言前轍。分別爲58、44、47韻。

版本：①光緒辛巳（1881）海城合順書坊刻本（題"光緒辛巳天貺日編／天台奇遇／子弟書／海城合順書坊"，藝研院·310.651/0.356（07772/10）。［圖108］

②光緒戊申（1908）上海茂記書莊石印本《清音子弟書》（版心題"陽"字），

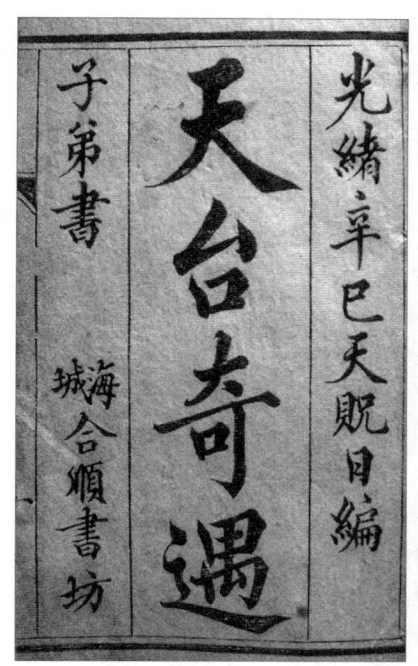
［圖108］藝研院藏海城合順書坊刻本《天台奇遇》

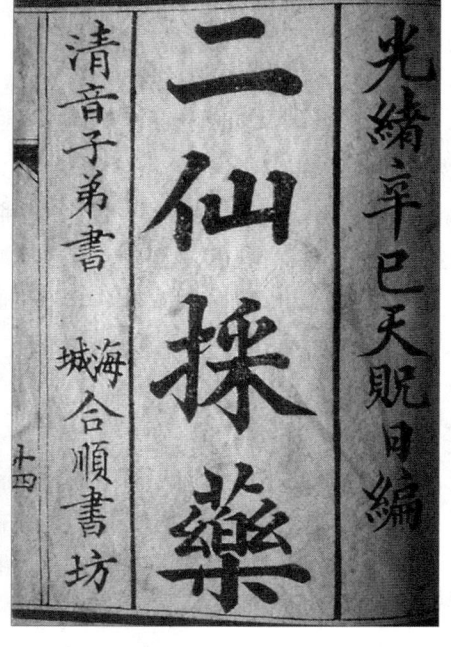
［圖109］藝研院藏海城合順書坊刻本《二仙採藥》

　　　民族圖書館、藝研院（曲 310.651/0.356/1–142932）藏。
　　③北平石印本，傅斯年圖書館藏，KUIV4–089。
【説明】各本原不分回，據韻句及回首詩篇，可分作三回。

## 二仙採藥　三回

　　作者未詳。
　　《中國俗曲總目稿》頁 378 著録。
　　此篇與《天台奇遇》相續，兩篇原合爲一篇，故刻本之頁碼先後依次而下。本篇敘劉阮遇仙後結緣、思鄉、還鄉，欲再返天台而不可得。
　　據刻本，頭回人辰轍，60 韻；二、三回言前轍，36、38 韻。
　　版本：①光緒辛巳（1881）海城合順書坊刻本（題"光緒辛巳天貺日編/二仙採藥/
　　　　　清音子弟書/海城合順書坊"），藝研院·310.651/0.356（07772/10）。［圖
　　　　　109］
　　　　②光緒戊申（1908）上海茂記書莊石印本《清音子弟書》（版心題"陽"字），
　　　　　民族圖書館、藝研院（曲 310.651/0.356/1–142932）藏。
　　　　③北平石印本，傅斯年圖書館藏，KUIV4–089。
【説明】各本原不分回，據用韻及回首詩篇，可分作三回。石印本卷首較刻本多十二句。

## 武陵源　一回

　　作者芸窗。據詩篇："小儿攤書評往事，芸窗握管注新編。"又結句："拈微辭芸窗偶遣一時閑。"

　　百本張《子弟書目錄》："武陵源。漁翁直入天台，衝（衝）舟遇避秦客。一回。四佰。"（一本價格作"五佰"）樂善堂《子弟大鼓書目錄》著錄，書價"三佰文"。民初輯本《子弟書目錄》列入"古文子弟書目錄"。《中國俗曲總目稿》頁170、《子弟書總目》頁62著錄。又《集錦書目》第69句："一路上見漁樵問答在武陵源上。"又《子弟書約選日記》："武陵源。詞句古雅可愛，可選登報端，以廣流傳。惟嫌少有訛字，須加刪正。"

　　演晉武陵人王道真入天台衝舟誤入桃花源之事。本事出晉陶潛《桃花源記》。明許潮有《武陵春》，清尤侗有《桃花源》傳奇，均演此事。

　　言前轍，50韻。

　　版本：①清鈔本，車王府舊藏，北大圖書館·□812.08/5105/:112（70/19441，六葉半）。過錄本，首圖·甲四2133；首圖縮印本51冊頁430-433；北京整理本頁144-145。過錄本，中大圖書館·91381；中大整理本頁803-804。〔圖110〕

　　　　②百本張鈔本，杜穎陶舊藏，藝研院·曲319.651/0.582/8.128。

　　　　③別埜堂鈔本，程硯秋舊藏，藝研院·曲319.651/0.582/5.41。

　　　　④清鈔本，傅惜華舊藏，藝研院·曲310.651/0.356（142920/4）；《子弟書選》頁290-292據以排印（題芸窗作）。

　　　　⑤鈔本，傅斯年圖書館藏，T23-276；《俗文學叢刊》386冊頁73。

　　　　⑥鈔本，傅斯年圖書館藏，T23-277。

## 雀緣　一回

　　作者未詳。

　　《子弟書總目》頁113著錄。

　　演竹林七賢會後，因妻安排，潘岳與巫彩鳳相見事。據明無心子傳奇《金雀記》二十九齣"集賢"、三十齣"完聚"改編。

　　言前轍，54韻。

　　版本：①光緒間韻花齋鈔本，傅惜華舊有藏，筆者未訪見；《子弟書珍本百種》頁123據以排印。

## 花木蘭　六回

　　作者未詳。

　　百本張《子弟書目錄》："花木蘭。女扮男妝代父征。六回。二吊。"樂善堂《子弟大鼓書目錄》著錄，書價"一吊二"；《中國俗曲總目稿》頁156、《子弟書總目》頁69

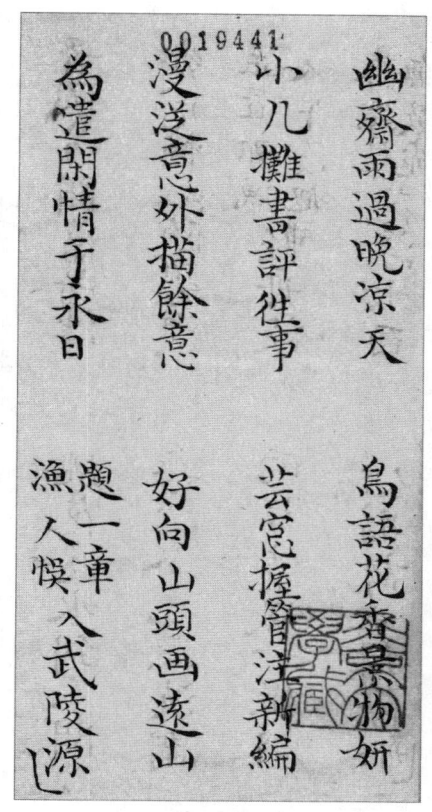
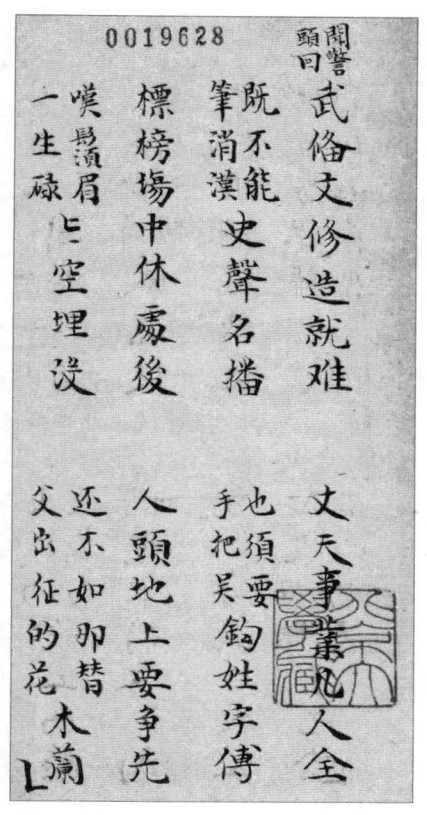

[圖110] 車王府舊藏本《武陵源》　　[圖111] 車王府舊藏本《花木蘭》

著録。又《集錦書目》第 10 句："花木蘭裏蓼花香。"

演花木蘭女扮男裝替父從軍事。本事見北朝民歌《木蘭詩》，明徐渭有雜劇《雌木蘭替父從軍》；道光四年（1824）《慶昇平班戲目》有同名劇目，均演此事。

頭回〈聞警〉，言前轍；二回〈籌策〉，人辰轍；三回〈易粧〉，中東轍；四回〈夜餞〉，江陽轍；五回〈邂逅〉，一七轍；六回〈從軍〉，言前轍。分别爲 36、43、46、42、43、49 韻。

版本：①百本剛鈔本（第四回末有"百本剛記"圓形印記），車王府舊藏，北大圖
　　　書館·□ 812.08/5105/:122（257/19628，三十五葉）。過録本，首圖·甲四
　　　2311；首圖過録本 51 册頁 434-448；北京整理本頁 987-996。過録本，中
　　　大圖書館·92743；中大整理本頁 9-18。［圖111］

②清鈔本，傅惜華舊藏，藝研院·曲 310.651/0.356（142828）。
③鈔本，傅斯年圖書館藏，T21-256；《俗文學叢刊》386 册 89 頁。
④鈔本，傅斯年圖書館藏，T21-255。

別題一：木蘭從軍

未見著録。

版本：①清鈔本，故宫博物院藏，《故宫珍本叢刊》698 册頁 380。

**別題二：木蘭行**

民初輯本《子弟書目錄》："古詩子弟書目錄。木蘭行。六回。"

未見傳本。

## 風月魁 三回

作者未詳。

百本張《子弟書目錄》："風月魁。三回。一吊。"樂善堂《子弟大鼓書目錄》著錄，書價"九佰文"。民初輯本《子弟書目錄》列入"《宋書》子弟書"；《中國俗曲總目稿》頁184、《子弟書總目》頁83著錄。又《集錦書目》第86句："巧姻緣的風月魁有限況值漏永更長。"

演錢塘名妓蘇小青與南齊相府公子阮玉湖邊相遇故事。本事見清初古吳墨浪子《西湖佳話》卷六《西泠韻跡》。

頭回〈鬥春〉，一七轍；二回〈慧解〉，江陽轍；三回〈遊湖〉，中東轍。前二回43韻，第三回53韻。

版本：①清鈔本，車王府舊藏，北大圖書館‧□ 812.08/5105/:118（199/19570，十九葉）。過錄本，首圖‧甲四2253；首圖縮印本54冊頁449-455；北京整理本頁598-603。過錄本，中大圖書館‧92708；中大整理本頁525-530。[圖112]

②百本張鈔本，殘存頭回，吳曉鈴舊藏，首圖‧己504。

③清鈔本，傅惜華舊藏，藝研院‧曲310.651/0.356（142872）。

④鈔本，傅斯年圖書館藏，T24-297；《俗文學叢刊》386冊頁163。

⑤鈔本，傅斯年圖書館藏，T24-296。

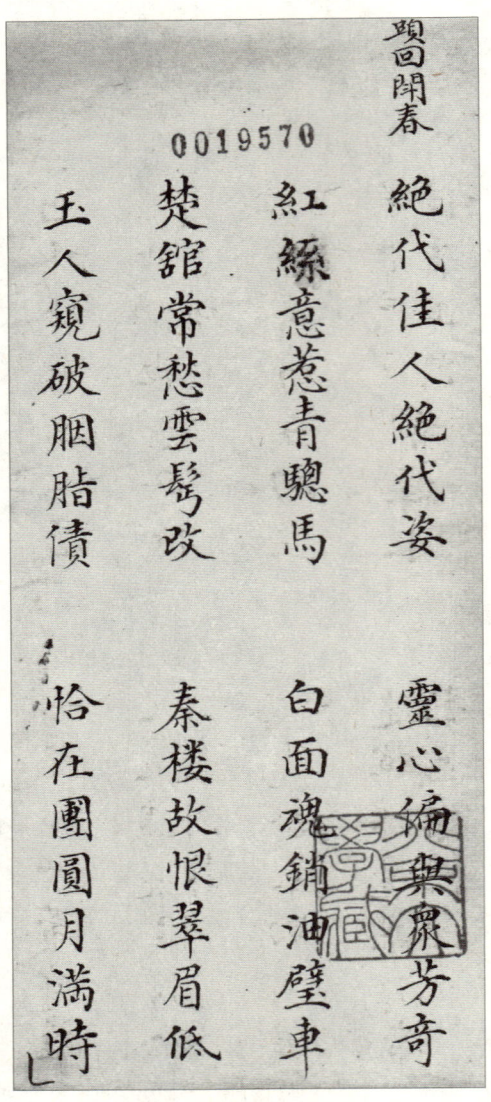

[圖112] 車王府舊藏本《風月魁》

# 隋唐故事

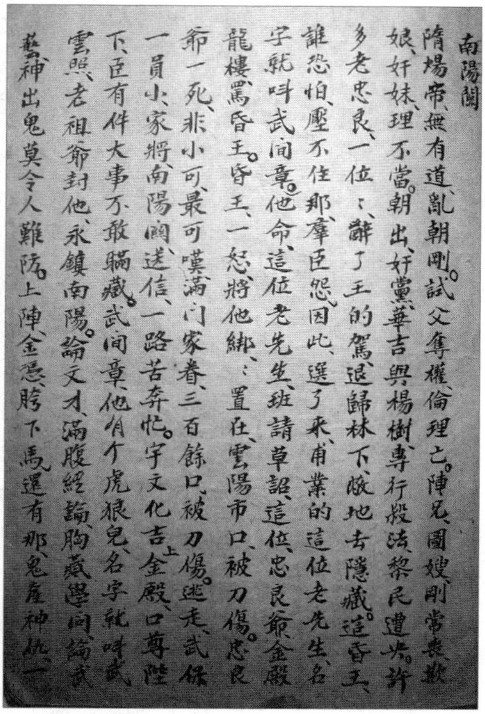
南陽關
隋煬帝無有道亂朝剛試父奪權倫理亡陳兄國嫂剛常喪歎
娘奸妹理不當朝出奸黨華吉與楊樹專行殺法黎民遭殃許
多老忠良一位〻〻辭了王的駕退歸林下敞地去隱藏這昏王
誰恐怕壓不住那羣臣怨因此選了來甫叢的這位老先生名
字就叫武简章他命這位老先生班請草詔這位忠良爺金殿
龍樓罵昏王昏王一怒將他綁〻置在雲陽市口被刀傷忠良
爺一死非小可最可嘆滿门家眷三百餘口被刀傷逃走武保
一員小家將南陽關送信一路苦奔忙宇文化吉上金殿口奏陛
下臣有件大事不敢瞞藏武简章他有个虎狼兒名字就叫武
雲照老祖爺封他永鎮南陽論文才滿腹經論胸藏學問論武
藝神出鬼莫令人難防上陣金憑胯下馬還有那鬼産神仇一

［圖 113］李嘯倉藏鈔本《南陽關》

## 南陽關 快書 一回

作者未詳。

《北京傳統曲藝總録》頁 305 著録。按：此篇與快書通行體式略有不同，姑從《總録》，録以備考。

演隋煬帝篡位殺死武簡章一家三百餘口，又派宇文成都前往南陽擒拿武雲照，武雲照見其父母前來訴怨情，醒來才知是一夢。本事見《説唐演義》第十四、十五回。小説作伍建章、伍雲昭。皮黄有《南陽關》，即此書所據。

江陽轍。

版本：①清鈔本，李嘯倉藏。［圖 113］

## 紅拂女私奔 八回

作者羅松窗。據詩篇："寂静**松窗**閑遣性，寫一代娥眉領袖女英雄。"

《中國俗曲總目稿》頁 761、《子弟書總目》頁 85 著録。

演紅拂女助李靖建唐之事。本事出唐杜光庭《虯髯客傳》。此據明張鳳翼《紅拂記》第十齣《俠女私奔》改編。

中東轍。分别爲 39、35、34、32、32、42、26、28 韻。

版本：①清鈔本，車王府舊藏，北大圖書館・□ 812.08/5105/:124（267/19638，三十四葉）。過録本，首圖・甲四 2321；首圖縮印本 52 册頁 79–94；北京整理本頁 1111–1120。過録本，中大圖書館・92354；中大整理本頁

808-817。[圖114]

**別題一：紅拂私奔**

百本張《子弟書目錄》："紅拂私奔。不春。有奇異。八回。二吊四。"別埜堂《子弟書目錄》："紅拂私奔。八回。三吊。"樂善堂《子弟大鼓書目錄》著錄，書價"一吊六"；民初輯本《子弟書目錄》列入"三俠傳子弟書目錄"，作七回；《中國俗曲總目稿》頁519、《子弟書總目》頁86著錄。又《集錦書目》第47句："聞鈴十里如千軍私奔。"

版本：①百本張鈔本，杜穎陶舊藏，藝研院・曲319.651/0.582/8.29-30；又，吳曉鈴舊藏，首圖・己524；又，傅氏《總目》謂馬彥祥有藏，今藏處不詳。

②別埜堂鈔本，傅惜華舊藏，藝研院・曲310.651/0.356（"子弟書選集"第一集冊九）；《子弟書選》頁255-265據以排印。

③鈔本，傅斯年圖書館藏，T-586；《俗文學叢刊》386冊頁203。

④鈔本，傅斯年圖書館藏，T-587。

⑤清鈔本，鄭振鐸舊藏，國家圖書館・t3448/17（此冊藏者失書衣及題簽，今據內容補題）。

**別題二：紅拂女**

《子弟書總目》頁85著錄。

版本：①舊鈔本，傅氏《總目》謂馬彥祥有藏，今藏處不詳。

### 盜令　五回

作者未詳。

百本張《子弟書目錄》："盜令。張紫黶。五回。一吊八。"樂善堂《子弟大鼓書目錄》著錄，書價"一吊文"。民初輯本《子弟書目錄》作"六回"，列入"《隋書》子弟書"；《中國俗曲總目稿》頁35、《子弟書總目》頁121。又《子弟書約選日記》卷五："盜令。計六回。張紫黶盜令救秦瓊。"

演張紫黶盜令義釋秦瓊事。本事見李玉《麒麟閣》傳奇下卷十四齣"姬泄"，此據崑曲折子戲《盜令》改編。

頭回言前，二回遙條、三回人辰、四回中東、五回姑蘇轍。每回各40韻。

版本：①清鈔本，車王府舊藏，首圖・甲四1317/2；首圖縮印本52冊頁182-193；北京整理本頁1651-1658。[圖115]

②聚卷堂鈔本，今藏處未詳；《子弟書叢鈔》頁654-666據以排印。

③鈔本，傅斯年圖書館藏，T8-096；《俗文學叢刊》386冊頁273。

④鈔本，傅斯年圖書館藏，T8-094。

⑤鈔本，傅斯年圖書館藏，T8-095。

⑥民初鈔本（六回），傅氏《總目》謂馬彥祥有藏，今藏處不詳。

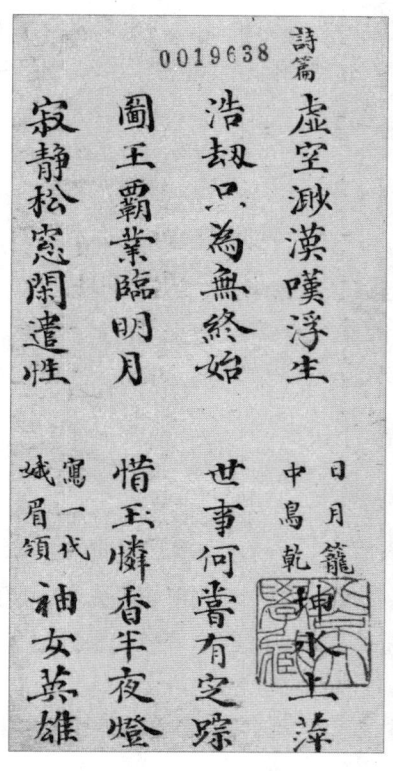
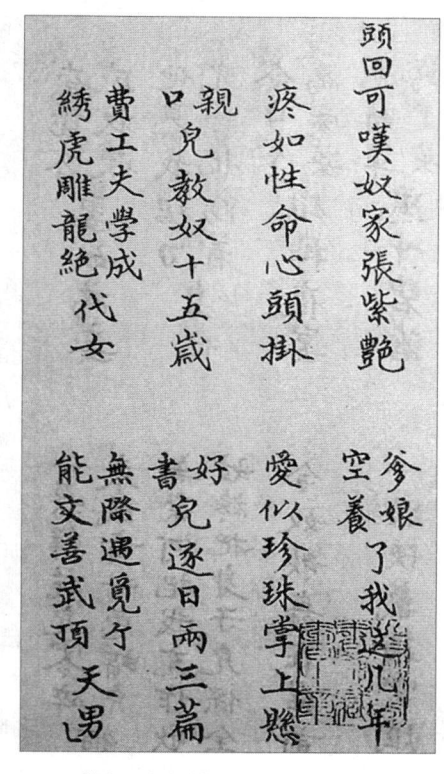

［圖114］車王府舊藏本《紅拂女私奔》　　［圖115］首圖藏車王府舊藏《盜令》

**別題一：張紫豔盜令**

《子弟書總目》頁113著錄。

版本：①四德堂刻本（封面作"張紫豔盜令 / 子弟書－四德堂梓行"），傅惜華舊藏，
　　　　藝研院・曲 310.651/0.356（136594）。
　　　②舊鈔本，傅氏《總目》謂馬彥祥有藏，今藏處未詳。

**別題二：麒麟閣**

《子弟書總目》頁176著錄。

版本：①百本張鈔本（原書封面缺失，後人補題作"麒麟閣子弟書"，印記亦缺），
　　　　程硯秋舊藏，藝研院・曲 319.651/0.582/5.23。

## 紫豔託夢　□回

作者未詳。

《中國俗曲總目稿》頁1191著錄作"子弟書，北平，木，文華堂"，《子弟書總目》頁119復據以著錄。

當演張紫豔託夢於秦瓊事。本事見李玉《麒麟閣》傳奇。

版本：①北京文華堂刻本，據總目稿，原北平圖書館有藏，今藏處未詳。

【説明】卷首作："人生在世虛虛虛。有限光陰急急急。爭名奪利累累累，怨天尤人迷迷迷。黃金世業假假假，善惡隨身實實實。倒不如詩酒陶情樂樂樂，別等到一旦無常遲遲遲。一個魂靈一片……。"

## 打登州 一回

作者未詳。

民初輯本《子弟書目錄》："《唐書》子弟書目錄。打登州。一回。"

當據清李玉《麒麟閣》傳奇楊林擺八門金鎖陣事改編。

未見傳本。

## 打登州 快書 二回

作者未詳。

百本張《子弟書目錄》："快書打登州。頭回春雲板，二回連珠調。二回。七佰。"（一本價格作"八佰"）樂善堂《子弟大鼓書目錄》："四百文。打登州。快書。"《中國俗曲總目稿》頁121、《子弟書總目》頁45（作爲子弟書著錄）、《北京傳統曲藝總錄》頁300著錄。

演楊齡知秦瓊私通綠林，設計讓秦瓊闖陣事。據清李玉《麒麟閣》傳奇楊林擺八門金鎖陣事改編。

中東轍。

版本：①清鈔本，車王府舊藏，北大圖書館·□ 812.08/5105/:114（137/19508，十葉，題作"打登州全二回"）。過錄本，首圖·甲四2179；首圖縮印本51冊頁485–488；北京整理本頁317–319。過錄本，92648；中大整理本頁805–807。［圖116］

②曲盦鈔本，傅惜華舊藏，藝研院·曲310.64/0.102（143231/7）。

③鈔本，傅斯年圖書館藏，KS1–13；《俗文學叢刊》413冊頁27–46。《快書研究》頁282–284據以排印。

④清鈔本，程硯秋舊藏，藝研院·曲319.651/0.582/5.115（10873）。

⑤百本張鈔本，杜穎陶舊藏，藝研院·曲319.651/0.582/8.188（09690）。

**別題一：秦瓊觀陣**

《中國俗曲總目稿》頁558、《北京傳統曲藝總錄》頁307著錄。

版本：①《文明大鼓書詞》第十六冊，藝研院、傅斯年圖書館（KUIII–14–254）藏有藏。

**別題二：鐧對棒**

《中國俗曲總目稿》頁359、《北京傳統曲藝總錄》頁316著錄。

版本：①鈔本，傅斯年圖書館藏，KS3–049。

【説明】卷首作："［詩篇］堪嘆人生天地中，使碎心機爲利名。人生恰似花間露，

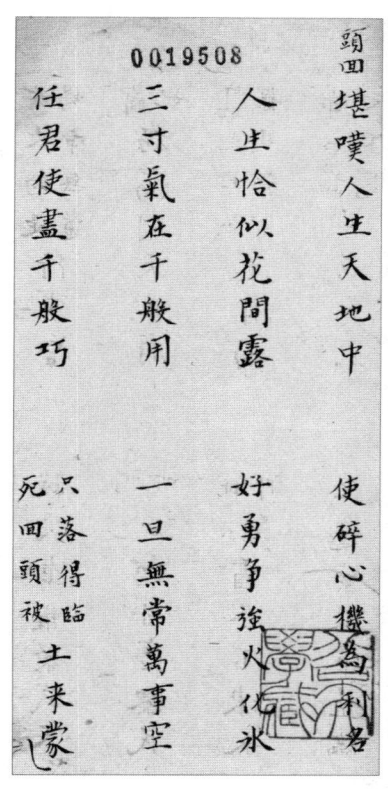 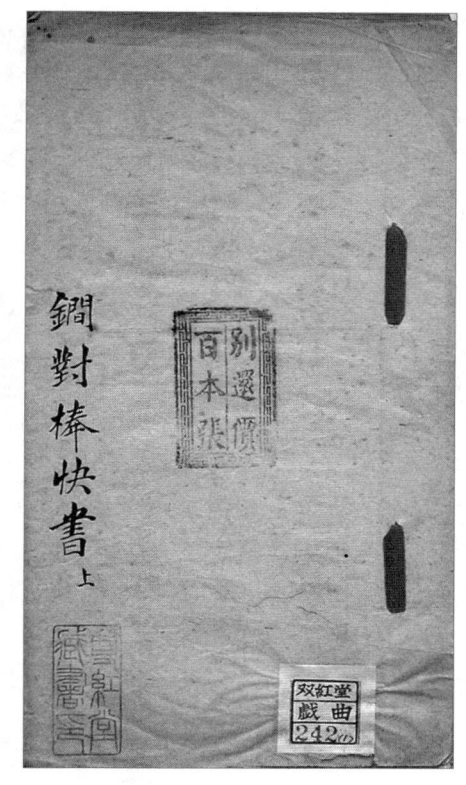

［圖116］車王府舊藏本《打登州快書》　　［圖117］雙紅堂藏百本張鈔本《鐧對棒快書》

好勇爭強火化冰。"結句作："那些隋兵隋將惡似天神。"按：此本卷首詩篇與《淤泥河快書》同。

### 鐧對棒 快書（甲）二回

作者未詳。

《快書目錄》："鐧對棒。二回。六佰。"聚卷堂《連珠調快書》："鐧對棒。兩本。"《各樣曲目》、《中國俗曲總目稿》頁359、《北京傳統曲藝總錄》頁315著錄。

演楊齡知秦瓊私通綠林，設計讓秦瓊闖陣事。據清李玉《麒麟閣》傳奇楊林擺八門金鎖陣事改編。

詩篇言前轍，正文中東轍，共四落。

版本：①清鈔本，車王府舊藏，北大圖書館・□ 812.08/5105/ 快書。過錄本，首圖・甲
　　　四 2405；首圖縮印本56冊頁134-137。過錄本，中大圖書館・雜曲・4。
　　　②百本張鈔本，雙紅堂文庫藏，戲曲・242。［圖117］

**別題：打登州**

《北京傳統曲藝總錄》頁300著錄。

版本：①鈔本，傅斯年圖書館藏，KS1-12；《俗文學叢刊》413 冊頁 1–26。
　　　②鈔本，傅斯年圖書館藏，KS1-11。
【說明】此本實據上條《打登州》快書改編。惟卷首詩篇不同，其他文字相近。
卷首作："[詩篇]紫雁穿簾戲牡丹，荷花開放並頭蓮。魚遊春水和風暖，一枝花斜靠綠欄杆。缺足雁影繞廊軒，二姑著意把簪看。探花不滿三十壽，龍虎風雲萬萬年。"
結句作："隋兵隋將恰似天神。"

## 鐧對棒 快書（乙） 一回

作者未詳。《北京傳統曲藝總錄》頁 316 著錄。

內容及本事來源同上條。

人辰轍，三落。

版本：①光緒十九年（1893）鈔本，傅惜華舊藏，藝研院・曲 311.651/0.136（140796/9）。

【說明】卷首作"一塊頑石在山林，能工巧匠鑿成人。烏雲不梳也不亂，衣裳不換常在身。"結句作："秦爺看畢這座陣，想這陣要想出去可萬萬不能。"

## 馬上聯姻 十四回

作者未詳。

百本張《子弟書目錄》："馬上聯姻。羅成線娘。情。十四回。五吊。"別埜堂《子弟書目錄》："馬上聯姻。羅成線娘。十四回。四吊八。"樂善堂《子弟大鼓書目錄》著錄，書價"四吊二"；民初輯本《子弟書目錄》列入"《隋書》子弟書"；《中國俗曲總目稿》頁 538、《子弟書總目》頁 93 著錄。

頭回〈對陣〉，梭撥轍；二回〈連姻〉，江陽轍、三回〈回兵〉，人辰轍；四回〈染病〉，發花轍；五回〈路遇〉，由求轍；六回〈下店〉，灰堆轍；七回〈上路〉，一七轍；八回言前轍；九回中東轍；十回遙條轍；十一回，懷來轍；十二回乜斜轍、十三回一七轍、十四回姑蘇轍。二回 51 韻；其餘各回 50 韻。道光丙午鈔本有回目；他本無。

演羅成與竇線娘於戰陣上一見傾心，定下姻事。據《隋唐演義》四十九回"馬上締姻緣吳越反成秦晉"改編。

版本：①清鈔本，車王府舊藏，北大圖書館・口 812.08/5105/:126（275/19646，九十六葉）。過錄本，首圖・甲四 2329；首圖縮印本 52 冊頁 111–150；北京整理本頁 1257–1280。過錄本，中大圖書館・92255；中大整理本頁 823–847。[圖 118-1]
　　　②百本張鈔本，吳曉鈴舊藏，首圖・己 513；又，傅惜華舊藏，藝研院・曲 310.651/0.356（142871，闕頭冊元本）。[圖 118-2]
　　　③別埜堂鈔本，傅惜華舊藏，藝研院・曲 310.651/0.356（142816）；又，李嘯倉藏。
　　　④億卷堂百本剛鈔本，國家圖書館藏，119984（有"億卷堂/百本剛"墨印及"億

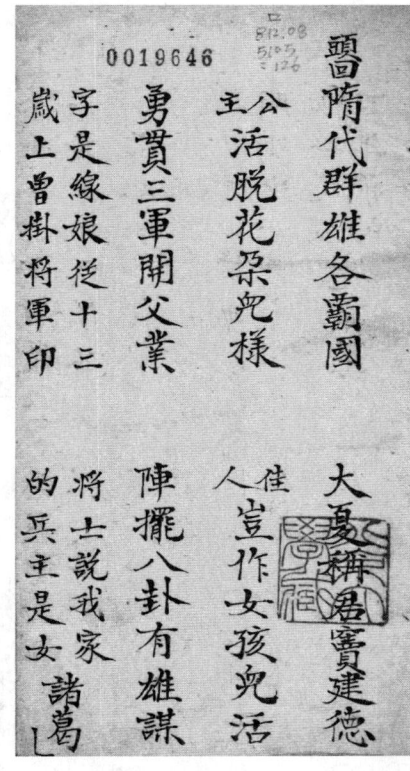 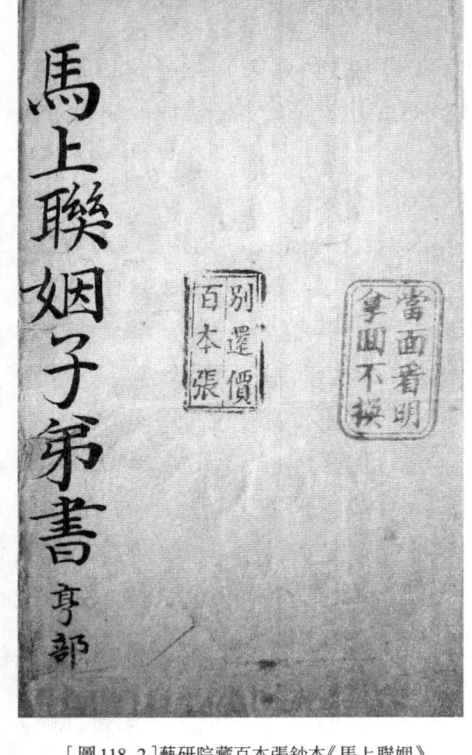

[圖118-1]車王府舊藏本《馬上聯姻》　　[圖118-2]藝研院藏百本張鈔本《馬上聯姻》

卷堂"朱記)。

⑤道光二十六(1846)清鈔本(書衣題"馬上聯姻首部七回";下半部內題"道光丙午□□月三日盈川主人抄錄"),國家圖書館藏,98649(此編號存上半部;有回目。下半部疑攙入119984,爲其中第二冊,但無回目)。

⑥清鈔本,故宮博物院藏,《故宮珍本叢刊》699冊頁135(存前兩回)。

⑦清鈔本,吳曉鈴舊藏,首圖·己522(闕一、四、十二、十三回)。

⑧民國初年鈔本,傅氏《總目》謂馬彥祥有藏,今藏處未詳。

**別題一：馬上連姻**

《中國俗曲總目稿》頁538、《子弟書總目》頁93著錄。《總目》注謂有"舊鈔本,聯字別作連,書內文字亦與他本微異,北京圖書館藏。"又《子弟書約選日記》:"馬上連姻,計十四回。可選。字冗長,訛字甚夥。"

版本：①鈔本(選錄前二回),國家圖書館藏,35558(《子弟書》卷三)。

**別題二：羅寶聯姻(聯姻彈詞)**

《西諦書目》第五卷集部下"寶卷"類著錄,文物出版社1963年版,五卷73頁。

版本：①清鈔本,鄭振鐸舊藏,國家圖書館·XD4481。

### 秦氏思子 一回

作者未詳。

《子弟書總目》頁92著録。

演秦氏惦念出征的兒子羅成。本事見《淤泥河》傳奇。

中東轍，37韻。

版本：①清鈔本，車王府舊藏，北大圖書館·□812.08/5105/:112（79/19450，五葉，末葉有"言無二價，不對管換"印記）。過録本，首圖·甲四2142；首圖縮印本52冊頁155–157；北京整理本頁163–164。過録本，中大圖書館·92590；中大整理本頁848–849。[圖119]

### 別題一：秦氏憶子

百本張《子弟書目録》："秦氏憶子。即思子。苦。一回。四佰。"別埜堂《子弟書目録》："秦氏憶子。一回。三佰六。"樂善堂《子弟大鼓書目録》著録，書價"二佰文"；《中國俗曲總目稿》頁539、《子弟書總目》頁92著録。

版本：①別埜堂鈔本，杜穎陶舊藏，藝研院·曲319.651/0.582/8.63。
②清鈔本，故宮博物院藏，《故宮珍本叢刊》698冊頁398（據抄録字體，知實爲百本張鈔本）。
③據《中國俗曲總目稿》頁539之著録，下文別題"憶子"傅圖所藏三本之中，必有一本原題"秦氏憶子"，今藏者失封面，遂均歸入"憶子"。
④鈔本，國家圖書館藏，35558（《子弟書》卷四）。

### 別題二：憶子

民初輯本《子弟書目録》："《淤泥河》子弟書目録。憶子。一回。"《子弟書總目》頁164著録。《子弟書約選日記》："憶子。可不録。"

版本：①同樂堂鈔本，杜穎陶舊藏，藝研院·曲319.651/0.582/8.136。
②鈔本，傅斯年圖書館藏，T–620；《俗文學叢刊》386冊頁357。
③民國初年鈔本，傅氏《總目》謂馬彥祥有藏，今藏處不詳。

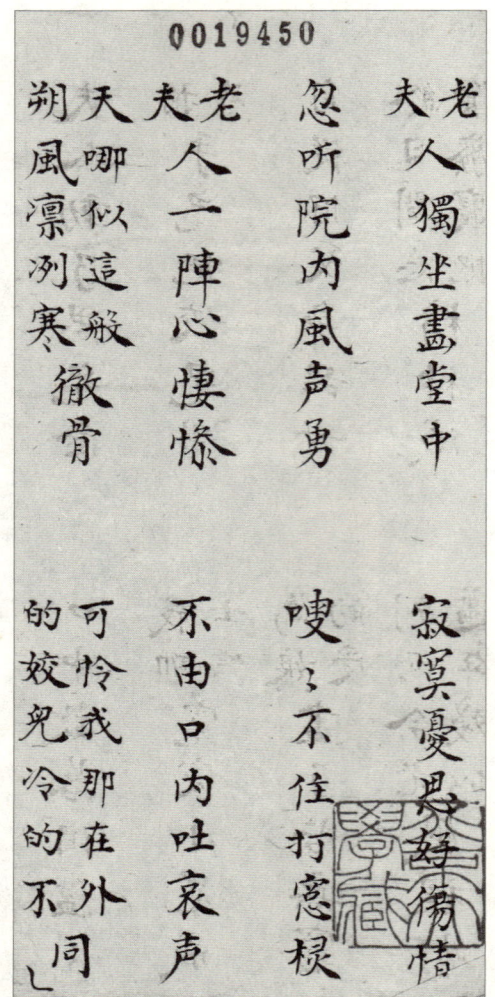

[圖119] 車王府舊藏本《秦氏思子》

④鈔本，傅斯年圖書館藏，T-618。
⑤鈔本，傅斯年圖書館藏，T-619（題"莊翠瓊降香子弟書上本"，與下篇《莊氏降香》合鈔）。
⑥鈔本，傅斯年圖書館藏，T-621。
⑦舊鈔本，傅氏《總目》謂有自藏本，今未見。
【説明】此篇間用連珠快書句式，其體制近於快書。

## 莊氏降香　六回

作者羅松窗。韓小窗《周西坡》子弟書卷首詩篇云："閑筆墨小窗竊擬松窗意，降香後寫羅成亂箭一段缺文。"可知《降香》出自松窗之手。又《子弟書叢鈔》頁7選録後兩回，並移録頭回詩篇，内有句云："閒時偶拈松窗筆，寫一段莊氏燒香拜月文。"

百本張、別埜堂《子弟書目録》均作："莊氏降香。連登樓。六回。二吊。"樂善堂《子弟大鼓書目録》著録，書價"一吊二"；《緑棠吟舘子弟書百種總目》卷四、《中國俗曲總目稿》頁562、《子弟書總目》頁114著録。《集錦書目》第2句："一心要往游武廟内莊氏降香。"《子弟書約選日記》："莊氏降香。計六回。孝親敬夫之意，見於言表。"

演莊氏登樓降香，祈禱羅成出征平安。本事見《淤泥河》傳奇。

人辰轍。分別爲41、43、44、58、32、55韻。

版本：①乾隆二十一年（1756）刻本（封面頁殘，尚存"新編全段／莊氏□□"；卷末鎸"大清乾隆丙子年冬月京都"；末行刻"新編莊氏降香全段終"），傅

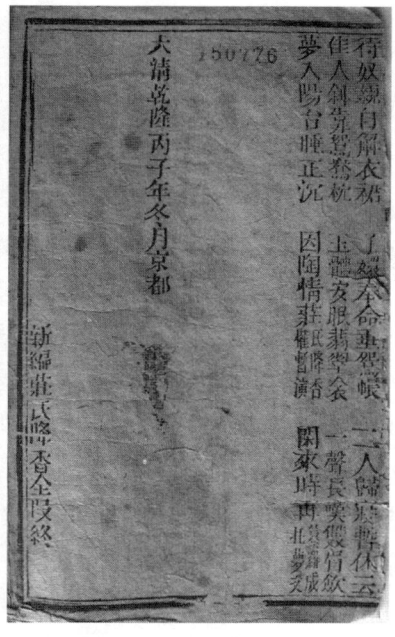

［圖120］藝研院藏文萃堂刻本《莊氏降香》及牌記

惜華舊藏，現歸藝研院。按：此爲現存最早的子弟書刻本。［圖120］

②清鈔本，車王府舊藏，北大圖書館・□ 812.08/5105/:122（256/19627，三十三葉半）。過錄本，首圖・甲四 2310；首圖縮印本 52 冊頁 194–209；北京整理本頁 978–986。過錄本，中大圖書館・92742；中大整理本頁 850–859。

③清烏絲欄鈔本，藏處未詳，《子弟書叢鈔》頁 7–14 據以收錄末二回。

④別埜堂鈔本，杜穎陶舊藏，藝研院・曲 319.651/0.582/8.64。

⑤鈔本，國家圖書館藏，35558（《子弟書》卷四）。

⑥鈔本，傅斯年圖書館藏，T–637；《俗文學叢刊》386 冊頁 369。

⑦鈔本，傅斯年圖書館藏，T–638。

⑧鈔本，不分回，傅斯年圖書館藏，T–619。

⑨舊鈔本，傅氏《總目》謂馬彥祥有藏，今藏處不詳。

⑩民初鈔本，傅氏《總目》謂馬彥祥有藏，今藏處不詳。

**別題一：登樓降香**

《子弟書總目》頁 129 著錄。

版本：①百本張鈔本，程硯秋舊藏，藝研院・曲 319.651/0.582/5.24。

**別題二：登樓**

版本：①別埜堂鈔本（書衣題"登樓子弟書　六回全　卷上"），傅惜華舊藏，藝研院・曲 310.651/0.356（142919/5）。按：此即《登樓降香》之前半，存六回之前三回。

②《子弟書選》頁 228–238 排印本。

**別題三：降香**

《子弟書總目》頁 83 著錄。

版本：①別埜堂鈔本（書衣題"降香子弟書　連登樓　六回"），傅惜華舊藏，藝研院・曲 310.651/0.356（142856）。按：此即《登樓降香》之後半，存六回之後三回。

## 周西坡　三回

作者韓小窗。詩篇云："閑筆墨小窗竊擬松窗意，降香後寫羅成亂箭一段缺文。"

百本張《子弟書目錄》："周西坡。箭攢。三回。一吊。"（一本注文作"即淤泥河　箭攢"）樂善堂《子弟大鼓書目錄》著錄，書價"六佰文"；《中國俗曲總目稿》頁 160、《子弟書總目》頁 71 著錄。

演羅成在淤泥河帶傷作戰被亂箭射死之事。本事出《大唐秦王詞話》五十回"淤泥河羅成死節"、《說唐全傳》六十一回"淤泥河小將爲神"。據《淤泥河》傳奇之"血疏"、"亂箭"改編。

頭回人辰轍、二回言前轍、三回中東轍。每回 40 韻。

版本：①清鈔本，車王府舊藏，北大圖書館・□ 812.08/5105/:117（184/19555，

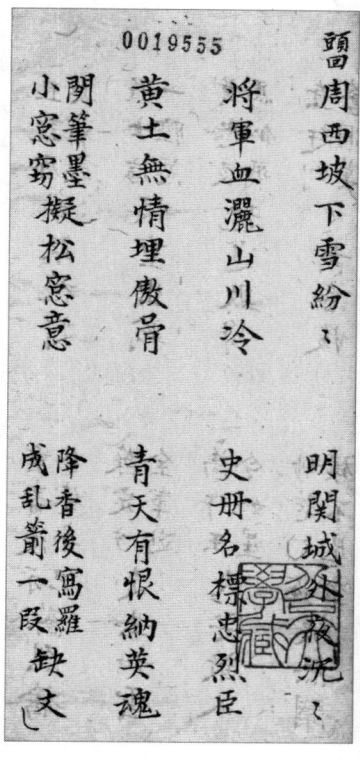 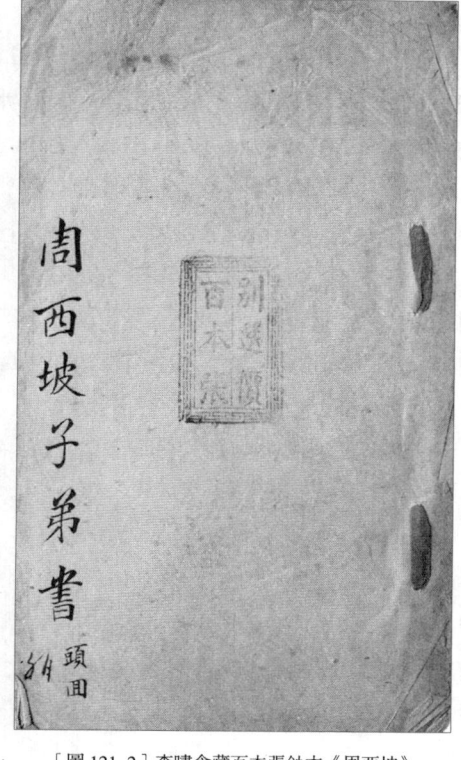

[圖121-1] 車王府舊藏本《周西坡》　　[圖121-2] 李嘯倉藏百本張鈔本《周西坡》

十五葉）。過錄本，首圖・甲四2238；首圖縮印本52冊頁39-46；首圖整理本頁503-507。過錄本，中大圖書館・92693；中大整理本頁860-864。[圖121-1]

②百本張鈔本，杜穎陶舊藏，藝研院・曲319.651/0.582/8.63；又，李嘯倉藏。[圖121-2]

③鈔本，傅斯年圖書館藏，T21-261；《俗文學叢刊》386冊頁325。

④舊鈔本，傅氏《總目》謂馬彥祥有藏，今藏處未詳。

⑤民初鈔本，傅氏《總目》謂馬彥祥有藏，今藏處未詳。

⑥過錄本，傅惜華舊藏，藝研院・曲310.651/0.356。

⑦鈔本，傅斯年圖書館藏，T21-262。

⑧《世界文庫・東調選》排印本，不分回。又，《鼓詞選・大鼓編》亦收錄。

### 別題一：箭攢羅成

別埜堂《子弟書目錄》："箭攢羅成。三回。一吊八。"《子弟書總目》頁160著錄。

版本：①別埜堂鈔本，傅惜華舊藏，藝研院・曲310.651/0.356（142918/1）。

②過錄本，傅惜華舊藏，藝研院・曲310.651/0.356（148323）。

### 別題二：洲西坡

民初輯本《子弟書目錄》："《淤泥河》子弟書目錄。洲西坡。三回。"《子弟書約選日記》："洲西坡。計三回。形容羅士信之忠孝，可爲千古法則。按：歷代群小懷讒，忠臣隕命，撫今追惜，大抵如斯，可爲浩嘆。"

版本：①《子弟書選》頁 73–78 據傅惜華舊藏本排印。
　　　②鈔本，國家圖書館藏，(《子弟書》卷四) 35558。
　　　③鈔本，國家圖書館藏，98807。

### 別題三：淤泥河

版本：①百本張鈔本，殘存第二、三回，係杜穎陶舊藏，藝研院·曲 319.651/0.582/8.34。

【說明】此篇卷首作："周西坡下雪紛紛，明関城外夜沉沉。"

## 叫關　一回

作者未詳。

未見著錄。

演羅成叫關事。即《周西坡》之第二回之單行本。

版本：①民初鈔本，天津圖書館集部 – 曲類 – 彈詞 37490 之八。

## 淤泥河　一回

作者未詳。

民初輯本《子弟書目錄》："《淤泥河》子弟書目錄。淤泥河。一回。"

演羅成陷於淤泥河事。即《周西坡》第三回之單行本。

版本：①民初鈔本，天津圖書館集部 – 曲類 – 彈詞 37490 之九。

【說明】民初輯本《子弟書目錄》同列有"洲西坡，三回。"疑所錄之一回本與三回本《洲西坡》有不同。今姑附於此條。

## 羅成托夢　六回

作者羅松窗。據羅松窗作《莊氏降香》子弟書結句："因陶情莊氏降香權暫演，閑來時再纂《羅成托夢》文。"

民初輯本《子弟書目錄》："《淤泥河》子弟書目錄。羅成托夢。六回。"《子弟書總目》頁 177 著錄。

演羅成死後托夢與妻，訴說被害經過，妻醒後悲痛，聞報羅春穿孝而回，交與血書，太夫人聞聲而至，羅春訴經過。本事見《說唐全傳》第六十二回"羅成魂歸見嬌妻"。據《淤泥河》傳奇"哭夫"齣改編。下接《秦王弔孝》子弟書。

人辰轍。分回據《子弟書叢鈔》排印本，分別爲 31、29、30、29、32、33 韻。

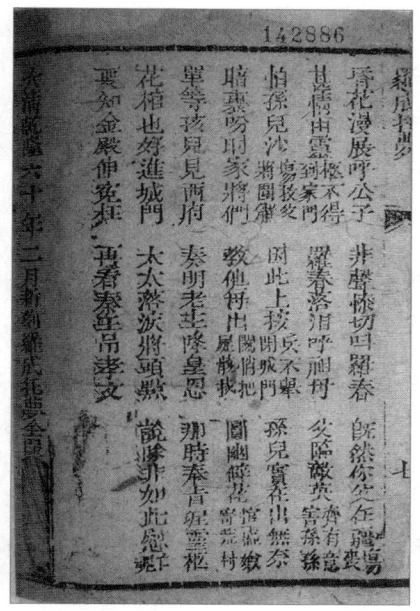

[圖122] 藝研院藏乾隆刻本《羅成托夢》及牌記

版本：①乾隆六十年（1795）文萃堂刻本（不分回），傅惜華舊藏，藝研院·曲310.651/0.356（142886）。[圖122]
②清代精鈔本，今存處不詳；《子弟書叢鈔》頁516–527據以排印。

【說明】文萃堂刻本篇首作："梨花院落夜如禁，冷淡天光半是雲。金閣更闌聲寂寂，香階人靜夜沉沉。"結句作："老夫人強止傷心說有理，除非是如此調停才慰亡魂。要知金殿伸冤枉，再看《秦王弔孝》文。"封面題"新編全段／羅成托夢／文萃堂梓行"；首行作"新編羅成托夢全段"。卷末牌記作："大清乾隆六十年二月新刻羅成托夢全段。"故知早期子弟書原稱作"段"。

另有車王府藏清鈔本五回本，前半襲此書，詳後條。《叢鈔》所據精鈔本當屬晚出，且多訛誤改動，無刻本之末二句"要知金殿伸冤枉，再看《秦王弔孝》文"。但兩相比較，文萃堂刻本對襯字偶有刪削。

### 羅成托夢 五回（或析作八回）

作者未詳。

百本張《子弟書目錄》："羅成托夢。人辰轍。苦。八回。二弔。"樂善堂《子弟大鼓書目錄》列入"子弟書五回起。一弔文。羅成托夢。"《綠棠吟館子弟書百種總目》卷四（未能確定為五回抑六回本，姑列於此）、《子弟書總目》頁176著錄。

演羅成在淤泥河死後，魂歸故里，托夢與妻，妻醒後與太夫人相告，一齊痛哭悲傷。第一回移用羅松窗所撰《羅成托夢》，後文未涉及羅春事。本事見《說唐全傳》第六十二回"羅成魂歸見嬌妻"。據《淤泥河》傳奇"哭夫"改編。

人辰轍。第一回有詩篇。據車王府藏本分別爲43、45、43、32、48韻。

版本：①清鈔本（五回），車王府舊藏，首圖·甲四1317；首圖縮印本52冊頁303-314；北京整理本頁1624-1631。[圖123]

②百本張鈔本，殘存第一、二回，梅蘭芳舊藏，藝研院·曲319.651/0.582/6.98-100。

③舊鈔本（五回），傅氏《總目》謂馬彥祥有藏，今存處不詳。

④鈔本（選錄二回），國家圖書館藏，35558（《子弟書》卷四）。

**別題**：托夢（八回）

民初輯本《子弟書目錄》："《淤泥河》子弟書目錄。羅成托夢。八回。"（同時著錄有六回本，見前文）。《中國俗曲總目稿》頁13、《子弟書總目》頁51著錄。又《子弟書約選日記》第二卷："托夢，計八回。可選登錄。惟文字冗長，似宜加以刪改。"

版本：①鈔本，殘存第一、二回，梅蘭芳舊藏，藝研院·曲319.651/0.582/6.99-100。

②百本張鈔本，杜穎陶舊藏，藝研院·曲319.651/0.582/8.48（原書各回之間不分頁不分冊，藏家大致按回數分之得八冊，別題書名頁及回數）。

③鈔本，傅斯年圖書館藏，T2-019；《俗文學叢刊》386冊頁441。

④鈔本，傅斯年圖書館藏，T2-020。

⑤民國初年鈔本，傅氏《總目》謂馬彥祥有藏，今藏處未詳。

【說明】車王府舊藏本篇首作："梨花院落淨無塵，冷淡天光半是雲。綉閣更闌聲寂寂，香堵人靜夜沉沉。"篇尾作："只哭得白玉堂中燈影暗，寒梅枝上月輪昏。只哭得楚王破化流紅血，楚國猿啼鳥斷魂。"

北京整理本頁1631謂："此書簡名《托夢》，百本張《目錄》著錄有八回本一種，傅惜華《總目》著錄另有舊鈔本，分五回，是否與此本同，不得知。"按：五回本與八回本實爲同一種。

## 羅成托夢 快書 二回

作者未詳。

百本張《子弟書目錄》："快書羅成托夢。三落。一吊四。"《快書目錄》："羅成托夢。二回。六佰。"《各樣曲目》《中國俗曲總目稿》頁655《北京傳統曲藝總錄》頁315著錄。

演羅成向妻莊氏托夢事。出處同前。

江陽轍，三落。

版本：①清鈔本，車王府舊藏，北大圖書館·□812.08/5105/快書。過錄本，首圖·甲四2406；首圖縮印本56冊頁131-134。過錄本，中大圖書館·雜曲·4。

②光緒十九年（1893）鈔本（首行題"羅成托夢三落兒"），傅惜華舊藏，藝

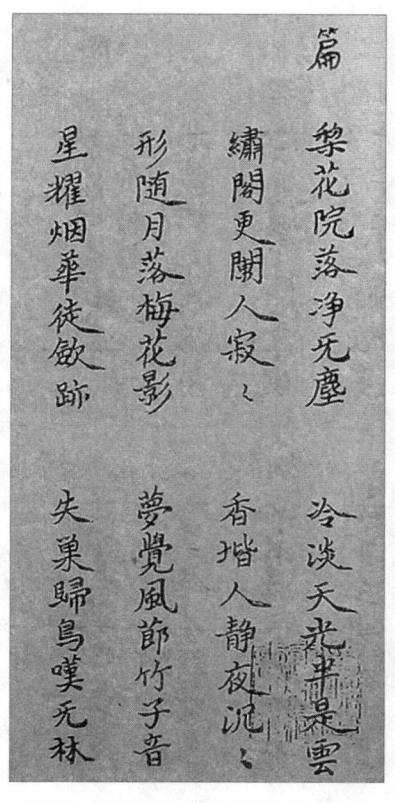
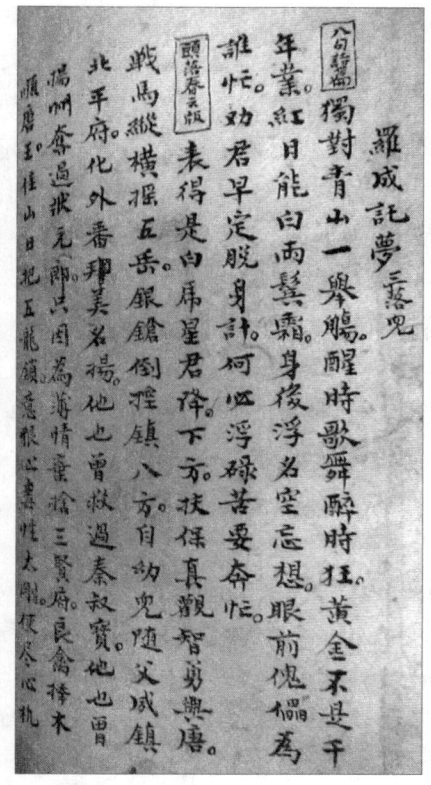

［圖123］首圖藏車王府舊藏《羅成托夢》　　［圖124］藝研院藏光緒鈔本《羅成托夢》快書

　　研院・曲311.651/0.136（140796/8）。［圖124］
　　③百本張鈔本，程硯秋舊藏，藝研院・曲319.651/0.582/5.116。
　　④民初百舍齋紅格鈔本，傅惜華舊藏，藝研院・曲311.651/0.682（145721）。
【説明】篇首作："［引子］獨對青山一舉觴，醒時歌舞醉時狂。黃金不是千年業，紅日能白兩鬢霜。"結句作："思想姣兒痛斷了肝腸。"

## 托夢　快書

作者未詳。
《中國俗曲總目稿》頁13、《北京傳統曲藝總錄》頁301著錄。
演羅成向妻莊氏托夢事。出處同前。疑此種晚出，即據前種改寫。
版本：①鈔本，傅斯年圖書館藏，KS1-001；《俗文學叢刊》413冊頁47-72。［圖125］
　　　②鈔本，傅斯年圖書館藏，KS1-002。

**別題：羅成托夢**
版本：①《文明大鼓書詞》第十七冊，《快書研究》頁279-281據以排印。

【說明】篇首作："[詩篇]大隋失政氣運傷，各路諸侯自立爲王。處處烟塵迷雨討，分分盜寇動刀槍。埋沒忠良出佞党，黎民劫數苦難當。英雄空有凌雲志，天數难違戰死殺場。"結句作："呆獃獃怔柯柯思想孩兒泪灑胸膛。"

## 秦王弔孝  二本（六回）

作者羅松窗。據羅松窗作《羅成托夢》文萃堂刻本結句"要知金殿伸冤枉，再看《秦王弔孝》文"；又本書結句"這就是《秦王弔孝》閑翻閱，接續前音續後音"，表明承前篇而作。

《子弟書總目》頁92著錄。

演羅春進秦王府送羅成遺書，細説羅成遇害經過，秦王李世民見駕訴因由，旨令羅宅祭靈。本事見《説唐全傳》六十二回"秦王恩聘衆將士"，並見《淤泥河》傳奇。上接《羅成托夢》子弟書。

全篇共198韻。前100韻爲中東轍，爲上本。下本中，第101至104韻係詩篇，用尤侯轍，其餘則混用人辰、言前、中東韻。全篇實可析作六回。

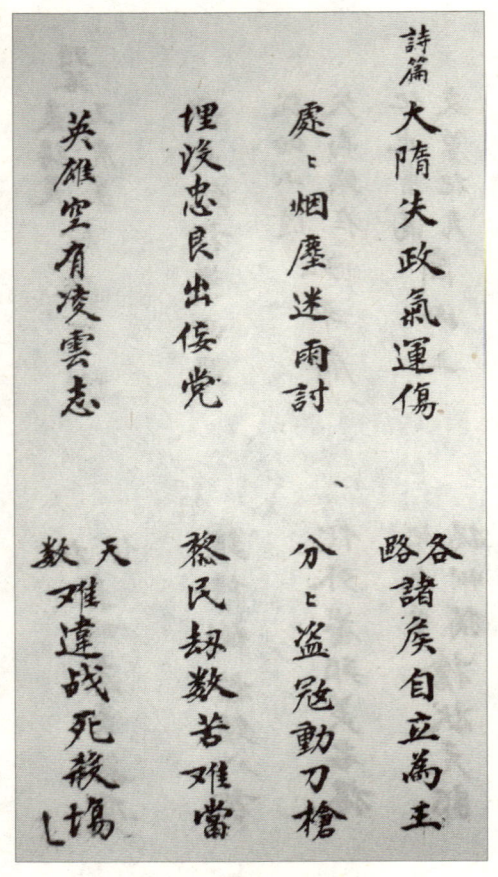

[圖125]傅斯年圖書館藏《托夢快書》

版本：①清四寶堂刻本，傅氏《總目》謂有自藏本，今未見；《子弟書選》頁247-254據傅藏本排印。

②清刻本（下册封面題"新編秦王御祭全段／秦王弔孝／下本　堂梓行"；首行題"新編秦王弔孝全段上本"），國家圖書館藏，98937。

③舊鈔本，傅氏《總目》謂有自藏本，今未見。

## 秦王降香  硬書  二回

作者未詳。

百本張《子弟書目錄》："硬書秦王降香。宇文保行刺替死。苦。二回。八佰。"別埜堂《子弟書目錄》："秦王降香。硬書。二回。七佰二。"樂善堂《子弟大鼓書目錄》："子弟書二回起。五百文。秦王降香。硬書。"民初輯本《子弟書目錄》列入"《唐書》子弟書目錄"；《中國俗曲總目稿》頁539、《子弟書總目》頁92著錄。又《集錦書目》第28句："陽告曰永福寺裏秦王降香。"

演宇文寶去行刺秦王李世民，見李深夜降香爲民祈福，因不忍加害而自殺。本事見《大唐秦王詞話》第六十回。

遙條轍，分別爲45、43韻。

版本：①清鈔本，車王府舊藏，北大圖書館·□812.08/5105/:114（136/19507，十一葉）。過錄本，首圖·甲四2178；首圖縮印本52冊頁151–155；北京整理本頁314–316。過錄本，中大圖書館·92647；中大整理本頁865–868。〔圖126〕
②曲盒鈔本，傅惜華舊藏，藝研院·曲310.64/0.102（145915）。
③鈔本，傅斯年圖書館藏，T-617；《俗文學叢刊》386冊頁497。
④鈔本，傅斯年圖書館藏，T-615。
⑤鈔本，傅斯年圖書館藏，T-616。
⑥精鈔本，傅惜華舊藏，藝研院·曲301.651/0.183。（合鈔本，書衣題"鼓詞"，卡片著錄作"鼓詞二種"）

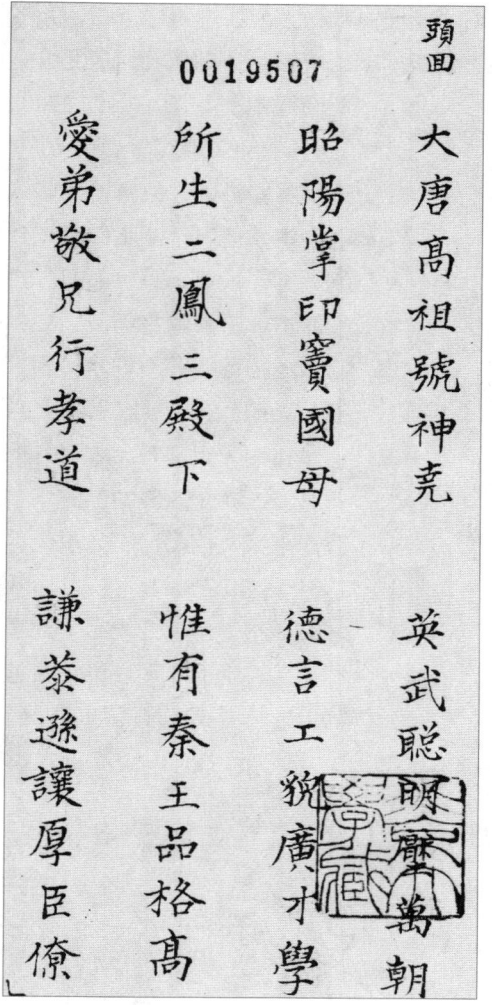

〔圖126〕車王府舊藏本《秦王降香》

【說明】傅惜華《總目》誤以此篇爲羅松窗作，非，羅氏所作是《莊氏降香》。

## 望兒樓 三回

作者未詳。

百本張《子弟書目錄》："望兒樓。苦。三回。一吊。"別墅堂《子弟書目錄》："望兒樓。二回。七佰二。"樂善堂《子弟大鼓書目錄》著錄，書價"八佰文"。民初輯本《子弟書目錄》列入"《唐書》子弟書"；《綠棠吟舘子弟書百種總目》卷三、《中國俗曲總目稿》頁242、《子弟書總目》頁106著錄。又《子弟書約選日記》："望兒樓。三回。可選，須大刪改。"

演寶國母思子李世民成疾，臨終前登望兒樓之事。本事出《大唐秦王詞話》。皮黃有《望兒樓》，亦演此事。

頭回由求轍，二回中東轍、三回人辰轍。每回40韻。

版本：①清鈔本，車王府舊藏，北大圖書館·□ 812.08/5105/:117( 175/19545，十五葉 )。過錄本，首圖·甲四2228；首圖縮印本52冊頁172-178；北京整理本頁449-454。過錄本，中大圖書館·92683；中大整理本頁818-822。

②百本張鈔本，故宮博物院藏，《故宮珍本叢刊》698冊頁180。[圖127]

③鈔本，傅斯年圖書館藏，T30-369。

④鈔本，傅斯年圖書館藏，T30-368；《俗文學叢刊》386冊頁521。

⑤鈔本，國家圖書館藏，35558（《子弟書》卷三）。

⑥上海椿蔭書莊石印本（與《白蛇傳》、《望兒樓》合刊，首行題"新出糜夫人託孤"），傅斯年圖書館( T15-203 )、藝研院( 曲310.651/0.356/4-142933 )藏。

⑦民初奉天東都石印本（與《憶真妃》《滾樓》合刊），傅惜華舊藏，藝研院·曲310.651/0.356/07772/36。

⑧安東城文信書房石印本（與"糜氏托孤"等合刊），傅惜華舊藏，藝研院·曲310.651/0.356/4。

⑨清鈔本，傅氏《總目》謂李嘯倉有藏，今未見。

⑩光緒二十四年（1898）文盛堂刻本，阿英舊藏，今藏處未詳。

⑪上海椿蔭書莊石印本"盈"字（與《白蛇傳》、《糜氏托孤》合刊），天津

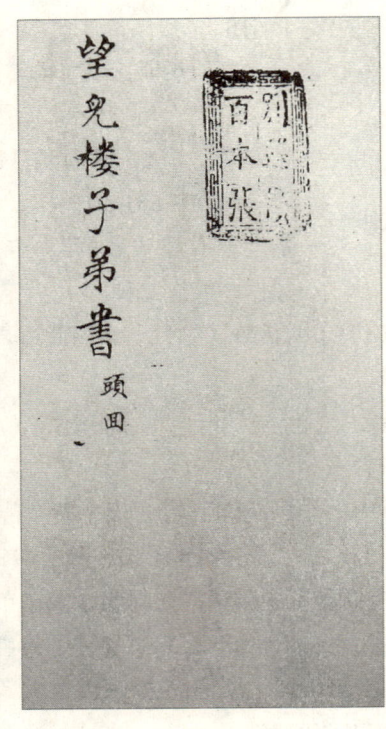

[圖127] 故宮藏百本張鈔本《望兒樓》

圖書館（集部－曲類－彈詞6745）、傅斯年圖書館（T15–203）、藝研院（曲310.651/0.356–142933）藏。

⑫《子弟書選》頁196–201據傅惜華舊藏本排印（謂作者"傅爲"韓小窗作）。

### 望兒樓　九落

作者未詳。

未見著錄。

據《望兒樓》三回本之第二回本修訂改寫而成。文字改得略俗，更加口語化，並有刪削。

版本：①民初鈔本（題"九落"），天津圖書館集部－曲類－彈詞37490。

### 打朝　一回

作者煦園。《舊鈔北平俗曲》本署"煦園自著"。

《中國俗曲總目稿》頁8、《子弟書總目》頁45著錄。

江陽轍，50韻。

演敬德怒打皇叔李道宗，被罷官歸田之事。本事見《舊唐書》卷六十八《尉遲敬德列傳》，並見《征西演義》一至五回。又《金貂記》傳奇第十四折"陳奏鬧朝"亦演此事，崑曲折子戲衍爲《打朝》。此據皮黃《西唐傳》改編。

版本：①百本張鈔本，傅斯年圖書館藏，T1–012；《俗文學叢刊》387冊頁259；又一部，T1–013。《子弟書珍本百種》頁138–139據同一版本排印。［圖128］

②鈔本，傅斯年圖書館藏，T1–014。

③《舊鈔北平俗曲》本，劉復舊藏，今歸民族圖書館。

**別題：敬德打朝**

未見著錄。

版本：①清鈔本，國家圖書館藏，119784。

### 竊打朝　三回

作者未詳。

百本張《子弟書目錄》："竊打朝。笑。三回。一吊二。"《子弟書總目》頁73著錄。

言前轍，分別爲48、48、46韻。

用清代口語演敬德打李道宗事。大鼓書移植此書，題作《邪口語竊打朝》。本事同上條。

版本：①清鈔本，車王府舊藏，北大圖書館·□812.08/5105/:117（181/19552，十八葉，末葉另筆補鈔）。過錄本，首圖·甲四2235；首圖縮印本52冊頁46–52；北京整理本頁486–490。過錄本，中大圖書館·92690；中大整理本頁882–887。［圖129］

②百本張鈔本，傅惜華舊藏，藝研院·曲310.651/0.356/3（150365）。

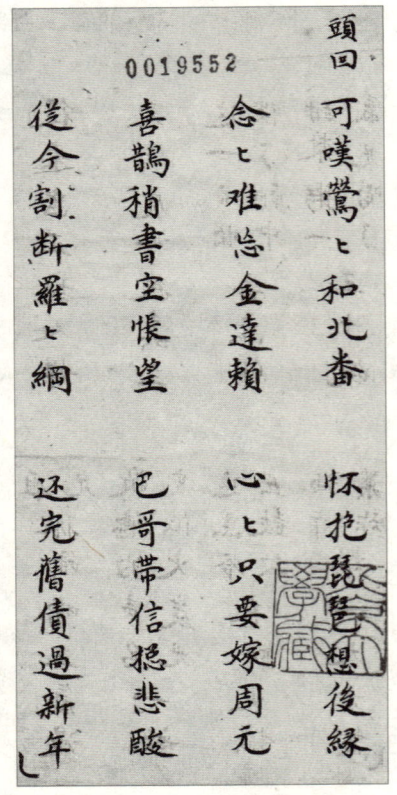

［圖128］傅斯年圖書館藏百本張鈔本《打朝》　　［圖129］車王府舊藏本《竊打朝》

**別題一：時打朝**

《中國俗曲總目稿》頁210、《子弟書總目》頁97著錄。

版本：①鈔本，傅斯年圖書館藏，T26-323；《俗文學叢刊》387冊頁277。

②鈔本，傅斯年圖書館藏，T26-324。

**別題二：打朝**

民初輯本《子弟書目錄》："《唐書》子弟書目錄。打朝。三回。"又《子弟書約選日記》："打朝，計三回。尉遲敬德打李宗道，實無其事。東拉西扯，無情無理，只顧説些時道話，終覺擬不於倫，不必選。"

按：據"只顧説些時道話"一語，可知此本即《竊打朝》，而與上文之《打朝》子弟書全別。未見傳本。

## 釣魚子 二回

作者未詳。

《中國俗曲總目稿》頁32、《子弟書總目》頁115著錄。

演敬德歸田後釣魚消遣，與薛仁貴追憶往事，二人無限感慨。本事見《説唐後傳》。

據《金貂記》傳奇改編。

江陽轍，每回 44 韻。

版本：①清鈔本，車王府舊藏，北大圖書館·□ 812.08/5105/:116（162/19533，十一葉半）。過錄本，首圖·甲四 2216；首圖縮印本 52 冊頁 215-226；北京整理本頁 409-412。過錄本，中大圖書館·91349；中大整理本頁 888-891。［圖 130］

②百本張鈔本，傅斯年圖書館藏，T7-081。

### 別題一：敬德釣魚

百本張《子弟書目錄》："敬德釣魚。二回。一吊。"《子弟書總目》頁 137 著錄。

### 別題二：釣魚

民初輯本《子弟書目錄》："《唐書》子弟書目錄。釣魚。三回"。《中國俗曲總目稿》頁 32、《子弟書總目》頁 115 著錄。

版本：①鈔本，傅斯年圖書館藏，T7-082；《俗文學叢刊》387 冊頁 315。

②鈔本，傅斯年圖書館藏，T7-083。

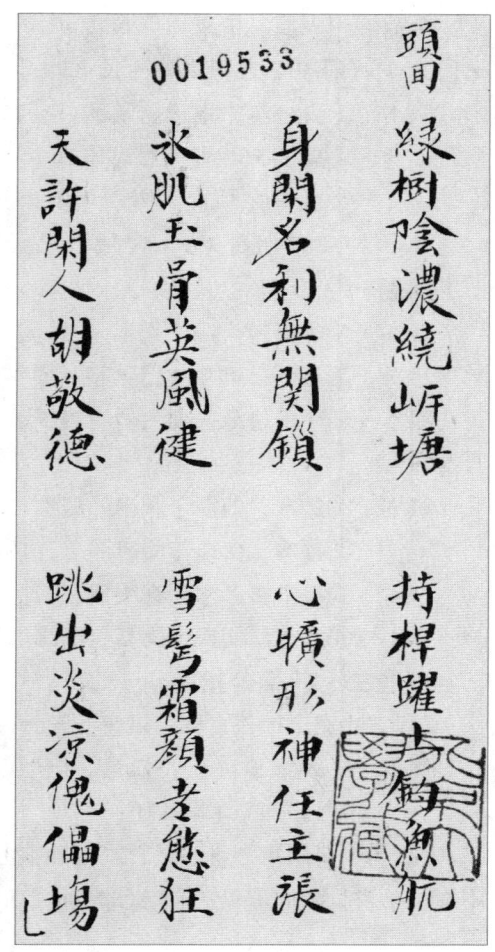

［圖 130］車王府舊藏本《釣魚子》

## 鏡花緣　四回

作者未詳。

民初輯本《子弟書目錄》："《唐書》子弟書。鏡花緣。四回。"

《鏡花緣》爲清李汝珍所撰小説，敘唐武則天時女兒國故事。此篇當據小説改編。

未見傳本。

## 投店連三不從　十三回

作者未詳。

百本張《子弟書目錄》："投店。三不從。十三回。四吊四。"

演狄仁傑投店，馬寡婦百般挑逗，狄坐懷不亂。本事見《南唐全傳》。皮黃有《馬寡婦開店》、《狄仁傑赴考》、《陰功報》，均演此事。

全篇混用人辰、中東轍。頭回 40、二回 32、三回 40、四回 32、五回 26、六回 34、七回 20、八回 40、九回 24、十回 32、十一回 32、十二回 40、十三回 48 韻。

版本：①清鈔本，車王府舊藏，首都圖書館首圖・甲四 1317/1；首圖縮印本 52 冊頁 1-56；北京整理本頁 1494-1508。

②百本張鈔本，傅斯年圖書館藏，T3-027、T13-173 兩冊；《俗文學叢刊》387 冊頁 399。

**別題一：投店**

百本張《子弟書目錄》別本："投店。三不從。情。十三回。四吊四。"別埜堂《子弟書目錄》著錄同，惟無"情"字。樂善堂《子弟大鼓書目錄》著錄，書價"二吊六"；民初輯本《子弟書目錄》列入"唐書子弟書"；《中國俗曲總目稿》頁 15、《子弟書總目》頁 58 著錄。

版本：①鈔本，傅斯年圖書館藏，T2-024。

②鈔本，傅斯年圖書館藏，T3-025、T3-026 兩冊。

③百本張鈔本，存中冊，傅惜華舊藏，藝研院・曲 310.651/0.356（142872）。

④鈔本，傅氏《總目》謂馬彥祥有藏，今藏處未詳。

**別題二：狄梁公投店**

《綠棠吟舘子弟書百種總目》卷三著錄。

版本：①鈔本（首冊書衣題："狄梁公投店子弟書全十三回"），國家圖書館藏，119993。[圖 131]

【說明】傅斯年圖書館藏百本張鈔本上冊標作："投店子弟書前七回"；下冊標作："三不從子弟書後六回。"故二本實即一種。

## 淤泥河 快書 三回

作者未詳。

聚卷堂藏《連珠調快書》目錄："淤泥河。箭對飛刀。八本。"《中國俗曲總目稿》頁 239、《北京傳統曲藝總錄》頁 307 著錄。

演李世民征朝鮮被葛蘇文逼入淤泥河，薛禮救駕打退葛蘇文。本事見《說唐征東全傳》第二十九回。

中東轍，十三落。

版本：①清鈔本，傅斯年圖書館藏，KS3-34（全十三落）；《俗文學叢刊》413 冊頁 149-222，《快書研究》頁 284-291 據以排印。

②清鈔本，鄭振鐸舊藏，國家圖書館・t3448/16（三回本）。

③聚卷堂鈔本，王伯祥舊藏，中國社科院圖書館（八本）藏。又，杜穎陶（藝研院・曲 319.651/0.582/8.190）、李嘯倉均有藏。[圖 132]

④別埜堂鈔本，藝研院音樂所資料室・858.65/BYT（存上冊）。

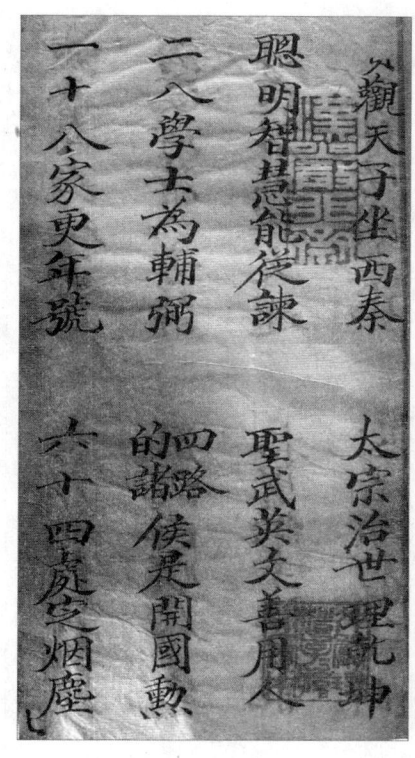 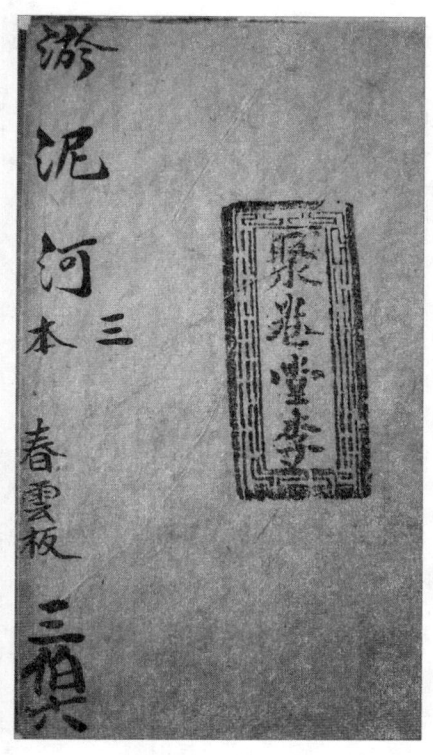

［圖131］國圖藏《狄梁公投店》　　　［圖132］社科院圖書館藏聚卷堂鈔本《淤泥河快書》

⑤光緒元年（1875）鈔本（內題"光緒元年三月初一日訂"），傅斯年圖書館藏，KS2-30（存前三落）；《俗文學叢刊》413冊頁37-90。

⑥鈔本，傅斯年圖書館藏，KS2-31（存八落。首缺一冊，末闕一冊）。

⑦清景異堂鈔本（前半殘失，存第七冊以下，爲九至十三落；第八冊有"景異堂白／與衆不同"木記），傅斯年圖書館藏，KS2-29。

⑧民初紅格鈔本，傅惜華舊藏，藝研院·曲311.651/0.682（145827/1）。

⑨民初百舍齋紅格鈔本，傅惜華舊藏，藝研院·曲311.651/0.682（145718）。

⑩清鈔本，國家圖書館藏，98751。

【說明】篇首作："[詩篇]堪嘆人生天地中，使碎心機爲利名。人生恰似花間露，好勇爭強火化冰。"結句作："喜孜孜笑盈盈同進三江閱虎城。"

## 淤泥河 快書 六落

作者未詳。

百本張《子弟書目錄》："快書。淤泥河。頭兩落春雲板，後四落連珠調。二回。七伯。"別埜堂《快書目錄》："淤泥河。二回。一吊二。"《中國俗曲總目稿》頁239、《子弟書總目》頁104（作"六回"，作爲子弟書收錄）著錄。

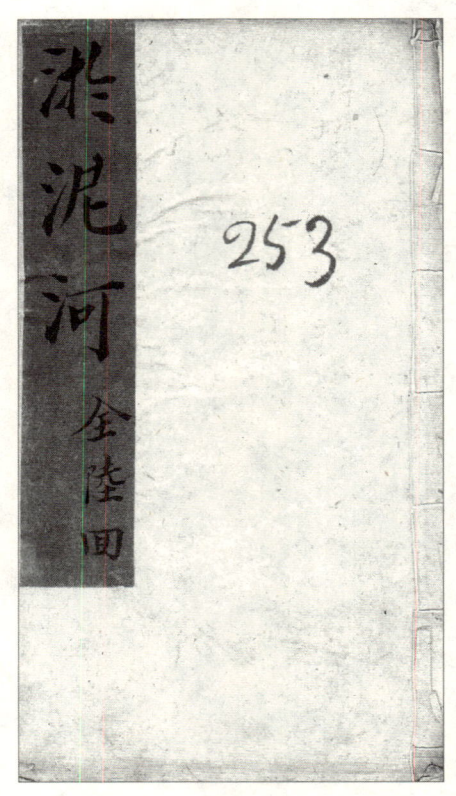
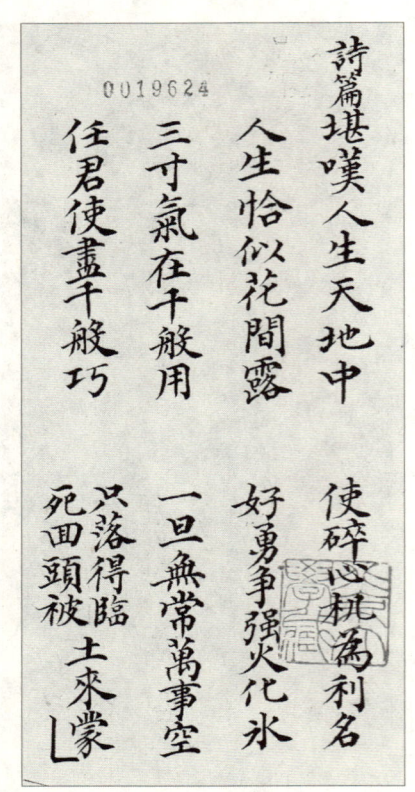

[圖133] 車王府舊藏本《淤泥河快書》

內容及本事來源參見上條。此實爲十三落本《淤泥河》之前六落。

版本：①清鈔本，車王府舊藏，北大圖書館・口 812.08/5105/:122（253/19624，十九葉，題"淤泥河全陸回"，第三落末左下有三行小字："買去作底賣/者男盜女娼/是億人之種"。第四落首頁書眉有橫書小字"買去作底賣者男盜女娼"）。過錄本，首圖・甲四 2307；首圖縮印本 52 冊頁 161-168；北京整理本頁 953-958（題作全六回）。過錄本，中大圖書館・92739；中大整理本頁 869-874（題作全六回）。[圖133]

②鈔本，傅斯年圖書館藏，KS1-027-028（存六落；前後有殘闕）。

③百本張鈔本，杜穎陶舊藏，藝研院・曲 319.651/0.582/8.191（存三四落，09690）。又，程硯秋舊藏，藝研院・曲 319.651/0.582/5.122。

④清滙劇堂鈔本，程硯秋舊藏，藝研院・曲 319.651/0.582/5.107。

⑤清別埜堂鈔本，程硯秋舊藏，藝研院・曲 319.651/0.582/5.108。

【說明】此篇卷首作："[詩篇] 堪嘆人生天地中，使碎心機爲利名。人生恰似花間露，好勇争強火化冰。"結句作："亂紛紛鬧吵吵慌壞了虛空那些過往的神靈。"

### 淤泥河 快書 九落

作者未詳。

百本張《子弟書目錄》:"快書淤泥河。九落。三吊四。"《中國俗曲總目稿》頁 239 著錄。內容及本事來源參見上條。此實爲全本《淤泥河》(十三落)之前九落。

版本:①鈔本,傅斯年圖書館藏,KS2-33(全六本);《俗文學叢刊》413 冊頁 95-148。〔圖 134〕

②鈔本,傅斯年圖書館藏,KS2-32。

③光緒十九年(1893)鈔本,傅惜華舊藏,藝研院・曲 311.651/0.136(140796/10)。

【説明】篇首作:"〔詩篇〕堪嘆人生天地中,使碎心機爲利名。人生恰似花間露,好勇爭強火化冰。"結句作:"回頭來再説那施展英勇鬥勝爭強的白虎遇見了青龍。"

### 薛禮救駕 快書 七落

作者未詳。《北京傳統曲藝總錄》頁 315 著錄。

演薛禮在淤泥河打退葛蘇文救李世民事。此即《淤泥河》十三落本之後七落。

版本:①百本張鈔本(與十三落本異文較多),雙紅堂文庫藏,戲曲・247。〔圖 135〕

【説明】篇首作:"〔春雲板頭落〕表的那紫微大帝有災星,慌壞虛空那些值日神靈。四值功曹不待慢,當方土地那消停。"結句作:"喜孜孜笑盈盈同進三江閲虎的城。"

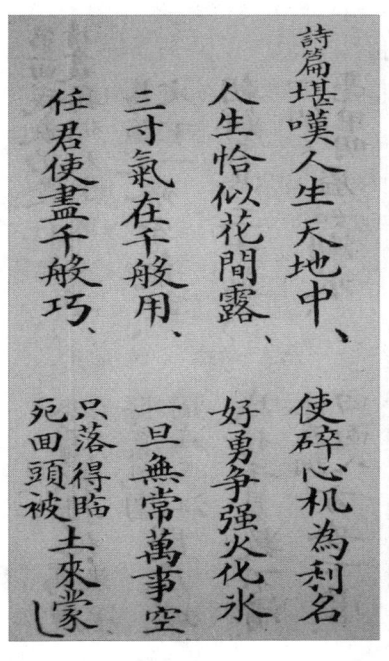

〔圖 134〕傅斯年圖書館藏《淤泥河快書》

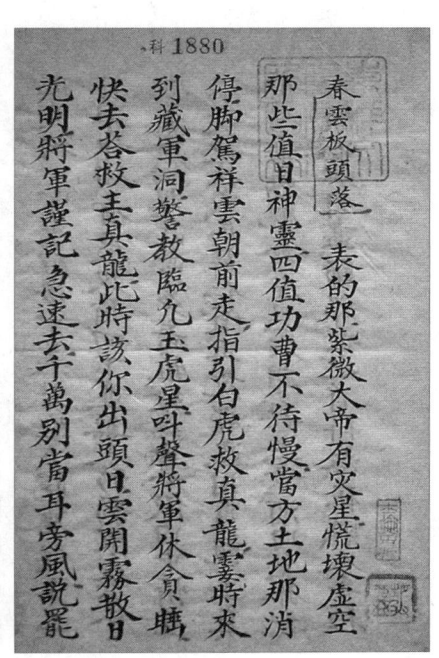

〔圖 135〕雙紅堂藏鈔本《薛禮救駕快書》

### 訴功　帶戲　四回

作者未詳。

《子弟書珍本百種》收錄。

江陽轍，分別爲 41、40、32、17 韻（另有"戲"詞未計）。

演薛禮向二老軍訴說自己十件功勞被薛宗顯謀占事。本事出《說唐後傳》。小說中占其功勞者爲何宗憲。

版本：①清鈔本，國家圖書館藏，98783（內封題"訴功子弟書全/代戲"；有"漢龍行齋"、"十年一劍"印）；《子弟書珍本百種》頁 133–137 據以排印。

**別題：薛禮訴功**

《綠棠吟舘子弟書百種總目》卷三著錄。

未見傳本。

### 罵城　三回

作者韓小窗。詩篇云："小窗氏在梨園觀演《西唐傳》，歸來時閒筆燈前寫《罵城》。"百本張《子弟書目錄》："罵城。苦。三回。一吊。"別埜堂《子弟書目錄》："罵城。三回。一吊一。"樂善堂《子弟大鼓書目錄》著錄，書價"六佰文"。民初輯本《子弟書目錄》列入"唐書子弟書"；《中國俗曲總目稿》頁 46《子弟書總目》頁 163 著錄。又《集錦書目》第 24 句："若有那罵城的前來用刺梁。"《子弟書約選日記》："罵城。可選。"

演樊金定率軍攜子欲見其夫薛仁貴，薛終拒不相認，樊在城下痛罵後自刎。據《西唐傳》（又名"樊金定罵城"）改編。

頭回中東轍，二回人辰轍，三回由求轍。每回 40 韻。

版本：①清鈔本，車王府舊藏，北大圖書館·□ 812.08/5105/:118（196/19567，十五葉）。過錄本，首圖·甲四 2250；首圖縮印本 52 冊頁 286–292；北京整理本頁 584–588。過錄本，中大圖書館·92705；中大整理本頁 875–879。[圖 136]
②百本張鈔本，杜穎陶舊藏，藝研院·曲 319.651/0.582/8.141；又，中國戲曲研究所 1950 年據中國戲曲音樂院藏同一版本過錄，藝研院·曲 319.651/0.582。
③同治間鈔本，傅惜華舊藏，藝研院·曲 310.64/0.440（145818）。
④鈔本，國家圖書館藏，35558（《子弟書》卷三）。
⑤鈔本，傅斯年圖書館藏，T11-137-1；《俗文學叢刊》387 冊頁 341。
⑥鈔本，傅斯年圖書館藏，T11-137-2。
⑦鈔本，傅斯年圖書館藏，T11-138。
⑧民初鈔本，天津圖書館集部–曲類–彈詞 37490 之六（僅錄前兩回）。
⑨聚卷堂鈔本，程硯秋舊藏，藝研院·曲 319.651/0.582/5.12。
⑩洗俗齋鈔本，傅氏《總目》謂馬彥祥有藏，今藏處未詳。

**別題：樊金定罵城**

《綠棠吟舘子弟書百種總目》卷三、《子弟書總目》頁158著錄。

版本：①文德堂刻本（封面作"新刻子弟書/樊金定罵城/文德堂梓行"），國家圖書館藏兩本，98914、98709（後印本）；又，傅氏《總目》謂賈天慈舊有藏，今藏處未詳。

②清刻本，傅惜華舊藏；今未見。《子弟書叢鈔》頁226-233據清刻本排印；《子弟書選》頁79-84據傅惜華藏本排印。

③百本張鈔本，梅蘭芳舊藏，藝研院‧曲319.651/0.582/6.104。

④書業堂刻本，俄羅斯國家圖書館藏。

⑤清鈔本，李嘯倉藏。

⑥光緒庚子（1900）會文堂刻本（封面題"光緒庚子年桃月鎸/樊金定罵城/子弟書－盛京會文堂"），藏者未詳。

⑦上海煉石書局石印本，傅惜華舊藏，藝研院‧曲310.651/0.356（07772/37）。

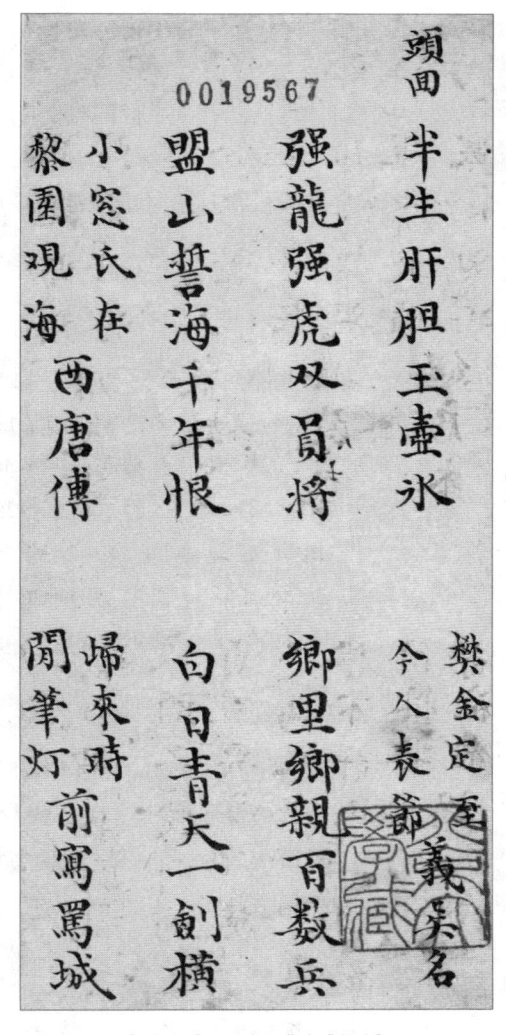

[圖136] 車王府舊藏本《罵城》

⑧石印本，傅斯年圖書館藏，T-738（每行五句本）；T-739（每行六句本）。

⑨石印本（"哈"字，與《孔子去齊》、《子路追孔》、《別善惡》合刊），天津圖書館（集部－曲類－彈詞6745）、傅斯年圖書館（DG2-019、DG1-013）藏。

⑩石印本（"鹹"字，每行四句。與《孔子去齊》、《子路追孔》、《滾樓》、《別善惡》合刊），傅斯年圖書館藏，T-548。

⑪北京打磨廠泰山堂排印本，雙紅堂文庫藏，戲曲‧190"唱本"之第5糸第10冊。又，《鼓詞彙集》第一輯排印本頁91-95。

## 續罵城 一回

作者古香軒。結句云："消午悶日長睡起閑無事，續殘篇**古香軒**外日夕陽。"又據"欲續曉窗慚句俚”，可知續韓小窗《罵城》子弟書而作。

《中國俗曲總目稿》頁 362、《子弟書總目》頁 183 著録。

演樊金定自殺後，其子景山憤欲率軍順西涼，太宗奉責薛仁貴，命追景山而還。據皮黃《西唐傳》改編。

江陽轍。40 韻。

版本：①清鈔本，車王府舊藏，北大圖書館·□ 812.08/5105/:113（115/19486，五葉）。過録本，首圖縮印本 52 册頁 325–328；北京整理本頁 242–243。過録本，中大圖書館·92626；中大整理本頁 880–881。［圖 137］

②曲盦鈔本，傅惜華舊藏，藝研院·曲 310.651/0.356（148738）。

③《子弟書叢鈔》頁 321–323、《子弟書選》頁 431–432 均據傅惜華藏本排印。

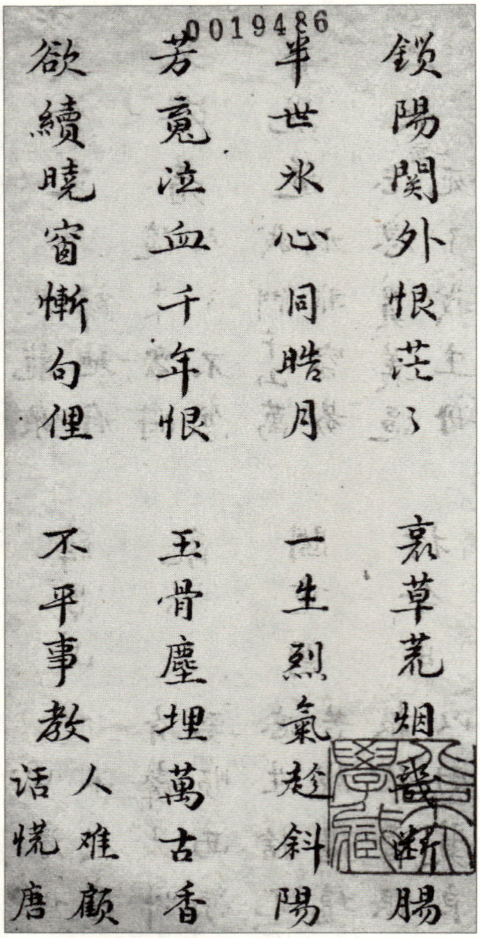
0019486
鎖陽關外恨茫〻 衰草荒烟斷腸
半世冰心同皓月 一生烈氣趁斜陽
芳魂泣血千年恨 玉骨塵埋萬古香
欲續曉窗慚句俚 不平事教人难顧话慌唐

［圖 137］車王府舊藏本《續罵城》

## 罵城 四回

前三回即《罵城》，作者韓小窗；後一回即《續罵城》，作者古香軒。

此種四回本未見著録。

内容及本事來源参見前文。此係將同一題材、内容前後相承的兩篇子弟書合成一篇。

版本：①聚卷堂鈔本，程硯秋舊藏，藝研院·曲 319.651/0.582/5.12。

②百本張鈔本，杜穎陶舊藏，藝研院·曲 319.651/0.582/8.141。

③過録本，中國戲曲研究所 1950 年據中國戲曲音樂院藏百本張鈔本過録，藝研院·曲 319.651/0.582。

## 天緣巧配 六回

作者疑爲梅窗。頭回："幽静**梅窗**題才女，寫成函紅葉傳詩巧姻緣。"

百本張《子弟書目録》："天緣巧配。紅葉題詩。情。六回。二吊。"（一本作"天緣巧配。紅葉題詩。八回。二吊八。"）《子弟書總目》頁 36 著録。又《集錦書目》第 63 句："天

**緣巧配**又遇見戲姨兒背著娃子去入府。""緣"
亦作"元"。

演宮女韓翠瓊與書生于晉以紅葉題詩，巧成姻緣之事。本事見《青瑣高議》。元白樸有《韓翠蘋御溝流紅葉》，明代祝長生有《紅葉記》傳奇，王驥德有《題紅記》傳奇，均演此事。

頭回、三回、五回言前轍；二回、四回、六回由求轍。分別為54、42、44、44、37、37韻。

版本：①清鈔本（書衣題作"天元巧配全八回"，內文實六回），車王府舊藏，北大圖書館·□ 812.08/5105/:123（264/19635，三十五葉）。過錄本，首圖·甲四2318；首圖縮印本51冊頁470–485（題作"天元巧配"）；北京整理本頁1079–1087。過錄本，中大圖書館·92351（題作"天元巧配"）；中大整理本頁475–484。[圖138]

②鈔本，北京師範大學圖書館藏，858.4/858。

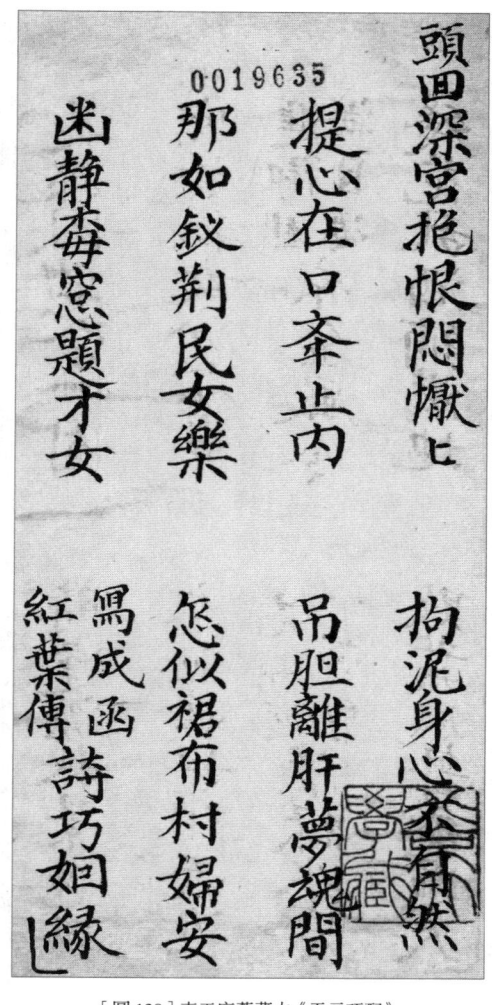

[圖138] 車王府舊藏本《天元巧配》

③同樂堂鈔本（分作八回），國家圖書館藏，98644。

④百本張鈔本，傅氏《總目》謂馬彥祥有藏，今藏處未詳。

**別題一：紅葉題詩**

別埜堂《子弟書目錄》："紅葉題詩。六回。二吊。"樂善堂《子弟大鼓書目錄》："子弟書六回起。一吊二。紅葉題詩。"《綠棠吟舘子弟書百種總目》卷五、《中國俗曲總目稿補遺》頁1164、《子弟書總目》頁87著錄。

版本：①百本張鈔本（殘，存前四回），程硯秋舊藏，藝研院·曲319.651/0.582/5.34。

②別埜堂鈔本，傅惜華舊藏，藝研院·曲310.651/0.356（145817）；《子弟書叢鈔》頁594–609據同一版本排印。

③清鈔本，分四回，傅惜華舊藏，藝研院·曲310.651/0.356（145817/2）。

④文萃堂刻本（書名頁題"新出子弟書/紅葉題詩/一本 文萃堂梓行"；首行題"新編紅葉題詩 文萃堂藏板"），傅惜華舊藏，藝研院・曲310.651/0.356（136587）；又，早稻田大學風陵文庫藏（F400–Z243），波多野太郎《子弟書集》據以收錄；又，國家圖書館藏，98926。
⑤鈔本（存首尾兩回），北京師範大學圖書館藏，858.4/701.3。
⑥舊鈔本（分作五回），傅氏《總目》謂馬彥祥有藏，今藏處未詳。

別題二：天緣巧合
《中國俗曲總目稿》頁1124著錄。
版本：①鈔本，傅斯年圖書館藏，T-557；《俗文學叢刊》387冊頁187。
②鈔本，傅斯年圖書館藏，T-558。

別題三：天緣巧
別埜堂《子弟書目錄》："天緣巧。六回。二吊。"
未見傳本。

別題四：天緣配
未見著錄。
版本：①清鈔本，鄭振鐸舊藏，國家圖書館・t3448/8-11。

## 紅葉題詩 二回

作者未詳。

民初輯本《子弟書目錄》："《漢書》子弟書。紅葉題詩。二回。"按，輯者既然將此篇列入漢代故事內，則此種兩回本《紅葉題詩》所敘內容當與六回本《天緣巧配》不同，兩者並非同一本。但漢代未見有紅葉題詩事，姑列於此，俟考。

未見傳本。

## 送枕頭 二回

作者未詳。

百本張《子弟書目錄》："送枕頭。范黎花。春。二回。一吊。"別埜堂《子弟書目錄》："送枕頭。范黎花。七佰二。"樂善堂《子弟大鼓書目錄》著錄，書價"五佰文"；民初輯本《子弟書目錄》列入"《鎖陽關》子弟書目錄"。《中國俗曲總目稿》頁219、《子弟書總目》頁90著錄。

演范梨花愛慕薛丁山，抱枕頭至薛丁山處相會。本事見如蓮居士《征西全傳》及皮黃《鎖陽關》。道光間《春台班戲目》有同名劇目。小說作"樊梨花"。

人辰轍；40、41韻。

版本：①清鈔本，車王府舊藏，北大圖書館・□812.08/5105/:115（148/19519，十葉半）。過錄本，首圖・甲四2202；首圖縮印本52冊頁53-57；北京整理

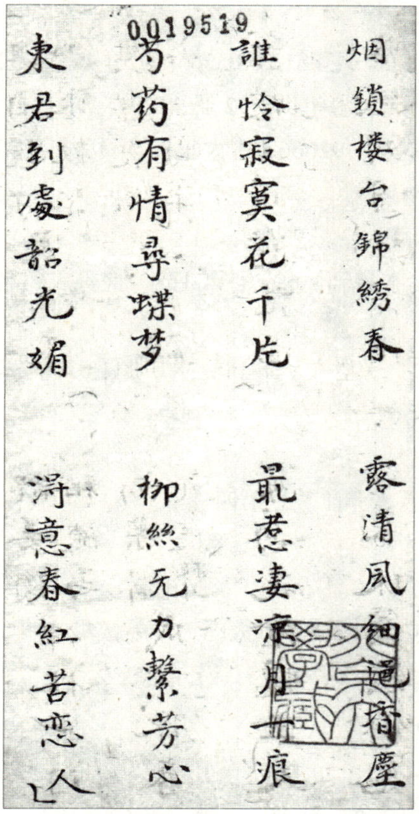
0019519
烟鎖楼台錦綉春　露清風細遍[illegible]塵
誰怜寂寞花千片　最惹凄涼月一痕
芍药有情尋蝶梦　柳絲无力繫芳心
東君到處韶光媚　淂意春紅苦戀人

［圖 139］車王府舊藏本《送枕頭》

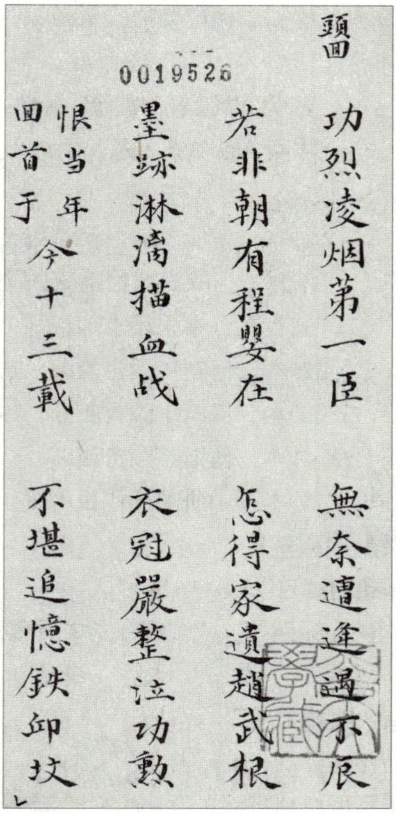
頭回
0019526
功烈凌烟第一臣　無奈遭逢遇不辰
若非朝有程嬰在　怎得家遺趙武根
墨跡淋漓描血战　衣冠嚴整泣功勳
恨当年
回首于今十三載　不堪追憶鉄卸坟

［圖 140］車王府舊藏本《薛蛟觀畫》

本頁 359–360（節録）。過録本，中大圖書館・92659；中大整理本頁 892–895。［圖 139］

②百本張鈔本，程硯秋舊藏，藝研院・曲 319.651/0.582/5.29；又，傅氏《總目》謂有自藏本，今未見。

③鈔本，傅斯年圖書館藏，T28–344；《俗文學叢刊》387 册頁 373。

④鈔本，傅斯年圖書館藏，T28–343。

⑤鈔本，傅氏《總目》謂馬彦祥有藏，今藏處未詳。

### 薛蛟觀畫　二回

作者未詳。

百本張《子弟書目録》:“薛蛟觀畫。二回。八佰。”民初輯本《子弟書目録》列入“《鐵邱墳》子弟書目録”。《中國俗曲總目稿》頁 647、《子弟書總目》頁 168 著録。

演薛剛因打奸臣，被滿門抄斬，徐策將己子易薛蛟，並撫養成人，囑其報仇。本事見《薛剛反唐全傳》，清代另有《興唐傳》傳奇，亦演及此事。此據皮黄《鐵坵墳》改編。

頭回人辰轍，二回梭撥轍。每回 40 韻。

版本：①清鈔本，車王府舊藏，北大圖書館・□ 812.08/5105/:115（155/19526，十葉）。過錄本，首圖・甲四 2209；首圖縮印本 52 冊頁 293–297；北京整理本頁 382–385。過錄本，中大圖書館・92666；中大整理本頁 896–899。［圖 140］

②鈔本，傅氏《總目》謂馬彥祥有藏，今藏處未詳。

③清鈔本，故宮博物院藏，《故宮珍本叢刊》699 冊頁 148（據書衣題名字跡，知實為百本張鈔本）。

④鈔本，傅斯年圖書館藏，T13–171；《俗文學叢刊》387 冊頁 523。

⑤鈔本，傅斯年圖書館藏，T–704。

⑥鈔本，傅斯年圖書館藏，T–705。

⑦鈔本，中研院近代史所藏，《子弟書十種》之第四種。

### 別題：觀畫

《子弟書總目》頁 186 著錄。

版本：①百本張鈔本，雙紅堂文庫藏，戲曲・212；波多野太郎《子弟書集》據以收錄。

## 反天宮　快書

作者未詳。

《中國俗曲總目稿》頁 99、《北京傳統曲藝總錄》頁 299 著錄。

演孫悟空反出天宮，與托塔天王對陣事。本事見《西遊記》第四回"官封弼馬心何足，名注齊天意未寧"及宮廷大戲《昇平寶筏》，崑曲及皮黃均有同名劇目。

中東轍，三落。

版本：①鈔本，傅斯年圖書館藏，KS1–10；《俗文學叢刊》413 冊頁 249–269。［圖 141］

②鈔本，傅斯年圖書館藏，KS1–8。

### 別題一：鬧天宮

《中國俗曲總目稿》頁 307、《北京傳統曲藝總錄》頁 313 著錄。

版本：①百本張鈔本，杜穎陶舊藏，藝研院・曲 319.651/0.582/8.189（09690）。又，程硯秋舊藏，藝研院・曲 319.651/0.582/5.117。

②鈔本，傅斯年圖書館藏，KS1–9；《俗文學叢刊》413 冊頁 227–248。

③北平學古堂排印本，傅斯年圖書館、雙紅堂文庫、風陵文庫等均有藏。

④《文明大鼓書詞》第二十二冊排印本，《快書研究》頁 263–265 據以排印。

### 別題二：大鬧天宮

《北京傳統曲藝總錄》頁 298 著錄。

版本：①清鈔本，傅氏《總目》謂李嘯倉有藏，今未見。疑李氏所藏原為排印本。

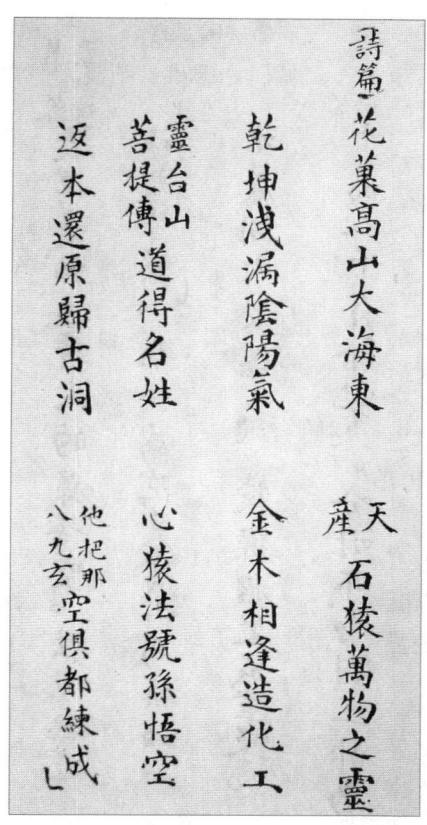 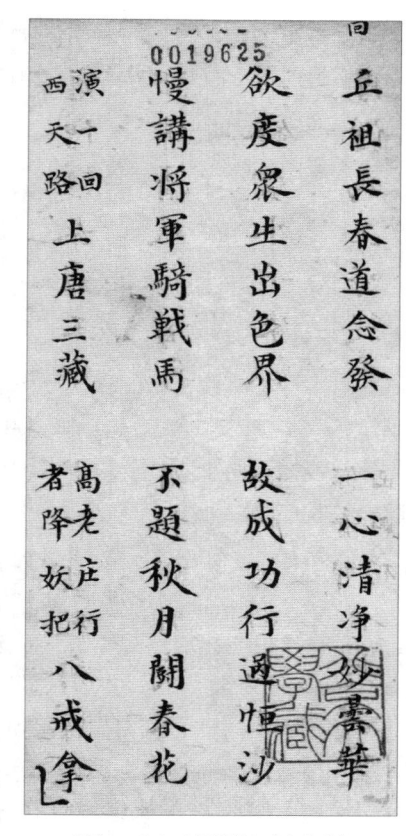

［圖141］傅斯年圖書館藏鈔本《反天宮》　　［圖142］車王府舊藏本《高老莊》

## 高老莊 六回

作者未詳。

百本張《子弟書目錄》："高老莊。即猴兒變。六回。二吊。"別埜堂《子弟書目錄》："高老莊。猴兒變。六回。二吊。"樂善堂《子弟大鼓書目錄》著錄，書價"一吊二"；民初輯本《子弟書目錄》列入"《西遊記》子弟書目錄"。並見《綠棠吟舘子弟書百種總目》《中國俗曲總目稿》頁213、《子弟書總目》頁90著錄。又《集錦書目》第1句："有一個風流詞客家住高老莊。"

演孫悟空在高老莊降服豬八戒事。本事見《西遊記》第十八回"高老莊大聖降魔"，清張照《昇平寶筏》亦演此事。

發花轍，分別爲32、34、34韻。

版本：①清鈔本，車王府舊藏，北大圖書館・□812.08/5105/:122（254/19625，十九葉）。
過錄本，首圖・甲四2308；首圖縮印本52冊頁101-111；北京整理本頁959-966。過錄本，中大圖書館・92740；中大整理本頁933-941。［圖142］
②鈔本，傅斯年圖書館藏，T27-326；《俗文學叢刊》386冊頁553。

③泰山堂刻本(封面題"新刻子弟書/高老莊/京都泰山堂梓行"),傅惜華舊藏,藝研院‧曲 310.651/0.356(142879/2);又傅氏《總目》謂賈天慈舊有藏,今藏處未詳。

④鈔本,傅斯年圖書館藏,T27-327。

## 撞天婚　四回

作者未詳。

百本張《子弟書目録》:"撞天婚。八戒。四回。一吊六。"《中國俗曲總目稿》頁 307、《子弟書總目》頁 158 著録。

演黎山老母化成美女戲弄豬八戒。本事見《西遊記》第二十三回"四聖試禪心"。皮黃有《豬八戒撞天婚》(又名《愚痴鏡》),亦演此事。

言前轍,每回 40 韻。

版本:①清鈔本,車王府舊藏,北大圖書館‧□ 812.08/5105/:119(221/19692,二十葉)。過録本,首圖‧甲四 2275;首圖縮印本 52 冊頁 269-278;北京整理本頁 732-738。過録本,中大圖書館‧92011;中大整理本頁 942-948。[圖 143]

②鈔本,傅斯年圖書館藏,T41-461;《俗文學叢刊》387 冊頁 1。

③鈔本,傅斯年圖書館藏,K28-303。

④百本張鈔本,殘存前三回,傅斯年圖書館藏,T41-460。

⑤鈔本,殘存第四回,傅斯年圖書館藏,T41-462。

【説明】樂善堂《子弟大鼓書目録》附録之石派書有:"撞天婚。兩本六回。三吊六。"

## 火雲洞　五回

作者未詳。

百本張《子弟書目録》:"火雲洞。五回。一吊八。"別埜堂《子弟書目録》:著録相同。《子弟書總目》頁 34 著録。

演孫悟空與紅孩兒鬥法之事。本事見《西遊記》第四十至四十二回。清張照《昇平寶筏》第五本演此事;皮黃有《火雲洞》(又名《紅孩兒》)。

頭回姑蘇轍,二回中東轍,三回人辰轍,四回一七轍,五回言前轍。每回 40 韻。

版本:①鈔本,車王府舊藏,首圖‧甲四 1317/2;首圖縮印本 51 冊頁 459-470;北京整理本頁 1609-1616。[圖 144]

②百本張鈔本,程硯秋舊藏,藝研院‧曲 319.651/0.582/5.25。

③別埜堂鈔本,傅惜華舊藏,藝研院‧曲 310.651/0.356(142821)。

④鈔本,傅斯年圖書館藏,T14-188;《俗文學叢刊》387 冊頁 43。

⑤鈔本,傅斯年圖書館藏,T14-187。

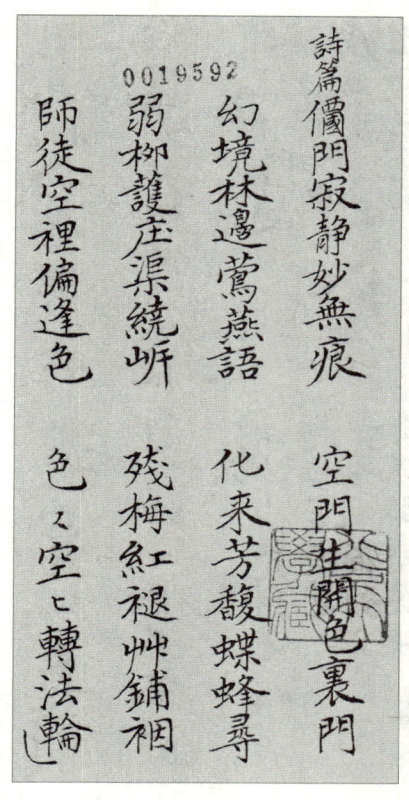
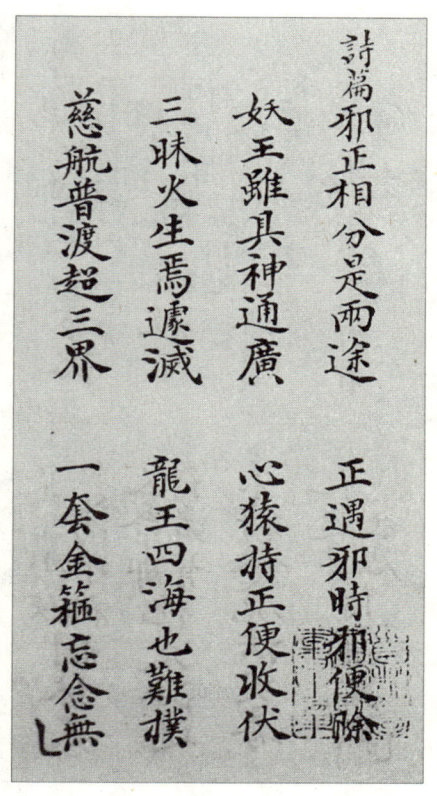

［圖143］車王府舊藏本《撞天婚》　　　　［圖144］首圖藏車王府舊藏本《火雲洞》

⑥清鈔本，國家圖書館藏，119979。

**別題：火焰山**

《中國俗曲總目稿》頁108、《子弟書總目》頁34著錄。

按：傅目實據《總目稿》移錄，但《總目稿》著錄有"火焰山"而無"火雲洞"，其頁108所錄篇首文字，實係《火雲洞》，且傅斯年圖書館有《火雲洞》子弟書多種，而無題作"火焰山"者，故此當係《總目稿》失校；或是原鈔本誤題，而今藏者失去書衣，遂難以區分。

## 觀雪乍冰　帶戲　一回

作者未詳。

百本張、別埜堂《子弟書目錄》均著錄作："觀雪乍冰。代（帶）戲。一回。五佰。"樂善堂《子弟大鼓書目錄》著錄，書價"三佰文"。並見《子弟書總目》頁186著錄。又《子弟書約選日記》謂："觀雪乍冰。文意平常。"

演魚精在通天河弄法，阻止唐僧師徒西天取經之事。本事見《西遊記》第四十八回"魔弄寒風飄大雪，僧思拜佛履層冰"。

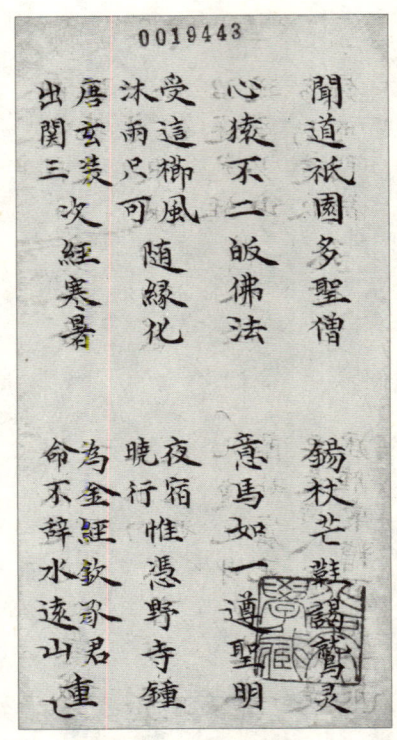 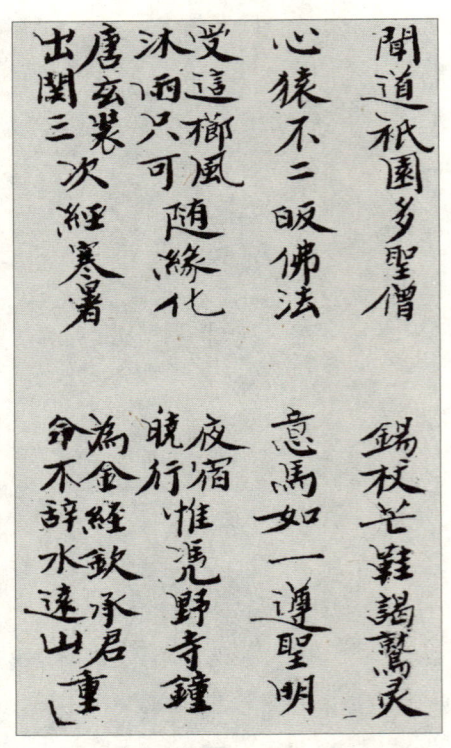

[圖145-1]車王府舊藏本《觀雪乍冰》　　[圖145-2]傅斯年圖書館藏百本張鈔本《乍冰》

中東轍，24韻（另有"戲"詞未計入）。

版本：①清鈔本，車王府舊藏，北大圖書館·□812.08/5105/:112（72/19443）。過錄本，首圖·甲四2135；首圖縮印本52冊頁328-331；北京整理本頁148-149。過錄本，中大圖書館·91383；中大整理本頁949-950。[圖145-1]

**別題**：乍冰

民初輯本《子弟書目錄》列入"《西遊記》子弟書目錄"。並見《綠棠吟舘子弟書百種總目》卷十二、《中國俗曲總目稿》頁8、《子弟書總目》頁48著錄。

版本：①百本張鈔本，傅斯年圖書館藏，T1-011；《俗文學叢刊》387冊頁95。[圖145-2]

②鈔本，傅斯年圖書館藏，T1-010。

③鈔本，傅斯年圖書館藏，T1-009。

## 子母河 一回

作者煦園。《舊鈔北平俗曲》題下注云"煦園自著"。

百本張《子弟書目錄》："子母河。一回。"《中國俗曲總目稿》頁83、《子弟書總目》頁31著錄。

演唐僧師徒誤飲子母河水懷胎之事。本事見《西遊記》第五十三回"禪主吞餐懷鬼孕，黃婆運水解邪胎"。

懷來轍，50韻。

版本：①清鈔本，車王府舊藏，北大圖書館・□812.08/5105/:112（71/19442，六葉半）。過錄本，首圖・甲四2134；首圖縮印本51冊頁455—458；北京整理本頁146—147。過錄本，中大圖書館・91382；中大整理本頁951—952。

②百本張鈔本，傅斯年圖書館藏，T13-174；《俗文學叢刊》387冊頁113。[圖146]

③鈔本，傅斯年圖書館藏，T13-175。

④鈔本，傅斯年圖書館藏，T13-176。

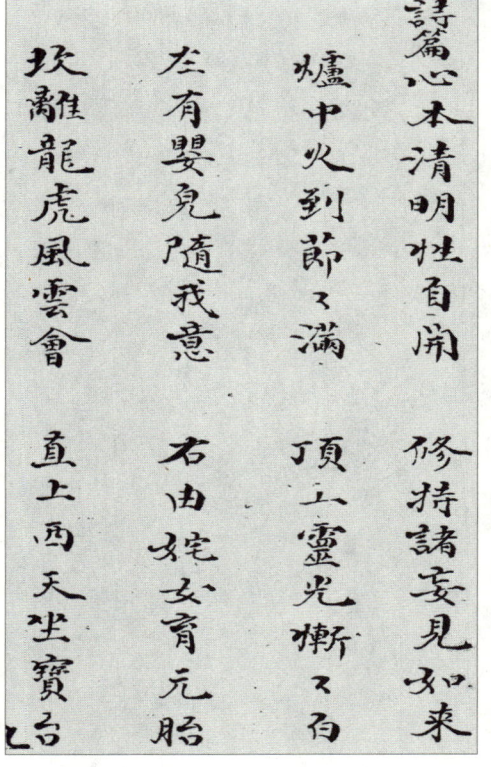

[圖146] 傅斯年圖書館藏百本張鈔本《子母河》

⑤《舊鈔北平俗曲》本，劉復舊藏，民族圖書館藏（題"煦園自著"）。

## 芭蕉扇 二回

作者竹軒。詩篇："女怪男妖八十一難，寫一段有情的節目做**竹軒**趣談。"

《子弟書總目》頁69著錄。

演孫悟空向鐵扇公主借芭蕉扇之事。本事見《西遊記》第六十回"牛魔王罷戰赴華筵，孫行者二調芭蕉扇"。並見《西遊記》雜劇十九齣"鐵扇兇威"，後崑曲衍爲折子戲，皮黃則有《芭蕉扇》（又名"火焰山"），均演此事。

言前轍，分別爲45、26韻。

版本：①清鈔本，車王府舊藏,北大圖書館・□812.08/5105/:116(158/19529)。過錄本，首圖・甲四2212；首圖縮印本52冊頁34—38；北京整理本頁395—397。過錄本，中大圖書館・92669；中大整理本頁953—955。[圖147-1]

②舊鈔本，杜穎陶舊藏，藝研院・曲319.651/0.582/8.158。

### 別題一：借芭蕉扇

百本張《子弟書目錄》："借芭蕉扇。春。二回。八佰。"別埜堂《子弟書目錄》；"借芭蕉扇。二回。七佰二。"樂善堂《子弟大鼓書目錄》著錄，書價"四佰文"。民初輯本《子

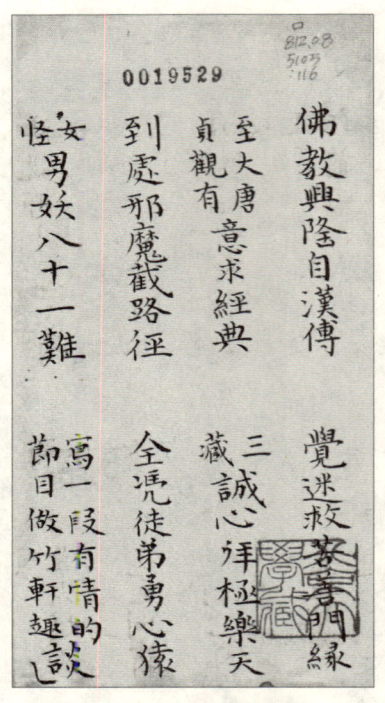 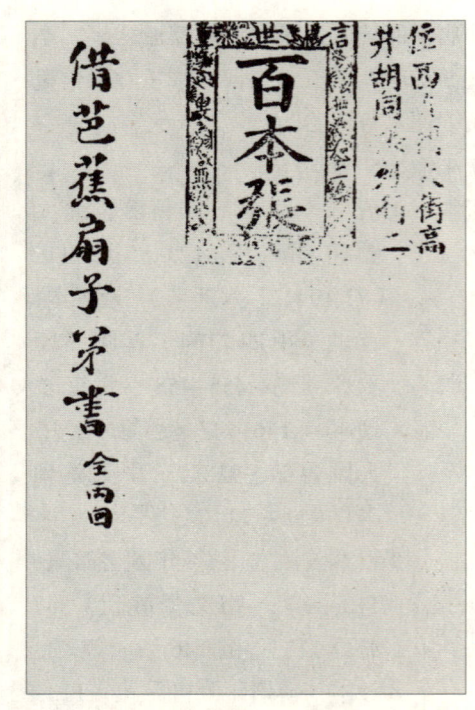

［圖147-1］車王府舊藏本《芭蕉扇》　　［圖147-2］傅斯年圖書館藏百本張鈔本《借芭蕉扇》

弟書目錄》列入"《西遊記》子弟書目錄"。並見《中國俗曲總目稿》頁547、《子弟書總目》頁100著錄。又《集錦書目》第53句："手搖著借來的芭蕉扇。"

版本：①百本張鈔本，吳曉鈴舊藏，首圖・己494；又，程硯秋舊藏，藝研院・曲319.651/0.582/5.27；又，傅斯年圖書館藏，T-629；《俗文學叢刊》387冊頁131。［圖147-2］

②別埜堂鈔本，傅惜華舊藏，藝研院・曲310.651/0.356（142918/5）；又，杜穎陶舊藏，藝研院・曲319.651/0.582/8.76。

③鈔本，國家圖書館藏，98645。

④鈔本，傅斯年圖書館藏，T-630。

⑤鈔本，傅斯年圖書館藏，T-631。

**別題二：盜芭蕉扇**

《綠棠吟舘子弟書百種總目》卷十二著錄。

版本：①鈔本，藝研院・曲319.651/0.582/8.158，歸入杜穎陶舊藏。按：據傅氏《總目》有程硯秋舊藏本，而無杜氏藏本，疑此兩本即是一本。

②清鈔本，國家圖書館藏，98645（有"漢龍行齋"、"敝帚千金"、"敬詒堂馬珍印"印）。

## 狐狸思春　四回

作者未詳。

百本張《子弟書目錄》:"狐狸思春。四回。一吊六。"別埜堂《子弟書目錄》:"狐狸思春。四回。一吊四佰四。"民初輯本《子弟書目錄》列入"《西遊記》子弟書目錄"。又《子弟書總目》頁 72 著錄。《集錦書目》第 82 句:"那**狐狸思春**,尼姑思凡,哭城裏面困商郎。"

演玉面公主獨處思嫁事。本事見《西遊記》第六十回"牛魔王罷戰赴華筵,孫行者二調芭蕉扇"。崑曲折子戲有《思春》,即此書所據。又《燕蘭小譜》卷二記乾隆時賈四兒、《日下看花記》卷三記嘉慶間福兒,均以演《狐狸思春》得名。言前轍。頭回、二回各 40 韻;二回、三回各 42 韻。

版本:①清鈔本,車王府舊藏,北大圖書館·□ 812.08/5105/:119（222/19693,二十一葉）。過錄本,首圖·甲四 2276;首圖縮印本 55 冊頁 284–293;北京整理本頁 739–744。過錄本,中大圖書館·92012;中大整理本頁 170–176。[圖 148]

②百本張鈔本,吳曉鈴舊藏,首圖·己 448。

③鈔本,傅氏《總目》謂馬彥祥有藏,今藏處未詳。

**別題:思春**

樂善堂《子弟大鼓書目錄》"二回起。八百文。思春。"《中國俗曲總目稿》頁 20、《子弟書總目》頁 82 著錄。

版本:①百本張鈔本,程硯秋舊藏,藝研院·曲 319.651/0.582/5.26。

②別埜堂鈔本,傅惜華舊藏,藝研院·曲 310.651/0.356（142815）。

③鈔本,傅斯年圖書館藏,T4-048;《俗文學叢刊》399 冊頁 585。

④鈔本,傅斯年圖書館藏,T4-047。

【説明】樂善堂目錄著錄之二回本,未詳是否同此書。姑附於此目內。

## 盤絲洞　三回

作者未詳。

百本張《子弟書目錄》:"盤絲洞。三回。一吊。"《中國俗曲總目稿》頁 330、《子弟書總目》頁 162 著錄。

演唐僧師徒鬥蜘蛛精之事。本事見《西遊記》第七十二回"盤絲洞七情迷本,濯垢泉八戒忘形"。道光四年（1824）《慶昇平班戲目》有同名劇目。

頭回言前轍,二回中東轍,三回梭撥轍。每回 40 韻。

版本:①清鈔本,車王府舊藏,北大圖書館·□ 812.08/5105/:118（204/19675,十五葉）。過錄本,首圖·甲四 2258;首圖縮印本 52 冊頁 279–285;北京整理本頁 625–629。中大整理本頁 956–960。[圖 149]

②百本張鈔本,吳曉鈴舊藏,首圖·己 515;又,程硯秋舊藏,藝研院·曲

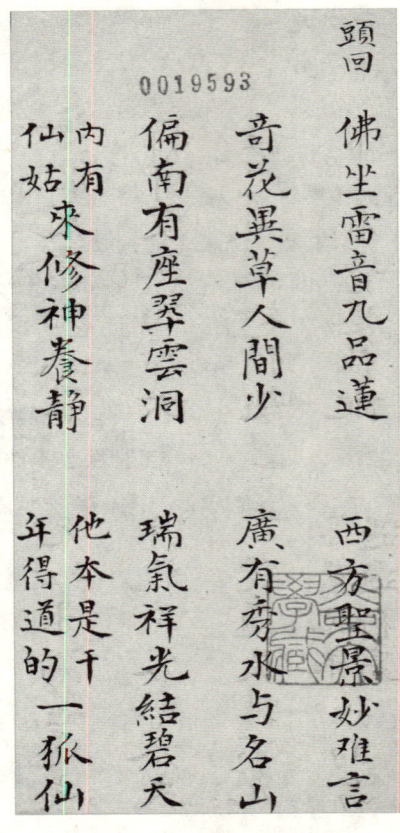

［圖148］車王府舊藏本《狐狸思春》

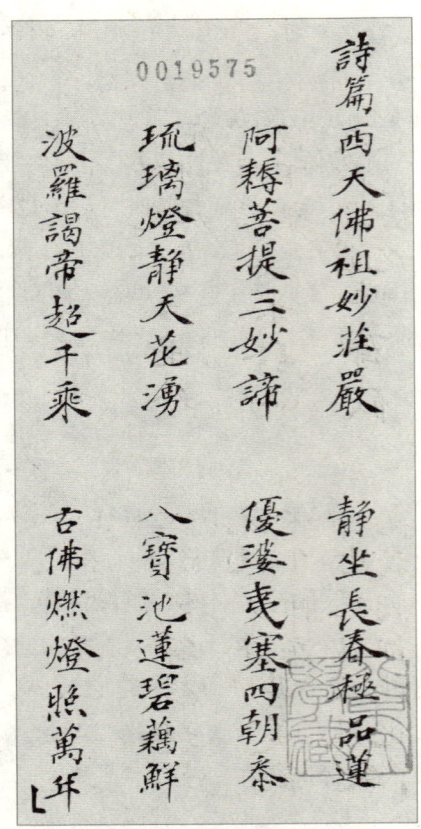

［圖149］車王府舊藏本《盤絲洞》

319.651/0.582/5.28。
③鈔本，傅斯年圖書館藏，T41-475；《俗文學叢刊》387 冊頁 155。
④鈔本，傅斯年圖書館藏，T41-474。

### 羅剎鬼國　五回

作者未詳。

民初輯本《子弟書目錄》："《續西遊記》子弟書目錄。羅剎鬼國。五回。"《子弟書總目》頁 177 著錄。

演孫小聖、豬一戒遇玉面狐狸事。據小說《後西遊記》第二十回"黑風吹鬼國，狹路遇冤家"、第二十一回"城中夜黑亂魔生，潭底日紅陰怪滅"編寫。

頭回梭撥轍，40 韻；二回遙條轍，42 韻；三回人辰轍，41 韻；四回人辰轍，40 韻；五回發花轍，40 韻。

版本：①精鈔本，傅惜華舊有藏，今未見；《子弟書叢鈔》頁 528-540 據傅藏精鈔本排印；又《子弟書珍本百種》頁 140-147 亦謂據傅藏本排印。

## 桃李園　一回

作者未詳。

百本張《子弟書目錄》："桃李園。李白。一回。四佰。"樂善堂《子弟大鼓書目錄》著錄，書價著錄，"二佰文"。民初輯本《子弟書目錄》列入"古文子弟書目錄"。並見《中國俗曲總目稿》頁214、《子弟書總目》頁95著錄。又《子弟書約選日記》："桃李園。桃李芳園，千古雅集，作者本序語，文意既清高，而襯帶亦無俗氣，宜採登諸報，以供衆覽也。"

演李白與諸子弟在桃李園飲酒作詩事。據李白詩《春夜宴從弟桃李園序》改編。

言前轍，40韻。

版本：①清鈔本，車王府舊藏，北大圖書館・□812.08/5105/:112（88/19459，五葉）。過錄本，首圖・甲四2128；首圖縮印本52冊頁158–160；北京整理本頁183–184。過錄本，中大圖書館・92599；中大整理本頁460–461。［圖150–1］

②百本張鈔本，程硯秋舊藏，藝研院・曲319.651/0.582/5.31；又，傅惜華舊有藏本，今未見；又，傅斯年圖書館藏，T27-328-1；《俗文學叢刊》387冊頁545；又一部，T27-328-2。［圖150–2］

③同樂堂鈔本，杜穎陶舊藏，藝研院・曲319.651/0.582/8.125。

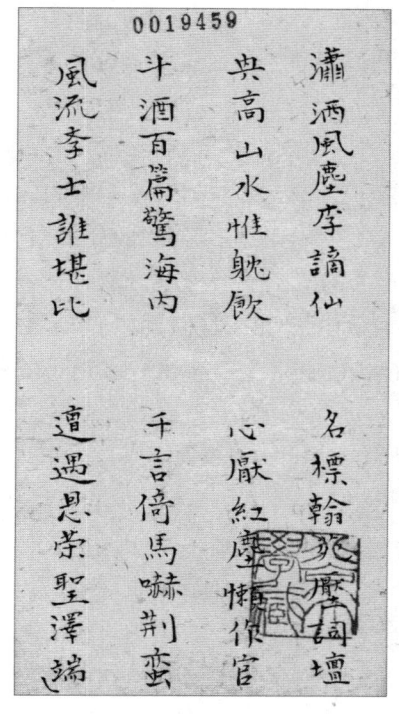

［圖150–1］車王府舊藏本《桃李園》

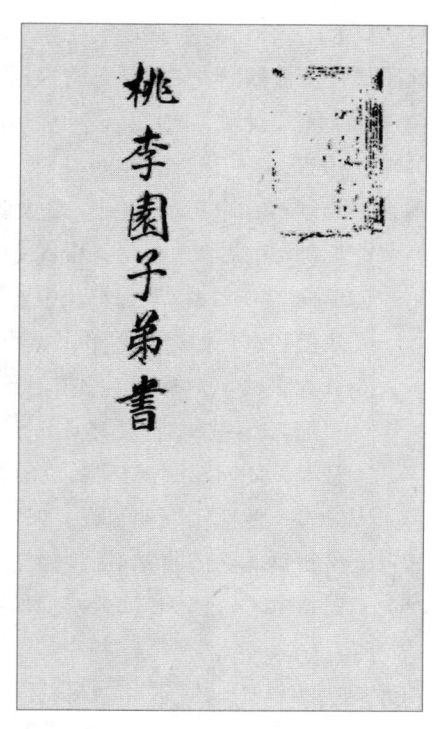

［圖150–2］傅斯年圖書館藏百本張鈔本《桃李園》

④聚卷堂鈔本，傅氏《總目》謂有自藏本，今未見。
⑤鈔本，傅斯年圖書館藏，T27-329。
⑥鈔本，傅斯年圖書館藏，T27-330。
⑦鈔本，傅斯年圖書館藏，T27-331。

### 李白醉酒　四回

作者未詳。

民初輯本《子弟書目錄》："《長生殿》子弟書目錄。李白醉酒。四回。"又《子弟書總目》頁58著錄。

當演李白醉寫嚇蠻書之事。本事見《警世通言》卷九及《今古奇觀》第六回，又見《隋唐演義》八十至八十二回。崑曲有《太白醉寫》，出《驚鴻記》，皮黃亦有《太白醉寫》。此據《長生殿》改編。

版本：①鈔本，傅氏《總目》謂馬彥祥有藏，今藏處未詳。

### 酒樓　一回

作者未詳。

百本張《子弟書目錄》："酒樓。郭子儀。一回。四佰。"（一本價格作"五佰"）民初輯本《子弟書目錄》列入"《長生殿》子弟書目錄"。並見《中國俗曲總目稿》頁28、《子弟書總目》頁89著錄。又《子弟書約選日記》："酒樓。一。可選。郭子儀。"

演郭子儀在酒樓飲酒，見楊國忠府第輝煌，安祿山折腰慶賀，憂其禍亂天下。據"長生殿"傳奇第十齣《疑讖》改編。

姑蘇轍，40韻。

版本：①清鈔本，車王府舊藏，北大圖書館·□812.08/5105/:113（101/19472，四葉）。過錄本，首圖·甲四2162；首圖縮印本52冊頁98-100；北京整理本頁211-212。過錄本，中大圖書館·92612；中大整理本頁902-903。
②曲盦鈔本，傅惜華舊藏，藝研院·曲310.651/0.356（148736）。
③百本張鈔本，傅斯年圖書館藏，T6-070；《俗文學叢刊》387冊頁559；又一部，T6-071。［圖151］
④鈔本，傅斯年圖書館藏，T6-072。
⑤鈔本，傅斯年圖書館藏，T6-073。
⑥《舊鈔北平俗曲》本，劉復舊藏，民族圖書館藏。
⑦民初鈔本，傅氏《總目》謂馬彥祥有藏，今藏處未詳。

### 楊妃醉酒　五回

作者未詳。

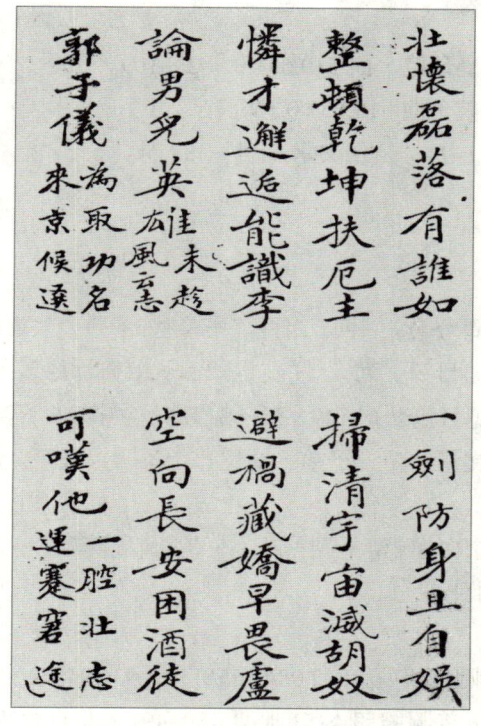

［圖151］傅斯年圖書館藏百本張鈔本《酒樓》

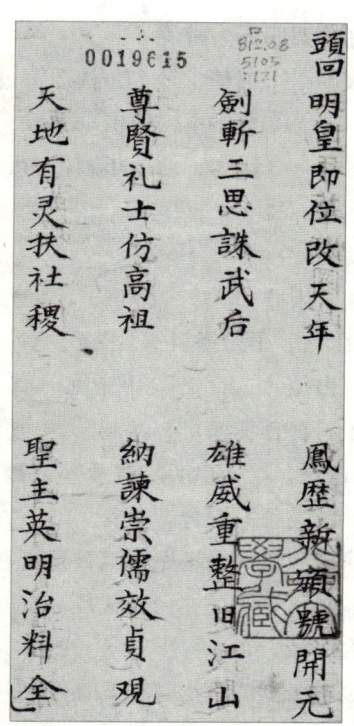

［圖152］車王府舊藏本《楊妃醉酒》

　　百本張《子弟書目錄》："楊妃醉酒。情。五回。一吊八。"樂善堂《子弟大鼓書目錄》著錄，書價"一吊文"。民初輯本《子弟書目錄》列入"《長生殿》子弟書目錄"。《綠棠吟舘子弟書百種總目》卷四、《子弟書總目》頁135著錄。

　　演唐明皇新納梅妃，楊貴妃寂寞獨賞碧雲亭，醉酒失態。本事見《磨塵鑒》傳奇；時調青崑有《楊妃醉酒》，《納書楹曲譜》"補遺"於"時調"內收錄《醉妃》，《綴白裘》十集三卷亦有選，均演此事。

　　言前轍，分別爲52、50、44、48、54韻。

　　版本：①清鈔本，車王府舊藏，北大圖書館・□ 812.08/5105/:121（244/19615，三十一葉）。過錄本，首圖・甲四2298；首圖縮印本52册頁250–264；北京整理本頁881–888。過錄本，中大圖書館・92730；中大整理本頁916–924。［圖152］

　　②清鈔本，故宮博物院藏，《故宮珍本叢刊》699册頁188（據書衣題名字跡，知實爲百本張鈔本）。

　　③鈔本，傅惜華舊藏，藝研院・曲310.651/0.356（142825）。

**別題：醉酒**

　　《中國俗曲總目稿》頁46、《子弟書總目》頁157著錄。《集錦書目》第55句："又至那葡萄架底下去**醉酒**。"
　　　　版本：①別埜堂鈔本，杜穎陶舊藏，藝研院·曲 319.651/0.582/8.109。
　　　　　　②舊鈔本，傅惜華舊藏，藝研院·曲 310.651/0.356。
　　　　　　③鈔本，傅斯年圖書館藏，T11-143；《俗文學叢刊》388 冊頁 53。

### 沉香亭　一回

　　作者未詳。

　　百本張《子弟書目錄》："沉香亭。召李白吟詩。一回。四百。"樂善堂《子弟大鼓書目錄》著錄，書價"二百文"。民初輯本《子弟書目錄》列入"《長生殿》子弟書目錄"。《綠棠吟舘子弟書百種總目》卷四、《中國俗曲總目稿》頁 149、《子弟書總目》頁 56 著錄。又《集錦書目》第 40 句："**沉香亭**去聽盲女琵琶行。"《子弟書約選日記》："沉香亭。不錄。因與社會教育不符合。"

　　演唐明皇與楊貴妃在沉香亭設宴，召李白作《清平調》詞。本事見《驚鴻記》傳奇《吟詩》齣，道光間《春台班戲目》有同名劇目。

　　人辰轍，40 韻。

　　版本：①清鈔本，車王府舊藏，北大圖書館·□ 812.08/5105/:112（83/19454，五葉）。過錄本，首圖·甲四 2123；首圖縮印本 51 冊頁 489-491；北京整理本頁 171-172。過錄本，中大圖書館·92664；中大整理本頁 900-901。［圖 153］
　　　　②百本張鈔本，程硯秋舊藏，藝研院·曲 319.651/0.582/5.30；又，傅惜華舊藏，藝研院·曲 310.651/0.356（142867）；又，國家圖書館藏，98789/2。《子弟書叢鈔》頁 697-700 據同一版本排印。
　　　　③清鈔本，故宮博物院藏，《故宮珍本叢刊》699 冊頁 209（據書寫字跡，知實爲百本張鈔本）。
　　　　④同樂堂鈔本，杜穎陶舊藏，藝研院·曲 319.651/0.582/8.126。
　　　　⑤鈔本，傅斯年圖書館藏，T20-246；《俗文學叢刊》387 冊頁 609。
　　　　⑥鈔本，傅斯年圖書館藏，T20-245。

### 梅妃自嘆　二回

　　作者未詳。

　　《中國俗曲總目稿》頁 1175、《子弟書總目》頁 111 著錄。

　　演楊妃進宮後，梅妃失寵，自嘆命薄，寫怨詩一首，遣太監呈送玄宗。本事見《長生殿》傳奇"夜怨"齣。此篇有句謂"都只爲閑窗愛看《長生殿》"，知實有感於《長生殿》而編寫。

　　遙條轍，每回 40 韻。

　　版本：①清鈔本，車王府舊藏，北大圖書館·□ 812.08/5105/:116（166/19537，十葉）。過錄本，首圖·甲四 2220；首圖縮印本 52 冊頁 210-214；北京整理

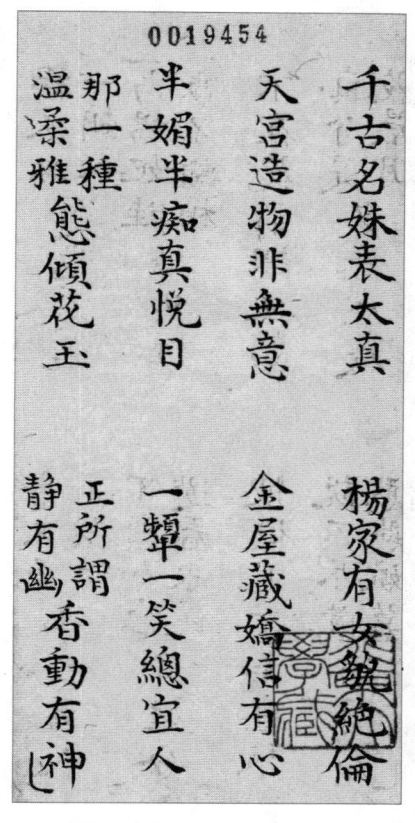
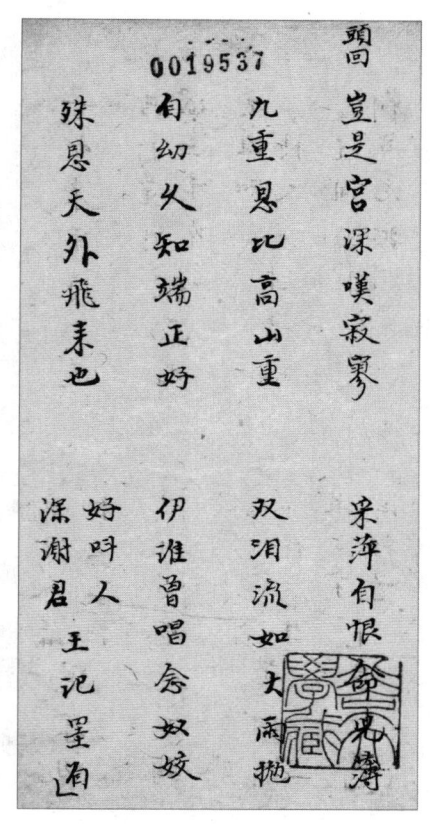

［圖153］車王府舊藏本《沉香亭》　　［圖154］車王府舊藏本《梅妃自嘆》

本頁423–425。過錄本，中大圖書館·91353；中大整理本頁904–907。[圖154]

**別題：梅妃嘆**

《綠棠吟舘子弟書百種總目》卷四著錄。

未見傳本，疑與此目相同，姑錄於此。

## 絮閣　四回

作者未詳。

百本張《子弟書目錄》："絮閣。楊妃。四回。一吊六。"別埜堂《子弟書目錄》："絮閣。楊妃。四回。一吊四佰四。"樂善堂《子弟大鼓書目錄》著錄，書價"一吊二"。又《子弟書總目》頁128著錄。《集錦書目》第31句："見滾樓、**絮閣**直聳百尺將頂燈掛。"

演唐明皇幸梅妃，楊貴妃鬧翠華西閣之事。據《長生殿》傳奇第十九齣"絮閣"改編。中東轍，分別爲49、46、50、44韻。

版本：①清鈔本，車王府舊藏，北大圖書館·□ 812.08/5105/:121（245/19616，二十四葉）。過錄本，首圖·甲四2299；首圖縮印本52冊頁239–249；北

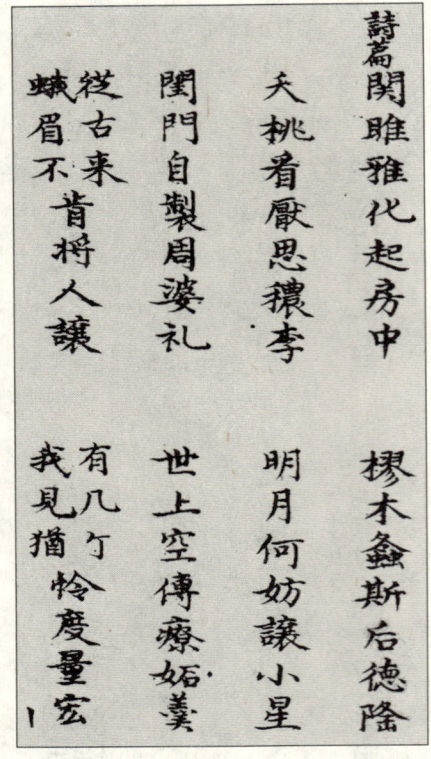

［圖155-1］故宮藏清鈔本《楊妃絮閣》　　［圖155-2］傅斯年圖書館藏光緒鈔本《敘閣》

京整理本頁889-895。過錄本，中大圖書館·92731；中大整理本頁908-915。［圖155-1］

②別埜堂鈔本，程硯秋舊藏，藝研院·曲319.651/0.582/5.33；又，杜穎陶舊藏，藝研院·曲319.651/0.582/8.111。

③清鈔本，國家圖書館藏，98782（有"敬詒堂馬珍印"）。

**別題一：敘閣**

民初輯本《子弟書目錄》："《長生殿》子弟書目錄。敘閣。四回。"《中國俗曲總目稿》頁22、《子弟書總目》頁103著錄。

版本：①百本張鈔本，傅惜華舊藏，藝研院·曲310.651/0.356（142824）。

②鈔本，傅斯年圖書館藏，T5-054。

③清鈔本（末有"戊申菊月廿五日塗，愛新氏迪元寫"），傅斯年圖書館藏，T5-053；《俗文學叢刊》388冊頁1。［圖155-2］

④精鈔本，傅氏《總目》謂有自藏本，今未見。

**別題二：楊妃絮閣**

版本：①清鈔本，故宮博物院藏，《故宮珍本叢刊》699冊頁156（據書衣題名字跡，知實爲百本張鈔本）。

## 長生殿 一回

鄭振鐸《西調選》收錄此篇，題羅松窗作，未詳所據。

百本張《子弟書目錄》："長生殿。一回。五佰。"樂善堂《子弟大鼓書目錄》著錄，書價"六佰文"。並見《中國俗曲總目稿》頁 158、《子弟書總目》頁 63 著錄。

演唐明皇、楊貴妃七夕在長生殿密誓永作夫妻。據《長生殿》傳奇第二十二齣"密誓"改編。

一七轍，54 韻。

版本：①清鈔本，車王府舊藏，北大圖書館·□ 812.08/5105/:112（84/19455，七葉）。過錄本，首圖·甲四 2124；首圖縮印本 52 冊頁 26-29；北京整理本頁 173-175。過錄本，中大圖書館·92595；中大整理本頁 925-926。[圖 156]

②百本張鈔本，傅惜華舊藏，藝研院·曲 310.651/0.356（142918/7）。又，傅斯年圖書館藏兩種，T21-257；T21-258。

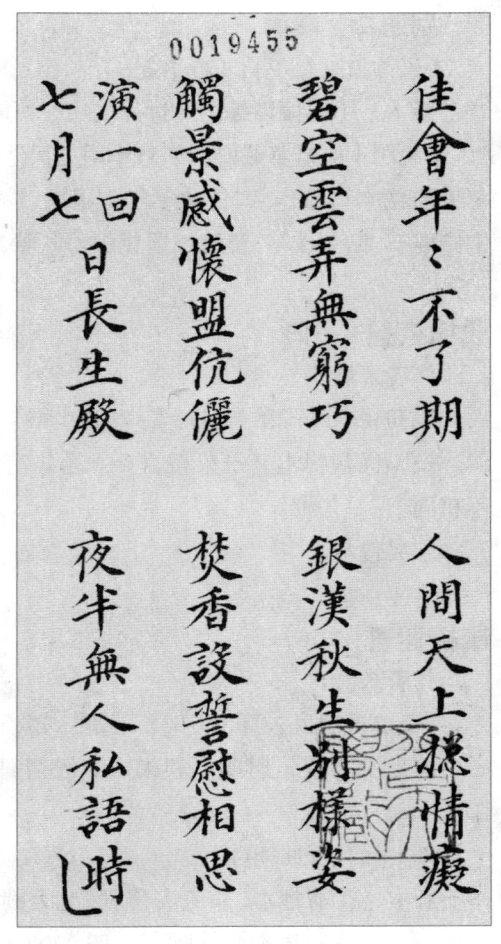

[圖 156] 車王府舊藏本《長生殿》

③鈔本，傅斯年圖書館藏，T21-259；《俗文學叢刊》387 冊頁 571。

④鈔本，傅斯年圖書館藏，T21-260。

### 別題一：鵲橋密誓

民初輯本《子弟書目錄》："《長生殿》子弟書目錄。鵲橋密誓。一回。"《子弟書總目》頁 176（誤作"二回"，題"羅松窗作"）。又《子弟書約選日記》："鵲橋密誓，不錄。因與社會教育不符合。"

版本：①光緒聽秋館鈔本，附注曲譜，傅惜華舊藏，藝研院·曲 310.64/0.163（136071-136072）。

②鈔本，國家圖書館藏，35558（《子弟書》卷三）。

③鄭振鐸《世界文庫·西調選》排印本；《鼓詞選·大鼓編》復據以排印。

④《子弟書選》據傅惜華藏本排印，頁 275-276（作者題羅松窗）；《子弟書珍本百種》排印本，亦據傅惜華藏本排印，頁 148-150（注謂"作者羅松窗"）。

**別題二：鵲橋**

《子弟書總目》頁 176 著錄。

版本：①鄭振鐸編選《世界文庫・西調選》排印本，題羅松窗作。

【說明】傅惜華藏聽秋館鈔本附工尺譜，《總目》誤入下一種，且著錄爲"吟秋館"，誤。車王府藏本篇首作："佳會年年不了期，人間天上總情痴。碧空雲弄無窮巧，銀漢秋生別樣姿。"結句作："雙雙祝罷見銀河耿耿，星光明滅人意遲遲。"

## 鵲橋密誓　一回

作者未詳。

民初輯本《子弟書目錄》："《長生殿》子弟書目錄。鵲橋密誓。一回。"

按：民初輯本《子弟書目錄》著錄有兩種一回本"鵲橋密誓"，故必有一種與上條不相同。

未見傳本。

## 鵲橋盟誓　二回

作者未詳。

《子弟書總目》頁 176 著錄，題"羅松窗作"，未言依據。

演七夕之夜，唐明皇與楊貴妃設盟誓，永作恩愛夫妻。本事見《長生殿》傳奇第二十二齣"密誓"。

一七轍，每回 40 韻。

版本：①清鈔本，車王府舊藏，北大圖書館・□ 812.08/5105/:115（153/19524，十葉）。過錄本，首圖・甲四 2207；首圖縮印本 52 冊頁 298–302；北京整理本頁 375–377。過錄本，中大圖書館・92664；中大整理本頁 927–930。

別題一：七夕密誓

別埜堂《子弟書目錄》："七夕密誓。二回。七佰二。"《子弟書總目》頁 25 著錄，題"羅松窗作"。

版本：①別埜堂鈔本（封面題"七夕密誓子弟書　二回全　卷一"），傅惜華舊藏，藝研院・曲 310.651/0.356（142918/6）；《子弟書叢鈔》頁 37–42 據同一版本排印，亦題羅松窗作。

別題二：雀橋密誓（"密"或作"蜜"）

百本張《子弟書目錄》："雀橋密誓。二回。八佰。"《子弟書總目》頁 114 著錄。

版本：①清鈔本，故宮博物院藏，《故宮珍本叢刊》699 冊頁 204（據書衣題名字跡，知實爲百本張鈔本）。

②老聚卷堂鈔本，題《雀橋蜜誓》，雙紅堂文庫藏，戲曲・232；波多野太郎《子弟書集》據以收錄。（文字與他本有異）［圖 157］

別題三：雀橋

《中國俗曲總目稿》頁35、《子弟書總目》頁114著錄。

　　版本：①百本張鈔本，吳曉鈴舊藏，首圖・己525。

　　　　②鈔本，傅斯年圖書館藏，T12-164；《俗文學叢刊》387冊頁587。

別題四：長生殿

《中國俗曲總目稿》頁159、《子弟書總目》頁63（不知回數）著錄。

　　版本：《中國俗曲總目稿》著錄作："長生殿　子弟書，北京，抄。"篇首文字同二回本《鵲橋盟誓》，而與一回本《長生殿》異。即今傅斯年圖書館所藏之清鈔本T12-163《雀橋》，因此本脫封面，藏者以其內容同《雀橋》，而作爲《雀橋》之又一本收錄，實非。

別題五：鵲橋密誓

民初輯本《子弟書目錄》："《長生殿》子弟書目錄。鵲橋密誓。二回。"《子弟書總目》頁176著錄，題"羅松窗作"。

別題六：鵲橋

《子弟書叢鈔》所引有此本。

　　版本：①舊鈔本，傅氏《總目》謂馬彥祥有藏，今藏處未詳。

【說明】車王府藏本篇首兩韻作："鵲橋剛逢七月七，織女牛郎敘別離。天上星辰情寞寞，人間天子語嘶嘶。"結句："直到那鴻都道士覆主命，才曉得七夕私盟總是痴。"傅惜華《子弟書總目》將本篇歸入羅松窗名下，當因鄭振鐸《西調選》所收《鵲橋》署爲羅松窗作，而不察此兩篇實是同名異書。

［圖157］雙紅堂藏老聚卷堂鈔本《雀橋蜜誓》

## 賜珠　二回

作者未詳。

民初輯本《子弟書目錄》："《長生殿》子弟書目錄。賜珠。二回。"《子弟書總目》頁158著錄。

當演《長生殿》明皇賜江采蘋明珠事。本事見《長生殿》。

　　版本：①舊鈔本，傅氏《總目》謂馬彥祥有藏，今藏處未詳。

### 馬嵬驛　一回

作者未詳。

《子弟書總目》頁94著錄。

演馬嵬坡兵變賜死楊貴妃事。據《長生殿》傳奇"驚變"、"埋玉"改編。

江陽轍，50韻。

版本：①清鈔本，傅惜華舊藏，藝研院·曲310.651/0.356（142867/3；抄錄後有改筆）。
　　　　［圖158］
②《子弟書叢鈔》頁707–710據清鈔本排印。
③《子弟書珍本百種》頁151–153，據藝研院藏清鈔本（當即傅氏舊藏本）校錄。

【説明】此篇卷首作："漁陽鼙鼓破霓裳，陷長安翠華西幸太蒼皇。連天烽火驚金闕，捲地烟塵入帝邦。"結句作："要相逢經年那有三更夢，只落得人間天上兩茫茫。"

按：《子弟書總目》頁94謂《馬嵬驛》即原"中央研究院"藏《馬嵬坡》（一回），誤。中研院本《馬嵬坡》實爲二回本，爲《驚變埋玉》（二回）的別題，與此種一回本非同一書。詳下條。

### 驚變埋玉　二回

作者未詳。

百本張、別埜堂《子弟書目錄》均作："驚變埋玉。接聞鈴。二回。八佰。"（一本注："聞鈴以前"）樂善堂《子弟大鼓書目錄》著錄，書價"五百文"。民初輯本《子弟書目錄》列入"《長生殿》子弟書目錄"。又《子弟書總目》頁185著錄。

演馬嵬坡兵變賜死楊貴妃事。據《長生殿》傳奇"驚變"、"埋玉"改編。下接《聞鈴》。言前轍，各40韻。

版本：①百本張鈔本，傅惜華舊藏，藝研院·曲310.651/0.356（142867）；《子弟書叢鈔》頁701–706、《子弟書珍本百種》頁154–157據同一版本排印。

**別題一：埋玉**

《中國俗曲總目稿》頁24、《子弟書總目》頁94著錄。

版本：①鈔本，傅斯年圖書館藏，T26-322（藏者今題"馬嵬坡"，然内實題"埋玉書"）；《俗文學叢刊》388冊頁117（題作"馬嵬坡"）［圖159］

**別題二：馬嵬坡**

《中國俗曲總目稿》頁228、《子弟書總目》頁94（誤作"一回"，故以爲與《馬嵬驛》篇相同）著錄。

版本：①鈔本，傅斯年圖書館藏，T26-267。

【説明】此篇卷首作："宮殿參差頃刻間，漁陽烽火照寒泉。遏雲聲斷悲風起，何處黃雲是隴山。"結句作："拜罷的佳人將身起，狠芳心把絕代的姿容在梨下完。"

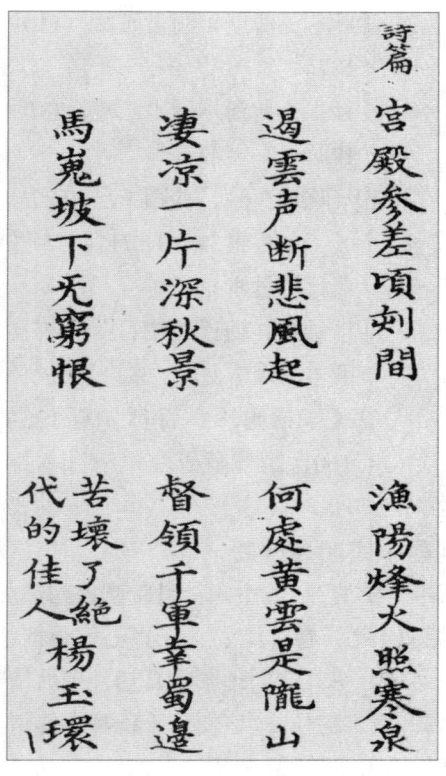

[圖158] 藝研院藏清鈔本《馬嵬驛》　　[圖159] 傅斯年圖書館藏鈔本《馬嵬坡》

## 聞鈴　二回

作者未詳。

百本張《子弟書目錄》："聞鈴。二回。八佰。" 別埜堂《子弟書目錄》："聞鈴。二回。七佰二。" 樂善堂《子弟大鼓書目錄》著錄，書價 "五佰文"。民初輯本《子弟書目錄》列入 "《長生殿》子弟書目錄"。並見《中國俗曲總目稿》頁43《子弟書總目》頁146著錄。又《集錦書目》第47句："**聞鈴**十里如千軍私奔。"

演楊貴妃死後，唐明皇登劍閣，聞鈴聲思念楊貴妃。據《長生殿》傳奇二十九齣 "聞鈴" 改編。上接《驚變埋玉》。

頭回中東轍，二回江陽轍。各32韻。

版本：①清鈔本，故宮博物院藏，《故宮珍本叢刊》697冊頁283。

②別埜堂鈔本，傅惜華舊藏，藝研院・曲310.651/0.356（142823）；又，杜穎陶舊藏，藝研院・曲319.651/0.582/8.115。

③光緒丙午（1906）鈔本，傅斯年圖書館藏，T10-126（封底題 "崑高戲名/丙午九月前七日燈下出次抄/愛新氏塗"）；《俗文學叢刊》388冊頁139。[圖160]

④鈔本，傅斯年圖書館藏，T10-127。
⑤鈔本，傅斯年圖書館藏，T10-128。
⑥吳曉鈴舊藏，首圖‧己458。
⑦《子弟書叢鈔》頁711–715據清代精鈔本排印。
⑧精鈔本，傅氏《總目》謂有自藏本，今未見。
⑨《子弟書珍本百種》頁158–160，謂據藝研院藏清鈔本排印。

**別題**：唐明皇聞鈴
**版本**：①清鈔本，中國社科院圖書館藏。
【說明】此篇卷首作："天子傷心總爲情，可憐情字未分明。情同理順方真切，理與情違費品評。"末句作："這便是千秋萬古傷情事，好教人筆墨餘暇寫大唐。"

［圖160］傅斯年圖書館藏鈔本《聞鈴》

## 聞鈴 一回

作者未詳。

《集錦書目》第47句："**聞鈴**十里如千軍私奔"。《子弟書總目》頁146著錄作："光緒二年鈔本，不分回，傅惜華藏。"按：傅目將此本視同二回本，失檢。

演唐明皇登劍閣聞鈴聲思念楊貴妃。本事見《長生殿》傳奇二十九齣"聞鈴"。

中東轍，40韻。

**版本**：①光緒二年（1876）麗堂鈔本，傅惜華舊有藏，今未訪見；《子弟書珍本百種》頁161–162據以排印。

【說明】本篇卷首詩篇作："大廈難支社稷傾，權臣當道亂朝廷。滿城殺氣遮天日，一片哭聲震地鳴。……燈前細演唐時傳，寫一段風流佳話君婦恩情。"結句作："演一回巡行萬里聞鈴記，寫出來傷盡千秋萬古情。"

## 憶真妃 一回

作者春澍齋，據會文山房刻本跋。

《綠棠吟舘子弟書百種總目》卷四、《中國俗曲總目稿》頁329、《子弟書總目》頁164著錄。

演唐明皇雨夜憶楊妃事。據《長生殿》第四十一齣"見月"改編。

中東轍，40韻。

版本：①同治二年（1863）會文山房刻本（封面題"癸亥長夏新鐫／憶真妃／會文山房藏板"），眉欄鐫評，長田夏樹藏，波多野太郎《子弟書集》收錄。又，過錄本，啟功據韓忠悅氏舊藏同治二年癸亥瀋陽會文山房刊本錄副者，並全文收入啟功《創造性的新詩子弟書》（《文史》二十三輯，1984，頁239）。又，綏中吳氏雙楮書屋手鈔本，吳曉鈴藏，係從啟功藏手鈔本過錄者，今歸首都圖書館。此外，《子弟書叢鈔》頁716–719，《子弟書珍本百種》頁163–164收錄，均據此刻本排印（題"無名氏"作）。〔圖161〕

②耕心堂鈔本，傅氏《總目》謂賈天慈有藏，今藏處未詳。

③光緒十一年（1885）永遠堂刻本（封面題"光緒乙酉中秋月新鐫／憶真妃／永遠堂藏板"），眉欄鐫評，傅惜華舊藏，今歸藝研院。又，阿英藏，今藏處未詳。

④舊鈔本，傅氏《總目》謂杜穎陶有藏，今未見。

⑤清鈔本，李嘯倉藏。

⑥民初奉天都石印本（與《憶真妃》《滾樓》合刊），傅惜華舊藏，藝研院‧曲310.651/0.356/36（07772）。

⑦石印本（"致"字），國家圖書館（98793、52605）、天津圖書館有藏。又，波多野太郎《子弟書集》（橫濱市立大學紀要人文科學第六篇，昭和五十年）據同一版本影印。

⑧石印本（每行三句，無評語），傅惜華舊藏，藝研院‧曲310.651/0.356/4（142935）。

⑨石印本（無評語），傅惜華舊藏，藝研院‧曲310.651/0.356/3（142934）。

⑩上海茂記書莊石印本，傅斯年圖書館藏，T20–239。

⑪《子弟書選》頁211–212據傅惜華舊藏本排印（謂作者"傳爲"韓小窗，實非）。

**別題：全憶真妃**

版本：①財勝堂刻本（封面題"清音子弟書／全憶真妃／錦水祠－財盛堂存板"），國家圖書館藏，98396。

【說明】會文山房刻本有跋："乙未夏（道光十五年，1835），余由藏旋都，駐蜀之黃華館，適澍齋同年亦以別駕來省。他鄉遇故知，誠爲快事。澍齋詩文，固久矣膾炙人口，而尤善著書。如《憶真妃》、《蝴蝶夢》、《齊人嘆》、《罵阿瞞》及《醉打山門》諸作，都中爭傳，已非朝夕。茲長夏無事，欲解睡魔，澍齋因以近作諸本賜觀。余卒讀之，純是八股法爲之。以史遷之筆，運熊、劉之氣，來龍去脈，無不清真，而出落處更屬井井。至於意思新奇，字句典雅，又其餘事。曾記共研時，霜橋孝廉戲澍齋句云：前有袁子才，後有春澍齋。雖曰戲之，實堪贈之云。愚兄雲章隆文拜讀。"因知作者爲春澍齋。亦可書作"春

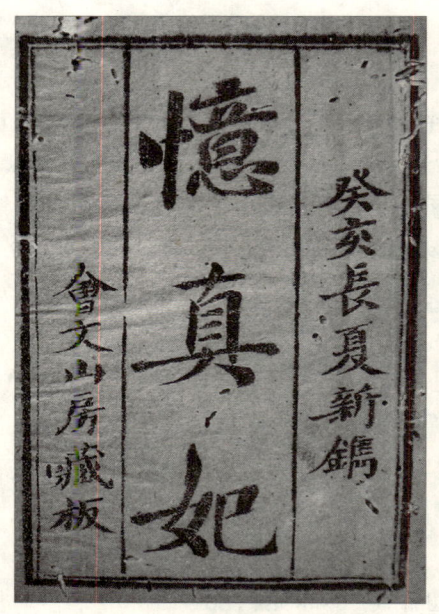 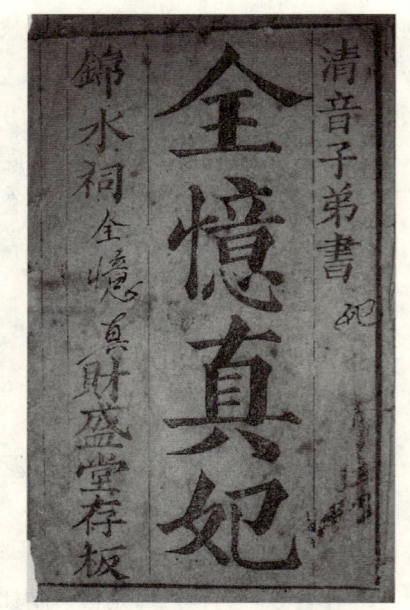

［圖 161］長田夏樹藏會文山房刻本《憶真妃》　　［圖 162］國圖藏清刻《憶真妃、錦水祠》合刊本

樹齋"。

　　財勝堂刻本有《題詞》："別瓊枝，幾度年，馬嵬坡下草連綿。回思玉體誠稀也，轉意花容更罕然。旅容觀祠扼腕嘆，行官見像覺心酸。寫詩懷古學人志，拈筆豈能意道全。銀岡文人題。"

　　刻本、石印本均多有評語。

## 錦水祠　一回

　　作者蛤溪釣叟（或謂即繆東霖）。小酉山房刻本封面題"蛤溪釣叟著"。

　　《綠棠吟舘子弟書百種總目》卷四、《中國俗曲總目稿》頁 326（未標注曲類名）、《子弟書總目》頁 166 著錄。

　　演唐明皇對楊妃雕像慟哭事。據《長生殿》三十二齣"哭像"改編。步《憶真妃》韻。中東轍，40 韻。

　　版本：①光緒間小酉山房刻本，阿英藏，今藏處未詳；《子弟書叢鈔》頁 375–377 據同一版本排印（題"蛤溪釣叟"作）。

　　　　②財勝堂刻本，國家圖書館藏，98396（與《全憶真妃》合刊）。［圖 162］

　　　　③石印本（"致"字號），國家圖書館（98794）、天津圖書館等均藏。又，波多野太郎《子弟書集》（橫濱市立大學紀要人文科學第六篇，昭和五十年）據同一版本影印。

　　　　④石印本，傅惜華舊藏，藝研院・曲 310.651/0.356/29（07772）。《子弟書珍

　　　　本百種》頁 165-166 據以排印。
　　⑤民國上海茂記書莊石印本，傅斯年圖書館藏，T20-239。
　　⑥石印本（每行三句，與《憶真妃》等合刊），傅惜華舊藏，藝研院・曲
　　　　310.651/0.356/4（142935）。
　　⑦波多野太郎《子弟書集》收錄，據自藏石印本。
　　⑧石印本，傅惜華舊藏，藝研院・曲 310.651/0.356/3（142934）。
　　⑨上海瑞文圖書局鉛印本，傅斯年圖書館藏，KUIII-1-010。
　　⑩《鼓詞彙集》第一輯頁 82-83 排印本。又《子弟書選》頁 421-422 排印本。

## 哭像　一回

作者未詳。
《子弟書總目》頁 99 著錄。
演唐明皇對楊妃雕像慟哭。據《長生殿》三十二齣"哭像"改編。
江陽轍，54 韻。
版本：①別垫堂鈔本，杜穎陶舊藏，藝研院・曲 319.651/0.582/8.117；《子弟書珍本
　　　　百種》頁 167-169 據以排印。

## 郭子儀上壽　硬書　一回

作者未詳。
百本張《子弟書目錄》："硬書郭子儀上壽。滿床笏。一回。四伯。"《中國俗曲總目稿》
頁 783、《子弟書總目》頁 105 著錄。
演郭子儀壽誕，七子八婿及文武百官齊來賀壽。據《滿床笏》傳奇"圓笏"齣改編。
言前轍，41 韻。
版本：①清鈔本，車王府舊藏，北大圖書館・□ 812.08/5105/:110（28/19399，五葉
　　　　半）。過錄本，首圖・甲四 2082；首圖縮印本 52 冊頁 169-171；北京整理
　　　　本頁 57-58。過錄本，中大圖書館・92218；中大整理本頁 931-932。
　　②曲盦鈔本，傅惜華舊藏，藝研院・曲 310.651/0.356/1（143230/8）。
　　③石印本（版心題"計"字，與《遊舊院》、《調精忠》、《太子藏舟》等合刊），
　　　　傅惜華舊藏，藝研院・曲 310.651/0.356/2-142933。

### 別題一：滿床笏

百本張《子弟書目錄》："硬書滿床笏。一回。四佰。"樂善堂《子弟大鼓書目錄》："二百
文。滿床笏。硬書。"民初輯本《子弟書目錄》列入"喜慶子弟書目錄"。並見《子弟書總目》
頁 141 著錄。又《集錦書目》第 78 句："**滿床笏**的喜酒設在禄壽堂。"
　　版本：①舊鈔本，傅惜華舊藏，藝研院・曲 310.651/0.356/32（150394）。
　　②石印本《繪圖改良新劇》第二十七册，早稻田大學圖書館藏（ヘ 19-

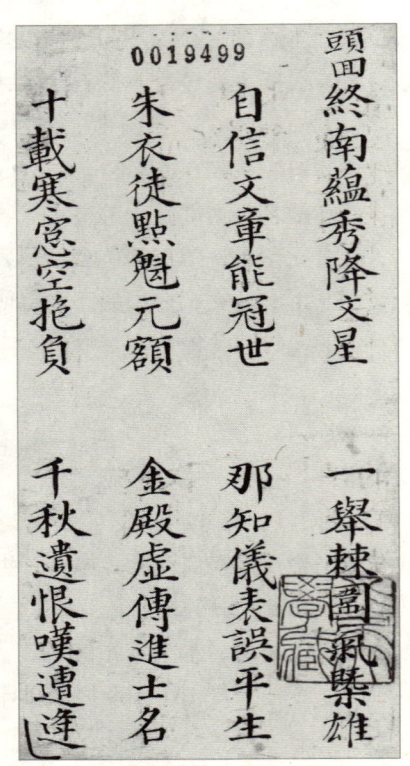

［圖163］傅斯年圖書館藏百本張鈔本《郭子儀》　　［圖164］車王府舊藏本《鍾馗嫁妹》

3031）。

**別題二：郭子儀**

《中國俗曲總目稿》頁233、《子弟書總目》頁105著錄。

版本：①百本張鈔本，傅斯年圖書館藏，題《郭子儀硬書》，T29-364-1；《俗文學叢刊》388冊頁157。［圖163］

②鈔本，傅斯年圖書館藏，T29-364-2。

③鈔本，傅斯年圖書館藏，T29-365。

【說明】車王府藏本卷首有詩篇八句作："新春新喜喜相連，豐福豐壽喜封增。……榮華到老重重喜，喜得是福如東海永長寧。"他本無此八句詩篇，疑衍文。正文開端作："大唐建業在長安，肅宗即位於坐金鑾。九省華夷成一統，八方寧靜四海安。"結句作："滿床笏的古典在我口中念，願列位七子八婿福壽雙全。"

**鍾馗嫁妹　二回**

作者未詳。

百本張《子弟書目錄》："鍾馗嫁妹。二回。八佰。"別埜堂《子弟書目錄》："鍾馗嫁妹。二回。七佰二。"樂善堂《子弟大鼓書目錄》著錄，書價"五佰文"。《子弟書總目》

頁 169 著録。

演鍾馗死後爲神,將妹鷺英嫁與同窗杜平。據張大復《天下樂》傳奇"嫁妹"齣改編。一回中東轍,二回江陽轍。每回 40 韻。

版本:①清鈔本,車王府舊藏,北大圖書館·□ 812.08/5105/:114(128/19499,十葉)。過録本,首圖·甲四 2182;首圖縮印本 52 冊頁 315-320;北京整理本頁 283-286。過録本,中大圖書館·92639;中大整理本頁 471-474。[圖 164]

②別埜堂鈔本,杜穎陶舊藏,藝研院·曲 319.651/0.582/8.75。

③曲盦鈔本,傅惜華舊藏,藝研院·曲 310.651/0.356/2(143231/6)。

⑤百本張鈔本,國家圖書館 107299/1。

⑥清鈔本,故宮博物院藏,《故宮珍本叢刊》699 冊頁 178(據書衣題名字跡,知實爲百本張鈔本)。

**別題:嫁妹**

民初輯本《子弟書目録》:"《唐書》子弟書目録。嫁妹。二回。"《中國俗曲總目稿》頁 39、《子弟書總目》頁 139 著録。《集錦書目》第 39 句:"公子戲環手拉著嫁妹。"

版本:①鈔本,傅氏《總目》謂馬彦祥有藏,今藏處未詳。

②光緒丙午(1906)鈔本,傅斯年圖書館藏,T8-106(内題"丙午重陽初七日付抄/痴道人塗";"丙午清和念七日抹/痴道人塗");《俗文學叢刊》388 冊頁 171。

③鈔本,傅斯年圖書館藏,T8-107。

## 負心恨 三回

作者金永恩。據金氏家藏本題。《子弟書選》收録。

演李十郎負心霍小玉故事。本事見唐蔣防《霍小玉傳》。頭回人辰轍,二回灰堆轍,三回中東轍。分別爲 64、41、60 韻。

版本:①金氏家藏本,1963 年 2 月 5 日橫條鈔本,封面題"負心恨子弟書,瀋陽金永恩子緘甫遺著共三回"。卷前有自序,闡述作者寫作意圖。未見原書。《子弟書選》頁 436-442 據以排印;《子弟書珍本百種》頁 170-175 亦據以排印。

## 琵琶記 四回

作者未詳。

《子弟書總目》頁 122 著録。

演商婦在潯陽江中彈琵琶排遣愁懷,白居易自感際遇,泪濕青衫。本事見白居易《琵琶行》詩;清蔣士銓有《青衫泪》傳奇,道光間《春台班戲目》有同名劇目,均演此事。

頭回懷來轍,二回中東轍,三回言前轍,四回人辰轍。每回 54 韻。

版本:①清鈔本,車王府舊藏,北大圖書館·□ 812.08/5105/:120(241/19612,

二十八葉）。過錄本，首圖縮印本 52 冊頁 226–238；北京整理本頁 858–865。過錄本，中大圖書館·92232；中大整理本頁 462–470。［圖 165］

別題：琵琶行

樂善堂《子弟大鼓書目錄》："子弟書四回起。一吊二。琵琶行。"民初輯本《子弟書目錄》列入"古詩子弟書目錄"。並見《綠棠吟舘子弟書百種總目》卷五《子弟書總目》頁 122 著錄。又《集錦書目》第 40 句："沉香亭去聽盲女琵琶行。"

版本：①同樂堂鈔本，國家圖書館藏，98643。

②清鈔本，鄭振鐸舊藏，國家圖書館·t3448/12。

③舊鈔本，傅氏《總目》謂馬彥祥有藏，今存處不詳。

## 西廂記 八回

作者未詳。

《集錦書目》第 35 句："**西廂**以內燈謎會。"

演張生與崔鶯鶯的戀愛故事，自降香始，至長亭送別止。據金聖歎評點本《西廂記》（十六折）改編。

頭回〈鶯鶯降香〉，言前轍，62 韻；二回〈聽琴怨母〉，言前轍，63 韻；三回〈紅娘下書〉，一七轍，62 韻；四回〈私約佳期〉，一七轍，62 韻；五回〈張生跳牆〉，懷來轍，62 韻；六回〈雙美奇緣〉，懷來轍，62 韻；七回〈夫人拷紅〉，中東轍，60 韻；八回〈長亭餞別〉，中東轍，63 韻。

版本：①《西廂記說唱集》頁 306 據北京舊鈔本排印，此舊鈔本今藏處未詳。

②《子弟書珍本百種》頁 176–189 據《西廂記說唱集》排印。

【說明】《西廂記子弟書詞六種》卷三之"紅娘寄柬"、車王府藏鈔本"紅娘寄柬"均出自本篇。

## 遊寺 三回

作者未詳。

百本張《子弟書目錄》別本："遊寺。有景緻。四回。一吊四。"《子弟書總目》頁 131 著錄。《集錦書目》第 29 句："他二人二玉論心已畢忙去**遊寺**。"

演張生遊普救寺遇鶯鶯之事，內敘西廂景致。據《西廂記》"佛殿奇逢"折改編。

言前轍，分別為 40、40、49 韻。

版本：①清鈔本，車王府舊藏，北大圖書館·□ 812.08/5105/:118（198/19569，十七葉）。過錄本，首圖·甲四 2252；首圖縮印本 52 冊頁 220–225；北京整理本頁 593–597。過錄本，中大圖書館·92707；中大整理本頁 1099–1104。

②百本張鈔本，雙紅堂文庫藏，戲曲·211；波多野太郎《子弟書集》據以收錄。

［圖 166］

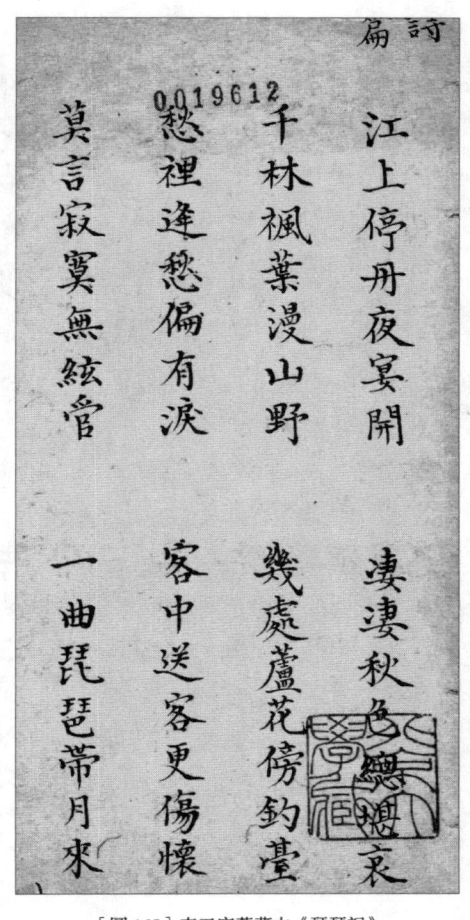 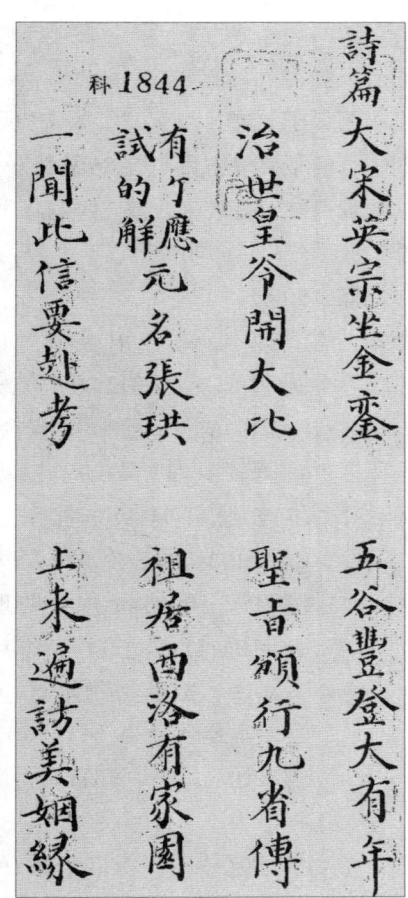

［圖165］車王府舊藏本《琵琶記》　　［圖166］雙紅堂藏百本張鈔本《遊寺》

**別題一：張生遊寺**（四回）

百本張《子弟書目錄》："張生遊寺。有景緻。四回。一吊四。"別埜堂《子弟書目錄》："張生遊寺。有景緻。四回。一吊四佰四。"民初輯本《子弟書目錄》列入"《西廂記》子弟書目錄"。《子弟書總目》頁112著錄。

版本：未見。

**別題二：張君瑞遊寺**（四回）

《中國俗曲總目稿》頁788、《子弟書總目》頁112著錄。

版本：①鈔本，傅斯年圖書館藏，T-735；《俗文學叢刊》388冊收錄。
　　　②鈔本，中研院近代史所藏，《子弟書十種》之第六種。

**別題三：借廂**

《中國俗曲總目稿》頁26、《子弟書總目》頁101（誤作"二回"）。

版本：①鈔本（書衣題"風擺荷葉／夜深沉／遊寺"），傅斯年圖書館藏，T6-058。

### 紅娘寄柬 一回

作者未詳。

百本張《子弟書目録》："紅娘寄柬。一回。四伯。"《子弟書總目》頁 86 著録。

演鶯鶯遣紅娘寄柬事。據《西廂記》"錦字傳情"改編。

一七轍，59 韻。

版本：①清鈔本，車王府舊藏，北大圖書館・□ 812.08/5105/:113（93/19464，七葉半）。過録本，首圖・甲四 2147；首圖縮印本 52 册頁 94-98；北京整理本頁 193-194。過録本，中大圖書館・92604；中大整理本頁 1109-1111。［圖 167］

②清鈔本，故宮博物院藏，《故宮珍本叢刊》699 册頁 140（據書衣題名字跡，知實爲百本張鈔本）。

③別埜堂鈔本，傅惜華舊有藏，今未訪見；《子弟書叢鈔》頁 558-561、《西廂記説唱集》頁 287 均據同一版本排印。

④曲盦鈔本，傅惜華舊藏，藝研院・曲 310.651/0.356（143232/4）。

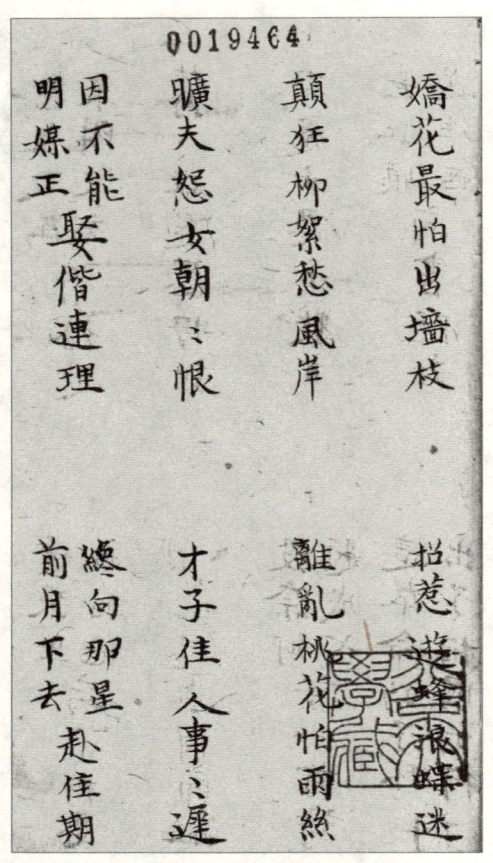

［圖 167］車王府舊藏本《紅娘寄柬》

**別題一：紅娘下書**

《中國俗曲總目稿》頁 524、《子弟書總目》頁 86 著録。

版本：①石印本"吕"字號《西廂子弟書詞六種》卷之三，傅斯年圖書館藏，T17-229；又一册，T17-230，《俗文學叢刊》388 册頁 247-266。

②石印本"辰"字號《西廂子弟書詞六種》卷之三，傅斯年圖書館藏，T17-225；又一册，T17-226。

③上海槐陰山房石印本（封面總題"全西廂"，下小字分列六種，爲卷之三）傅惜華舊藏，藝研院・曲 310.651/0.356/3（142934）。

④上海學古堂鉛印本，T17-227；又一部，T17-228。

⑤清鈔本，傅氏《總目》謂李嘯倉曾藏，今未見。疑李氏所藏原爲石印本。

**別題二：寄柬**

百本張《子弟書目録》別本："寄柬。紅娘。一回。四佰。"別埜堂《子弟書目録》："寄柬。

一回。四佰。"民初輯本《子弟書目錄》列入"《西廂記》子弟書目錄"。《中國俗曲總目稿》頁36、《子弟書總目》頁103 著錄。又《集錦書目》第79句："遣春梅追信與你寄柬。"

版本：①百本張鈔本，國家圖書館藏，120346。
　　　②鈔本，傅斯年圖書館藏，T8-102；《俗文學叢刊》388 冊頁 247。
　　　③鈔本，傅斯年圖書館藏，T8-101。
　　　④鈔本，國家圖書館藏，35558（《子弟書》卷九）。

**別題三：紅娘寄簡**

樂善堂《子弟大鼓書目錄》："三百文。紅娘寄簡。"未見傳本。

【説明】篇首作："嬌花最怕出牆枝，招惹遊蜂浪蝶迷。顛狂柳絮愁風岸，離亂桃花怕雨絲。"結句作："這書生送出書房外，惟盼那月滿花枝去赴佳期。"按：此篇實據前録八回本《西廂記》子弟書之第三回"紅娘下書"改寫，前半相同，僅末尾數句有別。

## 下書　二回

作者未詳。

民初輯本《子弟書目錄》："《西廂記》子弟書目錄。下書。二回。"

演紅娘下書事。民初輯本《子弟書目錄》另有著録有一回本《寄柬》子弟書，故此篇與一回本不同。

未見傳本。

## 鶯鶯降香　二回

作者未詳。

《中國俗曲總目稿》頁665、《子弟書總目》頁180 著録。

演鶯鶯晚上降香，聞琴有感。據《西廂記》"鶯鶯聽琴"改編。按：此篇與八回本《西廂記》子弟書之第一回同源。

言前轍，分別爲36、44韻。實含"鶯鶯降香"、"鶯鶯聽琴"二回。

版本：①清鈔本，車王府舊藏，北大
　　　　圖書館·□812.08/5105/:116
　　　　（165/19536，十葉半）。過録
　　　　本，題《降香》，首圖·甲
　　　　四2219；首圖縮印本52冊頁

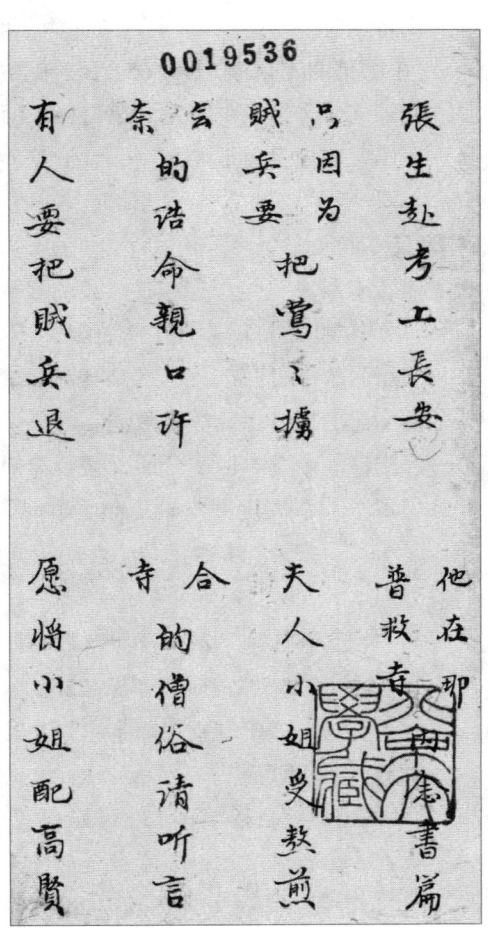

［圖168］車王府舊藏本《鶯鶯降香》

320–325；北京整理本頁 420–422。過錄本，中大圖書館・91352；中大整理本頁 1105–1108。[圖 168]

②石印本 "呂" 字號《西廂子弟書詞六種》卷之一、二，傅斯年圖書館藏，T17–229；又一冊，T17–230，《俗文學叢刊》388 冊頁 452–454。

③石印本 "辰" 字號《西廂子弟書詞六種》卷之一、二，傅斯年圖書館藏，T17–225；又一冊，T17–226。

④上海槐陰山房石印本（封面總題 "全西廂"，下小字分列六種，爲卷之一、之二）傅惜華舊藏，藝研院・曲 310.651/0.356/3（142934）。

⑤上海學古堂鉛印本，傅斯年圖書館藏，T17–227；又一部，T17–228。

【説明】石印本《西廂子弟書詞六種》卷一、二所錄，標有回目，分別作 "鶯鶯降香"、"鶯鶯聽琴"。下文《鶯鶯聽琴》條，即此本之第二回。

### 鶯鶯聽琴 一回

作者未詳。

《中國俗曲總目稿》頁 665、《子弟書總目》頁 181 著錄。

此即前條《鶯鶯降香》之第二回。《西廂子弟書詞六種》卷二收錄。或作獨立著錄。存本及藏處參見上條。

### 西廂段 四回

作者未詳。

《中國俗曲總目稿》頁 139 著錄。

演崔張故事，拷紅以前。內插敍《四書巧合》、百樣景致帶二十八宿，並含有快書名式。據《西廂記》拷紅以前故事敷演。

江陽轍。今存本原不分回，據其篇幅，可酌分爲四回。

版本：①京都錦文堂刻（封面署 "新刻四書巧合、紅娘□□、百樣景致事二十八宿 / 全本西廂段 / 京都錦文堂藏板"），藝研院藏，曲 858.61/GC：29。[圖 169]

②石印本 "辰" 字號《西廂子弟書詞六種》卷之一，傅斯年圖書館藏，T17–225；又一冊，T17–226。

③上海學古堂鉛印本，T17–227；又一部，T17–228。

別題：全西廂

《中國俗曲總目稿》頁 132 著錄。

版本：①石印本 "呂" 字號《西廂子弟書詞六種》卷之一，傅斯年圖書館藏，T17–229；又一冊，T17–230，《俗文學叢刊》388 冊頁 445–450。

【説明】此篇格式似在子弟書與鼓詞之間。七字句中間或夾有快書連珠調句式，在

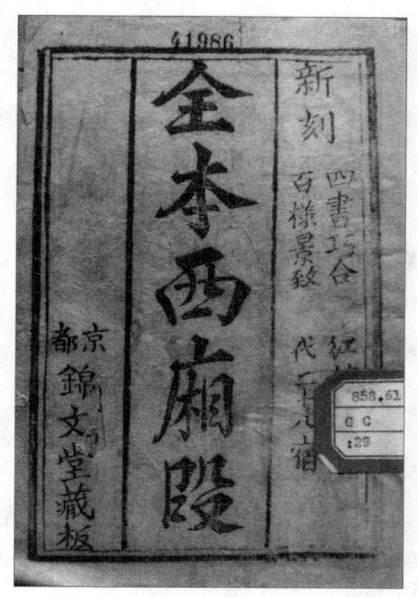

[圖169] 藝研院藏錦文堂刻本《全本西廂段》　　[圖170] 上海槐蔭山房石印本《全西廂》

早期子弟書中較常見。故予收錄。

## 花諫會　不分回

作者未詳。

《中國俗曲總目稿》頁177著錄，標注作"子弟書"。

敘崔張私會故事，敘及降香聽琴下書情節。據《西廂記》改編。

江陽轍，100韻。相當於兩回篇幅。

版本：①光緒三十四年（1908）石印本《西廂子弟書詞六種》卷四。

②石印本"辰"字號（首行題"花間會"），傅斯年圖書館藏，T17-225；又一冊，T17-226。

③石印本"呂"字號（首行題"西廂子弟書詞六種卷之四"），傅斯年圖書館藏，T17-229；又一冊，T17-230，《俗文學叢刊》388冊頁458-462。

④上海槐蔭山房石印本（封面總題"全西廂"，下小字分列六種，爲卷之四）傅惜華舊藏，藝研院·曲310.651/0.356/3（142934）。[圖170]

【説明】傅惜華刊於《中法漢學研究所圖書館館刊》第二號之《子弟書總目》附"辨僞"，以爲"觀其體制，恐爲鼓詞之類，非子弟書。"俟考。

## 雙美奇緣　五回

作者未詳。

《中國俗曲總目稿》頁649、《子弟書總目》頁174（作一回）著錄。

演《西廂記》中拷紅故事。據《西廂記》改編。

江陽轍，161韻。原不分回，可析作四回。

版本：①清同治間盛京程記書坊刻本（封面題"新鐫老夫人堂樓拷紅／雙美奇緣子弟書／盛京程記書坊"），阿英舊藏，今未見；另有吳曉鈴複製本，今歸首都圖書館。又，《西廂記說唱集》據此版本排印。

②石印本"呂"字號《西廂子弟書詞六種》卷五，傅斯年圖書館藏，T17-229；又一冊，T17-230，《俗文學叢刊》388冊頁463-470。

③石印本"辰"字號《西廂子弟書詞六種》卷五，傅斯年圖書館藏，T17-225；又一冊，T17-226。

④上海槐陰山房石印本（封面總題"全西廂"，下小字分列六種，爲卷之五）傅惜華舊藏，藝研院·曲310.651/0.356/3（142934）。

⑤上海學古堂鉛印本《西廂子弟書詞六種》卷五，傅斯年圖書館藏，T17-227；又一冊，T17-228。

### 拷紅 八回

作者未詳。

樂善堂《子弟大鼓書目錄》："子弟書九回起。一吊八。拷紅。"民初輯本《子弟書目錄》作"八回"，列入"《西廂記》子弟書目錄"。《子弟書總目》頁77著錄，唯誤作五回本。

演鶯鶯自會張生後，體態有變，老夫人偵知，即召紅娘，鶯鶯聞知自歎。夫人拷問紅娘，紅娘反責老夫人。夫人無奈招鶯鶯、張生，允其事，命張生翌日赴京應試。本事見《西廂記》。

全篇用由求轍。今傳各本分回處微有不同，據車王府舊藏鈔本，頭回51韻、二回48韻、三回44韻、四回42韻、五回42韻、六回44韻、七回51韻、八回48韻。

版本：①清鈔本，車王府舊藏，北大圖書館·□812.08/5105/:123（261/19632，五十一葉）。過錄本，首圖·甲四2315；首圖縮印本52冊頁58-78；北京整理本頁1031-1043。過錄本，中大圖書館·92348；中大整理本頁1113-1125。［圖171］

②文萃堂刻本（封面題"京都新刻／拷紅子弟書／文萃堂梓行"），不分回，國家圖書館藏，98961（有"漢龍行齋"印）。又，傅惜華舊藏有兩本，藝研院·曲310.651/0.356（136603、136604）;唯傅目頁77誤列入二回本《拷紅》條內。又，阿英舊藏，蕪湖圖書館阿英藏書陳列室，45210/388。又，傅氏《總目》謂馬彥祥有藏，今存處不詳。

③嘉慶間北京刻本，不分回，疑同前一種，《西廂記說唱集》頁288據以排印。又，《子弟書叢鈔》頁562-583亦據以排印，唯誤題作"一回"。按：排印本實含全八回。

④鈔本，國家圖書館藏，35558（《子弟書》卷九）。

【說明】本篇卷首作："峭挂西廂風月柔，鶯鶯兩字透風流。秀奪西子眉頭恨，姣搶楊妃臉上羞。"結句："請罷厭物歡郎兒來了，他二人匆匆驚散不回頭。"

按：中大整理本第二卷頁 1114 "舍奴家孤鬼兒一般在外頭"句後，"愛讀國風將風化"至"紅娘又一力攛掇拿好話兒勾"八行十六句；第三回中段"細從燈下看春秋"句後，由"只顧你低叫哥哥呼妹妹"至"碧紗窗下正梳頭"八行十六句，雙雙錯頁。

北京整理本頁 1043 有注："本書題下標'全八回'，書中僅以空行區分八段，今據此補出回次。又二回中自'只顧你低叫哥哥呼妹妹'至'碧紗窗下正梳頭'八句，鈔本恰為二頁，錯訂在[三回]'細從燈下看《春秋》'句後，意思不接，故按文意作了調整。"

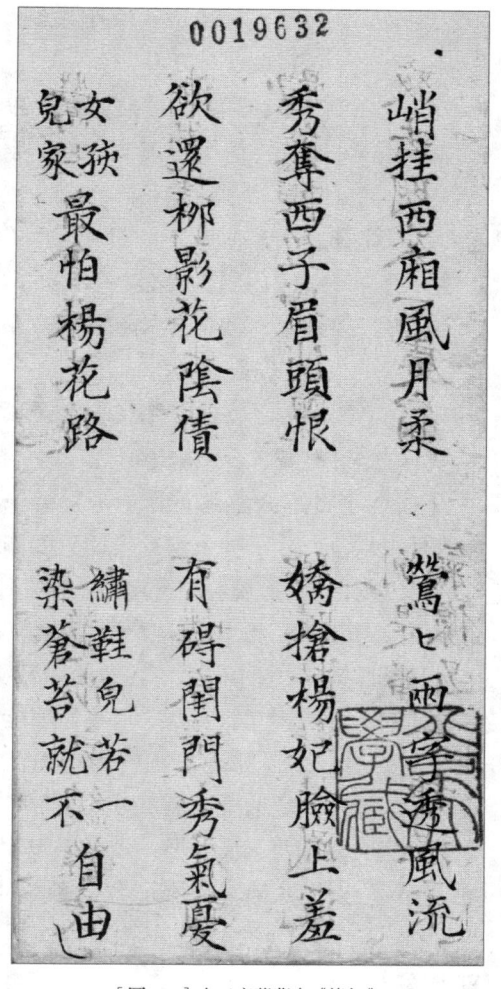

[圖 171] 車王府舊藏本《拷紅》

## 拷紅 一回

作者未詳。

民初輯本《子弟書目錄》："《西廂記》子弟書目錄。拷紅。一回。"《子弟書約選日記》："拷紅。教瞽者學演。"

演老夫人拷問紅娘事。本事見《西廂記》"堂前巧辯"。此本實是從八回本析出者。

版本：①舊鈔本，藝研院·曲 319.651/0.582/8.158，標為杜穎陶舊藏。參傅目頁 77，有程硯秋舊藏本，而無杜氏藏本，疑藏者歸類有誤。

②清鈔本，杜穎陶舊藏，藝研院·曲 319.651/0.582/8.168。

## 拷紅 二回

作者未詳。

百本張《子弟書目錄》："拷紅。由求轍的。二回。一吊。"《中國俗曲總目稿》頁 21《子弟書總目》頁 77 著錄。

摘自八回本《拷紅》第三回中段至第六回後段，自首句"不講鶯鶯頻自嘆"至末句"煞強如絕祭祀的幽魂對流"，一本卷首詩篇與八回本同；百本張本卷首詩篇有不同。

由求轍。頭回 51 韻，二回 55 韻。

版本：①百本張鈔本，國家圖書館藏，98962。
②鈔本，傅斯年圖書館藏，T4-042；《俗文學叢刊》388 册頁收録。[圖 172]
③鈔本，傅斯年圖書館藏，T4-041（內題"拷紅書/兩回的"）。
④鈔本，傅斯年圖書館藏，T4-046（殘）。
⑤鈔本，傅氏《總目》謂馬彥祥有藏，今藏處未詳。

【説明】百本張本卷首作："[詩篇]西廂待月占風流，才子佳人兩意投。只因禍起蕭牆內，賊兵半萬擁貔貅。兵退身安遣白馬，全賴張生好計謀。都只是夫人悔意前言賴，小姐私通鳳鸞儔。[頭回]不講鶯鶯頻自嘆，且説紅娘下粧樓。"結句作："留小姐怎能枯乾墳上的土，煞強如絕祭祀的幽魂對流。"傅圖藏本詩篇作"俏掛西廂風月柔，鶯鶯兩字透風流。秀奪西子眉頭恨，姣搶楊妃臉上羞。……"全同八回本。餘同百本張本。

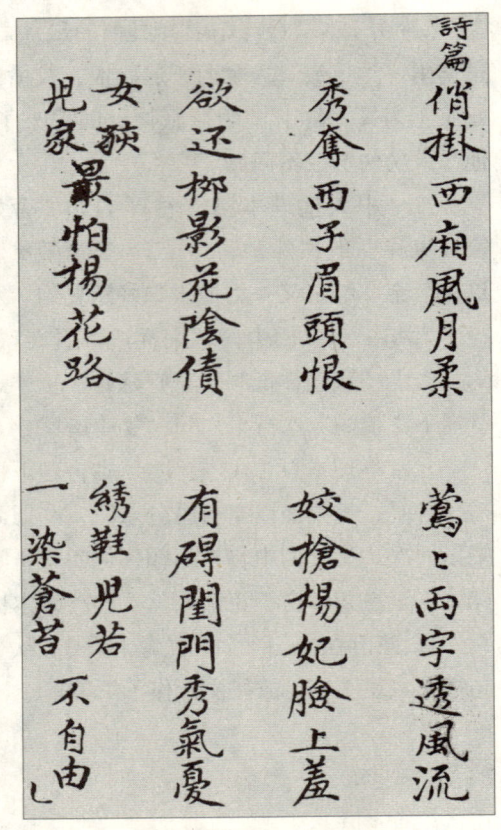

[圖 172] 傅斯年圖書館藏鈔本《拷紅》

## 新拷紅 二回

作者未詳。

樂善堂《子弟大鼓書目録》："二回起。六百文。新拷紅。"

演《西廂記》拷紅事。未詳是否與上條相同。

未見傳本。

## 拷紅 五回

作者未詳。

百本張《子弟書目録》："拷紅。五回。一吊八。"《中國俗曲總目稿》頁 21、《子弟書總目》頁 77 著録。

演崔張私會，被老夫人發覺，拷問紅娘。本事見《西廂記》"堂前巧辯"，此據崑曲《拷紅》改編。

江陽轍，分別為 43、43、38、52、40 韻。

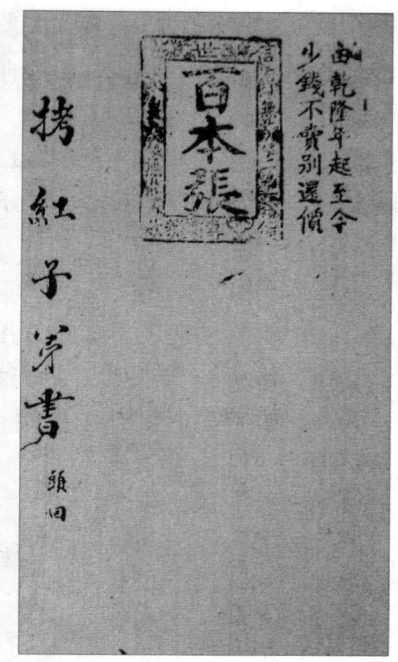
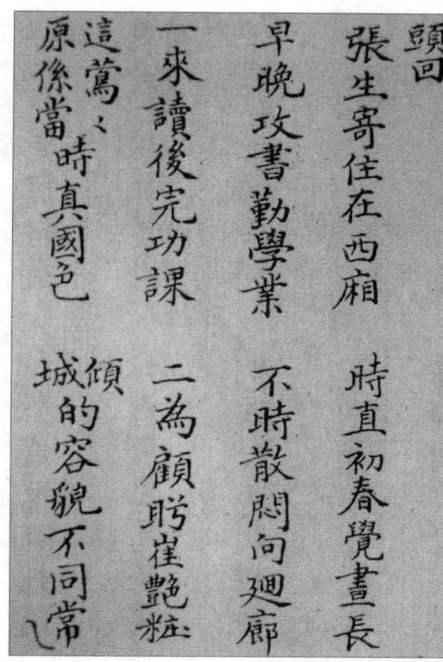

[圖173] 故宮藏百本張鈔本《拷紅》

版本：①百本張鈔本，故宮博物院藏，《故宮珍本叢刊》697冊頁302。[圖173]
②鈔本，不分回，藝研院·曲319.651/0.582/8.167，標識爲杜穎陶舊藏。按：據傅氏《總目》有程硯秋舊藏本，而無杜氏藏本，疑此兩本即是一本。《子弟書珍本百種》頁190–197據以排印。
③鈔本，傅斯年圖書館藏，T4-044；《俗文學叢刊》388冊頁327–384。
④鈔本（內題"拷紅／全四回"；文字同五回本而分回處不同），傅斯年圖書館藏，T4-043（第一回及第二回前半殘失）；《俗文學叢刊》388冊頁295–326。
⑤鈔本，傅斯年圖書館藏，T4-045。

【說明】此篇卷首作："張生寄住在西廂，時值初春覺晝長。早晚攻書勤學業，不時散悶向迴廊。"結句作："小紅娘管裝管卸把行囊備，崔鶯鶯安排長亭去送張郎。"按：此種五回本（江陽轍）與八回本（由求轍）韻句不同，而文字可見相承之痕跡。八回本另有一回本、二回本單行，故疑五回本實從八回本改寫而成。

### 長亭餞別　三回

作者未詳。

百本張《子弟書目錄》："長亭餞別。三回。一吊。"樂善堂《子弟大鼓書目錄》著錄，書價"六佰文"。民初輯本《子弟書目錄》列入"《西廂記》子弟書目錄"。並見《中國俗曲總目稿》頁498、《子弟書總目》頁64著錄。又《集錦書目》第7句："**新長亭緊對**

著舊院池舘。"今存版本"餞"或誤作"賤"。

演老夫人與鶯鶯在長亭爲赴京應考的張生餞別。據《西廂記》"長亭送別"改編。

一七轍，並混用灰堆轍。今存本句數及分回之處微有不同，據車王府舊藏本，分別爲41、22、41韻。

版本：①清鈔本，車王府舊藏，北大圖書館・□ 812.08/5105/:118（197/19568，十三葉）。過録本，首圖・甲四2251；首圖縮印本52冊頁29-34；北京整理本頁589-592。過録本，中大圖書館・92706；中大整理本頁1126-1130。[圖174]

②鈔本，傅斯年圖書館藏,T-576；《俗文學叢刊》388冊頁385。

③鈔本，傅斯年圖書館藏,T-577。

④清鈔本，藝研院・曲319.651/0.582/8.168，標識爲杜穎陶舊藏。按：據傅氏《總目》有程硯秋舊藏本，而無杜氏藏本，疑是藏者歸類有誤。

⑤清鈔本，鄭振鐸舊藏，國家圖書館・t3448/15（此冊藏者書衣題名均失，無題，今據内容補）。

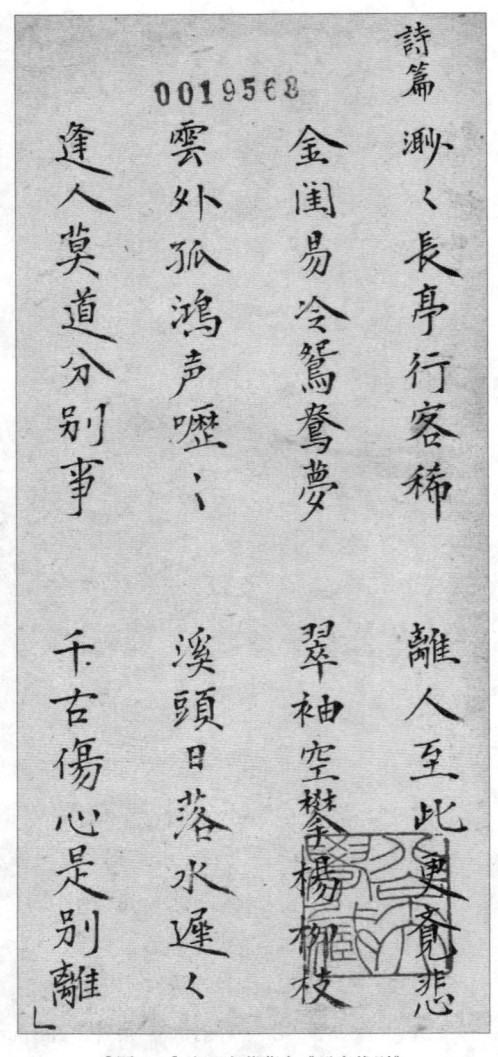

[圖174] 車王府舊藏本《長亭餞別》

⑥舊鈔本，傅氏《總目》謂馬彥祥有藏，今藏處未詳。

⑦民初鈔本，傅氏《總目》謂馬彥祥有藏，當即民初輯本《子弟書目録》所著録者。

**別題：長亭**

民初輯本《子弟書目録》："《西廂記》子弟書目録。長亭。三回。"《子弟書約選日記》："長亭。計三回。可選。須删。"

版本：①清鈔本（不分回，後半部分文字與車王府舊藏本有異，有整句互有出入），故宫博物院藏，《故宫珍本叢刊》697冊頁295。

②民初鈔本，《子弟書十九種》之九，天津圖書館集部 – 曲類 – 彈詞37014（有

"盲生詞曲傳習所"印記）。

【說明】車王府藏本卷首作："[詩篇]渺渺長亭行客稀，離人至此更覺悲。金閨易冷鴛鴦夢，翠袖空攀楊柳枝。" 結尾作 "來時節春山低鎖無情趣，歸去時秋水寒波意更迷。也只回家悶把西樓倚，只落得衾枕孤單睡相宜。" 故宮藏本結尾作 "只等那畫堂簫鼓鳴春心畫，那情節好把良緣復整提。愁懷默默悲往事，般般盡是惹人啼。"

### 新長亭　三回

作者未詳。

樂善堂《子弟大鼓書目錄》："二回起。六百文。新長亭。" 又《集錦書目》第 7 句："**新長亭**緊對着舊院池館。"《子弟書總目》頁 130 著錄，謂："此書與上文所著錄《長亭》一本，文詞完全不同，實為別本。"

當據前條三回本《長亭》改寫。故名 "新長亭"。

由求轍。筆者初訪時未錄得全文，後藏者提歸善本，因整理未畢，未能借閱，故句數未詳。

版本：①清鈔本（二回），鄭振鐸舊藏，今歸國家圖書館，t3448/5。
②舊鈔本，傅氏《總目》謂馬彥祥有藏，今藏處未詳。

【說明】此篇卷首作："[詩篇]樹老花殘瑟瑟秋，公車催促欲遨遊。山牽別恨和腸斷，水帶離愁入夢流。" 結句作："怕只怕風凋梧葉皆成怨，雨打芭蕉總是憂。目魂總便隨君去，還怕那旅店更深我錯投。"

### 夢榜　二回

作者雲崖氏。卷首詩篇末句云："雲崖氏閒覽《西廂》傳妙筆，演一回望捷的崔氏憶夫郎。"

百本張《子弟書目錄》別本著錄："夢榜。崔鶯鶯。二回。八伯。" 樂善堂《子弟大鼓書目錄》著錄，書價 "四百文"。民初輯本《子弟書目錄》列入 "《西廂記》子弟書目錄"。並見《中國俗曲總目稿》頁 44、《子弟書總目》頁 147 著錄。《子弟書約選日記》："夢榜，

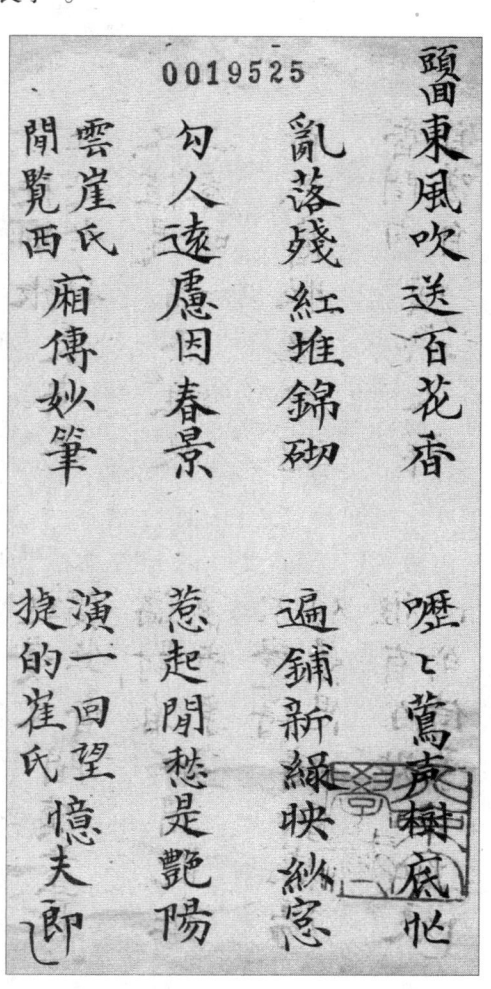

［圖175］車王府舊藏本《夢榜》

計二回。情景頗佳。第二回尤妙。"

演鶯鶯夢見張生中榜。此情節王實甫《西廂記》原無，此據崑曲折子戲《夢榜》編寫。江陽轍，各 40 韻。

版本：①清鈔本，車王府舊藏，北大圖書館・□ 812.08/5105/:115（154/19525，九葉）；首圖・甲四 2208；首圖縮印本 52 冊頁 264, 269；北京整理本頁 378-381。過錄本，中大圖書館・92665；中大整理本頁 1131-1134。[圖 175]

②民初鈔本，傅氏《總目》謂馬彥祥有藏，今藏處未詳。

③鈔本，傅斯年圖書館藏，T10-130；《俗文學叢刊》388 冊頁 417。

④鈔本，傅斯年圖書館藏，T10-129。

別題：鶯鶯夢榜

百本張《子弟書目錄》："鶯鶯夢榜。二回。八佰。"《子弟書總目》頁 181 著錄。未見傳本。

## 全西廂　十五本二十八回

作者未詳。

樂善堂《子弟大鼓書目錄》："共四十回。八吊文。全西廂。"民初輯本《子弟書目錄》："《西廂記》子弟書目錄。全西廂。十六回。"《子弟書總目》頁 54 著錄。又《集錦書目》第 35 句："西廂以內燈謎會。"

演全本《西廂記》故事。言前轍。據聚卷堂鈔本，爲十五本二十八回：頭回 48 韻，二回 46 韻，三回 48 韻，四回 50 韻，五回 46 韻，六回 48 韻，七回 42 韻，八回 64 韻，九回 50 韻，十回 64 韻，十一回 58 韻，十二回 66 韻，十三回 72 韻，十四回 66 韻，十五回 48 韻，十六回 54 韻，十七回 72 韻，十八回 51 韻，十九回 64 韻，二十回 64 韻，二十一回 70 韻，二十二回 48 韻，二十三回 44 韻，二十四回 56 韻，二十五回 60 韻，二十六回 40 韻，二十七回 48 韻，二十八回 47 韻。

版本：①聚卷堂鈔本，十五本二十八回，藝研院・曲 319.651/0.582/8.1，標作杜穎陶舊藏。按：傅目著錄杜氏所藏爲別墅堂鈔本，今未見有別墅堂鈔本，而另有聚卷堂鈔本，故疑是傅目誤記。

②清鈔本，分二十八回，傅氏《總目》謂有自藏本，今未見。

③鈔本，十六回，傅氏《總目》謂馬彥祥有藏，此當即民初輯本《子弟書目錄》所錄之本，今存處不詳，未詳是否與本篇相同，姑錄於此。

④清鈔本，傅氏《總目》謂有李嘯倉藏本，今未見。

別題：西廂全本

《子弟書總目》頁 51 著錄。

版本：①道光間京都合義堂中和堂合刻本，十五本，傅惜華舊藏，藝研院・曲 310.651/0.356（145878-145888）；有藏者手訂目錄："己酉九月初一日訂。

[圖 176] 清刻本《西廂全本》

西廂記書詞全套。共十五回。通俗白話。張生遊寺一，借廂問齋二，隔牆吟詩三，張生鬧齋四，惠明下書五，請宴賴婚六，鶯鶯聽琴七，寄簡酬簡八，月下佳期九，拷打紅娘十，長亭餞別十二，草橋驚夢十三，鄭生求配十四，衣錦還鄉十五。子弟書。"《西廂記說唱集》據此本排印。各本均有獨立封面，如第三本作"新出子弟書三／隔牆吟詩／京都中和堂梓行"；第五本作"西廂全本五　子弟書／惠明下書／京都合義堂梓行"。又，山西大學藏（藏者將各單本獨立著錄，唯第一本題作"普救驚艷"，餘同傅氏本）。

[圖 176]

【說明】此本或標十五回、十六回，均非，此處之"回"實同"本"。據樂善堂目錄，全文實爲四十回。按：傅目謂《中國俗曲總目稿》頁859著錄有此種，誤；總目稿著錄者實爲石印本《西廂子弟書詞》六種。《中國俗曲總目稿》頁132著錄有《全西廂》，亦是石印本，此種石印本，封面上方大字題作"全西廂"，下方小字列六種之名。六種原是不同篇目匯集而成，內容並不完全銜接。

按：刻本句數遠較鈔本爲多，一爲多靜態描述句，且因復述細節而出現六字句法；二是兩卷之間，前卷末尾已述，後卷開頭又復述前段，遂致複遝。鈔本可見有數處因刪削而造成文意不貫，故鈔本當從刻本或刻本之底本刪削而成。

## 望鄉　一回

作者未詳。

百本張《子弟書目錄》："望鄉。一回。四佰。"（一本價格作"五佰"）樂善堂《子弟大鼓書目録》著録，書價"三佰文"。民初輯本《子弟書目録》列入"勸善金科子弟書目録"。《中國俗曲總目稿》頁33、《子弟書總目》頁106著録。又《集錦書目》第4句："走領子黨人碑—過到了望鄉。"《子弟書約選日記》："望鄉。全篇説鬼，過於迷信，與社會教育宗旨不合。"

演劉淑貞在冥府望鄉故事。本事見唐《大目乾連冥間救母變文》。據《目連救母》戲文"望鄉"齣改編。

懷來轍，50韻。

版本：①清鈔本，車王府舊藏，北大圖書館・□ 812.08/5105/:113（109/19480，六葉半）。過録本，首圖・甲四 2170；首圖縮印本 52 冊頁 179-182；北京整理本頁 229-230。過録本，中大圖書館・92620；中大整理本頁 103-104。[圖 177]

②百本張鈔本，吳曉鈴舊藏，首圖・己 495；又，傅氏《總目》謂有自藏本，今未見。

③曲盦鈔本，傅惜華舊藏，藝研院・曲 310.651/0.356/2（143231/1）。

④鈔本，傅斯年圖書館藏，T7-084；《俗文學叢刊》388 冊頁 193。

⑤鈔本，傅斯年圖書館藏，T7-085。

⑥《舊鈔北平俗曲》本，劉復舊藏，民族圖書館藏。

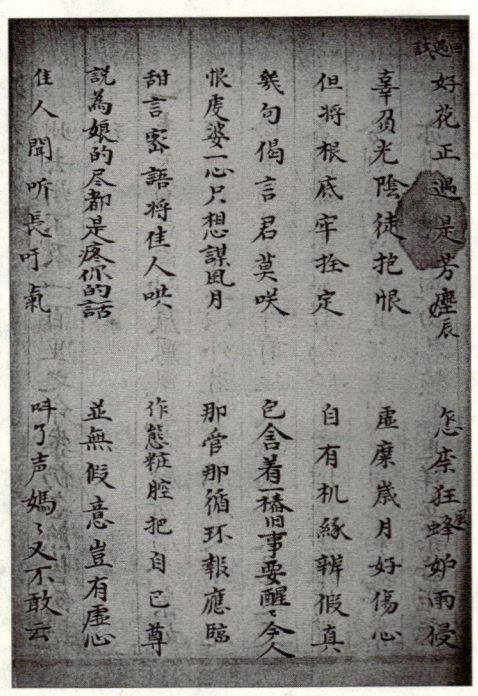

[圖 177] 車王府舊藏本《望鄉》　　[圖 178] 天圖藏鈔本《趕妓》

## 趕妓　八回

作者未詳。

未見著錄。

演賽芙蓉逃出妓院，虔婆在會緣橋追及，適遇傅公子代芙蓉贖身，並告虔婆循環報應之理。虔婆遂悟，散放丫頭，禮佛出家。本事見雍正鈔本《勸善金科》第四本第二十一齣及五色印本《勸善金科》第四本第十四齣《煙花隊慷慨償金》。後衍爲折子戲《會緣橋》，即此書所據。

頭回〈說妓〉，由求轍；二回〈痴訴〉，言前轍；三回〈遇試〉，人辰轍；四回〈逃禪〉，由求轍；五回〈奇逢〉，一七轍；六回〈探問〉，中東轍；七回〈點化〉，人辰轍；八回〈醒夢〉，言前轍。二回42韻，四回41韻，八回48韻，其餘各回均作40韻。

版本：①民初鈔本，《子弟書十九種》之十三，天津圖書館集部–曲類–彈詞37014（有"盲生詞曲傳習所"印記）。［圖178］

②清鈔本，鄭振鐸舊藏，國家圖書館·t3448/13–14。

## 會緣橋　六回

作者未詳。

民初輯本《子弟書目錄》："《勸善金科》子弟書目錄。會緣橋。六回。"《子弟書總目》頁139著錄。

故事參見上文《趕妓》條。本事來源亦同。

版本：①鈔本，傅氏《總目》謂馬彥祥有藏，今藏處未詳。

## 牧羊圈　三回

作者洗俗齋。據卷首詩篇："**洗俗齋揮毫偶應曹生囑，寫朱純登母子相逢一段緣。**"《子弟書珍本百種》收錄。

演朱純登衣錦歸鄉，聞母死妻亡，散財濟貧，適母與妻前來乞食，得相認知詳情。本事見《牧羊寶卷》；道光間《春台班戲目》著錄有同名劇目，即此書所據。

頭回言前轍，二回人辰轍，三回中東轍。各50韻。

版本：①鈔本，梅蘭芳舊藏，藝研院·曲319.651/0.582/6.104；《子弟書

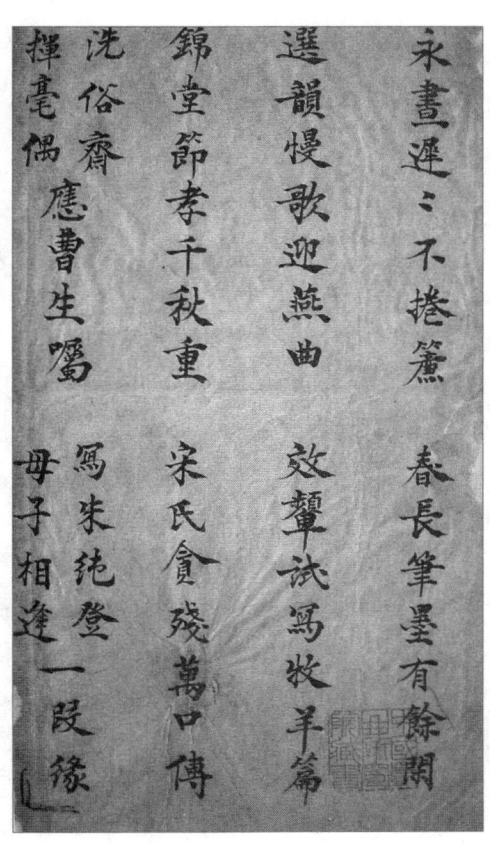

［圖179］藝研院藏鈔本《牧羊圈》

珍本百種》頁 128-132。［圖 179］

## 千金全德　八回

作者韓小窗。據結句："小窗氏墨痕閑寫全德報，激勵那千古的仁慈俠烈腸。"

百本張《子弟書目錄》："千金全德。別女、索債、入府、招婿、洞房、罵女、拷童、榮歸。苦。八回。二吊八。"別埜堂《子弟書目錄》："千金全德。八回。二吊八。"《綠棠吟舘子弟書百種總目》卷八、《中國俗曲總目稿》頁 397、《子弟書總目》頁 32 著錄。

演竇禹鈞施恩於高懷德父女故事。本事見明王稚登《全德記》傳奇。回目見前引。頭回、二回中東轍；三回、四回言前轍；五回、六回遥條轍；七回、八回江陽轍。每回 40 韻。

版本：①清鈔本，車王府舊藏，北大圖書館・□812.08/5105/:124（266/19637，三十二葉）。過錄本，首圖・甲四 2319；首圖縮印本 52 冊頁 332-350；北京整理本頁 1088-1101。過錄本，中大圖書館・92352；中大整理本頁 485-496。［圖 180-1］

②百本張鈔本，吳曉鈴舊藏，首圖・己 448。又，傅惜華舊藏兩本，藝研院・曲 310.651/0.356（142916、142860/3）。又，梅蘭芳舊藏，藝研院・曲 319.651/0.582/6.102（1-2）（無回目，首句作："小窗閑墨遣幽情"）。又，國家圖書館藏，107299/4-5。又，阿英舊藏，蕪湖圖書館阿英藏書陳列室，4528/2046。

③道光二十五年（1845）鈔本（卷末題"道光二十五年七月初旬得書於宣武門內掛貨舖掌櫃李手，因離合悲歡、刺人肺腑，故錄。汲齋錄。年五十九歲，五夜寫完。"），首圖藏，丁 9875。

④光緒二十七年（1901）鈔本，傅惜華舊藏，藝研院・曲 310.651/0.356（139373）。

⑤舊鈔本，傅惜華舊藏，曲 310.651/0.356（142857/4）。

⑥文魁堂刻本（封面題"新刻子弟書/千金全德/文魁堂梓行"）；首行題"新刻千金全德子弟書"），國家圖書館藏，98651（有舊藏者識"知音館主存古"）。又，傅惜華舊藏，藝研院・曲 310.651/0.356/4（142935）。第

⑦泰山堂刻本，傅氏《總目》謂賈天慈舊有藏，今藏處未詳。《子弟書叢鈔》頁 161-180 據同一版本排印。

⑧清鈔本，故宮博物院藏，《故宮珍本叢刊》699 冊頁 1。

⑨民初鈔本，天津圖書館藏兩種，集部－曲類－彈詞，36944、36945。

⑩民初鈔本，《子弟書十九種》之一，天津圖書館集部－曲類－彈詞 37014（有"盲生詞曲傳習所"印記，且有改筆）。

⑪民初鈔本，天津圖書館集部－曲類－彈詞 37490《子弟書集》之十一（選錄三回：第一回"別女 十落"、第三回"入府 十落"、第八回"榮歸 十落"）

⑫民國間華海門鈔本，天津圖書館集部－曲類－彈詞 37471。

⑬鈔本，國家圖書館藏，35558（《子弟書》卷五）。
⑭民初天津社會教育辦事處鉛印本（標"衛子弟書"，署"韓小窗先生著"），天津圖書館（集部－曲類－彈詞9678；20338；20715）、早稻田大學演劇博物館（ル13-1184）、北京師範大學圖書館等有藏。又一種，據前種排印本重加審訂改正附"勘誤"重印本，李嘯倉藏。
⑮清刻本，傅惜華舊藏，藝研院‧曲310.651/0.356/3（142934）。又，阿英舊藏，今藏處未詳。
⑯民國初年鈔本，傅氏《總目》謂馬彥祥有藏，今藏處未詳。
⑰文成堂刻本，傅氏《總目》謂馬彥祥有藏，今藏處未詳。
⑱《鼓詞彙集》第一輯頁69–81排印本。
⑲《子弟書選》頁139–153，據傅惜華舊藏本排印。

**別題一：全德報**

民初輯本《子弟書目錄》："《宋書》子弟書目錄。全德報。八回。"《綠棠吟舘子弟書百種總目》第八卷、《中國俗曲總目稿》頁141、《子弟書總目》頁55著錄。

版本：①鈔本，傅斯年圖書館藏，T20–240；《俗文學叢刊》388冊頁495。

②鈔本，傅斯年圖書館藏，T20–242。

③光緒甲午（1894）財勝堂刻本（上部封面題"光緒歲次甲午榴月梓行/全德報/上部：痛別、留契、入府、贅婿/財勝堂藏板"；下部封面題"光緒

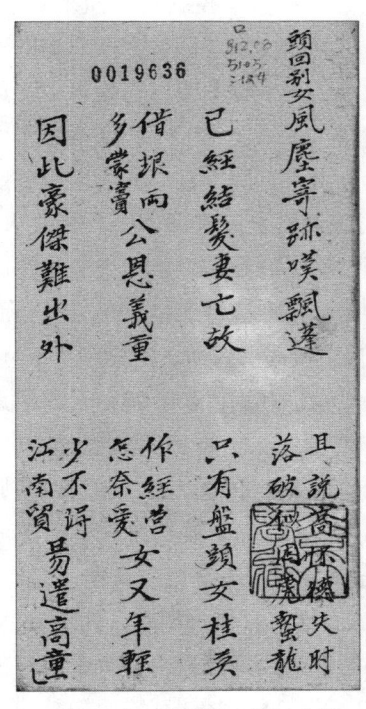

[圖180-1] 車王府舊藏本《千金全德》

[圖180-2] 長田夏樹藏財勝堂刻本《全德報》

歲次戊戌榴月梓行／全德報／下部：洞房、訓女、拷童、榮歸／文盛堂藏板"），長田夏樹藏；波多野太郎《子弟書集》據以收錄。［圖180-2］

④石印本（"致"字號），波多野太郎《子弟書集》據以影印。
⑤石印本，傅惜華舊藏，藝研院・曲310.651/0.356/29（07772）。
⑥石印本（每行三句），傅惜華舊藏，藝研院・曲310.651/0.356/4（142935）。
⑦北平打磨廠學古堂排印本，波多野太郎《子弟書集》據以影印。
⑧石印本，傅惜華舊藏，藝研院・曲310.651/0.356/3（142934）。
⑨光緒二十四年（1898）文盛堂刻本，阿英舊藏，今藏處未詳。
⑩清鈔本，阿英舊藏，今藏處未詳。又，清鈔本，傅氏《總目》謂李嘯倉有藏，今未見。

**別題二：全德**

樂善堂《子弟大鼓書目錄》："子弟書八回起。一吊六。全德。"

版本：①聚卷堂鈔本，傅斯年圖書館藏，T20-241。

【說明】陳錦釗《子弟書之題材來源及其綜合研究》頁200，謂傅斯年圖書館藏一鈔本第六《罵女》第二頁陰面，有抄者評語："子弟書以小窗筆墨爲最秀。他寫書無不得神，即如此回，將寶老一片婆心熱腸，真是活脫紙上。余自幼即好此，與瞽者周旋，今有抄書之舉，不過聊以消遣，更投所好。時臘月□灶日□□子崇誌。"

按：民初天津排印本有跋語。

其一云："昔南皮張文達公好聽秦腔，人多異之。蓋以秦腔詞句鄙俚，鼓板喧聒，夙爲學士大夫所不取也。或有問於公者，公曰：高崑詞曲，漸就散佚，類非梨園子弟所能道，即近世所謂簧腔，亦纖巧雕飾，非復本來面目，無寧嗜秦腔以自娛耳。文達之言如此。顧比年以來，如文達所嗜之秦腔，亦花樣翻新，意爲出入，一種靡靡之習，不堪入耳，其他邪詞艷曲，充塞街巷者，更不可以數計。世風日降，有心人所同慨也。二十年前，吾鄉有所謂子弟書者，人家有喜慶事，則召瞍瞍奏之。其曲本多出自文人手筆，而以韓小窗氏爲尤著。韓氏所撰，如《藏舟》、《別女》、《悲秋》之類，皆詞句閑雅，音節蒼涼，真有蕩滌邪穢、消融渣滓之妙。今則此調幾如《廣陵散》矣。禮云：桑閒濮上之音，亡國之音也。兆翰私竊憂之。因於本處附設盲生詞曲傳習所，先教練《千金全德》一書。《千金全德》凡八回，'別女'即八回之一也。音調和諧，詞旨純正，穆然爲承平雅頌之聲。以此傳習，用以轉移社會之風尚，庶幾向所謂邪詞艷曲、靡靡之音，不戰自敗，於世道人心，或者不無小補。移風易俗，莫善於樂，其殆沿流溯源之意乎？原書展轉鈔寫，不免譌誤，兆翰參以己意，署有修正，閱者教之。天津林兆翰附識。"

其二云："《千金全德》書，爲韓小窗作。所言寶禹鈞、高懷德、石守信，皆宋人。是書事實，雖不見於史傳，然恩信相感，實足以動人善念，且發爲謳歌，其感人也尤易。我母俞太恭人素好此曲。憶兒時篝燈授課後，輒留時閒，爲講故事，常及寶公好義、桂英賢淑，用以爲訓。恩榮習聞此等高誼，且能摹仿聲調。語云：聞其樂而知其德，有以矣夫。吾友林君墨青，提倡社會教育，組織盲生傳習所，即以斯曲教授盲生，余爲之贊成其事。此調果從茲傳衍，將見正聲發越，一切邪詞艷曲，自然闃寂，改良詞曲之善法也。因喜而誌之。韓小窗北京人。是書成於康熙閒，盛行於乾隆時代。德君壽山云。天津陳恩榮識。"

其三"書千金全德子弟書後"："是書爲韓小窗先生所著，可謂傑作。吾讀是書，竊歎燕山仁至義盡，其用心爲良苦矣。夫仗義之事，鄉黨目好者類能爲之，然爲之而於義往往未盡，論者不無憾焉。蓋非仁至不能義盡，此全德之所以難也。世之仗義而義有未盡者，其亦聞燕山之風否耶？吾願讀是書者，毋負小窗先生著書之苦心。天津胡瀿跋。"

## 竇公訓女 一回

作者韓小窗。

未見著錄。

此即《千金全德》第五回單行本。

版本：①清鈔本，梅蘭芳舊藏，藝研院・曲 319.651/0.582/6.103。

## 罵女代戲 一回

作者未詳。

百本張《子弟書目錄》："罵女代戲。一回。六佰。"民初輯本《子弟書目錄》列入《宋書》子弟書"。《子弟書總目》頁 163 著錄。又《子弟書約選日記》："罵女代戲。無甚意味。""代戲"，即"帶戲"。

演高桂英新婚夜放婿石守信赴考，被義父竇公責罵。本事見明王稚登《全德記》傳奇。此從《千金全德》子弟書第六回《罵女》衍化而來。

梭撥轍，連戲詞 42 韻。

版本：①清鈔本，車王府舊藏，北大圖書館・□ 812.08/5105/:113（95/19466，七葉半）。過錄本，首圖・甲四 2149；首圖縮印本 52 冊頁 350–353；北京整理本頁 197–198。過錄本，中大圖書館・92606；中大整理本頁 497–499。

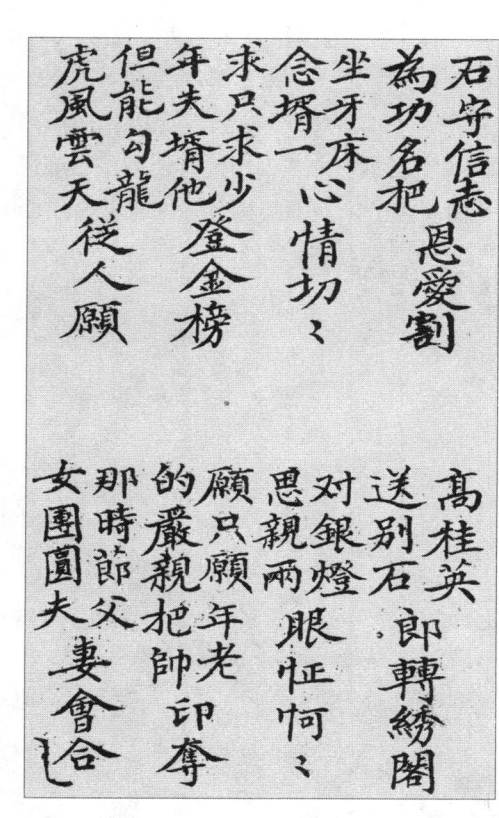

［圖 181］傅斯年圖書館藏百本張鈔本《罵女帶戲》

②百本張鈔本，傅斯年圖書館藏，T10–135。《俗文學叢刊》388 册頁 475。［圖 181］

③曲盦鈔本，傅惜華舊藏，藝研院·曲 310.651/0.356（134718/1）。

**別題：罵女**

樂善堂《子弟大鼓書目錄》："八佰文。罵女。"民初輯本《子弟書目錄》列入"《宋書》子弟書"；《中國俗曲總目稿》頁 45 著錄。又《子弟書目錄》頁 163 將此條單獨著錄，而未考與帶戲子弟書爲同一書。

版本：①鈔本，傅斯年圖書館藏，T10–136–1（題"罵女/書"）。

②鈔本，傅斯年圖書館藏，T10–136–2。

## 打關西  不分回

作者未詳。

諸家目錄未錄。有刻本題"子弟書"。

演趙匡胤大鬧馬家店之事。本事見《飛龍傳》。

一七轍。共 130 韻，相當於三回。

版本：①清光緒三十一年（1905）遼陽三文堂刻本（封面題"光緒乙巳年菊月新鐫/打關西/子弟書–遼陽三文堂板"），藝研院·曲 310.651/0.356（07772/21）；《子弟書珍本百種》頁 227–230 據以排印。

②石印本"宙"字號，傅惜華舊藏，藝研院·曲 310.651/0.356/2。

【說明】刻本多用簡省俗體字、破體字。石印本未注爲子弟書，文字與刻本頗異。其體制與子弟書不甚相合，因《子弟書珍本百種》已收錄，姑錄以備考。

# 宋代故事

**送荊娘** 五回

作者未詳。

民初輯本《子弟書目録》:"《風雲會》子弟書目録。送荊娘。五回。"《子弟書約選日記》:"送荊娘。計五回。可選。須加潤色。"《子弟書總目》頁91著録。

演趙匡胤千里送荊娘事。本事見李玉《風雲會》傳奇十七齣,崑曲衍爲折子戲《送京》,即本書所據。

版本:①鈔本,傅氏《總目》謂馬彦祥有藏,即民初輯本目録著録者,今藏處未詳。

**訪普** 帶戲 四回

作者未詳。

民初輯本《子弟書目録》:"《風雲會》子弟書目録。訪普。四回。"《子弟書總目》頁104著録。

演趙匡胤雪夜訪趙普問計事。故事出元羅貫中《風雲會》雜劇,後衍爲崑曲折子戲《訪普》,即本書所據。

江陽轍,分別爲35、32、36、26韻。

版本:①清鈔本,車王府舊藏,北大圖書館·□812.08/5105/:119(210/19681,十八葉半,題"訪譜",書根小字署"訪賢");過録本,首圖·甲四2264;首圖縮印本53册頁159-168;

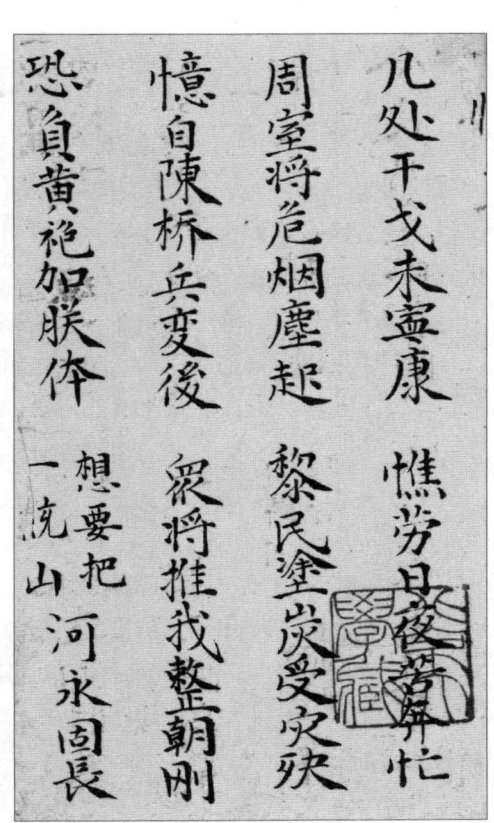

[圖182] 車王府舊藏本《訪普》

北京整理本頁 656–662；過錄本，中大圖書館·92000；中大整理本頁 500–505。[圖 182]

**別題一：訪賢代戲**

百本張《子弟書目錄》："訪賢代（帶）戲。四回。一吊六。"《中國俗曲總目稿》頁 34、《子弟書總目》頁 105 著錄。

版本：①鈔本，傅斯年圖書館藏，T7–089；《俗文學叢刊》388 冊頁 577。

②鈔本，傅斯年圖書館藏，T7–090。

③別埜堂鈔本（書衣題"訪賢子弟書"），傅惜華舊藏，藝研院·曲 310.651/0.356/18（150380）。

④民初鈔本，傅氏《總目》謂馬彥祥有藏，今藏處未詳。

**別題二：雪夜訪賢**

《綠棠吟舘子弟書百種總目》卷五著錄。

版本：①清鈔本，國家圖書館藏，98647（有"漢龍行齋"、"兩窺中秘"章）。

【說明】此篇卷首作："几處干戈未康寧，憔勞日夜苦奔忙。周室將危烟塵起，黎民塗炭受災殃。"結句作："就是那各部下的兵丁重重賞，一統山河永固長。"

## 訪賢　四回

作者韓小窗。據篇末句："無事小窗閒筆墨，描寫先臣定鼎方。"

別埜堂《子弟書目錄》："訪賢。四回。一吊四佰四。"樂善堂《子弟大鼓書目錄》："子弟書四回起。一吊一文。訪賢。"民初輯本《子弟書目錄》列入"《風雲會》子弟書目錄"。《中國俗曲總目稿》頁 34、《子弟書總目》頁 105 著錄。又《子弟書約選日記》："訪賢。四回。宋太祖訪趙普論軍情。可選。"

演趙匡胤雪夜訪趙普論軍情。本事來源同上條。

頭回中東轍，55 韻；二回江陽轍，59 韻；三回言前轍，54 韻；四回江陽轍，48 韻。

版本：①精鈔本，傅氏《總目》謂有自藏本，今未見；《子弟書選》頁 93–101 據傅氏藏本排印。《子弟書珍本百種》頁 231–236 亦據以排印。

②清代精鈔本，今藏處未詳；《子弟書叢鈔》頁 190–203 據以排印。

**別題：風雲會**

《集錦書目》第 73 句："一霎時風雲會合天欲雨。"《子弟書總目》頁 84 著錄。未見傳本。

【說明】此篇卷首作："[詩篇] 太祖陳橋兵變星，改周成宋整江洪。黃袍加體逼爲帝，諸將功勳泐鼎鐘。"結句作："編成一段《風雲會》，給那讀《論語》的學生熱熱腸。"

## 訪賢　五回

作者未詳。

《子弟書總目》頁 105 著錄。

 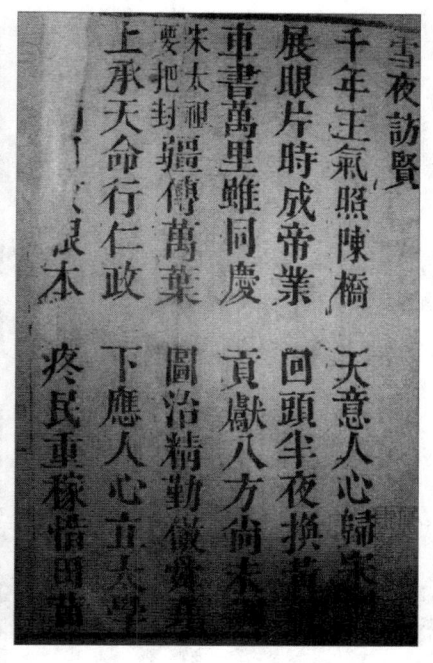

[圖183] 國圖藏文萃堂刻本《訪賢》

演趙匡胤雪夜訪趙普問計事。本事來源同上條。

遙條轍。刻本原不分回，可酌分爲五回，分別爲40、40、44、40、47韻。

版本：①北京文萃堂刻本（封面題"京都新刻/訪賢子弟書/文萃堂梓行"；卷端題"雪夜訪賢"），國家圖書館藏，98706；又，傅惜華舊藏，藝研院・曲310.651/0.356（136586）。[圖183]

**別題：雪夜訪賢**

未見著錄。文萃堂刻本正文首行題作"雪夜訪賢"。

【説明】卷首作："千年王氣照陳橋，天意人心歸宋朝。展眼片時成帝業，回頭半夜換黃袍。"結尾作："閑時困倦出城市，聽演傳奇把關目瞧。歸來因想當年況，笑把風情付筆毫。"

## 党太尉 一回

作者鶴侶氏。詩篇："憶古人有許多賞雪吟詩的趣，**鶴侶氏**今寫段党尉圍爐酸的肉麻。"

百本張《子弟書目錄》："党太尉。一回。四佰。"《中國俗曲總目稿》353、《子弟書總目》頁180著錄。又《子弟書約選日記》："党太尉。宋党普縱姬歌淫，不錄。"

演宋太尉党普附庸風雅擁姬賞雪事。據梆子腔《賞雪》改編。

發花轍，46韻。

版本：①清鈔本，車王府舊藏，北大圖書館・□ 812.08/5105/:112（78/19449，六葉）；

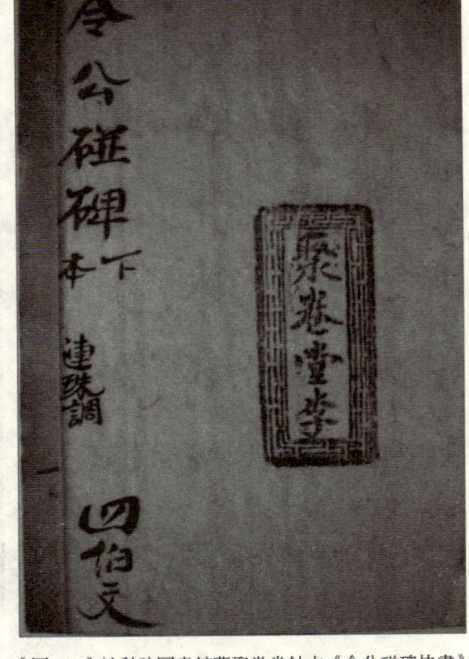

[圖184] 傅斯年圖書館藏百本張鈔本《党太尉》　　[圖185] 社科院圖書館藏聚卷堂鈔本《令公碰碑快書》

  過錄本，首圖·甲四2141；首圖縮印本53冊頁396-399；北京整理本頁161-162；過錄本，中大圖書館·92589；中大整理本頁21-22。
  ②百本張鈔本，程硯秋舊藏，藝研院·曲319.651/0.582/5.35（傅目誤錄作舊鈔本）；又，傅斯年圖書館藏，T44-502；《俗文學叢刊》388冊頁617。[圖184]
  ③清鈔本，程硯秋舊藏，藝研院·曲319.651/0.582/8.166。
  ④鈔本，傅斯年圖書館藏，T44-500。
  ⑤鈔本，傅斯年圖書館藏，T44-503。
  ⑥鈔本，傅斯年圖書館藏，T44-501。
  ⑦《子弟書選》頁309-311排印。

**別題：賞雪**
民初輯本《子弟書目錄》："《党太尉》子弟書目錄。賞雪。一回"。
未見傳本。

## 碰碑　快書　二回

  作者未詳。
  百本張《子弟書目錄》："快書碰碑。三落。一吊四。"《快書目錄》："碰碑。二回。六佰。"《中國俗曲總目稿》頁453、《北京傳統曲藝總錄》頁311著錄。又《子弟書總目》

頁 135 作爲子弟書著錄。

演楊業與金兵交戰，被困於交牙峪事。本事見元雜劇《昊天塔孟良盜骨》及《楊家將演義》第十八回"李陵碑楊業死節"；崑曲據雜劇衍爲折子戲《托兆》，道光間《春台班戲目》著錄作《托兆碰碑》，即此書所據。

中東轍，三落。

版本：①清鈔本，車王府舊藏，北大圖書館·□ 812.08/5105/:116（163/19534，九葉，題"碰碑全貳回"）；過錄本，首圖·甲四 2218；首圖縮印本 53 冊頁 245–249；北京整理本頁 413–415；過錄本，中大圖書館·91350；中大整理本頁 1135–1137。

②百本張鈔本（二回），梅蘭芳舊藏，藝研院·曲 319.651/0.582/6.62–63（15569）。又作"一回"，程硯秋舊藏，藝研院·曲 319.651/0.582/5.118。

③民初紅格鈔本，傅惜華舊藏，藝研院·曲 311.651/0.682（145827/2）。

別題一：令公碰碑

聚卷堂《連珠調快書》："令公碰碑。兩本。"

版本：①聚卷堂鈔本，王伯祥舊藏，今歸中國社科院圖書館。［圖 185］

別題二：托兆碰碑

《北京傳統曲藝總錄》頁 301 著錄。

版本：①清鈔本，傅斯年圖書館，KS4–051（第三落佚）。

②《文明大鼓書詞》第十冊排印本。

③北平學古堂排印本，傅斯年圖書館藏，KUIII–6–116。

別題三：楊令公碰碑

未見著錄。

版本：①清鈔本（封面題"真詞快書/楊令公碰碑"），國家圖書館藏，98750。

## 八郎探母（甲）八回

作者未詳。

百本張《子弟書總目》："硬書八郎探母。八回。二吊。"樂善堂《子弟大鼓書目錄》："子弟書八回起。一吊六。八郎探母。硬書。"《中國俗曲總目稿》頁 384、《子弟書總目》頁 27 著錄。又《集錦書目》第 62 句："那台上演的是軍營探母的楊八郎。"

演楊八郎娶遼國青蓮公主，因得知佘太君親征，遂別公主赴宋營，與母相會。本事見《雁門關》，皮黃有同名劇目。下接《八郎別妻》。

言前轍，每回 32 韻。

版本：①鈔本，車王府舊藏，北大圖書館·□ 812.08/5105（266/19637）。過錄本，首圖·甲四 2320；首圖縮印本 52 冊頁 371–385；北京整理本頁 1102–1110。過錄本，中大圖書館·92353；中大整理本頁 1141–1150。［圖 186］

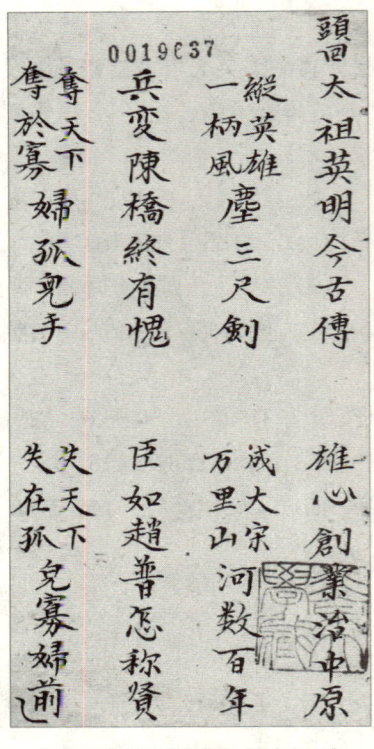 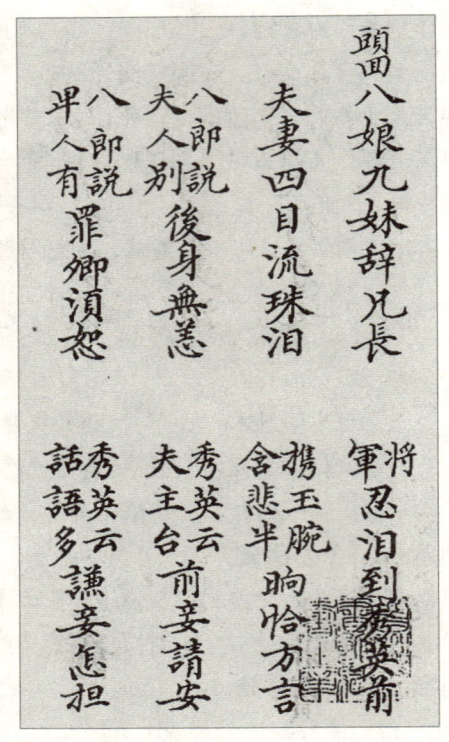

［圖186］車王府舊藏本《八郎探母》　　［圖187］首圖藏車王府舊藏《八郎別妻》

②百本張鈔本，梅蘭芳舊藏，藝研院・曲 319.651/0.582/6.77。

**別題**：八郎別妻

百本張《子弟書總目》："硬書。八郎別妻。八回。二吊。"《中國俗曲總目稿》頁 384 著錄。

版本：①百本張鈔本，梅蘭芳舊藏，藝研院・曲 319.651/0.582/6.78—79。

②鈔本，傅斯年圖書館藏，T-536；《俗文學叢刊》389 册收錄。

③鈔本，傅斯年圖書館藏，T-535。

【説明】此篇卷首作："太祖英明今古傳，雄心創業治中原。縱英雄一柄風塵三尺劍，成大宋萬里山河數百年。"結句作："秀英無語憫憫立，兩月的夫妻又悲又喜又是羞慚。"

按：傅氏《子弟書總目》因未見傅斯年圖書館藏《八郎別妻》原本，遂以爲係五回本《八郎別妻》，今改正。

## 八郎別妻　硬書　五回

作者未詳。

百本張《子弟書目錄》："硬書八郎別妻。五回。二吊。"《子弟書總目》頁 27 著錄。

演八郎探母後，與前妻秀英相別，再回北與青蓮公主相見。係八回本《八郎探母》

硬書之續篇。

言前轍，各回分別爲42、41、47、41、46韻。

版本：①清鈔本，車王府舊藏，首圖・甲四1317/2；首圖縮印本52册頁354-366；北京整理本頁1601-1608。［圖187］

【説明】本篇卷首作："八妹九娘辭兄長，將軍忍泪到秀英前。夫妻四目流珠泪，攜玉腕含悲半晌恰方言。"結句作："此一卷已表八郎探親母，到不知八主何日駕轉南。"

按：傅氏《子弟書總目》因未見傅斯年圖書館藏《八郎別妻》（八回）原本，遂以爲係五回本《八郎別妻》，又將梅蘭芳舊藏《八郎別妻》（實爲八回）一同歸入此條下，誤。此兩本實爲《八郎探母》（八回本）甲本之別題。

### 八郎探母（乙）八回

作者未詳。

民初輯本《子弟書目録》："楊家將子弟書目録。八郎探母。八回。"《中國俗曲總目稿》頁384著録。又《集錦書目》第62句："那台上演的是軍營探母的楊八郎。"按：此本非硬書。

此篇實據硬書《八郎探母》八回本及其續篇《八郎別妻》五回本壓縮重編而成，語句間有相同。

言前轍，頭回38韻，二回35韻，三回37韻，四回40韻，五回39韻，六回29韻，七回38韻，八回47韻。

版本：①鈔本，傅斯年圖書館藏，T-537；《俗文學叢刊》389册。［圖188］

②清鈔本，故宮博物院藏，《故宮珍本叢刊》699册頁111。

③鈔本，傅氏《總目》謂馬彥祥有藏，今藏處未詳。

【説明】此篇卷首作："燭影瑤紅翰墨傳，太宗即位坐金鑾。國有忠良生祥瑞，朝出佞黨起狼烟。"結句作："他二人敘了一夜離別況，不覺得樵五棒漏聲殘。"

［圖188］傅斯年圖書館藏鈔本《八郎探母》

又，傅氏《子弟書總目》著録《八郎探母》，將八回本硬書與子弟書合併作一目，其中著録有馬氏舊藏本，今不詳其屬硬書抑子弟書，姑繫於此，並將民初輯本《子弟書目錄》著錄者亦列於此。因馬氏所得鈔本，當即民初輯本目錄編纂者之舊藏。

## 八郎別妻　三回（二回）

作者未詳。

民初輯本《子弟書目錄》："楊家將子弟書目錄。八郎別妻。二回。"《子弟書總目》頁 27 著錄亦有二回本。

演楊八郎回宋營探母之前與妻青蓮相別一段。言前轍，分別爲 24、25、24 韻。

版本：①鈔本，車王府舊藏，北大圖書館·□ 812.08/5105/:118（202/19673，九葉半）；過錄本，首圖·甲四 2256；首圖縮印本 52 冊頁 367-370；北京整理本頁 616-618；過錄本，中大圖書館·92711；中大整理本頁 1138-1140。〔圖 189〕

②精鈔本（題二回），傅氏《總目》謂有自藏本，今未見。

【說明】此篇卷首作："塞雁初歸素衫影，天涯羈客意悽然。誰家弱婦啼紅袖，何處征夫渡玉關。"結句作："暗思理冤家此去歸期難定，罷了麼他便不歸奴的節義全。"

按：傅氏精鈔本，今未見，車王府舊藏三回本《八郎別妻》，各回篇幅僅及他本之半，爲三回本中最短者，故疑原是二回本，誤題作三回。今將二者歸於一目之下。

## 痴訴　一回

作者未詳。

百本張《子弟書目錄》："痴訴。一回。四佰。"（一本價格作"五佰"）民初輯本《子弟書目錄》列入"《豔雲亭》子弟書目錄"。《中國俗曲總目稿》頁 53、《子弟書總目》頁 174 著錄。

演蕭惜芬向瞽者諸葛諳訴冤情。本事見朱佐朝《豔雲亭》傳奇第二十、二十一齣，此據崑曲折子戲《痴訴》改編。

言前轍，40 韻。

版本：①清鈔本，車王府舊藏，北大圖書館·□ 812.08/5105/:113（102/19473，四葉）；過錄本，首圖·甲四 2163；首圖縮印本 55 冊頁 400-402；北京整理本頁 213-214；過錄本，中大圖書館·92613；中大整理本頁 514-515。〔圖 190〕

②百本張鈔本，程硯秋舊藏，藝研院·曲 319.651/0.582/5.36；又一部，傅斯年圖書館藏，T12-157-1；又一部，T12-157-2。

③曲盦鈔本，傅惜華舊藏，藝研院·曲 310.651/0.356/2（143231/5）；《子弟書叢鈔》頁 683-685 據同一版本排印。

④鈔本，傅斯年圖書館藏，T12-158；《俗文學叢刊》388 冊頁 633。

⑤鈔本，傅斯年圖書館藏，T12-159。

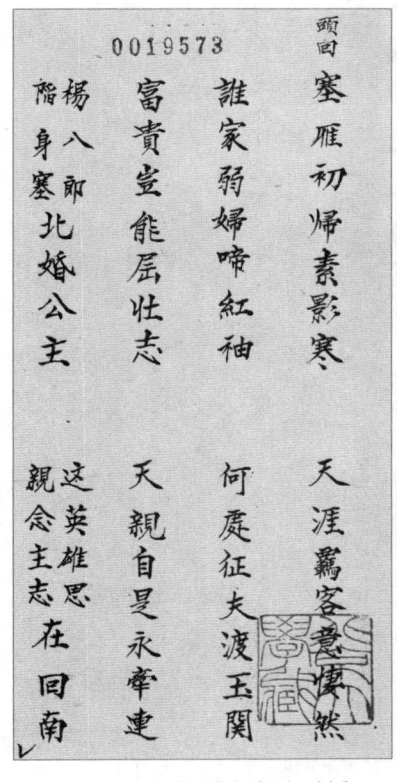
［圖189］車王府舊藏本《八郎別妻》

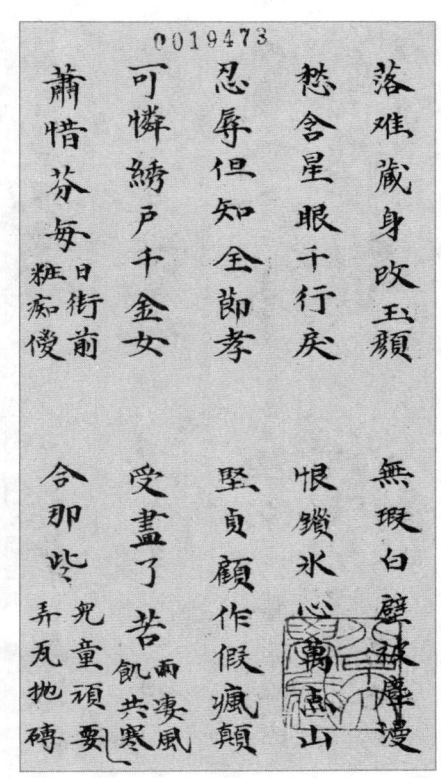
［圖190］車王府舊藏本《痴訴》

## 林和靖 一回

作者芸窗。結句云："只因爲乘閒偶寄芸窗興，感知音筆下傳奇演妙文。"

百本張《子弟書目錄》："林和靖。觀梅遇梅仙。一回。四佰。"樂善堂《子弟大鼓書目錄》著錄，書價"三百文"。民初輯本《子弟書目錄》列入"隱逸子弟書目錄"。《中國俗曲總目稿》頁164、《子弟書總目》頁68著錄。又《集錦書目》第70句："新戲蟬在**林和靖**上韻幽揚。"《子弟書約選日記》："林和靖。純然一篇清談文字。"

演林和靖在西湖之孤山觀梅遇梅仙事。林和靖，《宋史》卷四百五十七有傳。此據《西湖佳話》第九卷"孤山隱跡"改編。

人辰轍，54韻。

版本：①清鈔本，車王府舊藏，北大圖書館・□ 812.08/5105/:112（73/19444，七葉）；過錄本，首圖・甲四2136；首圖縮印本53冊頁99–102；北京整理本頁150–151；過錄本，中大圖書館・91384；中大整理本頁518–520。

②百本張鈔本，程硯秋舊藏，藝研院・曲319.651/0.582/5.42；又，傅斯年圖書館藏，T22-270；《俗文學叢刊》388冊頁643；又一部，T22-271。［圖191］

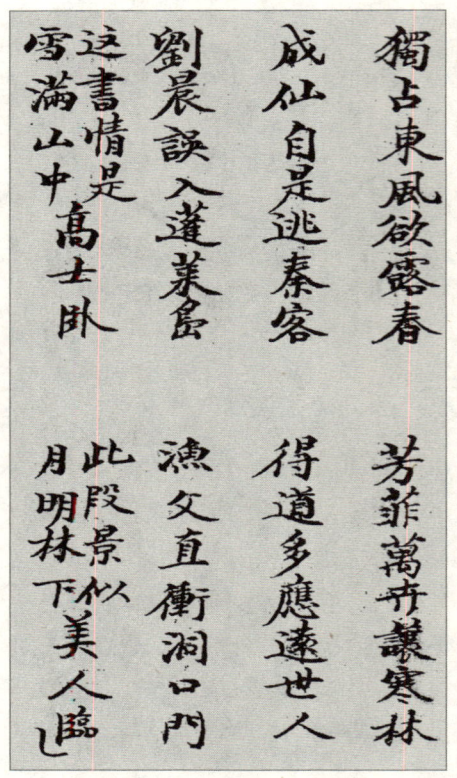
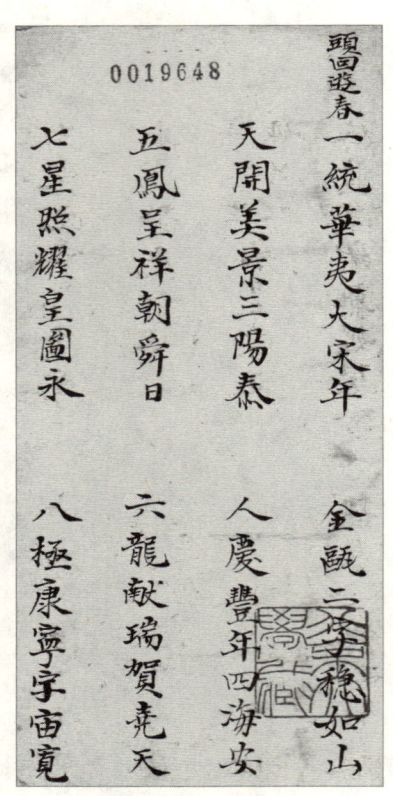

[圖191] 傅斯年圖書館藏百本張鈔本《林和靖》　　[圖192] 車王府舊藏本《全彩樓》

③鈔本，傅斯年圖書館藏，T22–272。

④鈔本，傅斯年圖書館藏，T20–273。

⑤清鈔本，藝研院・曲 319.651/0.582/8.166，有標識爲杜穎陶舊藏。按：據傅氏《總目》有程硯秋舊藏本，而無杜氏藏本，疑此兩本即是一本。

⑥《子弟書選》頁 293–295 據傅惜華藏本排印（題雲窗作）。

## 全彩樓　三十回

作者未詳。

百本張《子弟書目錄》："全彩樓。呂蒙正住窰起至榮歸完，上好，絕妙有文。三十二回。十二吊。" 別埜堂《子弟書目錄》："全彩樓。上好，絕妙有文。三十回。十二吊。" 樂善堂《子弟大鼓書目錄》著錄，書價"六吊文"。民初輯本《子弟書目錄》列入"《彩樓記》子弟書目錄"。《中國俗曲總目稿》頁 138、《子弟書總目》頁 54 著錄。

演全本呂蒙正故事。據《彩樓記》傳奇改編。

頭回〈遊春〉，二回〈言志〉，三回〈觀相〉，四回〈議婚〉，五回〈祭彩〉，六回〈批詩〉，七回〈入夢〉，八回〈仙警〉，九回〈友勸〉，十回〈贈衣〉，十一回〈倚欄〉，十二回〈和韻〉，十三回〈中選〉，十四回〈接彩〉，十五回〈嫌貧〉，十六回〈驚才〉，十七回〈逐婿〉，十八回〈歸窰〉，十九回〈祭灶〉，二十回〈趕齋〉，二十一回〈遇僧〉，二十二回〈辨踪〉，二十三回〈餞行〉，二十四回〈赴考〉，二十五回〈自嘆〉，二十六回〈報喜〉，二十七回〈辭窰〉，二十八回〈喜會〉，二十九回〈榮歸〉，三十回〈認親〉。全篇用言前轍，每回40韻。

版本：①清鈔本，車王府舊藏，北大圖書館·□812.08/5105/:126（277/19648，
　　　一百四十九葉）；過錄本，首圖·甲四2331；首圖縮印本53冊頁1-67；
　　　北京整理本頁1304-1341；過錄本，中大圖書館·92252；中大整理本頁
　　　23-68。〔圖192〕
　　②鈔本，傅斯年圖書館藏，四冊，T18-234、T19-235、T19-236、T19-237；《俗
　　　文學叢刊》389冊頁33。
　　③鈔本（存十六至三十回），國家圖書館藏，148010。
　　④鈔本，傅氏《總目》謂馬彥祥有藏，今藏處未詳。

**別題一：呂蒙正全事**（三十二回）

《中國俗曲總目稿》頁740、《子弟書總目》頁59著錄。

版本：①鈔本，存前十五回，傅斯年圖書館藏，T-721。過錄本，"中研院"近史所藏，
　　　NF655（《子弟書十種》之第一種）。

**別題二：彩樓**

《子弟書總目》頁119著錄。又《集錦書目》第85句："你看那彩樓上悲秋的人兒同尋夢。"

版本：①別墊堂鈔本，三十卷，傅氏《總目》謂有自藏本，今未見。

## 呂蒙正困守寒窰 不分回

作者未詳。

未見著錄。存本未題子弟書。以其爲《全彩樓》子弟書之改編本，體式與子弟書亦相符合，姑錄以備考。

演呂蒙正困守寒窰而終於發跡之事。從夫婦祭灶至報喜團圓止。此書實擷取《全彩樓》十九回"祭灶"以下，改刪重撰而成，描述更爲細緻。

共632韻，相當於十五回。混用人辰、中東轍，間以由求、一七轍爲記，作轉韻之用。

版本：①上海椿蔭山房石印本，首都圖書館藏。又，傅斯年圖書館，KUIV1-007。〔圖
　　　193〕

【說明】石印本封面題"呂蒙正困守寒窰"；書口作"呂蒙正"。首行題"新刊呂蒙正困寒窰宮花報喜大團圓全本"；內文有大段文字錯簡。卷首作："散漫天香不整容，可憐春去幾時逢。枝頭剩有重重綠，堵下空留片片紅。飄飄新夢凴誰訴？白白清清曉露濃。黃蜂從此休來往，粉蝶無言怨東風。舊夢已隨流水遠，山窗舉筆論新文。"結句作："只因這故典新奇多精巧，留下遺書萬古聞。"

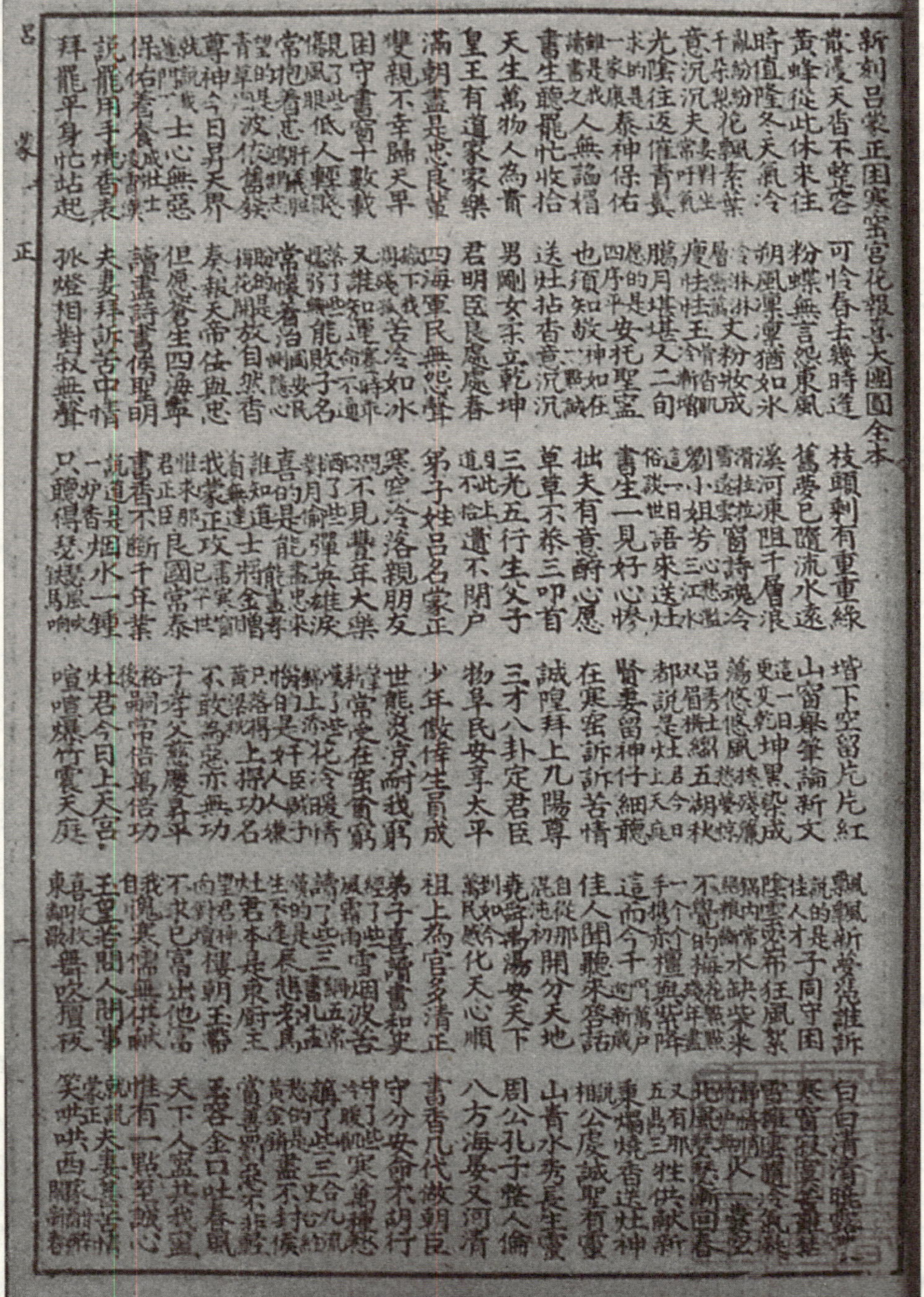

[圖193] 上海石印本《呂蒙正困守寒窰》

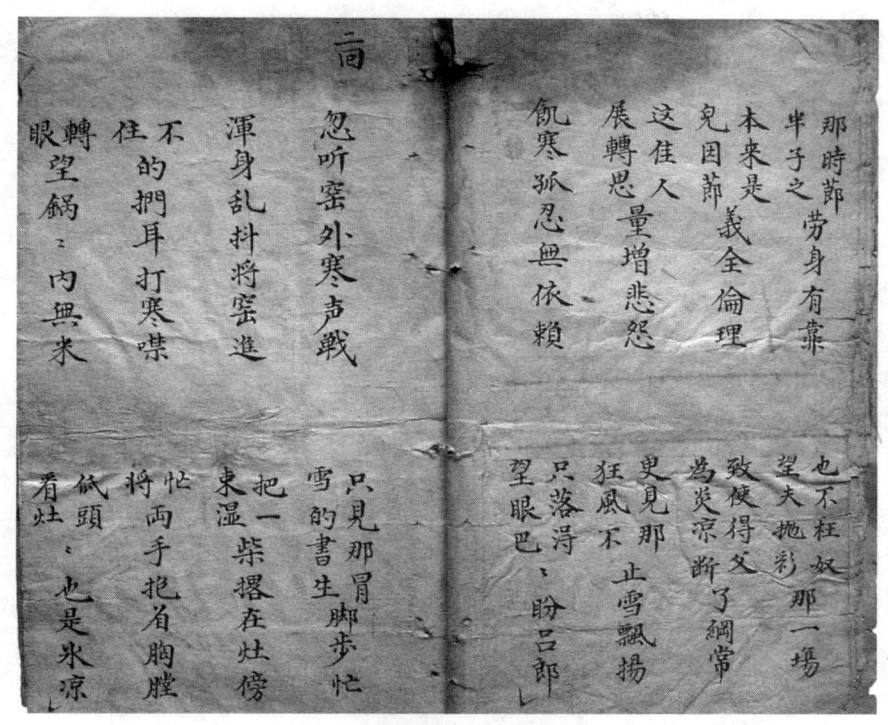

［圖194］李嘯倉藏鈔本《呂蒙正》

## 呂蒙正 三回

作者未詳。

《子弟書總目》頁59著錄，以爲即《呂蒙正全事》（三十二回本，同《全彩樓》）之前三回，非是。

演呂蒙正夫婦寒窰相嘆，劉千金勸夫忍耐等待時機。本事見《彩樓記》傳奇。

江陽轍，三回分別爲40、32、53韻。

版本：①民初精鈔本，李嘯倉藏；《子弟書珍本百種》頁237-241據以排印。［圖194］

【說明】此篇卷首作："後周失政亂封疆，兵變陳橋歸宋王。燭影搖紅兄傳弟，太宗即位掌朝綱。"結句作："小姐忙問何緣故，蒙正說這是那村舍人家祭灶王。"李嘯倉藏舊鈔本有分落號，但篇末無"完"字及分落號，疑本篇未完。參見下條《祭灶》二回本。

## 祭灶 二回

作者未詳。

《子弟書總目》頁115著錄，謂不分回。《集錦書目》第43句："**祭灶**畢平身出後皋。"

敍呂蒙正夫婦寒窰祭灶事。本事見《破窰記》傳奇十二齣"夫婦祭灶"。

江陽轍，二回，分別爲30、32韻。

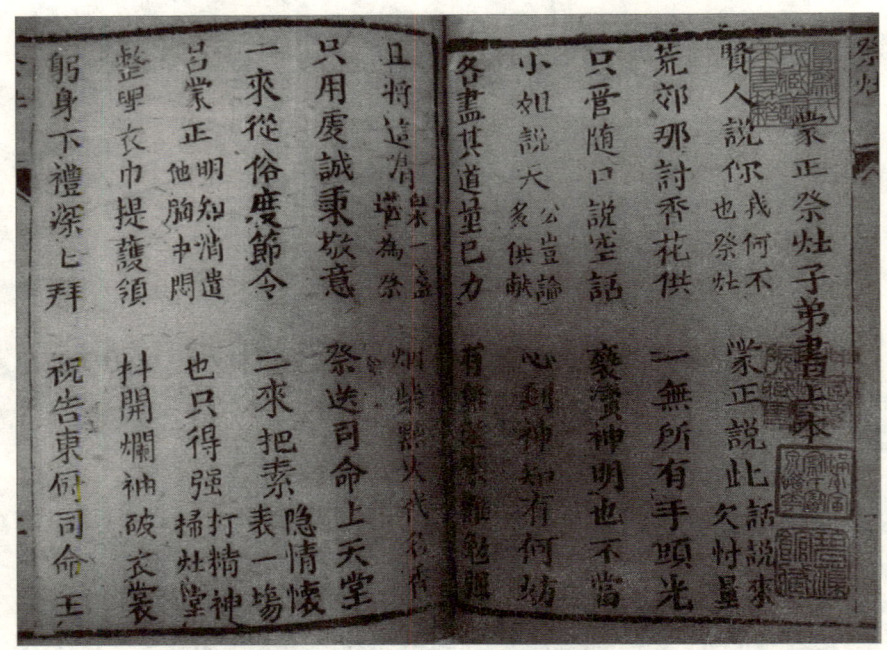

［圖 195］藝研院藏文萃堂刻本《祭灶》

版本：①文萃堂刻本（作上下二卷；首册題"祭灶子弟書／上 文萃堂梓行"，正文首行作"蒙正祭灶子弟書上本"），傅惜華舊藏，藝研院・曲 310.651/0.356（136595）；《子弟書珍本百種》頁 242-244 據以排印。［圖 195］

**別題：祭皂**
別墅堂《子弟書目錄》："祭皂。二回。七佰二。"
版本：①別墅堂鈔本（又題"呂蒙正祭灶"），杜穎陶舊藏，藝研院・曲 319.651/0.582/8.97。

【說明】此篇卷首作："賢人説你我何不也祭灶？蒙正説此話説來欠忖量。荒郊那討香花供？一無所有手頭光。"結句作："叫小姐你在窰中全寧耐，等我去木蘭寺内借齋糧。"
　　按：此篇韻句與三回本《呂蒙正》相同，内容恰好前後相接。三回本似未完，而此篇卷首若上無所承，則不免顯得突兀，子弟書向無此類情況。故疑本篇上承三回本《呂蒙正》，原是五回一篇。亦即下條五回本《蒙正祭灶》。

## 蒙正祭灶　五回

作者未詳。
《子弟書總目》頁 148 著錄。
演呂蒙正歸窰祭灶事。本事見《彩樓記》傳奇。
版本：①民國初年鈔本，傅氏《總目》謂馬彥祥有藏，今藏處不詳。

**別題一：祭灶**

民初輯本《子弟書目錄》："《彩樓記》子弟書目錄。祭灶。五回。"

未見傳本。

**別題二：歸窰祭灶**

樂善堂《子弟大鼓書目錄》："子弟書六回起。一吊二。歸窰祭灶。"

未見傳本。未能確定與五回本是否相同，姑附列於此，俟考。

【説明】傅氏《子弟書目錄》頁148著録此本，謂"與上文所著録《祭灶》一書文詞不同，當屬別本。"按：馬氏藏本今未見，文辭用韻未詳。

### 歸窰祭灶 二回

作者未詳。

未見著録。

此篇將《全彩樓》子弟書之十八回"歸窰"、十九回"祭灶"析出，獨立成篇。

版本：①聚卷堂鈔本，國家圖書館藏，98808。[圖196]

【説明】封面題"歸窰祭灶子弟書 兩回"，有印記作："聚卷堂李／不對管換"、"言無二價"。卷首作："[頭回歸窰]夫妻被攆出門闌，骨肉分離甚慘然。衆多人泪眼遥觀不敢送，心中暗怨老年殘。"結句作："拜罷平身齊站起，夫妻孤燈對坐默無言。"

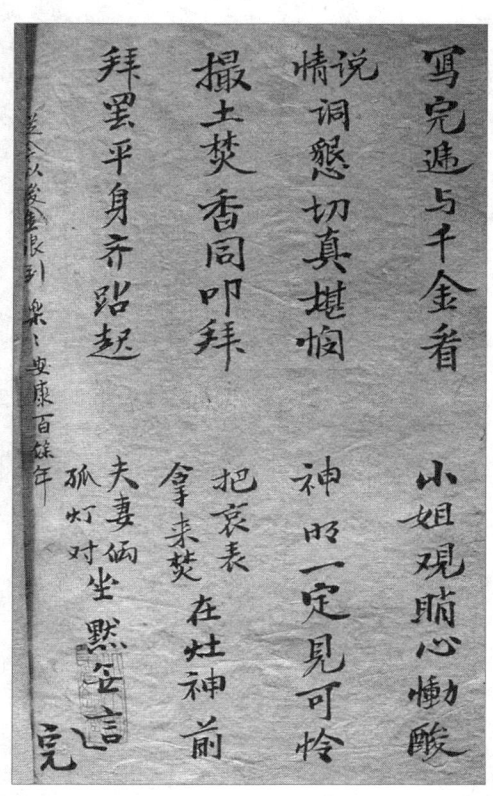

[圖196]國圖藏鈔本《歸窰祭灶》

### 趕齋 一回（八落）

作者未詳。

未見著録。

演呂蒙正赴山寺趕齋遇飯後撞鐘之事。本事見《破窰記》傳奇十三齣："乞寺被侮"；此據崑曲折子戲《赴齋》改編。

一七轍，38韻。

版本：①民初鈔本，天津圖書館集部–曲類–彈詞37490《子弟書》之末册，原題"趕齋 八落"。[圖197]

**別題：蒙正趕齋**

《中國俗曲總目稿》頁601、《子弟書總目》頁149著録。

版本：①鈔本，國家圖書館藏，35558（《子弟書》卷五，正文題"趕齋子弟書"）。《子

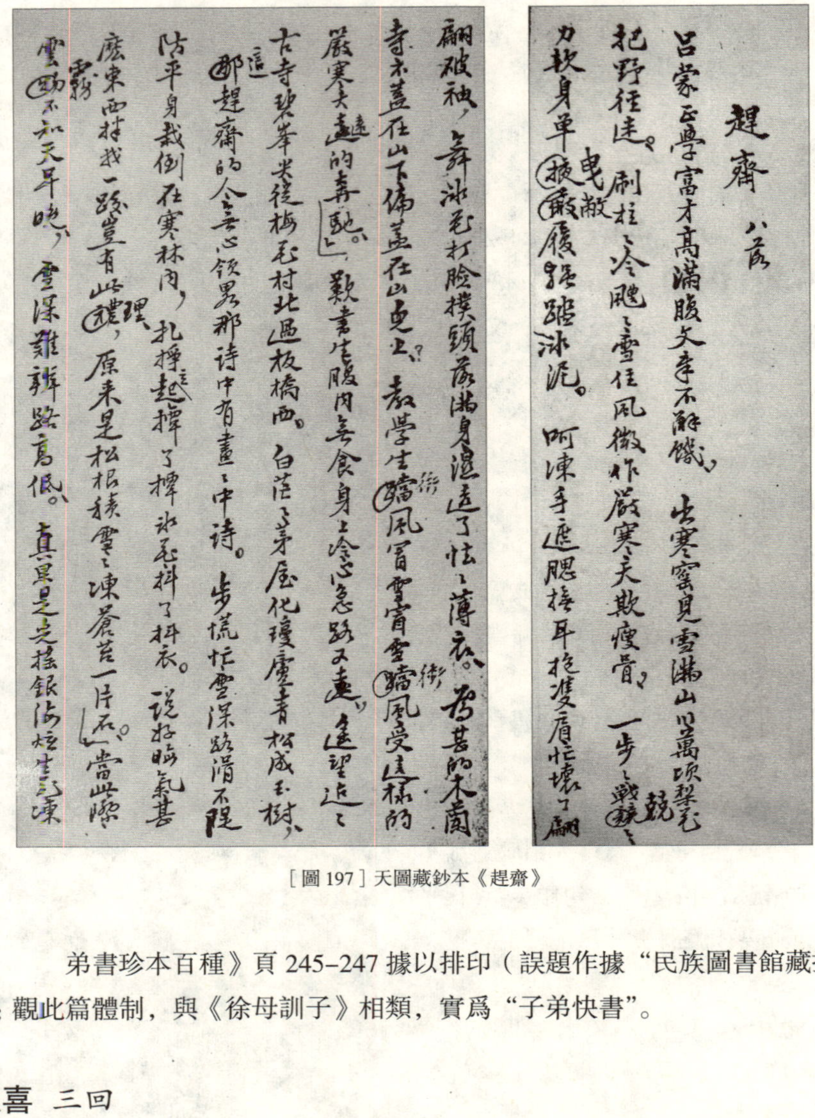

[圖197]天圖藏鈔本《趕齋》

《弟書珍本百種》頁245-247據以排印（誤題作據"民族圖書館藏抄本"）。

按：觀此篇體制，與《徐母訓子》相類，實爲"子弟快書"。

## 宮花報喜 三回

作者未詳。

百本張《子弟書目錄》別本："宮花報喜。三回。一吊。"別埜堂《子弟書目錄》："宮花報喜。三回。一吊五。"《中國俗曲總目稿》頁546、《子弟書總目》頁89著錄。又《子弟書約選日記》："宮花報喜。計三回。意思頗好。可選。"

演呂蒙正中狀元，相府俊梅香與狀元府丑梅香爭至破窰報喜。據《破窰記》傳奇二十四齣"宮花報捷"改編。

頭回中東轍，二回江陽轍，三回人辰轍。每回40韻。

版本：①清鈔本，車王府舊藏，北大圖書館・□ 812.08/5105/:118（201/19672，十五葉）；
過錄本，首圖・甲四2255；首圖縮印本53冊頁107-114；北京整理本頁

611–615；過錄本，中大圖書館·92710；中大整理本頁69–73。[圖198]

②別埜堂鈔本，杜穎陶舊藏，藝研院·曲319.651/0.582/8.99。

③鈔本，傅斯年圖書館藏，T-628；《俗文學叢刊》389冊頁1。

④百本張鈔本，杜穎陶舊藏，藝研院·曲319.651/0.582/8.138。

⑤鈔本（有"北京圖書館鈔藏"印），國家圖書館藏，《曲文四種》内，35611。

⑥清鈔本，傅氏《總目》謂有自藏本，今未見。

⑦民初鈔本，傅氏《總目》謂馬彥祥有藏，今藏處未詳。

**別題：報喜**

百本張《子弟書目録》："報喜。宮花。三回。一吊。"樂善堂《子弟大鼓書目録》著録，書價"六佰文"。民初輯本《子弟書目録》列入"《彩樓記》子弟書目録"。《中國俗曲總目稿》頁38、《子弟書總目》頁122著録。又《集錦書目》第50句："説真篡鬚子各趁心願**報喜**非常。"

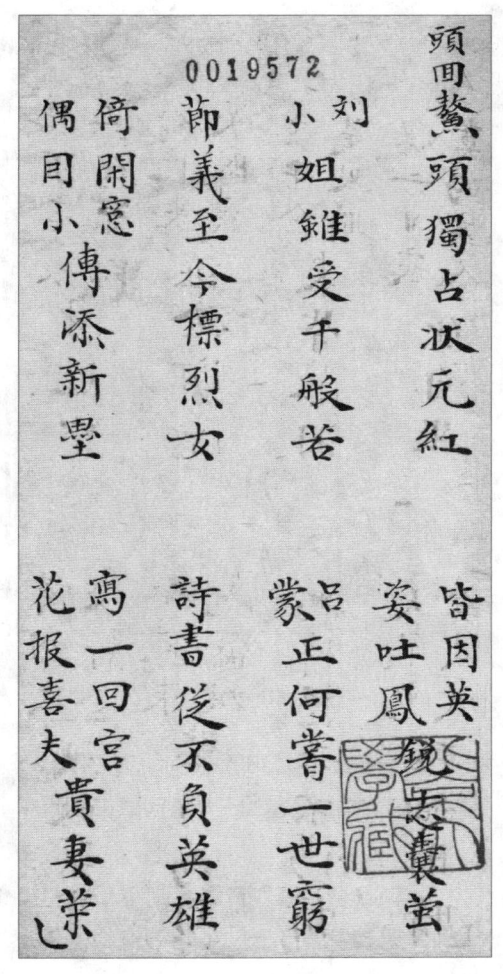

[圖198] 車王府舊藏本《宮花報喜》

版本：①百本張鈔本，傅惜華舊藏，藝研院·曲310.651/0.356（142920/2,）；《子弟書叢鈔》頁623–630據以排印。

②舊鈔本，傅氏《總目》謂有自藏本，今未見。

③鈔本，傅斯年圖書館藏，T-627。按：據總目稿，傅圖所藏兩種，今失書衣，而必有一種原題此名，故移一種於此。

## 陳琳救主 一回

作者竹軒。據卷首詩篇："**竹軒**删減齊東語，爲寫狹義小娥眉。"此篇原當與《救主》合爲一篇。

百本張《子弟書目録》："陳琳救主。一回。四佰。"《子弟書總目》頁112著録。灰堆轍，40韻。

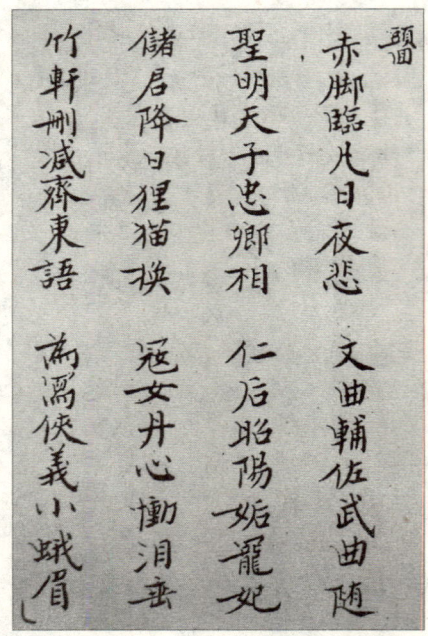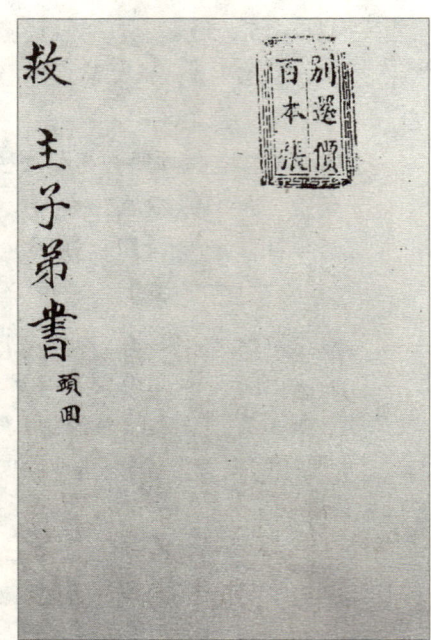

［圖199］故宮藏百本張鈔本《救主》

演寇承御將太子暗藏盒內，陳琳抱盒救主出宮。本事見《金丸記》傳奇第二十一齣"救主"；道光四年（1824）《慶昇平班戲目》有"陳琳抱盒"，亦演此事。下接《盤盒》。

**別題：救主**

百本張《子弟書目錄》別本："救主。陳琳。一回。四佰。"民初輯本《子弟書目錄》列入"《宋書》子弟書"。《子弟書約選日記》："**救主**：劉妃使奸，陳琳救主。究竟有無其事，待查。"

版本：①鈔本，車王府舊藏，北大圖書館・□ 812.08/5105/:111（51/19422，五葉）；過錄本，首圖縮印本53冊頁178-181；北京整理本頁104-105；過錄本，中大圖書館・91363；中大整理本頁508-509。

②百本張鈔本（題作"救主子弟書頭回"），故宮博物院藏，《故宮珍本叢刊》697冊頁322-324。［圖199］

【說明】車王府舊藏本《救主》、《盤盒》為兩篇，各一回。從內容看，車王府本之題名正好顛倒。即題《盤盒》的內容，實應是"救主"事；題"救主"篇，所敘卻正是劉后盤盒之事。兩回本，一題"盤盒救主"，當與車王府本之題誤有關；另一題"救主盤盒"，方合事件發展的序次。

**劉后盤盒** 一回

作者竹軒。據《救主》子弟書卷首詩篇："**竹軒**刪減齊東語，為寫俠義小娥眉。"

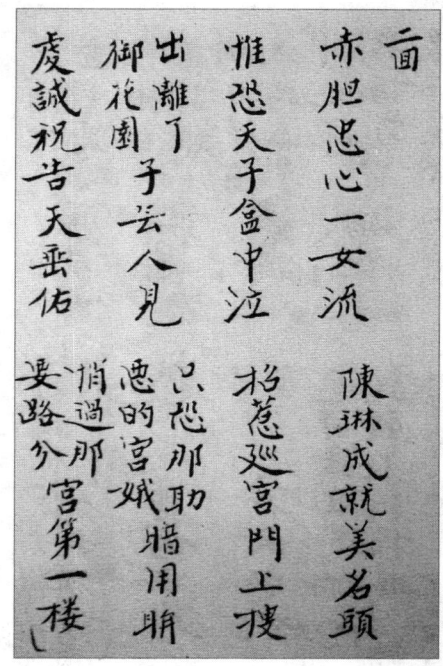
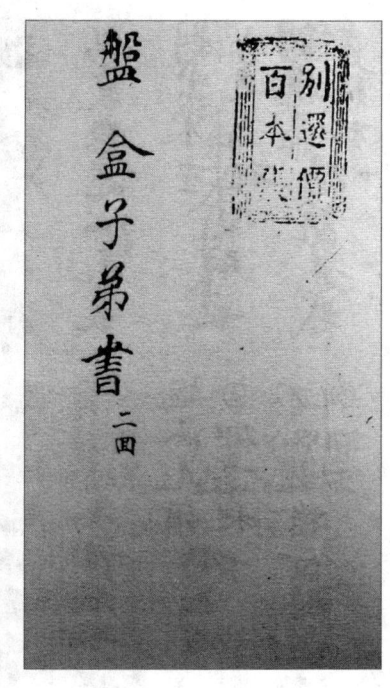

[圖200]故宮藏百本張鈔本《盤盒》

百本張《子弟書目錄》："劉后盤盒。一回。四佰。"《子弟書總目》頁160著錄。

演陳琳抱盒藏太子出宮，遇劉后遭盤問之事。本事見《金丸記》傳奇第二十二齣"盤盒"。由求轍，40韻。

**別題：盤盒**

百本張《子弟書目錄》別本："盤盒。劉妃。一回。四佰。"民初輯本《子弟書目錄》列入"《宋書》子弟書"。又《集錦書目》第60句："將**盤盒**收起要轉家鄉。"

版本：①鈔本，車王府舊藏，北大圖書館・□812.08/5105/:111（50/19421，五葉）；過錄本，首圖縮印本53冊頁382-385；北京整理本頁102-103；過錄本，中大圖書館・91362；中大整理本頁506-507。

②百本張鈔本（題作"盤盒子弟書二回"），故宮博物院藏，《故宮珍本叢刊》697冊頁325-327。[圖200]

## 救主盤盒　二回

作者竹軒。樂善堂《子弟大鼓書目錄》："子弟書二回起。五佰文。救主盤盒。"《中國俗曲總目稿》頁565、《子弟書總目》頁109著錄。

此係《救主》、《盤盒》兩篇合爲一本。參見前文。

頭回灰堆轍，二回由求轍。每回40韻。

版本：①鈔本，傅斯年圖書館藏，T-639；《俗文學叢刊》389冊頁483。[圖201]

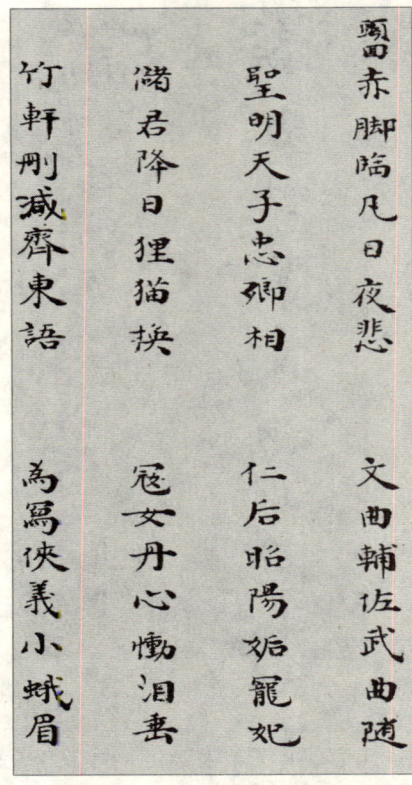 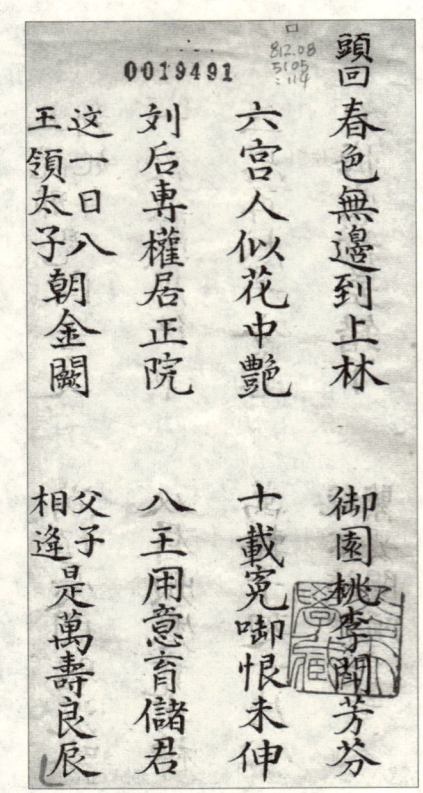

［圖201］傅斯年圖書館藏鈔本《救主盤盒》　　［圖202］車王府舊藏本《拷玉》

②百本張鈔本（兩回無總名，分別題"救主子弟書頭回、盤盒子弟書二回"），故宮博物院藏，《故宮珍本叢刊》697冊頁322-327（參上文）。

③鈔本，傅斯年圖書館藏，T-640。

**別題一：盤盒救主**

《子弟書總目》頁162著錄。

版本：①曲盒鈔本，傅惜華舊藏，藝研院‧曲310.651/0.356（148721）；《子弟書選》頁354-357據以排印。

**別題二：救主（二回）**

《子弟書總目》頁109著錄。

版本：①民初鈔本，傅氏《總目》謂馬彥祥有藏，今藏處未詳。

## 拷御　二回

作者未詳。

《中國俗曲總目稿》頁22、《子弟書總目》頁78著錄。

演劉妃因李后所生太子獲救，逼陳琳拷打寇承御。本事見《金丸記》傳奇二十九齣"打御"；道光四年（1824）《慶昇平班戲目》有"拷寇成玉"，亦演此事。

人辰轍，每回40韻。

版本：①百本張鈔本，吳曉鈴舊藏，首圖·己502。
　　　②鈔本，傅斯年圖書館藏，T5-051；《俗文學叢刊》388冊頁505。
　　　③鈔本，傅斯年圖書館藏，T5-052。

別題一：拷玉

《綠棠吟舘子弟書百種總目》卷八、《子弟書總目》頁78著錄。

版本：①清鈔本，車王府舊藏，北大圖書館·□812.08/5105/:114（120/19491，十葉）；過錄本，首圖·甲四2174；首圖縮印本53冊頁114-119；北京整理本頁253-255；過錄本，中大圖書館·92631；中大整理本頁510-513。［圖202］
　　　②曲盒鈔本，傅惜華舊藏，藝研院·曲310.651/0.356/2（143231/8）。

別題二：打御

百本張《子弟書目錄》："打御。二回。八佰。"樂善堂《子弟大鼓書目錄》著錄，書價"四佰文"。民初輯本《子弟書目錄》列入"《宋書》子弟書"（標作"一回"，當即同此二回本，故繫於此）。《子弟書總目》頁45著錄。又《集錦書目》第68句："**打御**路一直出關廂。"《子弟書約選日記》："**打御**：文頗不惡。未識有無其事。"

版本：①民初鈔本，傅氏《總目》謂馬彥祥有藏，今藏處未詳。

## 尋親記　四回

作者未詳。

民初輯本《子弟書目錄》："《宋書》子弟書目錄。尋親記。四回。"《子弟書總目》頁124著錄。

當即演周羽尋親故事。本事見《周羽教子尋親記》傳奇。

版本：①鈔本。傅氏《總目》謂馬彥祥有藏，今藏處未詳。

## 巧姻緣　二回

作者未詳。

百本張《子弟書目錄》："巧姻緣。亂點鴛鴦譜。粉。二回。八佰。"別埜堂《子弟書目錄》著錄同，唯無"粉"字。樂善堂《子弟大鼓書目錄》著錄，書價"六佰文"。民初輯本《子弟書目錄》列入"《今古奇觀》子弟書目錄"。《中國俗曲總目稿》頁118、《子弟書總目》頁43著錄。又《集錦書目》第86句："**巧姻緣**的風月魁有限，況值漏永更長。"

演孫玉郎喬裝替姐姐出嫁，劉慧娘替兄伴嫂，二人洞房中巧成姻緣。本事見《醒世恒言》卷八"喬太守亂點鴛鴦譜"。此據抱甕老人選編本《今古奇觀》改編。

頭回江陽轍，二回懷來轍。每回50韻。

版本：①清鈔本，車王府舊藏，北大圖書館·□ 812.08/5105/:115（151/19522，十二葉）；過錄本，首圖·甲四 2205；首圖縮印本 55 冊頁 266-271；北京整理本頁 367-370；過錄本，中大圖書館·92662；中大整理本頁 155-158。〔圖 203〕

②別埜堂鈔本，杜穎陶舊藏，藝研院·曲 319.651/0.582/8.62（殘存第一回）；又，李嘯倉藏。

③聚卷堂鈔本，吳曉鈴舊藏，首圖·己 468；又，傅氏《總目》謂有自藏本，今未見。

④鈔本，傅斯年圖書館藏，T15-201；《俗文學叢刊》389 冊頁 527。

⑤鈔本，傅斯年圖書館藏，T15-200。

⑥鈔本，傅斯年圖書館藏，T15-202。

⑦清鈔本，國家圖書館藏，98646。

⑧億卷堂鈔本，傅氏《總目》謂有自藏本，今未見。

⑨鈔本，傅氏《總目》謂馬彥祥有藏，今藏處未詳。

**別題：喬太守亂點鴛鴦譜**

《中國俗曲總目稿》頁 973、《子弟書總目》頁 127 著錄。

版本：①石印本，傅斯年圖書館藏，T-718。

②上海槐蔭山房石印本（分二回），傅斯年圖書館藏，T-758。

③奉天東都石印局石印本，《鼓詞彙集》第四輯頁 94-98 據以排印。

④清鈔本，傅氏《總目》謂李嘯倉有藏，今未見。

【說明】傅氏《子弟書總目》頁 127 著錄《喬太守亂點鴛鴦譜》（不分回）一種，謂有清鈔本，李嘯倉藏，而未說明此書與《巧姻緣》原爲一書，疑其並未親見此鈔本。又，今李氏遺存藏書中未見清鈔本，觀其篇名所題，且不分回，故疑李氏所藏即是石印本，而非清鈔本。

## 花叟逢仙 二回

作者煦園。詩篇云："煦園氏公餘偶遣憐香筆，説一段老圃逢仙意外文。"

百本張《子弟書目錄》："花叟逢仙。奇觀。二回。八佰。"《中國俗曲總目稿》頁 497、《子弟書總目》頁 70 著錄。

演花農秋先逢仙女事。本事見《醒世恒言》卷四"灌園叟晚逢仙女"改編。此據《今古奇觀》改編。

頭回人辰轍，二回中東轍。每回 40 韻。

版本：①清鈔本，車王府舊藏，北大圖書館·□ 812.08/5105/:116（159/19530，十葉）；過錄本，首圖·甲四 2213；首圖縮印本 53 冊頁 94-99；北京整理本頁 398-401；過錄本，中大圖書館·91346；中大整理本頁 531-534。〔圖 204〕

②鈔本，傅斯年圖書館藏，T-575；《俗文學叢刊》389 冊頁 557。

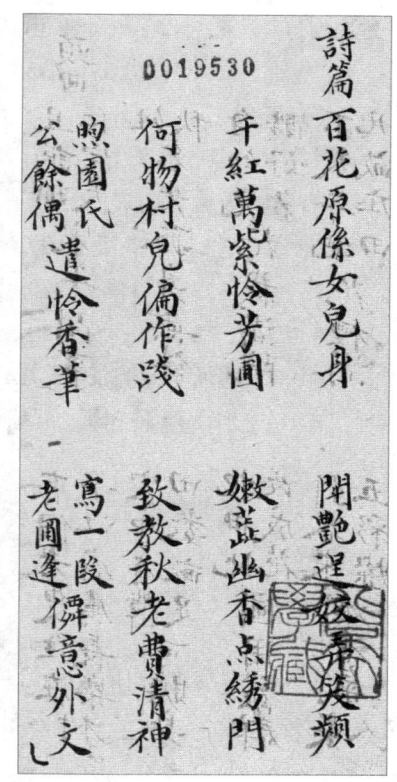

[圖203] 車王府舊藏本《巧姻緣》　　[圖204] 車王府舊藏本《花叟逢仙》

③鈔本，傅斯年圖書館藏，T-574。

## 賣胭脂　二回

作者未詳。

百本張《子弟書目錄》："賣胭脂。粉。二回。八佰。" 別埜堂《子弟書目錄》："賣胭脂。二回。七佰二。" 民初輯本《子弟書目錄》列入 "小戲子弟書目錄"。《中國俗曲總目稿》頁317、《子弟書總目》頁156著錄。

演郭華借買胭脂與王月英私會事。本事見《王月英元夜留鞋記》雜劇及《胭脂記》傳奇。此據梆子腔《賣胭脂》改編。

懷來轍，每回40韻。

版本：①清鈔本，車王府舊藏，北大圖書館·□ 812.08/5105/:114（130/19501，十葉）；過錄本，首圖·甲四2184；首圖縮印本53冊頁371-376；北京整理本頁290-292；過錄本，中大圖書館·92641。[圖205]

②百本張鈔本，杜穎陶舊藏，曲 319.651/0.582/8.41；又一種（內有舊閱者批語），傅惜華舊藏，藝研院·曲 310.651/0.356/6（150368）。

③別埜堂鈔本，傅惜華舊藏，藝研院·曲 310.651/0.356/24（150386）。

④鈔本，傅氏《總目》謂馬彥祥有藏，今藏處未詳。

⑤曲盦鈔本，傅惜華舊藏，藝研院·曲 310.651/0.356（143232/3）。

⑥鈔本，傅斯年圖書館藏，T41-470；《俗文學叢刊》389 冊頁 579。

⑦鈔本，傅斯年圖書館藏，T41-471。

**別題：買胭脂**

未見著錄。

版本：①中大整理本頁 118-121，所錄篇名如此。

## 陽告 一回

作者未詳。

百本張《子弟書目錄》："陽告。一回。四佰。"（一本價格作"五佰"）樂善堂《子弟大鼓書目錄》著錄，書價"三佰文"。民初輯本《子弟書目錄》、《中國俗曲總目稿》頁 36、《子弟書總目》頁 125 著錄。又《集錦書目》第 28 句："**陽告**日永福寺裏秦王降香。"

演王魁負心再娶拋棄敫桂英，桂英在海神廟向海神告狀。本事見《焚香記》傳奇二十六齣"陳情"；此據崑劇摺子戲《陽告》改編。

江陽轍，50 韻。

版本：①清鈔本，車王府舊藏，北大圖書館·□ 812.08/5105/:113（96/19467，六葉半）；過錄本，首圖·甲四 2150；首圖縮印本 53 冊頁 207-209；北京整理本頁 200-201；過錄本，中大圖書館·92607（題作"陰告"）；中大整理本頁 523-524。

②百本張鈔本，故宮博物院藏，《故宮珍本叢刊》697 冊頁 253-256。［圖 206］

③鈔本，傅斯年圖書館藏，T8-100；《俗文學叢刊》389 冊頁 617。

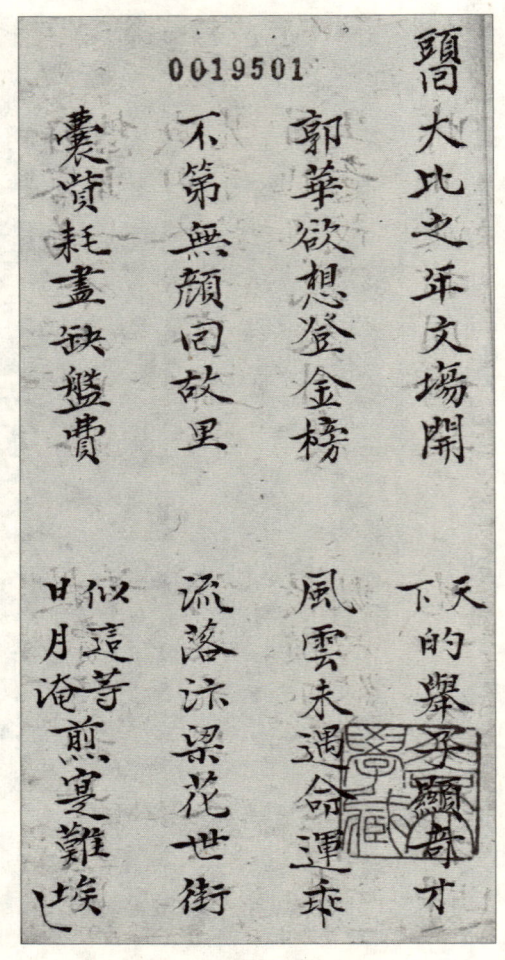

［圖 205］車王府舊藏本《賣胭脂》

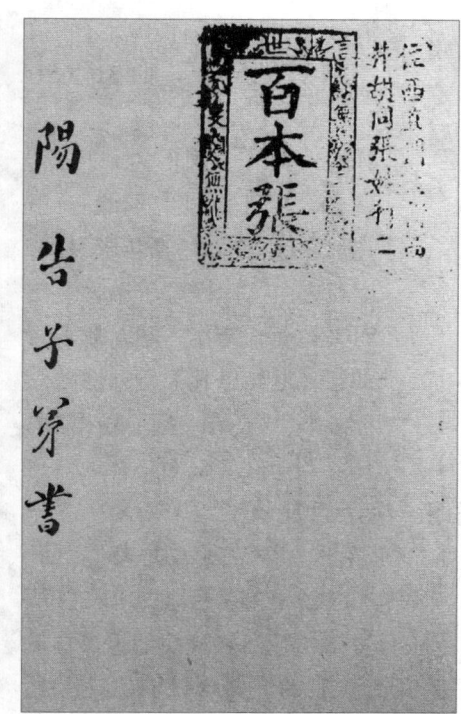

[圖206]故宮藏百本張鈔本《陽告》

④鈔本，傅斯年圖書館藏，T8-099。
⑤曲盦鈔本，傅惜華舊藏，藝研院·曲310.651/0.356/2（143231/2）。

## 思凡 三回

作者未詳。

樂善堂《子弟大鼓書目錄》："子弟書三回起。八佰文。思凡。"《中國俗曲總目稿》頁19、《子弟書總目》頁81著錄。又別埜堂《子弟書目錄》："思凡。四回。一吊四佰四。"唯其著錄作"四回"，與各目微有不同；傅氏《總目》著錄作三回，並謂自藏有別埜堂鈔本，未云有差異，當是相同。

演宋英宗時，小尼姑不堪庵中寂寞，重歸紅塵。本事見《孽海記》。此據崑曲折子戲《思凡》改編。崑腔將《思凡》、《下山》兩本連演時，稱爲《雙下山》，亦稱《僧尼會》。據結句"小尼姑春心一動尋佳偶，到下回果見個知己的情郎配了鸞"，知下接《僧尼會》子弟書。

言前轍，分別爲40、45、40韻。

版本：①清鈔本，車王府舊藏，北大圖書館·□812.08/5105/:118（205/19676，十六葉）；過錄本，首圖·甲四2259；首圖縮印本53冊頁131-138；北京整理本頁630-635；過錄本，中大圖書館·91995；中大整理本頁105-109。[圖207]

②清鈔本，傅惜華舊藏，存二、三回，藝研院‧曲 310.651/0.356/8（142869）。
③鈔本，據《中國俗曲總目稿》頁 19，"中研院"史語所藏有《思凡》一種，今歸傅斯年圖書館，因藏者多將同內容子弟書合綴而失封面，歸作一題，故下文別題《尼姑思凡》所列傅圖三種鈔本中，必有一種原題作"思凡"。

**別題：尼姑思凡**

百本張《子弟書目錄》："尼姑思凡。三回。一吊二。"民初輯本《子弟書目錄》列入"《孽海記》子弟書目錄"。《綠棠吟館子弟書百種總目》卷二十、《中國俗曲總目稿》頁 437、《子弟書總目》頁 47 著錄。又《集錦書目》第 82 句："那狐狸思春，**尼姑思凡**，哭城裏面困商郎。"

版本：①別埜堂鈔本，傅惜華舊藏，藝研院‧曲 310.651/0.356/17（150379）。
②鈔本，傅斯年圖書館藏，T-562；《俗文學叢刊》389 冊頁 617–650。
③鈔本，傅斯年圖書館藏，T-560（內題"尼姑思凡子弟書"）。
④鈔本，傅斯年圖書館藏，T-561。

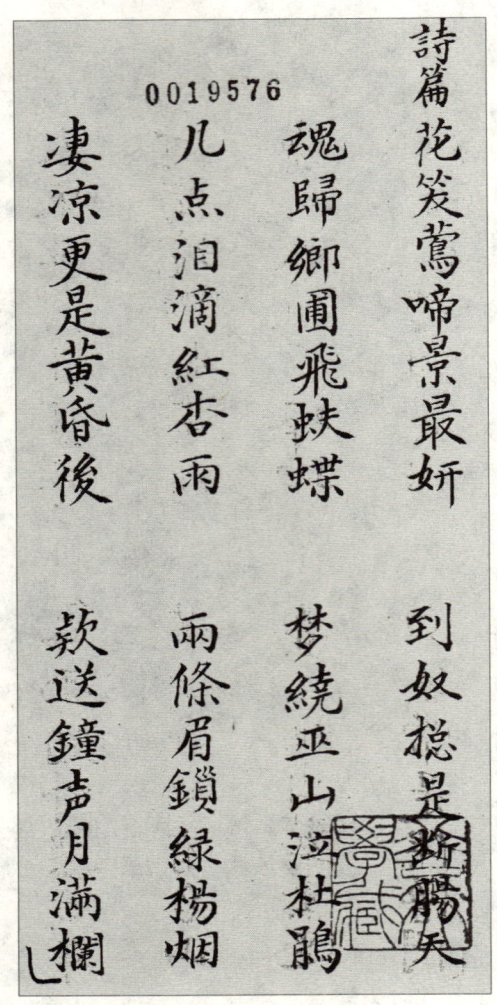

［圖207］車王府舊藏本《思凡》

## 僧尼會 三回

卷首詩篇內云："昨日在梨園看演《僧尼會》，歸來時竹兒依樣畫葫蘆。"疑作者或爲"竹兒"。

百本張《子弟書目錄》："僧尼會。春。三回。一吊二。"別埜堂《子弟書目錄》："僧尼會。三回。一吊二。"樂善堂《子弟大鼓書目錄》："三回起。六百文。僧尼會。"民初輯本《子弟書目錄》列入"《孽海記》子弟書目錄"。《綠棠吟館子弟書百種總目》卷二十、《中國俗曲總目稿》頁 290、《子弟書總目》頁 151 著錄。

演小和尚下山後與思凡的小尼姑相慕同行。據《僧尼會》改編。

 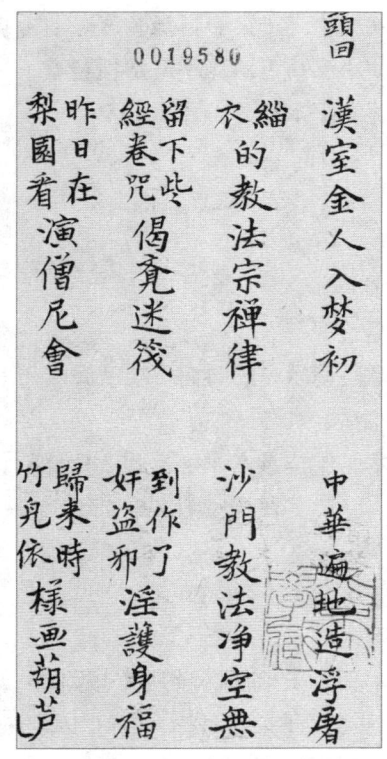

［圖208-1］傅斯年圖書館藏百本張鈔本《僧尼會》　　［圖208-2］車王府舊藏本《僧尼會》

姑蘇轍，分別爲37、41、38韻。

版本：①清鈔本，車王府舊藏，北大圖書館・□ 812.08/5105/:118（209/19680，十六葉）；過錄本，首圖・甲四2263；首圖縮印本55冊頁448-455；北京整理本651-655；過錄本，中大圖書館・91999；中大整理本頁110-114。［圖208-1］

②百本張鈔本，傅斯年圖書館藏，T36-429；《俗文學叢刊》390冊頁1。又，傅氏《總目》謂有自藏本，今未見；又，《子弟書叢鈔》頁642-649據同一版本排印。［圖208-2］

③別墅堂鈔本，杜穎陶舊藏，藝研院・曲319.651/0.582/8.31。

④鈔本，傅斯年圖書館藏，T36-430（封底題"宣統元年清和十六日付抄／長白迪元塗"）。

⑤鈔本，傅斯年圖書館藏，T36-431。

⑥鈔本，傅斯年圖書館藏，T36-432。

## 下山相調　五回

作者未詳。

民初輯本《子弟書目錄》著錄："《孽海記》子弟書目錄，下山相調，五回。"

當演小和尚下山見小尼姑相調謔。本事出《孽海記》。疑此即《思凡》三回本、《僧尼會》三回本之合綴本。

未見傳本。

### 秋聲賦 一回

作者未詳。

未見著錄。

演歐陽修秋夜感時而作《秋聲賦》事。據歐陽修《秋聲賦》編寫。

中東轍，42韻。

版本：①清鈔本（扉頁題"秋聲賦。癸酉九月二十日購於鼓樓後冷攤。仲嚴記。"），癸酉為民國二十二年（1933）。國家圖書館藏，98760。[圖209]

### 赤壁賦 一回

作者未詳。

百本張《子弟書目錄》："赤壁賦。游景遇鶴入夢。一回。四佰。"（一本價格作"五佰"）別埜堂《子弟書目錄》："赤壁賦。一回。三佰六。"樂善堂《子弟大鼓書目錄》著錄，書價"二百文"。民初輯本《子弟書目錄》列入"古文子弟書目錄"。《中國俗曲總目稿》頁152、《子弟書總目》頁57著錄。《子弟書約選日記》："赤壁賦。通篇皆用成語，意頗佳。"

敘蘇東坡與巢元修、陳慥遊赤壁，遇鶴入夢之事。據蘇軾《赤壁賦》改編。

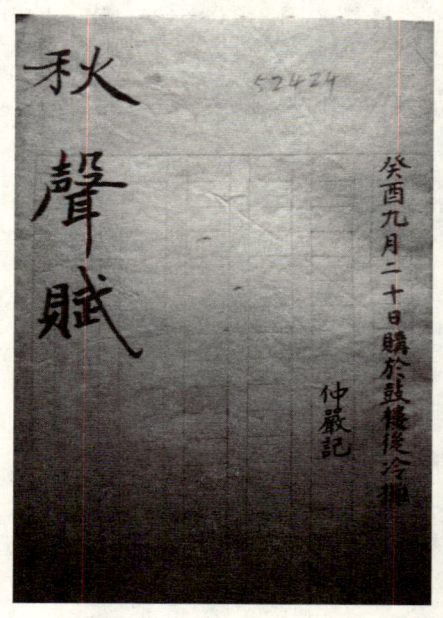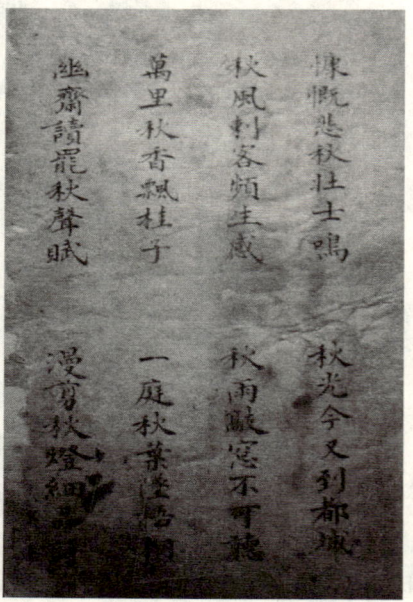

[圖209] 國圖藏清鈔本《秋聲賦》

江陽轍，40韻。

版本：①清鈔本，車王府舊藏，北大圖書館・□ 812.08/5105/:112（86/19457，五葉）；過錄本，首圖・甲四 2126；首圖縮印本 53 冊頁 71–74；北京整理本頁 179–180；過錄本，中大圖書館・92597；中大整理本頁 516–517。

②百本張鈔本，程硯秋舊藏，藝研院・曲 319.651/0.582/5.40。

③別埜堂鈔本，傅氏《總目》謂有自藏本，今未見。

④聚卷堂鈔本，傅氏《總目》謂有自藏本，今未見；《子弟書叢鈔》頁 554–557 據此版本排印。

⑤鈔本，傅斯年圖書館藏，T20–248；《俗文學叢刊》390 冊頁 41。

⑥鈔本，傅斯年圖書館藏，T20–247。

**別題：後赤壁**

《綠棠吟舘子弟書百種總目》卷五著錄。

版本：①清鈔本，國家圖書館藏，98642（有"漢龍行齋"印）。[圖 210]

## 三難新郎　四回

作者西林。據結句："**西林氏閱書快覩三蘇事，且把這閨秀天香作美談。**"

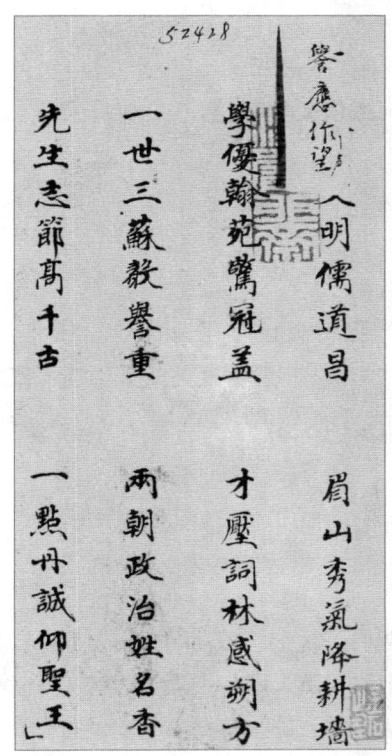

[圖 210] 國圖藏鈔本《後赤壁》

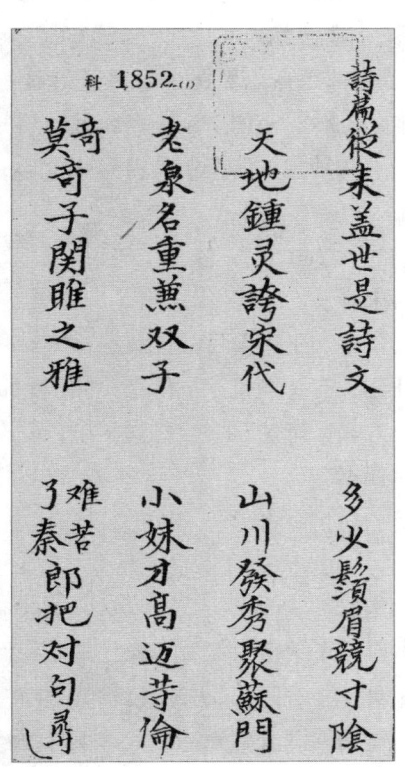

[圖 211] 雙紅堂藏百本張鈔本《三難新郎》

百本張《子弟書目錄》："三難新郎。蘇小妹。四回。一吊六。"別埜堂《子弟書目》："三難新郎。四回。一吊四佰四。"民初輯本《子弟書目錄》列入"《宋書》子弟書"。《子弟書總目》頁 29 著錄。

演蘇小妹在新婚之夜三難新郎秦少游。本事《醒世恒言》卷十一"蘇小妹三難新郎"。並見清李玉《眉山秀》傳奇第六齣"婚試"。

頭回人辰轍，二回江陽轍，三回由求轍，四回言前轍。每回 50 韻。

版本：①清鈔本，車王府舊藏，北大圖書館·□ 812.08/5105/:119（214/19685，二十七葉半，頭回紙背有"仁利和記"紅色木記）；過錄本，首圖·甲四 2268；首圖縮印本 52 冊頁 386–397；北京整理本頁 682–689；過錄本，中大圖書館·92004；中大整理本頁 74–81。
②清鈔本，傅惜華舊藏，藝研院·曲 310.651/0.356（142918/4）。《子弟書選》頁 384–391 據此本排印。
③百本張鈔本，程硯秋舊藏，藝研院·曲 319.651/0.582/5.39；又，雙紅堂文庫藏，雙紅堂·戲曲·219，波多野太郎《子弟書集》據以收錄；又，傅氏《總目》謂賈天慈有藏，今藏處未詳。[圖 211]
④舊鈔本，杜穎陶舊藏，藝研院·曲 319.651/0.582/8.146。
⑤鈔本，傅氏《總目》謂馬彥祥有藏，今藏處未詳。

別題：難新郎

《中國俗曲總目稿》頁 352、《子弟書總目》頁 176 著錄。

版本：①鈔本，傅斯年圖書館藏，T43–496；《俗文學叢刊》390 冊頁 53。
②鈔本，傅斯年圖書館藏，T43–497。

## 梳妝跪池 二回

作者未詳。

民初輯本《子弟書目錄》著錄："《獅吼記》子弟書目錄。梳妝跪池。二回。"

明汪廷訥有《獅吼記》傳奇，演宋陳慥懼內故事。本篇當據昆曲折子戲《梳妝》（出自原本第九齣"奇妒"）、《跪池》（出自原本第十一齣"諫柳"）改編。

未見傳本。

## 黨人碑 一回

作者未詳。

百本張《子弟書目錄》："黨人碑。一回。四佰。"《中國俗曲總目稿》頁 352、《子弟書總目》頁 179 著錄。《集錦書目》第 4 句："走嶺子黨人碑一過到了望鄉。"

演謝瓊仙乘酒醉砸元祐黨人碑事。據清邱圓《黨人碑》傳奇第七齣"打碑"改編。

遙條轍，50 韻。

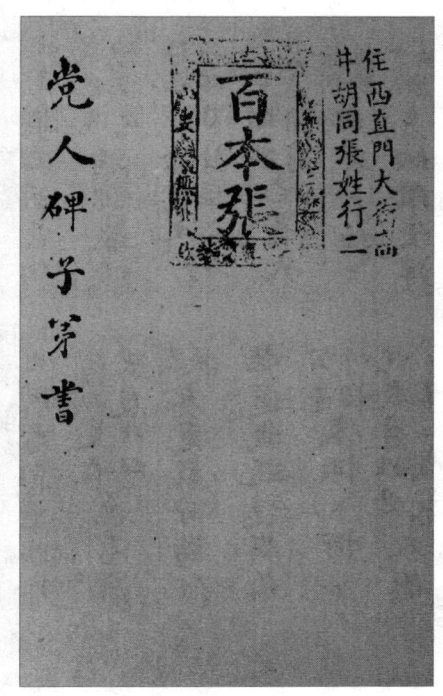

［圖212］故宮藏百本張鈔本《黨人碑》

版本：①清鈔本，車王府舊藏，北大圖書館・□ 812.08/5105/:112（69/19440，六葉半）；過錄本，首圖・甲四2132；首圖縮印本53冊頁393-396；北京整理本頁141-143；過錄本，中大圖書館・91380；中大整理本頁521-522。

②百本張鈔本，程硯秋舊藏，藝研院・曲319.651/0.582/5.38；又，故宮博物院藏，《故宮珍本叢刊》699冊頁152。［圖212］

③鈔本，傅斯年圖書館藏，T44-498；《俗文學叢刊》391冊頁307。

④鈔本，傅斯年圖書館藏，T44-499。

**別題**：打碑

民初輯本《子弟書目錄》："《黨人碑》子弟書目錄。打碑。一回。"

未見傳本。

## 水滸全人名 一回

作者未詳。

《子弟書總目》頁39著錄。

據金聖嘆評七十回本《水滸傳》各回關目情節編寫而成，並將梁山一百零八將名字嵌入曲文中。

江陽轍，40韻。

版本：①清鈔本，車王府舊藏，北大圖書館・□ 812.08/5105/:111（57/19428，五葉）；過錄本，首圖・甲四 2097；首圖縮印本 52 冊頁 398-400；北京整理本頁 116-117；過錄本，中大圖書館・91369；中大整理本頁 1191-1192。[圖 213]
②精鈔本，傅惜華舊藏，藝研院・曲 310.651/0.356（142866）。

**別題一：水滸**

《中國俗曲總目稿》頁 8、《子弟書總目》頁 39 著錄。

版本：①百本張鈔本，程硯秋舊藏，藝研院・曲 319.651/0.582/5.43。
②鈔本，傅斯年圖書館藏，T1-008；《俗文學叢刊》390 冊頁 111。
③鈔本，傅斯年圖書館藏，T1-007。
③鈔本，傅斯年圖書館藏，T1-006。

**別題二：全水滸**

百本張《子弟書目錄》："全水滸。代人名。一回。四佰。"（一本價格作"五佰"）別埜堂《子弟書目錄》著錄相同。又，《子弟書總目》頁 54 著錄。

版本：①百本張鈔本，傅惜華舊藏，藝研院・曲 310.651/0.356（142866）。

**別題三：水滸人名**

民初輯本《子弟書目錄》："《水滸傳》子弟書。水滸人名。一回。"又《集錦書目》第 58 句："把那骨牌名兒**全水滸人名兒**活捉短長。"

版本：①別埜堂鈔本（題"全水滸人名"），傅惜華舊藏，藝研院・曲 310.651/0.356（142818/5）。

**別題四：水滸綱目**

樂善堂《子弟大鼓書目錄》："一回。三佰文。水滸綱目。"

未見傳本。

## 醉打山門 一回

作者當爲春澍齋。據會文山房刻本《憶真妃》子弟書跋："澍齋……尤善著書。如《憶真妃》、《蝴蝶夢》、《齊人嘆》、《罵阿瞞》及《醉打山門》諸作，都中爭傳，已非朝夕。"

百本張《子弟書目錄》："醉打山門。魯智深。一回。四佰。"《中國俗曲總目稿》頁 623、《子弟書總目》頁 156 著錄。

演魯智深在五台山落髮爲僧，醉酒後怒打寺門。本事見《水滸傳》第三回"魯智深大鬧五台山"，此據《虎囊彈》傳奇之"山門"改編。

發花轍，50 韻。

版本：①清鈔本，車王府舊藏，北大圖書館・□ 812.08/5105/:112（90/19461，六葉半）；過錄本，首圖・甲四 2130；首圖縮印本 53 冊頁 376-379；北京整理本頁 187-188；過錄本，中大圖書館・92601；中大整理本頁 1193-1194。
②百本張鈔本，雙紅堂文庫・戲曲・224；波多野太郎《子弟書集》據以收錄；

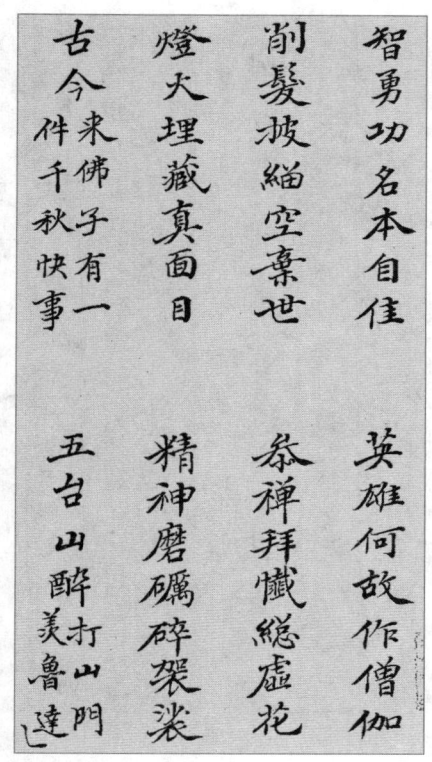

[圖213] 車王府舊藏《水滸全人名》　　[圖214] 雙紅堂藏百本張鈔本《醉打山門》

《子弟書叢鈔》頁 447–450 據同一版本排印。[圖214]

③清鈔本，故宮博物院藏，《故宮珍本叢刊》699 冊頁 131。

④鈔本，傅斯年圖書館藏，T-686-2；《俗文學叢刊》390 冊頁 123。

⑤鈔本，傅斯年圖書館藏，T-685。據陳錦釧《子弟書之題材來源及其綜合研究》，謂所見之本，封底陽題"丙午菊月初二涂抹／從容居士題"。惟今已不可見，姑列於此本內。

⑥鈔本，傅斯年圖書館藏，T-686-1。

**別題：山門**

民初輯本《子弟書目錄》："水滸傳子弟書。山門。一回。"《子弟書總目》頁 29 著錄。又《集錦書目》第 30 句："進山門走過分宮細端詳。"

版本：①精鈔本，傅氏《總目》謂有自藏本，今未見。

**夜奔**　一回

作者未詳。

百本張《子弟書目錄》："夜奔。林冲。一回。四佰。"民初輯本《子弟書目錄》列入"《水滸傳》子弟書"。《中國俗曲總目稿》頁 16、《子弟書總目》頁 61 著錄。又《集錦書目》

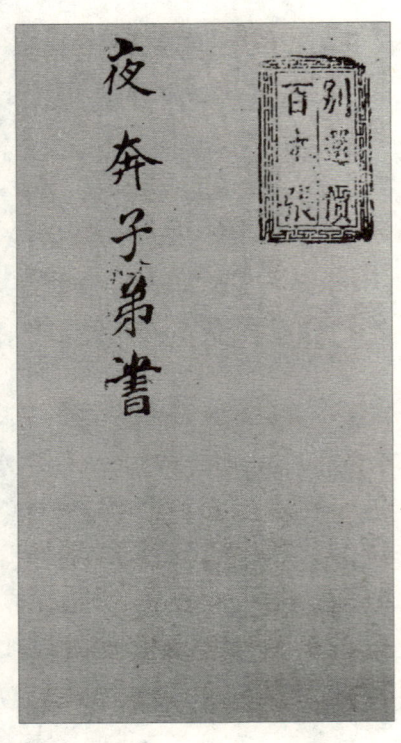

［圖 215］故宮藏百本張鈔本《夜奔》

第 74 句："急忙夜奔到家鄉。"《子弟書約選日記》："**夜奔，無甚意思。**"

演林沖刺配滄州，路遇柴進事。本事見《水滸傳》第八回"柴進門招天下客"，此篇實未涉崑曲折子戲《夜奔》相關情節。

江陽轍，50 韻。

版本：①清鈔本，車王府舊藏，北大圖書館·□ 812.08/5105/:112（61/19432，六葉半）；過錄本，首圖·甲四 2115；首圖縮印本 53 冊頁 91–94；北京整理本 123–124；過錄本，中大圖書館·91373；中大整理本 1209–1210。

②百本張鈔本，故宮博物院藏二種，《故宮珍本叢刊》697 冊頁 271；《故宮珍本叢刊》697 冊頁 274。［圖 215］

③鈔本，傅斯年圖書館藏，T3-030；《俗文學叢刊》390 冊頁 139。

④鈔本，傅斯年圖書館藏，T3-031。

⑤曲盦鈔本，傅氏《總目》謂有自藏本，今未見。

## 賣刀試刀 二回

作者芸窗。據車王府舊藏本之詩篇："古硯淋漓題俠烈，**芸窗**今又寫英雄。"或謂韓小窗作，此二句百本張鈔本作："閑筆連朝題粉黛，**小窗**今又寫英雄。"

百本張《子弟目錄》："賣刀試刀。楊志賣刀。二回。一吊。"別埜堂《子弟書目錄》：

"賣刀試刀。楊志賣刀。二回。七佰二。"樂善堂《子弟大鼓書目錄》著錄，書價"六佰文"。民初輯本《子弟書目錄》列入"《水滸傳》子弟書"。《中國俗曲總目稿》頁621、《子弟書總目》頁156。又《集錦書目》第26句："見六街上賣刀試刀，齊陳相罵，鬧學刺湯。"《子弟書約選日記》："賣刀試刀：二回。楊志事見《水滸》，亦可鈔存。"

演楊志賣刀，怒殺潑皮牛二。本事見《水滸傳》第十一回"汴京城楊志賣刀"。皮黃有《楊志賣刀》。

中東轍，頭回〈賣刀〉，二回〈試刀〉。每回50韻。

版本：①清鈔本，車王府舊藏，北大圖書館·□812.08/5105/:115（139/19510，十三葉半）；過錄本，首圖·甲四2193；首圖縮印本53冊頁365–371；北京整理本頁324–328；過錄本，中大圖書館·92650；中大整理本頁1211–1214。

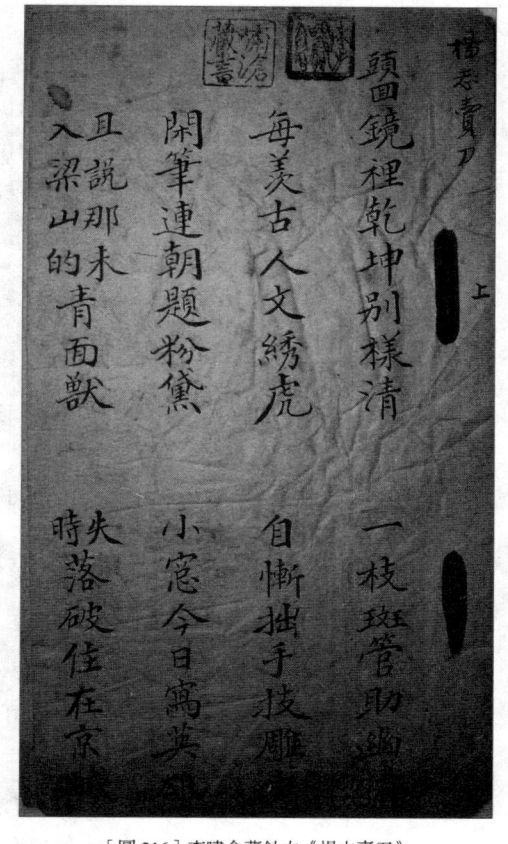

[圖216] 李嘯倉藏鈔本《楊志賣刀》

②鈔本，國家圖書館藏，35558（《子弟書》卷六）。
③百本張鈔本，傅惜華舊藏，藝研院·曲310.651/0.356（142919/3）；又，程硯秋舊藏，藝研院·曲319.651/0.582/5.44；《子弟書叢鈔》頁54–61據同一版本排印。
④文萃堂刻本（二回首行分別題作"新出賣刀新書"、"新出試刀新書"），國家圖書館藏，98915。
⑤清同光間刻本（二回首行分別題作"新出賣刀新書"、"新出試刀新書"），傅惜華舊藏，藝研院·曲310.651/0.356（142879/1）。按：傅氏藏本失封面，當即文萃堂刻本。
⑥民國初年鈔本，傅氏《總目》謂馬彥祥有藏，今藏處未詳。
⑦《子弟書選》頁102–106排印本。

### 別題一：楊志賣刀

《子弟書總目》頁135著錄。

版本：①百本張鈔本，李嘯倉藏。[圖216]

### 別題二：賣刀

《中國俗曲總目稿》頁 45 著錄。

版本：①鈔本，傅斯年圖書館藏，T10-133；《俗文學叢刊》390 冊頁 155。

②鈔本，傅斯年圖書館藏，T10-134。

③舊鈔本（第二回未見末尾九韻），北京師範大學圖書館藏，858.4/701.3。

## 坐樓殺惜  四回

作者未詳。

百本張《子弟書目錄》："坐樓殺惜。四回。一吊六。"樂善堂《子弟大鼓書目錄》著錄，書價"八佰文"。《中國俗曲總目稿》頁 482、《子弟書總目》頁 59 著錄。又《集錦書目》第 52 句："坐樓以上去飲茶湯。"

演宋江私通梁山，被閻婆惜發覺，以相要脅，宋被迫殺死閻婆惜。本事出《水滸傳》第二十回"宋江怒殺閻婆惜"；《水滸記》傳奇二十三齣"感憤"亦演此事。後衍爲崑曲折子戲《坐樓殺惜》，本篇即據以改編。

中東轍，分別爲 41、47、42、45 韻。

版本：①清鈔本，車王府舊藏，北大圖書館‧□ 812.08/5105/:119(218/19689)；過錄本，首圖‧甲四 2272；首圖縮印本 53 冊頁 81-90；北京整理本頁 712-717；過錄本，中大圖書館‧92008；中大整理本頁 1247-1253。［圖 217］

②百本張鈔本，分上下卷，傅惜華舊藏，藝研院‧曲 310.651/0.356（142809）；《子弟書叢鈔》頁 436-446 據同一版本排印。

③鈔本，傅斯年圖書館藏，T-571。

④舊鈔本，傅氏《總目》謂馬彥祥有藏，今藏處未詳。

### 別題一：殺惜

民初輯本《子弟書目錄》："《水滸傳》子弟書目錄。殺惜。四回。"

版本：①鈔本，傅斯年圖書館藏，T5-057；《俗文學叢刊》390 冊頁 185。

### 別題二：宋江怒殺閻婆惜段

未見著錄。

版本：①精鈔本，傅惜華舊藏，藝研院．曲 301.651/0.183（合鈔本，書衣題"鼓詞"，卡片著錄作"鼓詞二種"，文字較各本有所增飾）。

## 煙花樓  四回

作者張松圃。二凌居士改寫。據會文山房刻本二凌居士跋："江湖清客友人張松圃，貫串其辭，余筆而錄之。"

《子弟書總目》頁 133 著錄。

演宋江與姻花妓女閻婆惜口角事。但尚未演到殺惜一段。本事見《水滸傳》第二十

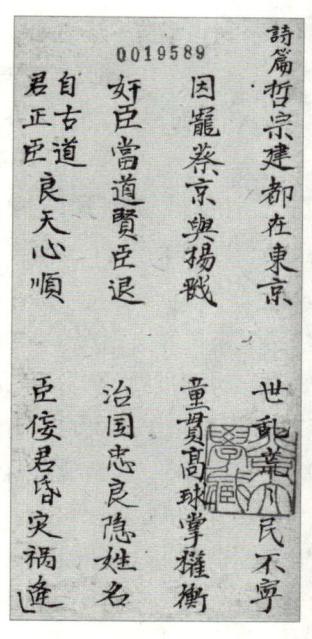 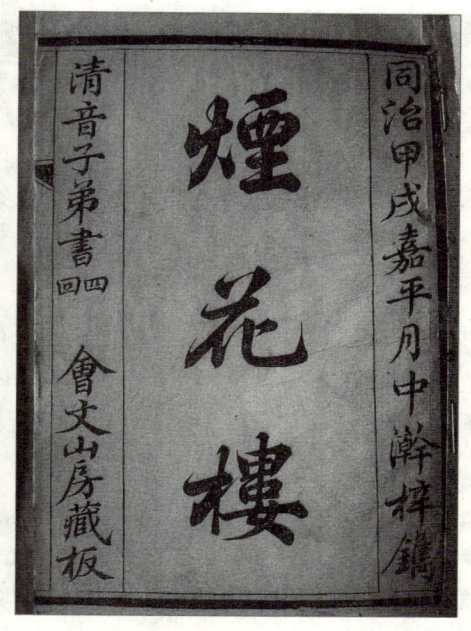

[圖217] 車王府舊藏本《坐樓殺惜》　　[圖218] 藝研院藏會文山房刻本《煙花樓》

回"宋江怒殺閻婆惜"。此事並見《水滸記》傳奇二十三齣"感憤"，後衍爲折子戲《坐樓殺惜》。道光間《春台班戲目》及道光四年（1824）《慶昇平班戲目》有《烏龍院》，亦演此事。

人辰轍，每回41韻。

版本：①同治十三年（1874）會文山房刻本，傅惜華舊藏，藝研院・曲310.651/0.356（142878/4）。《子弟書珍本百種》頁303據以排印。[圖218]
②光緒三十一年（1905）老會文堂刻本，傅惜華舊藏（有"魏品三"朱印），藝研院．曲310.651/0.356。
③《子弟書選》頁414–420據傅惜華藏本排印（不分回）。
④石印本（本與《珍珠衫》合刊。半頁十五行，行四句，小字雙行。四頁。版心題"煙花樓"。首行題"新刻煙花樓子弟書詞全卷"。卷首有海上非非居士題跋），傅斯年圖書館藏，T25–307。
⑤石印本（本半頁十九行，行五句，小字雙行。二頁。版心題"煙花樓"及"雲"字。首行題"新刻煙花樓子弟書詞全卷"。卷首有海上非非居士題跋），傅斯年圖書館藏，T36–427。
⑥上海熒記書莊石印本，首都圖書館藏。
⑧清鈔本，李嘯倉藏。

**別題：烟花樓**

《中國俗曲總目稿》頁219、《子弟書總目》頁91著錄。

版本：①石印本（本與《珍珠衫》、《玉天仙痴夢》合刊。半頁二十四行，行六句，小字雙行。版心題"烟花樓"及"畢"字。首行題"新刻烟花樓子弟書詞全卷"。卷首有海上非非居士題跋），傅斯年圖書館藏，T25-306；《俗文學叢刊》第400冊收錄。

②清末石印本"天"字號（十七行，行六句，首行題"新刻烟花樓子弟書詞全卷"），國家圖書館（98790，有"敝帚千金"印）、東洋文化研究所永尾文庫（集-V5-12）等有藏。

【説明】同治刻本半頁7行，書口上鎸"烟花樓"，下鎸"會文山房"；封面題"同治甲戌嘉平月中澣梓鎸/烟花樓/清音子弟書四回　會文山房藏板"。卷前載二凌居士跋文："《烟花樓》乃《水滸傳》中第二十回事，近來都門名手編出子弟書詞，有江湖清客友人張松圃貫串其辭，余筆錄之，膾炙口談。原本一段，今更爲四回。觀情會意，補短截長，未免畫蛇添足，點金成鐵，遂刊付棗梨，致貽笑方家，以公同好，非吾知也。二凌居士手跋。"光緒刻本書口題"烟花樓"。封面題"光緒乙巳清和月重鎸，烟花樓，盛京老會文堂"，並鈐有"魏品三"朱印一枚。而上海石印本（版心書"雲"）移錄此跋，改署"海上非非居士題跋"。

## 活捉　二回

作者未詳。

百本張《子弟書目錄》："活捉。一回。七佰。"（別本或作："活捉。有緒的十句。一回。五佰。"）別埜堂《子弟書目錄》："活捉。張三郎。一回。六佰。"樂善堂《子弟大鼓書目錄》著錄，書價"四佰文"。民初輯本《子弟書目錄》作"一回"，列入"《水滸傳》子弟書目錄"。《綠棠吟舘子弟書百種總目》卷七、《中國俗曲總目稿》頁21、《子弟書總目》頁74著錄。又《集錦書目》第58句："把那骨牌名兒全水滸人名兒**活捉**短長。"《子弟書約選日記》："活捉：盲生可學。"按：諸目著錄作一回，今存本則多作二回。

演閻婆惜死後，其魂猶念舊情，活捉情郎張文遠而去。本事出許自昌《水滸記》傳奇第三十一齣"冥感"，崑曲衍爲折子戲《活捉》，即此書所據。

中東轍，兩回本分別爲32、36韻。

版本：①清鈔本（二回），車王府舊藏，北大圖書館·□812.08/5105/:115（146/19517，八葉半）；過錄本，首圖·甲四2200；首圖縮印本53冊頁103-107；北京整理本頁352-354；過錄本，中大圖書館·92697；中大整理本頁1254-1254。

②百本張鈔本（一回），程硯秋舊藏，藝研院·曲319.651/0.582/5.45；又，故宮博物院藏，《故宮珍本叢刊》697冊頁266。[圖219]

③老聚卷堂鈔本，國家圖書館藏，98811。

④舊鈔本（分上下回），傅惜華舊藏，藝研院·曲310.651/0.356（142819）。

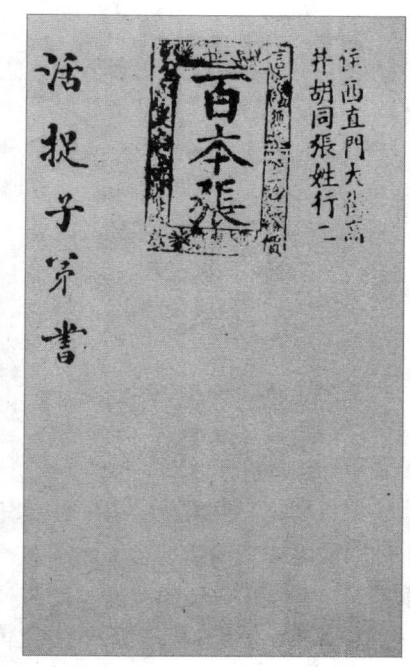

［圖219］故宮藏百本張鈔本《活捉》

⑤鈔本（一回），國家圖書館藏，35558（《子弟書》卷六）。

⑥清鈔本（一回），藝研院・曲319.651/0.582/8.155，歸入杜穎陶舊藏。按傅氏《總目》著錄有程硯秋藏舊鈔本，而無杜穎陶藏鈔本，程氏藏本今藝研院未見，疑兩本當是一種。

⑦鈔本（二回），傅斯年圖書館藏，T5-049；《俗文學叢刊》390冊頁231。

⑧鈔本（二回），傅斯年圖書館藏，T5-050。

⑨民初鈔本（一回），傅氏《總目》謂馬彥祥有藏，今藏處未詳。

**別題一：烏龍院**

《綠棠吟舘子弟書百種總目》卷七著錄。

版本：①清鈔本，李嘯倉藏。

**別題二：活捉張三郎**

未見著錄。

版本：①清鈔本，國家圖書館藏（98768）。按：此本封面題"活捉張三郎"，署"丙子十一月初六日收入"；內容實爲薈集若干種子弟書卷首之詩篇，非完整傳本。

## 武松打虎　快書　一回

作者未詳。

《北京傳統曲藝總錄》頁 303 著錄。

演武松打虎事。本事見《水滸傳》第二十三回"景陽崗武松打虎"。

人辰轍，三落。

版本：①陳汝衡《說書史話》收錄，原本存處不詳。

**別題：景陽崗**

《北京傳統曲藝總錄》頁 309 著錄。

未見傳本。

## 義俠記  存第二回

作者未詳。

未見著錄。

演武松殺嫂事。本事出《水滸傳》。此據《義俠記》傳奇改編。

全本總回數不詳。今僅見第二回，人辰轍，47 韻。

版本：①民初鈔本，天津圖書館集部－曲類－彈詞 37490 之四。[圖 220]

【說明】百本張《子弟書目錄》所收石派書中有《義俠記》："打虎起至殺嫂 十本三十回。

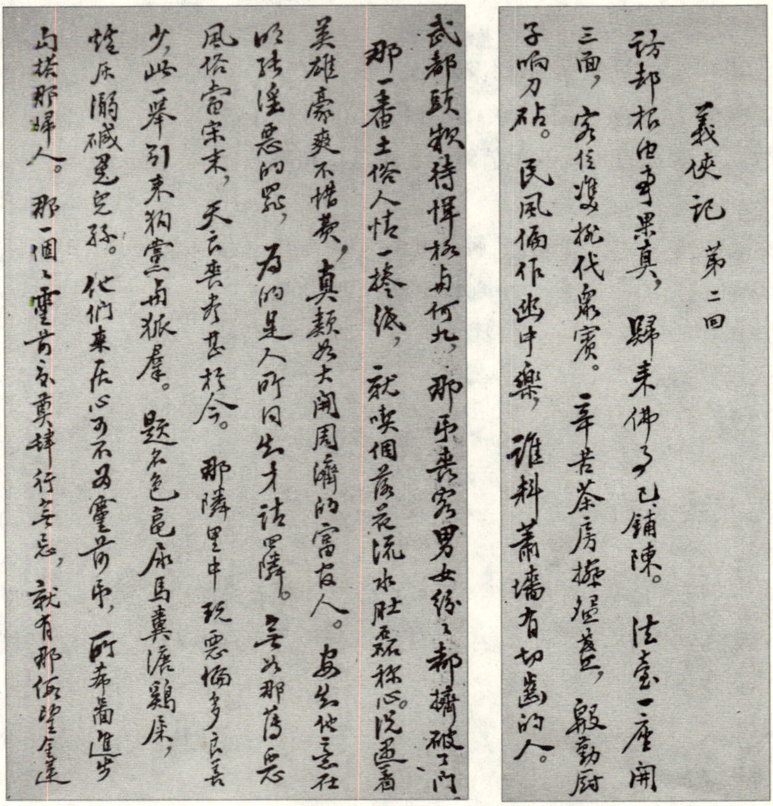

[圖 220] 天圖藏鈔本《義俠記》

十八吊。"與此本非同一書。

## 武松殺嫂　二回

作者未詳。

民初輯本《子弟書目錄》："《水滸傳》子弟書目錄。武松殺嫂。二回。"

演武松殺嫂事。本事參見上條。

未見傳本。

【説明】疑上條《義俠記》所存之第二回即此篇之第二回。參見上條。

## 十字坡　二回

作者未詳。

民初輯本《子弟書目錄》："《水滸傳》子弟書目錄。十字坡。二回。"

演武松十字坡遇張青事。本事見《水滸傳》第二十六"武都頭十字坡遇張青"，清唐英有同名雜劇，《綴白裘》所錄梆子腔有《殺貨》、《打店》，亦演此事。

未見傳本。

## 走嶺子　一回

作者未詳。

百本張《子弟書目錄》："走嶺子。苦。一回。四佰。"（一本價格作"五佰"）樂善堂《子弟大鼓書目錄》著錄，書價"三百文"。民初輯本《子弟書目錄》列入"《水滸傳》子弟書目錄"。《中國俗曲總目稿》頁152、《子弟書總目》頁57著錄。又《集錦書目》第4句："**走嶺子**黨人碑一過到瞭望鄉。"《子弟書約選日記》："走嶺子。不錄。"

演武松夜走蜈蚣嶺事。本事見《水滸傳》第三十回"武行者夜走蜈蚣嶺"及《蜈蚣嶺》傳奇；梆子腔有《蜈蚣嶺》，亦演此事。

由求轍，50韻。

版本：①清鈔本，車王府舊藏，北大圖書館·□ 812.08/5105/:112（62/19433，六葉半）；過錄本，首圖·甲四2116；首圖縮印本53册頁68–71；北京整理本頁125–126；過錄本，中大圖書館·91374；中大整理本頁1197–1198。[圖221]

②鈔本，傅斯年圖書館藏，T21-250；《俗文學叢刊》390册頁251。

③百本張鈔本，吳曉鈴舊藏，首圖·己519；又，傅斯年圖書館藏，T20-249。

④鈔本，傅斯年圖書館藏，T20-251。

⑤鈔本，傅斯年圖書館藏，T20-252。

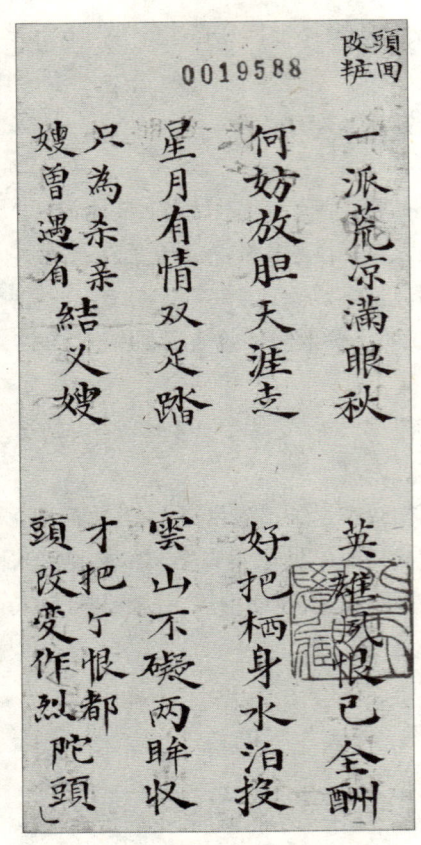

[圖221] 車王府舊藏本《走嶺子》　　[圖222] 車王府舊藏本《蜈蚣嶺》

### 蜈蚣嶺　四回

作者未詳。

百本張《子弟書目錄》："蜈蚣嶺。四回。一吊六。"樂善堂《子弟大鼓書目錄》著錄，書價"一吊二"。民初輯本《子弟書目錄》列入"《水滸傳》子弟書目錄"。《中國俗曲總目稿》頁280、《子弟書總目》頁137著錄。又《集錦書目》第3句："轉過了長阪坡兒前來至蜈蚣嶺。"《子弟約選日記》："蜈蚣嶺。四回。可選教盲生。"

演武松在蜈蚣嶺殺惡道救張小姐之事。本事見《水滸傳》第三十回"武行者夜走蜈蚣嶺"。此據梆子腔《蜈蚣嶺》"上墳"、"除奸"兩齣改編，故篇末云："仿佛是親向梨園觀此戲，竟與那《水滸》的書篇迥不侔。"

由求轍。頭回〈改粧〉，53韻；二回〈遇僕〉，44韻；三回〈罵賊〉，42韻；四回〈救難〉，40韻。

版本：①清鈔本，車王府舊藏，北大圖書館・□ 812.08/5105/:119（217/19688，二十三葉，二、三回末有"言無二價/不對管換"印記）；過錄本，首圖・甲四2271；首圖縮印本53冊頁258-268；北京整理本頁705-711；過錄本，

中大圖書館·92007；中大整理本頁 1199-1205。［圖 222］
②鈔本，傅斯年圖書館藏，T35-420（內題"光緒丙午［1906］榴月十七日寫於西單牌樓十八半截路北初次抄 / 愛新別墅主人題"、"民國十八年［1906］十二月十五日為三一週紀念日抄過"，兩者字跡不同）。
③鈔本，傅斯年圖書館藏，T35-421；《俗文學叢刊》390 册頁。
④民初鈔本，傅氏《總目》謂馬彥祥有藏，今藏處未詳。
⑤北京中華印刷局排印本，雙紅堂文庫·戲曲·190"唱本"之第 10 紮第 2 册、第 11 紮第 8 册。

【説明】此篇卷首作："一派荒涼滿眼淚，英雄夙恨已全酬。何妨放膽天涯走，好把棲身水泊投。"

## 削道冠爾　快書　二回

作者未詳。

《子弟書總目》頁 80 作為子弟書著録，二回。《北京傳統曲藝總録》頁 305 著録，題名無"爾"字。

演武松在蜈蚣嶺殺惡道救張小姐之事。本事見《水滸傳》第三十回"武行者夜走蜈蚣嶺"。此據四回本《蜈蚣嶺》子弟書改編，唯用韻改為中東轍，凡四落。

版本：①清鈔本，車王府舊藏，北大圖書館·□ 812.08/5105/:116（161/19532，九葉，題"削道冠爾貳回"）；過録本，首圖·甲四 2215；首圖縮印本 53 册頁 127-130；北京整理本頁 406-408；過録本，中大圖書館·91348；中大整理本頁 1206-1208。［圖 223］
②鈔本（題作"削道冠"），傅惜華舊藏，藝研院·曲 311.651/0.682（143044）。

**別題：蜈蚣嶺**

百本張《子弟書目録》："快書。蜈蚣嶺。五落。一吊四。"別埜堂《快書目録》："蜈蚣嶺。二回。中東轍。六百。"《中國俗曲總目稿》頁 280、《北京傳統曲藝總録》頁 310 著録。

版本：①清鈔本，傅斯年圖書館藏，KS3-042；《俗文學叢刊》413 册頁 365-382。《快書研究》頁 257-259 據以排印。
②百本張鈔本，杜穎陶舊藏，藝研院·曲 319.651/0.582/8.192（09690）。又，程硯秋舊藏，藝研院·曲 319.651/0.582/5.119。

【説明】此篇卷首作："一派荒涼夜晚中，夙恨全酬美英雄。何妨放膽天涯走，夜半孤身獨自行。星月有情雙足踏，雲山不礙兩眸中。都只為殺親嫂曾遇着結義嫂，這纔要上梁山投奔宋公明。"結句作："這蒼頭叩首連連各自登程。"

按：北京整理本將此本作子弟書收録，並依子弟書體式於書中空行處補出回次，非是。

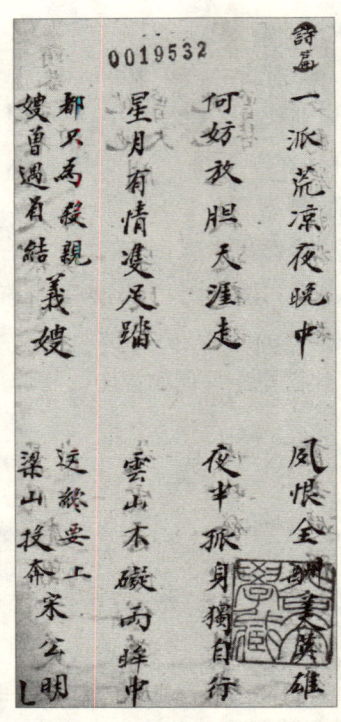
［圖223］車王府舊藏本《削道冠爾》

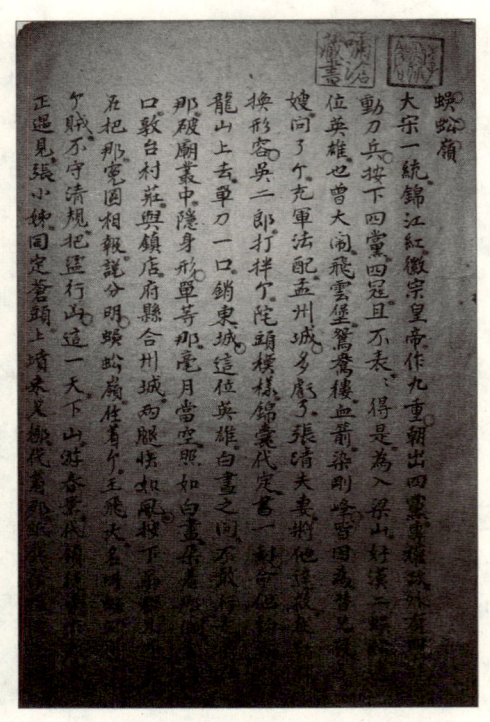
［圖224］李嘯倉藏民初鈔本《蜈蚣嶺快書》

### 蜈蚣嶺 快書 一回

作者未詳。

《北京傳統曲藝總錄》311 著錄。

所演故事及出處同上條。

中東轍。

版本：①鈔本，傅惜華舊藏，藝研院·曲 311.651/0.682（145827/4）。

②民國鈔本，李嘯倉藏。［圖224］

【説明】此本卷首詩篇作："大宋一統錦江紅，徽宗皇帝作九重。朝出四黨專權政，外有四寇動刀兵。按下四黨四寇且不表，表得是爲入梁山好漢二蜈（武）松。"按：本篇實從上條改刪來，正文改動較大。

### 蜈蚣嶺 快書 二回

作者未詳。

別埜堂《快書目錄》："蜈蚣嶺。二回。言前轍。二吊六。"《中國俗曲總目稿》頁280、《北京傳統曲藝總錄》310 著錄。

演武松在蜈蚣嶺殺惡道救張小姐之事。所敘格鬥經過較各本詳細。本事見《水滸傳》第三十回"武行者夜走蜈蚣嶺"及梆子腔《蜈蚣嶺》之"除奸"齣。

言前轍，三落。

版本：①聚卷堂鈔本，程硯秋舊藏，藝研院・曲 319.651/0.582/5.104。

②鈔本，傅斯年圖書館藏，KS3-039；《俗文學叢刊》413 册頁 275-310。［圖 225］

③鈔本，傅斯年圖書館藏，KS3-040；《俗文學叢刊》413 册頁 311-338。

④鈔本，傅斯年圖書館藏，KS3-041；《俗文學叢刊》413 册頁 339-364。

⑤鈔本（題“真詞快書 / 蜈蚣嶺”），國家圖書館藏，119996。

⑥《文明大鼓書詞》第八册排印本。

⑦《快書研究》頁 260-262 據傅斯年圖書館藏清鈔本排印。

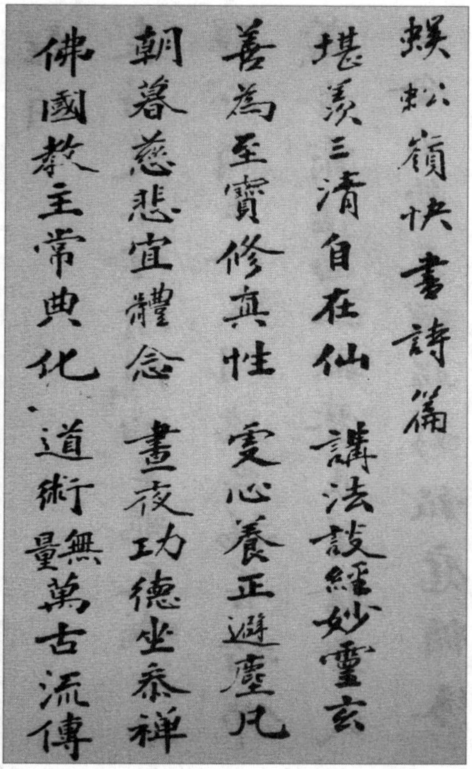
蜈蚣嶺快書詩篇
堪羨三清自在仙 講法談經妙靈玄
善爲至寶修真性 虔心養正避塵凡
朝暮慈悲宜禮念 晝夜功德坐參禪
佛國教主常典化 道術無量萬古流傳

［圖 225］傅斯年圖書館藏鈔本《蜈蚣嶺快書》

【説明】此篇卷首作：“堪羡三清自在仙，講法談經妙靈玄。善爲至寶修真性，虔心秉正度塵凡。如士慈悲如神在，禪修得道悟參真。佛國教主恩沛廣，到處功德萬古傳。”結句作：“剩下蒼頭攙扶小姐，下了高山，主僕相逢，骨肉團圓。”

## 蜈蚣嶺 快書

作者未詳。

《北京傳統曲藝總録》311 著録。

所演故事及出處同上。

中東轍。

版本：①清鈔本，王伯祥舊藏，中國社科院圖書館藏（失封面及書名，藏者鋼筆另題“梁山好漢”）。［圖 226］

②光緒十九年（1893）鈔本，傅惜華舊藏，藝研院・曲 311.651/0.136（140796/6）。

【説明】首句作：“唐室衰敗宋室興，天下聚義衆英雄。三十六天罡臨凡世，七十二地煞星。梁山一百單八將，一個個頗敵慣战又能征。忠義大堂稱寨主，替天行道是宋公明。［一落］表得是梁山好汗（漢）名武松，景陽崗打虎有英名。”篇末作：“喘吁吁口説道失陪失陪他立刻就登程。”

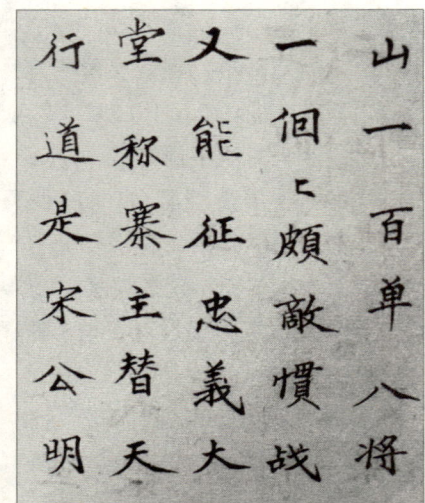

[圖226] 社科院圖書館藏《梁山好漢》

## 李逵接母 三回

作者未詳。

百本張《子弟書目錄》："李逵接母。三回。一吊。"民初輯本《子弟書目錄》列入"《水滸傳》子弟書目錄"。《中國俗曲總目稿》頁48、《子弟書總目》頁58著錄。

演李逵接母途中遇李鬼事。本事見《水滸傳》第四十二回"假李逵剪徑劫單人"；又道光四年（1824）《慶昇平班戲目》著錄有《鬧江州》，亦演此事。

中東轍，分別爲33、37、38韻。

版本：①清鈔本，車王府舊藏，北大圖書館·□812.08/5105/:117（185/19556，十三葉半，題籤作"李奎接母"，正文作"李逵"）；過錄本，首圖·甲四2239；首圖縮印本53冊頁74-80；北京整理本頁508-512；過錄本，中大圖書館·92694；中大整理本頁1264-1268。[圖227]

②百本張鈔本，吳曉鈴舊藏，首圖·己448。

③鈔本，傅斯年圖書館藏，T-569；《俗文學叢刊》390冊頁。

④鈔本，傅斯年圖書館藏，T-570。

⑤精鈔本，傅氏《總目》謂有自藏本，今未見。

## 翠屏山 二十四回

作者羅松窗。據卷首詩篇："鐵筆欲留俠烈傳，**松窗**故寫翠屏山。"

百本張《子弟書目錄》均著錄作："翠屏山。春。二十四回。七吊。"別埜堂《子弟書目錄》著錄同，唯無"春"字。民初輯本《子弟書目錄》列入"《水滸傳》子弟書目錄"。《中國俗曲總目稿》頁294、《子弟書總目》頁146著錄。《集錦書目》第20句："後面有

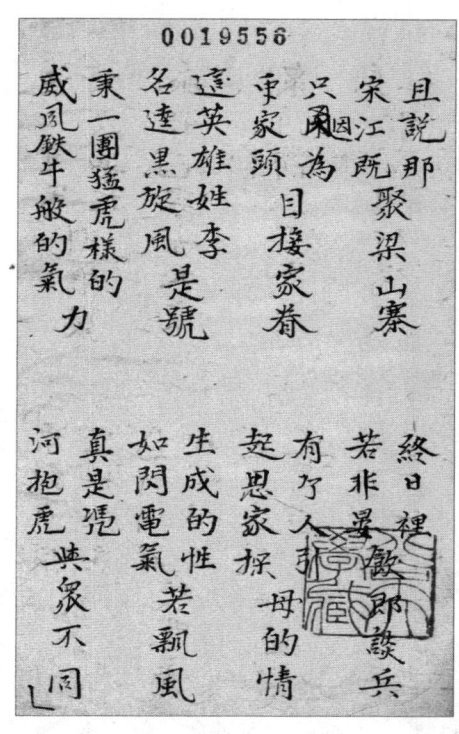
[圖227] 車王府舊藏本《李逵接母》

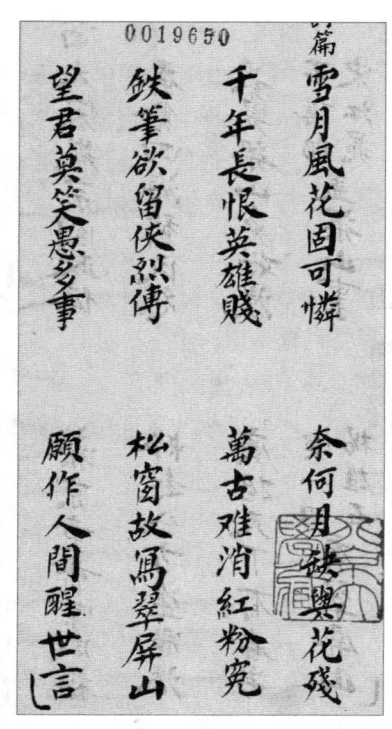
[圖228] 車王府舊藏本《翠屏山》

丁甲山**翠屏山**緊靠著城牆。"

演楊雄之妻潘巧雲與僧裴如海私通，石秀與楊雄在翠屏山殺巧雲。本事見《水滸傳》第四十三至四十五回。又明沈自晉有《翠屏山》傳奇；道光間《春台班戲目》及道光四年（1824）《慶昇平班戲目》均錄有同名劇目。

言前轍。各回韻數，頭回49，二回31，三回33，四回32，五回23，六回25，七回33，八回32，九回30，十回33，十一回34，十二回38，十三回32，十四回35，十五回32，十六回41，十七回37，十八回28，十九回40，二十回41，二十一回40，二十二回38，二十三回39，二十四回44韻。

版本：①清鈔本，車王府舊藏，北大圖書館・□812.08/5105/:127（279/19650，一百一十葉）；過錄本，首圖・甲四2333；首圖縮印本53冊頁278-325；北京整理本頁1365-1393；過錄本，中大圖書館・90854；中大整理本頁1215-1246。[圖228]

②百本張鈔本，傅惜華舊藏，藝研院・曲310.651/0.356；波多野太郎《子弟書集》收錄，據日中學院藏本影印。日中學院本，今歸東洋文化研究所倉石文庫。《子弟書叢鈔》頁1-6據同一版本選錄第一、二回。

③別埜堂鈔本，程硯秋舊藏，藝研院・曲319.651/0.582/5.1。

④鈔本，傅斯年圖書館藏，T39-444；《俗文學叢刊》390 冊頁。
⑤鈔本，傅斯年圖書館藏，三冊，T38-445、T-38-446、T38-447。
⑥鈔本，傅斯年圖書館藏，T39-448。
⑦鈔本，傅氏《總目》謂馬彥祥有藏，今藏處未藏。
⑧鈔本，傅氏《總目》謂中國戲曲研究院藏，今未見。

## 翠屏山　三回

作者當爲羅松窗。

樂善堂《子弟大鼓書目錄》："子弟書三回起：九百文。翠屏山。"

疑係從二十四回本《翠屏山》擷出者。

未見傳本。

## 戲秀　二回

作者羅松窗。別埜堂《子弟書目錄》："戲秀。二回。七佰二。"《緑棠吟舘子弟書百種總目》卷七、《子弟書總目》頁 168 著錄。

此書爲節選《翠屏山》子弟書第三、四、五回而成的單行本。演潘巧雲調戲石秀之事。本事見《水滸傳》第四十四回"楊雄醉罵潘巧雲，石秀智殺裴如海"及《水滸記》傳奇第八齣"戲叔"。

版本：①文萃堂刻本（分上下兩本，亦即二回），傅惜華舊藏，藝研院·曲 310.651/0.356（142879/4）；又一部，國家圖書館藏；98916。[圖 229]

【説明】文萃堂刻本半頁 5 行，書口題"戲秀"，封面鐫"京都新刻,戲秀子弟書,上（下）本,文萃堂梓行。"首行作："且説那巧雲自見三郎後，眉梢兒活動眼角兒歡。"篇尾作："説罷洋長前面去，巧雲暗恨帶羞。"書尾題"戲秀下卷終"。

## 醉歸　二回

作者羅松窗。別埜堂《子弟書目錄》："醉歸。二回。七佰二。"《子弟書總目》頁 158 著錄。

此書乃節取《翠屏山》第十六、十七兩回及十八回首數句而成的單行本。演楊雄知潘巧雲私通裴如海，醉後歸家，夫妻争吵。本事見《水滸傳》第四十四回"楊雄醉罵潘巧雲，石秀智殺裴如海"及《水滸記》傳奇第二十齣"酒樓"。

版本：①京都東二西堂刻本，分上下兩本，傅惜華舊藏，藝研院·曲 310.651/0.356（142879/5）。[圖 230]

【説明】東二西堂刻本半頁 7 行，書口題"醉歸"，封面鐫"京都新刻 / 醉歸子弟書 / 上（下）本　東二西梓行"。卷首作："石秀低聲道今日回家緊防語,事非兒戲最要口嚴。"篇尾作："那一日笑對奴家説，哥哥上夜嫂嫂少不得獨自眠。"書尾題"醉歸子弟書下卷終"。

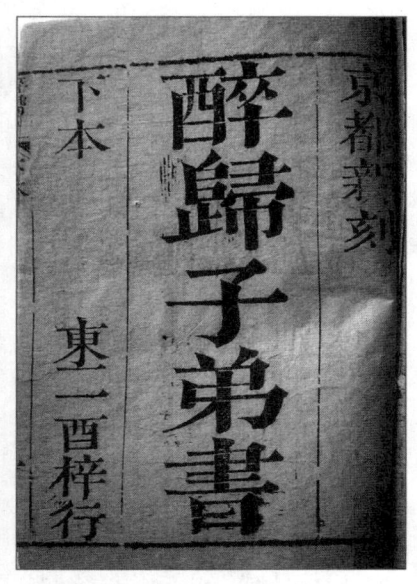

［圖229］藝研院藏文萃堂刻本《戲秀子弟書》　［圖230］藝研院藏清東二酉刻本《醉歸子弟書》

## 全殺山　十七回

作者未詳。

樂善堂《子弟大鼓書目錄》："子弟書十七回。五吊文。全殺山。"

此當即演石秀、楊雄在翠屏山殺死潘巧雲事。本事見《水滸記》傳奇，崑曲有折子戲《殺山》。

未見傳本。

## 盜甲　三回

作者未詳。

百本張《子弟書目錄》："盜甲。笑。三回。一吊五。"樂善堂《子弟大鼓書目錄》著錄，書價"九佰文"。民初輯本《子弟書目錄》列入"《水滸傳》子弟書目錄"。《中國俗曲總目稿》頁35《子弟書總目》頁120著錄。又《集錦書目》第23句："晝夜巡邏怕有賊人來**盜甲**。"《子弟書約選日記》："盜甲，無味。"

演時遷盜徐寧祖傳寶甲事。本事見《水滸傳》第五十五回"吳用使時遷盜甲"。崑曲折子戲有《盜甲》，出清范希哲《雁翎甲》傳奇第十五齣；皮黃有《時遷盜甲》，亦演此事。

前二回發花轍，三回梭撥轍。分別爲50、58、64韻。

版本：①清鈔本，車王府舊藏，北大圖書館・□ 812.08/5105/:117（182/19553，二十三葉）；過錄本，首圖・甲四2236；首圖縮印本53冊頁168–178；北京整理本頁491–497；過錄本，中大圖書館・92691；中大整理本頁1257–

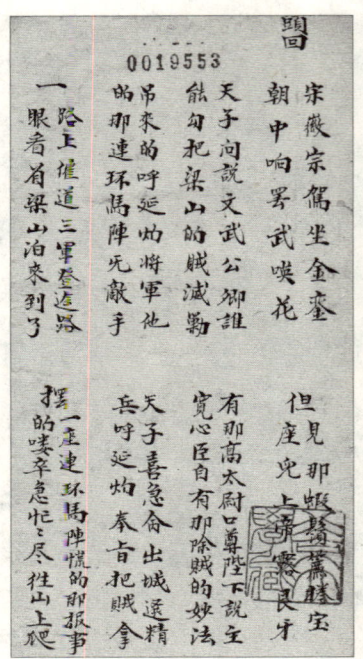 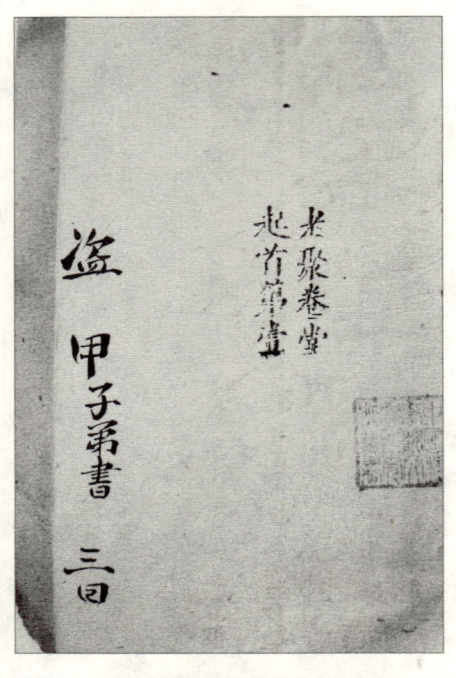

［圖231-1］車王府舊藏本《盜甲》　　［圖231-2］社科院圖書館藏老聚卷堂鈔本《盜甲》

1263。［圖231-1］

②百本張鈔本，藝研院・曲 319.651/0.582/8.26-28，歸入杜穎陶舊藏；按傅氏《總目》著錄有程硯秋藏百本張鈔本，而無杜氏藏本，程氏藏本今藝研院未見，故此兩本原當是一種。又，傅惜華舊藏，藝研院・曲 310.651/0.356（142808）；波多野太郎《子弟書集》收錄，據日中學院藏本影印，原本今歸東洋文化研究所倉石文庫；又，吳曉鈴舊藏，首圖・己 505。

③老聚卷堂鈔本，王伯祥舊藏，中國社科院圖書館藏。［圖231-2］

④鈔本，傅斯年圖書館藏，T8-097。

⑤鈔本，傅斯年圖書館藏，T8-098；《俗文學叢刊》390 冊收錄。

**別題：時遷盜甲**

版本：①清鈔本，故宮博物院藏，《故宮珍本叢刊》699 冊頁 251（據書衣題名字跡，知實爲百本張鈔本）。

②鈔本，國家圖書館藏，35558（《子弟書》卷六）。

## 丁甲山　十回

作者未詳。

民初輯本《子弟書目錄》："《續水滸傳》子弟書目錄。丁甲山。十回。"《集錦書目》

二十句："後面有**丁甲山**翠屏山緊靠著城牆。"《子弟書總目》頁 26 著錄。

演丁甲山寇周明、周亮冒梁山宋江名，強搶民女，李逵知其事，回山責問宋江，宋江率衆辨認，始悉假冒。李逵大慚，負荊請罪。後燕青助李逵擒得丁甲山小盜，入山殺死二周，救回陳女。本事出《後水滸》七十三回。崑弋班、京劇均有同名劇目。

版本：①鈔本，傅氏《總目》謂馬彥祥有藏，今藏處未詳。

## 挑簾定計 一回

作者鶴侶氏。《子弟書總目》頁 37 著錄有傅惜華藏精鈔本《王婆說計》，卷首題"鶴侶"作。

百本張《子弟書目錄》："挑簾定計。王婆說妓（計）。一回。四佰。"別埜堂《子弟書目錄》："挑簾定計。金瓶梅。一回。五佰。"《中國俗曲總目稿》頁 535、《子弟書總目》頁 78 著錄。

演西門慶買通王婆藉裁衣爲名，設計勾引潘金蓮私通。本事見《金瓶梅》第三回"王婆定十件挨光計"及《義俠記》傳奇。《花天塵夢錄》及《永禁淫戲目單》錄有《挑簾裁衣》，演及此事。

江陽轍，44 韻。

版本：①清鈔本，車王府舊藏，北大圖書館·□812.08/5105/:111（58/19429，五葉半）；過錄本，首圖·甲四 2098；首圖縮印本 53 册頁 119-122；北京整理本頁 118-119；過錄本，中大圖書館·91370；中大整理本頁 1195-1196。[圖 232]

［圖 232］車王府舊藏本《挑簾定計》

②百本張鈔本，傅氏《總目》謂賈天慈舊有藏，今藏處未詳。
③清鈔本，傅惜華舊藏，藝研院·曲 310.651/0.356（142826/1）。
④鈔本，傅斯年圖書館藏，T-612；《俗文學叢刊》390 册頁 615。
⑤鈔本，傅斯年圖書館藏，T-613。

**別題一：挑簾裁衣**

未見著錄。

版本：①別埜堂鈔本，傅惜華舊藏，藝研院・曲 310.651/0.356（142818/1）。

**別題二：王婆説計**

民初輯本《子弟書目録》："《水滸傳》子弟書目録。王婆説技［計］。一回。"《子弟書總目》頁 37 著録。

版本：①精鈔本，傅氏《總目》謂有自藏本，今未見。

### 子虛入夢 一回

作者未詳。

民初輯本《子弟書目録》："《金瓶梅》子弟書目録。子虛入夢。一回。"

當演李瓶兒夢見花子虛抱著官哥叫其同去居住事。本事見《金瓶梅》第六十回"李瓶兒病纏死孽"。

未見傳本。

別題：花子虛入夢

《子弟書約選日記》："花子虛入夢，不録。"

未見傳本。

### 陞官圖 一回

作者未詳。

百本張《子弟書目録》："陞官圖。西門金蓮。滿漢兼。春。一回。五佰。"別埜堂《子弟書目録》："陞官圖。一回。五佰。"樂善堂《子弟大鼓書目録》著録，書價"三佰文"。民初輯本《子弟書目録》列入"《金瓶梅》子弟書目録"。《中國俗曲總目稿》頁 219、《子弟書總目》頁 96 著録。又《集錦書目》第 22 句："説陞官圖何日吐氣把眉揚。"

演西門慶與潘金蓮幽會之事。此書以滿漢文字組織而成，所嵌入之滿文，皆爲清代官職名，故名《陞官圖》。本事見《金瓶梅》小説。

發花轍，36 韻。

版本：①清鈔本，車王府舊藏，北大圖書館・□ 812.08/5105/:111（60/19431，五葉，首葉標"六回詐葷"，乃是《玉簪記》第

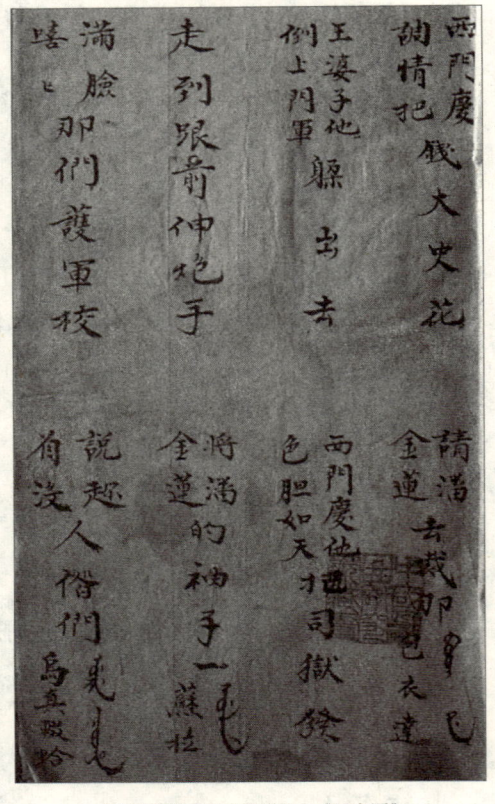

［圖 233］藝研院藏清鈔本《陞官圖》

六回文字）；過錄本，首圖・甲四 2100；首圖縮印本 53 冊頁 146-148；北京整理本頁 122（節錄）；過錄本，中大圖書館・91372。

②百本張鈔本，傅惜華舊藏，藝研院・曲 310.651/0.356（142859/4）。按：據傅氏《總目》，此種原或爲杜穎陶舊藏。[圖 233]

③《舊鈔北平俗曲》本，劉復舊藏，民族圖書館藏。

④清鈔本，傅惜華舊藏，藝研院・曲 310.651/0.356（142858/1）。

⑤鈔本，傅斯年圖書館藏，T27-338，《俗文學叢刊》390 冊頁 619。

⑥鈔本，傅斯年圖書館藏，T27-336。據陳錦釗《子弟書之題材來源及其綜合研究》，謂所見之本，封底陽題"三十一年六月二日再抄 / 清賢主人"；陰題"丁未年冬至念四日晚又抄升官聯迪元"及"宣統乙酉清和十六日聯迪元付又再抄"，唯今已不可見，姑列於此本。

⑦鈔本，傅斯年圖書館藏，T27-337。

⑧鈔本，傅氏《總目》謂馬彥祥有藏，今藏處未詳。

### 葡萄架　一回

作者未詳。

百本張《子弟書目錄》："葡萄架。西門金蓮。春。一回。五佰。"別埜堂《子弟書目錄》："葡萄架。一回。四佰。"樂善堂《子弟大鼓書目錄》著錄，書價"三佰文"。民初輯本《子弟書目錄》列入"《金瓶梅》子弟書目錄"。《中國俗曲總目稿》頁 283、《子弟書總目》頁 137 著錄。又《集錦書目》第 55 句："又至那**葡萄架**底下去醉酒。"

演西門慶與潘金蓮在葡萄架下相戲之事。春。本事見《金瓶梅》第二十七回"潘金蓮大鬧葡萄架"，《永禁淫戲目單》著錄有同名劇目。

言前轍，50 韻。

版本：①清鈔本，車王府舊藏，北大圖書館・囗 812.08/5105/:111（59/19430，六葉半）；過錄本，首圖・甲四 2099；首圖縮印本 53 冊頁 242-243；北京整理本頁 120-121，節錄；過錄本，中大圖書館・91371；中大整理本頁 1160-1161。[圖 234]

②別埜堂鈔本，程硯秋舊藏，藝研院・曲 319.651/0.582/5.46；又，傅惜華舊藏，藝研院・曲 310.651/0.356（148737）。

③曲盒鈔本，傅惜華舊藏，藝研院・曲 310.651/0.356（148737）。

④百本張鈔本，吳曉鈴舊藏，首圖・己 448；又，己 462。

⑤鈔本，傅斯年圖書館藏，T35-423；《俗文學叢刊》390 冊頁 641。

⑥舊鈔本，傅氏《總目》謂馬彥祥有藏，今藏處未詳。

**別題：戲金蓮**

《中國俗曲總目稿》頁 338 著錄。

版本：①鈔本，傅斯年圖書館藏，T35-422。按：此本今藏者歸入"葡萄架"題下，然據《總目稿》，原應有一本題作"戲金蓮"，故作爲別題繫於此。

### 得鈔嗷妻 二回

作者韓小窗。據卷首詩篇"閑筆墨**小窗**追補馮商嘆，寫一段得鈔嗷妻世態文"；又卷末"**小窗**是筆端怒震雷霆力，欲喚醒古今鴛鴦夢裡人"。又阿英《中國俗文學研究·刺虎子弟書兩種》云："在金氏鈔本子弟書十六種之中，有韓小窗署名者凡四種，其目爲《歎子弟頑票》、《傲妻》、《齊陳相罵》及《刺虎》。"

別埜堂《子弟書目錄》："得鈔嗷妻。二回。七佰二。"樂善堂《子弟大鼓書目錄》："子弟書二回起。六百文。得鈔傲妻。"《綠棠吟舘子弟書百種總目》卷十三、《中國俗曲總目稿》頁 576、《子弟書總目》頁 118 著錄。又《集錦書目》第 65 句："在續戲姨兒家**得鈔**買了一疋布。"按："嗷"或題作"傲"。

演常時節從西門慶處借得銀兩，歸家傲其妻。據《金瓶梅》五十六回"西門慶賙濟常時節"改編。下連《續鈔借銀》。

人辰轍，每回 50 韻。

版本：①鈔本，車王府舊藏，北大圖書館·□812.08/5105/:120（228/19599，十三葉，

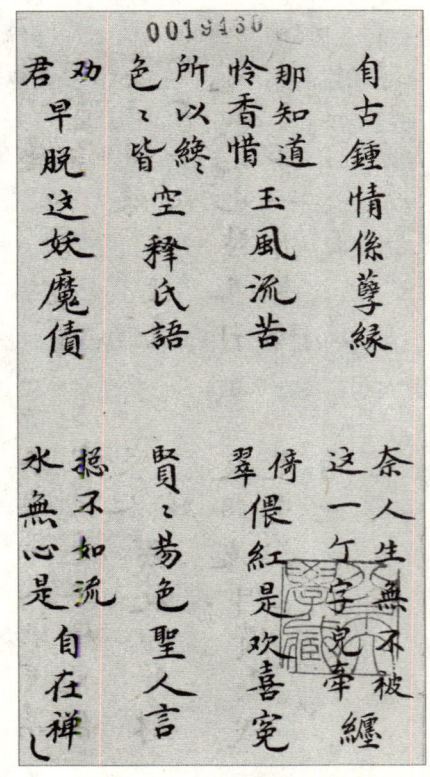

［圖 234］車王府舊藏本《葡萄架》

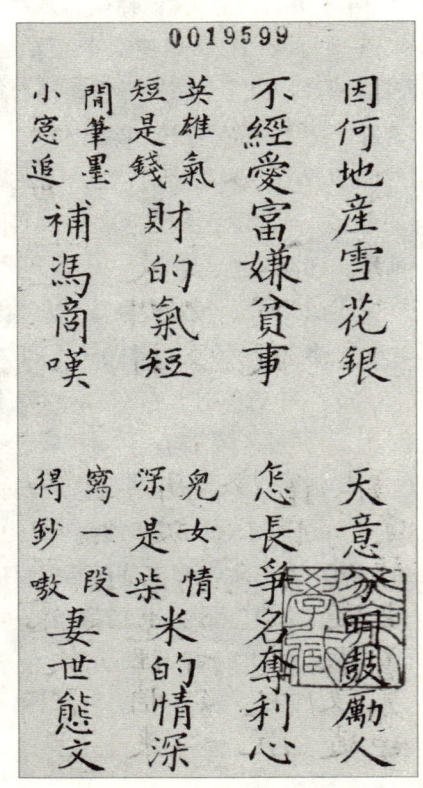

［圖 235］車王府舊藏本《得鈔嗷妻》

題"得鈔嗷妻全四回"，正文實僅兩回，第二回回首詩篇脱，且失分回標記；此本原當連《續鈔借銀》兩回，故題作四回。首回冊末有"言無二價／不對管換"印記）。首圖縮印本53冊頁192-198；北京整理本頁776-780（連《續鈔借銀》列入四回本，但正文未錄續篇，故僅二回；而續篇則歸於兩回本之內）；過錄本，中大圖書館・92018；中大整理本頁1151-1154。［圖235］

②裕文齋刻本（封面題"新出子弟書／得鈔嗷妻／裕文齋梓行"），吳曉鈴舊藏，首圖・己510；又，國家圖書館藏，98718。《子弟書叢鈔》頁62-68據同一版本排印。又，傅氏《總目》謂賈天慈亦有藏，今存處未詳。

③經義堂刻本，杜穎陶舊藏，藝研院・曲310.651/0.356。

④百本張鈔本（題"得鈔傲妻"），國家圖書館藏，107299/6-7。

⑤光緒二十七年（1901）鈔本，傅惜華舊藏，藝研院・曲310.651/0.356（139371－139372）。

⑥民初鈔本，《子弟書十九種》之二，天津圖書館集部－曲類－彈詞37014（有"盲生詞曲傳習所"印記）。

⑦鈔本，國家圖書館藏，35558（《子弟書》卷十二）。

⑧清鈔本，程硯秋舊藏，藝研院・曲319.651/0.582/8.150。

⑨清鈔本，李嘯倉藏。

⑩傅斯年圖書館藏，T-648；《俗文學叢刊》391冊。

⑪清刻本，國家圖書館藏，106773。

⑫據傅氏《總目》，尚有光緒二十年（1894）會文山房刻本，阿英藏；洗俗齋鈔本，馬彥祥藏。此數種今藏處不詳。《子弟書選》頁119-123據傅惜華舊藏本排印。

⑬據阿英文，知舊有金氏鈔本，今存處不詳。

⑭另有石印本、鉛印本，藝研院、傅斯年圖書館等有藏，茲不詳列。

**別題：常峙節傲妻**

未見著錄。

版本：①民國初天津社會教育辦事處鉛印本（署：北京韓小窗先生原本／天津藝劇研究社潤色；又署：一名得鈔傲妻），天津圖書館（集部－曲類－彈詞20395）、早稻田大學演劇博物館（ル13-1182）等有藏。

【説明】民初天津排印本有識語："常峙節本一卑鄙無恥之徒耳，特以脅肩諂笑，託庇西門慶廡下。俗所謂幫嫖看賭者是也。其妻牛氏，亦一未受教育之女子，均無可言之價值。今選此曲，非以其事足道，以其描寫室人交謫口吻，惟妙惟肖，茅簷蔀屋中，固時有此種景象。可見人必須有謀生才力，方能立足世間。不然，匪特親友訕笑，鄰里不齒，即生同室、死同穴之人，亦且有下堂求去者。古人謂天下無如吃飯難。諺云餑餑兒郎，柴米夫妻。吁！養生之道，豈可忽諸？第一回開首有追補馮商歎句。查《漢書・藝文志》，馮商所續太史公七篇，馮商受詔續太史公十餘篇，在班彪《別錄》。商字子高，與此曲情節，毫無關涉。或者見於他種小說，如有知此典故者，尚乞教之。天津藝劇研究社識。"

### 續鈔借銀 二回

作者未詳。
《子弟書總目》頁 182 著錄。
演常時節求應伯爵向西門慶借銀之事。據《金瓶梅》五十六回"西門慶賙濟常時節"改編。此篇補寫常時節外出借貸的經過，情節在《得鈔傲妻》一、二回之間。據卷首詩篇中句："無端冒昧把前文續，欲寫出貓鼠同眠一類人。"知其實爲《得鈔借銀》續篇。人辰轍，分別爲 51、55 韻。
版本：①清鈔本，車王府舊藏，北大圖書館‧□ 812.08/5105/:115（157/19528，十四葉）；過錄本，首圖‧甲四 2211；首圖縮印本 53 册頁 408–414；北京整理本頁 390–394；過錄本，中大圖書館‧92668；中大整理本頁 1155–1159。[圖 236-1]
②百本張鈔本，吳曉鈴舊藏，首圖‧己 448；《子弟書叢鈔》頁 69–76 據同一版本排印。[圖 236-2]

**別題一**：續得鈔傲妻
《中國俗曲總目稿》頁 834、《子弟書總目》頁 183 著錄。

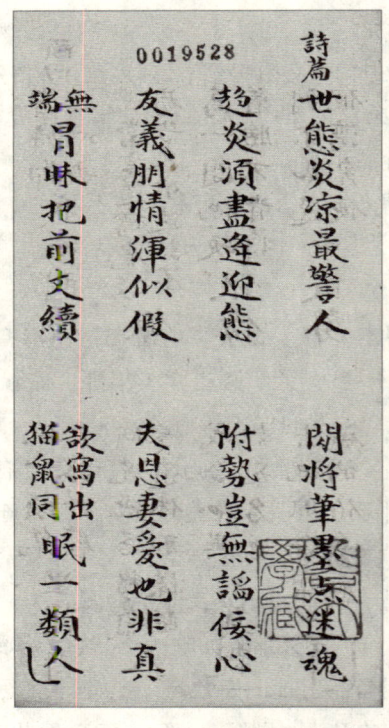

[圖 236-1] 車王府舊藏本《續鈔借銀》

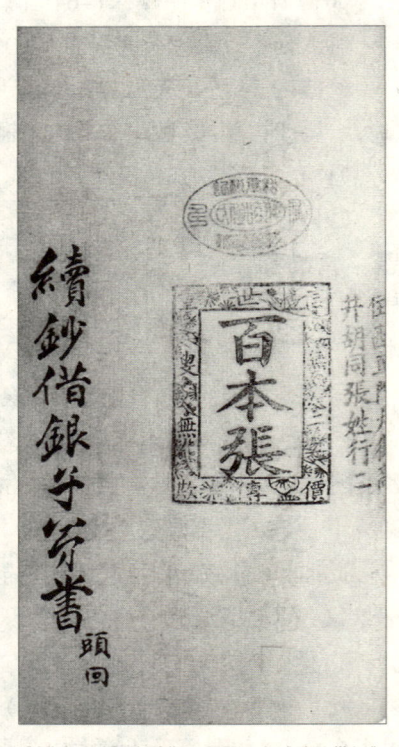

[圖 236-2] 首圖藏百本張鈔本《續鈔借銀》

版本：①宣統鈔本，傅斯年圖書館藏，T-651；《俗文學叢刊》391 冊頁 3。
　　　②鈔本，傅斯年圖書館藏，T-650。

**別題二：借銀續鈔**

樂善堂《子弟大鼓書目錄》："子弟書二回起。六百文。借銀續鈔。"《子弟書總目》頁 101 著錄。

版本：①百本張鈔本（殘），杜穎陶舊藏，藝研院・曲 319.651/0.582/8.137。

## 得鈔嗷妻　四回

第一、四回爲韓小窗作。

百本張《子弟書目錄》："得鈔嗷妻。連續鈔借銀。四回。一吊六。"《子弟書總目》頁 118 著錄。民初輯本《子弟書目錄》列入"《金瓶梅》子弟書目錄"。《綠棠吟舘子弟書百種總目》第十三卷、《中國俗曲總目稿》頁 576 著錄。又《子弟書約選日記》："得鈔傲妻，計四回。描寫炎涼狀態，調侃世人不少。可鈔存。"

此即前二書之合編。一、四回是韓小窗之《得鈔傲妻》；二、三回即《續得鈔傲妻》。

版本：①百本張鈔本，吳曉鈴舊藏，首圖・己 448；又傅惜華舊藏本，殘存前兩回，
　　　　曲 310.651/0.356（141917/1）。
　　　②鈔本，傅斯年圖書館藏，T-649；《俗文學叢刊》391 冊，人辰轍。[圖 237]
　　　③中華印刷局鉛印本，傅斯年圖書館等有藏。
　　　④同和書局鉛印本，傅斯年圖書館等有藏。

## 哭官哥兒　四回

作者韓小窗。據詩篇首句："**小窗**春日覽殘篇，閑閱《金瓶》憶舊緣。"

百本張《子弟書目錄》："哭官哥爾。苦。四回。一吊六。"民初輯本《子弟書目錄》列入"《金瓶梅》子弟書目錄"。又《集錦書目》第 37 句："閪大奶奶拉著**哭官哥兒**隨意逛。"

演李瓶兒痛哭觭子官哥事。據《金瓶梅》第五十九回"李瓶兒痛哭官哥兒"改編。

言前轍。一回〈娶妾〉、二回〈灸艾〉、三回〈驚夢〉、四回〈哭子〉；分別爲 42、62、33、53 韻。

版本：①舊鈔本，藝研院・曲 319.651/0.582/8.153，歸入杜穎陶舊藏。按：傅氏《總
　　　　目》有程硯秋藏舊鈔本，而無杜氏藏本，疑兩本即是一本。

**別題一：哭官哥**

樂善堂《子弟大鼓書目錄》："子弟書四回起。八佰文。哭官哥。"《子弟書總目》頁 98 著錄。

版本：①清鈔本，車王府舊藏，北大圖書館・□ 812.08/5105/:120
　　　　（229/19600，二十四葉）；過錄本，首圖・甲四 2283 首圖縮印本 53 冊頁 148-
　　　　159；北京整理本頁 781-787；過錄本，中大圖書館・92019；中大整理本頁

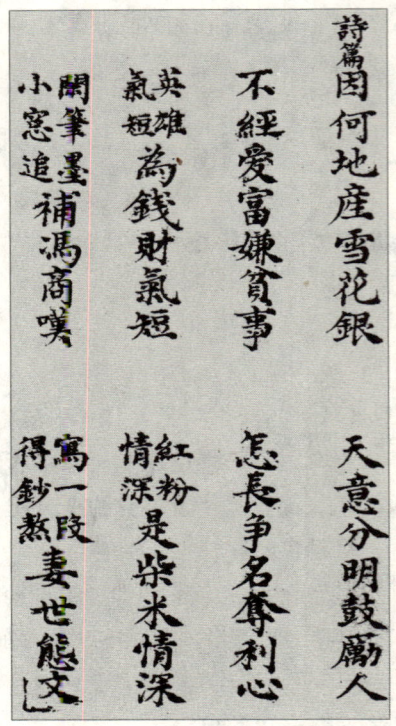
［圖237］傅斯年圖書館藏鈔本《得鈔傲妻》

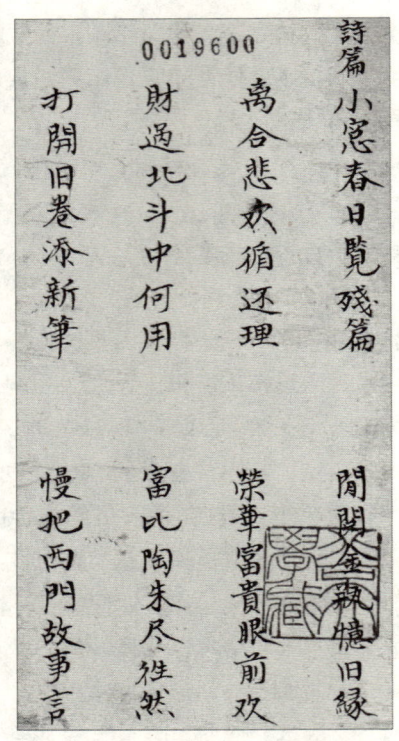
［圖238］車王府舊藏本《哭官哥》

1162-1169。［圖238］

②民初鈔本，《子弟書十九種》之十九，天津圖書館集部－曲類－彈詞37014（有"盲生詞曲傳習所"印記）。

③清鈔本，國家圖書館藏，119979。

④清鈔本，鄭振鐸舊藏，國家圖書館・t3448/2。

⑤《子弟書選》頁124-131排印本。

**別題二：官哥**

《中國俗曲總目稿》頁17、《子弟書總目》頁60著錄。

版本：①鈔本，傅斯年圖書館藏，T23-274；《俗文學叢刊》391冊頁115。

②鈔本，傅斯年圖書館藏，T23-275。

## 遣春梅　五回

作者未詳。

百本張《子弟書目錄》："遣春梅。不垂別淚。五回。一吊八。"樂善堂《子弟大鼓書目錄》著錄，書價"八百文"。《子弟書總目》頁148著錄。又《集錦書目》第79句："遣春梅追信與你寄柬。"《子弟書約選日記》："**遣春梅**，與社會教育不合。"

演西門慶死後，吳月娘遣散丫環春梅之事。據《金瓶梅》第八十五回"吳月娘識破姦情，春梅姐不垂別淚"改編。

人辰轍。第一回有詩篇。分別爲37、28、41、35、27韻。

版本：①清鈔本，傅惜華舊藏，藝研院·曲310.651/0.356（142920/6）。《子弟書珍本百種》309–314據以排印。

### 別題一：遣梅

《中國俗曲總目稿》頁42著錄。

版本：①鈔本，傅斯年圖書館藏，T9–122；《俗文學叢刊》391冊頁165。［圖239］

### 別題二：不垂別淚

民初輯本《子弟書目錄》題"不垂別淚即遣春梅 五回"，列入"《金瓶梅》子弟書目錄"。《綠棠吟舘子弟書百種總目》卷十三、《子弟書總目》頁37著錄。

版本：未見傳本。傅氏《總目》謂有文萃堂刻本，按文萃堂本不分回，核文字實即四回本《不垂別淚》，參下條。

【説明】此篇卷首作："金谷繁花眼裡塵，人生富貴似浮雲。登塲傀儡千年恨，落筆書詞萬古文。"卷首二十韻，與四回本不同。此後則相同。結尾作："到後來守備軍功陞總鎮，春梅姐五花官誥做了夫人。這正是運去黃金無寶色，時來頑鐵有精神。"別本或無末韻。

## 遣春梅　四回

作者疑爲韓小窗。詳後《舊院池舘》説明。

樂善堂《子弟大鼓書目錄》："子弟書四回起，八百文，遣春梅。"又《集錦書目》第79句："**遣春梅**追信與你寄柬。"

演西門慶死後，吳月娘遣散丫環春梅之事。本事見《金瓶梅》第八十五回"吳月娘識破姦情，春梅姐不垂別淚"。而此篇實從五回本《遣春梅》刪改而來。

人辰轍，分別爲39、43、39、48韻。

版本：①清鈔本，車王府舊藏，北大圖書館·□812.08/5105/:120（243/19614，二十一葉又一行）；過錄本，首圖·甲四2297；首圖縮印本53冊頁268–278；北京整理本頁874–880；過錄本，中大圖書館·92729；中大整理本頁1170–1176。［圖240］

### 別題：不垂別淚

《子弟書總目》頁37著錄。

版本：①道光二十五年（1845）鈔本，不分回，吳曉鈴舊藏，首圖丁9875。

②文萃堂刻本，筆者未見。《子弟書叢鈔》頁451–460據以排印（題下署作"一回"，非是）。《子弟書選》頁174–180亦據同一版本排印，不分回，作者署"韓小窗"。

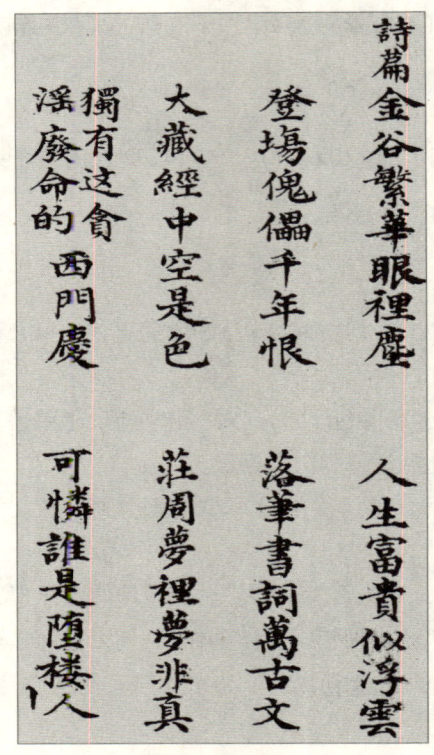

［圖239］傅斯年圖書館藏鈔本《遣梅》　　［圖240］車王府舊藏本《遣春梅》

【説明】題《遣梅》之五回本，卷首二十韻，此本改作十八韻，文字全異。末尾多一韻。此篇卷首作："嶺上梅開欲報春，霜欺雪打更精神。逢時莫漫揮啼淚，得意還應起笑唇。"頭回卷首作："勢去人亡不可尋，西門回首喪秋林。"結句作："到後來守備軍功升總鎮，春梅姐生子扶正做了夫人。"

## 永福寺　四回

作者疑爲韓小窗。詳後《舊院池館》之説明。

百本張《子弟書目録》："永福寺。李瓶上墳遇春梅。遣梅以後，池館以前。四回。一吊六。"樂善堂《子弟大鼓書目録》著録，書價"一吊二"。民初輯本《子弟書目録》列入"《金瓶梅》子弟書目録"。《綠棠吟舘子弟書百種總目》卷十三、《中國俗曲總目稿》頁124《子弟書總目》頁41著録。又《集錦書目》第28句："陽告曰永福寺裏秦王降香。"

演吳月娘在永福寺降香，巧遇已爲守備夫人的春梅，春梅在寺中祭掃潘金蓮。據《金瓶梅》第八十九回"吳月娘誤入永福寺"改編。

頭回中東轍，二回言前轍，三回人辰轍，四回江陽轍。每回50韻。

版本：①清鈔本，車王府舊藏，北大圖書館・□ 812.08/5105/:120（230/19601，二十七葉半）；過録本，首圖・甲四2284；首圖縮印本52册頁400–412；

北京整理本頁 788-795；過錄本，中大圖書館·92020；中大整理本頁 1177-1184。[圖241]

② 清鈔本，鄭振鐸舊藏，國家圖書館·t3448/19。

③ 同樂堂鈔本，國家圖書館藏，98802。

④ 民初鈔本，《子弟書十九種》之十八，天津圖書館集部-曲類-彈詞37014（有"盲生詞曲傳習所"印記）。

⑤ 鈔本，傅斯年圖書館藏，T15-206；《俗文學叢刊》391冊頁209。

⑥ 鈔本，傅斯年圖書館藏，T15-207。

⑦ 傅氏《總目》謂自藏有精鈔本、清鈔本、鈔本各一種，今未見。《子弟書選》頁188-195據傅氏藏本排印，作者署"韓小窗"。《子弟書叢鈔》頁461-473謂據傅惜華藏清代舊鈔本排印。

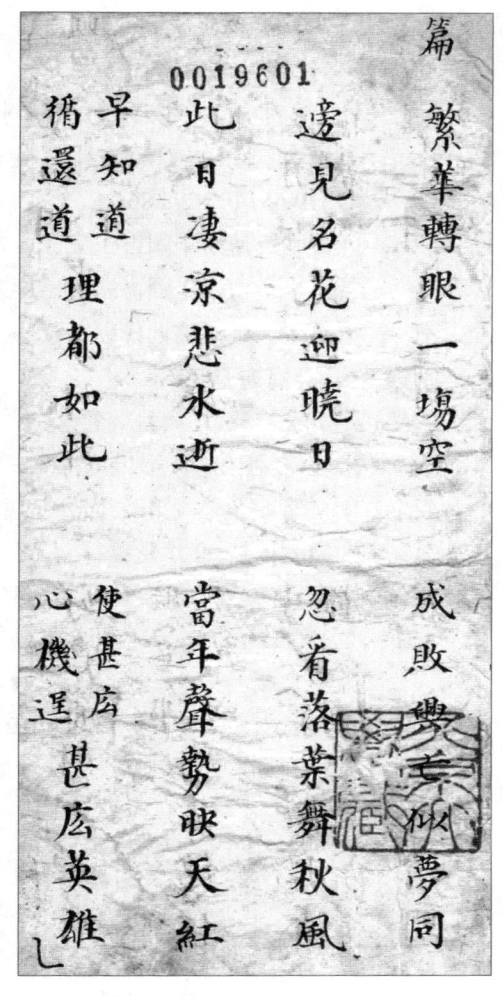

[圖241] 車王府舊藏本《永福寺》

## 舊院池館 四回

作者疑爲韓小窗。

百本張《子弟書目錄》："舊院池館。春梅。四回。一吊六。"別埜堂《子弟書目錄》："舊院池館。四回。一吊四佰四。"樂善堂《子弟大鼓書目錄》著錄，書價"八佰文"。民初輯本《子弟書目錄》列入"《金瓶梅》子弟書目錄"。《中國俗曲總目稿》頁650、《子弟書總目》頁172著錄。又《集錦書目》第7句："新長亭緊對著舊院池館。"

演春梅成爲守備夫人後，一日憶舊情而遊西門故院，傷感而歸。據《金瓶梅》第九十六回"春梅姐遊舊家池館"改編。

人辰轍，分別爲42、25、47、38韻。

版本：① 清鈔本，車王府舊藏，北大圖書館·□812.08/5105/:120（227/19598，十九葉）；過錄本，首圖·甲四2281；首圖縮印本53冊頁399-408；北京整理本頁

770–775；過録本，中大圖書館・92017；中大整理本頁 1185–1190。［圖 242-1］

②百本張鈔本，傅惜華舊藏，藝研院・曲 310.651/0.356（142910/5）。

③別埜堂鈔本（題作"舊院遲［池］館"），杜穎陶舊藏，藝研院・曲 319.651/0.582/8.86。

④鈔本，傅斯年圖書館藏，T–708；《俗文學叢刊》391 册頁 267。

⑤鈔本，傅斯年圖書館藏，T–709。

⑥鈔本，中研院近代史所藏，《子弟書十種》之第八種。

**別題一：春梅遊舊院**

《緑棠吟舘子弟書百種總目》卷十三、《中國俗曲總目稿》頁 765、《子弟書總目》頁 76 著録。又《子弟書約選日記》："春梅遊舊院，可選為盲生學演。"

版本：①文萃堂刻本（不分回，三卷，封面題"京都新刻子弟書／春梅游舊家池館／上本 文萃堂梓行"；正文題"新刻春梅遊舊院子弟書"），國家圖書館藏，98936。又，傅斯年圖書館藏，T–729。又，杜穎陶舊藏，藝研院・曲 310.651/0.356。又，日本九州大學濱文庫藏。又（有"三畏書畫"印），李嘯倉藏。又，梅蘭芳舊藏，藝研院・曲 319.651/0.582/6.81（殘存中下二卷）。又，山西大學藏。［圖 242-2］

②民初鈔本，分三回，傅氏《總目》謂馬彥祥有藏，今藏處未詳。

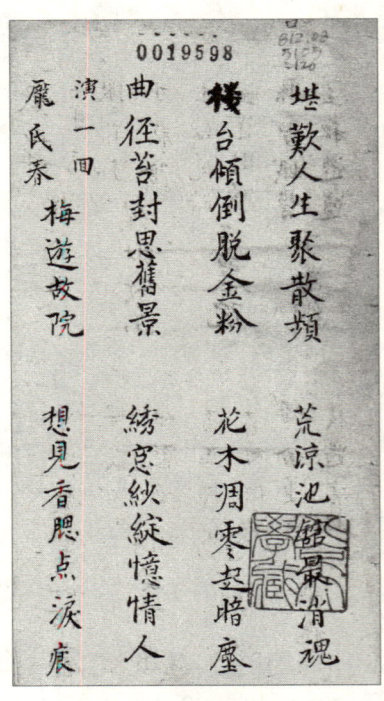 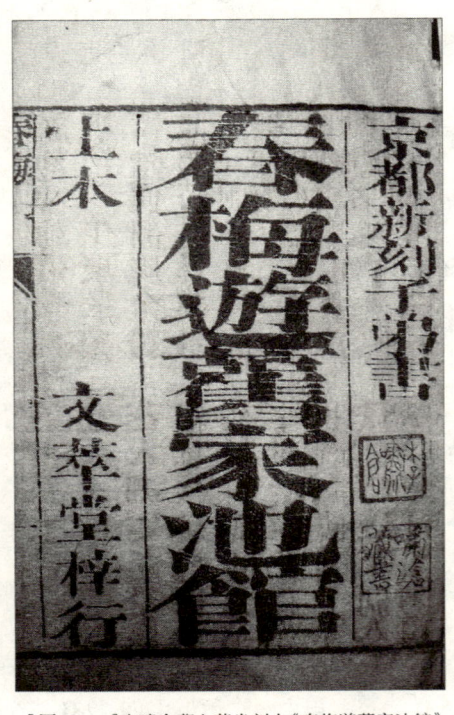

［圖 242-1］車王府舊藏本《舊院池館》　　［圖 242-2］李嘯倉藏文萃堂刻本《春梅遊舊家池館》

**別題二：遊舊院**

《中國俗曲總目稿》頁287、《子弟書總目》頁133（題作"一回"，非是）著錄。

版本：①石印本（"薑"字。首行題"新刻遊舊院第一回"），天津圖書館、傅斯年圖書館（T36-427）等有藏。

②石印本（書名頁題"舊院池館子弟書"；首行題"新刻遊舊院"），國家圖書館藏，98631。

③上海槐蔭山房書莊石印本（"張"字。首行題"新出遊舊院第一回"），傅斯年圖書館藏，T36-436；首圖・集・丁9418（《鼓詞彙刊》之24）。

④石印本（"甲集五"。首行題"新出遊舊院第一回"），傅斯年圖書館藏，KUIV5-104。

⑤石印本（版心題"計"字，與《太子藏舟》、《調精忠》、《郭子儀上壽》等合刊），傅惜華舊藏，曲310.651/0.356/2-142933。

⑥《鼓詞彙集》第一輯頁84-90排印本。

**別題三：春梅池館**

未見著錄。

版本：①鈔本，藝研院・曲319.651/0.582/8.143，歸入杜穎陶舊藏。按：傅氏《總目》所錄，有程硯秋藏舊鈔本，而無杜氏藏本，疑此兩本原是一種。

**別題四：春梅遊舊家池館**

未見著錄。

版本：①鈔本，杜穎陶舊藏，藝研院・曲319.651/0.582/8.149。

②清鈔本，傅惜華舊藏，今未見。《子弟書選》頁181-187據傅惜華舊藏本排印（作三回），題《春梅游舊家池舘》，作者署"韓小窗"。

**別題五：池館**

未見著錄。

版本：①百本張鈔本，傅斯年圖書館藏，T2-021。

②鈔本，國家圖書館藏，35611。

【說明】此本頭回開頭數句節自《遣春梅》，顯見承襲與淵源。故此篇與《遣春梅》、《永福寺》三篇當出自同一作者，為連續之文。又，《哭官哥》及《得鈔傲妻》均為韓小窗所作，且《哭官哥》首句謂"**小窗**春日覽殘篇，閑閱《金瓶》憶舊緣"，從"殘篇""舊緣"等字可知小窗所作非止一篇，疑此三篇各四回，實係小窗氏之組稿。又《子弟書選》將此三篇徑歸"韓小窗"名下，未詳所據。

## 詔班師　一回

作者蚪髯白眉子。遼陽刻本封面題："步《憶真妃》原韻，蚪髯白眉子著，蛤溪釣叟評點。"或謂蛤溪釣叟即繆東霖。

《子弟書總目》頁121著録。

演十二道金牌詔岳飛班師事。本事見《説岳全傳》五十九回"召回兵矯詔發金牌"。中東轍，40韻。

版本：①清末遼陽刻本，李嘯倉藏；《子弟書珍本百種》頁315-316據以排印。[圖243]

②過録本，傅惜華舊藏，藝研院・曲310.651/0.356（148326）。

**別題：調精忠**

《緑棠吟舘子弟書百種總目》卷八、《中國俗曲總目稿》頁321著録。

版本：①杜穎陶、俞芸《岳飛故事説戲曲説唱集》頁120-121排印本，謂據清末鈔本排印；又《子弟書叢鈔》頁317-320復據以排印。

②清石印本（"薑"字，首行題"新印調精忠全本"；書衣題"金牌十二子弟書"），國家圖書館（98630）、天津圖書館、傅斯年圖書館（T36-427）等有藏。

③民國三年（1914）上海槐蔭山房書莊石印本（"張"字，首行題"新印調精忠全本"），傅斯年圖書館藏，T -736；又，首圖・集・丁9418（《鼓詞彙刊》之24）。

④石印本（版心題"計"字，與《太子藏舟》、《遊舊院》、《郭子儀上壽》等合刊），傅惜華舊藏，曲310.651/0.356/2-142933。

⑤《鼓詞彙集》第一輯排印本頁182-183。

【説明】遼陽刻本卷前有序云："蚓髯白眉子，遼郡布衣，與予爲總角交，訖今十餘年如一日也，性嗜古，往往不談時□。每有所作，皆寓笑罵於文章中。適值兵燹後，予過其家，見案上有《詔班師》之一册，步《憶真妃》原韻，雖依樣葫蘆，而字句之間，別翻新意，真可令人大呼可惜者再。予遂囑其付梓，彼謝不敢，曰：如此浪墨付梓，恐遺人笑。予曰：否否。夫文人之筆墨，豈畏人笑，然有笑我者（下闕一行十六字）。"欄上有評語。

### 胡迪罵閻 四回

作者未詳。

《子弟書總目》頁76著録。

演秦檜害死岳飛，生員胡迪怪東嶽帝不管善惡，怒砸天齊廟，後入夢痛罵閻羅王。本事見《喻世明言》卷三十二"游酆都胡母迪吟詩"、《説岳全傳》七十三回"胡夢蝶醉後吟詩遊地獄"。道光間《春台班戲目》及《慶昇平班戲目》有同名劇目。

一七轍。僅第三回處題作"三回"。據篇幅可析爲四回，分別爲41、43、40、38韻。

版本：①清鈔本（書衣未題篇名，鉛筆補書，疑爲百本張鈔本），傅惜華舊藏，藝研院・曲311.64/0.216（146345），《子弟書珍本百種》頁317-321據以排印，未分回。[圖244]

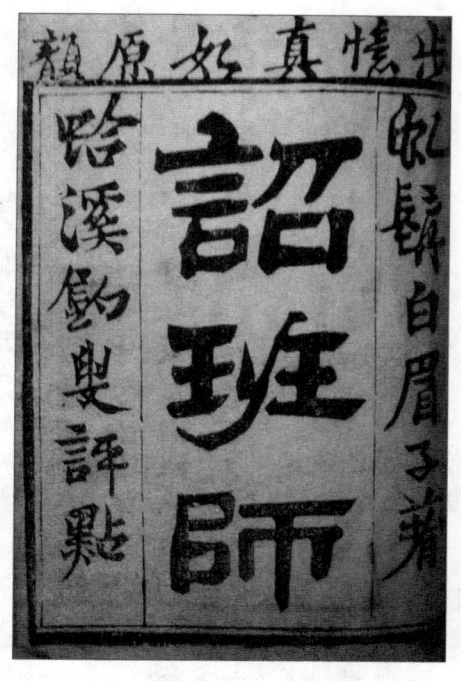
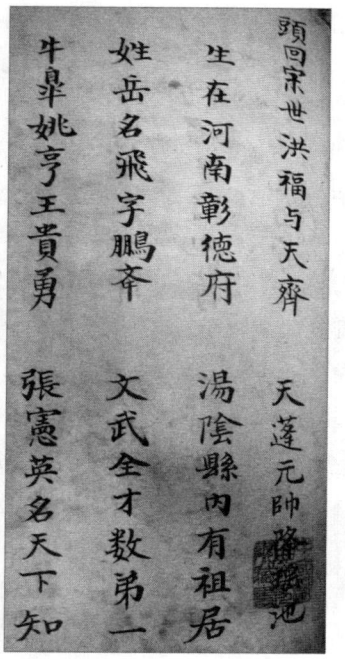

[圖243] 李嘯倉藏刻本《詔班師》　　[圖244] 藝研院藏百本張鈔本《胡迪罵閻》

②百本張鈔本，今藏處未詳，或即如上條。杜穎陶、俞芸《岳飛故事說戲曲說唱集》頁213-215據以排印；《子弟書叢鈔》頁720-726據後者選錄排印（無後二回）。

**別題：謗閻**

民初輯本《子弟書目錄》："《宋書》子弟書目錄。謗閻。四回。"

未見傳本。

【說明】此篇卷首作："宋世洪福與天齊，天蓬元帥降瑤池。生在河南彰德府，湯陰縣內有祖居。"結句作："哎喲一聲睜開眼，原來是在茶堂睏臥才頓飯時。"

## 謗閻　一回

作者未詳。

民初輯本《子弟書目錄》："《宋書》子弟書目錄。謗閻。一回。"《子弟書總目》頁76著錄。

內容及本事來源同上條。

版本：①精鈔本，傅氏《總目》謂李嘯倉有藏，今未見。按：李氏所藏疑是快書，見後文。

【說明】此種一回本內容不詳。民初輯本《子弟書目錄》既著錄有四回本，又著錄一回本，則顯是兩種。又，《子弟書叢鈔》收錄有《胡迪罵閻》，題"一回"，其實是四回本之前二回。

### 胡迪罵閻 快書 一回

作者未詳。

《中國俗曲總目稿》頁 522、《北京傳統曲藝總錄》頁 305 著錄。又《子弟書總目》頁 76 作爲一回本子弟書著錄。

演秦檜害死岳飛，胡迪在閻羅殿痛罵閻王不辨善惡。本事見《喻世明言》卷三十二"游酆都胡母迪吟詩"、《說岳全傳》七十三回"胡夢蝶醉後吟詩遊地獄"。此據高腔《罵閻》改編。

中東轍，60 韻。三落。

版本：①車王府鈔本（未標注曲類名），北大圖書館·□ 812.08/5105/:112（63/19434，書籤作"胡迪罵閻全壹回"，今人多視作子弟書一回本），過錄本，首圖縮印本 53 册頁 122-126；北京整理本頁 127-129；過錄本，中大圖書館·91375；中大整理本頁 535-537。[圖 245-1]

②清鈔本（失書衣，書名後標，書眉所注，析作七落），李嘯倉藏。

③民初紅格鈔本，傅惜華舊藏，藝研院·曲 311.651/0.682（145827/3）。

④《文明大鼓書詞》第十二册排印本（題《胡迪罵閻快書》）；《快書研究》

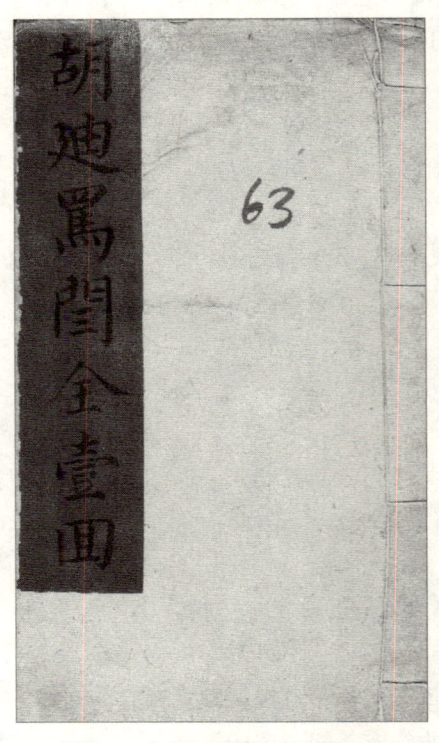
[圖 245-1] 車王府舊藏本《胡迪罵閻》

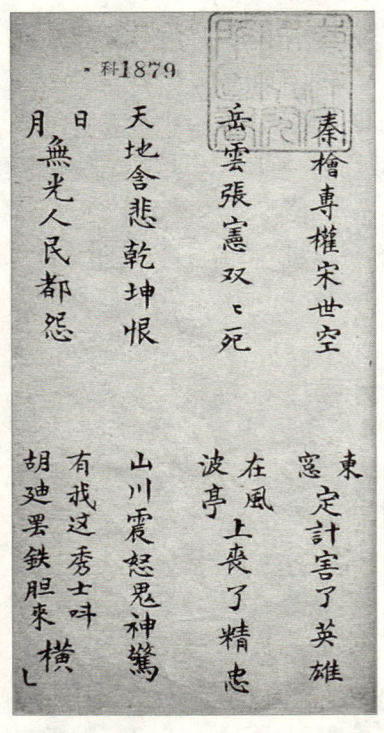
[圖 245-2] 雙紅堂藏百本張鈔本《謗閻快書》

頁 294–295 據以排印。

**別題一：胡迪謗閻**

聚卷堂《連珠調快書》："胡迪謗閻。三本。"

版本：①清鈔本（題"四落"），傅惜華舊藏，藝研院·曲 311.64/0.216（146345）。
　　　②百本張鈔本，杜穎陶舊藏，藝研院·曲 319.651/0.582/8.193（09690）。

**別題二：謗閻快書**

百本張《子弟書目錄》："快書謗閻。一回。八佰。"《快書目錄》："謗閻。二回。八佰。"《中國俗曲總目稿》頁 50、《北京傳統曲藝總錄》頁 314 著錄。

版本：①百本張鈔本，李嘯倉藏；又，雙紅堂文庫·戲曲·246。[圖 245-2] 又，
　　　　程硯秋舊藏，藝研院·曲 319.651/0.582/5.120。
　　　②鈔本，傅斯年圖書館藏本，KS1-003。
　　　③鈔本，傅斯年圖書館藏，KS1-004；《俗文學叢刊》392 冊頁 581–599 收錄，
　　　　有備註謂："《中國俗曲總目稿》P50 題謗閻，然誤植爲'快書'；是'帶戲
　　　　子弟書'。"按：此説非是。此本確爲子弟快書，唯體制近於子弟書，但並
　　　　非"帶戲子弟書"。又，《俗文學叢刊》413 冊 383–403。
　　　④聚卷堂鈔本，程硯秋舊藏，藝研院·曲 319.651/0.582/5.105。
　　　⑤杜穎陶、俞芸《岳飛故事説戲曲説唱集》頁 216–218，"據流行演出詞口錄"。

**別題三：謗閻**

《子弟書總目》頁 168 作爲一回本子弟書著錄。

版本：①清鈔本（上下兩卷，未標注曲類名），故宮博物院藏，《故宮珍本叢刊》第
　　　　697 冊頁 278–282 據以收錄，列入"子弟書"內。

**別題四：謗閻醒勸**

《北京傳統曲藝總錄》頁 315 著錄。

版本：①光緒十九年（1893）鈔本，傅惜華舊藏，藝研院·曲 311.651/0.136（140796/7）。

【説明】此篇卷首作："秦檜專權宋世空，東窗定計害了英雄。岳雲張憲双双死，在風波亭上喪了精忠。"結句，車王府本、百本張本作："吧吧吧吧亂打響聲［至此虛白應串折］。"傅斯年圖書館藏本作："就是我推倒泥胎氣都不平。"李嘯倉藏清鈔本作："吧吧閻王臉上著了重，打的閻君兩眼黑。"

## 天閣樓　硬書　二十六回

作者未詳。

《子弟書總目》頁 35 有著錄，唯誤作二十八回本，書名訛作"天樓閣"。

演秦檜害死岳飛，府堂都頭李智、王能在錢塘江神廟怒罵神靈無應，江神訴至冥王處，冥王遣鬼卒，使秦檜在天閣樓中遇冤魂，又化身瘋僧，與秦檜在寺中相見，最終使秦檜受報應。本事見《説岳全傳》第七十至七十二回；唯小説中李智作李直。

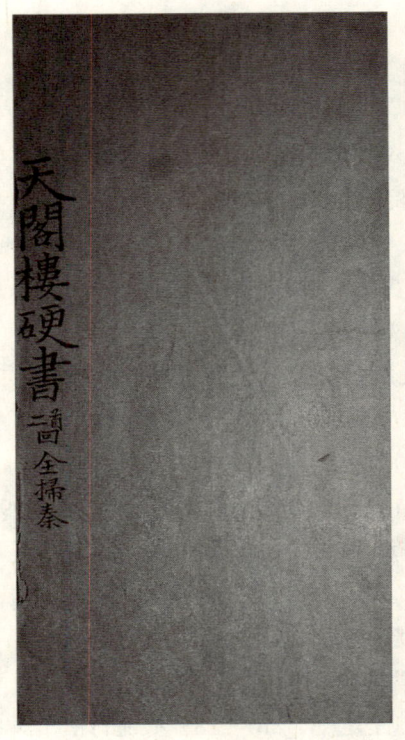 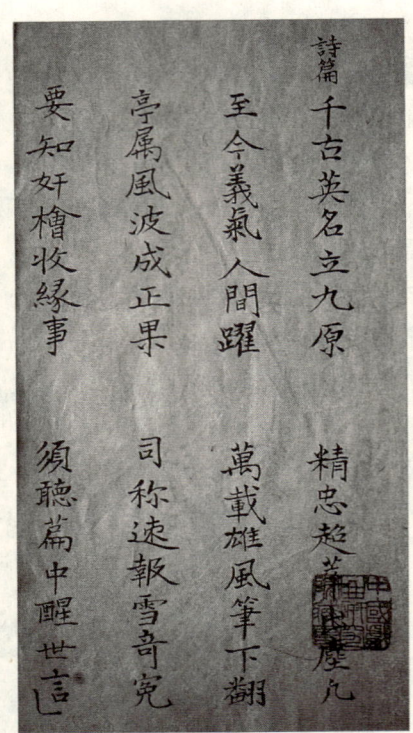

［圖246］藝研院藏同治鈔本《天閣樓硬書》

言前轍。回目：一回〈岳家遇害〉、二回〈快手告神〉、三回〈明輔入陰〉、四回〈菩薩臨凡〉、五回〈思忠謁見〉、六回〈道月稍書〉、七回〈樓閣鬼纏〉、八回〈花園鬼打〉、九回〈借寺修醮〉、十回〈化僧投宿〉、十一回〈何立到寺〉、十二回〈英雄上墳〉、十三回〈殿前下輦〉、十四回〈棚內降香〉、十五回〈因詩來請〉、十六回〈倚瘋會奸〉、十七回〈菩薩到殿〉、十八回〈當面掃秦〉、十九回〈秦檜施齋〉、二十回〈教主震怒〉、二十一回〈狹路央魂〉、二十二回〈菩薩歸位〉、二十三回〈何立行程〉、二十四回〈靈山顯化〉、二十五回〈岳帥成聖〉、二十六〈秦家看報〉。頭回連詩篇44韻；其餘各回40韻。

版本：①同治十一年（1872）靜一齋鈔本（首頁題："天閣樓硬書首回 全掃秦"；書衣題："掃秦卷上 長白女史蘊徽書"），傅惜華舊藏，藝研院・曲310.64/0.130（144650–144651）。［圖246］

### 別題一：掃秦

未見著錄。

版本：①前錄靜一齋鈔本書衣題："掃秦卷上 長白女史蘊徽書"。

### 別題二：全掃秦

樂善堂《子弟大鼓書目錄》："共二十六回。五吊二。全掃秦。硬書。"

版本：①見前錄靜一齋鈔本首頁題："天閣樓硬書首回 全掃秦"。

## 全掃秦 二十八回

作者未詳。

百本張《子弟書目録》："全掃秦。天閣樓。二十八回。十一吊二。"民初輯本《子弟書目録》列入"《宋書》子弟書"。《中國俗曲總目稿》頁137、《子弟書總目》頁54著録。

此篇實據二十六回本《天閣樓》改刪擴充而成，無回目；刪去卷首王能、李智事，此外最後一回改動稍多。本事見《説岳全傳》第七十至七十二回。

言前轍。頭回47韻，二回40韻，三回46韻，四回48韻，五回43韻，六回43韻，七回37韻，八回50韻，九回41韻，十回54韻，十一回42韻，十二回41韻，十三回46韻，十四回44韻，十五回43韻，十六回47韻，十七回47韻，十八回44韻，十九回42韻，二十回40韻，二十一回43韻，二十二回40韻，二十三回42韻，二十四回45韻，二十五回45韻，二十六回42韻，二十七回42韻，二十八回47韻。

從兩本用韻看，二十六回每回40韻，整齊劃一，顯屬初貌；二十八回本雖然在增刪過程中已失原貌，但因後出而流傳較廣、傳本較多。

版本：①清鈔本，車王府舊藏，北大圖書館・□ 812.08/5105/:127（281/19652，六十二葉）；過録本，首圖・甲四2334；首圖縮印本52冊頁447-517；北京整理本頁1432-1467；過録本，中大圖書館・92254；中大整理本頁538-583。［圖247］

②鈔本，傅斯年圖書館藏，T18-233；《俗文學叢刊》392冊頁257著録。

**別題一：瘋僧掃秦**

版本：①清鈔本，故宮博物院藏，《故宮珍本叢刊》698冊頁299。

②清鈔本，故宮博物院藏，《故宮珍本叢刊》699冊頁25（據書衣題名字跡，知實為百本張鈔本）。

③民初鈔本，不分回，《子弟書十九種》之四（二冊），天津圖書館集部－曲類－彈詞37014（有"盲生詞曲傳習所"印記）。

**別題二：天閣樓**

未見著録。

版本：①百本張鈔本，北大圖書館藏，SB814.7/1741。

## 玉簪記 十回

前九回作者云何子。據第九回結句："這也是梅雨連天無個事，云何子閑將小傳漫為題。"末回續篇作者未詳。

百本張、別埜堂《子弟書目録》均作："玉簪記，赴考、上任、琴調、偷詩、鬧禪、詐量（葷）、來遲、佳期、買藥、送別。十回。四吊。"樂善堂《子弟大鼓書目録》著録，書價"三吊文"。民初輯本《子弟書目録》列入"《宋書》子弟書"。《緑棠吟舘子弟書百種總目》卷六、《中國俗曲總目稿》（頁185著録一至四回，題"前玉簪"，頁128著録

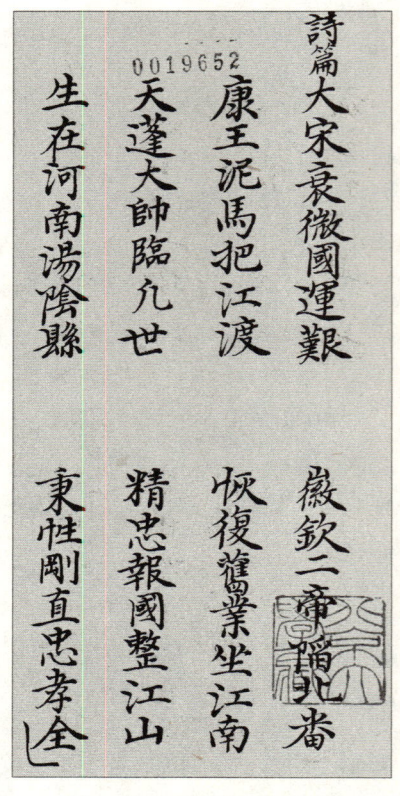

［圖247］車王府舊藏本《全掃秦》

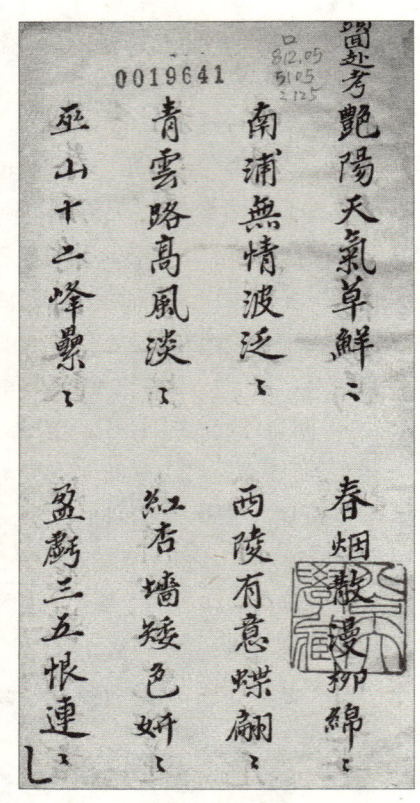

［圖248］車王府舊藏本《玉簪記》

五至十回，題作"玉簪記(後本)"；《子弟書總目》頁42著錄。

演潘必正與陳妙常的相愛離別之事。前九回出明無名氏雜劇《張于湖誤宿女真觀》，第十回據明高濂《玉簪記》傳奇第二十三齣《秋江哭別》改編。

韻句：頭回〈赴考〉，言前轍；二回〈上任〉，言前轍；三回〈琴調〉，江陽轍；四回〈偷詩〉，人辰轍；五回〈鬧禪〉，發花轍；六回〈詐葷〉，梭撥轍；七回〈來遲〉，由求轍；八回〈佳期〉，中東轍；九回〈買藥〉，一七轍；十回〈續秋江〉，言前轍。每回50韻。

版本：①清鈔本，車王府舊藏，北大圖書館・□812.08/5105/:125（270/19641，六十八葉半）；過錄本，首圖・甲四2324；首圖縮印本52冊頁412-440；北京整理本頁1150-1168；過錄本，中大圖書館・92357；中大整理本頁992-1010。［圖248］

②百本張鈔本，傅惜華舊藏二種，一見藝研院・曲310.651/0.356（139271，另加有封皮，題作"玉簪計"；首行題"玉簪計子弟書詞"），一爲韻花齋舊藏，藝研院・曲310.64/0.172（148428-148429，作"十卷"）；又，國家圖書館藏，98018。

③清鈔本，國家圖書館藏，119222/4-5。

④聚卷堂鈔本，傅斯年圖書館藏，兩冊，T16-215、T16-217。
⑤鈔本，傅斯年圖書館藏，T16-216。
⑥鈔本，傅斯年圖書館藏，兩冊，T16-213、T16-214；《俗文學叢刊》391冊頁 323。
⑦憶卷堂憶本剛鈔本，吳曉鈴舊藏，首圖·己 506（殘存第三、四回）。
⑧鈔本，國家圖書館藏，35558（《子弟書》卷六；選錄二、三、四回）。
⑨八回鈔本，傅氏《總目》謂馬彥祥有藏，今藏處未詳。

【說明】此篇卷首作："豔陽天氣草鮮鮮，春烟散漫柳綿綿。南浦無情波泛泛，西陵有意蝶翩翩。"第九回結句作："這也是梅雨連天無個事，雲何子閑將小傳漫爲題。"第十回結句作："妙常領謝貼身佩，他二人叮嚀執手意牽連。"

## 上任　一回

作者或謂羅松窗，見鄭振鐸《西調選》所署，未詳所據。
《子弟書總目》頁 29 著錄。
按：此實爲《玉簪記》十回本之第二回單行本。
版本：①《世界文庫·西調選》排印本。

## 月下追舟　一回

作者未詳。
《子弟書總目》頁 39 著錄。
此即《玉簪記》第十回《秋江》之單行本。
版本：①聚卷堂鈔本，傅氏《總目》謂有自藏本，今未見。

## 玉簪記　十八回

作者未詳。
傅惜華《子弟書總目》頁 42 有著錄，但將此種十八回本《玉簪記》當作十回本《玉簪記》著錄。

演潘必正與陳妙常愛情故事。本事見《張于湖誤宿女真觀》雜劇及《玉簪記》傳奇，清代有同名鼓詞，凡四卷十六回。據光緒壬辰鈔本，頭回〈初遇〉（辛卯鈔本作"奇遇"），言前轍，49 韻；二回〈捲簾〉，姑蘇轍，50 韻；三回〈代筆〉，人辰轍，54 韻；四回〈鍾情〉，乜斜轍，50 韻；五回〈樓會〉，遥條轍，54 韻；六回〈琴挑〉，發花轍，54 韻；七回〈逾牆〉，懷來轍，54 韻；八回〈偷詩〉，由求轍，54 韻；九回〈沾香〉，江陽轍，68 韻；十回〈玉簪〉，灰堆轍，54 韻；十一回〈來遲〉，一七轍，54 韻；十二回〈明心〉，中東轍，54 韻；十三回〈追舟〉（辛卯鈔本作"趕船"），梭撥轍，54 韻；十四回〈暫別〉，遥條轍，54 韻；十五回〈巧辯〉，發花轍，54 韻；十六回〈思情〉，江陽轍，54 韻；十七回〈及第〉，

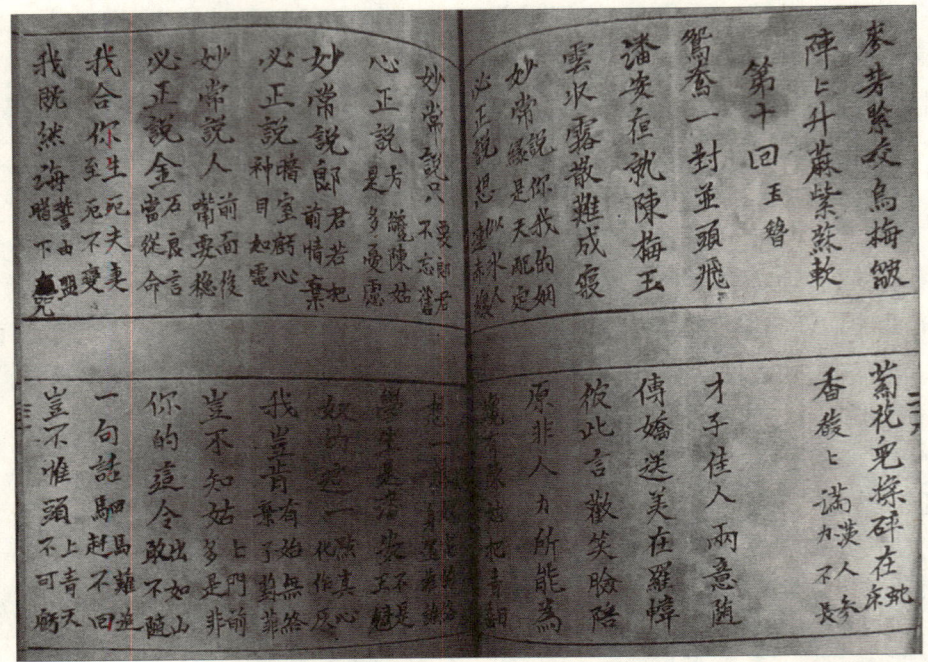

［圖249］藝研院藏光緒辛卯鈔本《玉簪記》

一七轍，54韻；十八回〈榮歸〉（辛卯鈔本作"合婚"），遙條轍，50韻。

    版本：①光緒十七年辛卯（1891）鈔本，傅惜華舊藏，藝研院·曲310.64/0.112（139889，書衣題"抄寫劇本／玉簪記"，扉頁題"辛卯／玉簪記／抄寫子弟書"，係藝人鈔本，多訛字別字，抄錄不佳，且最後一回結尾部分所據鈔錄的底本原有殘闕，故此本鈔錄未全）。［圖249］

**別題一：玉簪計**

未見著錄。

    版本：①光緒十八年壬辰（1892）鈔本，傅惜華舊藏，藝研院·曲310.651/0.356（142831），此本正文題："玉簪計 子弟書詞"，又題："光緒壬辰年孟冬津邑"。《子弟書珍本百種》頁274–302據以排印，篇名仍題作《玉簪記》。

**別題二：思凡**

版本：①鈔本，吳曉鈴舊藏，首圖·己476。吳曉鈴按："此係別本，未見傅目著錄，封面題'神秘寫本思凡'，顯係書賈妄擬。"

【說明】此篇卷首作："宋末君王軟似綿，奸黨蒙君專弄權。拘引那金兵犯境來攪擾，侵奪疆界搶邊關。"結句作："全始全終《玉簪計》，有情有意兩相交。"

按：光緒辛卯鈔本《玉簪記》及《思凡》兩本，與光緒壬辰鈔本《玉簪記》相校勘，頗有異文，如各回之詩篇多予刊落。但辛卯本亦可校正壬辰本的若干誤字。

## 鳳鸞儔 十三回

作者未詳。

百本張《子弟書目錄》："鳳鸞儔。醜漢子娶姣妻。內有瞎子算命鬥笑兒。十三回。四吊八。"民初輯本《子弟書目錄》列入"《今古奇觀》子弟書目錄"。《中國俗曲總目稿》頁304、《子弟書總目》頁150著錄。

演錢秀才代醜漢娶嬌妻，結果弄假成真。本事見《醒世恆言》卷七"錢秀才錯占鳳鸞儔"。此據抱甕老人所編《古今奇觀》選本改編。

頭回遙條轍，50韻；二回由求轍，50韻；三回懷來轍，48韻；四回一七轍，49韻；五回人辰轍，48韻；六回乜斜轍，48韻；七回江陽轍，49韻；八回發花轍，50韻；九回灰堆轍，49韻；十回姑蘇轍，49韻；十一回中東轍，50韻；十二回梭撥轍，50韻；十三回言前轍，49韻。即十三轍每回一轍。

版本：①清鈔本，車王府舊藏，首圖・甲四1317/1；首圖縮印本53冊頁325–361；北京整理本頁1557–1578。[圖250]

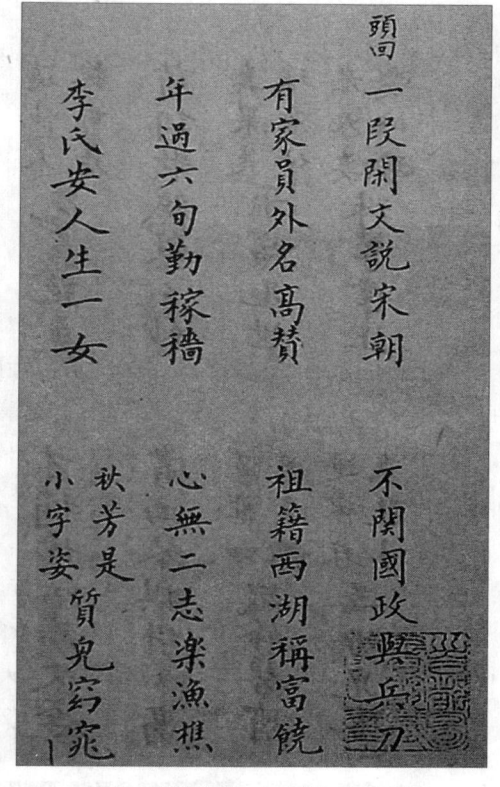

[圖250]首圖藏車王府舊藏本《鳳鸞儔》

②鈔本，傅斯年圖書館藏，T40–457；《俗文學叢刊》391冊頁461。

③同樂堂、百本張鈔本（第五、八、十三回）拼合本，國家圖書館藏，98110（藏者目錄作"鳳鸞傳"）。

④鈔本，傅氏《總目》謂馬彥祥有藏，今藏處未詳。

## 算命 一回

作者未詳。

民初輯本《子弟書目錄》："《鳳鸞儔》子弟書目錄。算命。一回。"

此即《鳳鸞儔》第六回之單行本。

未見傳本。

### 別題一：嚴大舍算命

《子弟書約選日記》："嚴大舍算命。無味。"

未見傳本。

### 別題二：嚴大舍

《集錦書目》第 27 句："奇逢遇見了**嚴大舍**。"《子弟書總目》頁 180 據以著錄，謂唯《集錦書目》"載此名目。今未見有流傳之本。"似是未知此篇原出自《鳳鸞儔》。

未見傳本。

### 綉香囊　三十二回

作者未詳。

《子弟書總目》頁 139 著錄。存本未標"子弟書"，亦未分回。

演奸人拾得綉香囊，設計使何質生疑而休妻，引發風波，最後終得團圓。本事見乾隆三十一年（1755）彈詞《綉香囊》。此篇結尾作："只因故事多奇巧，此段重編與衆觀"，可知據彈詞改編。書中稱"大宋中宗永和年，孝宣皇帝坐金鑾"，按宋朝中宗無永和年號，宋代也無孝宣皇帝，原出虛構，今姑置於宋代。

言前轍。存本作四册，第二末尾作"要知其中端的事，接連下卷敘前言"，則原爲上下兩卷。存本原不分回，據句數可酌分爲三十二回。每卷十六回，每回約 40 韻。

版本：①清鈔本（首册書衣題"綉香囊第一册總四册"，有"高陽齊如山珍藏"印），齊如山舊藏，藝研院·曲 309.64/0.860（139903-139906）;《子弟書珍本百種》頁 198-199 據以排印。[圖 251]

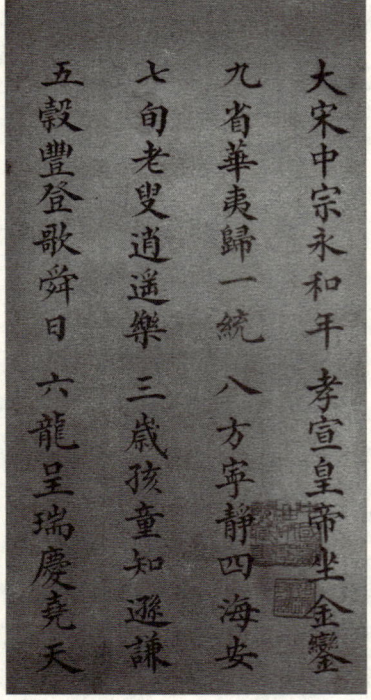

［圖 251］藝研院藏清鈔本《綉香囊》

### 麟兒報　四回

作者未詳。

《子弟書珍本百種》收録。

演洛陽劉元普年老無子，因施善感動上蒼，得以增壽並獲麟兒。故事出《初刻拍案驚奇》卷二十"李克讓竟達空函，劉元普雙生貴子"。據詩篇有句"少頭無尾也串那《今古奇觀》一段文"，知實據抱甕老人所編《今古奇觀》改編。

頭回、二回人辰轍，分別爲33、39韻；三回、四回言前轍，分別爲71、33韻。

版本：①財盛堂刻本，藝研院藏。《子弟書珍本百種》頁267–269據以排印。[圖252]

別題：雙生貴子

《子弟書總目》頁173著録。

版本：①石印本（與《禪魚寺》、《雙生貴子》、《紅月娥做夢》等合刊），李嘯倉、傅斯年圖書館（KUIV2–041）等有藏。

②民初中華印刷局排印本，雙紅堂文庫（戲曲·190"唱本"）、傅斯年圖書館（DG4–048）等有藏。

③北平學古堂排印本，早稻田大學風陵文庫藏（F400–M172）。

④傅氏《總目》謂李嘯倉藏有清鈔本一回，按：李氏所藏實爲石印本，見前。

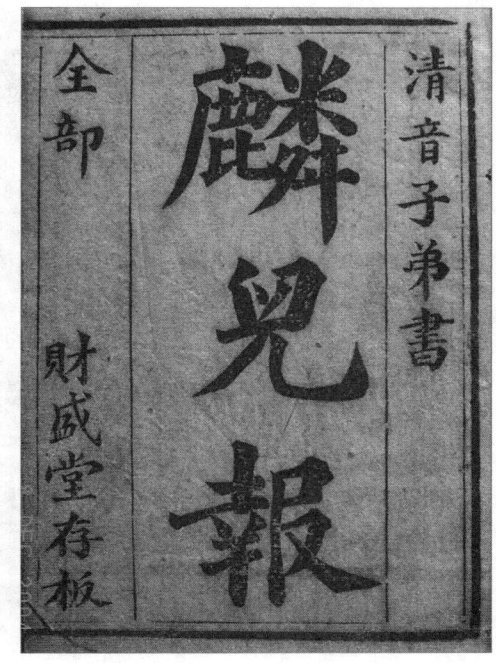

[圖252] 藝研院藏財勝堂刻本《麟兒報》

【説明】卷首作："奉勸有錢缺嗣人，盡心行善莫辭貧。矜孤恤寡周急困，敬老憐貧濟里鄰。"另有"清音子弟書"《教訓子孫》題："上接《雙生貴子》，下接《訓女良辭》。"

按：財盛堂刻本封面題"清音子弟書/麟兒報/全部/財盛堂存板"。首爲"題詩詞"："善事之行志貴專，循環報應是誠然。矜孤恤寡由心地，持危扶顛本性天。無子終能得令子，大年自獲享高年。古來劉某名元普，多壽多男□兩全。荷月上旬題於省垣小西官車捐局南窗左側。古銀洲文人題。"

### 賣油郎獨占花魁　二卷十六回

作者未詳。

未見著録。

演南宋時臨安賣油郎秦重獨占花魁事。本事見《醒世恒言》卷三"賣油郎獨占花魁"，而此本所演情節頗有改變。謂秦重從汴梁逃難到臨安，賣油老翁朱十老收留爲義子，又

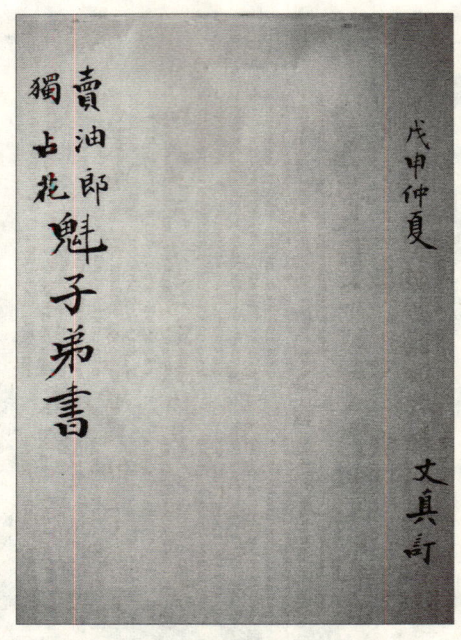 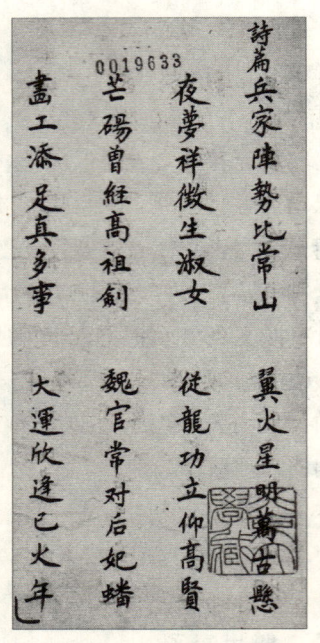

[圖253]北師大圖書館藏鈔本《賣油郎獨占花魁》　　[圖254]車王府舊藏本《雷峰塔》

因寵婢讒言而逐出。秦重遂以賣油為生，因見花魁美娘而慕之，轉輾而得結合。而此前朱十老知錯怪秦重後，臨終前仍將家產交給秦重，秦重又請前來尋女的辛善夫婦看管油鋪。待迎娶花魁時，美娘發現辛善夫婦正是其失散的父母。

言前轍。原作上下二卷，每卷可酌分為八回，上卷分別為40、40、44、40、46、44、44、51韻；下卷分別為36、32、40、40、40、40、40、25韻。

版本：①戊申（1908）鈔本，北京師範大學圖書館藏，858.4/139。此本內題"戊申仲夏，丈真訂"，封面題"賣油郎獨占花魁子弟書"，正文標"賣油郎"。[圖253]

## 雷峰寶塔　三卷三十回

作者未詳。

《中國俗曲總目稿》頁602著錄有石印本，未標注曲類名；《子弟書總目》頁134著錄，謂即八回本《雷峰塔》。《白蛇傳集》收錄此本，題《雷峰塔》。

演全部白蛇傳故事。本事出《警世通言》第二十八卷"白娘子永鎮雷峰塔"。此據《雷峰塔》傳奇改編。

言前轍。頭回〈遊湖〉24韻，二回〈雨會〉24韻，三回〈借傘〉32韻，四回〈進府〉28韻，五回〈贅婚〉23韻，六回〈盜庫〉23韻，七回〈贈銀〉22韻，八回〈結案〉18韻，九回〈發配〉16韻，十回〈藥方〉25韻，十一回〈撒災〉15韻，十二回〈散毒〉16韻，十三回〈飲雄〉19韻，十四回〈求丹〉18韻，十五回〈陣險〉24韻，十六回〈還陽〉18韻，十七回〈賜寶〉33韻，十八回〈還願〉29韻，十九〈返寺〉28韻，二十回〈滸山〉24韻，二十一回〈托鉢〉23韻，二十二回〈橋遇〉41韻，二十三回〈生子〉23韻，十四回〈表情〉21韻，二十五回〈僕逃〉18韻，二十六回〈離兒〉19韻，二十七回〈押法〉24韻，二十八回〈榮歸〉18韻，二十九回〈祭塔〉18韻，三十回〈追封〉20韻。

  版本：①光緒三十一年（1905）老會文堂刻本，三卷，傅惜華舊藏（鈐有"魏品三"朱印），藝研院・曲310.651/0.356。[圖254]

    ②上海大成書局石印本，傅斯年圖書館藏，T-665。

    ③石印本，傅斯年圖書館藏，T-666、667、668。

  **別題一：雷峰塔**

《白蛇傳集》收錄。

  版本：①清刻本（題"新刻雷峰塔全本"），傅惜華舊藏，藝研院・曲310.651/0.356（"子弟書九種"之第九種）。

    ②排印本，據光緒三十一年老會文堂刻本排印，《白蛇傳集》頁116。

  **別題二：白娘娘雷峰寶塔**

《中國俗曲總目稿》頁602著錄其簡名。

  版本：①上海椿蔭書莊石印本（正文題"新出白娘娘雷峰寶塔全本"，版心"雷峰塔"），傅斯年圖書館（T-749）、首都圖書館等有藏。

    ②上海槐蔭山房石印本《白娘娘雷峰塔》（正文題"新出白娘娘雷峰寶塔全本"）。

  【說明】此篇卷首作："宋朝南渡業偏安，半壁江山棄了中原。西湖十景堪游賞，雷峰夕照是奇觀。"結句作："話殘篇雷峰夕照一故典，得便時文人費盡筆墨傳。"

  按：此篇內容已含下條全八回本《雷峰塔》，但較八回本多撒毒、散毒、賜寶、榮歸、祭塔、追封等段。這部分情節屬於早期白蛇傳故事。將八回本與此本相比較，可知八回本實據此本刪改而成。

  又，老會文堂刻本每卷均有各自封面，封面上題回目，書內不分回。上卷封面題"光緒乙巳/雷峰寶塔/子弟書上卷－盛京老會文堂存板，遊湖、雨會、借傘、進府、贅婚、盜庫、賜銀、結案、發配、藥坊。"中卷封面題"季春之月/金鉢三法/子弟書中卷－盛京老會文堂鎸，撒災、毒散、飲雄、求丹、陣險、還陽、返寺、淹山。"下卷封面題"清音改正/榮歸祭掃/子弟書下卷－盛京老會文堂鎸，托鉢、橋遇、生子、表情、僕逃、離兒、押法、榮歸、祭塔、追封。"

## 雷峰塔 八回

作者未詳。

  百本張《子弟書目錄》："雷峰塔。借傘、招親、盜寶、求丹、還願、水漫、斷橋、合鉢。苦。八回。三吊六。"樂善堂《子弟大鼓書目錄》著錄，書價"三吊二"。民初輯本《子弟書目錄》題"全雷峰塔"，列入"《雷峰塔》子弟書目錄"。《中國俗曲總目稿》頁279、

《子弟書總目》頁134著録。又《集錦書目》第44句：" 猛抬頭見**雷峰塔**一座甚偉昂。"

演白娘子與許仙結姻緣，後爲法海鎮於雷峰塔下。據前條《雷峰寶塔》刪改而成。此篇刪去撒毒禍人死人無數而以賣仙丹獲取暴利等事，使白娘子形象有所改變，尾末刪去許士林中狀元後之事。此篇傳世之本甚多，傳演較廣。

全篇用言前轍。頭回〈借傘〉，66韻；二回〈招親〉，72韻；三回〈盜銀〉，65韻；四回〈求舟〉，67韻，五回〈還願〉，65韻；六回〈水鬥〉，71韻；七回〈斷橋〉，63韻；八回〈合鉢〉，93韻。

版本：①清鈔本，車王府舊藏，北大圖書館‧□812.08/5105/:123（262/19633，七十三葉）；過錄本，首圖‧甲四2316；首圖縮印本53冊頁211-241；北京整理本頁1044-1063；過錄本，中大圖書館‧92349；中大整理本頁1011-1032。[圖255]

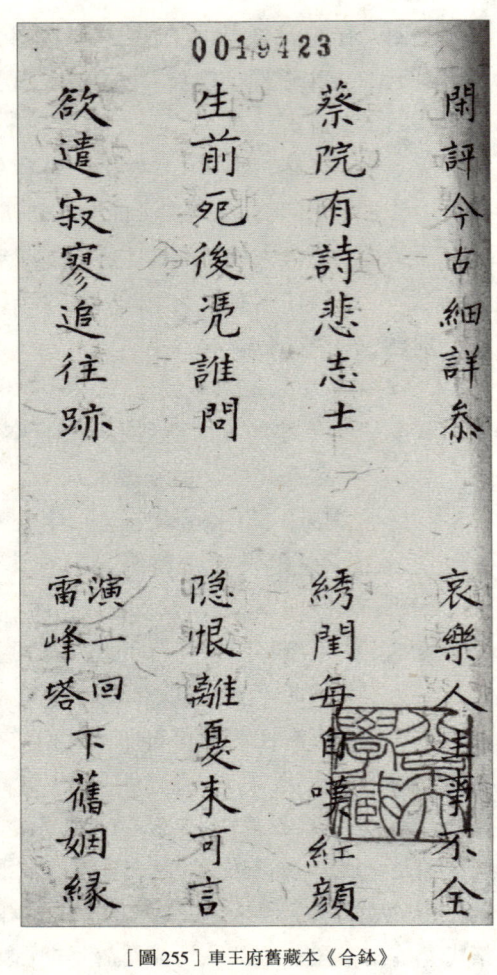

[圖255] 車王府舊藏本《合鉢》

②百本張鈔本，杜穎陶舊藏，藝研院‧曲319.651/0.582/8.18。
③別埜堂鈔本，程硯秋舊藏，藝研院‧曲319.651/0.582/5.93（殘存第七回）。
④清鈔本，故宮博物院藏，《故宮珍本叢刊》698冊頁74。
⑤清鈔本，國家圖書館藏，98641/1。
⑥鈔本，傅斯年圖書館藏，T35-418；《俗文學叢刊》392冊頁69。
⑦鈔本，傅斯年圖書館藏，T35-419。
⑧舊鈔本，傅惜華舊藏，藝研院‧曲310.651/0.356（142872）。
⑨鈔本，傅氏《總目》謂馬彥祥有藏，今藏處未詳。

【説明】卷首詩篇："兵家陣勢比常山，翼火星明萬古懸。……畫工添足真多事，大連欣逢巳火年。"頭回篇首作："宋朝南渡業偏安，半壁江山棄了中原。西湖十景供遊賞，更有那雷峰夕照是奇觀。塔影兒倒懸低照水，塔尖兒高聳上摩天。"結句作："留下了雷峰夕照一奇景，萬古千秋作美談。"

## 合鉢  一回

作者未詳。

《綠棠吟舘子弟書百種總目》卷十二、《中國俗曲總目稿》頁 13、《子弟書總目》頁 55 著錄。

演白娘子被法海降服，與子生死離別的慘狀。本事見《雷峰塔》傳奇二十九齣"煉塔"，後衍爲崑曲折子戲《合鉢》，即此書所據。下接轉塔。

言前轍，46 韻。

版本：①清鈔本，車王府舊藏，北大圖書館・□ 812.08/5105/:111（52/19423，六葉，題簽作"盒鉢"，尾注"下接轉塔"）；過錄本，首圖・甲四 2093；首圖縮印本 53 冊頁 186–189；北京整理本頁 106–107；過錄本，中大圖書館・91364；中大整理本頁 1033–1034（題"合鉢"）。[圖 256]

②百本張鈔本，傅惜華舊藏，藝研院・曲 310.651/0.356（142813/2）；又，傅氏《總目》謂有阿英舊藏本，今藏處不詳。

③曲盦鈔本，傅惜華舊藏，藝研院・曲 310.651/0.356（148730；篇末題"頭回嗟兒 下接入塔"）。

④鈔本，藝研院・曲 319.651/0.582/8.166，歸入杜穎陶舊藏本。按傅氏《總目》著錄有程硯秋藏舊鈔本，而無杜穎陶藏本，疑兩藏本原是一本。

⑤鈔本，國家圖書館藏，35558（《子弟書》卷九）。

⑥鈔本，傅斯年圖書館藏，T2-017；《俗文學叢刊》391 冊頁 639。

⑦鈔本，傅斯年圖書館藏，T2-018。

### 別題一：合鉢嗟兒

《子弟書總目》頁 55 著錄。

版本：①舊鈔本，傅氏《總目》謂馬彥祥有藏，今藏處未詳。

### 別題二：嗟兒合鉢

百本張《子弟書目錄》："嗟兒合鉢。即合鉢。苦。一回。四佰。"樂善堂《子弟大鼓書目錄》亦著錄，書價"三佰文"。並見《子弟書總目》頁 137 著錄。

未見傳本。

【説明】此篇卷首作："閑評今古細詳參，哀樂人生事不全。奎院有詩悲志士，綉閨每自嘆紅顔。"結句作："只哭得天地昏暗愁雲慘，鬼泣神嚎佛也垂憐。[下接轉塔]"。

## 合鉢  二回

作者未詳。

別埜堂《子弟書目錄》："雷峰塔合鉢。二回。七佰二。"《子弟書總目》頁 55 著錄。

此篇擷取八回本《雷峰塔》之第八回而成，文字無不同。唯原本該回頗長，故此本析作兩回。言前轍。

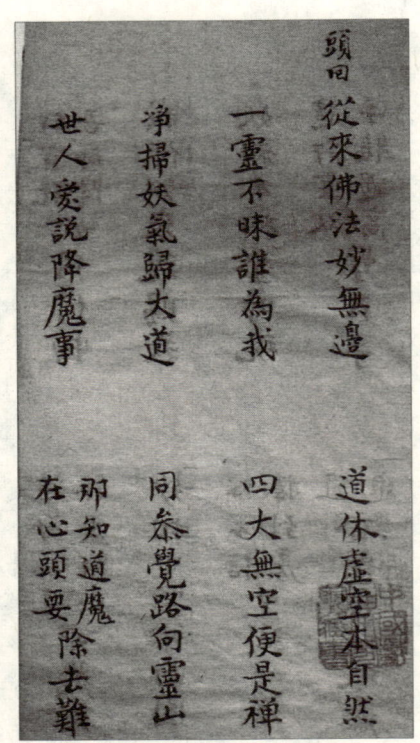

[圖256] 傅斯年圖書館藏鈔本《合鉢》　　[圖257] 藝研院藏別埜堂鈔本《合鉢》

版本：①文萃堂刻本（封面鐫"新刻合鉢/雷峰塔子弟書/文萃堂梓行"，首行題"合鉢子弟書"），不分回，傅惜華舊藏有三種，後兩種失封面，藝研院·曲 310.651/0.356（136593，136601，136602）。又，國家圖書館藏兩本，119656、98918。

②別埜堂鈔本，傅惜華舊藏，藝研院·曲 310.651/0.356（142813/1）；《子弟書叢鈔》頁 686-692 據同一版本排印。[圖257]

③光緒二十七年（1901）鈔本，傅惜華舊藏，藝研院·曲 310.651/0.356（139371）。

【說明】篇首作："從來佛法妙無邊，道体虛空本自然。一靈不昧誰爲我？四大無空便是禪。"結句作："留下了雷峰夕照一奇景，萬古千秋作美談。"

## 數羅漢　一回

作者韓小窗。鄭振鐸《東調選》歸於韓小窗名下，《子弟書總目》從之。未詳所據。《綠棠吟舘子弟書百種總目》卷十二、民初輯本《子弟書目錄》列入"《雷峰塔》子弟書目錄"。《子弟書總目》頁 159 著錄。又《集錦書目》第 41 句："拜嘆了武侯數羅漢。"《子弟書約選日記》："數羅漢、探塔、哭塔、出塔，四段皆迷信過甚，與社會教育不合。"

演法海請諸佛羅漢將神鉢變成寶塔，鎮住白蛇。由《雷峰寶塔》子弟書第二十七回"押法"衍成。

言前轍，48韻。

版本：①清鈔本，車王府舊藏，北大圖書館·□812.08/5105/:111（53/19434，六葉）；過錄本，首圖縮印本53冊頁380-382；首圖·甲四2094；北京整理本頁108-110；過錄本，中大圖書館·91365；中大整理本頁1035。

②別埜堂鈔本，程硯秋舊藏，藝研院·曲319.651/0.582/5.94；又，傅惜華舊藏，藝研院·曲310.651/0.356（142813/2）。《白蛇傳集》頁104，據同一版本排印。

③百本張鈔本，國家圖書館藏，98806。

④鈔本，國家圖書館藏，35558（《子弟書》卷九）。按：與《子弟書選》本相較，鬥陣一段有較多異文。

⑤同樂堂鈔本（鈐"同樂堂"、"言無二價/不對管換"印），傅斯年圖書館藏，T1-001。

⑥聚卷堂鈔本（鈐"聚卷堂李/不對管換"、"言無二價"印），傅斯年圖書館藏，T1-002。

⑦老聚卷堂鈔本（鈐"老聚卷堂/起首第一"印），王伯祥舊藏，中國社科院圖書館藏。[圖258]

⑧曲盫鈔本，傅惜華舊藏，藝研院·曲310.651/0.356（148730）。

⑨《世界文庫·東調選》排印本，作者題"韓小窗"。

⑩《子弟書選》排印本，頁213-215，謂作者"傳爲"韓小窗。

**別題一：入塔**

《中國俗曲總目稿》頁6、《子弟書總目》頁28著錄。又《集錦書目》第45句："隨步入塔前去祭塔。"

版本：①百本張鈔本，藝研院·曲319.651/0.582/8.166，歸入杜穎陶舊藏。按：據傅氏《總目》有程硯秋藏本，而無杜穎陶藏本，疑此兩本原是一種。又，傅氏《總目》謂賈天慈舊有藏，今藏處未詳。

②鈔本，傅斯年圖書館藏，T1-003。

③舊鈔本，傅氏《總目》謂馬彥祥有藏，今藏處未詳。

**別題二：入塔數羅漢**

百本張《子弟書目錄》："入塔數羅漢。苦。一回。五佰。"別埜堂《子弟書目錄》："入塔數羅漢。一回。五佰。"《子弟書總目》頁28著錄。

版本：①百本張鈔本，清納哈塔氏舊藏，後歸吳曉鈴，首圖·己448。又，杜穎陶舊藏，藝研院·曲319.651/0.582/8.39。又，國家圖書館藏，98789/5。

**別題三：轉塔**

別本百本張《子弟書目錄》："轉塔。數羅漢。苦。一回。五佰。"

未見傳本。

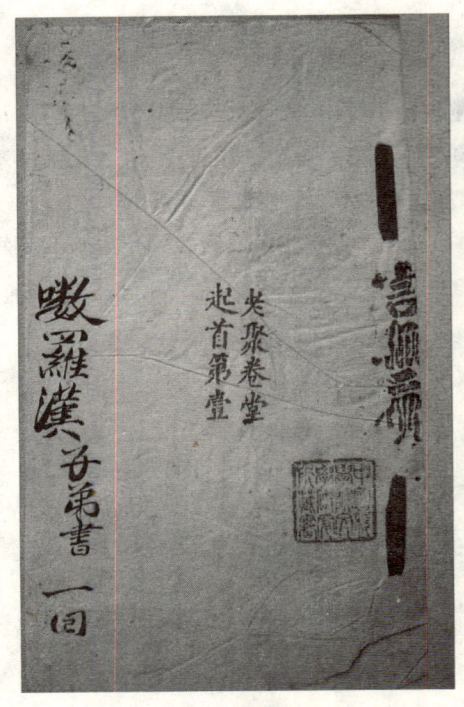 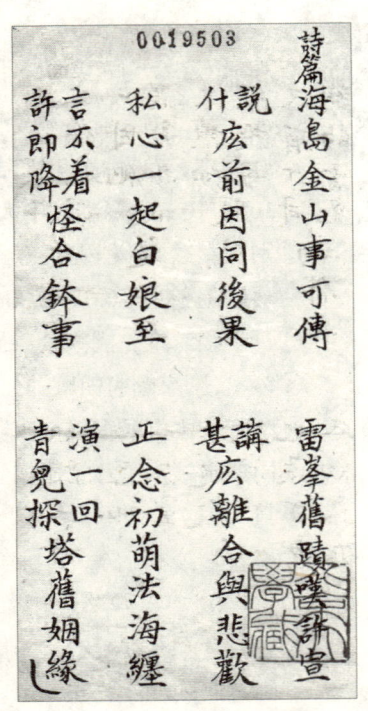

［圖 258］社科院圖書館藏老聚卷堂鈔本《數羅漢》　　［圖 259］車王府舊藏本《探塔》

**別題四：入塔轉塔**

樂善堂《子弟大鼓書目錄》："三百文。入塔轉塔。"

未見傳本。

【說明】"數"，諸家目錄與傳本多作"嗽"。此書今傳本卷首多題作"二回轉塔"（或作"二回入塔"），與前條《合鉢》實前後相承，可合爲二回一篇。又此篇間用"連珠快書"句式。

**探塔　二回**

作者未詳。

民初輯本《子弟書目錄》："《雷峰塔》子弟書目錄。探塔。二回。"《子弟書總目》頁 110 著錄。《子弟書約選日記》："數羅漢、探塔、哭塔、出塔，四段皆迷信過甚，與社會教育不合。"

演青兒探望被壓在雷峰塔內的白素貞。本事見《雷峰塔》傳奇。此篇所敘，與前文《雷峰寶塔》子弟書非出一源。言前轍。每回均有詩篇。各 40 韻。

版本：①清鈔本，車王府舊藏，北大圖書館・□ 812.08/5105/:114（132/19503，十葉）；過錄本，首圖・甲四 2186；首圖縮印本 53 冊頁 181–186；北京整理本頁 297–300；過錄本，中大圖書館・92643；中大整理本頁 1037–1040。［圖 259］

**別題一：哭塔**

百本張《子弟書目錄》："哭塔。青兒探塔。苦。二回。八佰。"別埜堂《子弟書目錄》："哭塔。青爾探塔。二回。七佰二。"《綠棠吟舘子弟書百種總目》卷十二、《中國俗曲總目稿》頁 27、《子弟書總目》頁 98 著錄。

版本：①百本張鈔本，傅惜華舊藏，藝研院·曲 310.651/0.356（142863）。
②鈔本，傅斯年圖書館藏，T6-066；《俗文學叢刊》392 冊頁 1。
③鈔本，傅斯年圖書館藏，T6-067。
③同治間別埜堂鈔本，傅惜華舊藏，曲 310.651/0.356（142796）；《白蛇傳集》頁 107 據以校印。

**別題二：青兒哭塔**

樂善堂《子弟大鼓書目錄》："子弟書二回起。四百文。青兒哭塔。"
未見傳本。

【説明】此篇卷首作："海島金山事可傳，雷峯舊蹟嘆許宣。説什麼前因同後果，講什麼離合與悲歡。"結句作："説放心罷娘啊好生將息，等奴家親往西天走一回。"

## 哭塔　一回

作者未詳。

民初輯本《子弟書目錄》："《雷峰塔》子弟書目錄。哭塔。一回。"《子弟書約選日記》："數羅漢、探塔、哭塔、出塔，四段皆迷信過甚，與社會教育不合。"

當是演青兒哭塔事。民初輯本《子弟書目錄》於"《雷峰塔》子弟書目錄"內著錄《探塔》二回，《哭塔》一回；《子弟書約選日記》將探塔、哭塔並列，可知兩者並非同一篇。

未見傳本。

## 祭塔　一回

作者未詳。

樂善堂《子弟大鼓書目錄》："二佰文。祭塔。"《中國俗曲總目稿》頁 33、《子弟書總目》頁 116 著錄。又《集錦書目》第 45 句："隨步入塔前去**祭塔**。"

演白素貞之子中狀元後到雷峰塔下祭母。本事見《雷峰塔》傳奇。

言前轍，44 韻。

版本：①清鈔本，車王府舊藏,北大圖書館·□ 812.08/5105/:113（107/19478,五葉半）；過錄本，首圖·甲四 2168；首圖縮印本 53 冊頁 189-192；北京整理本頁 224-225；過錄本，中大圖書館·92618；中大整理本頁 1047-1048。[圖 260]

②百本張鈔本，杜穎陶舊藏，藝研院·曲 319.651/0.582/8.57；又，傅惜華舊藏，藝研院·曲 310.651/0.356（148739）；《子弟書叢鈔》頁 693-696 據同一版

本排印。

③曲盦鈔本，傅惜華舊藏，藝研院·曲 310.651/0.356（148739）。

④鈔本，傅斯年圖書館藏，T7-088；《俗文學叢刊》392 册頁 23。

⑤鈔本，傅斯年圖書館藏，T7-086。

⑥鈔本，傅斯年圖書館藏，T7-087。

**别題一：狀元祭塔**

百本張《子弟書目録》："狀元祭塔。許狀元。苦。一回。四佰。"《子弟書總目》頁 71 著録。

版本：①清鈔本，故宮博物院藏，《故宮珍本叢刊》697 册頁 377（據書衣題名字跡實爲百本張鈔本）。

②百本張鈔本，國家圖書館藏，98789/6。

**别題二：哭塔祭塔**

《子弟書總目》頁 116 著録。

版本：①《白蛇傳集》頁 110，據光緒間北京鈔本校印。

②舊鈔本，傅氏《總目》謂馬彦祥有藏，今藏處未詳。

【説明】此篇卷首作："西湖十景美堪觀，雷峰夕照至今傳。塔影兒倒懸低照水，塔尖兒高聳上摩天。"結句作："這就是雷峰夕照真奇景，萬載千秋作笑談。"按：此卷首詩篇及結尾兩句，實取自八回本《雷峰塔》之首尾。但正文文字全別，與《雷峰寶塔》第二十八回"祭塔"亦不相同。

## 出塔 二回

作者未詳。

百本張《子弟書目録》："出塔。青兒救主。苦。二回。八佰。"民初輯本《子弟書目録》列入"《雷峰塔》子弟書目録"。《中國俗曲總目稿》頁 9、《子弟書總目》頁 48 著録。又《集錦書目》第 51 句："觀覽多時俱各**出塔**。"《子弟書約選日記》："數羅漢、探塔、哭塔、出塔，四段皆迷信過甚，與社會教育不合。"

演小狀元救白娘子出塔，夫妻母子相逢，白娘子徹悟，攜青兒跳出塵世。據《雷峰塔》傳奇改編，上接《入塔數羅漢》。

中東轍，分別爲 54、58 韻。

版本：①清鈔本，車王府舊藏，北大圖書館·□ 812.08/5105/:114（133/19504，十四葉半）；過録本，首圖·甲四 2187；首圖縮印本 440-447；北京整理本頁 301-305；又，過録本，中大圖書館·92644；中大整理本頁 1049-1052［圖 261］

②百本張鈔本，國家圖書館藏，98641/2；又，吳曉鈴舊藏，殘存第二回，首圖·己 469；又，據傅氏《總目》，原有自藏本，今未見。《白蛇傳集》頁 112，據

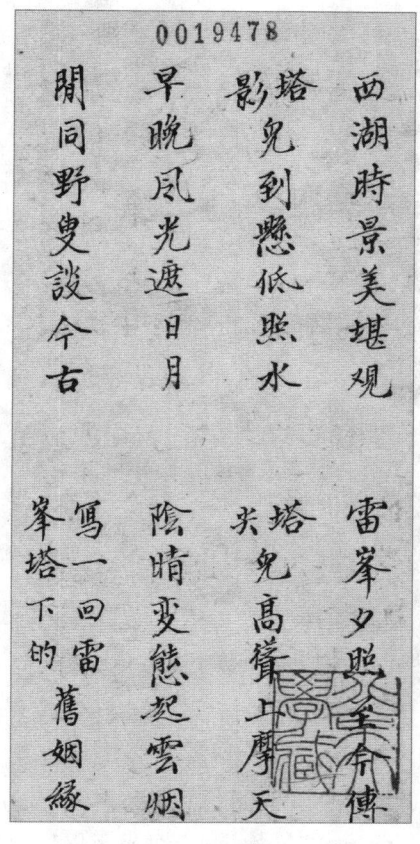
［圖260］車王府舊藏本《祭塔》

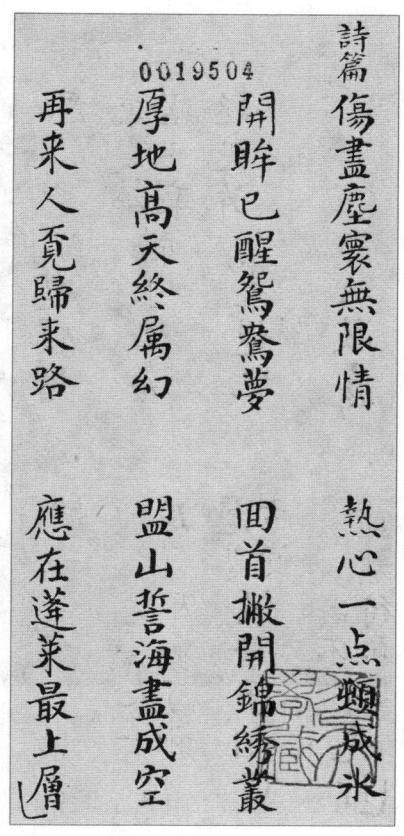
［圖261］車王府舊藏本《出塔》

　　百本張鈔本排印，脫卷首詩篇。
　③鈔本，傅斯年圖書館藏，T1-015；《俗文學叢刊》392 册頁 37。
　④鈔本，傅斯年圖書館藏，T1-016。

## 白蛇傳　四回（八回）

　　作者未詳。
　　《白蛇傳說唱集》作爲子弟書收錄。今存刻本封面題"清音子弟書"。
　　敘白蛇傳故事。本事出《警世通言》卷二十八"白娘子永鎮雷峰塔"。此據《雷峰塔》傳奇改編。
　　頭回江陽轍，125 韻；二至四回言前轍，分別爲 37、140、49 韻。
　　版本：①光緒三十二年（1906）海城聚有書坊刻本（封面題："光緒丙午年荷月新刊/白蛇傳/清音子弟書－海城聚有書坊。"下半部題："光緒丙午年荷月新刊/全合鉢/下部"），藝研院藏・曲 310.651。《子弟書珍本百種》頁 257-266 據以排印。［圖 262］

 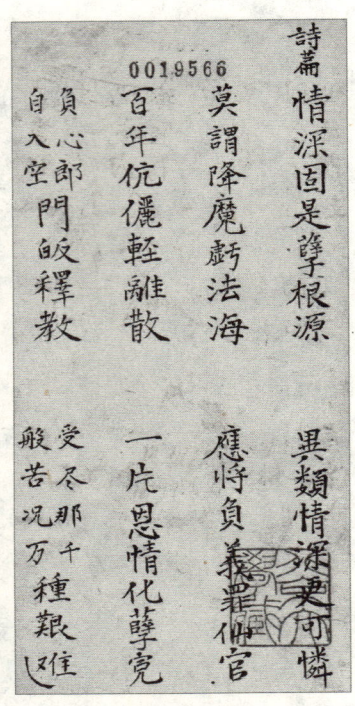

［圖252］藝研院藏海城聚有書坊刻本《白蛇傳》　　［圖263］車王府舊藏本《趁心願》

【説明】按：此篇二卷，原非完整的文本，而是由三段同題材子弟書合綴而成，所敘内容且有重合處。頭回即上卷，125韻，其首行云："言一回夏至動風天氣長，麥浪迎風遍地黄。"又據回末"這就是白蛇去盜還陽草，下一回許仙還願去降香"，可知此篇原名當作《盜仙草》，依其本身句數，相當於三回。第二、三回，共177韻，二回首句作"言一回天下佛法廣無邊，道體虚空得自然。"第三回末句"説到此處一個段，要買你就快掏錢"，可知原爲獨立一段，亦即《全合鉢》，篇幅相當於四回。第四回首句作："表得是新科得仲許狀元，四海揚名天下傳。"結句作："這就是白娘升天一全傳，喜樂悲歡大團圓。"所敘内容爲狀元祭塔，可視作獨立一篇，據《雷峰寶塔》子弟書之榮歸、祭塔、追封三段改删而成。故本篇之篇幅當作八回。

### 趁心願　三回

作者未詳。

百本張《子弟書目録》："趁心願。即遊西湖聽評書。三回。一吊四。"別埜堂《子弟書目録》："趁心願。三回。一吊。"民初輯本《子弟書目録》列入"《續雷峰塔》子弟書目録"。《子弟書總目》頁122著録。又《集錦書目》第50句："説真篡鬚子各**趁心願**報喜非常。"

演秦世恩遊西湖，與小青定姻緣事。本事見《續雷峰塔》傳奇。

頭回言前轍、二回中東轍、三回人辰轍。每回有詩篇，均爲48韻。

版本：①清鈔本，車王府舊藏，北大圖書館·□812.08/5105/:118（195/19566，十八葉）；過錄本，首圖·甲四2249；首圖縮印本55冊頁389–397；北京整理本頁578–583；過錄本，中大圖書館·92704；中大整理本頁1041–1046。［圖263］

②百本張鈔本，傅惜華舊藏，藝研院·曲310.651/0.356（142865）。

③聚卷堂鈔本，傅惜華舊藏，藝研院·曲310.651/0.356（142864）。

**別題：稱心願**

樂善堂《子弟大鼓書目錄》："子弟書三回起。九佰文。稱心願。"《中國俗曲總目稿》頁272、《子弟書總目》頁149著錄。

版本：①鈔本，傅斯年圖書館藏，T32–399；《俗文學叢刊》392冊頁219。

②鈔本，傅斯年圖書館藏，T32–398。

## 鬧學　三回

作者疑爲羅松窗。卷首詩篇與羅松窗所作《離魂》相同，且此篇與《離魂》、《鬧學》一組各三回，當屬同一作者；後兩種係羅松窗作，故疑此篇亦出羅氏之手。

別埜堂《子弟書目錄》："鬧學。四回。一吊四佰四。"《子弟書總目》頁155著錄。又《集錦書目》第26句："見六街上賣刀試刀，齊陳相罵，**鬧學**刺湯。"

演丫鬟春香戲弄塾師陳最良之事。本事出《牡丹亭》傳奇第七齣"閨塾"；據崑曲折子戲《春香鬧學》改編。

梭撥轍，分別爲46、48、38韻。

版本：①清鈔本，車王府舊藏，北大圖書館·□812.08/5105/:117（190/19561，十七葉半）；過錄本，首圖·甲四2242；首圖縮印本53冊頁249–257；北京整理本頁549–554；過錄本，中大圖書館·92698；中大整理本頁591–596。

②民初鈔本，《子弟書十九種》之七，天津圖書館集部–曲類–彈詞37014（有"盲生詞曲傳習所"印記）。

**別題一：春香鬧學**

百本張《子弟書目錄》："春香鬧學。尋夢以前。笑。三回。一吊。"樂善堂《子弟大鼓書目錄》著錄，書價"六佰文"。《綠棠吟舘子弟書百種總目》卷七、《中國俗曲總目稿》頁523、《子弟書總目》頁75著錄。

版本：①百本張鈔本，傅斯年圖書館藏，T–589。又，國家圖書館藏，98789/7。

②清鈔本，故宮博物院藏，《故宮珍本叢刊》699冊頁281（據書衣題名字跡，知實爲百本張鈔本）。

③聚卷堂鈔本，國家圖書館藏，98784。

④老聚卷堂鈔本（不分回），雙紅堂文庫·戲曲·234；波多野太郎《子弟書集》據收録；又《子弟書叢鈔》頁 584-593 亦據老聚卷堂鈔本排印（標作"一回"）。[圖 264]
⑤1922 年過録本（題"壬戌七月廿三日録緑棠吟舘存鈔本"），國家圖書館藏，98652。
⑥精鈔本，國家圖書館藏，98640。
⑦鈔本，傅斯年圖書館藏，T-588；《俗文學叢刊》393 册頁 1。
⑧鈔本，傅斯年圖書館藏，T-590。
⑨鈔本，傅氏《總目》謂有自藏本，今未見。

**別題二：學堂**

民初輯本《子弟書目録》著録有"學堂（三回）"，列入"《牡丹亭》子弟書目録"。未見傳本。

【説明】此篇卷首作："荏苒光陰冷落多，逝水華年可奈何。柳勾豔魄成幽夢，梅點香泥染綉閣。"結句作："夫人請小姐去用晚膳，明日清晨再上學。"

按：《子弟書叢鈔》及其所據聚卷堂鈔本與車王府舊藏本文字相當，屬同一系統；而百本張本文字與之略異，爲另一系統。又，民初輯本《子弟書目録》同時著録有《學堂》三回本及二回本兩種，原非同一書，故兩録之。

## 春香鬧學 二回

作者未詳。

民初輯本《子弟書目録》著録"學堂（二回）"，列入"《牡丹亭》子弟書目録"。

演丫鬟春香戲弄塾師陳最良，晚歸閨房，又議論麗娘讀書暗中自欺，莫非有女懷春。本事出處參前條。按：此本實據三回本《鬧學》子弟書刪削改寫而成，但用韻不同；所據改之本，近於聚卷堂鈔本及傅斯年圖書館所藏鈔本《春香鬧學》。蓋此書出於子弟書初期作家羅松窗之手，流傳較廣，而且在流傳過程中，有所改删，漸成兩個系統；此篇則又在聚卷堂本系統基礎上，重加改删而成新篇。

人辰轍。文華堂刻本不分回，可酌分爲兩回，分别作 48、46 韻。

版本：①道光二十九年（1849）文華堂刻本（題"新出子弟書／鬧學全書／京都文華堂梓行"，正文首行作"新編春香鬧學書 文華堂藏板"，版心上方作"鬧學"），不分回，傅惜華舊藏，藝研院·曲 310.651/0.356/8（145885，失封面）。又，國家圖書館藏，98732。[圖 265]

**別題：鬧學全書**

前舉文華堂刻本封面題"新出子弟書／鬧學全書／京都文華堂梓行"，版心上方作"鬧學"。

【説明】刻本卷首作："大宋南安一府尊，唐朝工部少陵君。世舉簪門名杜寶，妻封

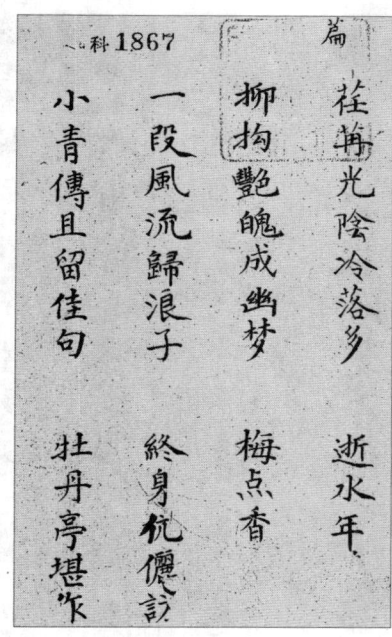
［圖264］雙紅堂藏老聚卷堂鈔本《鬧學》

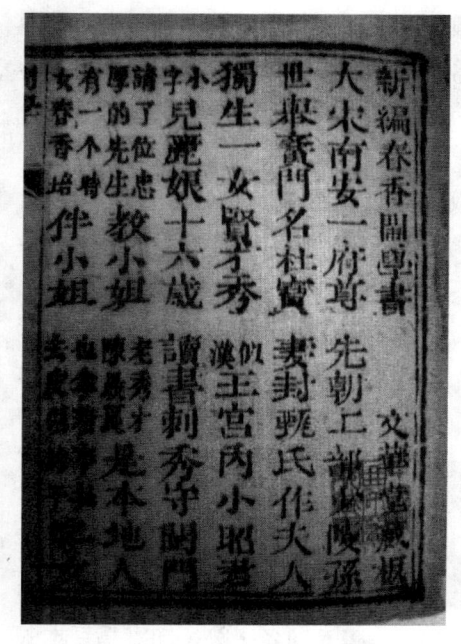
［圖265］藝研院藏文華堂刻本《春香鬧學》

甄氏作夫人。"結句作："甚麼淑女咧君子咧我全知道，好一個哀而不傷樂而不淫。"

## 學堂　二回

作者未詳。

民初輯本《子弟書目錄》著錄"學堂（二回）"，列入"《牡丹亭》子弟書目錄"。

本篇實據前文華堂刻本刪減而成，文字亦頗有歧異。此本無黃昏時閨房相議21韻；前文則另外增刪若干句。故另作一目。

人辰轍，分別爲40、41韻。

版本：①鈔本，國家圖書館藏，35558（《子弟書》卷七）；《子弟書珍本百種》頁248–251據以排印。

【說明】國圖藏此篇卷首作："大宋南安一府尊，唐朝工部少陵君。世舉簧門名杜寶，妻封甄氏作夫人。"結句作："佳人笑道下學去吧，他二人收好了書包緊閉門。"

## 遊園尋夢　三回

作者羅松窗。據結句："要知小姐離魂事，松窗自有妙文章。"（車王府藏本無此句）

百本張《子弟書目錄》："遊園尋夢。杜麗娘。下接離魂。三回。一吊二。"樂善堂《子弟大鼓書目錄》著錄，書價"六百文"。《子弟書總目》頁132著錄。又《集錦書目》第76句："說你**遊園**一日那管奴家咽土吃糠。"

演杜麗娘夢遇柳生後，思念不已，遊園重尋舊夢不得，懨懨成病。據《牡丹亭》第十二齣"尋夢"改編。下接《離魂》。江陽轍，分別爲52、38、48韻。

版本：①清鈔本，車王府舊藏，北大圖書館·□812.08/5105/:118（191/19562，十八葉）；過錄本，首圖·甲四2245；首圖縮印本53冊頁198-206；北京整理本頁560-564；過錄本，中大圖書館·92700；中大整理本頁597-602。[圖266]
②清鈔本，故宮博物院藏，《故宮珍本叢刊》699冊頁164（據書衣題名字跡，知實爲百本張鈔本）。
③《子弟書選》頁216-221據傅惜華舊藏本排印。

**別題一：尋夢**
別埜堂《子弟書目錄》："尋夢。三回。一吊一。"民初輯本《子弟書目錄》列入"《牡丹亭》子弟書目錄"。《中國俗曲總目稿》頁38、《子弟書總目》頁124著錄。又《集錦書目》第85句："你看那彩樓上悲秋的人兒同尋夢。"

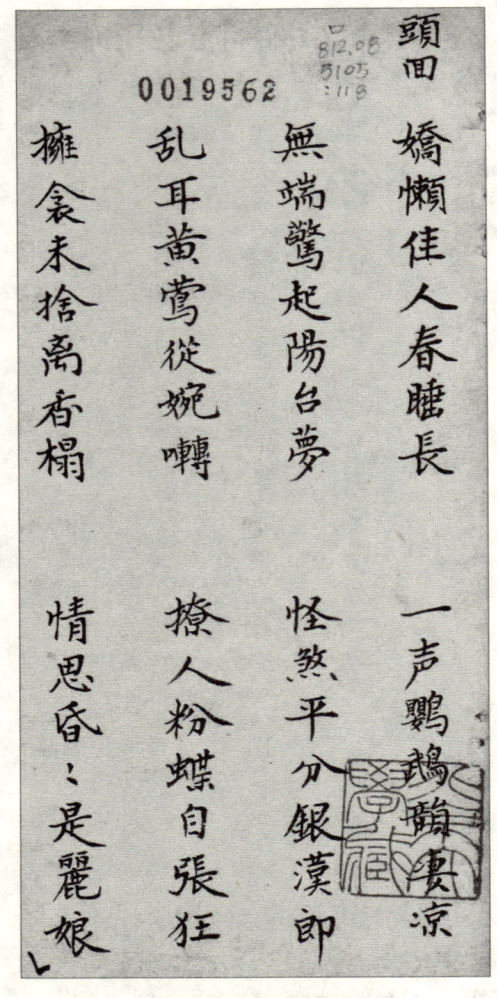

[圖266] 車王府舊藏本《遊園尋夢》

版本：①鈔本，傅斯年圖書館藏，T8-105；《俗文學叢刊》393冊頁41。
②百本張鈔本，梅蘭芳舊藏，藝研院·曲319.651/0.582/6.69；又，傅斯年圖書館藏，T8-104。
③清鈔本，今藏處未詳，《子弟書叢鈔》頁15-23據以排印。
④民初鈔本，《子弟書十九種》之八，天津圖書館集部－曲類－彈詞37014（有"盲生詞曲傳習所"印記）。

**別題二：遊園驚夢**
《子弟書總目》頁132著錄。按：傅氏《總目》記車王府藏本作此目，故另立一條，實誤。

**別題三：杜麗娘尋夢**
《子弟書總目》頁60著錄。

版本：①文萃堂刻本，傅氏《總目》謂馬彥祥有藏，今藏處未詳。

②鈔本（分三回），傅氏《總目》謂賈天慈舊有藏，今藏處未詳。

## 離魂　三回

作者羅松窗。百本張鈔本《遊園尋夢》子弟書卷尾有句云："要知小姐離魂事，松窗自有妙文章。"

百本張《子弟書目錄》："離魂。三回。一吊二。"樂善堂《子弟大鼓書目錄》："子弟書三回起。六佰文。離魂。"民初輯本《子弟書目錄》著錄作"二回"，列入"《牡丹亭》子弟書目錄"。並見《綠棠吟舘子弟書百種總目》卷七、《中國俗曲總目稿》頁51、《子弟書總目》頁175著錄。

演杜麗娘夢見柳夢梅之後，因傷感過度而亡。本事出《牡丹亭》傳奇第十八齣"診祟"、二十齣"鬧殤"；此據崑曲折子戲《離魂》改編。

人辰轍。作三回者，分別爲42、43、42韻。又有分作四回者，作38、24、30、35韻。又有析作十回者，每回約十五韻。按：此書乃子弟書早期作者羅松窗的作品，蓋其時子弟書的分回方式尚未定型，故分回方式不一。

版本：①清鈔本，車王府舊藏，北大圖書館·□812.08/5105/:117(190/19561)；過錄本，首圖·甲四2243；首圖縮印本53冊頁385-392；北京整理本頁555-559；過錄本，中大圖書館·92699；中大整理本頁603-607。

②文萃堂刻本（"京都新刊/離魂子弟書/上本－文萃堂梓行"，上下兩本

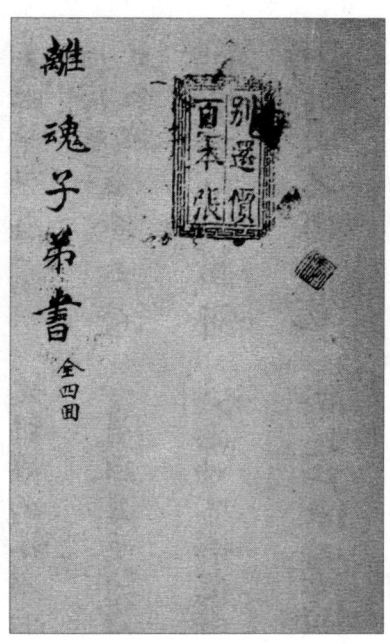

［圖267］故宮藏百本張鈔本《離魂》

內析作十一回；每回約十五韻），傅惜華舊藏，藝研院・曲 310.651/0.356（145887）。又，傅氏《總目》謂馬彥祥有藏，今藏處未詳。
③四德堂刻本（封面題"離魂子弟全書/上－四德堂"；上中下三本，內析作十回），傅惜華舊藏，藝研院・曲 310.651/0.356（136592）。
④百本張鈔本，故宮博物院藏，《故宮珍本叢刊》697 冊頁 257。［圖 267］
⑤傅斯年圖書館藏，T12-154；《俗文學叢刊》393 冊頁 79。
⑥鈔本（分四回），傅斯年圖書館藏，T12-153。
⑦別埜堂鈔本（分四回），梅蘭芳舊藏，藝研院・曲 319.651/0.582/6.64。
⑧鈔本，北京師範大學圖書館藏，858.4/679。
⑨《子弟書選》收錄本，頁 222-227 據傅惜華舊藏本排印。

## 還魂　一回

作者未詳。

《子弟書總目》頁 169 著錄。

演杜麗娘厭厭而死，隨即還魂，道是因觀音降牒，道麗娘是龍女轉世，送其回還奉送二親，而麗娘之母於五十二歲另得一子。所敘之事與《牡丹亭》不同。

人辰轍，55 韻。上接《離魂》。

版本：①文萃堂刻本，傅惜華舊藏有兩本，藝研院・曲 310.651/0.356（136591、142879/3）。又，山西大學藏。［圖 268］

【說明】文萃堂刻本封面題"京都新刊/還魂子弟全書/文萃堂"；篇中標"還魂第十二回"，篇末題"還魂子弟書十三四終"。知此本原是承十一回本文萃堂刻本《離魂》而來，爲其十二至十四回。每回在十五韻左右。

## 離魂　四回

作者羅松窗。百本張鈔本《遊園尋夢》子弟書卷尾有句云："要知小姐離魂事，松窗自有妙文章。"別埜堂《子弟書目錄》："離魂。四回。一吊四佰四。"

此爲三回本《離魂》與一回本《還魂》合本。

版本：①民初鈔本，《子弟書十九種》之六，天津圖書館集部－曲類－彈詞 37014（有"盲生詞曲傳習所"印記）。
②前文所錄文萃堂刻十一回本《離魂》與十二至十四回《還魂》，其合題本亦可歸於此。

## 雙郎追舟　四回

作者未詳。

《子弟書總目》頁 174 著錄。

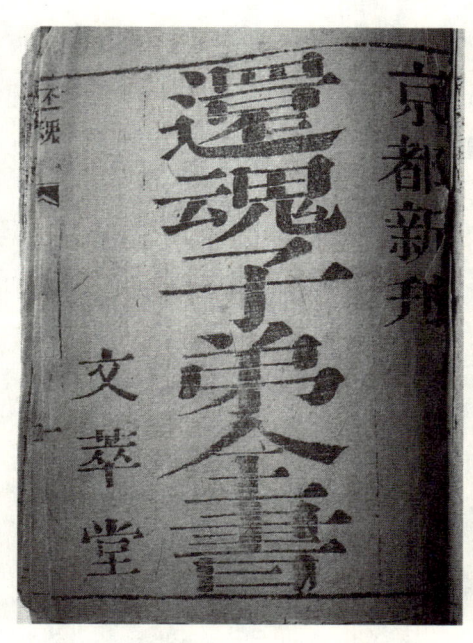 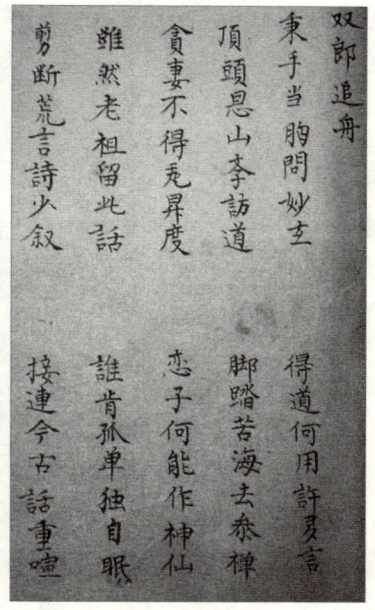

［圖268］藝研院藏文萃堂刻本《還魂子弟全書》　　［圖269］藝研院藏鈔本《雙郎追舟》

演妓女蘇卿與書生雙郎情深，老鴇貪財，將蘇卿賣與茶商馮魁，雙郎追舟，攜蘇卿私奔。本事參見明梅鼎祚《青泥蓮花記》卷七。宋元戲文有《蘇小卿月夜泛茶船》，元王實甫有《蘇小卿月夜販茶船》，明傳奇有《茶船記》、《千里舟》等，均演此事。

言前轍。存本原不分回，可酌分四回，分別爲40、40、38、48韻。

版本：①清鈔本，傅惜華舊藏，藝研院・曲310.651/0.356（145817/3，"子弟書三種"內）。［圖269］

②《子弟書珍本百種》頁252-256，謂據藝研院藏鈔本，當即傅氏舊藏本。

## 紅梅閣　三回

作者韓小窗。詩篇云："細雨輕陰過**小窗**，閑將筆墨寄疏狂。"

百本張《子弟書目錄》"紅梅閣。三回。一吊二。"《綠棠吟舘子弟書百種總目》卷八、《中國俗曲總目稿》頁198、《子弟書總目》頁86著錄。

演李慧娘因私慕裴順卿，被賈似道殺死，賈欲殺裴，慧娘顯魂救裴。本事見明周朝俊《紅梅記》傳奇。

頭回〈遊湖〉，江陽轍；二回〈殺姬〉，中東轍；三回〈魂會〉，姑蘇轍。分別爲41、47、46韻。

版本：①清鈔本，車王府舊藏,北大圖書館・□812.08/5105/:117（188/19559，十八葉）；過錄本，首圖・甲四2241；首圖縮印本53冊頁138-146；北京整理本頁543-548；過錄本，中大圖書館・92697；中大整理本頁584-588。［圖270］

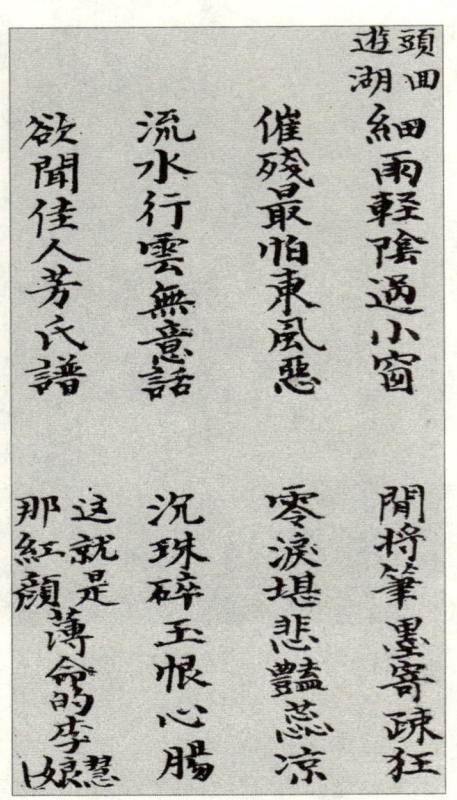
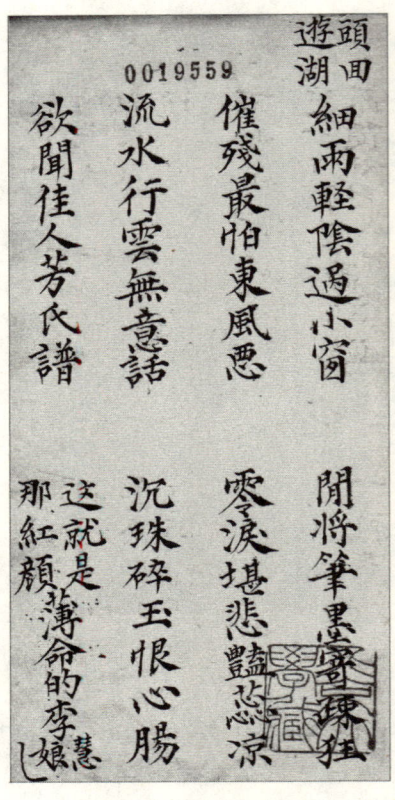

［圖270］車王府舊藏本《紅梅閣》　　［圖271］傅斯年圖書館藏鈔本《紅梅閣》

②百本張鈔本，杜穎陶舊藏，藝研院·曲 319.651/0.582/8.120-122；《子弟書叢鈔》頁 181-189 據同一版本排印。
③別埜堂鈔本，程硯秋舊藏，藝研院·曲 319.651/0.582/5.90。
④鈔本，國家圖書館藏，35558（《子弟書》卷五）。

### 紅梅閣　四回

　　前三回韓小窗撰。卷首詩篇云："細雨輕陰過小窗，閒將筆墨寄疏狂。"
　　百本張《子弟書目錄》："紅梅閣。連魂辨共四回。一吊六。"《子弟書總目》頁 87 著錄。
　　演李慧娘因私慕裴順卿，被賈似道殺死；賈欲誘殺裴，慧娘顯魂救裴。後賈似道責衆姬放走裴生，李慧娘陰魂現身，當面辨白。本事見明周朝俊《紅梅記》傳奇。前三回同前舉之三回本，唯第四回為此篇獨有，而與一回之單行本《鬼辨》不同。
　　頭回〈遊湖〉，江陽轍；二回〈殺姬〉，中東轍；三回〈魂會〉，姑蘇轍；四回〈鬼辨〉，一七轍。分別為 41、47、46、43 韻。
　　版本：①百本張鈔本，傅惜華舊藏，藝研院·曲 310.651/0.356（142919/4）；《子弟書選》頁 154-160 據以排印。

②鈔本，傅斯年圖書館藏，T26-315；《俗文學叢刊》393 冊頁 131。[圖 271]

③鈔本，傅斯年圖書館藏，T26-313。

④鈔本，傅斯年圖書館藏，T26-314。

【説明】第四回《鬼辨》開頭作："青天默默月凄涼，疎影横斜樹影移。泉下長眠蝴蝶夢，花前空臥杜鵑啼。"結句作："恍惚間説小妾慧娘特來告稟，放裴生本是奴家你錯疑。"

## 慧娘鬼辯 一回

作者未詳。

百本張《子弟書目録》別本："慧娘鬼辯。紅梅閣以後。一回。四佰。"《子弟書總目》頁 155 著録。

演賈似道正責諸婢放走裴生，李慧娘陰魂現身，當面辨白。本事見明周朝俊《紅梅記》傳奇第十七齣"鬼辯"。

由求轍，54 韻。

版本：①清鈔本，車王府舊藏，北大圖書館·□ 812.08/5105/:112（76/19447，六葉半）；過録本，首圖·甲四 2139；首圖縮印本 53 冊頁 362-365；北京整理本頁 157-158；過録本，中大圖書館·91387；中大整理本頁 589-590。[圖 272]

②清鈔本，故宫博物院藏，《故宫珍本叢刊》699 冊頁 144。（據書衣題名字跡，知實為百本張鈔本）。

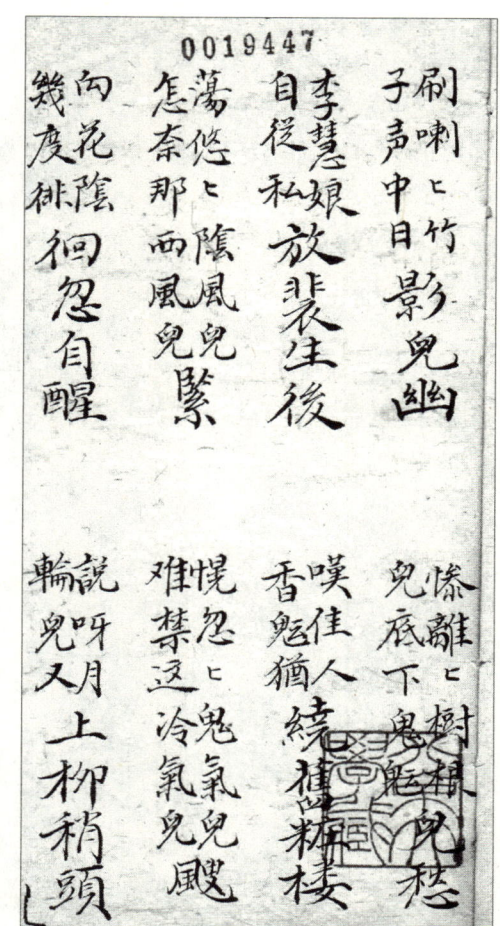

[圖 272] 車王府舊藏本《慧娘鬼辯》

### 別題一：鬼辯（辨）

百本張《子弟書目録》："鬼辨。李慧娘。一回。四佰。"（一本價格作"五佰"）《子弟書總目》頁 102 著録。

### 別題二：慧娘魂辨

樂善堂《子弟大鼓書目録》："三佰文。慧娘魂辨。"

版本：①鈔本，國家圖書館藏，35558（《子弟書》卷五）。

### 別題三：魂辯

民初輯本《子弟書目録》："《紅梅閣》子弟書目録。魂辯。一回。"《中國俗曲總目稿》

頁 41、《子弟書總目》頁 145 著錄。《子弟書約選日記》："魂辯，可不選。"

版本：①聚卷堂鈔本，傅惜華舊藏，藝研院・曲 310.651/0.356（142859/5）；《子弟書叢鈔》頁 650-653 據同一版本排印。

②鈔本，傅斯年圖書館藏，T9-115；《俗文學叢刊》393 冊頁 115。

③鈔本，傅斯年圖書館藏，T9-116。

④北京圖書館藏鈔本《子弟書》卷五，35558。

【說明】此本篇首作："大宋理宗整朝臣，佞黨無事起奸謀。賈似道當朝爲宰輔，謀害裴生禍暗投。"結句作："李慧娘芳魂一點成佳話，賈似道朽名千載至今留。"車王府舊藏本、聚卷堂本等無卷首詩篇，開首作："刷喇喇竹子聲中日影兒幽，慘離離樹根兒底下鬼魂兒愁。李慧娘自從私放裴生後，歎佳人香魂猶繞舊妝台。"

### 路旁花 四回

作者未詳。

百本張《子弟書目錄》："路旁花。花鼓子。粉。四回。一吊六。"別埜堂《子弟書目錄》："路旁花。四回。一吊四佰四。"樂善堂《子弟大鼓書目錄》著錄，書價"八百文"。又《中國俗曲總目稿》頁 279、《子弟書總目》頁 126 著錄。

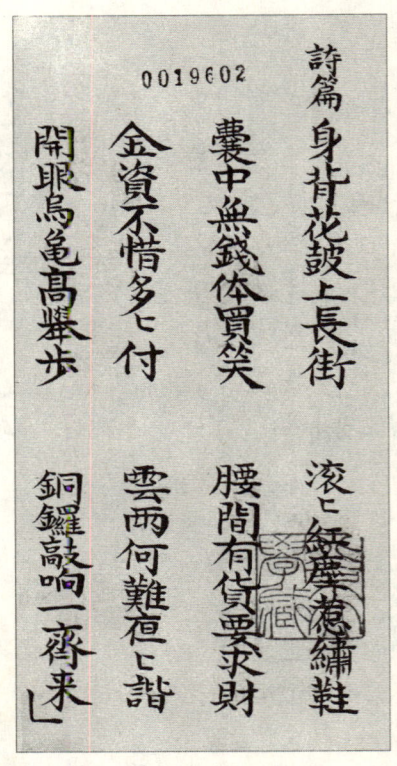 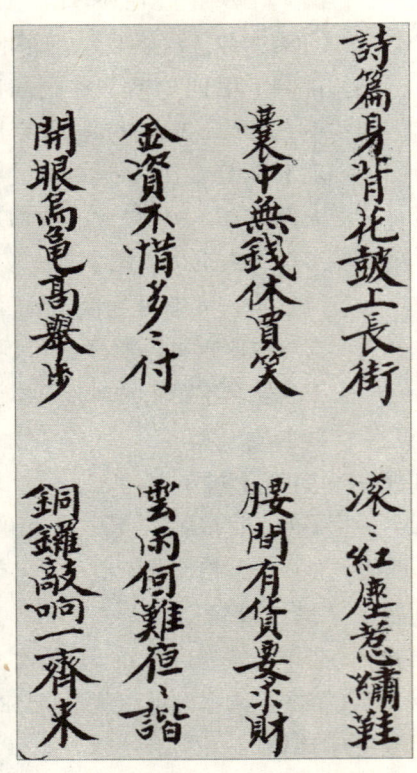

［圖 273-1］車王府舊藏本《路旁花》　　［圖 273-2］傅斯年圖書館藏百本張鈔本《路旁花》

演花公子垂涎街邊打花鼓賣唱女子姿色，占得便宜，賣唱女子則以情色勾引遊花子弟以趁錢財。本事初見於周朝俊《紅梅記》傳奇，後衍爲獨立小戲。此據梆子腔《花鼓》改編；乾隆間魏長生曾演此劇。

懷來轍。頭回〈尋花〉，二回〈問花〉，三回〈傍花〉，四回〈戀花〉。第三回 34 韻，其餘三回均爲 38 韻。

版本：①清鈔本，車王府舊藏,北大圖書館・□ 812.08/5105/:120（231/19602,二十葉）；過錄本，首圖・甲四 2285；首圖縮印本 55 册頁 406-414；北京整理本頁 796-801；過錄本，中大圖書館・92225；中大整理本頁 213-218。[圖 273-1]

②百本張鈔本，傅斯年圖書館藏，T35-417；《俗文學叢刊》400 册頁 69。又，傅氏《總目》謂有自藏本，今未見。[圖 273-2]

③別埜堂鈔本，傅氏《總目》謂有自藏本，今未見。

**別題一：花鼓子**

《中國俗曲總目稿》頁 172、《子弟書總目》頁 70 著錄。

版本：①百本張鈔本，傅斯年圖書館藏，T23-282。又，傅氏《總目》謂有自藏本，今未見。

②鈔本，傅斯年圖書館藏，T23-280。

③鈔本，傅斯年圖書館藏，T23-281。

**別題二：打花鼓**

民初輯本《子弟書目錄》著錄作："打花鼓，即路傍花。"列入"小戲子弟書目錄"。未見傳本。

# 金元故事

**奇逢** 三回

　　作者未詳。

　　樂善堂《子弟大鼓書目錄》："子弟書三回起。六佰文。奇逢。"民初輯本《子弟書目錄》作"二回"，列入"《幽閨記》子弟書目錄"。又《集錦書目》第 27 句："**奇逢**遇見了嚴大舍。"《子弟書約選日記》："奇逢。可不選，意思不好。"《子弟書總目》頁 68 著錄有一回本《奇逢》，以爲與此種三回本相同，非是。

　　演蔣世隆亂中尋找被兵沖散的妹子瑞蓮，偶遇與母失散的王瑞蘭，假稱夫婦，一起逃難。本事出《幽閨記》第十七齣"曠野奇逢"，此當據高腔《奇逢扯傘》改編。

　　懷來轍，分別爲 40、35、29 韻。

　　版本：①《子弟書珍本百種》322–327 排印本，據北京圖書館藏鈔本排印，題作"奇逢"。

**別題一：舊奇逢**

　　百本張《子弟書目錄》："舊奇逢。三回。一吊。"《中國俗曲總目稿》頁 343 著錄。又見《子弟書總目》頁 172 著錄，以爲與《新奇逢》相同，且謂此種三回本與標作《奇逢》的一回本"内容文字全同"，均誤。

　　版本：①百本張鈔本，杜穎陶舊藏，藝研院・曲 319.651/0.582/8.128。

　　　　②鈔本，傅斯年圖書館藏，T33–406；《俗文學叢刊》392 冊頁 601。［圖 274］

　　　　③鈔本，傅斯年圖書館藏，T33–405。

［圖 274］傅斯年圖書館藏鈔本《舊奇逢》

④鈔本，傅斯年圖書館藏，T33-408。

**別題二：曠野奇逢**

版本：①鈔本，國家圖書館藏，35558（《子弟書》卷六）。

【説明】此篇卷首作："大宋山河氣敗衰，金兵戎馬蕩塵埃。黎民塗炭多南竄，遍地狼烟自北來。"結句作："夫前妻後望影而行君子請，待奴一步一趔趕上來。"

## 奇逢 一回

作者未詳。

百本張《子弟書目録》別本："奇逢。一回。四佰。"（一本價格作"五佰"）民初輯本《子弟書目録》作"一回"，列入"《幽閨記》子弟書目録"。《子弟書總目》頁 68 著録，並謂與別題《舊奇逢》三回本相同，非是。

此篇係擷取三回本《舊奇逢》之詩篇及第三回之前半，略加補充而成。

懷來轍，50 韻。

版本：①清刻本，傅惜華舊藏，藝研院·曲 310.651/0.356（136590）；《子弟書珍本百種》頁 327-328 據以排印。

②清刻本，國家圖書館藏，106775。

③清鈔本，傅惜華舊藏，藝研院·曲 310.651/0.356（142867）。

④百本張鈔本，國家圖書館藏，98962（藏者擾入百本張鈔本二回本"拷紅子弟書"册内）。

⑤《子弟書叢鈔》頁 619-622 據百本張鈔本排印。

**別題：新奇逢**

百本張《子弟書目録》："新奇逢。一回。四佰。"《中國俗曲總目稿》頁 276 著録。《子弟書總目》頁 130 亦有著録，以爲同三回本《舊奇逢》，誤。

版本：①百本張鈔本，程硯秋舊藏，藝研院·曲 319.651/0.825/5，127。藏者卡片誤題"舊奇逢一回"。

②鈔本，傅斯年圖書館藏，T33-404；《俗文學叢刊》392 册頁 631。［圖 275］

③鈔本，傅斯年圖書館藏，T33-403。

④鈔本，傅斯年圖書館藏，T33-407。

【説明】此篇卷首作："大宋山河氣敗衰，金兵戎馬蕩塵埃。黎民塗炭多南竄，遍地狼烟自北來。"結句作："夫前妻後望影而行君子請，待奴一步一趔趕上來。"此篇實改自《舊奇逢》。自詩篇後，便接入《舊奇逢》十頁四行"蔣世隆一聞此言魂驚碎"至結尾而成。故兩本首尾相同，傅目遂將兩本著録成一種，而兩本篇幅長短實不相同。此本字句多沿用舊本，中間新加入二十四韻，以作補充。其情節經增删調整後，較舊本更爲合理。又，《子弟書叢鈔》據百本張鈔録一回本排印，並謂"百本張《子弟書目録》著録，注稱'三回'誤。"則是未見三回本之故，百目原不誤。

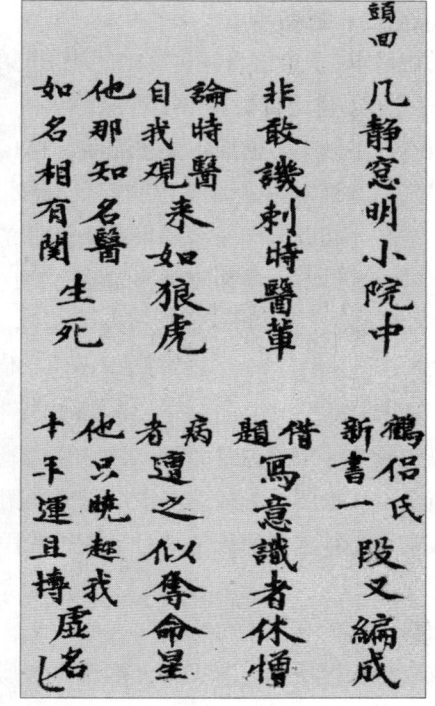

［圖275］傅斯年圖書館藏鈔本《新奇逢》　［圖276］傅斯年圖書館藏鈔本《劉高手》

## 劉高手探病　二回

作者鶴侶。詩篇："几净窗明小院中，**鶴侶氏**新書一段又編成。"

百本張《子弟書目錄》："劉高手探病。笑。二回。八佰。"別埜堂《子弟書目錄》："劉高手探病。二回。七佰二。"《子弟書總目》頁161著錄。

演劉高手爲蔣世隆看病事。本事出《幽閨記》二十五齣"抱恙離鸞"。此篇當取材於皮黃戲《請醫》。

頭回中東轍，二回言前轍。各40韻。

版本：①鈔本，傅惜華舊藏，藝研院・曲310.651/0.356（"子弟書選集"第五集册六）。

### 別題一：劉高手治病

版本：①別埜堂鈔本，杜穎陶舊藏，藝研院・曲319.651/0.582/8.69–70；又，傅惜華舊藏，藝研院・曲310.651/0.356（142918/8）。《子弟書珍本百種》頁329–332、《子弟書叢鈔》頁242–248據同一版本排印。《子弟書選》頁305–308據傅惜華舊藏本排印。

### 別題二：劉高手看病

《子弟書約選日記》："劉高手看病。計二回。詼諧諷世，可選教盲生。"

版本：①民國初年鈔本，傅氏《總目》謂馬彥祥有藏，今藏處未詳。

**別題三：劉高手**

民初輯本《子弟書目錄》："《幽閨記》子弟書目錄。劉高手。二回。"《中國俗曲總目稿》頁 316、《子弟書總目》頁 161 著錄。

版本：①鈔本，傅斯年圖書館藏，T41–469；《俗文學叢刊》392 冊頁 647。[圖 276]
②百本張鈔本（存頭回），此本先藏於日中學院，波多野太郎《子弟書集》據以影印；今歸東洋文化研究所倉石文庫。
③鈔本，傅斯年圖書館藏，T41–468。

## 幽閨記 十六回

作者未詳。

民初輯本《子弟書目錄》："《幽閨記》子弟書目錄。全幽閨記。十六回。"

演全本《幽閨記》故事。本事見《幽閨記》傳奇。

版本：①鈔本，傅氏《總目》謂馬彥祥有藏，今未詳藏處。

## 百花亭 四回

或謂羅松窗所作。鄭振鐸《西調選》所題如此，然未詳所據。

百本張《子弟書目錄》："百花亭。四回。一吊六。"樂善堂《子弟大鼓書目錄》著錄，書價"一吊二"。民初輯本《子弟書目錄》列入"《元書》子弟書"。《綠棠吟舘子弟書百種總目》卷九、《中國俗曲總目稿》頁 134、《子弟書總目》頁 51（謂作者爲"羅松窗"）。又《集錦書目》第 15 句："觀水已畢把百花亭下。"

演海俊與百花公主於百花亭聯姻事。據《百花記》傳奇之"贈劍聯姻"改編。

頭回江陽轍，二回人辰轍，三回中東轍，四回言前轍。每回 50 韻。

版本：①清鈔本，車王府舊藏，北大圖書館·□ 812.08/5105/:119（211/19682，二十七葉，二冊背面有"言無二價 / 不對管換"印記）；過錄本，首圖·甲四 2265；首圖縮印本 53 冊頁 415–426；北京整理本頁 663–670；過錄本，中大圖書館·92001；中大整理本頁 82–89；史

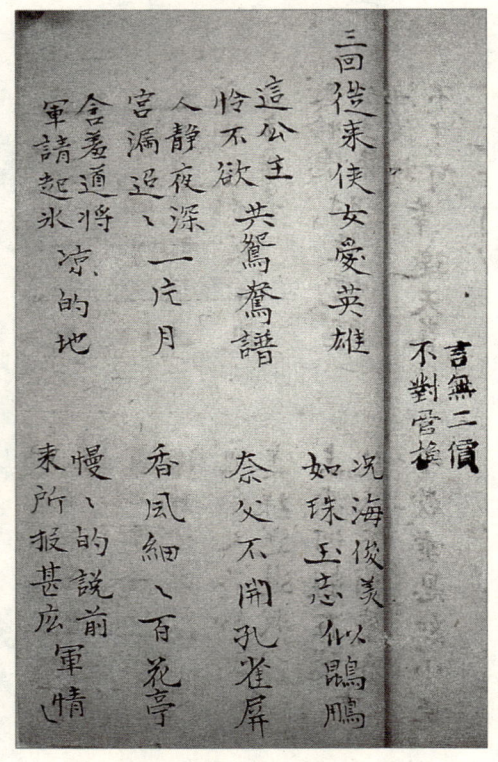

[圖 277] 北大藏車王府舊藏鈔本《百花亭》

　　　　語所過録本，傅斯年圖書館藏，T-762。[圖 277]
　　②百本張鈔本，國家圖書館藏，107299/2-3；又，傅惜華舊藏，藝研院·曲
　　　310.651/0.356（142860/1）。
　　③別埜堂鈔本，程硯秋舊藏，藝研院·曲 319.651/0.582/5.32；又，梅蘭芳
　　　舊藏，藝研院·曲 319.651/0.582/6.90/1-2；又，杜穎陶舊藏，藝研院·曲
　　　319.651/0.582/8.90；《子弟書叢鈔》頁 24-36 據同一版本排印。
　　④清鈔本，故宮博物院藏，《故宮珍本叢刊》698 冊頁 164。
　　⑤聚卷堂鈔本，吳曉鈴舊藏，首圖·己 521。
　　⑥鈔本，國家圖書館藏，35558（《子弟書》卷七；無卷首詩篇）。
　　⑦鈔本，傅斯年圖書館藏，T18-231；《俗文學叢刊》393 冊頁 181。
　　⑧鈔本，國家圖書館藏，98109（有"漢龍行齋"印）。
　　⑨清鈔本，傅惜華舊藏，藝研院·曲 310.64/482.2（142857/1）。
　　⑩清鈔本，吳曉鈴舊藏，首圖·己 507。
　　⑪鈔本，吳曉鈴舊藏，首圖·己 520。
　　⑫同治間鈔本（第三、四合作一回，故爲三回），傅惜華舊藏，藝研院·曲
　　　310.64/482.2（148017）。
　　⑬鈔本，傅斯年圖書館藏，T18-232。
　　⑭《世界文庫·西調選》排印本，作者題羅松窗。
　　⑮《子弟書選》頁 110-118 排印本，據傅惜華藏本排印，作者題韓小窗，篇
　　　末脫四句。

**別題：百花點將**
《子弟書總目》頁 52 著録。
　　版本：①百本張鈔本，杜穎陶舊藏，藝研院·曲 319.651/0.582/8.58-61。
　　　　　②舊鈔本，傅氏《總目》謂杜穎陶有藏，今未見。
　【說明】此篇作者，鄭振鐸認爲是羅松窗，但未敘依據。或謂韓小窗，蓋據卷首詩篇"幾點爲姣雲閑水墨，一輪明月小紗窗"，以爲"小紗窗"寓"小窗"之名。兩説之依據均有不足。


## 嬌紅記 十六回

　　作者未詳。
　　民初輯本《子弟書目録》："《元書》子弟書目録。嬌紅記。十六回。"
　　此篇當敘申純與王嬌娘事。本事見元代小說《嬌紅記》，明劉東生有《嬌紅記》雜劇、孟稱舜有《嬌紅記》傳奇，均演此事。
　　未見傳本。

### 出寨　五回

作者未詳。

民初輯本《子弟書目錄》："《元書》子弟書目錄。出寨。五回。"

所敘爲元代故事，具體內容未詳。

未見傳本。

### 魂完宿願　二回

作者未詳。

未見著錄。據石印本所收前後各篇同爲子弟書，且體式相同，故予收錄。"完"亦作"還"。

演崔興哥與吳興娘幼以金鳳釵爲聘。十五年後，興娘病故，三月後崔生適至，有女子自稱興娘之妹，與崔生相會私奔。一年後省親，才知原來是興娘之魂來完宿願。據《今古奇觀》"大姊魂遊完宿願，小姨病起續前緣"改寫；小說原出《二刻拍案驚奇》卷二十三。據末句，當有續篇敘慶娘與興哥結合之事，今未見傳本。

中東轍，90韻。原不分回，相當於二回。

版本：①石印本《繪圖改良新劇》第十九冊（版心題"暑"字），早稻田大學圖書館（ヘ19-3031）、天津圖書館等有藏。[圖278]

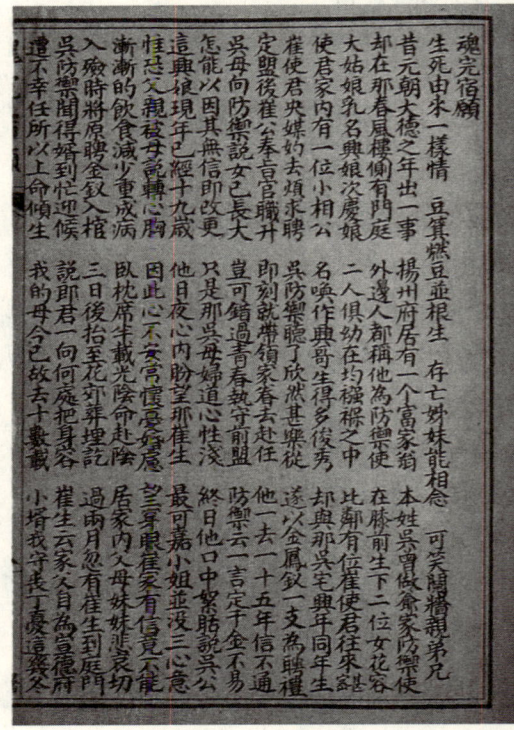

[圖278] 早稻田藏石印本《魂完宿願》

# 明代故事

**遊武廟 硬書 六回（一作七回）**

作者未詳。

百本張《子弟書目錄》："硬書遊武廟。一七轍，新的。六回。二吊。"樂善堂《子弟大鼓書目錄》："子弟書六回起。一吊二。遊武廟。硬書。"民初輯本《子弟書目錄》作"六回"，列入"《明書》子弟書"。《中國俗曲總目稿》頁277、《子弟書總目》頁132著錄。《集錦書目》第2句："一心要往遊武廟內莊氏降香。"

演劉伯溫隨朱元璋遊武廟，知太祖懷疑功臣，次日辭官離朝。本事見《明英烈傳》七十八回"皇帝廟祭祀先皇"；此當據皮黃《遊武廟》（一題"劉基辭朝"）改編。

一七轍。六回分別爲34、35、32、33、35、46韻。

版本：①清鈔本（分爲七回），車王府舊藏，北大圖書館・□812.08/5105/:122（258/19629，三十五葉）。過錄本，首圖・甲四2312；首圖縮印本54冊頁132-145；北京整理本頁997-1004。過錄本，中大圖書館・92744；中大整理本頁608-617。按：此本末尾較他本少七韻十四句。[圖279]

②百本張鈔本，傅惜華舊藏，藝研院・曲310.651/0.356（142795）。

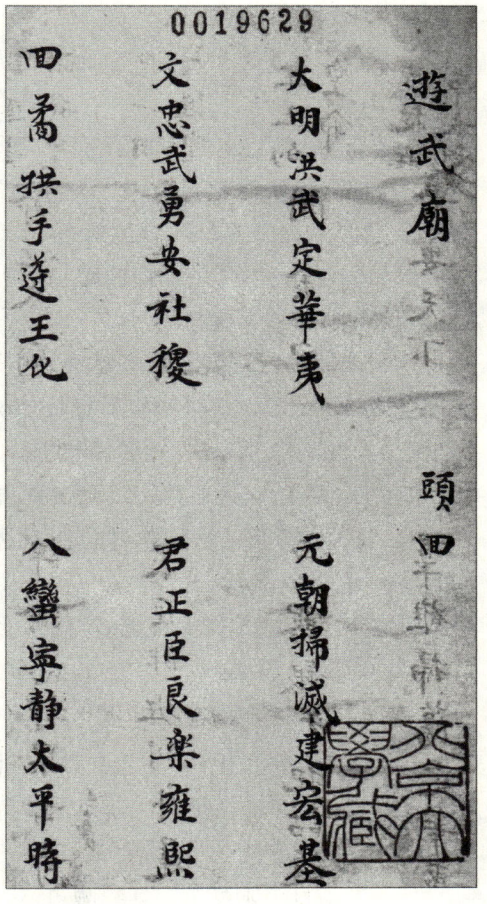

[圖279] 車王府舊藏本《遊武廟》

③舊鈔本，傅惜華舊藏，藝研院・曲 310.651/0.356（142829）。
④舊鈔本，不分回，傅惜華舊藏，藝研院・曲 310.651/0.356（142862）。
⑤鈔本，傅斯年圖書館藏，T34-411；《俗文學叢刊》393 冊頁 255。
⑥鈔本，傅斯年圖書館藏，T34-410。
⑦鈔本，傅斯年圖書館藏，T34-409。

【說明】本篇百本張《子弟書目錄》著錄作"硬書遊武廟，一七折，新的。六回。二吊"，則應另有一種舊本《遊武廟》子弟書，今不傳。

## 草詔敲牙 四回

作者韓小窗。卷首詩篇云："欲寫慈祥仁愛君，小窗筆墨也傷神。"

百本張《子弟書目錄》："草詔敲牙。建文出家，詔方孝孺。苦。四回。一吊六。"別埜堂《子弟書目錄》："草詔敲牙。四回。一吊四佰四。"樂善堂《子弟大鼓書目錄》著錄，書價"八佰文"。《綠棠吟舘子弟書百種總目》卷十一、《中國俗曲總目稿》頁555、《子弟書總目》頁 96 著錄。

演明朱棣篡位，方孝孺不願爲之寫詔，被敲落滿口牙齒。此事《明史》有載，本篇據李玉《千鍾祿》傳奇"草詔"齣改編。

頭回〈焚宮〉，人辰轍；二回〈落髮〉，言前轍；三回〈草詔〉，姑蘇轍；四回〈敲牙〉，中東轍，每回 40 韻。

版本：①清鈔本，車王府舊藏，北大圖書館・□ 812.08/5105/:119（219/19690，二十葉）。過錄本，首圖・甲四 2273；首圖縮印本 54 冊頁 28-37；北京整理本頁 718-724。過錄本，中大圖書館・92009；中大整理本頁 97-102。

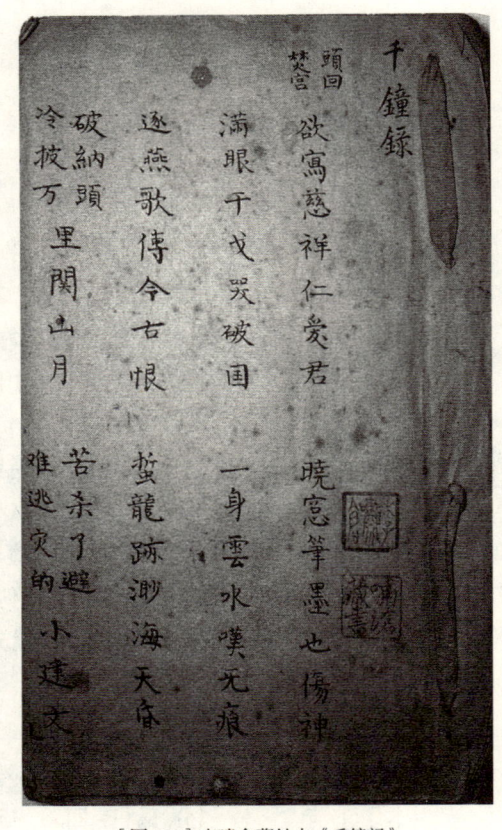

［圖 280］李嘯倉藏鈔本《千鍾祿》

②百本張鈔本，杜穎陶舊藏，藝研院・曲 319.651/0.582/8.56。又，梅蘭芳舊藏，殘存第二回，藝研院・曲 319.651/0.582/6.92。《子弟書叢鈔》頁 204-214 據百本張鈔本排印。

③鈔本，傅斯年圖書館藏，T-635；《俗文學叢刊》393 冊頁 321。

④鈔本（殘），傅斯年圖書館藏，T-636。

### 別題一：千鍾禄

民初輯本《子弟書目録》："《明書》子弟書目録。千鍾禄。四回。"《中國俗曲總目稿》頁 97、《子弟書總目》頁 33 著録。《子弟書約選日記》："千鍾禄。計四回。可選。三回、四回，方孝孺忠君愛國，熱誠可佩。"

版本：①清鈔本（題作"千鍾録"），李嘯倉藏。［圖 280］
　　　②鈔本，國家圖書館藏，35558（《子弟書》卷八）。
　　　③洗俗齋鈔本，傅氏《總目》謂馬彦祥有藏，今藏處未詳。
　　　④《世界文庫·東調選》排印本，不分回。

### 別題二：建文出家草詔

未見著録。

版本：①同治年間百本張鈔本（書衣題"草詔"，封面題"建文出家草詔子弟書全四回"），傅惜華舊藏，藝研院·曲 310.64/0.323（144649）。

## 焚宫落髮　二回

作者韓小窗。卷首詩篇云："欲寫慈祥仁愛君，小窗筆墨也傷神。"

未見著録。

此即四回本《千鍾禄》之前兩回。

版本：①《子弟書選》頁 85-88 排印本。

### 別題：焚宫

《子弟書總目》頁 123 著録。

版本：①別埜堂鈔本，杜穎陶舊藏，藝研院·曲 319.651/0.582/8.85。
　　　②光緒二十二年（1896）文盛堂刻本（封面題"光緒丙申荷月新刻/焚宫/清音子弟書　盛京文盛堂"），藝研院藏。又，阿英舊藏，今藏處未詳。
　　　③民初鈔本，天津圖書館集部－曲類－彈詞 37490 之十（分題"焚宫"、"落髮"）。

## 草詔敲牙　二回

作者韓小窗。依據同上文。未見著録。

此即四回本《千鍾禄》之後兩回。

版本：①民初鈔本，天津圖書館集部－曲類－彈詞 37490 之十（"附草詔敲牙"）。
　　　②《子弟書選》頁 89-92 排印本。

## 慘睹　一回

作者未詳。

《子弟書總目》頁 143 著録。

演建文帝僧服逃難，一路慘睹家國破敗景象。據清李玉《千鍾禄》傳奇"慘睹"齣改編。

江陽轍，44 韻。

版本：①清鈔本，李嘯倉藏，筆者未見；《子弟書珍本百種》頁 333–334 據以排印。

②過錄本，傅惜華舊藏，曲 310.651/0.356（148328）。

### 巧斷家私　五回

作者未詳。

《子弟書總目》頁 44 著錄。

演滕大尹假託鬼語，巧斷倪氏家產事。本事見《喻世明言》"滕大尹鬼斷家私"；此據《今古奇觀》第三回改編。小説所敘爲明永樂間事。

一七轍。原不分回，全篇共 180 韻，可酌分爲五回。

版本：①光緒二十年（1894）盛京會文堂刻本，藝研院・曲 310.651/0.356/07772/19。[圖 281]

②光緒三十一年（1905）老會文堂刻本，傅惜華舊藏，藝研院・曲 310.651/0.356/07772/19。

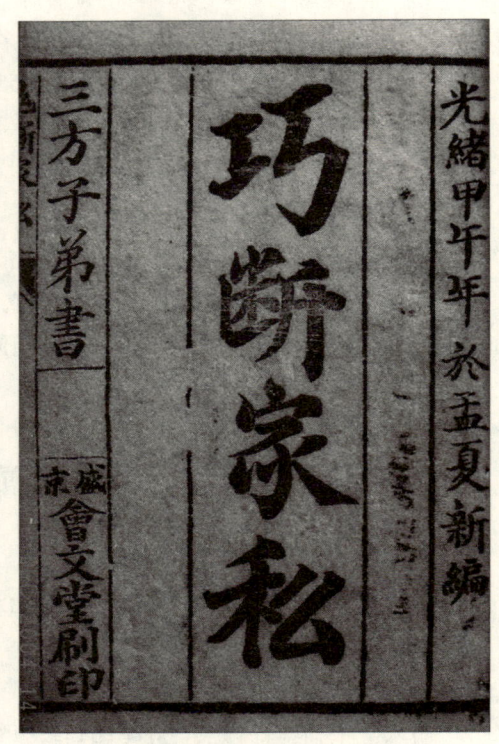

[圖 281] 藝研院藏會文堂刻本《巧斷家私》

**別題一：鬼斷家私**

《子弟書珍本百種》收錄。

版本：①奉天東都石印局石印本，藝研院・曲 310.651/0.356/07772/35。

②民初北京排印本，雙紅堂文庫藏，戲曲・190 唱本之第 11 帙第 3 冊。

③北平學古堂排印本，早稻田大學風陵文庫藏，F400–M262。

④北京中華印刷局排印本，東洋文化研究所倉石文庫藏，集・41659。

⑤《子弟書珍本百種》頁 363–367 排印本，據光緒二十年會文堂刻本排印。

**別題二：滕大尹鬼斷家私**

《中國俗曲總目稿》頁 950 著錄。

版本：①石印本（《改良新劇》第四冊，亦題"甲午年新編滕令尹鬼斷家私"），傅斯年圖書館藏，KUIV2–040。

②民初鉛印本，傅斯年圖書館藏，KUIII–6–126。

【説明】光緒二十年盛京會文堂刻本，封面題"光緒甲午年於孟夏新編 / 巧斷家私 / 三方子弟書 – 盛京會文堂刷印"，卷首有題跋："訓於善惡者有云：行善之人如春園之草，不見其長，日有所增；行惡之人如磨刀之石，不見其損，日有所虧。善惡兩端，即爲禍福之門，人可不知戒哉！先引古聖之經傳以爲證，後借文帝之良言以爲據，見善惡之有報，並非世人之虛語亦已。提筆摹文。"正文首行作"甲午年新編滕令尹鬼斷家私一回"。按，"三方子弟書"，其義不詳。

## 雪梅弔孝　二回

作者未詳。

百本張《子弟書目錄》："雪梅弔孝。雪梅、愛玉。苦。二回。八佰。"別埜堂《子弟書目錄》："雪梅弔孝。二回。七佰二。"樂善堂《子弟大鼓書目錄》著錄，書價"五佰文"。民初輯本《子弟書目錄》列入"《三元記》子弟書目錄"。並見《子弟書總目》頁107著錄。《子弟書約選日記》："雪梅弔孝，商林哭妻，與社會教育不合。"

演商郎死後，未過門的妻子秦雪梅到商家弔孝。本事見明《商輅三元記》傳奇第十六折。

言前轍，分別爲58、50韻。

版本：①清鈔本，車王府舊藏，北大圖書館・□812.08/5105/:114（123/19494，十二葉半，題作"雪枚弔孝"）。過錄本，首圖・甲四2189；首圖縮印本54册頁41-47；北京整理本頁263-266。過錄本，中大圖書館・92634；中大整理本頁129-132。［圖282］

［圖282］車王府舊藏本《雪梅弔孝》

②曲盦鈔本，傅惜華舊藏，藝研院・曲310.651/0.356/3（143232）。

③精鈔本，傅氏《總目》謂有自藏本，今未見。

### 別題：秦雪梅弔孝

《綠棠吟舘子弟書百種總目》卷十一、《中國俗曲總目稿》頁777、《子弟書總目》頁93著錄。

版本：①清鈔本，故宫博物院藏，《故宫珍本叢刊》699册頁362-368（據書衣題名字跡，知實爲百本張鈔本）。

②鈔本，傅斯年圖書館藏，T-732；《俗文學叢刊》393 冊頁 363。
③鈔本，傅斯年圖書館藏，T-731。
④鈔本，中研院近代史所藏，《子弟書十種》之第二種。
⑤鈔本，國家圖書館藏，98803。
⑥民初排印本，齊家笨《鼓曲彙編》第一編卷三收錄，雙紅堂文庫·戲曲·206。

### 商郎回煞 二回

作者未詳。

百本張《子弟書目錄》："商郎回煞。苦。二回。七佰。"別墅堂《子弟書目錄》："商郎回煞。二回。七佰二。"樂善堂《子弟大鼓書目錄》著錄，書價"四佰文"。民初輯本《子弟書目錄》列入"《三元記》子弟書目錄"。《綠棠吟舘子弟書百種總目》卷十一、《中國俗曲總目稿》頁 572、《子弟書總目》頁 104 著錄。又《集錦書目》第 82 句："那狐狸思春，尼姑思凡，哭城裏面困商郎。"

演商林鬼魂回煞與妻秦雪梅相會。本事見明《商輅三元記》傳奇二十四折，傳奇原作"商霖"。

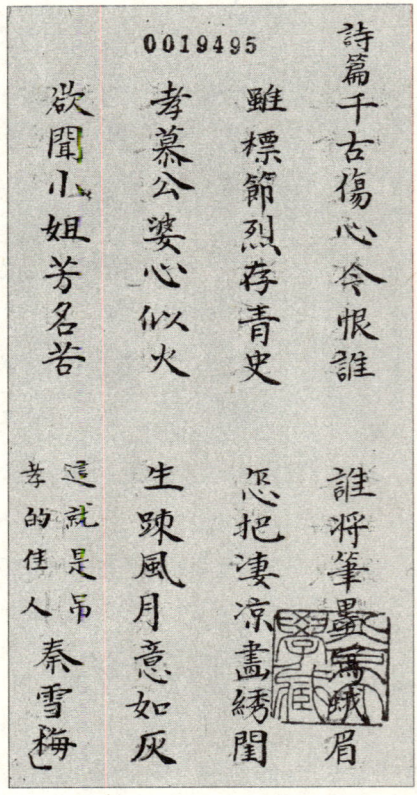 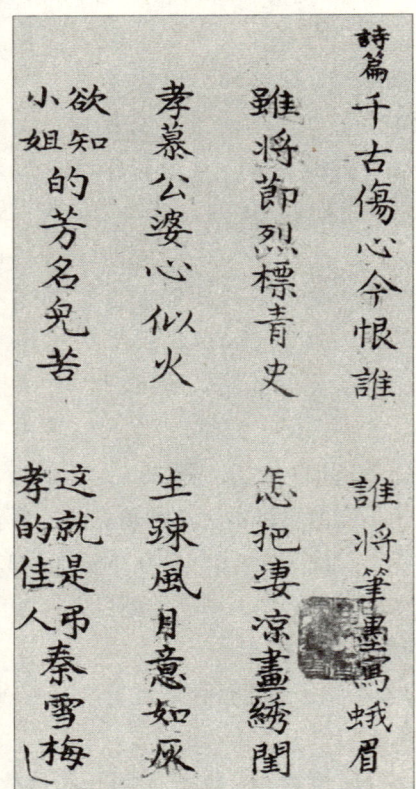

［圖 283-1］車王府舊藏本《商郎回煞》　　［圖 283-2］藝研院藏百本張鈔本《回煞》

灰堆轍。据車王府舊藏本，分別爲 36、37 韻。

版本：①清鈔本，車王府舊藏，北大圖書館・□ 812.08/5105/:114（124/19495，八葉）。過錄本，首圖・甲四 2190；首圖縮印本 54 冊頁 37–41；北京整理本頁 267–269。過錄本，中大圖書館・92635；中大整理本頁 133–135。[圖 283–1]

②清鈔本，故宮博物院藏，《故宮珍本叢刊》699 冊頁 263（據書衣題名字跡，知實爲百本張鈔本）。

③鈔本，傅斯年圖書館藏，T-643；《俗文學叢刊》393 冊頁 395。

④文萃堂刻本（封面題"新刻子弟書/商郎回煞/京都文萃堂梓行"；首行題"新刻商郎回煞子弟書"），國家圖書館藏四種，106774，98602，98603（有"漢龍行齋"印），98604。

⑤清刻本（首行題"新刻商郎回煞子弟書"），傅惜華舊藏，藝研院・曲 310.651/0.356（136599）。又，傅氏《總目》謂馬彥祥有藏，今藏處未詳。

⑥曲盦鈔本，傅惜華舊藏，藝研院・曲 310.651/0.356/3（143232）。

⑦鈔本，傅斯年圖書館藏，T-644。

⑧鈔本，國家圖書館藏，35558（《子弟書》卷七）。

**別題一：回煞**

《子弟書總目》頁 49 著錄。

版本：①百本張鈔本，傅惜華舊藏，藝研院・曲 310.651/0.356/34（150396）。[圖 283–2]

**別題二：商林回煞**

《子弟書約選日記》："商林回煞。雪梅弔孝，商林哭妻，與社會教育不合。"未見傳本。

【說明】車王府藏鈔本爲一系統，百本張鈔本等爲另一系統，兩者字詞略有出入，分回處及句數多寡有別。文萃堂刻本則介於各本之間。

## 掛帛　二回

作者未詳。

樂善堂《子弟大鼓書目錄》："子弟書二回起。四佰文。掛帛。"民初輯本《子弟書目錄》作"一回"，列入"《三元記》子弟書目錄"。《中國俗曲總目稿》頁 20、《子弟書總目》頁 77 著錄。

演秦雪梅與愛玉上墳祭夫事。本事見明無名氏《商輅三元記》傳奇第二十折"掛白"。此據《掛白》折子戲改編。

中東轍，分別爲 52、48 韻。

版本：①清鈔本，車王府舊藏，北大圖書館・□ 812.08/5105/:114（125/19496，十二葉半）。過錄本，首圖・甲四 2191；首圖縮印本 54 冊頁 22–27；北京

整理本頁 270–273。過錄本，中大圖書館・92636；中大整理本頁 136–139。[圖 284]

②曲盦鈔本，傅惜華舊藏，藝研院・曲 310.651/0.356（143232/9）。

③鈔本，傅斯年圖書館藏，T4-039；《俗文學叢刊》393 冊頁 415。

④鈔本，傅斯年圖書館藏，T4-040。

**別題：掛帛上墳**

百本張《子弟書目錄》："掛帛上墳。苦。二回。八佰。"《子弟書總目》頁 77 著錄。

版本：①清鈔本，故宮博物院藏，《故宮珍本叢刊》699 冊頁 225（據書衣題名字跡，知實爲百本張鈔本）。

**百年長恨　五回**

作者未詳。

《中國俗曲總目稿》頁 452 著錄，未註明曲類。《子弟書總目》頁 51 著錄。有刻本標"清音子弟書"。

演周生與王嬌鸞情變事。據《警世通言》第三十四卷"王嬌鸞百年長恨"改編。小說所敘爲明英宗時事。

江陽轍。各本原不分回，全篇 216 韻，可酌分爲五回。

版本：①光緒甲午（1894）盛京文盛書坊刻本（不分回，封面題"光緒甲午年元宵節新鐫/百年長恨/盛京文盛書坊"），東京都立圖書館藏。[圖 285]

②光緒三十一年（1905）盛京老會文堂重刻本（封面題"光緒乙巳季春之月重鐫/百年長恨/清音子弟書/盛京老會文堂"），傅惜華舊藏，藝研院・曲 310.651/0.356/07772/15（142878/3）。又，藝研院音樂所資料室・858.4/ShCh。按：此本爲將原文擠入一版，末葉改小字雙行排，並刊落末一韻。

③上海茂記書局石印本，傅斯年圖書館藏，T20-239。

④上海石印本"致"字，波多野太郎《子弟書集》收錄。按：石印本當據老

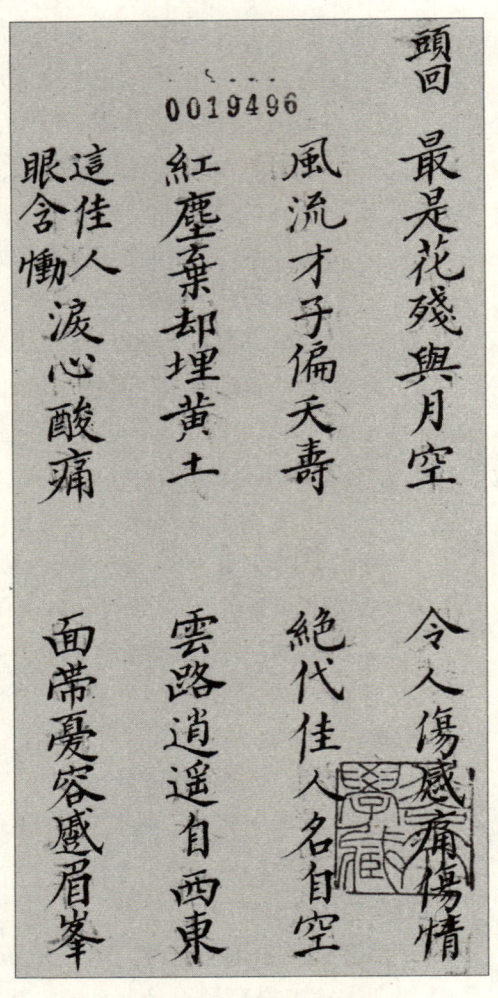

[圖 284] 車王府舊藏本《掛帛》

百年長恨　二
蒼天那怎不叫月而揔元花不鉑老了那怎不叫春而常在草常当
方可説花要鉑了結菓在由可結草要衰了留根長
吁人不如花与草轉眼空城两鬓霜
正是他見景生情〻不尽忽然间有座歉轤在那傍
吩咐使女挑瓜板心想消仇賣〻狂
你看他軽步連登花木架玉腕紮把絲絨轠
腰一梃脖一仰好似那手一動脚一忙一对彩鳳乱敖翔
先打白猿献真菓次打紫燕繞花樑
打个鴛鴦來赴水又打单鳳去朝陽
秀帶香裙翻上下金玲玉珮响叮噹
當時驚動那一个驚動周家讀書郎
扒着矬墻只一看原是二人女紅粧
佳人他把秋千打使女占立在一傍
只是鄰家王小姐自上而下細端詳
明松〻桂花油〻頭梳三把曲折〻蝴蝶水〻鬓抿两傍
黄登〻落鳳金釵左右插黑陣〻盘旋抓髻後邊仰

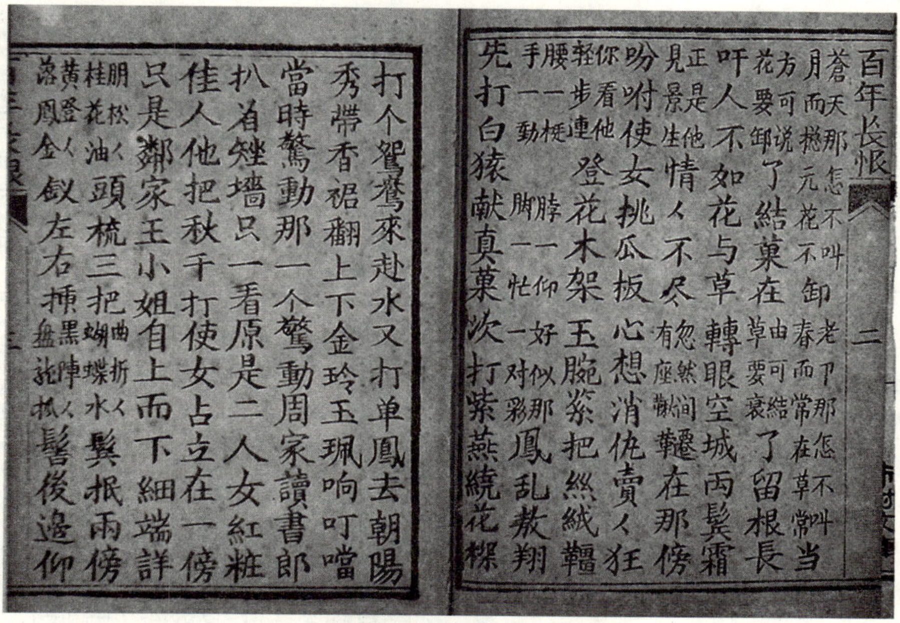

［圖 285］東京都立圖書館藏文盛書房刻本《百年長恨》

會文堂重刻本排印。

⑤石印本，傅惜華舊藏，藝研院・曲 310.651/0.356/33（07772）。

⑥石印本（每行三句，與“憶真妃”、“錦水祠”等合刊），傅惜華舊藏，藝研院・曲 310.651/0.356/4（142935）。

⑦石印本（封面作“王嬌鸞百相長恨”），傅惜華舊藏，藝研院・曲 310.651/0.356/3（142934）。《鼓詞彙集》第一輯 52–56 排印本。

## 談劍術　三回

作者未詳。

百本張《子弟書目録》：“談劍術。程元寶遇劍仙。三回。一吊二。”《中國俗曲總目稿》頁 323、《子弟書總目》頁 153 著録。

敍程元玉與韋十一娘論劍術事。本事出明胡汝嘉《韋十一娘傳》；此據《初刻拍案驚奇》卷四“程元玉店肆代償錢，十一娘雲崗縱譚俠”改編。

頭回言前轍，二回一七轍，三回遥條轍；分別爲 37、36、37 韻。

版本：①清鈔本，車王府舊藏，北大圖書館・□ 812.08/5105/:117（186/19557，十五葉）。過録本，首圖・甲四 2240；首圖縮印本 55 册頁 475–481；北京整理本頁 513–517。過録本，中大圖書館・92695；中大整理本頁 163–167。［圖 286］

②鈔本，傅斯年圖書館藏，T42–477；《俗文學叢刊》394 册頁 559。

③鈔本，傅斯年圖書館藏，T42–476。

**別題：韋娘論劍**

民初輯本《子弟書目錄》："《拍案驚奇》子弟書目錄。韋娘論劍。三回。"又《子弟書約選日記》："韋娘論劍。文筆明暢。計三回。徵近迷信。"未見傳本。

**雙官誥** 六回

傅惜華《子弟書總目》頁173題"間齋作"，未言所據；或謂明窗作，據結句："間筆墨明窗敷演《雙官誥》。"

百本張《子弟書目錄》："雙官誥。六回。二吊。"民初輯本《子弟書目錄》列入《明書》子弟書"。《綠棠吟館子弟書百種總目》卷十、《中國俗曲總目稿》頁344、《子弟書總目》頁173著錄。

演馮生外出，一妻一妾均嫁他人，婢碧蓮、僕馮仁將馮子養大，並教其向學。後馮生顯貴，子中進士，父子雙雙同歸故里。據清陳二白《雙官誥》傳奇"借貸"、"夜課"、"見鬼"、"榮歸"、"誥圓"等齣改編。

頭回〈苦志〉，由求轍；二回〈借債〉，言前轍；三回〈教子〉，中東轍；四回〈鬼驚〉，遙條轍；五回〈榮歸〉，人辰轍；六回〈誥圓〉，江陽轍。前五回每回40韻；第六回43韻。

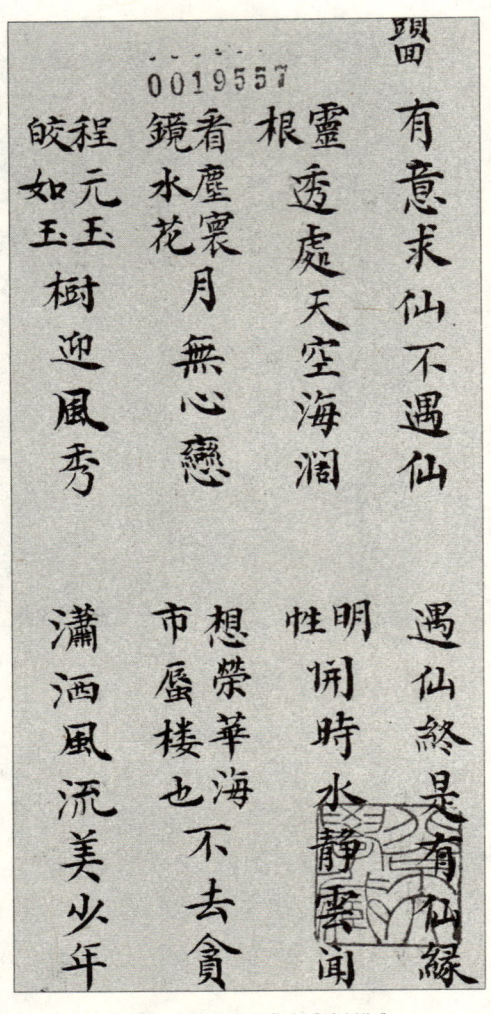

[圖286] 車王府舊藏本《談劍術》

版本：①清鈔本，車王府舊藏，北大圖書館・□ 812.08/5105/:122（255/19626，二十八葉半）。過錄本，首圖・甲四2309；首圖縮印本56冊頁28-41；北京整理本頁967-977。過錄本，中大圖書館・92741；中大整理本頁1290-1299。

②百本張鈔本，故宮博物院藏，《故宮珍本叢刊》698冊頁192。[圖287]

③光緒丙午（1906）鈔本，傅斯年圖書館藏，T43-493；《俗文學叢刊》393冊頁443（書衣題"光緒十柒年六月初十吉具"；內題"光緒丙午杏月念日初次抄寫/愛新氏塗"）。

④鈔本，傅斯年圖書館藏，T43-494。

⑤同治三年（1864）鈔本，不分回，傅氏《總目》謂有自藏本，今未見。

⑥民國初年鈔本，傅氏《總目》謂馬彥祥有藏，今藏處未詳。

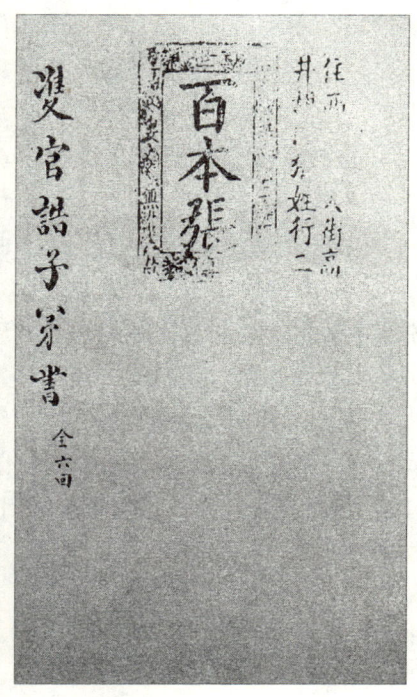

［圖 287］故宮藏百本張鈔本《雙官誥》

**別題：雙冠誥**

《子弟書約選日記》："雙冠誥。計六回。甚可選。碧蓮生之賢，老僕之義，殊可敬。"

## 珍珠衫　四卷（八回）

作者未詳。

《中國俗曲總目稿》頁 193、《子弟書總目》頁 76 著錄。

敘蔣興哥之妻王三巧與陳大郎有染，將蔣傳家寶珍珠衫贈陳，蔣得知，怒而休妻。三巧改嫁吳縣令。後蔣誤傷人命，適由吳審判，三巧為蔣求情，二人觸動舊情，被吳看破，吳成全二人。本事見《喻世明言》卷一 "蔣興哥重會珍珠衫"；此據《今古奇觀》第四十回改編。

中東轍。一卷 99 韻，二卷 67 韻，三卷 94 韻，四卷 76 韻。原不分回，可酌分作八回。

版本：①石印本（"雲"字號，十八行行四句），天津圖書館、傅斯年圖書館（T25-305）等有藏。［圖 288］

②石印本（"畢"字號，二十三行行四句），傅斯年圖書館藏，T25-306；《俗文學叢刊》400 冊頁 6211-635。

③石印本（十五行三句），傅斯年圖書館藏，T25-308。

④石印本（"天"字號，十六行行六句），東京大學東洋文化研究所永尾文庫藏。

⑤上海燮記書莊石印本（十九行行四句），首圖·集·丁9418（《鼓詞彙刊》之22）。

⑥石印本（封面題"繪圖珍珠衫"）二十四行行五句）藝研院藏（傅惜華舊藏，曲310.651/0.356/1-142932）。

【說明】此書四卷，封面題總書名"珍珠衫"，各本卷端各題"新刻珍珠衫子弟書詞卷一"、"新刻贈汗衫子弟書詞卷二"、"新刻循環報子弟書詞卷三"、"新刻汗衫記子弟書詞卷四"等。據其篇幅，每卷實含兩回，全篇共八回。

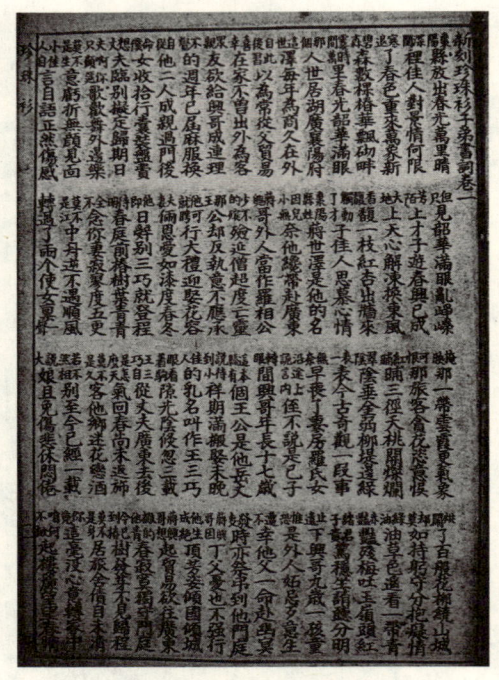

[圖288] 天圖藏石印本《珍珠衫》

### 珍珠衫　不分回

作者未詳。

未見著錄。有刻本注"清音子弟書"，《子弟書珍本百種》據以收錄。

擷取四卷本《珍珠衫》之第一卷及第二卷前半而成，單行本。

中東轍。94韻。相當於二回。

版本：①光緒三十二年（1906）海城文林書房刻本，藝研院·曲310.651/0.356/（07772/18）；《子弟書珍本百種》頁359–362據以排印。

【說明】刻本封面題："歲次丙午夏日新刊／珍珠衫／清音子弟書－海城文林書房"。篇首行云："棗林春光萬里晴，韶華滿眼亂崢嶸。"卷尾云："他二人說一回來笑一回，親一回來愛一回直到天明。到後來陳大郎接家書歸家探父，王三巧贈珠衫以表衷情。這就是陳大郎上樓奇觀一段，下接著蔣興哥歸家大鬧樓中。"按：唯卷尾此六句係新撰，作為結束，其他均同四卷本。

### 玉搔頭　五回

作者未詳。

《綠棠吟舘子弟書百種總目》卷九著錄。

演明武宗微服出行，因玉搔頭成就巧姻緣事。本事見清李漁《玉搔頭》傳奇。

頭回失回目名，中東轍，41韻；二回〈失玉〉，由求轍，39韻；三回〈奇緣〉，人辰轍，40韻；四回〈誤投〉；江陽轍，40韻；五回〈媲美〉，言前轍，40韻。

版本：①清鈔本，國家圖書館藏，98761；《子弟書珍本百種》頁335–342據以排印。

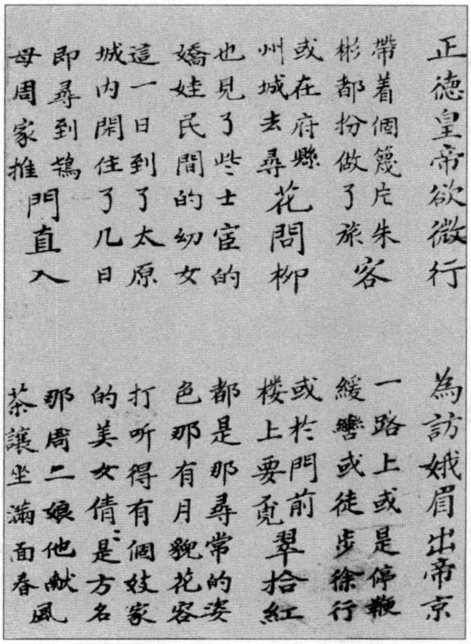
正德皇帝欲微行
帶着個篋片朱彬都扮做了旅客
或在府縣州城去尋花問柳
也見了些士宦的嬌娃民間的幼女
這一日到了太原城內閑住了几日
即尋到鴇母周家推門直入
為訪娥眉出帝京
一路上或是停鞭緩轡或徒步徐行
或於門前樓上要覓翠拾紅
都是那尋常的姿色那有月貌花容
打听得有個妓家的美女倩倩是方名
那周二娘他獻茶讓坐滿面春風

[圖 289] 國圖藏清鈔本《玉搔頭》

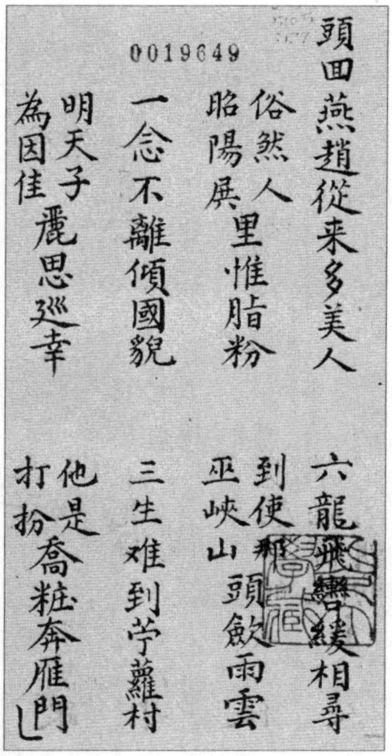
0019649
頭回
燕趙從来多美人
俗然人昭陽展里惟脂粉
一念不離傾國貌
明天子為因佳麗思巡幸
六龍飛轡緩相尋
到使那巫峡山頭斂雨雲
三生难到苧蘿村
他是打扮喬粧奔雁門

[圖 290] 車王府舊藏本《遊龍傳》

[圖 289]

**別題：萬年歡**

《子弟書珍本百種》卷末有説明，謂“一名萬年歡”。

## 遊龍傳 十六回

作者未詳。

百本張《子弟書目録》:“遊龍傳。正德戲鳳。粉。十六回。五吊。”別埜堂《子弟書目録》:“遊龍傳。正德戲鳳。十六回。五吊。”民初輯本《子弟書目録》:“遊龍傳。即戲鳳。八回。”列入“《明書》子弟書”。《中國俗曲總目稿》頁 286、《子弟書總目》頁 133 著録。

演正德皇帝調戲店主李鳳姐事。本事見《江南傳》第三十六回及《正德白牡丹傳》四十二回。清梆子腔有《戲鳳》，乾隆間刊《綴白裘》收録；又唐英有《梅龍鎮》傳奇，皮黄有《美龍鎮》，均演此事。

頭回、二回人辰轍，36、33 韻；三回、四回姑蘇轍，36、32 韻；五回、六回中東轍，36、32 韻；七回、八回一七轍，36、32 韻；九回、十回江陽轍，36、33 韻；十一回、十二回灰堆轍，36、32 韻；十三回、十四回遥條轍，36、32 韻；十五回、十六回發花轍，36、32 韻。

版本：①清鈔本，車王府舊藏，北大圖書館 · □ 812.08/5105/:127（278/19649，七十一葉）。過録本，首圖 · 甲四 2332；首圖縮印本 54 册頁 146–176；北京整理本頁 1342–1363（題"遊龍傳"）。過錄本，中大圖書館·90815；中大整理本頁 1269–1289。［圖 290］

②百本張鈔本（內題"粉"字），傅惜華舊藏，藝研院·曲 310.651/0.356（142820）。

③別埜堂鈔本，傅惜華舊藏，藝研院·曲 310.651/0.356（139257–139264）。

④鈔本，傅斯年圖書館藏，T–669（據總目稿，當有此篇，唯今藏者歸入"遊龍戲鳳"目下）。

⑤鈔本，傅氏《總目》謂馬彥祥有藏，今藏處未詳。

別題一：遊龍戲鳳

《中國俗曲總目稿》頁 606、《子弟書總目》頁 133 著錄。

版本：①鈔本，傅斯年圖書館藏，T–670；《俗文學叢刊》393 冊頁 509。

別題二：美龍鎮

未見著錄。

版本：①百本張鈔本，傅惜華舊藏，藝研院·曲 310.651/0.356（142820），另裝封衣題作"美龍鎮"，書衣原題作"遊龍傳子弟書"，參前文。

別題三：戲鳳

未見著錄。

版本：①百本張鈔本（三冊），鄭振鐸舊藏，國家圖書館藏，119222/1-3。

## 富春院　二回

作者未詳。

《子弟書總目》頁 129 著錄。

演明代正德年間王景隆與玉堂春相戀故事，至王景隆被趕出富春院止。本事見《警世通言》卷二十四"玉堂春落難逢夫"。

言前轍，九十韻，相當於二回。

版本：①民初石印本"辰"字號（每行四句本），傅斯年圖書館藏（KUIV3–046）。［圖 291］

②民初石印本（每行五句本），傅斯年圖書館藏（KUIV5–515）。

## 三笑姻緣　五回

作者未詳。

百本張《子弟目錄》："三笑姻緣。唐伯虎。五回。二吊。"別埜堂《子弟書目》："三笑姻緣。唐伯虎。五回。一吊八。"《中國俗曲總目稿》頁 402《子弟書總目》頁 28 著錄。

演唐伯虎點秋香之事。本事見明人《涇林雜記》。明孟稱舜有《花前一笑》雜劇、卓文月有《花舫緣》傳奇，清人有《三笑姻緣》傳奇、《笑中緣》彈詞等，均演此事。

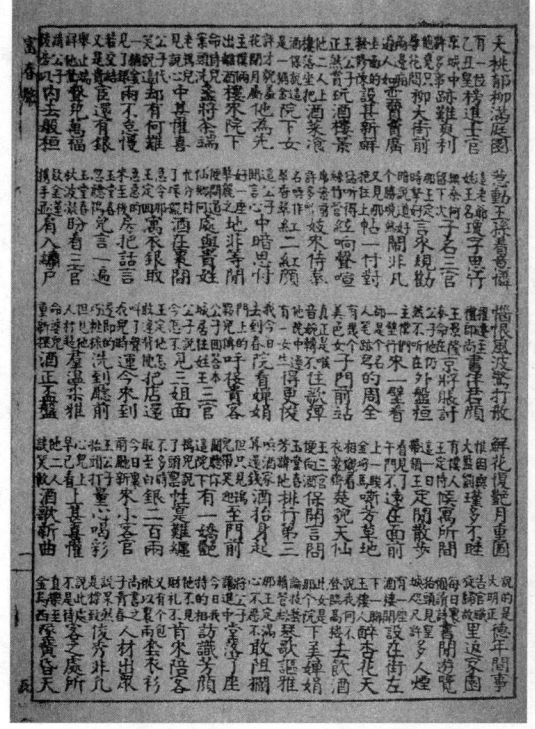 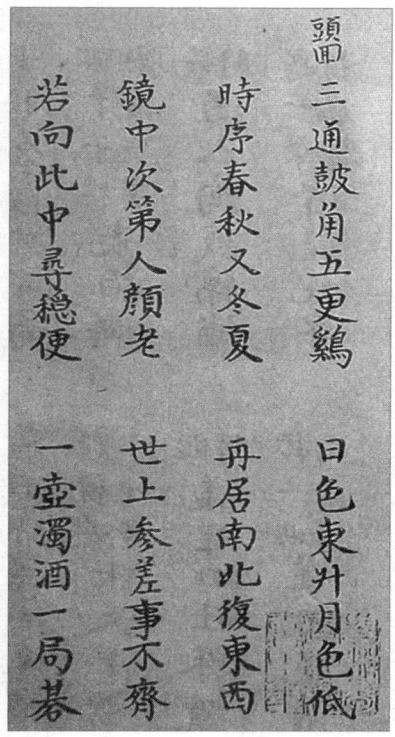

［圖291］傅斯年圖書館藏石印本《富春院》　　［圖292］首圖藏車王府舊藏《三笑姻緣》

頭回一七轍、二回中東轍、三回江陽轍、四回由求轍、五回言前轍。第四回52韻，餘均爲53韻。

> 版本：①清鈔本，車王府舊藏，首圖·甲四1317/2；首圖縮印本53册頁430–445；北京整理本頁1632–1641。［圖292］
> ②鈔本，傅斯年圖書館藏，T–543；《俗文學叢刊》394册頁13。
> ③鈔本，傅斯年圖書館藏，T–546、T–547。按：陳錦釗《子弟書之題材來源及其綜合研究》頁86，謂傅圖藏本種中，其一封底題"光緒十七年［1891］六月伏日寫於樂善堂書室之南窗下"，後有一滿文題名，此題今已不可見。

**別題：三笑緣**

民初輯本《子弟書目錄》："《明書》子弟書目錄。三笑。五回。"

> 版本：①民初鈔本，傅氏《總目》謂馬彥祥有藏，當即民初輯本《子弟書目錄》著錄者，今藏處未詳。

## 何必西廂　十三回

作者鶴侶。卷首詩篇云："**鶴侶氏**閒筆重描梅花夢，且看張夢晉他能體溫柔意方是大英雄。"

百本張、別埜堂《子弟書目錄》均著作："何必西廂。不是西廂。明朝才子張靈。十三回。四吊四。"民初輯本《子弟書目錄》列入"《明書》子弟書";《子弟書總目》頁59著錄。

頭回〈丐飲〉，中東轍；二回〈舟會〉，言前轍；三回〈觀圖〉，懷來轍；四回〈夢姑〉，故蘇轍；五回〈冒婚〉，一七轍；六回〈割肉〉，由求轍；七回〈奪美〉，江陽轍；八回〈替主〉，灰堆轍；九回〈逼婚〉，發花轍；十回〈遇寇〉，梭撥轍；十一回〈認女〉，遥條轍；十二回〈獲醜〉，乜斜轍；十三回〈義辭〉，人辰轍。第九回43韻；其餘各回均爲40韻。

演才子張夢晉與崔素瓊的曲折悲歡故事。本事見黄周星《補張靈崔瑩合傳》及清錢維喬《乞食圖》傳奇。此當據雍正間心鐵道人所著同名彈詞《何必西廂》（一名"梅花夢"）改編。

版本：①清鈔本，車王府舊藏，首圖·甲四1317/1；首圖縮印本53册頁464-493；北京整理本頁1509-1530。[圖293]
②百本張鈔本，存八至十二，傅惜華舊藏，藝研院·曲310.651/0.356/12（150374）。
③鈔本，傅氏《總目》謂馬彥祥有藏，今藏處未詳。

**别題：梅花夢**

《中國俗曲總目稿》頁241、《子弟書總目》頁111著錄。唯傅目未考此篇與《何必西廂》實爲一篇，誤作爲兩篇著錄。

版本：①鈔本，傅斯年圖書館藏，T30-366；《俗文學叢刊》394册頁85。
②鈔本，傅斯年圖書館藏，T30-367。

## 盜令牌 一回

作者未詳。

百本張《子弟書目錄》："盜令牌。一回。四佰。"《中國俗曲總目稿》頁259、《子弟書總目》頁121著錄。

演俠女趙翠兒計盜令牌，救舒德溥逃生之事。本事見朱素臣《翡翠園》傳奇十三齣"盜牌"；此據崑腔折子戲《盜令》改編。

發花轍，36韻。

版本：①清鈔本，車王府舊藏，北大圖書館·□812.08/5105/:113（104/19475，四葉）。過録本，首圖·甲四2165；首圖縮印本55册頁362-364；北京整理本頁217。過録本，中大圖書館·92615；中大整理本頁618-619。
②曲盒鈔本，傅惜華舊藏，藝研院·曲310.651/0.356/2（143231/4）；《子弟書叢鈔》頁676-678據同一版本排印。
③百本張鈔本，傅斯年圖書館藏，T31-388-1；《俗文學叢刊》394册頁1；又一部，T31-388-2。[圖294]
④鈔本，傅斯年圖書館藏，T31-389-1。

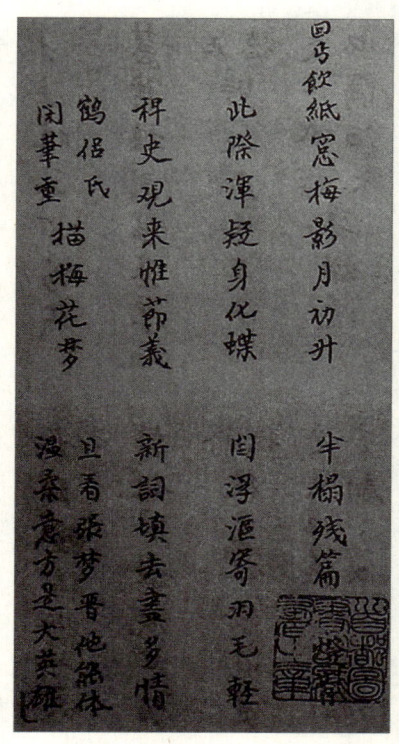

［圖293］首圖藏車王府舊藏本《何必西廂》　　［圖294］傅斯年圖書館藏百本張鈔本《盜令牌》

⑤鈔本，傅斯年圖書館藏，T31-389-2。

**別題：盜牌**

民初輯本《子弟書目錄》："《翡翠園》子弟書目錄。盜牌。一回。"

未見傳本。

## 刺湯　一回

作者未詳。

民初輯本《子弟書目錄》著錄有"一回"本，列入"《一捧雪》子弟書目錄"。《綠棠吟舘子弟書百種總目》卷十一《子弟書總目》頁67著錄。又《集錦書目》第26句："見六街上賣刀試刀，齊陳相罵，鬧學**刺湯**。"

演雪豔刺死湯勤後自刎。本事見清李玉《一捧雪》傳奇第二十齣"誅奸"，此據崑曲折子戲《刺湯》改編。

江陽轍，50韻。

版本：①百本張鈔本，故宮博物院藏，《故宮珍本叢刊》697冊頁318。［圖295］

　　　②《舊鈔北平俗曲》本，劉復舊藏，現歸民族圖書館；《子弟書珍本百種》頁343–345據以排印。

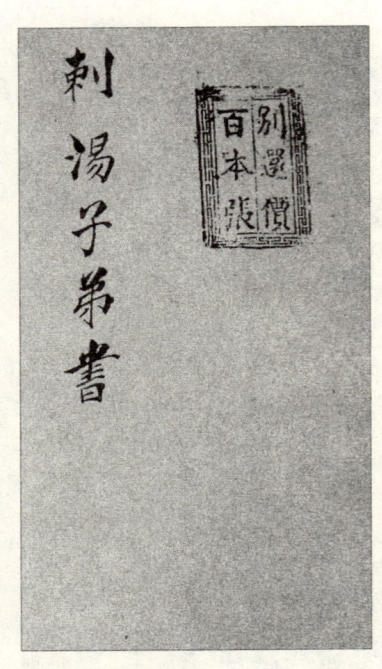

［圖295］故宮藏百本張鈔本《刺湯》

③鈔本，傅斯年圖書館藏，T4-038-1。
④鈔本，傅斯年圖書館藏，T4-038-2；《俗文學叢刊》394冊收錄。
⑤鈔本，北京師範大學圖書館藏。
⑥精鈔本，傅氏《總目》謂有自藏本，今未見。

**別題：雪豔刺湯**

百本張《子弟書目錄》：“雪豔刺湯。祭姬以前，苦。一回。四佰。”（一本價格作“五佰”）樂善堂《子弟大鼓書目錄》著錄，書價“三佰文”。又《子弟書總目》頁107著錄。

版本：①百本張鈔本（據書衣字跡判定），故宮博物院藏，《故宮珍本叢刊》699冊頁184。

【説明】此篇卷首作：“湯勤趁醉尋佳約，準備今夕汙雪娘。到門前袍袖一麾家丁漫散，渾身輕佻滿腹不良。”結句作：“這佳人哄信了家丁將刀自刎，身全仇報萬古名揚。”

## 刺湯 二回

作者芸窗。據首句：“半啟芸窗翰墨香，瀟瀟風雨助淒涼。”

民初輯本《子弟書目錄》著錄有《刺湯》“二回”本，列入“《一捧雪》子弟書目錄”。並見《子弟書總目》頁67著錄。

所演故事及本事來源同上條。

頭回江陽轍，二回中東轍。每回41韻。

版本：①文萃堂刻本（封面題“京都新刻/刺湯子弟書/文萃堂梓行”），傅惜華舊藏，藝研院·曲 310.651/0.356（136585）；又一種，失封面，142883。又，國家圖書館藏兩本，98712、98713。又，日本早稻田大學風陵文庫藏，F400-Z320。又，日本九州大學濱文庫藏兩本，集·162-8；集·162-9。波多野太郎《子弟書集》、《子弟書選》頁277-280（作者題作"芸窗"）、《子弟書叢鈔》頁667、《子弟書珍本百種》頁346-349等均據同一版本影印或排印。[圖296]

②光緒二十七年（1901）鈔本，傅惜華舊藏，藝研院·曲 310.651/0.356（139376，上下兩卷）。

[圖296] 九州大學藏文萃堂刻本《刺湯》

③鈔本，北京師範大學圖書館藏，858.4/701.3。

**別題一：雪豔刺湯**

《子弟書總目》頁107著錄。

版本：①《子弟書叢鈔》頁667-672排印本，據嘉道間文萃堂刻本排印。

**別題二：審頭刺湯**

《中國俗曲總目稿》頁629，未題曲類。按：此書後來亦作為鼓詞演出。

版本：①民國十三年（1924）齊嘉笨編《鼓曲彙編》排印本收錄，用此題，正文多用別字，雙紅堂文庫等有藏。

②北京中華印刷局排印本，雙紅堂文庫藏，戲曲·190唱本之第40縈第10冊。

③北京打磨廠泰山堂排印本，雙紅堂文庫藏，戲曲·190唱本之第55縈第7冊。

【說明】此篇卷首作："半啟芸窗翰墨香，蕭蕭風雨助淒涼。每向名媛留佳句，今將烈女寄瑤章。"結句作："大事畢響叮嚀我自刎於堂上，半酬夫志半留名。"

## 祭姬 一回

作者未詳。

百本張、別墅堂《子弟書目錄》均著錄作："祭姬。一回。四佰。"樂善堂《子弟大鼓書目錄》著錄，書價"二佰文"。民初輯本《子弟書目錄》列入"《一捧雪》子弟書目錄"。並見《綠棠吟舘子弟書百種總目》卷十、《中國俗曲總目稿》頁30、《子弟書總目》

頁 116 著錄。《子弟書約選日記》:"祭姬,可選。"

演戚繼光祭奠雪豔事。本事見清李玉《一捧雪》傳奇第二十一齣"哭癡",此據昆曲折子戲《祭姬》改編。

江陽轍,36 韻。

版本:①清鈔本,車王府舊藏,北大圖書館・□ 812.08/5105/:113(98/19469,四葉半)。過錄本,首圖・甲四 2152;首圖縮印本 54 冊頁 129-131;北京整理本頁 204-205。過錄本,中大圖書館・92609;中大整理本頁 620-621。[圖 297]

②別埜堂鈔本,傅惜華舊藏,藝研院・曲 310.651/0.356/29(150391)。《子弟書叢鈔》頁 673-675 據同一版本排印。

③曲盦鈔本,傅惜華舊藏,藝研院・曲 310.651/0.356/3(143232)。

④鈔本,國家圖書館藏,35558(《子弟書》卷七)。

⑤舊鈔本,藝研院・曲 319.651/0.582/8.160,歸入杜穎陶舊藏。按:傅氏《總目》著錄有程硯秋舊藏本,而無杜氏本,疑兩本原是一本。

⑥聚卷堂鈔本,國家圖書館藏,98809。

⑦鈔本,傅斯年圖書館藏,T7-080;《俗文學叢刊》394 冊頁 349。

⑧鈔本,傅斯年圖書館藏,T7-079。

⑨民初鈔本,傅氏《總目》謂馬彥祥有藏,今藏處未詳。

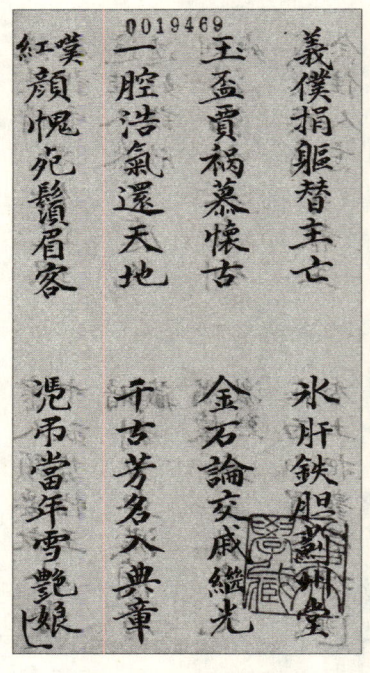

[圖 297] 車王府舊藏本《祭姬》

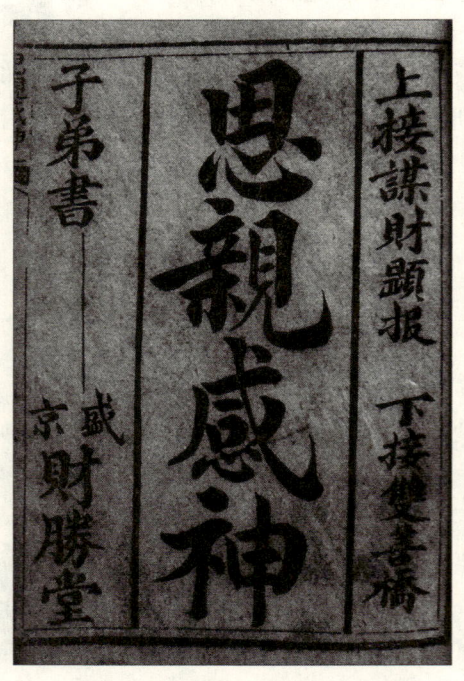

[圖 298] 藝研院藏財勝堂刻本《思親感神》

### 思親感神  二回

作者未詳。

未見著錄。有財勝堂刻本封面題"子弟書",故予收錄。

演明嘉靖時,孟繼祥赴廣東貿易,因故羈遲,妻在家奉事婆母,有無賴詿稱繼祥病故,誘其妻改嫁,自縊不從。繼祥思親,感動關帝,送其即刻回家。上接《謀財顯報》,下接《雙善橋》。據其內容,或移自善書。

人辰轍,110 韻。原不分回,可酌分爲二回。

版本:①清盛京財勝堂刻本,藝研院·曲 310.651/0.356/07772/26(封面題"上接謀財顯報、下接雙善橋 / 思親感神 / 子弟書 – 盛京財勝堂")。[圖 298]

### 佛門點元  不分回

作者未詳。

《中國俗曲總目稿》頁 476 著錄,未標注曲類歸屬。今據石印本同輯多爲子弟書,體式亦合,姑錄以備考。

敍明嘉靖時,吳總鎮因鎮關失守,亂中棄其初生之女而逃,保安寺僧人悟空發現後予以收養,後又收下孤兒金鶴元,數年後,此二人私定終身。又趙員外之女被害,現場留一僧帽,王知府巡察至保安寺見吳女,誤悟空爲兇人。適吳總鎮官復原職爲總兵,過訪王知府,席間議及此案,傳見吳女,父女相認。鶴元中狀元榮歸,悟空昭雪。據梆子戲《佛門點元》改寫。

中東轍,180 韻,相當於五回。

版本:①北京石印本,傅斯年圖書館藏,KUIV-4-89。

②石印本("射"字號),首圖·集·丁 9418(《鼓詞彙刊》之 23)。[圖 299]

**別題:佛門點將**

《中國俗曲總目稿》頁 477 著錄。

版本:①石印本("集"字),天津圖書館藏。

②上海茂記書莊石印本,傅斯年圖書館藏,DG3-40。

③石印本(與《夢中夢》《馬跳潭溪》《舌戰群儒》等合刊),傅斯年圖書館藏,T36-428。

④上海大成書局石印本,傅惜華舊藏,今歸藝研院。

【說明】篇末作"言盡了佛門點緣一奇事,看起來因果緣分有報應",故"點元"亦即"點緣"。

### 炎天雪  一回

作者竹軒。首句云:"長夏**竹軒**苦睡魔,閒情翻檢舊書閣。"

《中國俗曲總目稿》頁 155、《子弟書總目》頁 61 著錄。

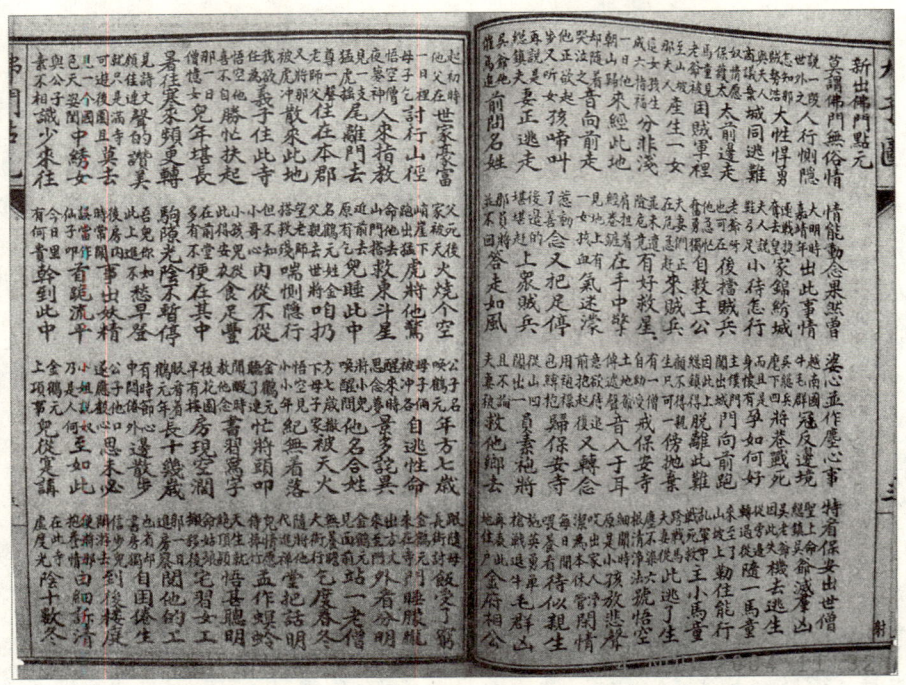

［圖299］首圖藏石印本《佛門點元》

敍竇娥蒙冤，臨刑前與婆婆話別事。本事出關漢卿《竇娥冤》雜劇。明袁于令衍爲《金鎖記》傳奇，此事在第二十三齣"赴市"，又，時代改爲明代，結局改成團圓。道光間《春台班戲目》有折子戲《斬竇娥》，即此書所據。

梭撥轍，50韻。

版本：①清鈔本，車王府舊藏，北大圖書館·□812.08/5105/:112（77/19448，六葉半）。過錄本，首圖·甲四2140；首圖縮印本53冊頁427-430；北京整理本頁159-160。過錄本，中大圖書館·92588；中大整理本頁622-623。［圖300］

②鈔本，傅斯年圖書館藏，T21-254；《俗文學叢刊》393冊頁239。

③鈔本，傅斯年圖書館藏，T21-253。

**別題：斬竇娥**

百本張《子弟書目錄》："斬竇娥。苦。一回。四佰。"（一本價格作"五佰"）樂善堂《子弟大鼓書目錄》著錄，書價"三佰文"；民初輯本《子弟書目錄》列入"《炎天雪》子弟書目錄"。《綠棠吟舘子弟書百種總目》卷十、《子弟書總目》頁108著錄。又《子弟書約選日記》："斬竇娥。無甚意味，然可教盲生。"

版本：①百本張鈔本，程硯秋舊藏，藝研院·曲319.651/0.582/5.48。又，國家圖書館藏，98789/4。又，雙紅堂文庫藏，·戲曲·213，波多野太郎《子弟書集》據以收錄；《子弟書叢鈔》頁266-269據同一版本排印。

②清鈔本，故宮博物院藏，《故宮珍本叢刊》698 冊頁 231（據書衣題名字跡，知實爲百本張鈔本）。
③民初鈔本，傅氏《總目》謂馬彥祥有藏，今藏處未詳。
④《子弟書選》頁 352–353 排印本。當據程硯秋藏本排印。

## 樓會　二回

作者未詳。

《子弟書總目》頁 158 著錄。

所演故事當出崑曲折子戲《樓會》。此折出自明末袁于令所撰《西樓記》傳奇第八齣"病晤"。演穆素徽在西樓上與于郎相會，共定百年之約。

版本：①鈔本，傅氏《總目》謂馬彥祥有藏，今藏處不詳。

　　別題：西樓記

民初輯本《子弟書目錄》："《西樓記》子弟書目錄。西樓記。二回。"此本既取材於《西樓記》，且爲二回，當即《樓會》子弟書之別題，今錄於此。

未見傳本。

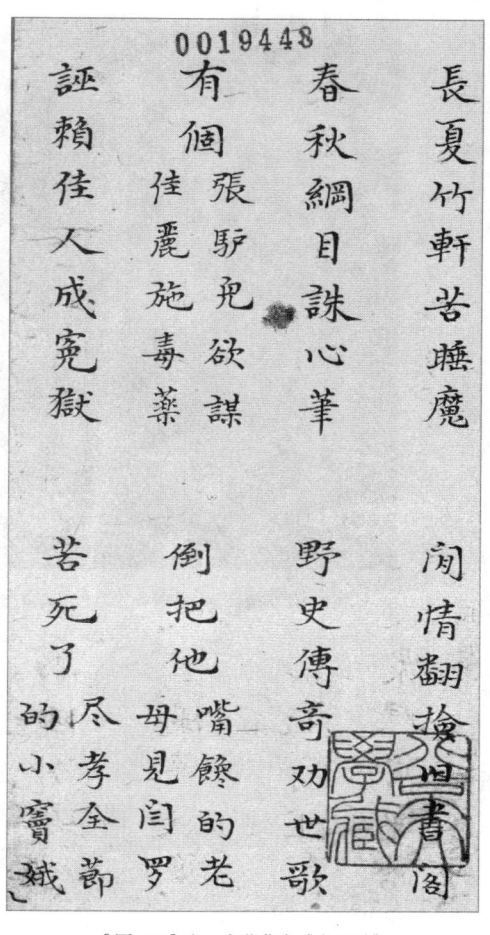

［圖300］車王府舊藏本《炎天雪》

## 杜十娘怒沉百寶箱　五回

作者未詳。

未見著錄。

演李甲與杜十娘之事。本事出明宋懋澄《負情儂傳》，此據《警世通言》第三十三卷"杜十娘怒沉百寶箱"改編。

前二回人辰轍，分別爲 54、50 韻；後三回江陽轍，分別爲 43、45、42 韻；

版本：①清鈔本，國家圖書館藏，119990。［圖 301］

　　別題：百寶箱

民初輯本《子弟書目錄》："《明書》子弟書目錄。百寶箱。四回。"當即此篇。又《集錦書目》第 36 句："又有商賈雜陳**百寶箱**。"

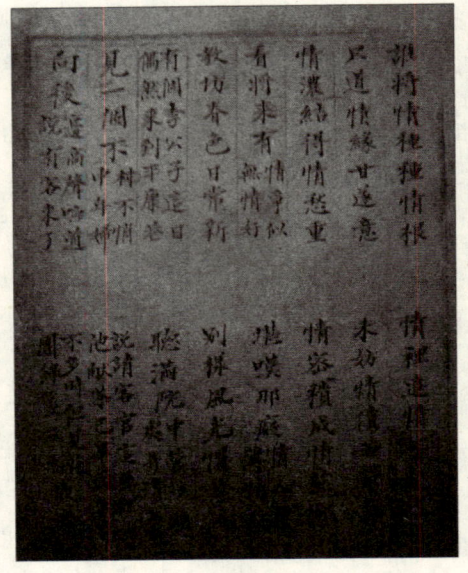 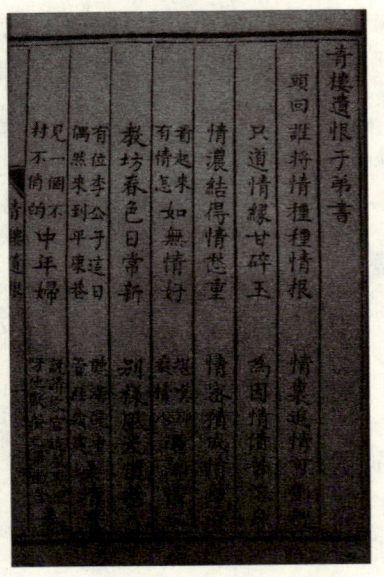

［圖301］國圖藏清鈔本《杜十娘怒沉百寶箱》　　［圖302］國圖藏民國鈔本《青樓遺恨》

版本：①鈔本（四回），傅惜華舊藏，帶曲譜，藝研院·曲310.64/0.125（140810-140811）。

【說明】此篇卷首作："誰將情種種情根，情裡追情可斷魂。只道情緣甘遂意，未妨情債苦縈身。"結句作："傲青樓壓倒平康脂粉輩，惟有這怒沉百寶杜十娘。"

### 青樓遺恨　二回

作者未詳。

未見著錄。

此篇實據上條《杜十娘怒沉百寶箱》選錄前兩回。人辰轍。

版本：①民國鈔本，國家圖書館藏，35558（《子弟書》卷七）。［圖302］

【說明】篇首作："誰將情種種情根，情裏追情可斷魂。只道情緣甘碎玉，爲因情債苦溶身。情濃結得情愁重，情密積成情孽深。看起來有情怎如無情好，堪嘆那癡情人遇薄情人。"第二回結句作："自喫得觥籌交錯夜闌方散，待明朝旂亭折柳再送行人。"

### 百寶箱　三回

作者未詳。

百本張《子弟書目錄》："百寶箱。接青樓遺恨。三回。一吊五。"樂善堂《子弟大鼓書目錄》著錄，書價"九佰文"。並見《中國俗曲總目稿》頁134、《子弟書總目》頁52著錄。又《集錦書目》第36句："又有商賈雜陳百寶箱。"

演李甲與杜十娘之事，至孫富邀李甲過舟止。本事出明宋懋澄《負情儂傳》，此據《警世通言》第三十三卷"杜十娘怒沈百寶箱"改編。本篇所敍故事未完，下接《青樓遺恨》篇始全；但與本篇相續之《青樓遺恨》子弟書，今未見傳本。

本篇當從上條《杜十娘怒沈百寶箱》析出，唯末回加以改動而成。

人辰轍。分別爲 54、50、50 韻。

版本：①清鈔本，車王府舊藏，北大圖書館·□ 812.08/5105/:118（200/19671，二十葉半）。過錄本，首圖·甲四 2254；首圖縮印本 53 冊頁 455–463；北京整理本頁 604–610。過錄本，中大圖書館·92709；中大整理本頁 624–629。[圖 303]

②鈔本，傅斯年圖書館藏，T20–244；《俗文學叢刊》394 冊頁 361。

③鈔本，傅斯年圖書館藏，T20–243。

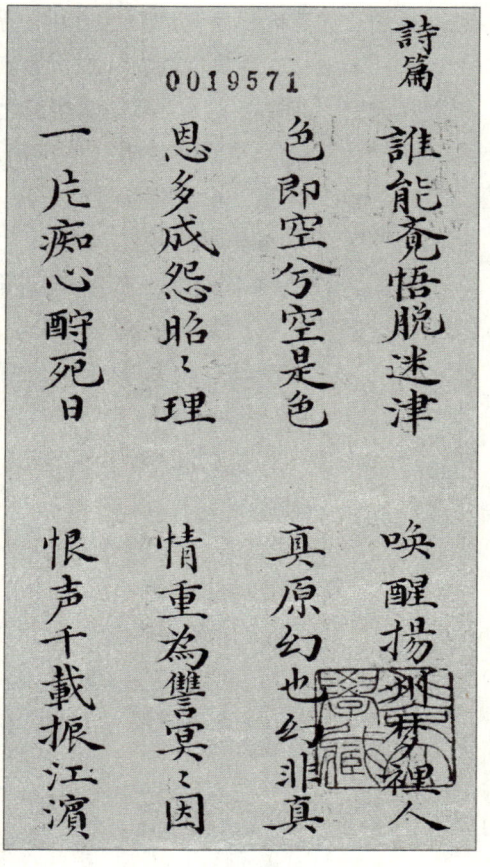

[圖 303] 車王府舊藏本《百寶箱》

**別題一：沉百寶箱**

版本：①清鈔本，故宫博物院藏，《故宫珍本叢刊》699 冊頁 268（據書衣題名字跡，知實爲百本張鈔本）。

**別題二：青樓遺恨譜**

《子弟書總目》頁 62 著録，但將此本歸入五回本《青樓遺恨》内，非。

版本：①清鈔本（帶工尺譜；書衣題"子弟書青樓遺恨譜"），傅惜華舊藏，藝研院·曲 310.64/0.125（140810-11）。

【説明】此篇卷首作："誰能覺悟脱迷津，喚醒揚州夢裡人。色即空兮空是色，真原幻也幻非真。"結句作："那知道這孫富心中懷奸計，只等那李生醉後好把鬼計云。"

## 青樓遺恨  五回

作者未詳。

百本張《子弟書目録》："青樓遺恨。杜十娘。五回。一吊八。"樂善堂《子弟大鼓書目録》著録，書價作"三吊文"。民初輯本《子弟書目録》列入"《明書》子弟書"。並見《綠

《棠吟舘子弟書百種總目》卷十七、《中國俗曲總目稿》頁509、《子弟書總目》頁62 著錄。

演杜十娘被李甲賣與孫富，怒沉百寶箱投江自殺。本事來源同前。按：據此篇内容實獨立成篇，而非前文《百寶箱》所記之續篇。

頭回江陽轍，二回言前轍，三回由求轍，四回言前轍，五回人辰轍。分別爲38、39、35、49、36韻。石印本有回目：第一回〈娶妻〉，第二回〈躲風〉，第三回〈盤李〉，第四回〈露箱〉，第五回〈投江〉。

版本：①清鈔本，車王府舊藏，北大圖書館・□ 812.08/5105/:121（251/19622，二十五葉半）。過錄本，首圖・甲四2305；首圖縮印本54冊頁1-12；北京整理本頁937-944。過錄本，中大圖書館・92737；中大整理本頁630-637。［圖304-1］

②百本張鈔本，傅氏《總目》謂馬彦祥有藏，今藏處未詳。

③鈔本，傅斯年圖書館藏，T-578-1；《俗文學叢刊》394冊頁405。

④鈔本，傅斯年圖書館藏，T-578-2。

⑤光緒十八年（1892）會文山房刻本（封面題："光緒壬辰新秋上澣鐫／青樓遺恨／清音子弟書／會文山房藏板"），藝研院・曲310.651/0.356（07772/4）。

⑥光緒三十一年（1905）老會文山房刻本（封面題："光緒乙巳季春之月重刊／青樓遺恨／清音子弟書／盛京老會文山房印"），藝研院音樂所資料

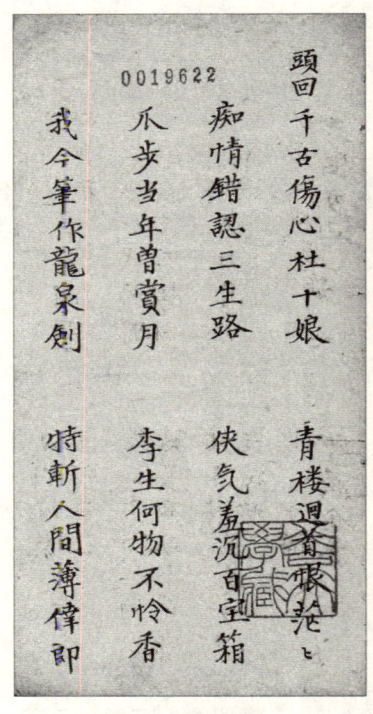

［圖304-1］車王府舊藏本《青樓遺恨》

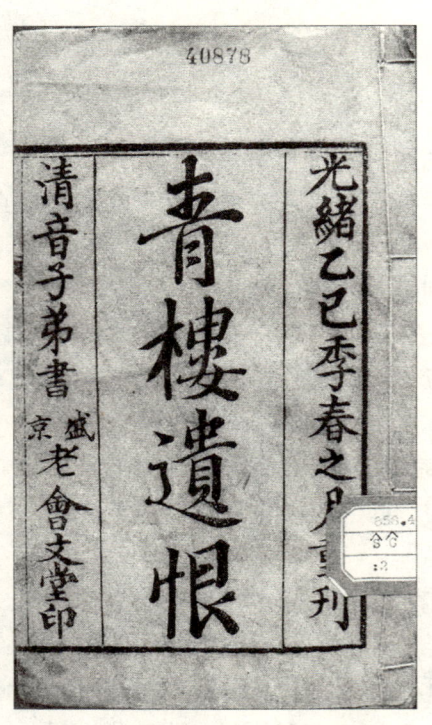

［圖304-2］藝研院藏老會文堂刻本《青樓遺恨》

　　　　⑦石印本，傅斯年圖書館藏，T-579。又，傅惜華舊藏，藝研院·曲
　　　　　310.651/0.356/4。
　　　　⑧民國石印本"月"字，國家圖書館藏，98087。
　　　　⑨《鼓詞彙集》第一輯排印本頁 123-131。
　　　　⑩《子弟書選》頁 202-210 排印本，謂作者"傳爲"韓小窗。
　　**別題**：杜十娘怒沉百寶箱
　　　版本：①石印本（"月"字，據清刻本翻印，分五回），天津圖書館（集部－曲類－
　　　　　彈詞 6745）、藝研院、傅斯年圖書館等有藏。
　　　　②上海椿蔭書莊石印本，傅斯年圖書館藏，T-756。
　　　　③石印本（"露"字），傅惜華舊藏，藝研院·曲 310.651/0.356/3（142934）。
　　　　④寶文堂排印本，傅斯年圖書館藏，KUIII-11-231。
　　　　⑤北平學古堂排印本，早稻田大學風陵文庫藏，F400-M221。
　　　　⑥民初鉛印本，傅斯年圖書館藏，T-755。
　　【説明】會文山房刻本卷首有題辭："心思費盡，描寫杜十娘一片痴心，李生一派負心，孫富一種淫心，柳遇春一點良心，青樓姊妹一團熱心，作者一段會心，讀者一般賞心。余本無心，故而專心，以公同心，庶幾快心恍心。問吾居心，居心在焉。爲此留心，以待知心。未儒流題於静樂軒下。"未儒流即二淩居士。此刻本經過其修改，末尾十韻文字全别。石印本又據會文山房刻本訂正修改而成。
　　　此篇卷首作："千古傷心杜十娘，青樓回首恨茫茫。痴情錯認三生路，俠氣羞沉百寶箱。"篇末作："悲又喜說原來如此十娘仙去也，對明珠閑吟一律超度亡靈。"會文山房刻本及石印本篇末作："結果了青樓一往十年恨，方可信弄筆的先生不是冬烘。"

## 百寶箱　一回

　　作者未詳。
　　未見著錄。
　　此爲五回本《青樓遺恨》第一回之選錄本。
　　版本：①鈔本，國家圖書館藏，35558（《子弟書》卷七）。
　　【説明】卷首作："千古傷心杜十娘，青樓回首恨茫茫。痴情錯認三生路，俠氣羞沉百寶箱。"

## 吒美　一回

　　作者未詳。
　　百本張《子弟書目錄》："吒美。一回。四佰。"（一本價格作"五佰"）民初輯本《子弟書目錄》列入"《風箏誤》子弟書目錄"。並見《中國俗曲總目稿》頁 17《子弟書總目》

頁 82 著録。

演韓生誤以爲新娘是醜女，及見，詫其美貌。據清李漁《風箏誤》傳奇第二十九齣《詫美》改編。

灰堆轍。48 韻。

版本：①清鈔本，車王府舊藏，北大圖書館·□ 812.08/5105/:113（103/19474，五葉）。過録本，首圖·甲四 2164；首圖縮印本 55 冊頁 308-311；北京整理本頁 215。過録本（題"詫姜"），中大圖書館·92614；中大整理本頁 159-160（題"詫姜"）。

②百本張鈔本，故宮博物院藏，《故宮珍本叢刊》697 冊頁 250（題"詫美"）；又，傅斯年圖書館藏；《俗文學叢刊》394 冊頁 461；又，國家圖書館藏，98789/1。[圖 305]

③鈔本，傅斯年圖書館藏，T4-036。

④光緒丙午（1906）鈔本（内題"丙午桃月念八日抄/愛新氏塋"），傅斯年圖書館藏，T4-035。

⑤曲盦鈔本，傅惜華舊有藏，今未訪見。

## 意中緣 八回

作者未詳。

百本張《子弟書目録》："意中緣。才子佳人，董思伯買畫。情。八回。三吊。"別埜堂《子弟書目録》："意中緣。八回。三吊。"樂善堂《子弟大鼓書目録》著録，書價"二吊四"。民初輯本《子弟書目録》列入"《明書》子弟書"。並見《中國俗曲總目稿》頁 272、《子弟書總目》頁 131 著録。

演董其昌與楊雲友、陳眉公與林天素才子配佳人故事。據李漁《意中緣》傳奇改編。

頭回姑蘇轍、二回一七轍、三回懷來轍、四回由求轍、五回梭撥轍、六回乜斜轍、七回發花轍、八回遥條轍。每回 50 韻。

版本：①清鈔本，車王府舊藏，北大圖書館·□ 812.08/5105/:123（263/19634，五十五葉）。過録本，首圖·甲四 2317；首圖縮印本 54 冊頁 176-199；北京整理本頁 1064-1078。過録本，中大圖書館·92350；中大整理本頁 140-154；歷史語言研究所過録本，傅斯年圖書館藏，T-760。[圖 306]

②別埜堂鈔本，程硯秋舊藏，藝研院·曲 319.651/0.582/5.92（殘存第二、五、六、七、八回）。

③百本張鈔本，吴曉鈴舊藏，首圖·己 461（殘存乾、坎、巽三卷三回）。

④鈔本，傅斯年圖書館藏，T32-401；《俗文學叢刊》394 冊頁 219。

⑤鈔本，傅斯年圖書館藏，T32-400。

⑥鈔本，傅斯年圖書館藏，T33-402。

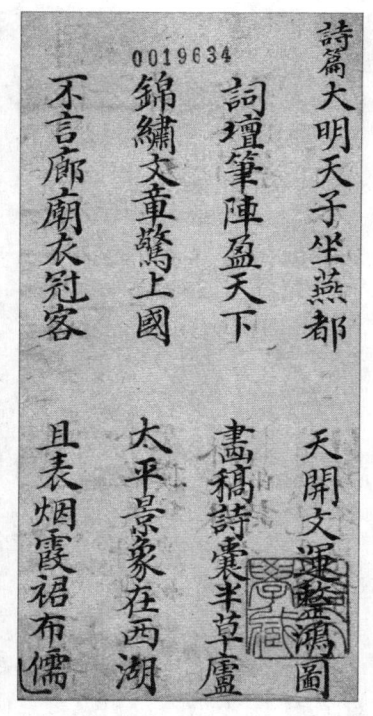

[圖305] 傅斯年圖書館藏百本張鈔本《吒美》　　[圖306] 車王府舊藏本《意中緣》

⑦舊鈔本（存四回），杜穎陶舊藏，藝研院·曲 319.651/0.582/8.154。
⑧舊鈔本（有回目，殘存頭回"提畫"、二回"寄畫"），傅惜華舊藏，藝研院·曲 310.651/0.356（142811）。
⑨清鈔本，梅蘭芳舊藏，藝研院·曲 319.651/0.582/6.106。

## 賣畫　四回

作者未詳。

《綠棠吟舘子弟書百種總目》卷十著錄。

擷取《意中緣》前半部而成。頭回〈題畫〉，姑蘇轍；二回〈寄扇〉，一七轍；三回〈憶婚〉，懷來轍；四回〈鬧樓〉，由求轍。每回 50 韻。

版本：①民初鈔本，國家圖書館藏，98653。內題："壬戌（1922）七月二十六日錄。綠棠吟舘存敬詒堂藏鈔本，不全。癸亥（1923）二月二十七日復於東四牌樓買得後半部，並知書名乃《意中緣》也。"有"敬詒堂馬珍印"。［圖307］

## 梅嶼恨　四回

作者芸窗。據結句："度殘春**芸窗**偶閱《西湖誌》，吊佳人小傳題成遣縈懷。"另有馬彥祥舊藏本首句作"夏日長**小窗**偶閱《西湖誌》，吊佳人小傳題成遣素懷。"故或以爲

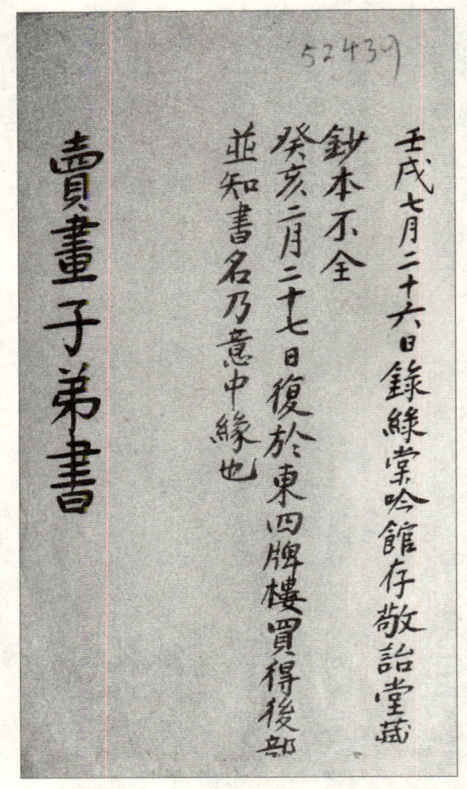 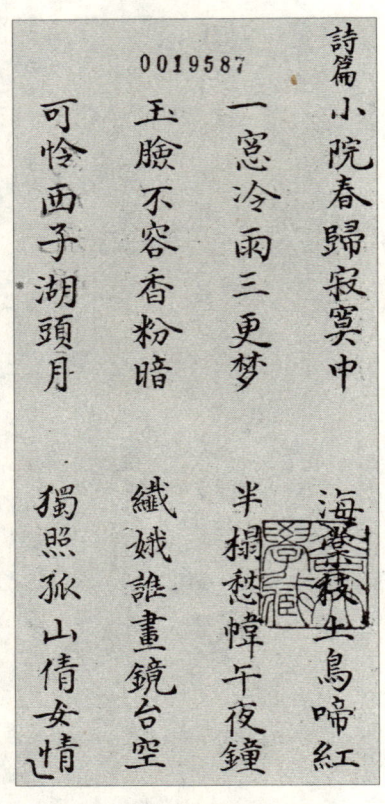

[圖307] 國圖藏鈔本《賣畫》　　　[圖308] 車王府舊藏本《梅嶼恨》

韓小窗作。當以芸窗爲是。

百本張《子弟書目錄》："梅嶼恨。四回。一吊六。"樂善堂《子弟大鼓書目錄》著錄，書價"八佰文"。民初輯本《子弟書目錄》列入"《宋書》子弟書"，是誤以爲屬宋代故事。並見《中國俗曲總目稿》頁254、《子弟書總目》頁112（題韓小窗作）著錄。又《集錦書目》第59句："不多時夕陽斜照梅嶼恨。"

演小青嫁與馮生爲側室，因正室善妒，抑鬱而亡，魂會馮生。本事見《西湖佳話》第十四卷"梅嶼恨跡"。此據《西湖誌》改編。

頭回中東轍，二回人辰轍，三回江陽轍，四回懷來轍。每回40韻。

版本：①清鈔本，車王府舊藏，北大圖書館・□812.08/5105/:119（216/19687，二十葉）。
　　　　過錄本，首圖・甲四2270；首圖縮印本55冊頁372-381；北京整理本頁698-704。過錄本，中大圖書館・92006；中大整理本頁122-128。[圖308]
②舊鈔本，傅氏《總目》謂馬彥祥有藏，今藏處未詳。
③鈔本，傅斯年圖書館藏，T31-380；《俗文學叢刊》394冊517。
④鈔本，傅斯年圖書館藏，T31-379。
⑤鈔本，傅斯年圖書館藏，T31-381。

## 下河南　四回

作者韓小窗。據結句："**小窗氏**閑來偶演丹青筆，畫一個櫻桃樹下的氣蝦蟆。"

百本張《子弟書目錄》："下河南。即羅鍋子搶親,全是鬥笑爾的。笑。四回。一吊六。"別埜堂《子弟書目錄》："**下河南。四回。一吊四佰四。**"樂善堂《子弟大鼓書目錄》著錄，書價"八佰文"。民初輯本《子弟書目錄》列入"《鐵冠圖》子弟書目錄"。《綠棠吟舘子弟書百種總目》卷九、《子弟書總目》頁30著錄。又《集錦書目》第8句："**下河南在鳳儀亭上暫且歇涼。**"《子弟書約選日記》："下河南。計四回。可選教盲生。即俗傳羅鍋腰搶親，可鬥笑也。"

演胡全因貌醜，遣表弟代己相親，結果弄假成真。皮黃有同名劇目。

頭回言前轍，二回江陽轍，三回人辰轍，四回梭撥轍。每回40韻。

版本：①清鈔本，車王府舊藏,北大圖書館·□ 812.08/5105/:120( 235/19606，二十葉)。過錄本，首圖·甲四 2289；首圖縮印本 53 冊頁 445–454；北京整理本頁 816–822。過錄本，中大圖書館·92226；中大整理本頁 207–212。[圖 309]

②百本張鈔本，傅惜華舊藏，藝研院·曲 310.651/0.356（142921）。

③別埜堂鈔本，程硯秋舊藏，藝研院·曲 319.651/0.582/5.49。

④清鈔本，杜穎陶舊藏，藝研院·曲 319.651/0.582/8.145。

⑤鈔本，國家圖書館藏，35558（《子弟書》卷十二）。

⑥民初鈔本，傅氏《總目》謂馬彥祥有藏，今藏處未詳。

⑦清鈔本（頭回闕，據書衣所題字跡，疑爲百本張鈔本），傅惜華舊藏，藝研院·曲 310.651/0.356/13（150375）。

⑧《子弟書選》頁 132–138 排印本，據傅惜華舊藏本排印。

⑨《子弟書叢鈔》頁 215–225 排印本，據清代舊鈔本排印。

### 別題：巧團圓

《中國俗曲總目稿》頁 125、《子弟書總目》頁 43 著錄。

版本：①鈔本，傅斯年圖書館藏，T15–208；《俗文學叢刊》304 冊頁 475。

②鈔本，傅斯年圖書館藏，T15–209。

## 背娃入府　二回

作者藹堂。據結句："**藹堂氏**消閒摹擬《溫涼盞》，信筆寫莫笑不文請正高明。"

百本張《子弟書目錄》："背娃入府。溫涼盞。笑。二回。八佰。"（一本價格作"七佰"）別埜堂《子弟書目錄》"背娃入府。二回。八百。"民初輯本《子弟書目錄》列入"小戲子弟書目錄"。《子弟書總目》頁80著錄。《子弟書約選日記》："背娃入府。計二回。元秀知惡報恩，李大夫妻怯頭怯腦，頗能描寫得出，可選教盲生。"

演窮表兄嫂攜子至顯貴後的張元秀府中作客事。據花部戲曲《溫涼盞》改編。

中東轍，48、49 韻。

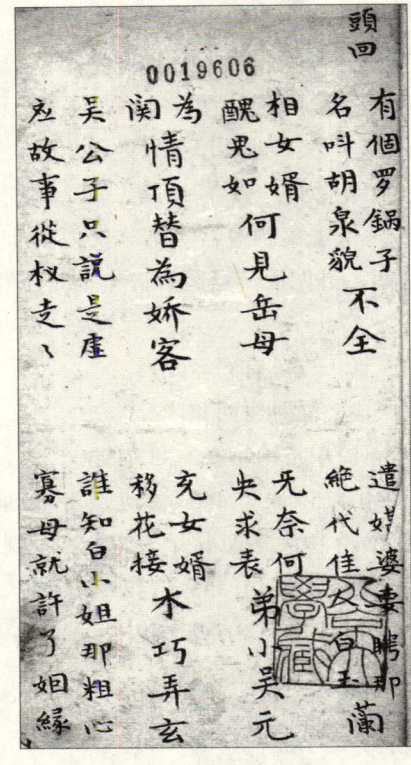
［圖309］車王府舊藏本《下河南》

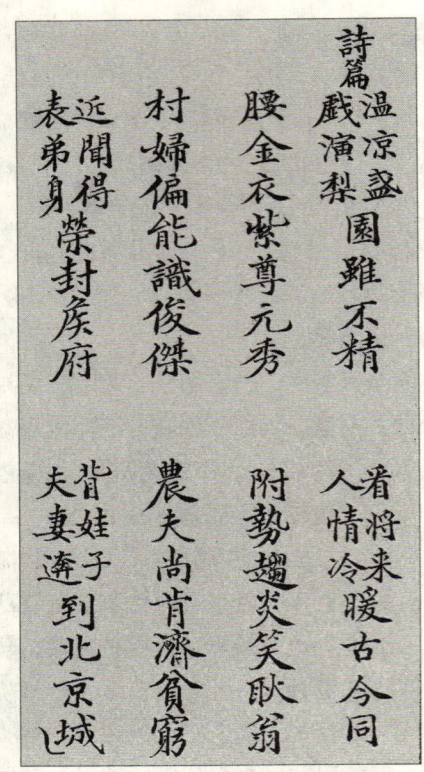
［圖310］雙紅堂藏百本張鈔本《背娃入府》

版本：①百本張鈔本，雙紅堂文庫藏，戲曲·220；波多野太郎《子弟書集》據以收錄。
［圖310］
②鈔本，國家圖書館藏，35558（《子弟書》卷十二）。
③民初鈔本，馬彥祥藏，今藏處未詳。
④《子弟書選》頁396–400據傅惜華舊藏本排印。
⑤《子弟書叢鈔》頁368–374據別埜堂鈔本排印；《子弟書珍本百種》頁485–488，謂據傅惜華藏別埜堂本校錄。

## 別題一：背子入府
《中國俗曲總目稿》頁511著錄。
版本：①鈔本，傅斯年圖書館藏，T-580；《俗文學叢刊》399冊頁557。
②鈔本，傅斯年圖書館藏，T-581。

## 別題二：背娃子入府
《集錦書目》第63句："天緣巧配又遇見戲姨兒背着娃子去入府。"
版本：①別埜堂鈔本，杜穎陶藏，藝研院·曲319.651/0.582/8.72。
②老聚卷堂鈔本，王伯祥舊藏，中國社科院圖書館藏。

**別題三：入府**

《子弟書總目》頁 27 著録。

版本：①別埜堂鈔本，傅氏《總目》謂有自藏本，今未見。《子弟書珍本百種》頁 485–488 收録，注明係據傅藏別埜堂本排印，唯題作"背娃入府"，故疑其所據或爲杜氏藏本。

**別題四：温涼盞**

樂善堂《子弟大鼓書目録》："子弟書二回起。五百文。温涼盞。"

版本：①北京圖書館藏鈔本《子弟書》卷十二。

## 連陞三級　二回

作者未詳。

樂善堂《子弟大鼓書目録》："二回起。六佰文。連陞三級。"民初輯本《子弟書目録》列入"小戲子弟書目録"。《中國俗曲總目稿》頁 572、《子弟書總目》頁 107 著録。又《集錦書目》第 46 句："**連升三級**直至正中央。"

演王名芳困窘住店，受盡奚落；後忽報中舉，店家前踞後恭，態度大變。據皮黄《連陞店》改編。

江陽轍，每回 48 韻。

版本：①清鈔本，車王府舊藏，北大圖書館・□ 812.08/5105/:115（138/19509，十二葉）。過録本，首圖・甲四 2192；首圖縮印本 55 册頁 319–325；北京整理本頁 320–323。過録本，中大圖書館・92649；中大整理本頁 689–692。［圖 311–1］

②鈔本，傅斯年圖書館藏，T-642；《俗文學叢刊》399 册頁 629。

③鈔本，傅斯年圖書館藏，T-641。

④民初鈔本，天津圖書館集部 – 曲類 – 其他 37253。

⑤鈔本，國家圖書館藏，35558（《子弟書》卷十二）。

**別題：聯陞三級**

別題：百本張《子弟書目録》："聯陞三級。王名芳。二回。八佰。"（一本價格作"七佰"）別埜堂《子弟書目録》："聯陞三級。王名芳。二回。七佰二。"

版本：①百本張鈔本，吳曉鈴舊藏，首圖・己 496（缺頭回）。

②清鈔本，雙紅堂文庫・戲曲・205，題作鼓詞，實據別埜堂鈔本改删而成。

③別埜堂鈔本，傅惜華舊藏，藝研院・曲 310.651/0.356/15（150377）；《子弟書叢鈔》頁 727–733 據同一版本排印（題"連升三級"）。［圖 311–2］

【説明】此篇車王府舊藏本爲一系統，百本張鈔本、別埜堂鈔本與之文字頗異。車王府舊藏本篇首作"今古世態一炎涼，譜入笙歌恨轉長。名士風流真態度，小人奚落假文章"；結尾作"頃刻間變遷冷暖無非戲，不道人情等戲場。借譜歌詞消我悶，任教大

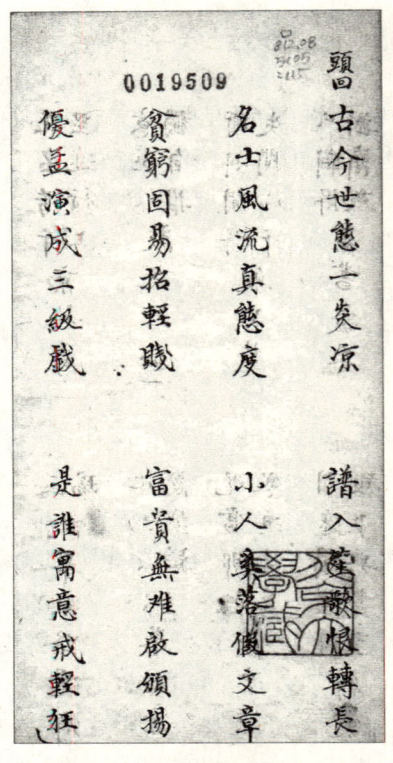
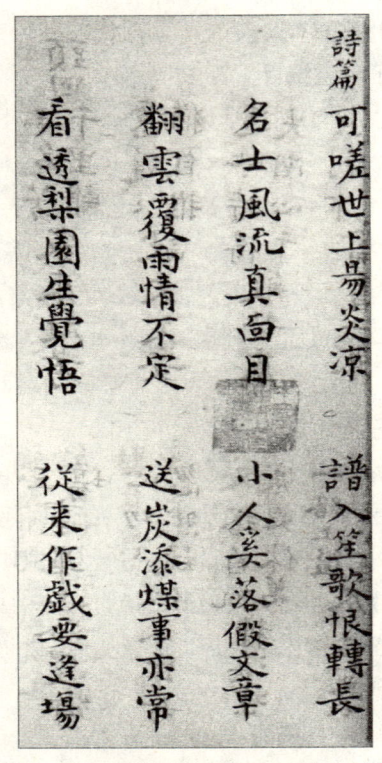

［圖311-1］車王府舊藏本《連陞三級》　　［圖311-2］藝研院藏別埜堂鈔本《聯陞三級》

雅笑荒唐"。別埜堂鈔本篇首作"可嗟世上易炎涼，譜入笙歌恨轉長。名士風流真面目，小人奚落假文章。"結尾作"也因他一朝聯步功名顯，一捷連陞姓字香。那店家買馬拴車情甘陪墊，他這纔散盡了家私就關上了店房"。按，據結尾語，車王府舊藏本敘作者之感慨，當是初貌，他本屬後改。

### 寧武關（甲）　五回

作者韓小窗。光緒六年（1880）會文山房刻本有二淩居士跋文云："《寧武關》係故友小窗氏憤慨之作。"

百本張《子弟書目錄》："寧武關。苦。五回。二吊。"別埜堂《子弟書目錄》："寧武關。五回。一吊八。"樂善堂《子弟大鼓書目錄》著錄，書價"一吊"。民初輯本《子弟書目錄》列入"《鐵冠圖》子弟書目錄"。《綠棠吟舘子弟書百種總目》卷十一、《中國俗曲總目稿》頁242、《子弟書總目》頁140著錄。又《集錦書目》子弟書第18句："那**寧武關**影影綽綽在雲樹傍。"《子弟書約選日記》："寧武關。祝壽、別母、全節、自焚、亂箭，計共五回，可登報。"

演明末寧武關總鎮周遇吉忠烈殉國之事。據《鐵冠圖》傳奇改編。高腔有同名劇目，昆崑曲折子戲《別母亂箭》，均演此事。

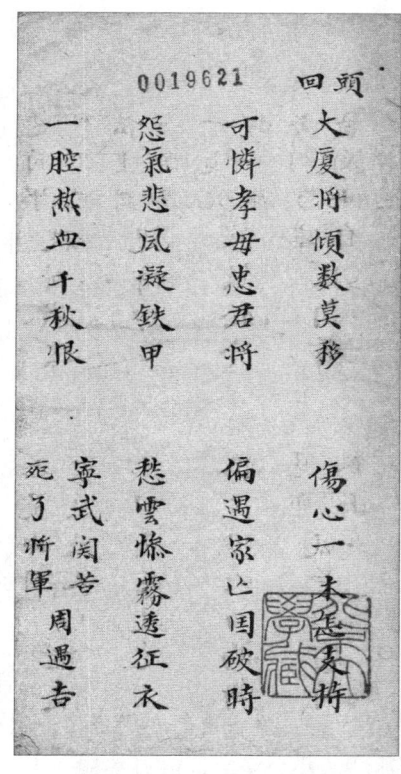
［圖 312-1］車王府舊藏本《寧武關》

［圖 312-2］藝研院藏誠文信房刻本《寧武關》

頭回〈祝壽〉，一七轍；二回〈別母〉，人辰轍；三回〈全節〉，中東轍；四回〈自焚〉，江陽轍；五回〈亂箭〉，姑蘇轍。前三回各 40 韻，後二回分別爲 42、38 韻。

版本：①清鈔本，車王府舊藏，北大圖書館・□ 812.08/5105/:115（250/19621，二十六葉）；首圖過錄本，首圖縮印本 55 冊頁 79-90；北京整理本頁 929-936。過錄本，中大圖書館・92736；中大整理本頁 638-645。［圖 312-1］

②百本張鈔本，傅惜華舊藏，藝研院・曲 310.651/0.356（139270）；又，梅蘭芳舊藏，藝研院・曲 319.651/0.582/6.911-2。

③清鈔本，杜穎陶舊藏，藝研院・曲 319.651/0.582/8.140。

④光緒二十年（1894）盛京財勝堂刻本，藝研院・曲 310.651/0.356/1（07772）。此本封面鐫"光緒甲午牡丹生日鐫／寧武關／清音子弟書 財勝堂藏板"。卷前有序，卷尾有跋，署"同鄉處士未入流謹跋"。《鼓詞彙集》第一輯頁 107-114 據同一版本排印。

⑤光緒三十三年（1907）誠文信房刻本（封面鐫"光緒丁未荷夏上澣之吉鐫／甯武關／清音子弟書 誠文信房藏板"）傅惜華舊藏，藝研院・曲 310.651/0.356（07772/2）。［圖 312-2］

⑥光緒六年（1880）鈔本，傅惜華舊藏，藝研院・曲 310.651/0.356（139848,

題"寧武關全段",又題"庚辰仲夏端陽前二日書")。

⑦鈔本,傅惜華舊藏,藝研院·曲 310.651/0.356（139847）。

⑧石印本（"月"字,末有未孺流跋語）,傅斯年圖書館藏,T36-427、T36-439。又瀋陽石印本,藝研院·曲 310.651/0.356/30（07772）。

⑨北平學古堂排印本,早稻田大學風陵文庫藏,F400-M236。

⑩光緒六年（1880）會文山房刻本,中國評劇院藏,今未見。據胡光平《韓小窗生平及其作品查考記》（《文學遺產增刊》第 12 輯北京：中華書局,1963 年版,頁 90-100）引錄,謂有跋云："《寧武關》係故友小窗氏憤慨之作。……同鄉處士未孺流二凌居士謹跋。"

⑪清鈔本,程硯秋舊藏,藝研院·曲 310.64/0.701（10731）。

**別題**：寧五關
未見著錄。
版本：①鈔本,北京師範大學圖書館藏,858.4/701.3。

【説明】此篇卷首作："大廈將傾數莫移,傷心一木怎支持。可憐孝母忠君將,偏遇家亡國破時。"結句作："消午悶閑將這忠孝傳,爲將軍寫就冰心血泪圖。"

光緒甲午（1894）財勝堂刻本首尾有二凌居士題跋,光緒丁未（1907）誠文信房刻本從之。曰："稗官野史,高士批評。論三綱之大節,傳百世之英名。周總鎮千秋正氣,甯武関萬代光容。寫慈母良言善語,描夫人玉潔冰清。小公子品同紅珊碧樹,老家人志秉翠柏蒼松。漫道詞場浮誇,盡出青蓮才子；請看藝苑妙語,不啻烏角先生。紙貴洛陽,是三都作賦；書行海内,爲五沒陳情。讚著手之豹管,表將軍之精忠。"跋："周將軍原籍錦州,鎮守甯武関、山西代州等處總鎮,殉難於崇禎十七年（1644）。國朝定鼎,順治建元甲申,奉天錦州城西門外街北建有專祠,内塑全眷像,宛然如生。其祭享忠烈,表揚大節,與関壯繆、岳忠武同一典轍。英風不朽,忠孝節義萃於一門,可謂大丈夫哉！同鄉處士未孺流謹跋。"

又《拐棒樓》子弟書敘在拐棒樓演出子弟書時的場面,述及一旗人子弟演唱《寧武關》子弟書的場景："不多時那子弟陸續全來至,茶座内有那相識的親友把他煩。少年郎故意捏酸恐人輕賤,作足道：'連夜該班兩夜無眠。在内廷巡更傳籌精神耗盡,跟大人查城拜客手腳不閑。今日個目眩頭暈喉嚨啞,怕的是氣短書長説不完。'那求書的帶笑作揖忙央告,説：'好兄弟賞一回吧不必鬧謙。'一面説親捧香茗於桌上,那輕薄子上場端坐氣象森嚴。弦聲處氣概從容排東韻,説的是遇吉別母的《寧武關》。真果是鏗鏘鈍鋯誰能比,韻雅音清講尖團。聽書之人誰不讚,一個個閉目手連圈。少年郎見多讚美他十分得色,故作悲慘的景況令人心内傷殘。"

## 寧武關（乙）五回

原作者韓小窗。卷首作："小院閑窗潑墨池,勞騷筆寫斷魂詩。"又,光緒六年（1880）

會文堂刻本二凌居士跋文云："《寧武關》係故友小窗氏憤慨之作。"

《中國俗曲總目稿》頁 242,《子弟書總目》頁 141 著錄。又《集錦書目》子弟書第 18 句："那**寧武關**影影綽綽在雲樹傍。"

所演內容及本事同上條。與上條實成兩個傳本系統。兩本卷首詩篇不同，內文間有增刪，與上條相比較，差別並非很大。但此改定本流傳甚廣，且傅氏《子弟書總目》已作爲兩種傳本著錄，故姑作別本收錄。

頭回〈祝壽〉，一七轍；二回〈別母〉，人辰轍；三回〈全節〉，中東轍；四回〈自焚〉，江陽轍；五回〈亂箭〉，姑蘇轍。第四回 26 韻，其餘每回 40 韻。

版本：①清鈔本，傅惜華舊藏，藝研院‧曲 310.651/0.356（139847）。

②光緒二十三年（1897）文盛堂刻本，傅惜華舊藏，封面鐫"光緒丁酉荷夏上澣之吉鐫，寧武關，清音子弟書，文盛堂藏板"。

③光緒二十七年（1901）鈔本，傅惜華舊藏，藝研院‧曲 310.651/0.356（139372–139373）。

④鈔本，傅斯年圖書館藏，T37–437；《俗文學叢刊》394 冊。

⑤鈔本，傅斯年圖書館藏，T37–438。

⑥鈔本，國家圖書館藏，35558（《子弟書》卷八）。

⑦清鈔本，故宮博物院藏，《故宮珍本叢刊》第 698 冊頁 59–73。[圖 313]

⑧清鈔本，早稻田大學風陵文庫藏(F400-Z667)，波多野太郎《子弟書集》收錄。

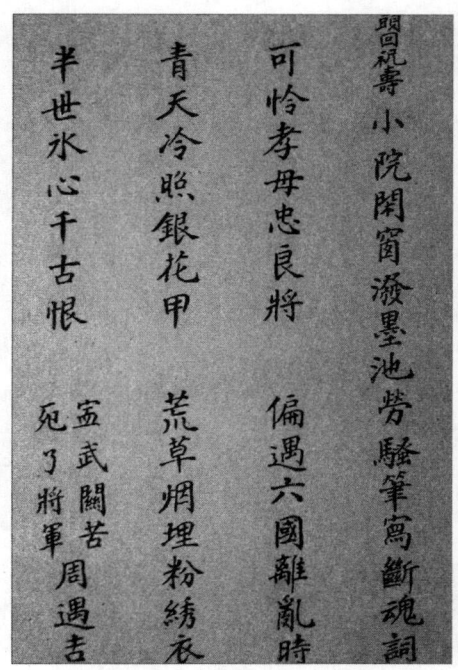

[圖 313]故宮藏清鈔本《寧武關》

⑨《世界文庫·東調選》排印本，不分回，題韓小窗作。

⑩舊鈔本，傅氏《總目》謂馬彥祥有藏，今未知藏處。

【説明】此篇卷首作："小院閑窗潑墨池，勞騷筆寫斷魂詩。可憐孝母忠君將，偏遇家亡國破時。"結句作："消午悶傳奇筆仿傳真筆，爲將軍寫就冰心血淚圖。"

## 分宮 二回

作者未詳。百本張《子弟書目錄》："分宮。苦。二回。七佰。"別埜堂《子弟書目錄》："分宮。二回。七佰二。"樂善堂《子弟大鼓書目錄》著錄，書價"四佰文"。民初輯本《子弟書目錄》列入"《鐵冠圖》子弟書目錄"。《中國俗曲總目稿》頁7、《子弟書總目》頁39著錄。又《集錦書目》第30句："進山門走過分宮細端詳。"

演闖王軍臨京城，崇禎帝見群臣仍宴樂不已，痛罵杜勳，撞景陽鐘召百官求援而無應者。本事見蓬萊子《新世鴻勳》。此據《鐵冠圖》傳奇"撞鐘"、"分宮"兩齣改編。

中東轍，分别爲43、32韻。

版本：①別埜堂鈔本，程硯秋舊藏，藝研院·曲319.651/0.582/5.50。[圖314]

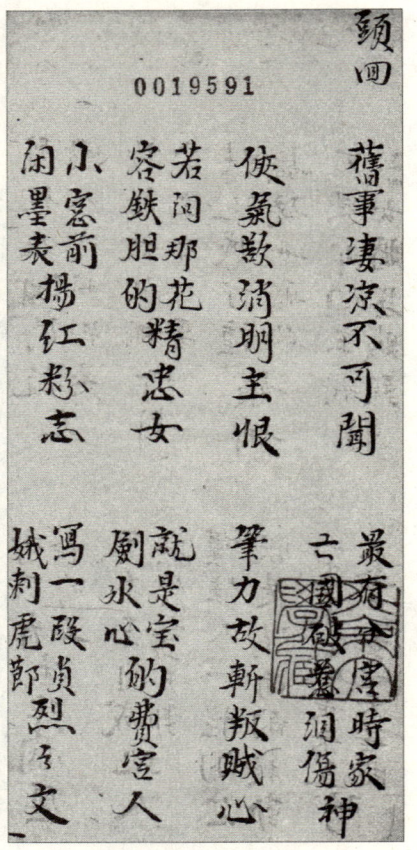

[圖314] 藝研院藏別埜堂鈔本《分宮》　　[圖315] 車王府舊藏本《刺虎》

②鈔本，傅斯年圖書館藏，T1-006。
③鈔本，傅斯年圖書館藏，T1-005；《俗文學叢刊》394 冊頁 641。
④三盛堂刻本（封面作"崇禎爺分宮"，不分回），吳曉鈴舊藏，首圖·己 509。
⑤清刻本，傅惜華舊藏，藝研院·曲 310.651/0.356（136596）。
⑥舊鈔本，傅氏《總目》謂馬彥祥有藏，今藏處未詳。
⑦民國鈔本，傅氏《總目》謂馬彥祥有藏，今藏處未詳。
⑧清鈔本，杜穎陶舊藏，藝研院·曲 319.651/0.582/8.85；《子弟書珍本百種》頁 350-352 據以排印。

**別題：焚宮**
未見著錄。此係鈔者誤書"分"作"焚"。
版本：①別埜堂鈔本，傅惜華舊藏，藝研院·曲 310.651/0.356（142919/8）。藏者於原鈔"焚"字旁鉛筆改寫作"分"。

### 刺虎（甲） 四回

作者韓小窗。據卷首詩篇："**小窗**前閑墨表揚紅粉志，寫一段貞娥刺虎的節烈佳人。"阿英《中國俗文學研究·刺虎子弟書兩種》云："在金氏鈔本子弟書十六種之中，有韓小窗署名者凡四種，其目為《歎子弟頑票》、《傲妻》、《齊陳相罵》及《刺虎》。"

百本張《子弟書目錄》："刺虎。四折。苦。四回。一吊六。"別埜堂《子弟書目錄》"刺虎。四回。一吊四。"樂善堂《子弟大鼓書目錄》著錄，書價"八佰文"。《綠棠吟舘子弟書百種總目》卷十一、《中國俗曲總目稿》頁 16、《子弟書總目》頁 65 著錄。又《子弟書約選日記》："刺虎。先後兩段悉可選，費宮人是否名貞娥兩字，待考。"

演崇禎之宮女費貞娥，詐稱公主，刺死一隻虎事。據《鐵冠圖》傳奇"刺虎"齣改編。《明史》卷一百十四"后妃二"載宮人費氏懷利刃刺死李自成部校羅某，即其來源。

頭回人辰轍，二回言前轍，三回中東轍，四回灰堆轍。每回 40 韻。

版本：①鈔本，車王府舊藏，北大圖書館·□ 812.08/5105/:119（220/19691，二十葉）。過錄本，首圖·甲四 2274；首圖縮印本 54 冊頁 12-21；北京整理本頁 725-731。過錄本，中大圖書館·92010；中大整理本頁 646-651。[圖 315]
②光緒三十三年（1907）據咸豐三年（1853）鈔本抄錄本，傅斯年圖書館藏，T3-032（題"癸丑即三年小陽月念一日燈下抄寫／愛新繕記／宮門口五條胡同寫"、"三拾三年四月初九惠堯臣抄"）；《俗文學叢刊》395 冊頁 1。
③清鈔本，傅惜華舊藏，藝研院·曲 310.651/0.356（139849）。
④鈔本，國家圖書館藏，35558（《子弟書》卷八）。
⑤舊鈔本，杜穎陶舊藏，藝研院·曲 310.651/0.582/8.161。

⑥石印本"地"字，傅斯年圖書館（T3-033、T-626）、國家圖書館（98798，有"庚申夏五仲嚴敬題"）等有藏。

⑦上海大成書局石印本，傅斯年圖書館藏，T-534。

⑧洗俗齋鈔本，傅氏《總目》謂馬彥祥有藏，今藏處未詳。

**別題：費宮人刺虎**

《中國俗曲總目稿》頁799、《子弟書總目》頁124著錄。

版本：①清鈔本，傅氏《總目》謂李嘯倉有藏，今未見。疑李氏所藏原爲石印本。

②《文明大鼓書詞》排印本，傅斯年圖書館藏，DG6-086。

③齊家笨《鼓曲彙編》第一編卷二排印本，雙紅堂文庫（戲曲·206）、傅斯年圖書館等有藏。

④民初排印本（署"北京韓小窗先生原本，天津藝劇研究社潤色"），早稻田大學演劇博物館（ル13-1183）等有藏。

【說明】此篇卷首詩篇作："舊事淒涼不可聞，最有分宮時家亡國破惹淚傷神。俠氣欲消明主恨，筆力故斬叛賊心。若問花容鉄胆的精忠女，就是寶劍冰心的費宮人。小窗前閑墨表揚紅粉志，寫一段貞娥刺虎節烈之文。"結尾作："襄城伯哭祭芳魂曾奠酒，至今美名兒如金似玉史册昭垂。君請看大明國破家亡日，費貞娥獨占紅梅綠鬢的魁。"

按，天津藝劇研究社排印本有跋："《明史》載：宮人費氏，年十六，投瞽井中，賊鉤出，爭奪之。紿曰：我長公主也。李自成命中官審視，非是。以賞部校羅某。復紿曰：我實天潢，義難苟合，宜擇吉成禮。羅喜，置酒。費氏懷利刃，俟羅醉，斷其喉，立死。遂自刎。《綏寇紀略》、《烈皇小識》、《西河雜箋》俱書其事。《明鑑》及《通鑑輯覽》亦引之。袁枚、陳大年、張大復輩，播爲聲歌，題曰《刺虎》。然於宮人里居未及也。天津西門外道左舊有碣，曰費宮人故里。今移於鄉，人共立之烈女祠，而祠內木主，亦以宮人居首。當塗馬壽齡、遷安高繼珩，俱以城中之費家巷爲宮人故里，鄉先輩詠歌其事者尤夥。《緘齋雜識》謂宮人小字貞娥，居費家巷，疑即衛指揮僉事費敬之族。然則宮人爲天津人。雖云父老傳聞，當不誣也。近傳戲劇詞曲，多謂爲韓桂貞事，鄙俚原不足辨。讀韓小窗先生所譜《刺虎》一闋，頗足動人，因坿識之。民國七年（1918）三月，天津高凌雯謹跋。"

## 刺虎（乙） 四回

作者韓小窗作。據卷首詩篇："**小窗氏**閑墨表揚紅粉志，寫一段宮娥刺虎的節烈佳人。"

百本張《子弟書目錄》："刺虎。四折。苦。四回。一吊六。"

據上條稍加變動而成。唯女主角改爲韓貴貞，此外文字，總體差異不大。

頭回人辰轍，二回言前轍，三回中東轍，四回灰堆轍。

版本：①百本張鈔本，傅惜華舊藏，藝研院·曲310.651/0.356/13（139265）；又，梅蘭芳舊藏，藝研院·曲319.651/0.582/6.93-95（殘存第二、三、四回）。又，故宮博物院藏，《故宮珍本叢刊》697册頁239-249。[圖316]

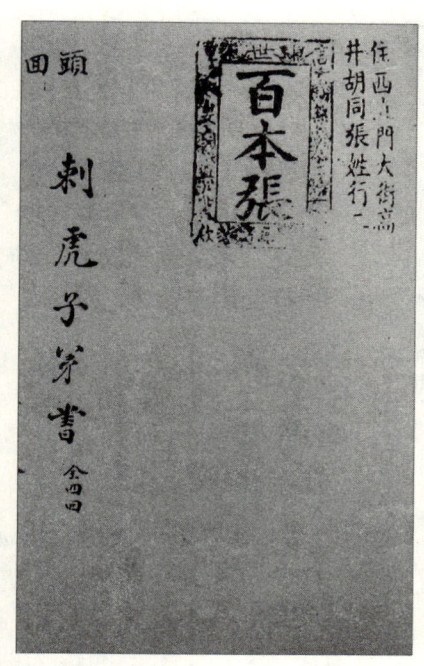

［圖316］故宮藏百本張鈔本《刺虎》

②聚卷堂鈔本，國家圖書館藏，98786。

**別題一：韓貴貞刺虎**

《子弟書總目》頁168著錄。

版本：①清鈔本，傅氏《總目》謂賈天慈有藏，今藏處未詳。

**別題二：宮娥刺虎**

未見著錄。

版本：①上海石印本"宙"字，天津圖書館藏，集部–曲類–彈詞6745。

【說明】此篇卷首詩篇作："舊事淒涼不可聞，最有分宮時家亡國破落淚傷神。俠氣欲消明主恨，筆刀故斬叛賊心。若問花容鐵膽的精忠女，就是寶劍冰心的韓貴貞。小窗氏閑墨表揚紅粉志，寫一段宮娥刺虎的節烈佳人。"結尾作："襄城伯哭祭芳魂曾奠酒，至今美名兒如金似玉史冊昭垂。君請看大明國破家亡日，韓貴貞獨占了紅顏綠鬢魁。"

## 刺虎（丙）四回

作者未詳。

民初輯本《子弟書目錄》："《鐵冠圖》子弟書目錄。刺虎。四回。"《子弟書總目》頁66著錄。

故事及本事出處同上文《刺虎》（甲），但文字完全不同。

頭回人辰轍、二回遙條轍、三回一七轍、四回中東轍。分別為38、38、36、38韻。

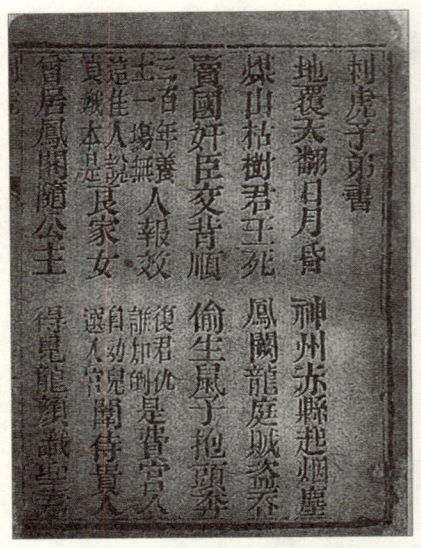

［圖 317］早稻田大學藏文萃堂刻本《刺虎》

版本：①乾隆間京都文萃堂刻本（封面題"京都新刻 / 刺虎子弟書 / 文萃堂梓行"），傅惜華、杜穎陶分別有藏，藝研院・曲 310.64.227.5（139853、139854）；《子弟書珍本百種》頁 353–358 據同一刻本排印。又，國家圖書館藏兩種，98938（有"漢龍行齋"、"敝帚千金"印）、98710。又，上海圖書館藏，線普 570791。又，澤田瑞穗舊藏，早稻田大學風陵文庫（F0400–Z319）。［圖 317］

②光緒二十七年（1901）鈔本，傅惜華舊藏，藝研院・曲 310.651/0.356（139376）。

③鈔本（書衣題"費宮人刺虎 / 刺虎子弟新書"；首行題"刺虎子弟書"），國家圖書館藏，98818。

④舊鈔本，傅氏《總目》謂馬彥祥有藏，當即民初輯本《子弟書目錄》著錄者，今存處不詳。

【説明】此篇卷首作："地覆天翻日月昏，神州赤縣起烟塵。煤山枯樹君王死，鳳闕龍庭賊盜吞。"結句作："衆侍女姣眸齊閃往床邊看，費宮人寶劍一揚項下橫。"

## 刺虎 二回

作者未詳。民初輯本《子弟書目録》："《鐵冠圖》子弟書目録。刺虎。二回。"《子弟書總目》頁 66 著録。

據《鐵冠圖》傳奇"刺虎"一齣改編。

版本：①精鈔本，傅氏《總目》謂有自藏本，今未見。

②聚卷堂鈔本（二回），國家圖書館藏，98786。［圖 318］

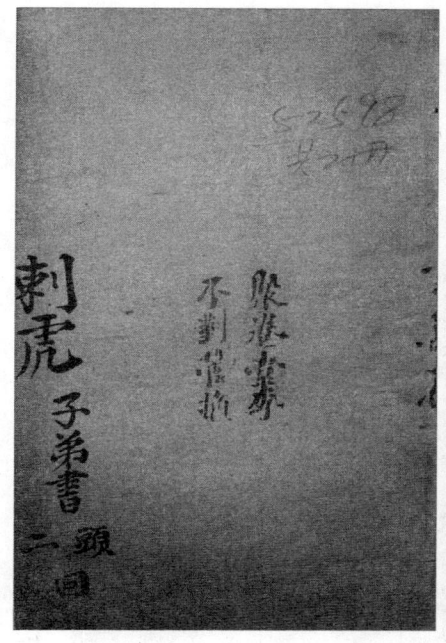
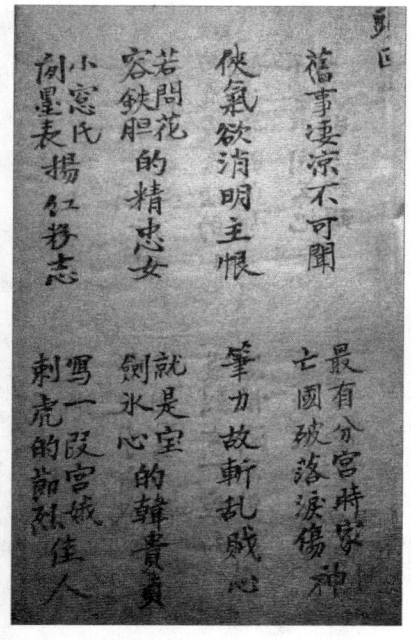

[圖318] 國圖藏聚卷堂鈔本《刺虎》

【説明】按，傅氏《總目》云："作者無考。此書未見著録。此亦爲別本，與上文所著録者，皆不相同。"今國圖藏本卷首詩篇作："舊事淒涼不可聞，最有分宮時家亡國破落淚傷神。俠氣欲消明主恨，筆力故斬亂賊心。若問花容鉄胆的精忠女，就是宝劍冰心的韓貴貞。小窗氏閒墨表揚紅粉志，寫一段宮娥刺虎的節烈佳人。"則爲前文《刺虎》乙種之前二回，而非獨立的文本。

## 請清兵 快書 二回

作者未詳。

《中國俗曲總目稿》頁318、《北京傳統曲藝總録》頁313著録。

演崇禎自縊煤山，山海關總兵吳三桂往關東請調清兵，憨王領兵入關，大敗闖王。皮黃有同名劇目。

中東韻。三落。

版本：①清百本張鈔本（書衣有"絳雪軒圖記"朱印），雙紅堂文庫藏，戲曲·241。
　　　又（僅"百本張/別還價"印），關西大學藏，L23-C-2776。[圖319]
　　②清鈔本，傅斯年圖書館藏，KS3-045；《俗文學叢刊》413冊頁405–424。
　　③百本張鈔本，杜穎陶舊藏，藝研院·曲319.651/0.582/8.194（09690）。又，
　　　程硯秋舊藏，藝研院·曲319.651/0.582/5.121。
　　④《文明大鼓書詞》二十一冊排印本；《快書研究》頁296–298據以排印。

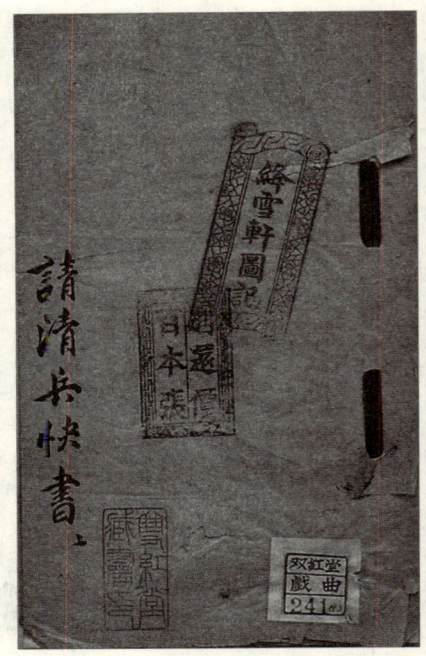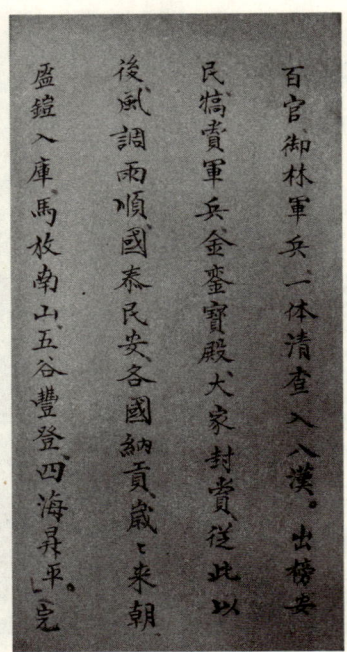

［圖319］雙紅堂藏百本張鈔本《請清兵快書》

### 柳敬亭 一回

作者鶴侶。據結句："**鶴侶氏**爲醒痴迷於噩夢，趁餘閒故將筆墨寫英雄。"

百本張《子弟書目錄》："柳敬亭。一回。四佰。"（一本價格作"五佰"）別埜堂《子弟書目錄》："柳敬亭。一回。三佰六。"民初輯本《子弟書目錄》列入"《桃花扇》子弟書目錄"。《中國俗曲總目稿》頁201、《子弟書總目》頁79著錄。又《集錦書目》第34句："那石玉崑、郭棟兒、**柳敬亭**，俱各說書在廟傍。"《子弟書約選日記》："柳敬亭。可選。"

演柳敬亭說書逢陳貞慧、吳應箕事。據《桃花扇》傳奇第一齣"聽稗"改編。

中東轍，48韻。

版本：①清鈔本，車王府舊藏，北大圖書館·□ 812.08/5105/:110（23/19394，六葉）。過錄本，首圖·甲四2077；首圖縮印本54冊頁358-361；北京整理本頁47-48。過錄本，中大圖書館·92213；中大整理本頁336-337。［圖320］

②別埜堂鈔本，杜穎陶舊藏，藝研院·曲 319.651/0.582/8.106。

③百本張鈔本，傅斯年圖書館藏，T26-316。

④舊鈔本，藝研院·曲 319.651/0.582/8.148，歸入杜穎陶舊藏。按：據傅氏《總目》有程硯秋舊藏本，而無杜氏藏本，疑此兩本即是一本。

⑤曲盦鈔本，傅惜華舊藏，藝研院·曲 310.651/227.5（150486）；《子弟書叢鈔》頁238-241據同一版本排印；《子弟書選》頁320-322據傅惜華藏本排印。

⑥鈔本，傅斯年圖書館藏，T26-317；《俗文學叢刊》395冊頁45。

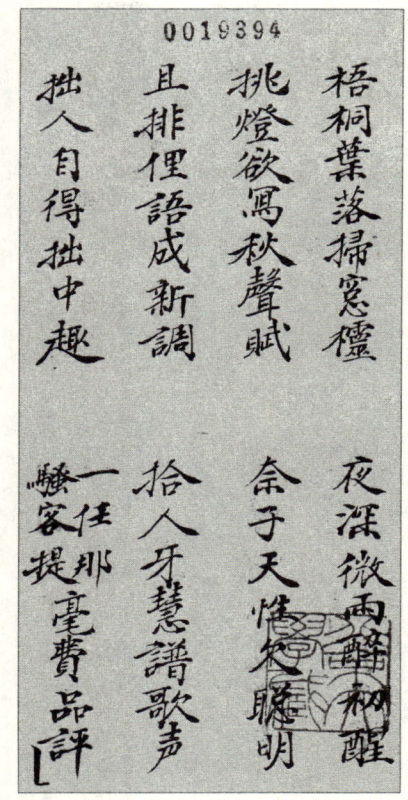

［圖320］車王府舊藏本《柳敬亭》

⑦鈔本，傅斯年圖書館藏，Tc20-250。
⑧鈔本，傅斯年圖書館藏，T26-318。
⑨民初鈔本，傅氏《總目》謂馬彥祥有藏，今藏處未詳。

## 守樓 三回

作者未詳。

民初輯本《子弟書目錄》："《桃花扇》子弟書目錄。守樓。三回。"《子弟書總目》頁49著錄。

演李香君拒嫁田百源，以頭觸窗出血，爲侯朝宗守樓而歎。本事見清孔尚任《桃花扇》傳奇。

遙條轍，分別爲38、31、37韻。

版本：①精鈔本，傅惜華舊有藏，今未訪見；《子弟書珍本百種》頁368-371，謂據藝研院藏精鈔本排印。

# 清代故事

## 絃杖圖  一回

作者洗俗齋。據結句："倩**洗俗齋**巧寫盲人百樣圖。"《子弟書總目》頁 116 著錄。

敘盲藝人生活的疾苦。姑蘇轍，55 韻。

版本：①稿本，杜穎陶藏，藝研院·曲 319.651/0.582/8.129。[圖 321]

②《子弟書選》頁 428–430 排印本。此選集稱據傅惜華藏本排印，但本篇所據當即杜氏藏本。

③《子弟書珍本百種》頁 501–503 排印本，謂據"藝研院藏清鈔本"排印，當即杜氏舊藏本。

## 鄉城罵  五回

作者未詳。

樂善堂《子弟大鼓書目錄》："子弟書五回起。一吊五。鄉城罵。"樂善堂《子弟大鼓書目錄》著錄有一回本"新鄉城罵"，則此五回本當即先出之舊本。

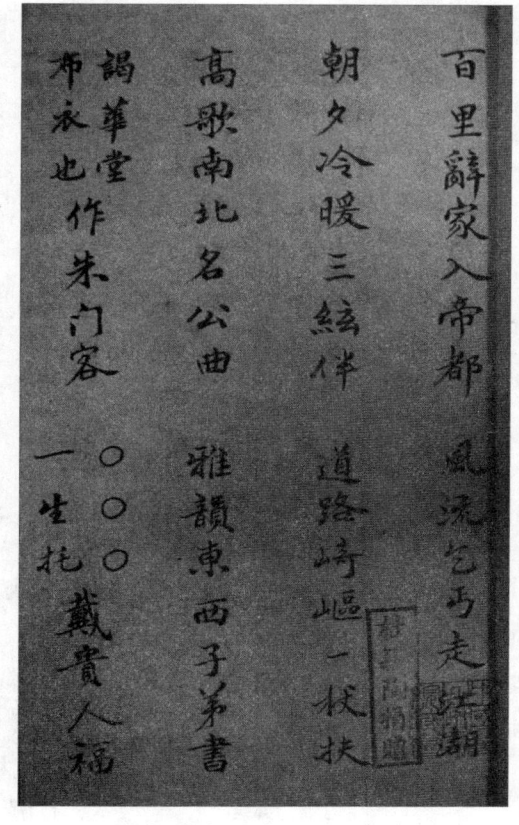

[圖 321] 藝研院藏稿本《絃杖圖》

演鄉下婦人城裏探親，與親家母語言不合相罵事。據梆子腔《探親》、《相罵》改編。本篇當是敷演全部相罵故事。

未見傳本。

### 鄉城罵  一回

作者未詳。

百本張《子弟書目錄》:"鄉城罵。笑。一回。四佰。"《中國俗曲總目稿》頁278、《子弟書總目》頁129 著錄。

演鄉下婦人看望嫁到城裡的女兒,兩親家因談事不合而相罵。據梆子腔《探親相罵》改編。按:本篇當是取五回本《鄉城罵》之頭回而成。故別題"新鄉城罵"。

中東轍,44韻。

版本:①清鈔本,車王府舊藏,北大圖書館‧□812.08/5105/:113(114/19485,五葉半)。過錄本,首圖‧甲四2154;首圖縮印本55冊頁1–3;北京整理本頁240–241。過錄本,中大圖書館‧92625;中大整理本頁701–702。[圖322]
②百本張鈔本,程硯秋舊藏,藝研院‧曲319.651/0.582/5.52。
③曲盦鈔本,傅惜華舊藏,藝研院‧曲310.651/0.356/1(143230/9)。
④鈔本,傅斯年圖書館藏,T35–415;《俗文學叢刊》395冊頁93。
⑤百本張鈔本,傅斯年圖書館藏,T35–414。

**別題一:探親**

《中國俗曲總目稿》頁34、《子弟書總目》頁111 著錄。

版本:①鈔本,傅斯年圖書館藏,T35–416。

**別題二:新鄉城罵(一回)**

樂善堂《子弟大鼓書目錄》:"一回。三百文。新鄉城罵。"

未見傳本。

### 花別妻  三回

作者未詳。

百本張《子弟書目錄》:"花別妻。接續別妻。三回。一吊六。"《中國俗曲總目稿》頁161;《子弟書總目》頁70 著錄。又《集錦書目》第75句:"進門來見**花別妻**一聲軍妻嘆。"《子弟書約選日記》:"花別。計三回。"

演花大漢出征前與妻子話別事。據花部劇目《別妻》改編。下接《續別妻》。

遙條轍,分別為69(含三則"詩篇")、63、46韻。

版本:①清鈔本,車王府舊藏,北大圖書館‧□812.08/5105/:117(180/19551,二十二葉半)。過錄本,首圖‧甲四2234;首圖縮印本54冊頁329–339;北京整理本頁479–485。過錄本,中大圖書館‧92689;中大整理本頁181–187。[圖323]
②民初鈔本,傅氏《總目》謂馬彥祥有藏,今藏處未詳。
③鈔本,傅斯年圖書館藏,T22–264;《俗文學叢刊》395冊頁109。
④百本張鈔本,傅斯年圖書館藏,T22–263。

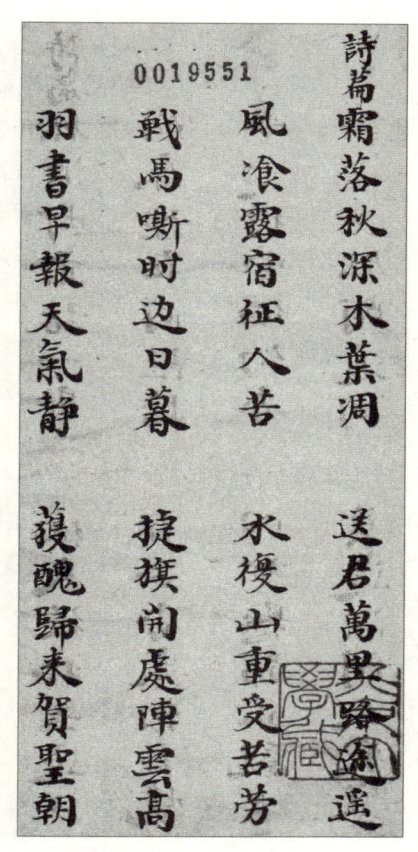

[圖322] 車王府舊藏本《鄉城罵》　　[圖323] 車王府舊藏本《花別妻》

### 別題一：花大漢別妻

別本百本張《子弟書目錄》作"花大漢。下接續別妻。三回。一吊二。"《子弟書總目》頁69著錄。

版本：①百本張鈔本，傅惜華舊藏，藝研院·曲310.651/0.356/14（150376）。

### 別題二：花別

民初輯本《子弟書目錄》："小戲子弟書目錄。花別。三回。"

未見傳本。

## 續花別妻　二回

作者未詳。

《中國俗曲總目稿》頁664、《子弟書總目》頁181著錄。"續"字或作"緒"。

演花大漢出征獲勝、得官還家事。據花部劇目《別妻》改編。

遙條轍，40、39韻。

版本：①清鈔本，車王府舊藏，北大圖書館·□812.08/5105/:114（127/19498，十葉，題"緒花別妻")。過錄本,首圖·甲四2181;首圖縮印本55冊頁201-205;北京整理本頁279-282。過錄本,中大圖書館·92638;中大整理本頁188-191。[圖324]

②民初鈔本,傅氏《總目》謂馬彥祥有藏,今藏處未詳。

③曲盒鈔本,傅惜華舊藏,藝研院·曲310.651/0.356/1（143230/1）。

④鈔本,傅斯年圖書館藏,T-675。

⑤鈔本,傅斯年圖書館藏,T-715。

**別題一：續別妻**

百本張《子弟書目錄》："續別妻。花大漢,二回,一吊。"《子弟書總目》頁181著錄。未見傳本。

**別題二：續花別**

樂善堂《子弟大鼓書目錄》："子弟書二回起。五佰文。續花別。"民初輯本《子弟書目錄》列入"小戲子弟書目錄"。《子弟書約選日記》："續花別。計二回。征夫思婦,能不失性情之正,可鈔存。"

未見傳本。

### 打麵缸 二回

作者竹軒。結句云："**竹軒**無事寫來一樂,既無戲理莫論書文。"

百本張《子弟書目錄》："打麵缸。笑,二回。八佰。"樂善堂《子弟大鼓書目錄》著錄,書價"五佰文";民初輯本《子弟書目錄》列入"小戲子弟書目錄"。《中國俗曲總目稿》頁124、《子弟書總目》頁46著錄。《子弟書約選日記》："打麵缸。計二回。此等戲劇,從前常常演唱,近來已在禁演之列。不錄。"

演妓女周臘梅欲從良,縣官判給張才,以便於自己通姦,張才將計就計,逼縣官就範。笑。清唐英有《麵缸笑》,梆子腔及崑曲均有《打麵缸》,即此書所據。

人辰轍,每回40韻。

版本：①清鈔本,車王府舊藏,北大圖書館·□812.08/5105/:115（147/19518,十葉）。過錄本,首圖·甲四2201;首圖縮印本54冊頁278-283;北京整理本頁355-358。過錄本,中大圖書館·92685;中大整理本頁199-202。[圖325]

②百本張鈔本,傅斯年圖書館藏,T14-199。

③鈔本,傅斯年圖書館藏,T17-219;《俗文學叢刊》395冊頁177。

④鈔本,傅斯年圖書館藏,T17-218。

⑤鈔本,傅氏《總目》謂馬彥祥有藏,今藏處未詳。

【說明】"麵",各本多省寫作"面"。

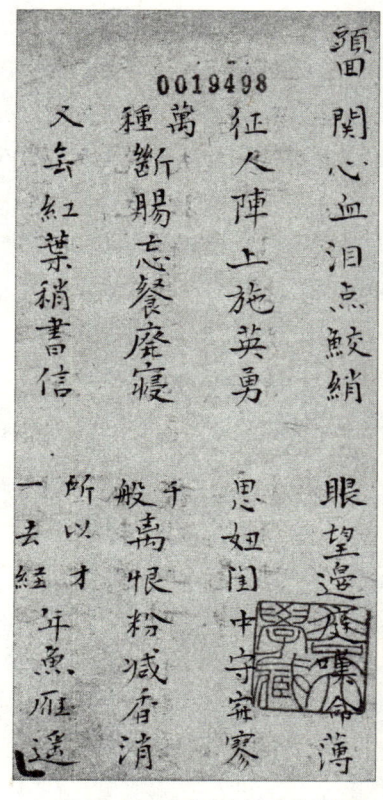
［圖324］車王府舊藏本《續花別妻》

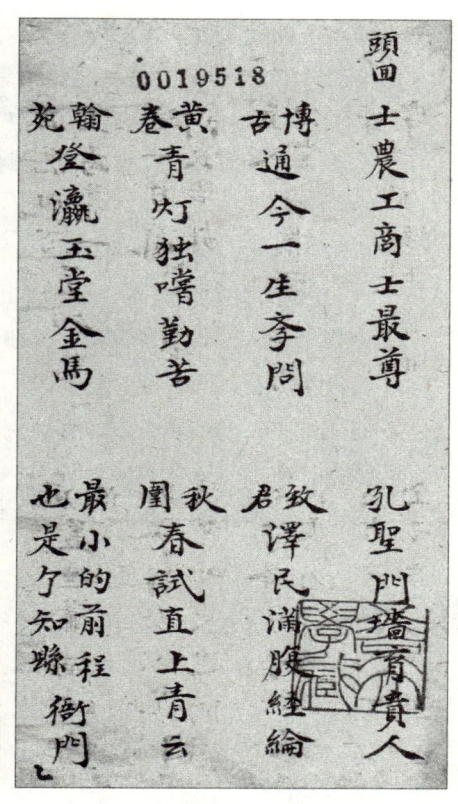
［圖325］車王府舊藏本《打麵缸》

### 新麵缸　一回

作者未詳。

樂善堂《子弟大鼓書目錄》："一回。三百文。新麵缸。"民初輯本《子弟書目錄》列入"小戲子弟書目錄"。

樂善堂、民初輯本《子弟書目錄》均著錄有一回本與二回本《打麵缸》，兩本必不相同。此本屬後出，當據前本刪改而成。

未見傳本。

### 送盒子　二回

作者未詳。

百本張《子弟書目錄》："送盒子。春。二回。一吊。"別墅堂《子弟書目錄》："送盒子。二回。七佰二。"民初輯本《子弟書目錄》列入"小戲子弟書目錄"。《中國俗曲總目稿》頁223、《子弟書總目》頁90著錄。《子弟書約選日記》："送盒子。計二回。周臘梅與張才設美人局詐騙鄭大雷，事既卑鄙，詞尤猥褻，不錄。"

演張才、周臘梅夫婦設美人局，詐騙盒子鋪老闆鄭大雷事。據皮黃劇《送盒子》改編。

頭回人辰轍、二回懷來轍。每回 40 韻。

版本：①清鈔本，車王府舊藏，北大圖書館・□ 812.08/5105/:114（135/19506，十葉）。過錄本，首圖・甲四 2177；首圖縮印本 54 冊頁 345–350；北京整理本頁 310–313。過錄本，中大圖書館・92646；中大整理本頁 203–206。[圖 326]

②百本張鈔本，藝研院・曲 319.651/0.582/8.139，歸入杜穎陶舊藏。但據傅氏《總目》，僅有程硯秋藏本，疑兩本即是同一種。

③別埜堂鈔本，傅惜華舊藏，藝研院・曲 310.651/0.356/23（150385）。

④舊鈔本，杜穎陶舊藏，藝研院・曲 319.651/0.582/8.164。

⑤曲盒鈔本，傅惜華舊藏，藝研院・曲 310.651/0.356/3（143232）。

⑥鈔本，傅斯年圖書館藏，T28–347；《俗文學叢刊》395 冊頁 199。

⑦鈔本，傅斯年圖書館藏，T28–348。

## 靈官廟 一回

作者未詳。

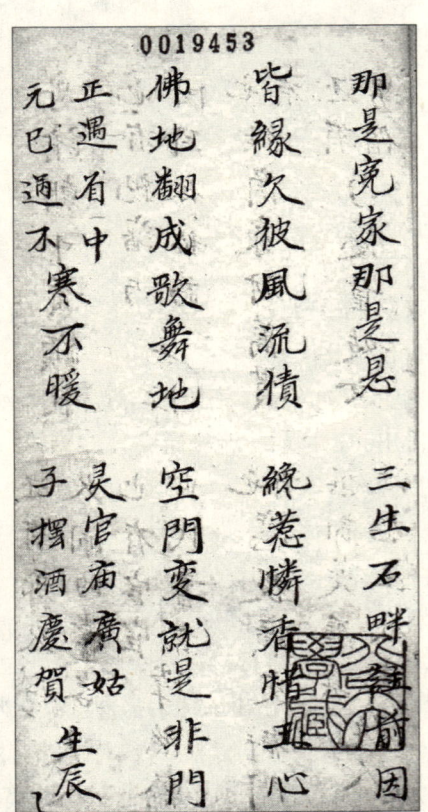

[圖 326] 車王府舊藏本《送盒子》　　[圖 327] 車王府舊藏本《靈官廟》

百本張《子弟書目録》："靈官廟。廣姑子。一回。五佰。"民初輯本《子弟書目録》列入"醒世子弟書目録"。《中國俗曲總目稿》頁 365、《子弟書總目》頁 185 著録。

敘女尼廣真在靈官廟招妓誘貴族子弟，敗壞佛門聖地，被順天府下令搜捕。實事發生在道光十八年（1838）九月北京東城靈官廟。《道咸以來朝野雜記》云："東便門外運河之濱，有靈官廟，實尼僧廣真住持，時人呼爲廣姑子。於道光中葉……廣真又招妓設賭，誘貴族諸子弟入局……。複究出莊親王、喜公爺諸人，皆因之革爵。廣姑子則歸刑部判罪發遣。好事者編作曲詞，到處唱之。今單弦牌子曲與馬頭調中靈官廟，即此事也。"

人辰轍，44 韻。

版本：①清鈔本，車王府舊藏，北大圖書館·□ 812.08/5105/:112（82/19453，五葉半）。過録本，首圖·甲四 2122；首圖縮印本 55 冊頁 225–228；北京整理本頁 169–170。過録本，中大圖書館·92593；中大整理本頁 264–265。［圖 327］

②鈔本，傅斯年圖書館藏，T–517；《俗文學叢刊》396 冊頁 345。

③鈔本，傅斯年圖書館藏，T–516。

【説明】此篇卷首作："那是冤家那是恩，三生石畔註前因。皆緣欠彼風流債，才惹憐香惜玉心。"結句作："黄昏後帶領兵役勾杆繩鎖，一聲喊團團圍住了靈官古刹的門。"

## 續靈官廟 二回

作者韞匵。結句云："**韞匵氏**毫端怒震雷霆力，電光赫耀破精邪。"百本張《子弟書目録》："續靈官廟。二回。八佰。"《中國俗曲總目稿》頁 665《子弟書總目》頁 183 著録。

敘女尼廣真在佛門聖地聚淫事。本事出處見上條。

頭回人辰轍，二回發花轍。各 50 韻。

版本：①清鈔本，車王府舊藏，北大圖書館·□ 812.08/5105/:114（134/19505，十三葉半，題"緒靈官廟"）。過録本，首圖·甲四 2188；首圖縮印本 55 冊頁 209–214；北京整理本頁 306–309。過録本，中大圖書館·92645；中大整理本頁 266–269。［圖 328］

②曲盦鈔本，傅惜華舊藏，曲 310.651/0.356（148740）。

**別題：靈官廟**

民初輯本《子弟書目録》："醒世子弟書目録。二回。"《中國俗曲總目稿》頁 365、《子弟書總目》頁 186 著録。

版本：①鈔本，傅斯年圖書館藏，T–518；《俗文學叢刊》396 冊頁 356。

②鈔本，傅斯年圖書館藏，T–519、T–520（兩冊，上下本合爲一種）。按：據總目稿所録，傅圖所藏兩種内，必有一種原題"續靈官廟"，今藏者因失封面，誤歸入一目下。

【説明】此篇卷首作："大乘妙法迥凡塵，白馬駝來貝葉文。自是金繩開覺路，從知

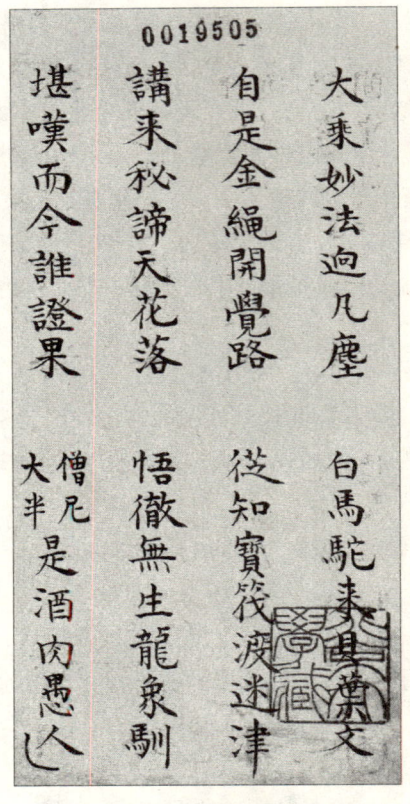 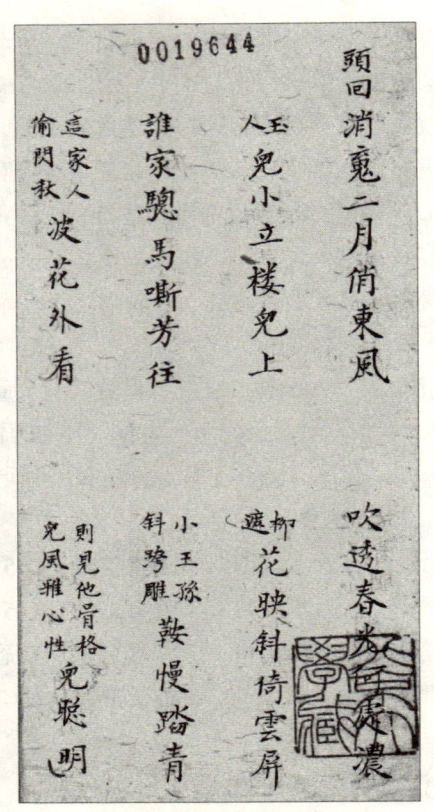

［圖328］車王府舊藏本《續靈官廟》　　　［圖329］車王府舊藏本《俏東風》

寶筏渡迷津。"結句作："韞匱氏毫端怒震雷霆力，電光赫耀破精邪。"

## 俏東風　十二回

作者未詳。

百本張《子弟書目錄》："俏東風。接緒俏東風。情。十二回。四吊四。"別埜堂《子弟書目錄》："俏東風。十二回。四吊四。"樂善堂《子弟大鼓書目錄》著錄，書價"三吊六"。民初輯本《子弟書目錄》列入"陶情子弟書目錄"。並見《綠棠吟舘子弟書百種總目》卷十九、《中國俗曲總目稿》頁188、《子弟書總目》頁85著錄。又《集錦書目》第12句："**俏東風**刮來陣陣涼。"按：《子弟圖》子弟書敘早期子弟書傳演情況，有句謂"那《俏東風》、《降香》、《托夢》傳遍了京都"，可知本篇與羅松窗所撰《降香》、《托夢》同為早期子弟書，且當時即有盛名。

演士子與佳人在春天相見鍾情，經侍兒杏兒通款曲而相會，復經通媒成親，不意成親後夫妻鬥氣，佳人因此而亡。下接《緒俏東風》。故事來源未詳。

據車王府舊藏本，頭回〈透春〉，中東轍；二回〈戲樂〉，由求轍；三回〈挑豔〉，發花轍；四回〈傳帕〉，言前轍；五回〈拈香〉，一七轍；六回〈潔玉〉，江陽轍；七回〈盟月〉，梭撥轍；八回〈哭病〉，乜斜轍；九回〈謝芳〉，人辰轍；十回〈哭豔〉，遥條轍；十一回〈驚夢〉，灰堆轍；十二回〈醒夢〉，姑蘇轍。每回50韻。

版本：①清鈔本，車王府舊藏，北大圖書館・□812.08/5105/:125（273/19644，八十二葉半）。過録本，首圖・甲四2327；首圖縮印本376–410；北京整理本頁1210–1230。過録本，中大圖書館・92630。[圖329]

②百本張鈔本，程硯秋舊藏，藝研院・曲319.651/0.582/5.5；又，梅蘭芳舊藏，藝研院・曲319.651/0.582/6.66/1–4；又，吴曉鈴舊藏，首圖・己448。又，國家圖書館藏，107299/8–11。又，過録本，藝研院・曲319.651/0.582，有"中國戲曲研究所鈔藏"章，記"一九五一年十一月七日收到"。

③光緒五年（1879）鈔本（題"已卯年霭記"），傅惜華舊藏，藝研院・曲310.651/0.356（142827）。

④鈔本，傅斯年圖書館藏，T24–299；《俗文學叢刊》396册頁387。

⑤道光二十九年（1849）崇藝堂刻本（封面題："竹影遺踪/俏東風/崇藝堂梓行"，頭回已殘失，回目略有出入，作：第二戲鬢、還魂第八；餘同），傅惜華舊藏，藝研院・曲310.651/0.356/7（145884）。

⑥鈔本，國家圖書館藏，35558（《子弟書》卷十一）。

⑦鈔本，傅斯年圖書館藏兩種，T24–298、T–759。

⑧光緒二十九年（1903）金印堂刻本（封面題"光緒癸卯壯月望日重鎸/俏東風/清音子弟書–金玉堂存板"），李嘯倉藏。

⑨清鈔本，李嘯倉藏（存殘本，據書衣題名字跡，當爲百本張鈔本）。

⑩清鈔本，傅惜華舊藏，藝研院・曲310.651/0.356/22（150384）。

⑪鈔本，傅氏《總目》謂馬彦祥曾藏，今藏處未詳。

**別題：玉美人長恨**

《中國俗曲總目稿》頁717著録。

版本：①石印本（版心題"玉美人長恨"及"律"字，首行題"新刊繪圖玉美人長恨"；書名頁題"俏東風子弟書"），國家圖書館藏，98632。又，傅斯年圖書館藏，T–719、T–720。

【説明】金玉堂刻本有跋："是誰著此《俏東風》？卻如竹影淡留踪。繪景繪情超象外，傳奇傳事入寰中。野史稗官難並美，古詞書段竟無同。誰知付梓人辛苦，費了閒時多少工。遼郡金玉堂主人塗鴉。"

按：按此書傳本，實有兩個系統。車王府藏本及崇藝堂刻本等爲一個系統；百本張鈔本、傅斯年圖書館藏鈔本等爲另一系統，文字句式間有差異，其中第五、六回與前者大異。

### 續俏東風　八回

作者未詳。

百本張《子弟書目錄》："緒俏東風。又還魂。八回。三吊二。"別埜堂《子弟書目錄》："緒俏東風。八回。二吊八。"樂善堂《子弟大鼓書目錄》著錄，書價"二吊四"。民初輯本《子弟書目錄》列入"陶情子弟書目錄"。《綠棠吟舘子弟書百種總目》卷十九、《中國俗總目稿》頁 188、《子弟書總目》頁 182 著錄。

演佳人死後，魂兒猶記掛丈夫，其誠感動嫦娥，點化佳人，知其與丈夫仍有數載夫妻之緣。佳人則幻化以誘其夫，終得還魂重圓。

刻本有回目：頭回〈悲秋〉，懷來轍；二回〈拜月〉，言前轍；三回〈點化〉，中東轍；四回〈思妻〉，人辰轍；五回〈幻豔〉，遙條轍；六回〈試情〉，江陽轍；七回〈訴心〉，由求轍；八回〈還魂〉，灰堆轍。每回 50 韻。

版本：①清鈔本，車王府舊藏，北大圖書館・□ 812.08/5105/:123（260/19631，五十五葉半，題"緒俏東風"）。過錄本，首圖・甲四 2314；首圖縮印本 56 冊頁 49–74；北京整理本頁 1017–1030。過錄本，中大圖書館・92746。[圖 330]

②百本張鈔本，吳曉鈴舊藏二種，首圖・己 448、己 512；又，程硯秋舊藏，藝研院・曲 319.651/0.582/5.7；又，傅惜華舊藏，藝研院・曲 310.651/0.356（142817），殘存一、三、五、八回。

③過錄百本張鈔本（"中國戲曲研究所鈔藏"，"一九五一年十一月七日收到"），藝研院・曲 319.651/0.582。

④別埜堂鈔本，梅蘭芳舊藏，藝研院・曲 319.651/0.582/6.67/1–4。

⑤老聚卷堂鈔本，王伯祥舊藏，中國社會科學院圖書館藏。

⑥鈔本，傅斯年圖書館藏，T25–300；《俗文學叢刊》396 冊頁 555。

⑦鈔本，傅斯年圖書館藏，T25–301。

⑨鈔本，傅斯年圖書館藏，T–759。

**別題：俏東風二集**

未見著錄。

版本：①道光二十九年（1849）崇藝堂刻本（封面題"竹影遺踪／俏東風二集／崇藝堂梓行"），傅惜華舊藏，藝研院・曲 310.651/0.356（145882）。

②清刻本，國家圖書館藏，98315。

### 俏東風集傳　二十回

作者未詳。

未見著錄。

此即《俏東風》十二回及《續俏東風》八回之合集。

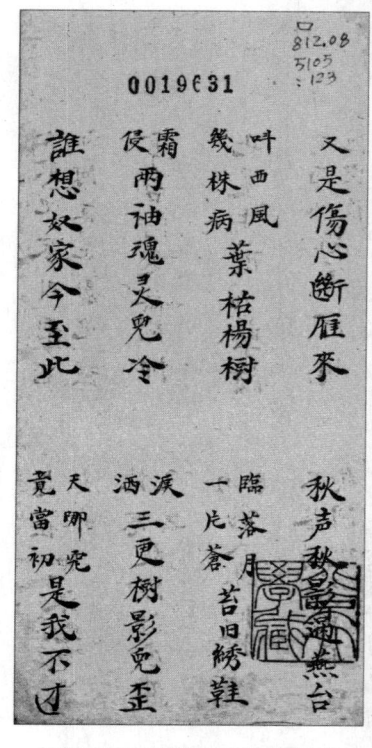 

［圖330］車王府舊藏本《續俏東風》　　［圖331］藝研院藏崇藝堂刻本《俏東風》

版本：①舊鈔本（內題"密授 精抄 俏東風集傳"），傅惜華舊藏，藝研院・曲310.651/0.356（145882）。

**別題：俏東風**

未見著錄。

版本：①道光二十九年（1849）崇藝堂刻本（封面題："竹影遺踪/俏東風/崇藝堂梓行"；含"俏東風"及"俏東風二集"），即前文所錄傅惜華舊藏本，藝研院・曲310.651/0.356（145882）。［圖331］

## 荷花記　二十回

作者疑爲漁陽居士。卷尾有句："我說此話如不信，漁陽居士有詩聯。"但此處亦可能是引用漁陽居士之詩，而非嵌其名號。

樂善堂《子弟大鼓書目錄》："子弟書十回起。四吊文。荷花記。"（按：此當以一個回目爲一回；每一回目實含兩回）民初輯本《子弟書目錄》列入"陶情子弟書目錄"。《子弟書總目》頁115著錄。

演吳進與鄭芙蓉曲折的愛情故事。本事出處未詳。

言前轍。凡雙回無回目。一回〈賞蓮〉43韻；二回39韻；三回〈降香〉42韻；四

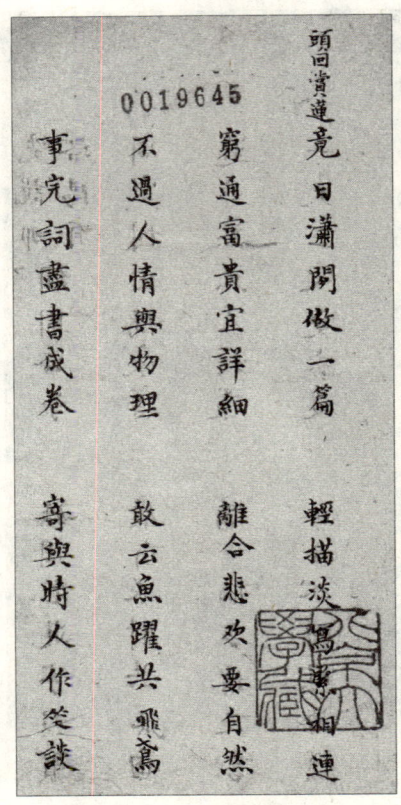 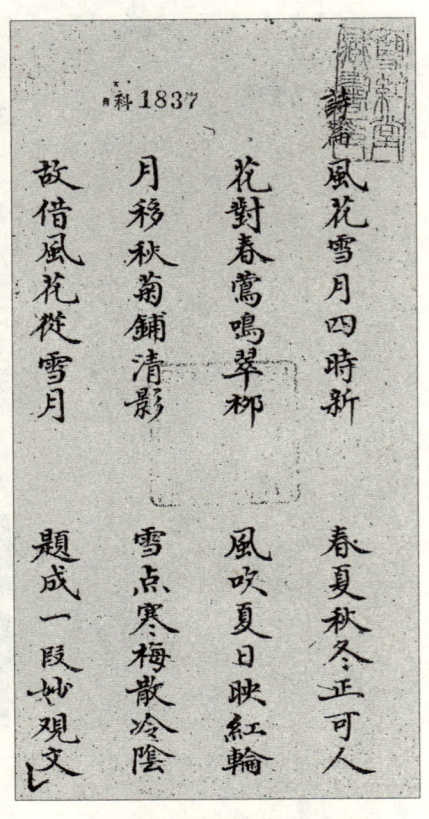

［圖332］車王府舊藏本《荷花記》　　［圖333］雙紅堂藏百本張鈔本《梅花塢》

回45韻；五回〈巧換〉42韻；六回45韻；七回〈被災〉40韻；八回46韻；九回〈在路〉40韻；十回41韻；十一回〈寄鄉〉40韻；十二回43韻；十三回〈赴考〉43韻；十四回42韻；十五回〈聯登〉37韻；十六回43韻；十七回〈題媒〉48韻；十八回35韻；十九回〈團圓〉41韻；二十回47韻。

　　版本：①清鈔本，車王府舊藏，北大圖書館・□ 812.08/5105/:125（274/19645，108葉）。過錄本，首圖縮印本54冊頁48-94；北京整理本頁1231-1256。過錄本，中大圖書館・92250；中大整理本頁961-991。［圖332］
　　②聚卷堂鈔本，傅惜華舊藏，藝研院・曲310.64/0.577（136611-136612）。
　　③鈔本，傅氏《總目》謂馬彥祥有藏，今藏處未詳。

## 梅花塢　十二回

作者未詳。

　　百本張《子弟書目錄》："梅花塢。賞梅觀雪，和春題詩。十二回。四吊四。"別埜堂《子弟書目錄》："梅花塢。十二回。四吊二。"樂善堂《子弟大鼓書目錄》著錄，書價"三吊六"。《綠棠吟舘子弟書百種總目》卷六、《中國俗曲總目稿》頁241、《子弟書總目》頁111著録。《集錦書目》第 11 句："舟子藏舟在梅花塢。"

演和春與秋娘的愛情故事。本事來源未詳。

頭回〈驚豔〉，人辰轍，54 韻；二回〈覷豔〉，由求轍，50 韻；三回〈醉詩〉，中東轍，50 韻；四回〈規友〉，灰堆轍，50 韻；五回〈出策〉，言前轍，50 韻；六回〈盼麗〉，江陽轍，50 韻；七回〈降香〉，梭撥轍，50 韻；八回〈遣玉〉，一七轍，59 韻；九回〈勸恚〉，遙條轍，53 韻；十回〈完婚〉，姑蘇轍，50 韻；十一回〈濃情〉，發花轍，54 韻；十二回〈歸仙〉，乜斜轍，50 韻。

版本：①清鈔本，車王府舊藏，北大圖書館・□ 812.08/5105/:125（272/19643，八十四葉）。過錄本，首圖縮印本 54 冊頁 95–129；北京整理本頁 1188–1209。過錄本，中大圖書館・92359；中大整理本頁 652–674。

②百本張鈔本，雙紅堂文庫藏，戲曲・201；又，殘本，存第一、二回，杜穎陶舊藏，藝研院・曲 319.651/0.582/8.16–17；又，殘本，存八至十一回，傅惜華舊藏，藝研院・310.651/0.356/21（150383）。[圖 333]

③別垫堂鈔本，傅惜華舊藏，今歸藝研院。

④清鈔本，國家圖書館藏，119987（闕第十回；第八回與車王府本有較大差別。有"漢龍行齋"、"曾經滄海"印）。

⑤清鈔本，鄭振鐸舊藏，國家圖書館・t3448/18。

⑥民初鈔本，《子弟書十九種》之十二，天津圖書館集部–曲類–彈詞 37014（有"盲生詞曲傳習所"印記；篇末較車王府藏本多四句）。

⑦清鈔本，中國社科院圖書館藏。

⑧鈔本，國家圖書館藏，《各種劇本》之十八，2114942。

⑨清鈔本（殘），李嘯倉藏。

【說明】鄭振鐸舊藏本與雙紅堂本為同一系統；其底本同車王府藏本，但又經某人對其中若干回作過較大刪改，故二、四、五、六、七回頗異，第九回則全異。

### 悲歡夢 十四回

作者未詳。

未見著錄。

演在旗名門公子假扮醫生，探看佳人，喜其美貌，遂與老爺定下親事，佳人亦欣喜。後公子、老爺赴熱河圍，老太太欲將佳人嫁與其侄孫，佳人不喜，氣鬱而亡。下葬後，有人盜墓，佳人蘇醒，又不願回家，隱於附近之慈悲院。公子歸來聞知佳人已亡，視墓宿院，遂得相會團圓。本事來源未詳。

頭回梭撥轍，二回一七轍，三回姑蘇轍，四回言前轍，五回懷來轍，六回乜斜轍，七回中東轍，八回江陽轍，九回人辰轍，十回姑蘇轍，十一回灰堆轍，十二回發花轍，十三回由求轍，十四回遙條轍。三回 49 韻，九回 45 韻，十四回 46 韻，其餘各回均 50 韻。

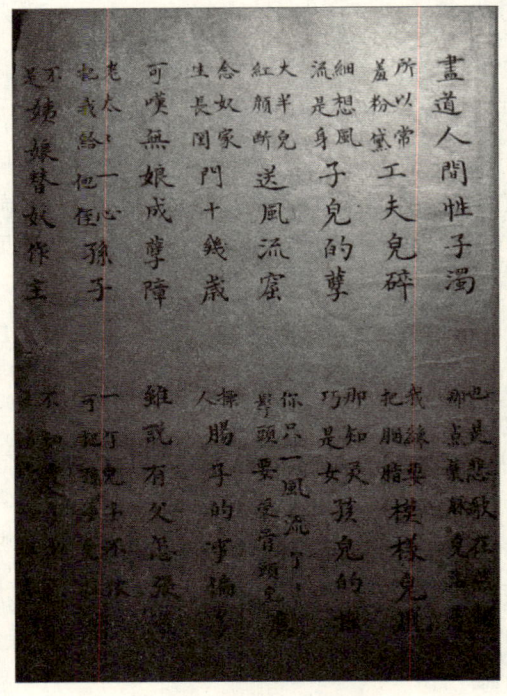
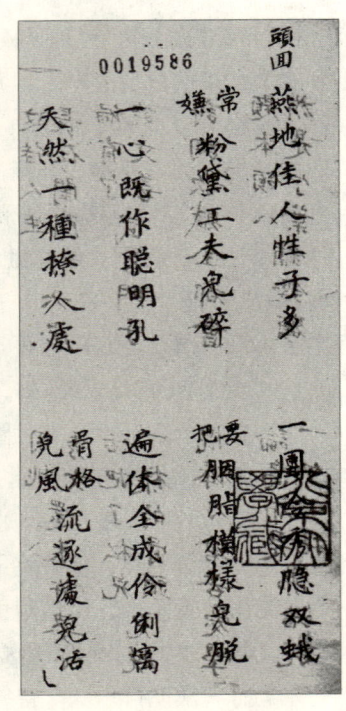

[圖334] 國圖藏清鈔本《悲歡夢》　　　　[圖335] 車王府舊藏本《連理枝》

版本：①清鈔本，國家圖書館藏，98079。[圖334]
　　　②清鈔本，鄭振鐸舊藏，國家圖書館·t3448/3-4。

## 連理枝　四回

作者未詳。

百本張《子弟書目錄》："連理枝。四回。一吊六。"樂善堂《子弟大鼓書目錄》著錄，書價"一吊二"。民初輯本《子弟書目錄》列入"陶情子弟書目錄"。《綠棠吟舘子弟書百種總目》卷十九、《中國俗曲總目稿》頁247、《子弟書總目》頁108著錄。《子弟書約選日記》："連理枝。計四回。不選。"

演在老爺欲招一在旗名門公子爲婿，令其扮作醫生看姑娘，姑娘喜歡公子，欲結連理，而老夫人卻將她配與其內侄孫，姑娘因此抑鬱而亡。據《悲歡夢》子弟書前五回改寫。

頭回撥梭轍，50韻；二回姑蘇轍，50韻；三回一七轍，46韻；四回懷來轍，57韻。

版本：①清鈔本，車王府舊藏，北大圖書館·□812.08/5105/:119（215/19686，
　　　　二十七葉，題作"蓮理枝"）。過錄本，首圖·甲四2269；首圖縮印本55
　　　　册頁96-108；北京整理本頁690-697。過錄本，中大圖書館·92005；中
　　　　大整理本頁229-236。[圖335]
　　　②舊鈔本，杜穎陶舊藏，藝研院·曲319.651/0.582/8.162；按：據傅氏《總目》，

杜氏名下無此藏本，程硯秋名下有之，疑此兩本即是一本。
③鈔本，傅斯年圖書館藏，T30-370；《俗文學叢刊》397 冊頁 1。
④鈔本，傅斯年圖書館藏，T30-371。
⑤民初鈔本，《子弟書十九種》之十四，天津圖書館藏，集部－曲類－彈詞 37014（有"盲生詞曲傳習所"印記）。
⑥清鈔本，鄭振鐸舊藏，國家圖書館·t3448/7。
⑦鈔本，北京師範大學圖書館藏，858.4/136。

【說明】此篇卷首作："燕地佳人性子多，一團冷秀隱雙蛾。常嫌粉黛工夫兒碎，要把胭脂模樣兒脫。一心既作聰明孔，遍體全成伶俐窩。"結句作："有壽年高休過慟，臨死不見枉悲哀。語罷言絕身歸那世，誰知道連理花枝種夜台。"

## 連理枝　二回

作者未詳。

民初輯本《子弟書目錄》："陶情子弟書目錄。連理枝。二回。"

演在老爺欲招一在旗名門公子為婿，令其扮作醫生看姑娘，亦姑娘暗喜公子，欲結連理。主要據《悲歡夢》子弟書第一回改寫；開頭詩篇則據四回本《連理枝》子弟書第一回改寫而成。

梭撥轍。存本原不分回。可酌分為二回，每回 38 韻。

版本：①清刻本（首行題"新刻連理枝子弟書"），不分回，傅惜華舊藏，藝研院·曲 310.651/0.356（136598）。又，國家圖書館藏，98714。[圖 336]

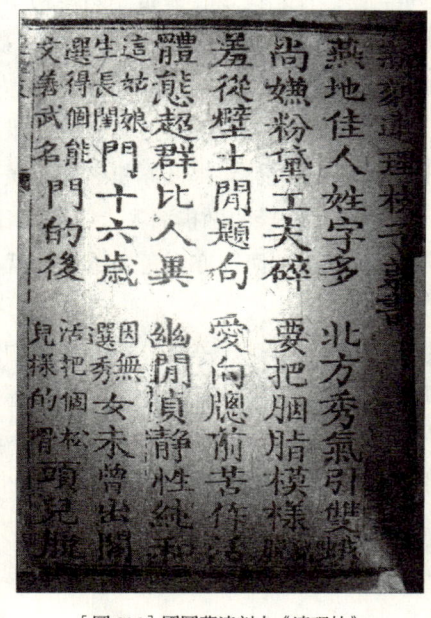

[圖 336] 國圖藏清刻本《連理枝》

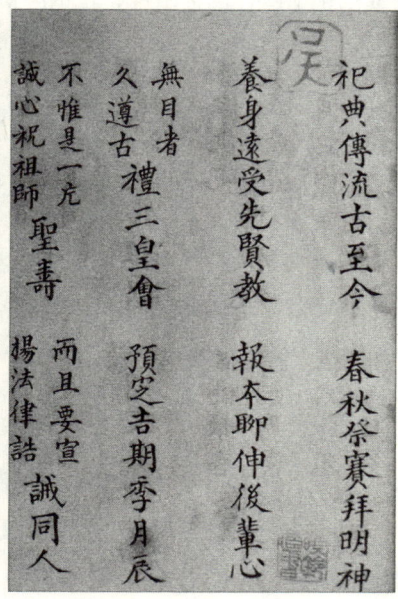

[圖 337] 首圖藏鈔本《三皇會》

②文萃堂刻本，不分回，據傅氏《總目》，賈天慈曾藏，今藏處未詳。

【説明】此篇卷首作："燕地佳人姓字多，北方秀氣引雙娥。尚嫌粉黛工夫碎，要把胭脂模樣兒脱。羞從壁上閒題句，愛向牎前苦作活。體態超群比人異，幽閒貞静性純和。"結句作："我待去隔窗兒舔個窟窿兒偷看看，到晚來好與姑娘把牙磨。"

### 三皇會 一回

作者未詳。

《綏中吴氏雙楛書屋所藏子弟書目録》著録，謂"書衍皇會祭祀科儀，當是津門故實，可以考見舊日習俗。"

演皇會祭祀科儀。據清代實事敘寫。

人辰轍，55韻。

版本：①清鈔本，吴曉鈴舊藏，首圖·己471。[圖337]

### 桃花岸 十三回

作者未詳。

百本張《子弟書目録》："桃花岸。頭兩回姑嫂拌嘴。十三回。四吊八。"別埜堂《子弟書目録》："桃花岸。頭二回姑嫂拌嘴。十三回。四吊八。"樂善堂《子弟大鼓書目録》著録，書價"三吊九"。民初輯本《子弟書目録》列入"陶情子弟書目録"。並見《中國俗曲總目稿》頁215、《子弟書總目》頁95著録。又《集錦書目》第5句："前面有淤泥河兒**桃花岸**。"《子弟書約選日記》："桃花岸。計十三回。不録。"

演玉娥年十四，俊美潑辣，且擅詩畫，父母早喪，有兄長嫂嫂養護。姑嫂初不相得，口角相加，兄歸責嫂，玉娥止兄，姑嫂此後才相洽。有翰林見玉娥之詩畫而生仰慕，假扮女尼往訪，玉娥後知其爲翰林，交談甚歡。兄嫂讓其結爲姐妹，留宿同枕。兩人因隔窗徹夜而談。次日翰林先是變換衣裝來議親，然後再扮女尼而回，又與玉娥下棋不勝，翰林讚其力過國手。別後歸家，打點迎親。第十二回兩人弈棋時，提及圍棋名家有黃龍士、婁子恩、范西平（屏）、石（施）襄夏，此數人爲康熙及乾隆間圍棋名家。又翰林謂"我這盤棋在衙門裏是頭盤棋子，就是鉅耕書不過讓我幾著"，何氏亦爲范西屏同時代棋手，則故事所敘背景爲清代乾隆間。

頭回灰堆轍、二回由求轍、三回一七轍、四回言前轍、五回人辰轍、六回中東轍、七回梭撥轍、八回發花轍、九回江陽轍、十回姑蘇轍、十一回懷來轍、十二回遥條轍、十三回乜斜轍。每回50韻。

版本：①清鈔本，車王府舊藏，首圖·甲四1317/1；首圖縮印本55册頁325-361；
　　　北京整理本頁1468-1493。

②百本張鈔本，傅斯年圖書館T27-332，《俗文學叢刊》400册頁69。又，傅氏《總目》謂馬彦祥有藏，今藏處未詳。

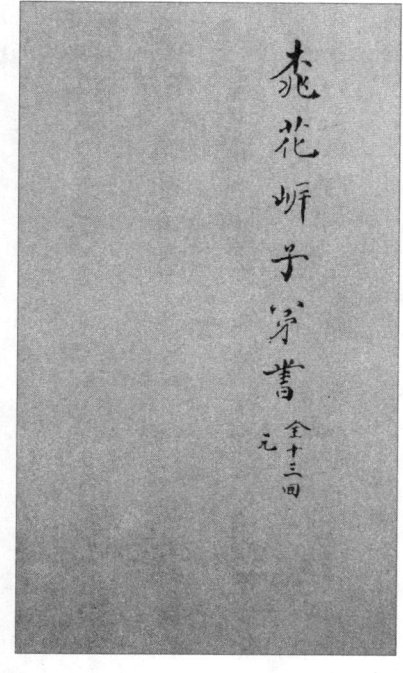

［圖338］故宮藏百本張鈔本《桃花岸》

　　③清鈔本，故宮博物院藏，《故宮珍本叢刊》698冊頁250（據書衣書衣題名，知實爲百本張本）。［圖338］

　　④鈔本，中國戲曲研究院舊藏，藝研院・曲319.651/0.582（1951年據百本張鈔本過錄）。

　　⑤聚卷堂鈔本，吳曉鈴舊藏，首圖・己481。又，程硯秋舊藏，藝研院・曲319.651/0.582/5.13（鈐"聚卷堂李不對管換"印）；按：傅氏《總目》所錄程氏藏本作百本張鈔本，當是誤記。

　　⑥民初鈔本，《子弟書十九種》之十一，天津圖書館集部–曲類–彈詞37014（有"盲生詞曲傳習所"印記）。

　　⑦鈔本（選錄二回），國家圖書館藏，鈔本《子弟書》卷十。

　　【說明】此本篇幅較長，各藏本時見錯簡。如車王府藏本裝訂時存有二處錯簡，分別在第六回、第八回；首圖影印本頁328有一處錯簡；故宮影印本頁285有八句錯簡；史語所影印本頁277處脫一葉。百本張本與車王府藏本同源，但第四回有三十二句全異；第五回末有十六句全異。

### 姑嫂拌嘴　二回

　　作者未詳。

　　別墅堂《子弟書目錄》："姑嫂拌嘴。二回。七佰二。"《綠棠吟舘子弟書百種總目》

卷十九、《子弟書總目》頁 73 著錄。

此即《桃花岸》一、二回之單行本。演小姑玉娥與嫂嫂侯氏惡語相加，兄醉歸，護妹揍妻，玉娥止兄，姑嫂遂相睦洽。

版本：①文萃堂刻本（封面題"新刻子弟書／姑嫂拌嘴／文萃堂梓行"；首行題"拌嘴子弟書"），國家圖書館藏，98708（有舊藏者題"光緒十二年十二月　日置"）。又，俄羅斯國家圖書館藏。[圖 339]

②經義堂刻本（封面題"新刻子弟書／姑嫂拌嘴／經義堂梓行"），杜穎陶舊藏，藝研院藏，曲 510.651/0.356（095531）。

**別題一：拌嘴**

版本：①清刻本，傅惜華舊藏，藝研院・曲 310.651/0.356（136589）。

**別題二：桃花岸（二回）**

版本：①鈔本（僅錄前二回，故同此本），國家圖書館藏，35558（《子弟書》卷十）。

[圖 339] 國圖藏文萃堂刻本《姑嫂拌嘴》

### 鴛鴦扣　二十四回

作者未詳。

百本張《子弟書目錄》："鴛鴦扣。說媒下定，大爺成家，家常禮短。二十四回。七吊二。" 樂善堂《子弟大鼓書目錄》著錄，書價"四吊文"。《中國俗曲總目稿》頁 332、《子弟書總目》頁 166 著錄。

頭、二回中東轍，35、40 韻；三、四回乜斜轍，40、31 韻；五、六回梭撥轍，39、42 韻；七、八回姑蘇轍，34、39 韻；九、十回人辰轍，42、40 韻；十一、十二回由求轍，36、32 韻；十三、十四回遙條轍，41、32 韻；十五、十六回灰堆轍，33、36 韻；十七、十八回一七轍，36、32 韻；十九、二十回江陽轍，34、40 韻；二十一、二十二回中東轍，39、33 韻；二十三、二十四回言前轍，37、44 韻。

演滿族貴家議親、聯姻、婚禮、回門的整個過程。描述清代北京滿族禮俗至爲詳贍。據時事改編。

版本：①清鈔本，車王府舊藏，北大圖書館・□812.08/5105/:127（280/19651，一百一十六葉）。過錄本，首圖・甲四 2335；首圖縮印本 55 冊頁 133–183；（第

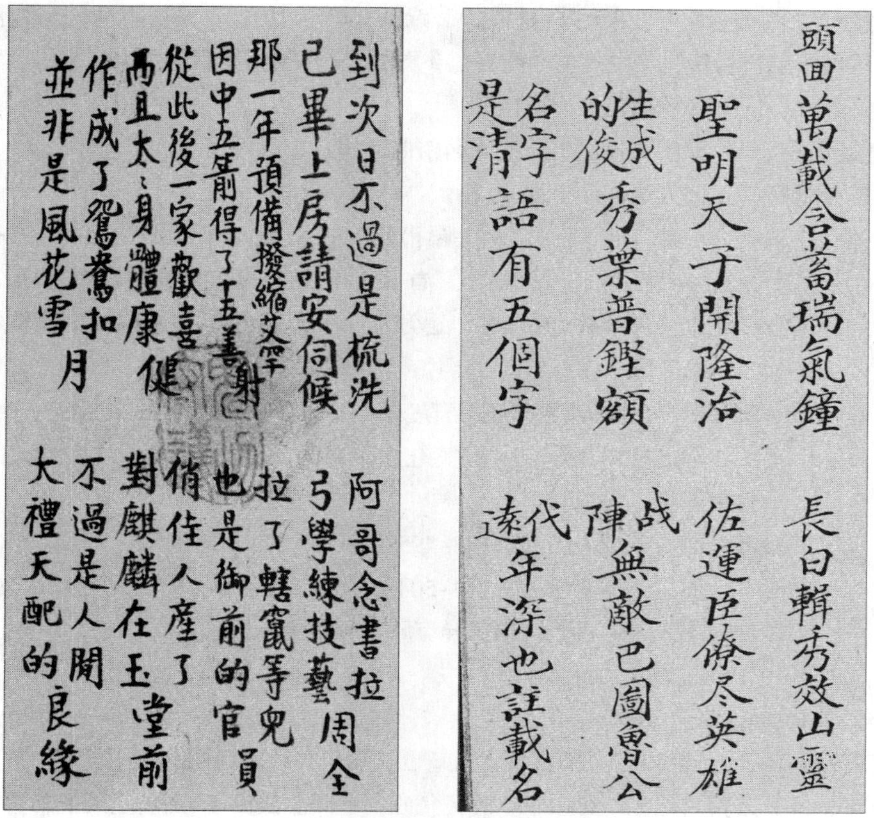
頭回萬載含蓄瑞氣鐘　長白輯秀效山靈
聖明天子開隆治　佐運臣僚尽英雄
生成的俊秀葉普鏗額　战陣無敵巴圖魯公
名字是清語有五個字　遠代年深也註載名

到次日不過是梳洗　阿哥念書拉
已畢上房請安伺候　弓學練技藝周全
那一年預備撥縮文罕　拉了轄竄等兒
因中五箭得了五善射　也是御前的官員
從此後一家歡喜　俏佳人產了
而且太太身體康健　對麒麟在玉堂前
作成了鴛鴦扣　不過是人間
並非是風花雪月　大禮天配的良緣

［圖 340］國圖藏鈔本《鴛鴦扣》

四回末倒一行以上，將屬第五回第四行以下五句錯抄於此）；北京整理本頁 1394–1431。過録本，中大圖書館・92233；中大整理本頁 1300–1332。

②百本張鈔本，吴曉鈴舊藏二種，首圖・己 448、己 527（不分回，每兩回爲一册；十四回後半有殘缺）。又，缺第一回，傅氏《總目》謂賈天慈有藏，今藏處未詳。

③鈔本，傅斯年圖書館藏，T42–487；《俗文學叢刊》397 册頁 59–318。

④鈔本，國家圖書館藏，98648（爲兩種坊鈔本合訂，1–11 回，17–18 回爲一種，有分落號；其餘部分爲另一種，不細標分落號；有“漢龍行齋”、“敝帚千金”印）。［圖 340］

⑤鈔本（有“鍾毓軒”朱印），馬廉舊藏，北大圖書館・MX814.77/2755。

## 綉荷包　二回

作者滄海氏。結句：“**滄海氏**閒筆今又題粉黛，遣午悶偶成小段計美人。”

百本張《子弟書目録》:“綉荷苞。春。二回。一吊。”別埜堂《子弟書目録》:“綉荷包。

二回。七佰二。"樂善堂《子弟大鼓書目錄》著錄，書價"四百文"。民初輯本《子弟書目錄》列入"遊戲子弟書目錄"。《中國俗曲總目稿》頁282、《子弟書總目》頁139著錄。又《集錦書目》第54句："從綉荷包裏面取檳榔。"

演女子深夜爲情郎綉荷包之事。據同名俗曲改編。

頭回遙條轍，二回人辰轍。每回40韻。

版本：①清鈔本，車王府舊藏，北大圖書館・□ 812.08/5105/:116（164/19535，十葉，題"綉荷苞"）。過錄本，首圖・甲四2217；首圖縮印本55冊頁74-78；北京整理本頁416-419。過錄本，中大圖書館・91351；中大整理本頁242-245。[圖341]

②百本張鈔本，傅惜華舊藏，藝研院・曲 310.651/0.356（142920/3）;《子弟書選》頁392-395據以排印；又，雙紅堂文庫藏，戲曲・215，波多野太郎《子弟書集》據以收錄。

③鈔本，傅斯年圖書館藏，T43-495。

④鈔本，傅斯年圖書館藏，T44-504；《俗文學叢刊》397冊頁297。

⑤鈔本，傅氏《總目》謂馬彥祥有藏，今藏處未詳。

## 女觔斗　一回

作者或爲閑窗。據結句："閑窗無事拈毫也，端只爲政閑民閑享太平。"

百本張《子弟書目錄》："女觔斗。鬥笑兒的。一回。四佰。"別墅堂《子弟書目錄》："女觔斗。一回。四佰。"樂善堂《子弟大鼓書目錄》著錄，書價"二百文"。民初輯本《子弟書目錄》列入"江湖人子弟書目錄"。並見《中國俗曲總目稿》頁89、《子弟書總目》頁33著錄。又《集錦書目》第33句："東廊下遊人齊看女觔斗。"《子弟書約選日記》："女觔斗。計一回。江湖流娼，傷風敗俗。不錄。"

評述女觔斗演出事。據時事編寫。

中東轍，40韻。

版本：①清鈔本，車王府舊藏，北大圖書館・□ 812.08/5105/:110（21/19392，五葉，題作"女觔斗"）。過錄本，首圖・甲四2075；首圖縮印本54冊頁249-251；北京整理本頁43-44。過錄本，中大圖書館・91920；中大整理本頁331-332。[圖342]

②百本張鈔本，程硯秋舊藏，藝研院・曲 319.651/0.582/5.53；又一部，傅斯年圖書館藏，T13-177；《俗文學叢刊》397冊頁319-332。

③鈔本，傅斯年圖書館藏；T13-178。

④鈔本，傅斯年圖書館藏，T13-179。

⑤別墅堂鈔本，傅惜華舊有藏，今未訪見。

⑥曲盒鈔本，傅惜華舊有藏，今未訪見。

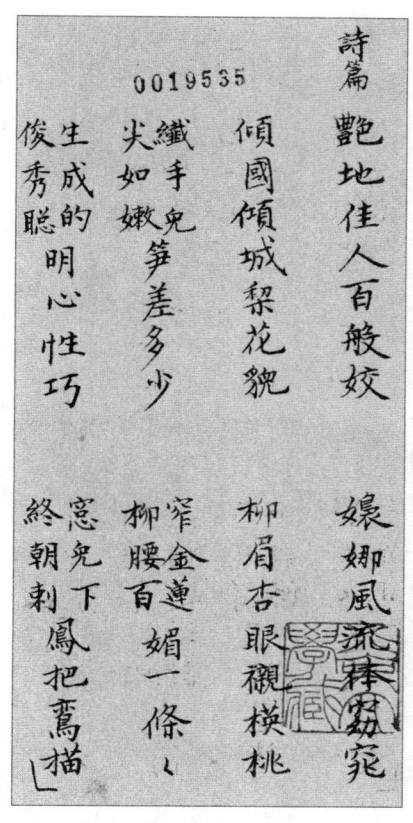 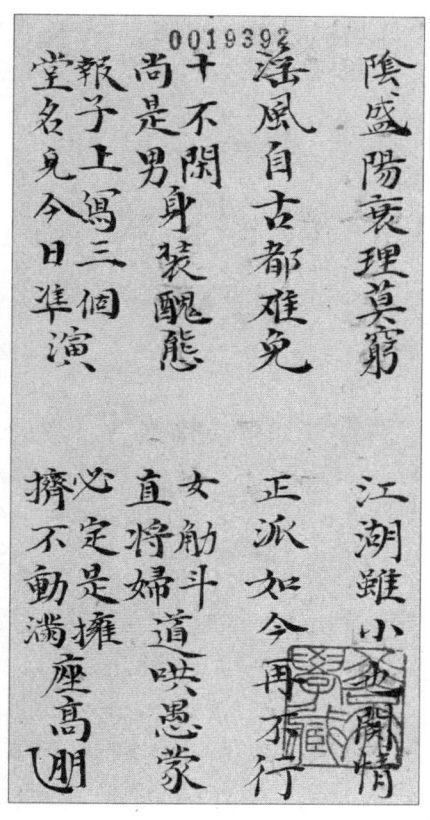

［圖341］車王府舊藏本《繡荷包》　　［圖342］車王府舊藏本《女斛斗》

【說明】曲文中敘及北京城內斷戲事，按城內禁戲館事在嘉慶四年（1799），故此戲當作於嘉慶四年以後。

## 老斗嘆（甲）一回

作者未詳。

百本張《子弟書目錄》："老斗嘆。一回。四佰。"樂善堂《子弟大鼓書目錄》著錄，書價"二百文"。《綠棠吟舘子弟書百種總目》卷二十；《子弟書總目》頁50著錄。

演沒錢的老斗自嘆身世。老斗，晚清京城包養相公者。據時事編寫。

人辰轍，36韻。

版本：①清鈔本，車王府舊藏，北大圖書館‧□ 812.08/5105/:110（19/19390，四葉半）。
　　　　過錄本，首圖‧甲四2073；首圖縮印本54冊頁296–298；北京整理本頁39–40。過錄本，中大圖書館‧91408；中大整理本頁295–296。［圖343］
　　　②曲盒鈔本，傅惜華舊藏，藝研院‧曲310.651/0.356（148732）。

【說明】篇首作："聖世昇平錦綉春，家家豐阜有餘銀。堆金善壯英雄胆，積玉還紛

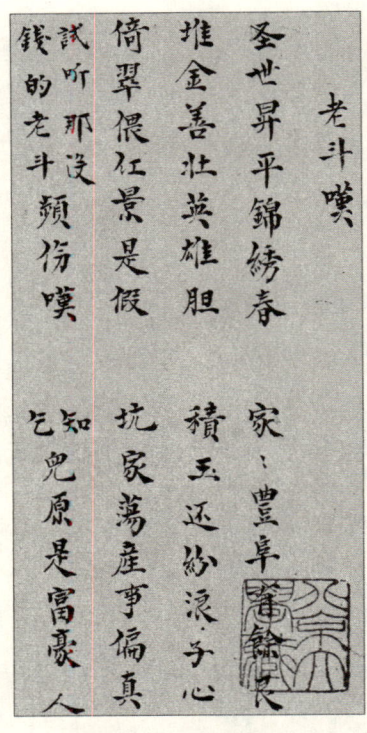 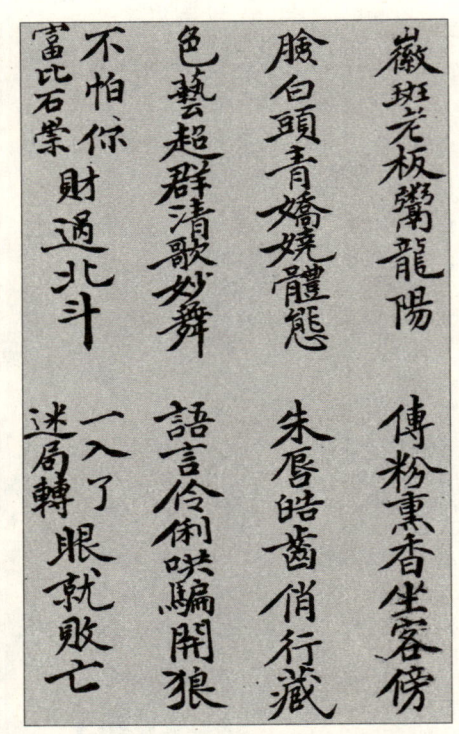

［圖343］車王府舊藏本《老斗嘆》　　［圖344］傅斯年圖書館藏鈔本《老斗嘆》

浪子心。"結句作："我睜雙眸看了半天的豪興，這就是我過來人的樂圖兒畫得有神。"按：車王府舊藏本、曲盦鈔本均只末尾一分落號，疑是硬書。

## 老斗嘆（乙）一回

作者未詳。

別埜堂《子弟書目錄》："老斗嘆。一回。四佰。"《中國俗曲總目稿》頁130、《子弟書總目》頁50著錄。

演老斗因戀龍陽而破家盡財，獨居荒塚，自嘆悔過，後掘土得藏銀，返城重整家園。文中有句謂"說甚麼春台四喜秀集芳"，據道光八年（1828）《金臺殘淚記》、道光二十二年（1842）《夢華瑣簿》，京城集芳班之興與散，在道光八年前後。故此篇當作於道光初。

江陽轍，50韻。

版本：①別埜堂鈔本，藝研院‧曲319.651/0.582/5.54，歸入程硯秋舊藏，按：傅氏《總目》著錄有自藏本，而無程氏藏本，疑兩本即是同一種。《子弟書珍本百種》頁408-410據別埜堂鈔本排印。

②鈔本，傅斯年圖書館藏，T17-221，《俗文學叢刊》397冊頁333-347。［圖344］

【說明】篇首作："徽班老闆鸞龍陽，傅粉熏香坐客傍。臉白頭青嬌嬈體態，朱唇皓齒俏行藏。"結句作："運進城重新再把家園整，改過前非另是個行藏。"

## 祿壽堂 一回

作者未詳。

百本張《子弟書目錄》："祿壽堂。闊大爺逛前門，跑熱車大爺府。笑。一回。五佰。"別埜堂《子弟書目錄》："祿壽堂。闊逛。一回。三佰六。"樂善堂《子弟大鼓書目錄》著錄，書價"三佰文"。民初輯本《子弟書目錄》列入"遊戲子弟書目錄"。《中國俗曲總目稿》頁285、《子弟書總目》頁143著錄。《集錦書目》第78句："滿床笏的喜酒設在祿壽堂。"《子弟書約選日記》："祿壽堂，計一回。描寫紈袴子弟，確是北京氣派。惜多誇張而無規諷，與教育宗旨不合。不錄。"

演闊大爺跑熱車過前門，在祿壽堂觀戲後攜小旦而歸。祿壽堂為北京著名梨園館之一，址在打磨廠，道光八年（1828）改為"榮壽"，故此書當作於道光八年以前。馬頭調有同名曲目，據此書改寫。

江陽轍，50韻。

版本：①清鈔本，車王府舊藏，北大圖書館‧□ 812.08/5105/:112（81/19452，六葉）。過錄本，首圖‧甲四2144；首圖縮印本54冊頁480-482；北京整理本頁167-168。過錄本，中大圖書館‧92592；中大整理本頁306-307。［圖345］

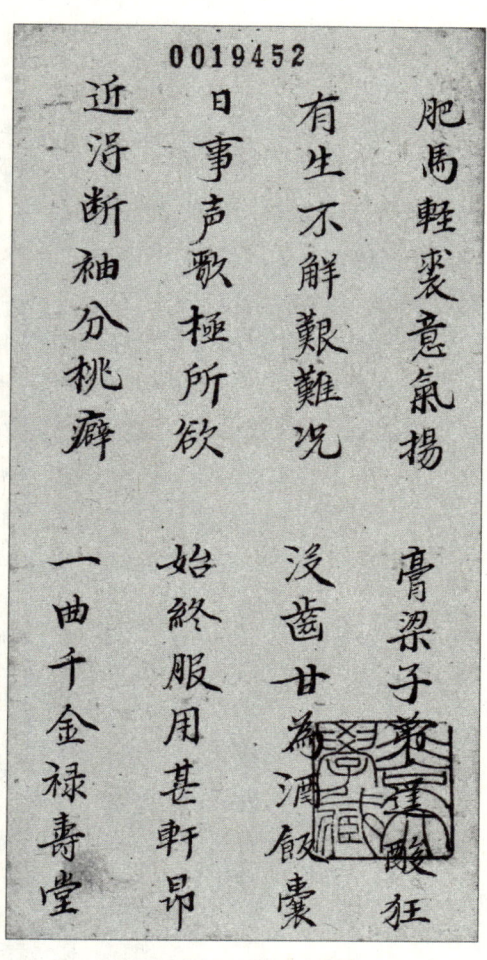

［圖345］車王府舊藏本《祿壽堂》

②百本張鈔本，吳曉鈴舊藏，首圖‧己464；又，傅斯年圖書館藏，T36-425。

③鈔本，傅斯年圖書館藏，T36-426；《俗文學叢刊》397冊頁349。

④鈔本，傅斯年圖書館藏，T36-424。

⑤《舊鈔北平俗曲》本，劉復舊藏，民族圖書館藏。

⑥別埜堂鈔本，傅氏《總目》謂有自藏本，今未見。

⑦舊鈔本，傅氏《總目》謂馬彥祥有藏，今藏處未詳。

⑧石印本《繪圖改良新劇》第二十七册本，早稻田大學圖書館藏（へ 19-3031）。此本未題爲"子弟書"，文字略有更易，且增數句。

## 梨園舘 二回

作者未詳。

百本張《子弟書目録》："梨園舘。二回。八佰。"别埜堂《子弟書目録》："梨園舘。二回。七佰二。"民初輯本《子弟書目録》列入"遊戲子弟書目録"。《中國俗曲總目稿》頁 251、《子弟書總目》頁 115 著録。《集錦書目》第 61 句："出廟門見路南正對著梨園舘。"《子弟書約選日記》："梨園舘。計二回。描寫紈袴子弟，確是北京氣派，惜多誇張而無規諷，與教育宗旨不合。不録。"

敘滿族貴胄子弟游蕩梨園事。馬頭調有同名曲目。

頭回言前轍，二回一七轍。每回 40 韻。

版本：①百本張鈔本，傅斯年圖書館藏，T31-376。

②鈔本，傅斯年圖書館藏，T31-377；《俗文學叢刊》397 册頁 365。[圖 346]

③鈔本，傅斯年圖書館藏，T31-378。

④《子弟書珍本百種》頁 381-384，謂據傅斯年圖書館藏鈔本排印。

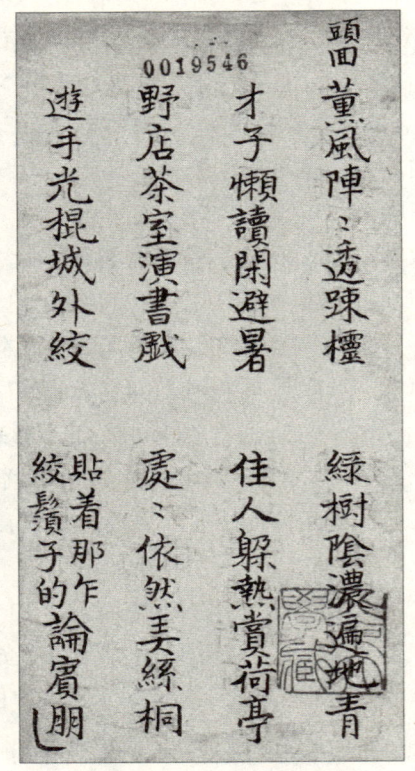

［圖 346］傅斯年圖書館藏鈔本《梨園舘》　　［圖 347］車王府舊藏本《鬚子譜》

⑤別埜堂鈔本，傅氏《總目》謂有自藏本，今未見。

## 鬚子譜　三回

作者未詳。

百本張《子弟書目錄》："鬚子譜。三回。一吊。"民初輯本《子弟書目錄》列入"醒世子弟書目錄"。《中國俗曲總目稿》頁363、《子弟書總目》頁184著錄。

演子弟哥兒交土包子同逛野茶館事。據時事編寫。第三回敘梨園所演六十餘齣戲名，可資瞭解晚清戲曲演出情況。

頭回中東轍；二、三回言前轍。每回40韻。

版本：①清鈔本，車王府舊藏，北大圖書館・□812.08/5105/:117（175/19546）。過錄本，首圖・甲四2229；首圖縮印本55冊頁218-225；北京整理本頁455459。過錄本，中大圖書館・92684；中大整理本頁320-324；歷史語言研究所過錄本，傅斯年圖書館藏，T-761。［圖347］

②百本張鈔本，吳曉鈴舊藏，首圖・己448。

③鈔本，傅斯年圖書館藏，T-515；《俗文學叢刊》397冊頁387。

④鈔本，傅斯年圖書館藏，T-514。

⑤鈔本，傅氏《總目》謂馬彥祥有藏，今藏處未詳。

## 鬚子論　一回

作者未詳。

別埜堂《子弟書目錄》："鬚子論。一回。三佰六。"樂善堂《子弟大鼓書目錄》著錄，書價"三佰文"；《中國俗曲總目稿》頁363、《子弟書總目》頁184著錄。

演子弟哥兒交土包子同逛野茶館事。據《鬚子譜》子弟書改寫而成，而後段情節不同，文字較爲淺白。

言前轍，50韻。

版本：①清鈔本，車王府舊藏，北大圖書館・□812.08/5105/:112（68/19439，六葉半）。過錄本，首圖・甲四2131；首圖縮印本55冊頁215-218；北京整理本頁138-140。過錄本，中大圖書館・91379；中大整理本頁318-319；歷史語言研究所過錄本，傅斯年圖書館藏，T-761。［圖348］

②鈔本，傅斯年圖書館藏，T-511；《俗文學叢刊》397冊頁419。

③鈔本，傅斯年圖書館藏，T-512。

④《舊鈔北平俗曲》本，劉復舊藏，民族圖書館藏。

⑤別埜堂鈔本（省寫作"須子論"），傅氏《總目》謂有自藏本，今未見。

**別題一：篡鬚子論**

百本張《子弟書目錄》："篡鬚子論。子弟哥兒交土包逛野茶舘兒。笑。一回。四佰。"

《子弟書總目》頁169著録。

　　版本：①百本張鈔本，吳曉鈴舊藏，首圖・己448；又，傅斯年圖書館藏，T-513；又，傅氏《總目》謂有自藏本，今未見。

　　別題二：篡鬍子

民初輯本《子弟書目録》："遊戲子弟書目録。篡鬍子。一回。"又《集錦書目》第50句："説真篡鬍子各趁心願報喜非常。"《子弟書約選日記》："篡鬍子，計一回。一派市井語、玩笑語。不録。"按，"篡"亦寫作"篡"。

　　版本：①舊鈔本，杜穎陶舊藏，藝研院藏，曲319.651/0.582/8.159。

　　　　②鈔本，傅氏《總目》謂馬彥祥有藏，今藏處未詳。

## 票把兒上台　一回

作者未詳。

百本張《子弟書目録》："票把爾上台。一回。五佰。"別埜堂《子弟書目録》："票把爾上台。一回。三佰六。"民初輯本《子弟書目録》列入"醒世子弟書目録"。《子弟

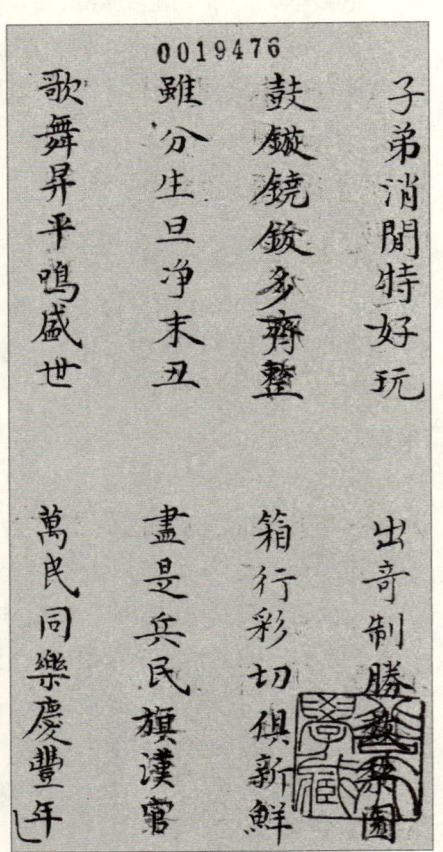

[圖348] 車王府舊藏本《鬍子論》　　　　[圖349] 車王府舊藏本《票把兒上台》

書總目》頁 109 著錄。

敘滿族票友搬戲鬧笑事。據時事編寫。

言前轍，50 韻。

版本：①清鈔本，車王府舊藏，北大圖書館‧812.08/5105/:113（105/19476，六葉半）。過錄本，首圖‧甲四 2166；首圖縮印本 54 冊頁 454–456；北京整理本頁 219–220。過錄本，中大圖書館‧92616；中大整理本頁 316–317。[圖 349]
②百本張鈔本，吳曉鈴舊藏，首圖‧己 497。
③鈔本，傅氏《總目》謂馬彥祥有藏，今藏處未詳。
④曲盦鈔本，傅氏《總目》謂有自藏本，今未見。
⑤鈔本，傅斯年圖書館藏，T-733；《俗文學叢刊》397 冊頁 435。

**別題一：上場票把**
樂善堂《子弟大鼓書目錄》："四百文。上場票把。"
未見傳本。

**別題二：票把上場**
吳曉鈴《綏中吳氏雙棺書屋所藏子弟書目錄》著錄。
版本：①百本張鈔本，吳曉鈴舊藏，首圖‧己 498。

**別題三：票板上台**
版本：①聚卷堂鈔本，梅蘭芳舊藏，藝研院‧曲 319.651/0.582/6.76。

**別題四：票把上台**
《中國俗曲總目稿》頁 566 著錄。
版本：①百本張鈔本，藝研院曲 319.651/0.582/8.150，歸入杜穎陶舊藏。按：據傅氏《總目》，有程硯秋舊藏本，而無杜氏藏本，疑此兩本即是一本。
②鈔本，傅斯年圖書館藏，T-734。按《總目稿》有錄，故傅斯年圖書館今存三種藏本《票把兒上台》中必有一本用此題。姑移一種於此。

## 歎子弟頑票　□回

作者韓小窗。

阿英《中國俗文學研究‧刺虎子弟書兩種》云："在金氏鈔本子弟書十六種之中，有韓小窗署名者凡四種，其目為《歎子弟頑票》、《傲妻》、《齊陳相罵》及《刺虎》。"

按：金氏抄本子弟書十六種今不知下落。上條《票把兒上台》，演子弟玩票事，疑《歎子弟頑票》為其別題。

## 評崑論　一回

作者未詳。

樂善堂《子弟大鼓書目錄》："一回。三佰文。評崑論。"《子弟書總目》頁 122 著錄。

評述石派書創始人石玉崑演出之情狀。據時事編寫。

人辰轍，48 韻。

版本：①清鈔本，車王府舊藏，北大圖書館・□ 812.08/5105/:110（24/19395，六葉）。過錄本，首圖・甲四 2078-；首圖縮印本 54 冊頁 476-479；北京整理本頁 49-50。過錄本，中大圖書館・92214；中大整理本頁 340-341。［圖 350］

②舊鈔本，杜穎陶舊藏，藝研院・曲 319.651/0.581/8.144。

③曲盦鈔本，傅惜華舊藏，藝研院・曲 310.651/0.356（148735）。

④鈔本，國家圖書館藏，35558（《子弟書》卷十二）。

⑤鈔本，傅斯年圖書館藏，T32-393；《俗文學叢刊》397 冊頁 457。

⑥百本張鈔本，傅斯年圖書館藏，T32-392。

別題：石玉崑

百本張《子弟書目錄》："石玉崑。即評崑論。一回。四佰。"別垑堂《子弟書目》："石玉崑。一回。三佰六。"民初輯本《子弟書目錄》著錄作"石玉崑即評崑論"，列入"江湖人子弟書目錄"。《中國俗曲總目稿》頁 111、《子弟書總目》頁 46 著錄。又《集錦書目》第 34 句："那石玉崑、郭棟兒、柳敬亭俱各說書在廟傍。"《子弟書約選日記》："石玉崑。計一回。係批評說者之好歹，無甚可觀，不錄。"

版本：①別垑堂鈔本，傅惜華舊藏，藝研院・曲 310.651/0.356（142818/3）；《子弟書叢鈔》頁 734-737 據同一版本排印。

②鈔本，傅斯年圖書館藏，T14-194。

③民初鈔本，傅氏《總目》謂馬彥祥有藏，今藏處未詳。

## 郭棟兒 一回

作者未詳。

百本張《子弟書目錄》："郭棟兒。鬥笑兒的。一回。四佰。"樂善堂《子弟大鼓書目錄》著錄，書價"三佰文"。民初輯本《子弟書目錄》列入"江湖人子弟書目錄"。《中國俗曲總目稿》頁 249、《子弟書總目》頁 106 著錄。《集錦書目》第 34 句："那石玉崑、**郭棟兒**、柳敬亭俱各說書在廟傍。"《子弟書約選日記》："郭棟兒。計一回。係批評說者之好歹，無甚可觀。不錄。"

評述南城調藝人郭棟兒作場景況。據時事編寫。

姑蘇轍，40 韻。

版本：①清鈔本，車王府舊藏，北大圖書館・□ 812.08/5105/:110（22/19393，五葉）。過錄本，首圖・甲四 2076；首圖縮印本 54 冊頁 451-453；北京整理本頁 45-46。過錄本，中大圖書館・92212；中大整理本頁 338-339。［圖 351］

②百本張鈔本，程硯秋舊藏，藝研院・曲 319.651/0.582/5.55。

③曲盦鈔本，傅惜華舊藏，藝研院・曲 310.651/0.356（148734）。

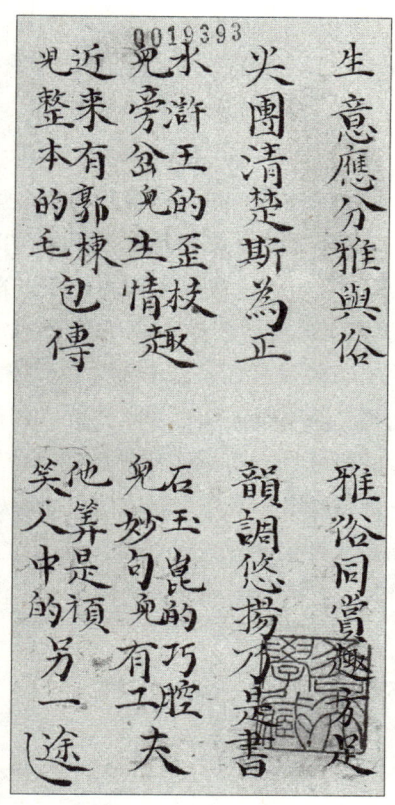

[圖350] 車王府舊藏本《評昆論》　　[圖351] 車王府舊藏本《郭棟兒》

④鈔本，傅斯年圖書館藏，T30-372；《俗文學叢刊》397冊頁465-476。
⑤鈔本，傅斯年圖書館藏，T30-373。
⑥民初鈔本，傅氏《總目》謂馬彥祥有藏，今藏處未詳。

## 隨緣樂　一回

作者未詳。

百本張《子弟書目錄》："隨緣樂。一回。四佰。"（一本價格作"五佰"）別埜堂《子弟書目錄》"隨緣樂。一回。三佰六。"《中國俗曲總目稿》頁331、《子弟書總目》頁165著錄。

演單弦曲師司瑞軒（外號隨緣樂）作場景況。據時事編寫。

言前轍，40韻。

版本：①清鈔本，車王府舊藏，北大圖書館·□812.08/5105/:113（118/19489，五葉）。過錄本，首圖·甲四2158；首圖縮印本55冊頁125-127；北京整理本頁249-250。過錄本，中大圖書館·92629；中大整理本頁342-343。[圖352]

②別埜堂鈔本，杜穎陶舊藏，藝研院・曲 319.651/0.582/8.105。
③百本張鈔本，雙紅堂文庫藏，戲曲・217，波多野太郎《子弟書集》據以收錄；
又百本張鈔本過錄本，吳曉鈴舊藏，首圖・己 448；又，《子弟書叢鈔》頁 738-740 據同一版本排印。
④曲盦鈔本，傅惜華舊藏，藝研院・曲 310.651/0.356（148733）。
⑤鈔本，傅斯年圖書館藏，T42-486；《俗文學叢刊》397 冊頁 477。
⑥鈔本，傅斯年圖書館藏，T42-483。

【說明】吳曉鈴舊藏本附有丙辰（1976）五月二十六日跋云："右曲錄自那哈佗氏裕壽吟秋山館舊藏百本張鈔本。裕壽藏書於今歲散出，中國書店得之。隨緣樂即司瑞軒，單弦創始者。渠製作玩章作：身經四朝霑雨露，浪跡隨緣樂無窮。蓋道、咸、同、光時人，生時距今約有百五十年。此曲師白鳳鳴先生說，志之以俟博考。啟元伯兄有函云：裕壽，別號松亭。其嬸母爲先繼母之胞妹。松亭平生蓋一紈袴子，稍知藏書；但不知吟秋山館是其齋名否？此公好聽鼓曲，藏此等書或有其故。弟曾得《霓裳續譜》，亦其舊藏者。其家上代有將軍穆者，因以穆爲漢姓。原籍黑龍江某地，居京師未幾世也。"

## 絕紅柳 一回

作者未詳。
《子弟書珍本百種》收錄。

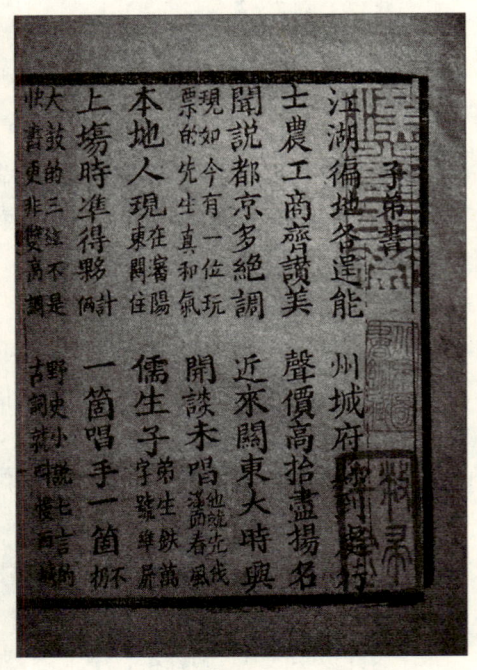

［圖352］車王府舊藏本《隨緣樂》　　［圖353］國圖藏清刻本《大實話》

敘關東藝人郭維屏演唱時景況。據時事編寫。

中東轍，54 韻。

版本：①同治八年（1869）會文山房刻本（封面鐫"同治己巳年新正元宵節日剞劂／絕
紅柳／清音子弟書－會文山房藏板"；卷前有無名氏題藏頭詩一首，各句
首字組成"絕紅柳子弟書一回"），藝研院藏。
②光緒二十二年（1896）盛京文盛書房刻本，《子弟書珍本百種》頁 476–478
據以排印。

**別題：大實話**

《中國俗曲總目稿》頁 94 著錄，未標注曲類。

版本：①北京刻本，國家圖書館藏，98731（有"漢龍行齋"印）。傅斯年圖書館藏，
T13–181，《俗文學叢刊》397 冊頁 489–499。［圖 353］
②北京打磨廠泰山堂排印本（"信"字），雙紅堂文庫·戲曲·190"唱本"內。
③北平學古堂鉛印本，傅斯年圖書館藏，HA–2–019。
④北京中華印刷局排印本（"厥"字），雙紅堂文庫·戲曲·190"唱本"內。

## 風流詞客　三回

作者或為明窗。頭回有句云："閑破悶**明窗**慢運支離筆，寫成了慣解人愁的書數行。"

百本張《子弟書目錄》："風流詞客。相聲麻子。笑。三回。一吊二。"（一本注文作"即
相聲兒麻子"）樂善堂《子弟大鼓書目錄》："三回起。六百文。風流詞客。相聲麻子。"《中
國俗曲總目稿》頁 527、《子弟書總目》頁 84 著錄。《集錦書目》子弟書第 1 句曰"有一
個**風流詞客**家住高老莊。"

演像聲藝人馬麻子表演時的盛況。據時事編寫。

江陽轍，每回 40 韻。

版本：①清鈔本，車王府舊藏，北大圖書館·□ 812.08/5105/:117（176/19547，十五葉）。
過錄本，首圖·甲四 2230；首圖縮印本 54 冊 370–376；北京整理本頁
460–464。過錄本，中大圖書館·92685；中大整理本頁 346–350。
②百本張鈔本，傅斯年圖書館藏，T–593；《俗文學叢刊》397 冊頁 501–538。
［圖 354］
③同樂堂鈔本，國家圖書館藏，98968/2（與"玉兒送花"合訂一冊）。
④鈔本，傅斯年圖書館藏，T–594。
⑤鈔本，傅斯年圖書館藏，T–595。

**別題：像聲麻子**

民初輯本《子弟書目錄》著錄作"像聲麻子即風流詞客"，列入"江湖人子弟書目錄"。
《子弟書約選日記》："像聲麻子，計三回。無大意味，不錄。"

未見傳本。

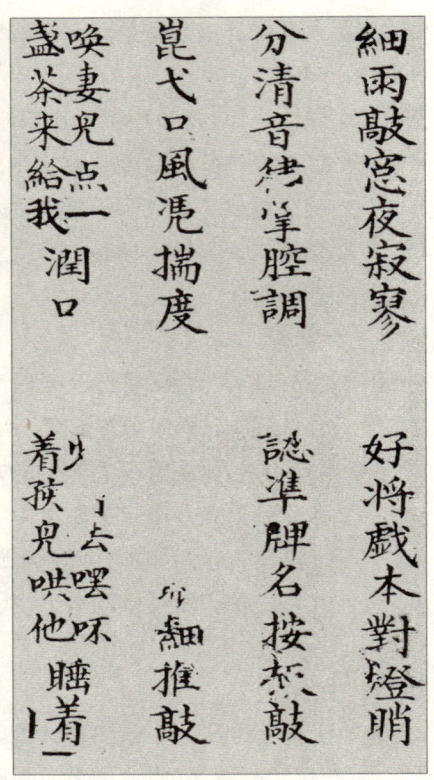

［圖354］傅斯年圖書館藏百本張鈔本《風流詞客》　　［圖355］傅斯年圖書館藏鈔本《爲票傲夫》

**爲票傲夫**　一回

作者未詳。

《中國俗曲總目稿》頁529、《子弟書總目》頁119著錄。

演票友沉迷於唱曲，不理家計，受妻子數落。據時事編寫。

遙條轍，38韻。

版本：①鈔本，傅斯年圖書館藏，T-597,《俗文學叢刊》397冊頁539。［圖355］
　　　②清鈔本（失題），北大圖書館・814.7/1741。

【說明】此篇卷首作："細雨敲窗夜寂寥，好將戲本對燈瞧。分清音律拿腔調，認准牌名按板敲。"結句作："你看他夢裏哼哼形容霍六，在枕頭上肐蹴著眉毛把腦袋搖。"

**勸票嗷夫**　一回

作者恒蘭谷。據詩篇："恒蘭谷筆墨無知非刻苦，也皆因是實在難受故狗尾續揮毫。"

民初輯本《子弟書目錄》列入"醒世子弟書目錄"。

嘲票友沉迷於曲，不理家計，受妻子數落。據上條改寫。

遙條轍，38韻。

版本：①《子弟書選》頁412–413，據傅惜華藏本排印。

**別題**：爲票傲夫（"傲"或作"嗷"）

百本張《子弟書目錄》："爲票嗷夫。一回。五佰。"樂善堂《子弟大鼓書目錄》："子弟書一回起。三佰文。勸票嗷夫。"《子弟書約選日記》："爲票嗷夫。不錄。"又《中國俗曲總目稿》頁529、《子弟書總目》頁119著錄，題作"爲票傲夫"。

版本：①清鈔本，車王府舊藏，北大圖書館·□812.08/5105/:110（9/19380，四葉半）。
　　　　過錄本，首圖·甲四2063；首圖縮印本54冊頁353–355；首圖整理本頁17–18。過錄本，中大圖書館·91400；中大整理本頁708–709。［圖356］
　　　②曲盒鈔本，傅惜華舊藏，藝研院·曲310.651/0.356（134721）。
　　　③鈔本，傅斯年圖書館藏，T–597；《俗文學叢刊》397冊頁539。

【說明】此篇卷首作："朔風凜冽助松濤，待月寒窗竹影搖。猛聽得鄰人又演高腔戲，真討厭嗓子好似躁劈了簫。"結句作："許多的東西難記得很，你偷了我的七星兒去毁了翠條。"按本篇文字與上條大半相同，據"也皆因是實在難受故狗尾續揮毫"句，知本篇當屬後出。

### 拐棒樓　一回

作者未詳。

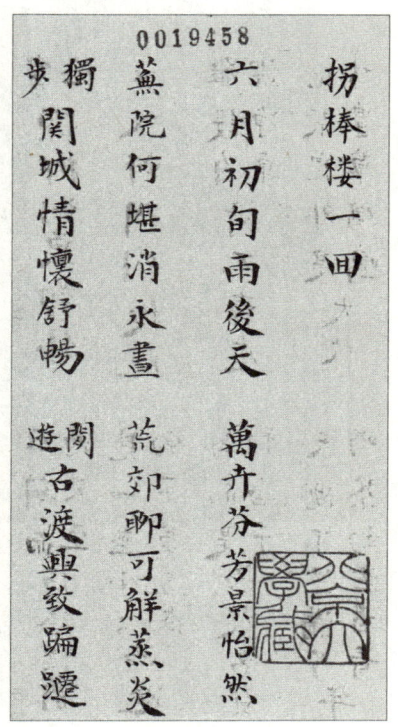

［圖356］車王府舊藏本《爲票嗷夫》　　［圖357］車王府舊藏本《拐棒樓》

百本張《子弟書目錄》:"拐棒樓。評子弟館。一回。四佰。"樂善堂《子弟大鼓書目錄》:"子弟書一回起。四百文。拐棒樓。"民初輯本《子弟書目錄》列入"遊戲子弟書目錄"。《中國俗曲總目稿》頁172、《子弟書總目》頁68著錄。《子弟書約選日記》:"拐棒樓。計一回。走票説書,無關教育。不録。"此篇敘及"[韓]小窗死後缺會末",可知撰於韓小窗去世之後。

評述拐棒樓演唱子弟書之景況。拐棒樓爲北京東郊茶軒名,亦爲子弟書之書場。

言前轍,50韻。

版本:①清鈔本,車王府舊藏,北大圖書館‧□812.08/5105/:112(87/19458,六葉半)。過録本,首圖‧甲四2127;首圖縮印本54冊339-342;北京整理本頁181-182。過録本,中大圖書館‧92598;中大整理本頁344-345。[圖357]

②鈔本,傅斯年圖書館藏,T23-279;《俗文學叢刊》397冊頁551-566。

③鈔本,傅斯年圖書館藏,T23-278。

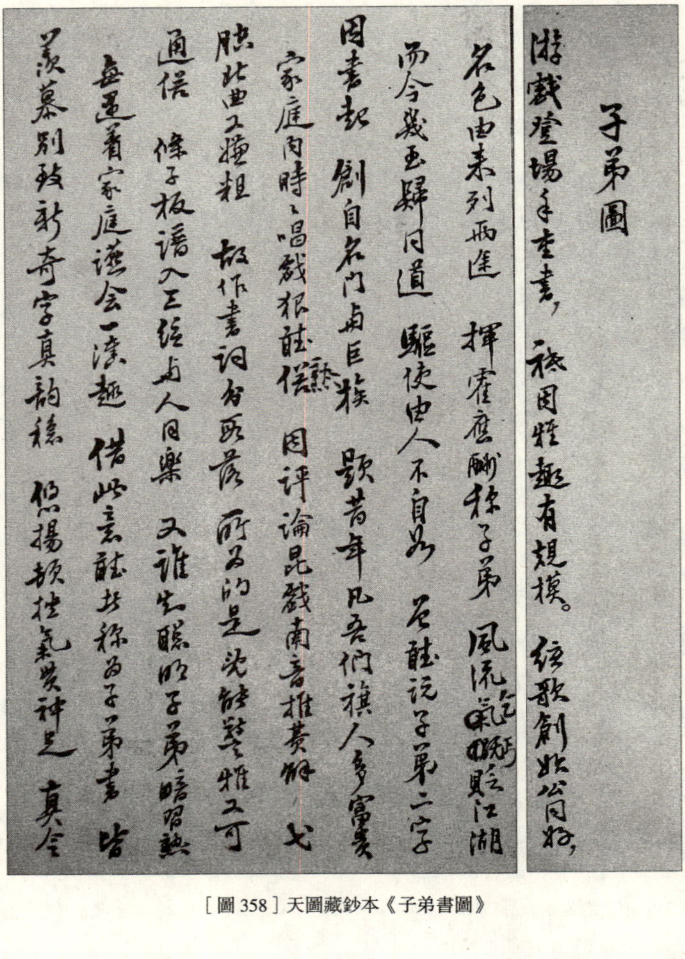

[圖358]天圖藏鈔本《子弟書圖》

## 子弟圖 一回

作者未詳。

未見著錄。

評述旗籍子弟唱演子弟書之情狀。本篇敘及子弟書興起，及旗人子弟演唱方式的先後變化，可供考見子弟書發生、變遷的歷史。

梭撥轍，50 韻。

版本：①民初鈔本，天津圖書館藏，集部－曲類－彈詞 37490 之二。［圖 358］

## 文鄉試 三回

作者未詳。

百本張《子弟書目錄》："文鄉試。送場、接場、觀榜。三回。一吊。"別埜堂《子弟書目錄》："文鄉試。三回。一吊二"。民初輯本《子弟書目錄》列入 "遊戲子弟書目錄"。《中國俗曲總目稿》頁 107、《子弟書總目》頁 34 著錄。

演丈夫參加鄉試，妻子閨中思念擔憂之情狀。據時事編寫。

頭回〈送場〉，人辰轍；二回〈候榜〉，中東轍；三回〈接場〉，人辰轍。每回 36 韻。

版本：①清鈔本，車王府舊藏，北大圖書館・□ 812.08/5105/:117（178/19549，十四葉半）。過錄本，首圖・甲四 2232；首圖縮印本 54 冊頁 251–257；北京整理本頁 470–473。過錄本，中大圖書館・92687；中大整理本頁 703–707。［圖 359］

②別埜堂鈔本，杜穎陶舊藏本，藝研院・曲 319.651/0.582/8.84；又，傅氏《總目》謂有自藏本，今未見。

③百本張鈔本，傅斯年圖書館藏，T14–191。

④鈔本，傅斯年圖書館藏，T14–190，《俗文學叢刊》397 冊頁 567–597。

⑤鈔本，傅斯年圖書館藏，T14–189。

⑥鈔本，傅氏《總目》謂馬彥祥有藏，今藏處未詳。

## 武鄉試 一回

作者未詳。

百本張《子弟書目錄》："武鄉試。一回。四佰。"（一本價格作 "五佰"）民初輯本《子弟書目錄》列入 "遊戲子弟書目錄"。《中國俗曲總目稿》頁 174、《子弟書總目》頁 63 著錄。

演一富户豪門武舉中解元，衣錦還鄉。據時事編寫。

中東轍，40 韻。

版本：①清鈔本，車王府舊藏，北大圖書館・□ 812.08/5105/:112（74/19445，五葉）。過錄本，首圖・甲四 2137；首圖縮印本 54 冊頁 323–325；北京整理本頁 152–153。過錄本，中大圖書館・91385；中大整理本頁 177–178。

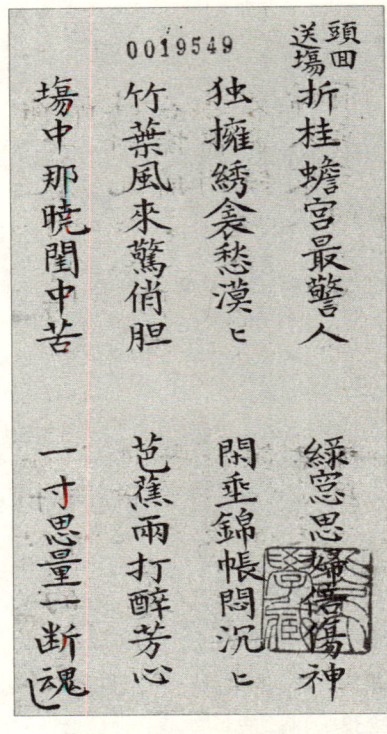
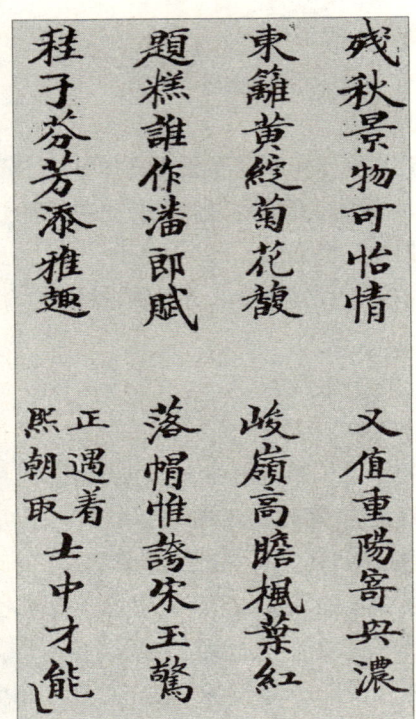

［圖359］車王府舊藏本《文鄉試》　　　［圖360］傅斯年圖書館藏百本張鈔本《武鄉試》

②百本張鈔本，傅斯年圖書館藏，T23-285；《俗文學叢刊》397冊頁599；又一部，T23-286。［圖360］

③鈔本，傅斯年圖書館藏，T23-287-1。

④鈔本，傅斯年圖書館藏，T23-287-2。

⑤鈔本，傅氏《總目》謂馬彥祥有藏，今藏處未詳。

## 紅旗捷報　二回

作者未詳。

百本張《子弟書目錄》：“紅旗捷報。拿張格爾。二回。八佰。”（一本注文作“即張格爾，代人名兒地名兒。”）別埜堂《子弟書目錄》：“紅旗捷報。拿張格爾。二回。七佰二。”樂善堂《子弟大鼓書目錄》著錄，書價“五佰文”。民初輯本《子弟書目錄》列入“醒世子弟書目錄”。《中國俗曲總目稿》頁533、《子弟書總目》頁87著錄。又《集錦書目》第72句：“好一似紅旗捷報走慌忙。”《子弟書約選日記》：“紅旗捷報，計二回。前清平回匪事。不錄。”

演擒回疆張格爾叛亂事。按：張格爾叛亂事起於道光五年（1825），七年底被俘，次年處死。故本篇作於道光八年（1828）以後。今有同題材子弟書三種，文字顯相承襲。

本篇末尾作"閒筆墨窗前草寫《紅旗報》，遣幽情待有餘暇改正平"句，而《張格爾造反》篇末作"閒筆墨窗前草寫《紅旗報》，大清國萬載熙朝享太平"，可知本篇創作在前。本篇寫戰事及處以凌遲之刑等事，描寫較爲詳細，亦較殘酷，而《張格爾造反》則籠統帶過，屬後出。傅氏《總目》將本篇與下篇《張格爾造反》作同一篇著錄，不確。

中東轍，每回 40 韻。

版本：①百本張鈔本，傅斯年圖書館藏，T-603；《俗文學叢刊》397 册頁 613。又，日中學院舊藏，波多野太郎《子弟書集》據以收錄；原本今歸東洋文化研究所倉石文庫。［圖 361］

②鈔本，國家圖書館藏，120345。

③傅斯年圖書館藏，T-601。

④鈔本，傅斯年圖書館藏，T-602。

［圖361］傅斯年圖書館藏百本張鈔本《紅旗捷報》

### 張格爾造反　二回

作者未詳。

《子弟書總目》頁 113 著錄。

演平定張格爾叛亂事。據《紅旗捷報》子弟書改寫。

中東轍，32、40 韻。

版本：①清鈔本，車王府舊藏，北大圖書館・□ 812.08/5105/:114（129/19500，九葉）。過錄本，首圖・甲四 2183；首圖縮印本 54 册頁 462-466；北京整理本頁 287-289。過錄本，中大圖書館・92640；中大整理本頁 720-722。［圖 362］

②百本張鈔本，傅氏《總目》謂有自藏本，今未見。

③曲盦鈔本，傅惜華舊藏，藝研院・曲 310.651/0.356（143232/1）。

### 擒張格爾　一回

作者文西園。據末行："**西園氏**燈前閑譜新江（疆）事，寫完時晨心欲暗曉日初紅。"未見著錄。

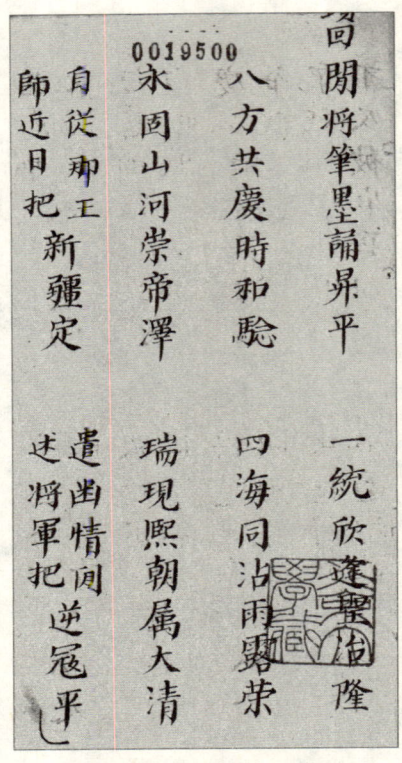 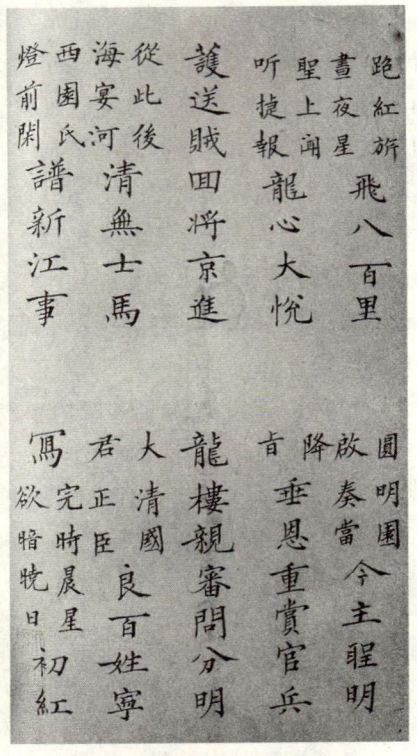

［圖352］車王府舊藏本《張格爾造反》　　［圖363］國圖藏鈔本《擒張格爾》

演平定張格爾叛亂事。據"多虧那伏魔大帝現聖威靈"等句，知此篇當晚於《紅旗捷報》和《張格爾造反》，並主要依據《張格爾造反》刪節改寫。

中東轍，40韻。

版本：①清鈔本，國家圖書館藏，98639。［圖363］

### 軍營報喜　一回

作者煦園。據《舊鈔北平俗曲》題下注及該本詩篇："煦園氏春晝無寥閒累筆，演一回春閨寂寞盼勝牽情"。百本張《子弟書目錄》："軍營報喜。盼勝。一回。四佰。"《中國俗曲總目稿》頁535、《子弟書總目》頁75著錄。

演丈夫出征平洪秀全，其妻閨中盼勝。洪秀全於咸豐元年（1851）於金田起事，同治三年(1864)天京失陷。此書未敘及洪秀全敗，應作於咸豐間。

中東轍，40韻。

版本：①清鈔本，車王府舊藏，北大圖書館・□812.08/5105/:112（64/19435，五葉）。過錄本，首圖・甲四2118；首圖縮印本54冊頁350-353；北京整理本頁130-131。過錄本，中大圖書館・91196；中大整理本頁179-180。［圖364］

②百本張鈔本（題"軍營報喜子弟書"，後期百本張鈔本），傅斯年圖書館藏，

T-610。

③鈔本，傅斯年圖書館藏，T-609；
《俗文學叢刊》397 册頁 637。

④鈔本，傅斯年圖書館藏，T-608。

**別題一：軍營**

《中國俗曲總目稿》頁 23、《子弟書總目》頁 75 著録。又《集錦書目》第 62 句："那台上演的是**軍營**探母的楊八郎。"

版本：①百本張鈔本（題"軍營子弟書"，早期百本張鈔本），傅斯年圖書館藏，T-611。

**別題二：報喜**

《集錦書目》第 50 句："説真篡鬚子各趣心願**報喜**非常。"

版本：①光緒三十二年（1906）鈔本（題"丙午桃月念二日鈔"），傅斯年圖書館藏，T-609；《俗文學叢刊》397 册頁 637。

**別題三：成功報喜**

未見著録。

版本：①《舊鈔北平俗曲》本（題"煦園自著"），劉復舊藏，今歸民族圖書館藏。

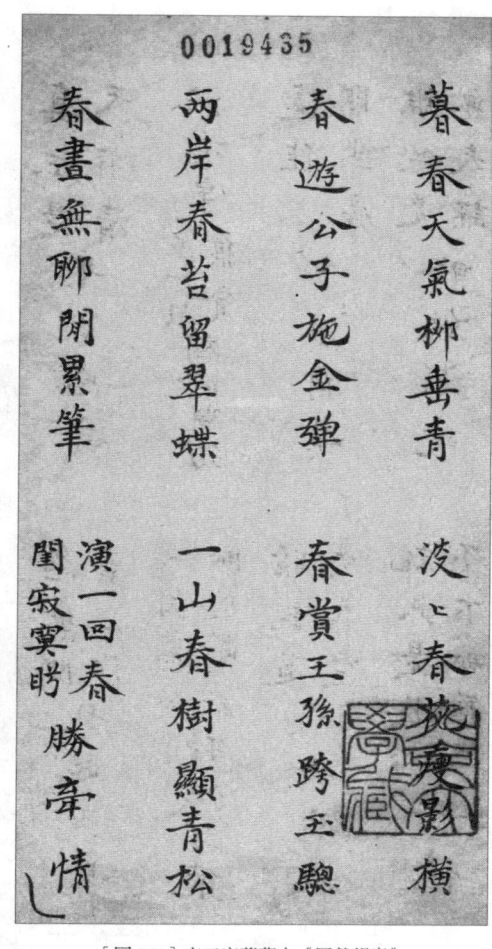

［圖 364］車王府舊藏本《軍營報喜》

【説明】《舊鈔北平俗曲》本"煦園氏春晝無聊閑累筆"句，他本作"春晝無聊閑累筆"，無"煦園氏"三字，故傅氏《總目》歸入無名氏。

## 碧玉將軍　四回

作者二酉。頭回内有句云："**二酉**氏筆端怒雷霆力，寫一段翡翠將軍感慨長。"傅斯年圖書館所藏鈔本卷尾多二句："**二酉**氏芸窗無事讀明史，寫一段《碧玉將軍》是笑談。"此處"芸窗"二字當非作者名。

百本張《子弟書目録》："碧玉將軍。翡翠嘆。四回。二吊。"民初輯本《子弟書目録》列入"醒世子弟書目録"。《子弟書總目》頁 144 著録。

演碧玉將軍奉命擊寇，揮霍軍餉，謊報軍功，而賊勢益熾，事發被執治罪。按：此爲道光帝之侄奕經事。奕經在道光二十一年至二十二年（1841–1842）間，率軍於江蘇與英軍作戰，兵敗求和。詔布奕經等勞師糜餉、誤國殃民罪狀，逮京。此事《清史稿》列傳卷一百六十亦有載。作者此處謂"無事讀明史"而作，當是故意淆亂視聽，以免觸及忌諱。

　　頭回〈出師〉，江陽轍；二回〈納金〉，一七轍，三回〈詔下〉，中東轍，四回〈題奏〉，言前轍。前三回各36韻，第四回37韻。

　　版本：①清鈔本，車王府舊藏，北大圖書館‧□812.08/5105/:119（213/19684，十九葉半）。過錄本，首圖‧甲四2267；首圖縮印本55冊頁427-435；北京整理本頁675-681。過錄本，中大圖書館‧92003；中大整理本頁192-198。

　　②百本張鈔本，程硯秋舊藏，藝研院‧曲319.651/0.582/5.37。

　　③聚卷堂鈔本，傅氏《總目》謂有自藏本，今未見；《子弟書叢鈔》頁390-400據同一版本排印。

　　④《子弟書選》頁401-406排印本，所據當即傅氏所藏聚卷堂鈔本。

　　別題：碧玉將軍翡翠嘆

《中國俗曲總目稿》頁947、《子弟書總目》頁144著錄。

　　版本：①百本張鈔本，傅斯年圖書館藏，T-754（題"新出碧玉將軍翡翠嘆子弟書"，早期百本張鈔本）；又，T-753（題"碧玉將軍翡翠嘆子弟書"，後期百本張鈔本），《俗文學叢刊》398冊頁1。[圖365]

　　②鈔本，傅斯年圖書館藏，T-751。

　　③鈔本，傅斯年圖書館藏，T-752。

### 苦海茫茫　六回

　　作者董麗君。頭回自敘："董麗君已竟皈依佛弟子，豐泰庵的教主是我的師範。……弟子因槐蔭堂下閑無事，表一表幽淨清皓避世的賢。"

　　未見著錄。

　　演豐泰庵愛蓮方丈現身說法，敘及當年宮中經歷，示須虔心向佛，早脫苦海。據"幼年間身入皇宮為內繡，陪伴著孝慎昭陽正院賢"，知其曾在清孝慎皇后宮中當事。孝慎是道光帝的皇后，在嘉慶十三年（1808）冊封為道光的繼嫡福晉，道光即位後成為皇后，道光十三年（1833）四月去世。篇中愛蓮年過六旬，故此篇當作於光緒初年。

　　言前轍。第三回19韻；其餘各回均作20韻。

　　版本：①鈔本，傅斯年圖書館藏，T-596；《俗文學叢刊》399冊據以收錄。[圖366]

### 大煙歎　一回

　　作者靜樂軒主人（二凌居士）。據《晴雪梅花錄》本題下署。《子弟書總目》頁31著錄。演抽大煙者犯癮時之醜態。據時事編寫。

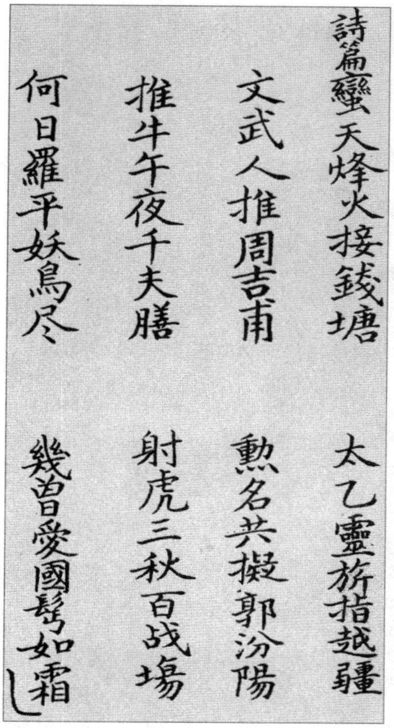

詩篇蠻天烽火接錢塘　太乙靈旂指越疆
文武人推周吉甫　勳名共擬郭汾陽
推牛午夜千夫膳　射虎三秋百战場
何日羅平妖鳥尽　幾曾愛國鬓如霜

［圖 365］傅斯年圖書館藏鈔本《碧玉將軍翡翠嘆》

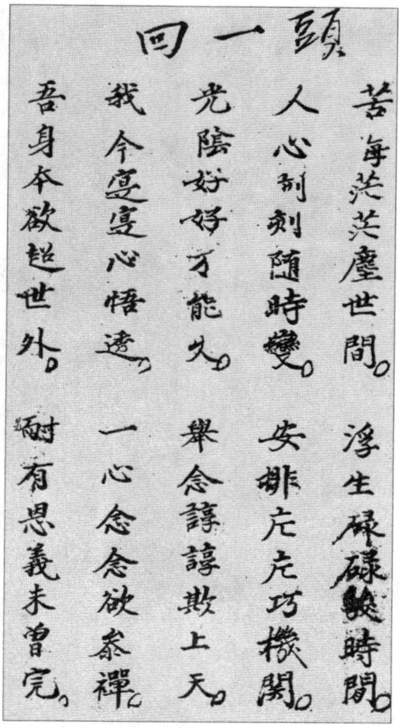

頭一回
苦海茫茫塵世間。浮生碌碌幾時閒。
人心刻刻隨時變。安排庄庄巧機關。
光陰好好有能久。舉念諄諄欺上天。
我今憂憂心悟透。一心念念欲參禪。
吾身本欲超世外。耐有恩義未曾完。

［圖 366］傅斯年圖書館藏鈔本《苦海茫茫》

灰堆轍，54 韻。

版本：①同治刻本（封面題“同治昭陽作噩季冬鐫 / 大煙歎 / 清音子弟書”；有識語“未入流録於静樂軒中”；末注云“此段一百零八句”），長田夏樹藏；波多野太郎《子弟書集》據以收録。［圖 367］

②同治崇林堂刻本（封面題“同治昭陽作噩季冬鐫 / 大煙歎 / 清音子弟書”；封面頁版心下方題“崇林堂刻”，有識語“未入流録於静樂軒中”；末注云“此段一百零八句”），傅斯年圖書館藏，T13–180；《俗文學叢刊》398 册頁 45。

③同治十二年（1873）會文山房刻本（封面題“同治昭陽作噩季冬鐫 / 大煙嘆 / 清音子弟書 – 會文山房”），傅惜華舊藏，今歸藝研院。《子弟書珍本百種》頁 405–407 謂據波多野太郎藏同治十二年刻本排印，非；其所據實爲波多野氏之影印本，即長田夏樹藏本。

④光緒間起陞堂刻本（封面題“光緒癸卯荷月刊 / 大煙歎 / 清音子弟書 – 起陞堂”），藏者未詳。

⑤民國十年（1921）鈔本《晴雪梅花録》收録（署“静樂軒主人作”），藝研院藏。

⑥民初排印本，東京大學東洋文化研究所永尾文庫藏。

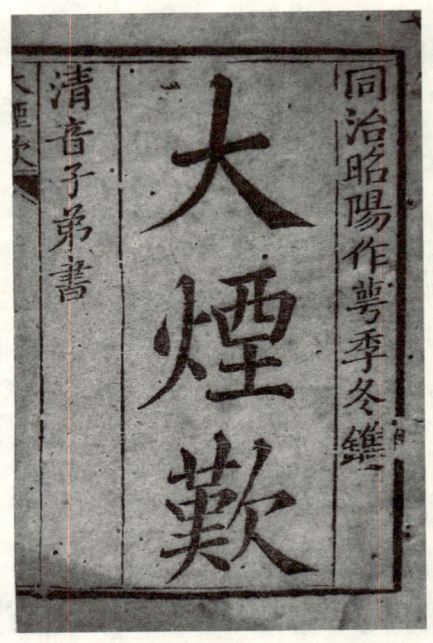 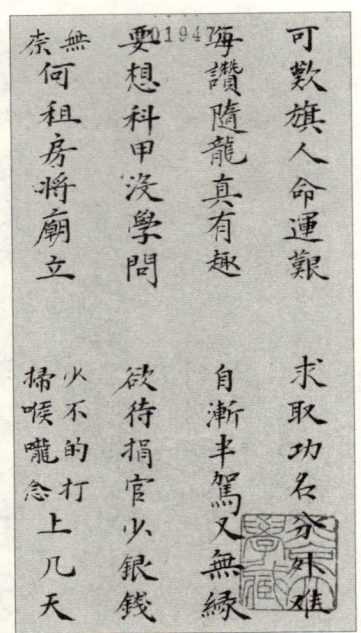

［圖367］長田夏樹藏同治刻本《大煙歎》　　［圖368］車王府舊藏本《太常寺》

⑦傅氏《總目》謂李嘯倉藏有清鈔本。按：李氏所藏實爲石印本（與《禪魚寺》、《雙生貴子》、《紅月娥做夢》等合刊）。

⑧上海錦章閣書局石印本，波多野太郎《子弟書集》據藏本影印。

### 太常寺　一回

作者未詳。

樂善堂《子弟大鼓書目錄》："一回。三百文。太堂寺。學念。"《子弟書總目》頁38著錄。又《集錦書目》第80句："房得遇俠**太常寺**的贊禮郎"。

敘旗人在太常寺的諸項工作。據時事編寫。據光緒《順天府志》，太常寺在西長安外都察院之北，依明時舊址建。

言前轍，48韻。此篇每四韻立一小題，共十一項：一〈春景〉，二〈夏景〉，三〈秋景〉，四〈冬景〉，五〈送名〉，六〈挑缺〉，七〈學習〉，八〈實缺〉，九〈京察〉，十〈記名〉，十一〈外任〉。

版本：①清鈔本，車王府舊藏，北大圖書館·□812.08/5105/:113（100/19471，六葉）。過錄本，首圖·甲四2161；首圖縮印本54冊頁258-261；北京整理本頁208-209。過錄本，中大圖書館·92611；中大整理本頁287-288。［圖368］

②曲盦鈔本，傅氏《總目》謂有自藏本，今未見。

**別題一：太常侍**

《中國俗曲總目稿》頁105著錄。

版本：①鈔本，傅斯年圖書館藏，T14-185；《俗文學叢刊》398 冊頁 57。
　　　　②鈔本，傅斯年圖書館藏，T14-186。

別題二：太常寺學念

百本張《子弟書目錄》："太常寺學念。代四季。一回。五佰。"別埜堂《子弟書目錄》："太常寺學念。春夏秋冬。一回。四佰。"

未見傳本。

## 贊禮郎　一回

作者未詳。

民初輯本《子弟書目錄》："醒世子弟書目錄。贊禮郎。一回。"《子弟書總目》頁 187 著錄。又《集錦書目》第 80 句："房得遇俠太常寺的**贊禮郎**。"

贊禮郎，屬太常寺，職掌宗廟禮儀之祭祀，正九品。本篇所演具體內容未詳。據時事編寫。

版本：①鈔本，傅氏《總目》謂馬彥祥有藏，今未詳藏處。

## 打圍回圍　二回

作者未詳。

百本張《子弟書目錄》："打圍回圍。熱河圍。春。二回。一吊。"別埜堂《子弟書目錄》："打圍回圍。熱河嘆。二回。七佰二。"民初輯本《子弟書目錄》列入"醒世子弟書目錄"。《子弟書總目》頁 45 著錄。又《集錦書目》第 71 句："**打圍回圍**的將城進。"

演丈夫隨軍至熱河圍獵，其妻在家裏念想；回圍相聚後互訴思念之狀。據時事編寫。人辰轍，每回 44 韻。

版本：①百本張鈔本，梅蘭芳舊藏，藝研院·曲 319.651/0.582/6.75。
　　　　②《子弟書珍本百種》頁 385-388 據百本張鈔本排印。

別題：熱河圍

《中國俗曲總目稿》頁 313、《子弟書總目》頁 155 著錄。

版本：①鈔本，傅斯年圖書館藏，T41-463；《俗文學叢刊》398 冊。[圖 369]
　　　　②鈔本，傅斯年圖書館藏，T41-464。

## 女侍衛嘆　一回

作者鶴侶。據結句："消午悶**鶴侶氏**慢運支離筆，寫一段閨壼小照爲喚醒痴迷。"

百本張《子弟書目錄》："女侍衛嘆。閨怨。一回。五佰。"別埜堂《子弟書目》："女侍衛嘆。一回。三佰六。"樂善堂《子弟大鼓書目錄》著錄，書價"三百文"。民初輯本《子弟書目錄》："醒世子弟書目錄。女侍衛嘆即閨怨。一回。"《中國俗曲總目稿》頁 400、《子弟書總目》頁 33 著錄。

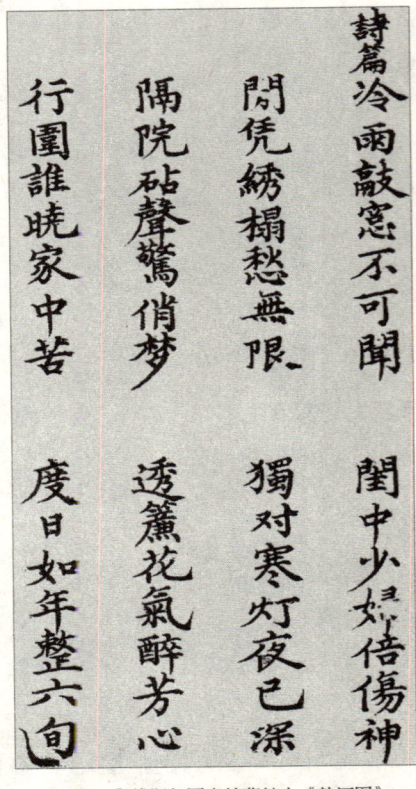 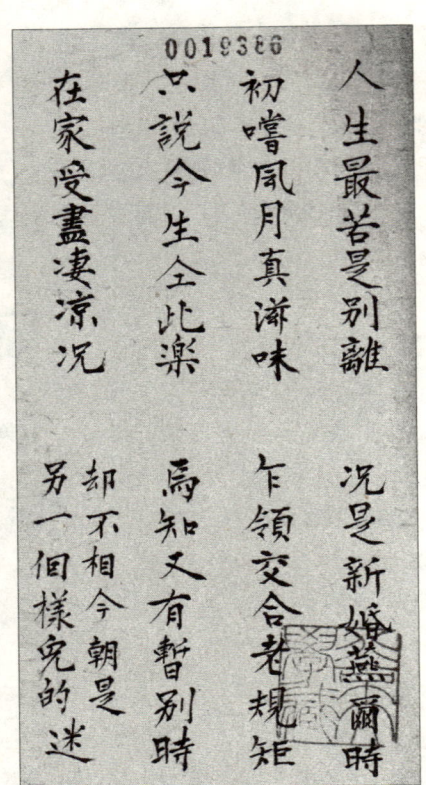

［圖369］傅斯年圖書館藏鈔本《熱河圖》　　［圖370］車王府舊藏本《女侍衛嘆》

演侍衛入宮值班，新婚之妻在閨中怨嘆。據時事編寫。
一七轍，44韻。
版本：①清鈔本，車王府舊藏，北大圖書館·□812.08/5105/:110（15/19386，五葉半）。過錄本，首圖·甲四2069；首圖縮印本54冊頁246-248；北京整理本頁29-30。過錄本，中大圖書館·91406；中大整理本頁285-286。［圖370］
②百本張鈔本，吳曉鈴舊藏，首圖·己448。
③清鈔本，故宮博物院藏，《故宮珍本叢刊》699冊頁244（據書衣題名字跡，知實爲百本張鈔本）。
④別埜堂鈔本，傅惜華舊藏，藝研院·曲310.651/0.356（142919/6）。
⑤曲盦鈔本，傅惜華舊藏，藝研院·曲310.651/0.356（134725）。
⑥鈔本，傅斯年圖書館藏，T-542；《俗文學叢刊》398冊頁71。
⑦鈔本，傅斯年圖書館藏，T-530。

## 少侍衛嘆　一回

作者鶴侶。據結句："話雖然設沸鼎當前此言難易，**鶴侶氏**故削竹簡敢望清聆。"

百本張《子弟書目錄》："少侍衛嘆。轄訴功。一回。五佰。"樂善堂《子弟大鼓書目錄》著錄，書價"三百文"。《中國俗曲總目稿》頁421、《子弟書總目》頁38著錄。

演精明狡猾的少年侍衛在上司面前表功。據時事編寫。

中東轍，52韻。

版本：①清鈔本，車王府舊藏，北大圖書館·□812.08/5105/:110（18/19389，六葉半）。過錄本，首圖·甲四2072；首圖縮印本54冊頁261-264；北京整理本頁36-38。過錄本，中大圖書館·91409；中大整理本頁283-284。

②曲盦鈔本，傅惜華舊藏，藝研院·曲310.651/0.356（134722）。

③百本張鈔本，吳曉鈴舊藏，首圖·己448。又，傅斯年圖書館藏，T-552；《俗文學叢刊》398冊頁111。又，國家圖書館藏，153028。[圖371]

④清鈔本，故宮博物院藏，《故宮珍本叢刊》699冊頁241（據書衣題名字跡，知實為百本張鈔本）。

⑤鈔本，傅斯年圖書館藏，T-553-1。

⑥鈔本，傅斯年圖書館藏，T-553-2。

⑦《子弟書選》頁331-333據傅惜華藏本排印。

**別題：侍衛嘆**

民初輯本《子弟書目錄》："醒世子弟書目錄。侍衛嘆。一回。"按：民初輯本目錄有《侍衛論》《老侍衛嘆》《女侍衛嘆》而無《少侍衛嘆》，因知所錄之本即《少侍衛嘆》之別題。今無傳本。

## 老侍衛嘆 一回

作者鶴侶。據卷末："閑筆墨偶從意外得餘味，**鶴侶氏**為破寂寥寫謔詞。"

百本張《子弟書目錄》："老侍衛嘆。誤差吃醋。一回。五佰。"樂善堂《子弟大鼓書目錄》著錄，書價"三百文"。民初輯本《子弟書目錄》著錄作"老侍衛嘆即侍衛嗾妻"，列入"醒世子弟書目錄"。《中國俗曲總目稿》頁455、《子弟書總目》頁50著錄。

演年過七十的老侍衛家道困窘，典得妻子一件舊中衣，待置酒食，欲邀二姨，惹妻吃醋，爭執間誤了差時。據時事編寫。

一七轍，54韻。

版本：①清鈔本，車王府舊藏，北大圖書館·□812.08/5105/:110（17/19388，七葉）。過錄本，首圖·甲四2071；首圖縮印本54冊頁298-301；北京整理本頁33-34。過錄本，中大圖書館·91408；中大整理本頁280-280。[圖372]

②百本張鈔本，吳曉鈴舊藏，首圖·己448。又，國家圖書館藏，153028。又，傅氏《總目》謂程硯秋有藏本，今未見。

③清鈔本，故宮博物院藏，《故宮珍本叢刊》699冊頁237（據書衣題名字跡，知實為百本張鈔本）。

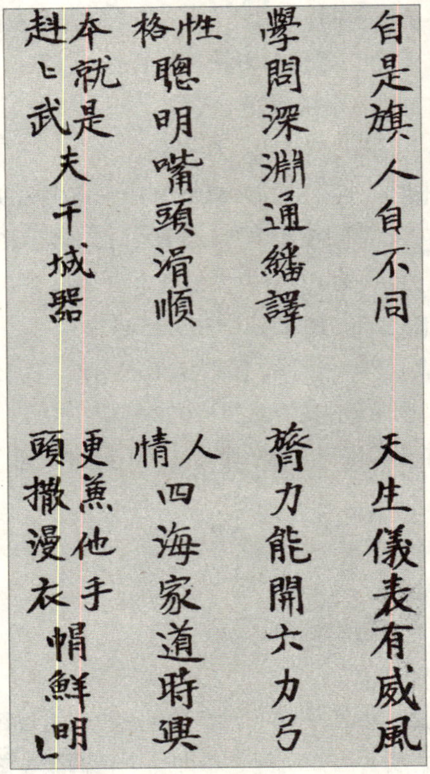

［圖371］傅斯年圖書館藏百本張鈔本《少侍衛嘆》 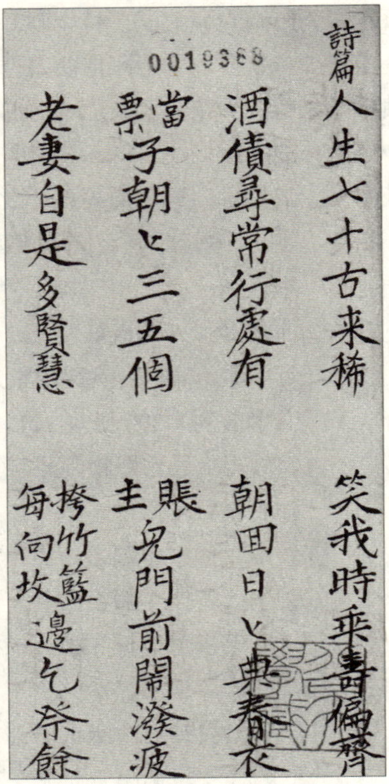　　［圖372］車王府舊藏本《老侍衛嘆》

④鈔本，傅斯年圖書館藏，T-568；《俗文學叢刊》398 冊頁 129。
⑤鈔本，傅斯年圖書館藏，T-567。
⑥曲盒鈔本，傅惜華舊藏，藝研院·曲 310.651/0.356（134729）；《子弟書選》頁 328-330 據以排印。

**侍衛論** 一回

作者鶴侶。據結句："非是我口齒無德言詞唆險，我**鶴侶氏**也是其中過來人。"

百本張《子弟書目錄》："侍衛論。另一圖。一回。四佰。"民初輯本《子弟書目錄》列入"醒世子弟書目錄"。《中國俗曲總目稿》頁 176、《子弟書總目》頁 72 著錄。

評述內廷侍衛種種不堪之情狀。據時事撰寫。

人辰轍，40 韻。

版本：①清鈔本，車王府舊藏，北大圖書館·□ 812.08/5105/:113（99/19470，五葉）。過錄本，首圖·甲四 2160；首圖縮印本 54 冊頁 342-345；北京整理本頁 206-207。過錄本，中大圖書館·92610；中大整理本頁 274-275。［圖 373］

②曲盦鈔本，傅惜華舊藏，藝研院・曲 310.651/0.356（134728）。
③鈔本，傅斯年圖書館藏，T24-291；《俗文學叢刊》398 册頁 145。
④百本張鈔本，吳曉鈴舊藏，首圖・己 448。
⑤清鈔本，故宮博物院藏，《故宮珍本叢刊》699 册頁 247（據書衣題名字跡，知實爲百本張鈔本）。
⑥鈔本，傅斯年圖書館藏，T24-290。
⑦《子弟書選》頁 326-327 據傅惜華藏本排印。

**別題：侍衛嘆**

別墅堂《子弟書目録》："侍衛嘆。一回。三佰六。"樂善堂《子弟大鼓書目録》："一回。三佰文。侍衛嘆。"又《集錦書目》第 21 句："那查關的**侍衛嘆**對司官嘆。"按樂善堂《子弟大鼓書目録》内有《少侍衛嘆》、《老侍衛嘆》、《女侍衛嘆》而無《侍衛論》，因知所録之本即《少侍衛嘆》之省。

未見傳本。

### 宦途論　一回

作者未詳。

《子弟書總目》頁 73 著録。

所演故事不詳。當即就仕宦表達感慨。據時事編寫。

版本：①清鈔本，傅氏《總目》謂賈天慈有藏。今藏處未詳。

### 司官嘆　一回

作者未詳。

百本張《子弟書目録》："司官嘆。一回。四佰。"別墅堂《子弟書目録》："司官嘆。一回。三佰六。"樂善堂《子弟大鼓書目録》著録，書價 "二百文"。民初輯本《子弟書目録》列入 "醒世子弟書目録"。《中國俗曲總目稿》頁 113、《子弟書總目》頁 47 著録。又《集錦書目》第 21 句："那查關的侍衛嘆對**司官嘆**。"

演身爲司官，在官署應對公事不易，在家中又遭枕邊人數落。據時事撰寫。

遥條轍，40 韻。

版本：①清鈔本，車王府舊藏，北大圖書館・□ 812.08/5105/:110（14/19385，五葉）。
　　　　過録本，首圖・甲四 2068；首圖縮印本 54 册頁 293-295；北京整理本頁 27-28。過録本，中大圖書館・91405；中大整理本頁 270-271。［圖 374］
②匯劇堂鈔本，程硯秋舊藏，藝研院・曲 319.651/0.582/5.97。
③別墅堂鈔本，傅惜華舊藏，藝研院・曲 319.64/0.302（145360）。
④曲盦鈔本，傅惜華舊藏，藝研院・曲 310.651/0.356（148731）。
⑤鈔本，傅斯年圖書館藏，T14-195；《俗文學叢刊》398 册頁 157。

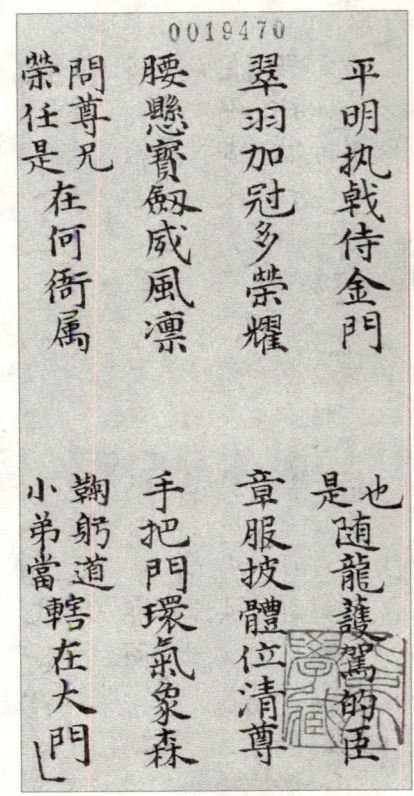
［圖373］車王府舊藏本《侍衛論》

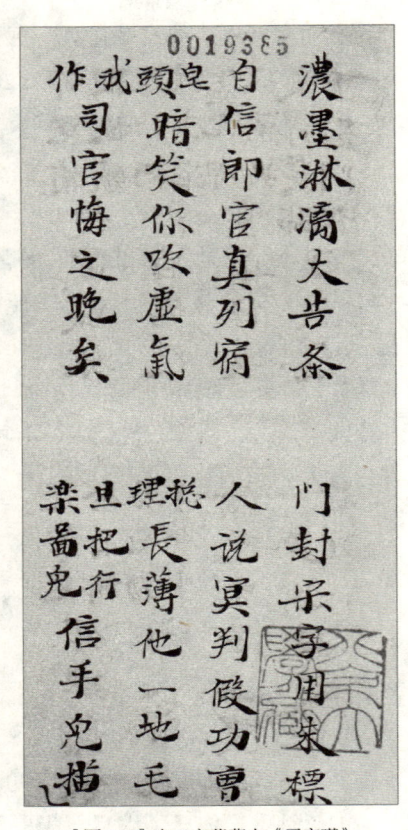
［圖374］車王府舊藏本《司官嘆》

⑥鈔本，傅斯年圖書館藏，T14-196。

⑦百本張鈔本，傅氏《總目》謂有自藏本，今未見。

### 官銜嘆 一回

或謂作者爲小雪窗，據結句："閑筆墨**小雪窗**追寫《官箴嘆》，順一順一世窩心氣不平"。或謂"小雪窗"即寓韓小窗所作。待考。

民初輯本《子弟書目録》："醒世子弟書目録。官銜嘆。一回。"《子弟書總目》頁60著録。

演三旗侍衛在圓明園該班之苦楚。據時事編寫。

中東轍，37韻。

版本：①清鈔本，車王府舊藏，北大圖書館・□812.08/5105/:110（12/19383，五葉）。過録本，首圖・甲四2066；首圖縮印本54册頁320-322；北京整理本頁23-24。過録本，中大圖書館・91403；中大整理本頁272-273。［圖375］

②百本張鈔本，傅斯年圖書館藏，T24-289-2。

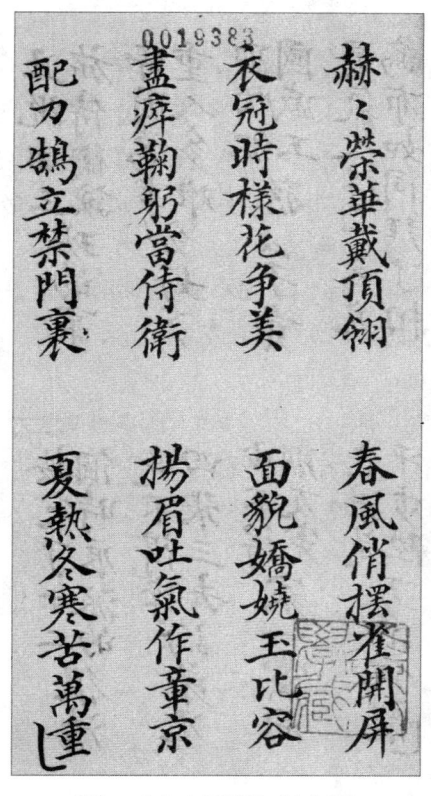 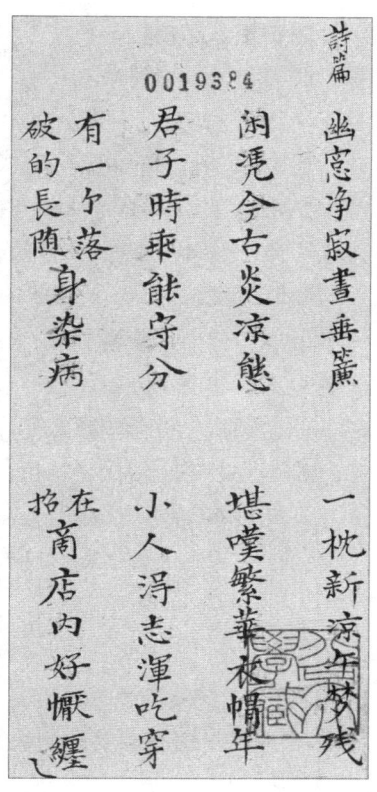

[圖375] 車王府舊藏本《官銜嘆》　　[圖376] 車王府舊藏本《長隨嘆》

**別題：官箴嘆**

百本張《子弟書目錄》："官箴嘆。一回。四佰。"樂善堂《子弟大鼓書目錄》著錄，書價"三佰文"；《中國俗曲總目稿》頁176、《子弟書總目》頁61著錄。

版本：①百本張鈔本，吳曉鈴舊藏，首圖·己448；又，傅氏《總目》謂有自藏本，今未見。

②鈔本，傅斯年圖書館藏，T24-289-1；《俗文學叢刊》398冊頁169。

③鈔本，傅斯年圖書館藏，T24-288。

**長隨嘆** 一回

作者文西園。據結句："**西園氏閒情墨譜長隨嘆，不過是守分安常醒世言**。"

百本張《子弟書目錄》："長隨嘆。笑。一回。四佰。"（一本價格作"五佰"）別墅堂《子弟書目錄》："長隨嘆。一回。三佰六。"樂善堂《子弟大鼓書目錄》著錄，書價"三佰文"。民初輯本《子弟書目錄》列入"醒世子弟書目錄"。《中國俗曲總目稿》頁178、《子弟書總目》頁64著錄。又《集錦書目》第14句："**長隨嘆**說笑他們不醒這蝴蝶夢黃粱。"

演一破落的長隨染病在旅店，愧悔往昔得意時之所為。據時事編寫。此篇亦被改作馬頭調演唱，詞句相差無幾。

言前轍，40韻。

版本：①清鈔本，車王府舊藏，北大圖書館・□ 812.08/5105/:110（13/19384，五葉）。過錄本，首圖・甲四2067；首圖縮印本54冊頁326-328；北京整理本頁25-26。過錄本，中大圖書館・91404；中大整理本頁289-290。［圖376］

②百本張鈔本，傅惜華舊藏，藝研院・曲310.651/0.356（142863）；又，吳曉鈴舊藏，首圖・己448；《子弟書叢鈔》頁258-261據同一版本排印。

③鈔本，傅斯年圖書館藏，T24-292；《俗文學叢刊》398冊頁183。

④鈔本，傅斯年圖書館藏，T24-293。

⑤曲盦鈔本，傅惜華舊藏，藝研院・曲310.651/0.356（134723）。

⑥別埜堂鈔本，傅氏《總目》謂有自藏本，今未見。

⑦民初鈔本，傅氏《總目》謂馬彥祥有藏，今藏處未詳。

⑧《子弟書選》頁376-377排印本。

## 嘆旗詞　二回

作者未詳。

百本張《子弟書目錄》："嘆旗詞。嘆固山。笑。二回。八佰。"《中國俗曲總目稿》頁300、《子弟書總目》頁148著錄。

敘八旗都統所屬協理事務的印務章京之不堪情狀。據時事編寫。

言前轍，34、26韻。

版本：①鈔本，傅斯年圖書館藏，T40-453；《俗文學叢刊》398冊頁207。［圖377］

②鈔本，傅斯年圖書館藏，T40-454。

③《子弟書珍本百種》頁372-375據傅斯年圖書館藏鈔本排印。

**別題**：嘆固山

民初輯本《子弟書目錄》作"一回"，列入"醒世子弟書目錄"。《子弟書總目》頁147著錄。

版本：①鈔本，傅氏《總目》謂馬彥祥有藏，今藏處未詳。

【說明】固山，清代軍政組織編制單位，漢名作"旗"。每一固山轄三十牛錄，計三千人。印務章京爲八旗都統衙門屬員，有員額百餘人，從本旗世職及佐領、驍騎校等選補兼管，掌各旗文移、檔案、印務等事。

## 鑾儀衛嘆　二回

作者未詳。

百本張《子弟書目錄》："鑾儀衛嘆。二回。八佰。"民初輯本《子弟書目錄》列入"醒世子弟書目錄"。《子弟書總目》頁187著錄。

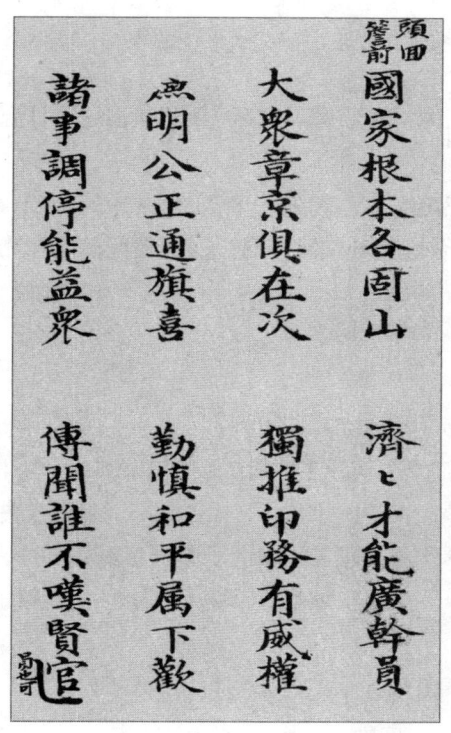 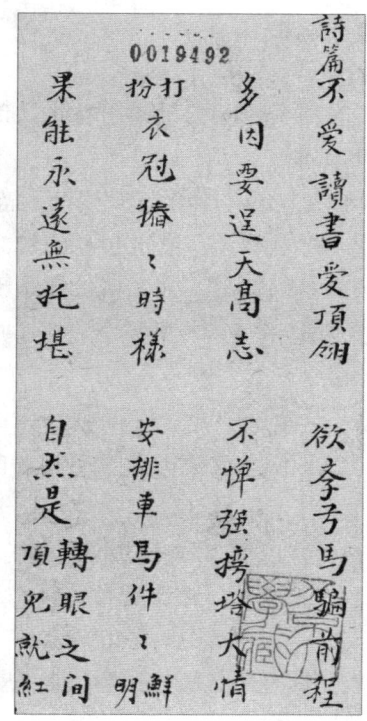

［圖377］傅斯年圖書館藏鈔本《嘆旗詞》　　［圖378］車王府舊藏本《鑾儀衛》

敘鑾儀衛生活之窘況。據時事編寫。

中東轍，每回40韻。

版本：①清鈔本，車王府舊藏，北大圖書館・□ 812.08/5105/:114（121/19492，十葉）。過錄本，首圖・甲四 2175 首圖縮印本 55 冊頁 228-233；北京整理本頁 256-259。過錄本，中大圖書館・92632；中大整理本頁 276-279。［圖378］

②曲盦鈔本，傅氏《總目》謂有自藏本，今未見。

**別題：鑾儀衛**

《中國俗曲總目稿》頁 367、《子弟書總目》頁 187 著錄。

版本：①鈔本，傅斯年圖書館藏，T-522；《俗文學叢刊》398 冊頁 225。

②百本張鈔本，傅斯年圖書館藏，T-523。

③鈔本，傅斯年圖書館藏，T-521。

【說明】據清代職官志，鑾儀衛屬七品官職。《皇朝文獻通考》謂鑾儀衛職掌乘輿，供奉鹵簿之事等。據光緒《順天府志》，鑾儀衛署在長安之右門外，即明錦衣衛舊署。詳見《嘯亭雜錄》卷二"鑾儀衛"條。

### 嘆煦齋 二回

作者未詳。

民初輯本《子弟書目錄》:"醒世子弟書目錄。嘆煦齋。二回。"《子弟書約選日記》:"嘆煦齋。英和發配,可不錄。"

英和(1771—1840),號煦齋,滿州正白旗人。乾隆五十八年(1793)進士。官至戶部尚書協辦大學士。道光七年(1827)因修建皇陵案被革職。次年發配黑龍江充苦役。十一年(1831)賜還。本篇所敘當即其發配一事。

未見傳本。

### 先生嘆 一回

作者文西園。據結句:"**文西園**窗前閑譜先生嘆,生感慨一頂儒巾誤少年。"

百本張《子弟書目錄》:"先生嘆。教散館。一回。四佰。"樂善堂《子弟大鼓書目錄》著錄,書價"二百文"。民初輯本《子弟書目錄》列入"醒世子弟書目錄"。《中國俗曲總目稿》頁131、《子弟書總目》頁53著錄。又《集錦書目》第13句:"**先生嘆**説人生痴夢耳。"

演教散舘的教書先生自嘆境遇。據時事編寫。

言前轍,40韻。

版本:①清鈔本,車王府舊藏,北大圖書館·□812.08/5105/:110(20/19391,五葉)。過錄本,首圖·甲四2074;首圖縮印本54冊頁302-304;北京整理本頁41-42。過錄本,中大圖書館·91411;中大整理本頁291-292。[圖379]
②百本張鈔本,傅惜華舊藏,藝研院·曲310.651/0.356(141917/2);《子弟書選》頁374-375據以排印;《子弟書叢鈔》頁262-265據同一版本排印。又,傅斯年圖書館藏,T17-224。又,國家圖書館藏,153028。
③鈔本,傅斯年圖書館藏,T17-222。
④鈔本,傅斯年圖書館藏,T17-223;《俗文學叢刊》398冊頁247。
⑤鈔本,傅氏《總目》謂馬彥祥有藏,今藏處未詳。

### 廚子嘆 一回

作者竹軒。據結句:"**竹軒**無事聽庖人閒話,借筆頭寫他的苦樂冷熱生涯。"

百本張《子弟書目錄》:"廚子嘆。一回。四佰。"別埜堂《子弟書目錄》:"廚子嘆。一回。三佰六"。樂善堂《子弟大鼓書目錄》著錄,書價"二佰文"。民初輯本《子弟書目錄》列入"醒世子弟書目錄"。《綠棠吟舘子弟書百種總目》卷二十;《中國俗曲總目稿》頁257、《子弟書總目》頁154著錄。又《集錦書目》第49句:"這其間也有大爺也有老斗也有**廚子**齊聲一**嘆**。"

演廚子訴説往昔的得意,近日的拮據。據時事編寫。

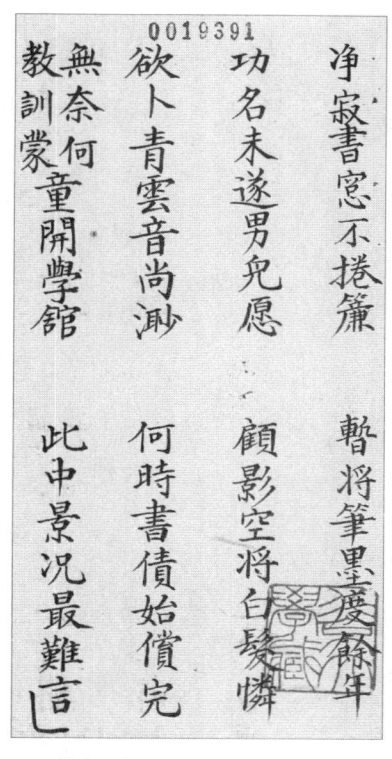
［圖379］車王府舊藏本《先生嘆》

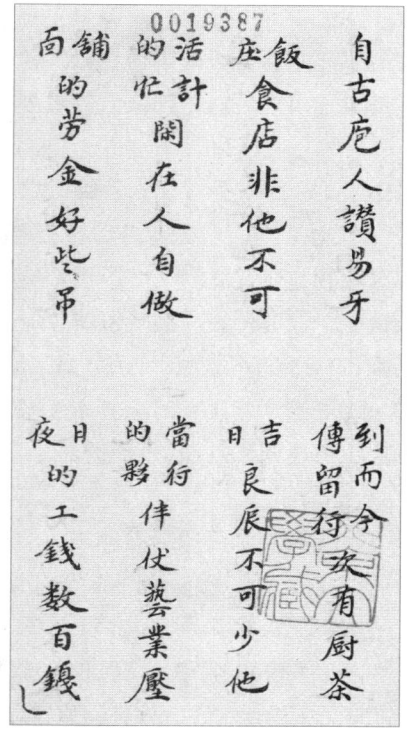
［圖380］車王府舊藏本《廚子嘆》

發花轍，40韻。

版本：①清鈔本，車王府舊藏，北大圖書館・□812.08/5105/:110（16/19387，五葉）。過錄本，首圖・甲四2070；首圖縮印本54冊492-494；北京整理本頁31-32。過錄本，中大圖書館・91407；中大整理本頁293-294。［圖380］

②百本張鈔本，吳曉鈴舊藏，首圖・己448。

③曲盦鈔本，傅惜華舊藏，藝研院・曲310.651/0.356（148720）。

④鈔本，傅斯年圖書館藏，T40-459；《俗文學叢刊》398冊頁259。

⑤鈔本，傅斯年圖書館藏，T40-458。

⑥別埜堂鈔本，傅氏《總目》謂有自藏本，今未見。

⑦清鈔本，國家圖書館藏，119980（有"漢龍行齋"、"敝帚千金"印）。

⑧《子弟書選》頁363-364收錄，據傅惜華舊藏本排印。

⑨《子弟書叢鈔》頁279-282謂據清鈔本排印。

**別題：廚子訴功**

百本張《子弟書目錄》別本："廚子訴功。廚子嘆。一回。四佰。"此別本疑是鈔錄時將篇名與附記內容顛倒了，故未見此題之傳本。

## 蕩子嘆　二回

作者冬烘先生。據《晴雪梅花録》題署及首句“冬烘無事坐燈前，把文人的筆墨也動一番”。

《中國俗曲總目稿》頁 326 著録有北平石印本，未標注曲類；《子弟書珍本百種》作爲子弟書收録，今從之。

勸浪蕩公子改邪歸正。據時事編寫。

言前轍，77 韻。原不分回，可酌分爲二回。

版本：①民國十年（1921）鈔本《晴雪梅花録》收録，藝研院藏。［圖 381］

②奉天東都石印局石印本（“寒”字），傅斯年圖書館等有藏；《鼓詞彙集》第二輯頁 351–354 據以排印；《子弟書珍本百種》頁 393–396 亦據以排印。

③上海錦章書局石印本（“寒”字），天津圖書館（集部－曲類－彈詞 6745）、傅斯年圖書館（T42–479）等有藏。

④石印本（每行四句），天津圖書館（集部－曲類－彈詞 6745）、傅斯年圖書館（T42–480）有藏。

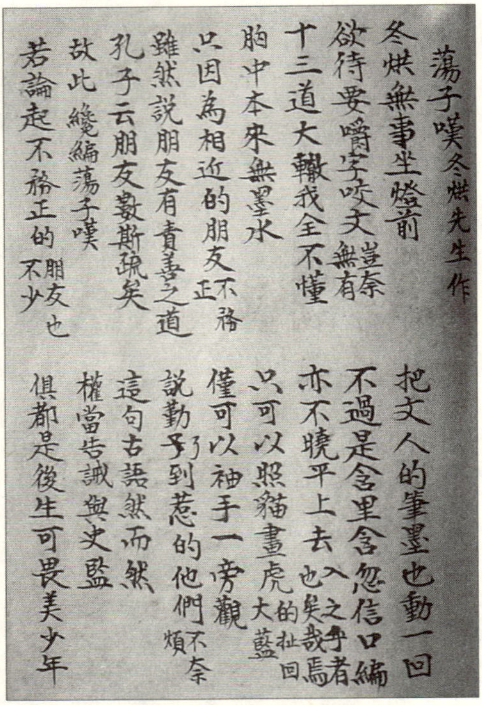
蕩子嘆　冬烘先生作
冬烘無事坐燈前
欲待要嚼字咬文豈奈無有
十三道大轍我全不懂
胸中本來無墨水
只因為相近的朋友不務正
雖然說朋友有責善之道
孔子云朋友數斯疏矣
故此纔編蕩子嘆
若論起不務正的朋友也不少
把文人的筆墨也動一回
不過是含里含忽信口編之乎者
亦不曉平上去入也矣哉焉
只可以照貓畫虎大藍的扯回
僅可以袖手一旁觀
說勸予到惹的他們不奈煩
這句古語然而然
權當告誡與史監
俱都是後生可畏美少年

［圖 381］藝研院藏民初鈔本《蕩子嘆》

## 窮酸嘆　一回

作者李雨濃。《晴雪梅花録》收録本題下注“李雨濃作”。又光緒二十七年（1901）刻本封面題：“河西隱士殘本，慕廬居士補，蛤溪釣叟評。”卷端題“辛丑立夏日刻”“洗心堂主人阿棱定”。慕廬居士或即阿棱；河西隱士當即李雨濃，蛤溪釣叟或謂即繆東麟。

《中國俗曲總目稿》頁 1093、《子弟書總目》頁 153 著録。

敘窮秀才的苦況。據時事編寫。

懷來轍，54 韻。

版本：①光緒二十七年刻本，傅惜華舊藏，今歸藝研院。封面題“河西隱士殘本慕廬居士補 / 窮酸嘆 / 蛤溪釣叟評。”卷前有虯髯白眉子跋。卷端題“辛丑立夏日刻”，“洗心堂主人阿棱定”。《子弟書選》頁 433–435 據傅惜華藏本排印（作者題“河西隱士”）。［圖 382–1］

②民國十年（1921）鈔本《晴雪梅花録》收録，藝研院藏。［圖 382–2］

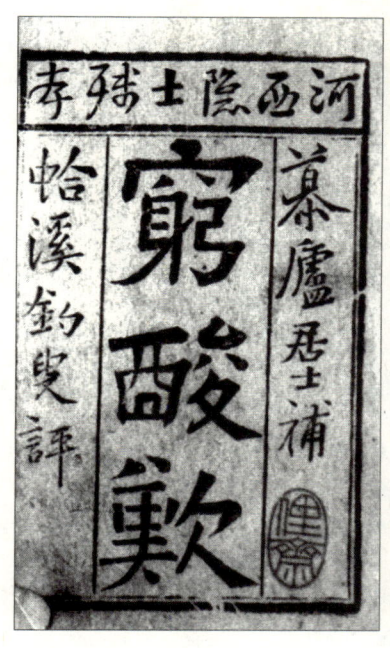
［圖382-1］清刻本《窮酸歎》

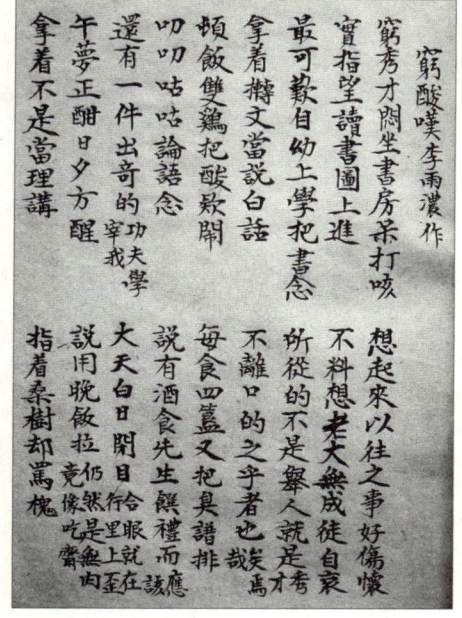
［圖382-2］藝研院藏民初鈔本《窮酸嘆》

③石印本，傅斯年圖書館藏，dg1-008。
④《子弟書珍本百種》頁397-399，注謂據"河西隱士抄本"排印，當即從《子弟書選》移錄；據"河西隱士抄本"云云，實否。

## 窮鬼自嘆 一回

作者未詳。
《子弟書總目》頁152著錄。
演窮鬼嘆息生前獻媚權貴，欺壓親朋，以致死後被打入陰曹。據時事編寫。
言前轍，33韻。
版本：①清鈔本，車王府舊藏，北大圖書館・□ 812.08/5105/:110（11/19382，四葉半）。過錄本，首圖・甲四2065；首圖縮印本55冊頁114-116；北京整理本頁21-22。過錄本，中大圖書館・91402；中大整理本頁300-301。［圖383］
②曲盦鈔本，傅氏《總目》謂有自藏本，今未見。

**別題：窮鬼嘆**

百本張《子弟書目錄》："窮鬼嘆。一回。四佰。"（一本價格作"五佰"）民初輯本《子弟書目錄》列入"醒世子弟書目錄"。《中國俗曲總目稿》頁317《子弟書總目》頁152著錄。
版本：①百本張鈔本，吳曉鈴舊藏，首圖・己448；又，故宮博物院藏，《故宮珍本叢刊》698冊頁189。
②鈔本，傅斯年圖書館藏，T41-473；《俗文學叢刊》398冊頁195。

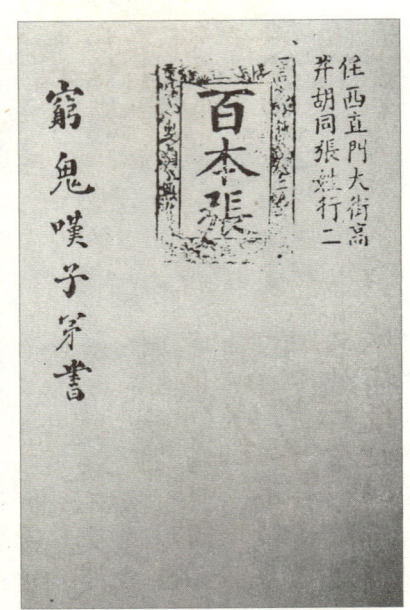

［圖383］故宮藏百本張鈔本《窮鬼嘆》

③鈔本，傅斯年圖書館藏，T41-472。
④鈔本，傅氏《總目》謂馬彥祥有藏，今藏處未詳。

## 浪子歎 一回

作者夢松客。據《晴雪梅花錄》及文盛堂刻本封面題。刻本又題髯柳公評，但正文實無評語。

《中國俗曲總目稿》頁1065著錄有北京石印本，未題曲類。波多野太郎《子弟書集》作爲子弟書收錄，今從之。

演瀋陽一浪子追悔當初不聽人勸，逐日花街柳巷，以至蕩盡家產。據時事編寫。
由求轍，53韻。

版本：①民國十年（1921）鈔本《晴雪梅花錄》收錄，題下署"夢松客著"，藝研院藏。
②文盛堂刻本，長田夏樹藏，波多野太郎《子弟書集》據以收錄；《子弟書珍本百種》頁411-412據同一版本收錄。此本封面題"夢松客著 髯柳公評"，而正文實無評語，疑原板爲套印，此本係印次較後，故脫評語。［圖384］
③石印本（版心有"冬"字），傅斯年圖書館藏，DG1-008。
④大鼓書內《浪子歎》，源出子弟書，文字略異，有石印本，傅斯年圖書館藏，APG1-108。

【説明】文盛堂刻本卷首有作者自題："予當兵燹之後，因見世之子弟流人，於放浪者多，雖苦口相勸，何能遍及人人。於是爰筆著爲小説，而詞粗意淺，使閲者一目了然。

［圖384］長田夏樹藏文盛堂刻本《浪子歎》　　［圖385］藝研院藏民初鈔本《老漢嘆》

雖不如宣聖書之感人深，亦可當頭一棒。於養正書屋塗。"

## 大爺嘆　一回

作者未詳。

民初輯本《子弟書目錄》："醒世子弟書目錄。大爺嘆。一回。"《子弟書總目》頁31著錄。

內容未詳。

版本：①民初鈔本，傅氏《總目》謂馬彥祥有藏，今藏處未詳。

## 老漢嘆　一回

愛山館主人撰，雲深處主人增改。據《晴雪梅花錄》卷端題"愛山館主人著，雲深處主人加句"。

《子弟書總目》頁50著錄。本篇末韻作"言不盡老漢嘆一輩古段，喜的是加官進祿衣錦榮歸"，其體式與子弟書略有差距，姑錄以備考。

演老漢自嘆身世。據時事編寫。

灰堆轍，54韻。

版本：①民國十年（1921）鈔本《晴雪梅花錄》收錄，藝研院藏。［圖385］
　　　②石印本，李嘯倉藏（與《禪魚寺》《雙生貴子》《紅月娥做夢》等合刊）；又，傅斯年圖書館藏，KUIV2-41。

③江岐山傳述本，耿瑛藏，《子弟書珍本百種》頁 413–415 據以排印。

④傅氏《總目》謂李嘯倉藏有清鈔本，當有誤；李氏所藏爲晚清石印本，見前文。

**別題：老漢自嘆**

《中國俗曲總目稿》頁 464 著錄。此當爲據子弟書改寫之鼓詞，文字略異。

版本：①上海燮記石印本（封面作"窮老漢自嘆"，內文題"改良老漢嘆"，版心作"老漢嘆"），首圖、藝研院（傅惜華舊藏，曲 310.651/0.356/4）等有藏。

②中華印刷局排印本，傅斯年圖書館藏，DG4-48。

③北京瑞文書局 1925 年排印本，傅斯年圖書館藏，KUIII-1-5。

## 妓女嘆　不分回

作者未詳。

《中國俗曲總目稿》頁 250 著錄有北平石印本，未題曲類。此書首韻作"大清一統錦繡榮華，列位明公尊坐聽根芽"；末韻作"言不盡煙花妓女多零落，正正鼓板喝杯茶"，其體式與子弟書頗有差異，今姑錄以備考。

演一瀋陽妓女對客相嘆，言本良家女，因災荒被騙賣入煙花巷，報答父母不能，更受兵丁洋人磨折，得一中意人卻難相聚。據時事編寫。

發花轍，88 韻，相當於兩回。

版本：①民國十年（1921）鈔本《晴雪梅花錄》收錄，藝研院藏。[圖 386]

**別題：陰陽欸**

《中國俗曲總目稿》頁 250 著錄，未標注曲類。此本增入陰間一段，故題曰《陰陽欸》。波多野太郎《子弟集》據北平石印本《陰陽欸》作爲子弟書收錄。亦題作"妓女陰陽欸"。

版本：①石印本（版心題"致"字），國家圖書館（98793、52605）、天津圖書館藏。

②上海茂記書莊石印本，傅斯年圖書館藏。

③上海石印本《繪圖改良新劇》第二十七冊，早稻田大學圖書館藏（へ 19-3031）。

④石印本（每行三句，與《憶真妃》等合刊），傅惜華舊藏，藝研院·曲 310.651/0.356/4（142935）。

⑤石印本，傅惜華舊藏，藝研院·曲 310.651/0.356/3（142934）。

## 煙花嘆　二回

作者未詳。

百本張《子弟書目錄》："煙花嘆。二回。八佰。"民初輯本《子弟書目錄》列入"醒世子弟書目錄"。《中國俗曲總目稿》頁 219、《子弟書總目》頁 91 著錄。

演一女子被賣入煙花巷，受盡痛苦，思量無奈，自縊身亡。故事出處未詳。

頭回言前轍，二回江陽轍。每回 36 韻。

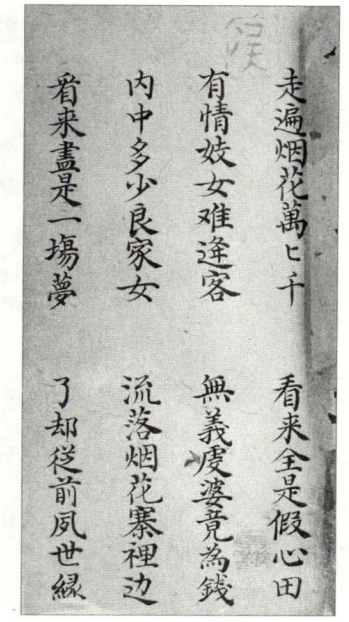

[圖386] 藝研院藏民初鈔本《妓女嘆》　　[圖387] 首圖藏百本張鈔本《煙花嘆》

版本：①百本張鈔本，傅斯年圖書館藏，T28-339；又一部，T28-340。又，吳曉鈴舊藏，殘存第一回，首圖・己523；又，傅氏《總目》謂有自藏本，今未見。[圖387]

②光緒乙巳（1905）鈔本（內題"光緒乙巳年冬至日初次抄"），傅斯年圖書館藏，T28-341。

③民初北京排印本，雙紅堂文庫・戲曲・190"唱本"之第16縶第4冊。

④鈔本，傅氏《總目》謂馬彥祥有藏，今藏處未詳。

**別題：煙花院**

《中國俗曲總目稿》頁218著錄。

版本：①鈔本，傅斯年圖書館藏，T28-342；《俗文學叢刊》400冊頁567收錄。按：藏者今將此本歸入題名為"烟花嘆"內，非是。

## 代數歎　二回

作者吳玉崑。據吳曉鈴跋："煮雪山人為先翁別署。"

《綏中吳氏雙楯書屋所藏子弟書目錄》著錄。

演學生學習代數的困難與痛苦。

中東轍，各42韻。

版本：①光緒三十二年（1906）稿本，吳曉鈴舊藏，首圖・己1597。[圖388]

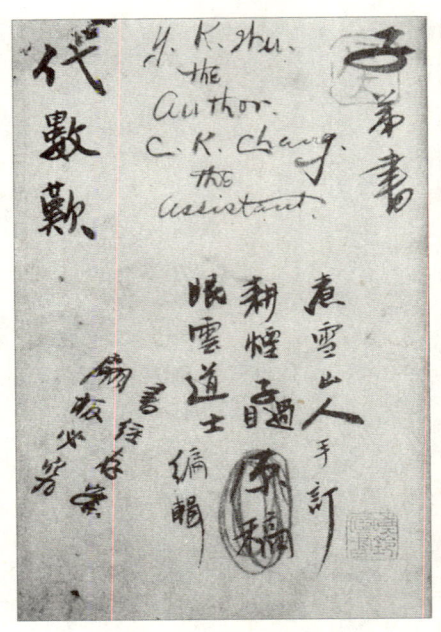
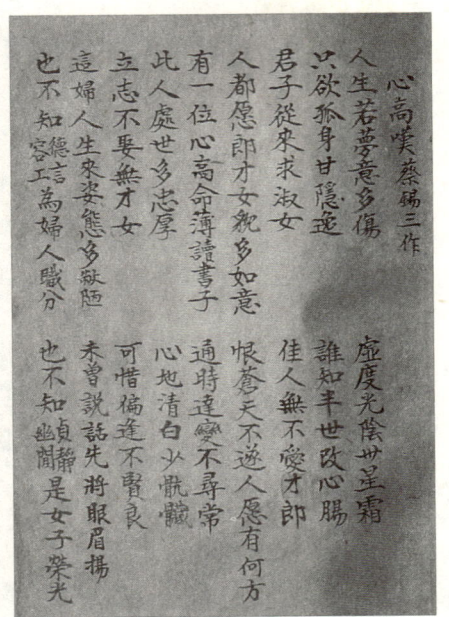

［圖388］首圖藏稿本《代數歎》　　　　［圖389］藝研院藏民初鈔本《心高嘆》

【說明】吳曉鈴有跋："此先翁輝山府君在北京匯文大學堂肄業時遊戲之筆。句中所稱陳夫子即陳在新博士，先翁從之學。余於民國二十二年癸酉（1933）考入燕京大學時，博士猶主數學系講席，其子陳哲、陳敏昆仲皆余中學同窗。陳哲工繪事，在校共啟元伯（功）兄有一時瑜亮之譽，已逝多年。陳敏爲創傷名醫，死於唐山地震。此本扉頁題：'煮雪山人手訂，耕煙子過目，眠雲道士編輯。'煮雪山人爲先翁別署，餘二人無考。"

### 心高嘆　一回

作者蔡錫三，據《晴雪梅花錄》題署。未見著錄。據同集多爲子弟書，體式亦同，姑予收錄。

演一書生心氣頗高，欲娶才女，偏遇不賢良，遂生感歎。據時事編寫。

江陽轍，54韻。

版本：①民國十年（1921）鈔本《晴雪梅花錄》收錄，藝研院藏。［圖389］

### 書生歎　四回

作者融川氏。據結句："融川氏墨痕閑寫《書生歎》，看起來人生好比夢一般。"又石印本末頁署"奉天西南長灘于融川"。

《中國俗曲總目稿》頁211著錄，未標曲類。陳錦釗《子弟書之題材來源及其綜合研究》頁114作爲子弟書著錄，其體式與子弟書亦相符合，今從之。

演書生思量往事，慨嘆老大無成、生計艱拙，忽見公差送來電報，政府求其出山，

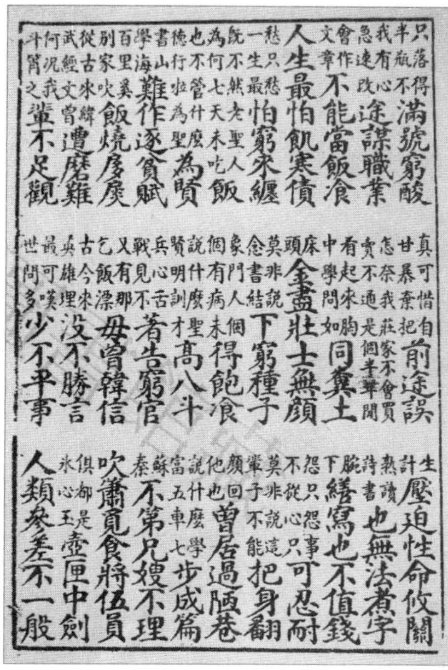

［圖 390］傅斯年圖書館藏石印本《書生歎》

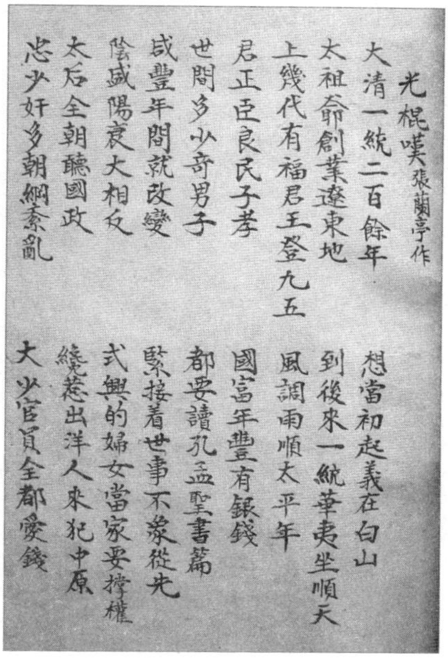

光棍嘆 張蘭亭作
大清一統二百餘年 想當初起義在白山
太祖爺創業遼東地 到後來一統華夷坐順天
上幾代有福君王登九五 風調雨順太平年
君正臣良民子孝 國富年豐有銀錢
世間多少奇男子 都要讀孔孟聖書篇
咸豐年間就改變 緊接着世事不象從先
陰盛陽衰大相反 式興的婦女當家要撐權
太后全朝聽國政 繞惹出洋人來犯中原
忠少奸多朝綱紊亂 大小官員全都愛錢

［圖 391］藝研院藏民初鈔本《光棍嘆》

親友相賀，得意非凡，醒來乃知是一夢。據“政府”等詞，本篇當撰於民國初年。

言前轍。164 韻。原不分回，可酌分爲四回。

版本：①上海大成書局石印本，傅斯年圖書館藏。［圖 390］

## 光棍嘆　二回

作者張蘭亭，據《晴雪梅花録》題署。未見著録。存本未標“子弟書”，據同集多爲子弟書，體式亦同，録以備考。

演光棍王碰三，詭詐滑奸，打扮時興，廣交朋友。忽有小鬼來勾魂，猶求死後留名。據時事編寫。

言前轍，77 韻。存本原不分回，據總句數可析作二回。

版本：①民國十年（1921）鈔本《晴雪梅花録》收録，藝研院藏。［圖 391］

【説明】卷首作“大清一統二百餘年，想當初起義在白山。太祖爺創業遼東地，到後來一統華夷坐順天。”結句作“白話成文湊了一段光棍嘆，同歌舜日共堯天。”

## 光棍歎　一回

作者少遂氏。據首句：“**少遂氏**悶坐亦是齋，思想起以往之事好傷懷。”

《中國俗曲總目稿》頁 1045 著録有北平石印本，未標注曲類。觀其體式近於子弟書，石印本同册所録亦多爲子弟書，姑録以備考。

演一光棍因賭輸光家産，正欲自盡，遇吐沫老祖搭救，贈以竹板，教走江湖。據時

[圖392] 傅斯年圖書館藏石印本《光棍歎》　　[圖393] 藝研院藏民初鈔本《腐儒嘆》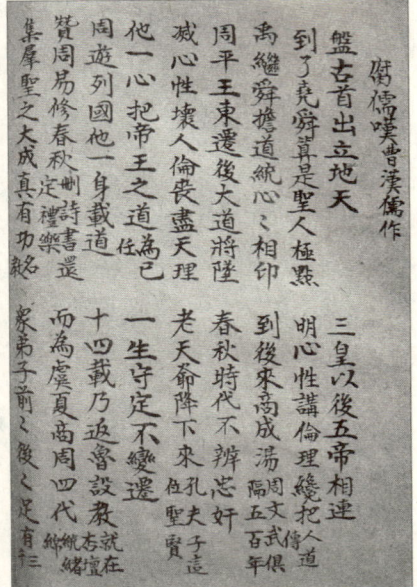

事編寫。

　　灰堆轍，53 韻。

　　版本：①北平石印本（版心題"冬"字，與《得鈔嗷妻》、《窮酸歎》等同刊），傅斯年圖書館藏，DG1-8。[圖392]

　　【說明】卷首作："少遂氏悶坐亦是齋，思想起以往之事好傷懷。是怎麽炎涼世態亦可歎，你若富貴有人親近。"末尾作："此書名爲光棍歎，詞韻不合詞眼白。作書之人學問淺，看書高明勉愁懷。"

### 腐儒嘆　一回

　　作者曹漢儒，《晴雪梅花録》題下署"曹漢儒作"。

　　未見著録。據同書所録多爲子弟書，體式亦同，故予收録。

　　作者自居腐儒而奉勸世人遵守儒道。據時事編寫。

　　言前轍，23 韻。

　　版本：①民國十年（1921）鈔本《晴雪梅花録》收録，藝研院藏。[圖393]

### 庸醫嘆　二回

　　作者雲深處主人，據《晴雪梅花録》題署。未見著録。據同書所録多爲子弟書，體式亦同，故予收録。

　　演身爲醫生，不爲病人理解的艱難。據時事編寫。

姑蘇轍，85韻。原不分回，可酌分爲二回。

版本：①民國十年（1921）鈔本《晴雪梅花錄》收錄，藝研院藏。〔圖394〕

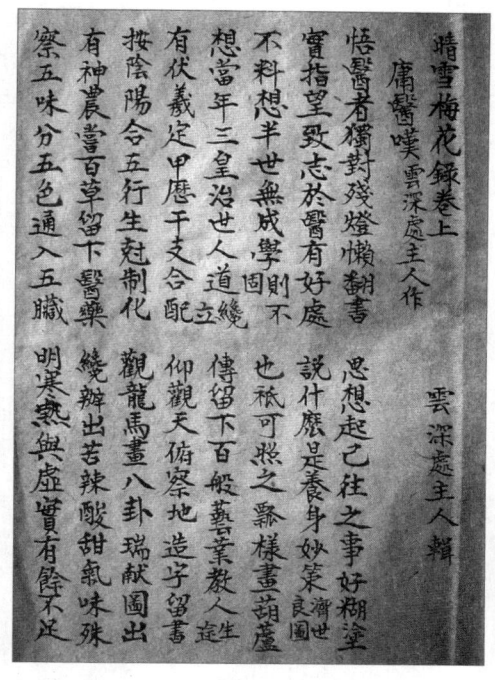

〔圖394〕藝研院藏民初鈔本《庸醫嘆》

## 軍妻嘆 二回

作者未詳。

民初輯本《子弟書目錄》："醒世子弟書目錄。軍妻嘆。二回。"又《集錦書目》第75句："進門來見花別妻一聲軍妻嘆。"《子弟書總目》頁74著錄。

所演故事不詳。當據時事編寫。

版本：①鈔本，傅氏《總目》謂馬彥祥有藏，今藏處不詳。

## 誅心劍 一回

民初輯本《子弟書目錄》："醒世子弟書目錄。嘆學達，即誅心劍。一回。"《子弟書約選日記》："誅心劍。可不錄。"

所演故事不詳。當據時事編寫。

未見傳本。

## 嘆時詞 二回

作者未詳。

民初輯本《子弟書目錄》列入"醒世子弟書目錄。嘆時詞。二回。"《子弟書約選日記》："嘆時詞。不錄。"

所演內容不詳。當據時事編寫。

未見傳本。

## 榮華夢 一回

作者煦園。詩篇末句云："**煦園氏**閑來返寫榮華夢，敘一回睡裏心歡醒後煩。"未見著錄；《子弟書珍本百種》收錄。

演一落魄皇族宗室，夢見自己補授內閣學士侍郎銜，醒來方知是夢。據時事編寫。

言前轍，40韻。

版本：①民國鈔本，國家圖書館藏，120000（有"漢龍行齋"、"兩窺中秘"、"十年一劍"章）；《子弟書珍本百種》頁416–418據以排印。〔圖395〕

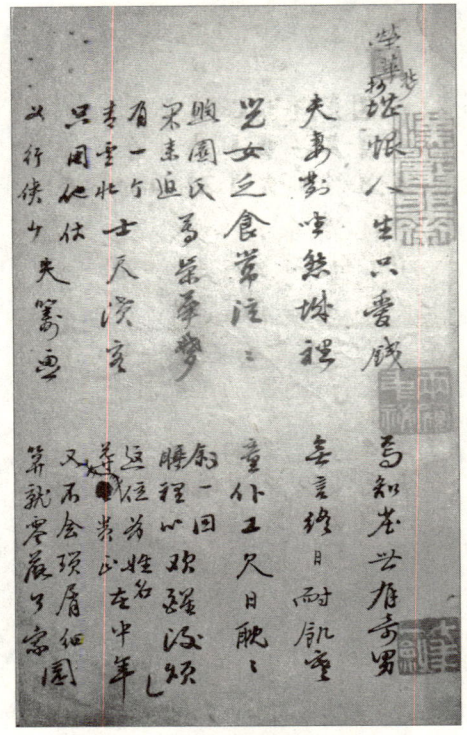 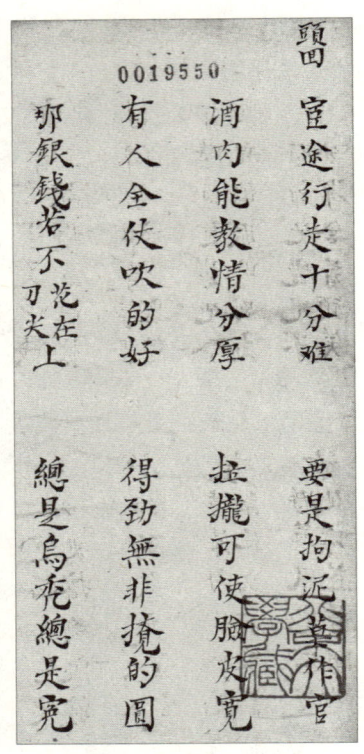

［圖395］國家圖書館藏民國鈔本《榮華夢》　　［圖396］車王府舊藏本《飯會》

## 飯會  二回

作者未詳。

百本張《子弟書目錄》:"飯會。請掌印逛小有餘芳。二回。一吊。"別埜堂《子弟書目錄》著錄同，書價作"七佰二"。民初輯本《子弟書目錄》作"小有餘芳，即飯會"列入"遊戲子弟書目錄"。別埜堂《子弟書目錄》:"三回。七佰二。"《中國俗曲總目稿》頁40、《子弟書總目》頁127著錄。《子弟書約選日記》:"飯會。計一回，即小有餘芳一回。將宦途拉攏奉承内幕，和盤托出，調侃世人不少，頗可選。"

演請掌印官員遊小有餘芳。據時事編寫。

言前轍，每回48韻。又，車王府舊藏本分作三回，分別爲33、32、34韻。

版本：①清鈔本（作三回），車王府舊藏，北大圖書館・□812.08/5105/:117（179/19550，十二葉半）。過錄本，首圖縮印本55册頁4-8；北京整理本頁474-478。過錄本，中大圖書館・92688；中大整理本頁302-305。［圖396］

②別埜堂鈔本，杜穎陶舊藏，藝研院・曲319.651/0.582/8.107；又，傅氏《總目》謂有自藏本，今未見。

③百本張鈔本，傅斯年圖書館藏，T9-110。

④鈔本，傅斯年圖書館藏，T9-111。

⑤鈔本，傅斯年圖書館藏，T9-112；《俗文學叢刊》398 冊頁 271。
⑥民國初年鈔本（此本當係一回本），傅氏《總目》謂馬彥祥有藏，今藏處未詳。

### 燈謎會　一回

作者未詳。

百本張《子弟書目錄》："燈謎會。笑。一回。五佰。"別埜堂《子弟書目錄》："燈謎會。一回。四佰。"民初輯本《子弟書目錄》列入"遊戲子弟書目錄"。《綠棠吟舘子弟書百種總目》卷二十著錄（"謎"字作"迷"）。《子弟書總目》頁 165 著錄。又《集錦書目》第 35 句："西廂以內燈謎會。"

敘燈謎社雅集，衆人競猜謎語之景況。據時事編寫。

懷來轍，57 韻。

版本：①清鈔本，車王府舊藏，北大圖書館・□ 812.08/5105/:112（75/19446，七葉半，末葉有印章"不對管換"）。過錄本，首圖・甲四 2138；首圖縮印本 56 冊頁 3-7；北京整理本頁 154-156。過錄本，中大圖書館・91386；中大整理本頁 333-335。[圖 397]

②別埜堂鈔本，傅氏《總目》謂有自藏本，今未見。《子弟書叢鈔》頁 742-746 據同一版本排印。

③舊鈔本，杜穎陶舊藏，藝研院藏，曲 319.651/0.582/8.152。按：據傅氏《總目》，杜氏名下無此藏，而程硯秋有藏，疑此兩本原當是一本。

④鈔本，傅氏《總目》謂馬彥祥有藏，今藏處未詳。

**別題：燈謎社**

樂善堂《子弟大鼓書目錄》："三佰文。燈謎社。"《中國俗曲總目稿》頁 333 著錄。

版本：①鈔本，傅斯年圖書館藏，T42-488；《俗文學叢刊》400 冊頁 413。
　　　②鈔本，傅斯年圖書館藏，T42-489。

### 平謎論　一回

作者未詳。

《中國俗曲總目稿》頁 1042、《子弟書總目》頁 41 著錄。

敘燈謎社景況。據《燈謎會》子弟書刪改而成。刪卷首詩篇，此篇晚出，文字較上條淺俗。

懷來轍，54 韻。

版本：①百本張鈔本（據筆跡判定），傅斯年圖書館藏，T15-212；《俗文學叢刊》400 冊頁 401。[圖 398]

②鈔本，傅氏《總目》謂程硯秋有藏，今藏處未詳。

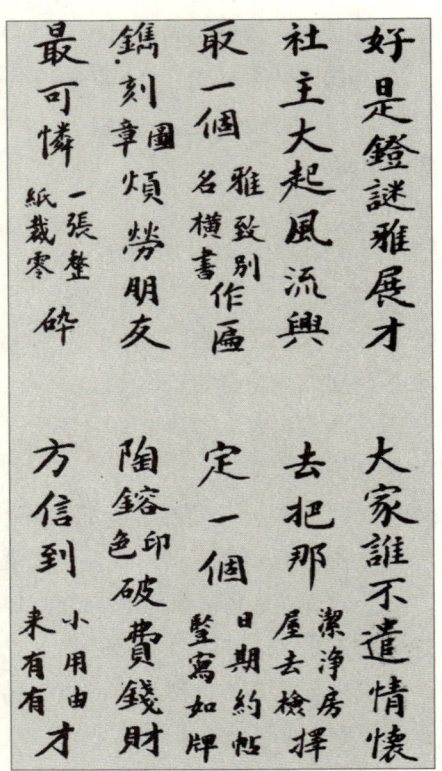

［圖397］車王府舊藏本《燈謎會》　　［圖398］傅斯年圖書館藏鈔本《平謎論》

## 打十湖　二回

作者未詳。

民初輯本《子弟書目錄》、《中國俗曲總目稿》頁110、《子弟書總目》頁44著錄。

敘一紈絝子弟因沉迷於十湖牌局，蕩盡家貲，痛欲改過，然夢中猶入牌局。據時事編寫。

頭回由求轍、二回中東轍。各50韻。

版本：①鈔本，傅斯年圖書館藏，T14-193；《俗文學叢刊》400冊頁429。［圖399］

②鈔本，傅斯年圖書館藏，T14-192。

③《子弟書珍本百種》頁376-380，謂據傅斯年圖書館藏鈔本排印。

**別題一：打拾湖**

民初輯本《子弟書目錄》："醒世子弟書目錄。打拾湖。二回。"

未見傳本。

**別題二：打十壺**

百本張《子弟書目錄》："打拾壺。瞎之付爾扛刀。二回。一吊。"

未見傳本。

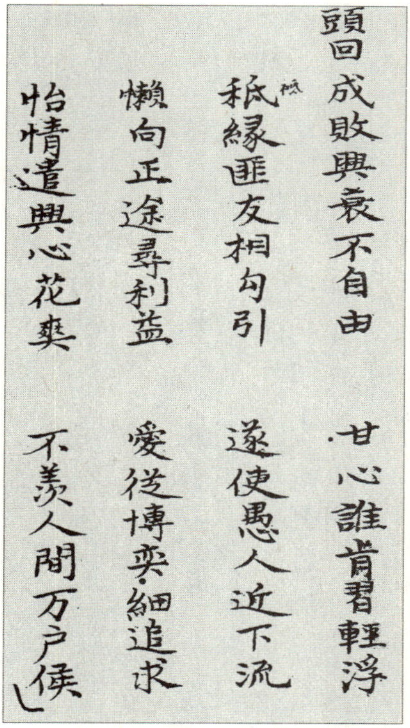

［圖399］傅斯年圖書館藏鈔本《打十湖》 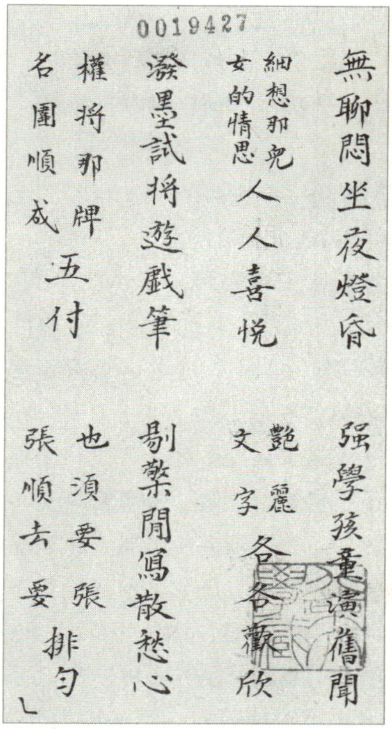　　　［圖400］車王府舊藏本《骨牌名》

**別題三：打拾壺**

別埜堂《子弟書目錄》："打十壺。瞎之付爾杠刀。二回。八佰。"《子弟書總目》頁44著錄。

未見傳本。

## 骨牌名　一回

作者未詳。

百本張《子弟書目錄》："骨牌名。一回。五佰。"（一本價格作"三百"）別埜堂《子弟書目錄》："骨牌名。一回。三百六。"民初輯本《子弟書目錄》列入"陶情子弟書目錄"。並見《中國俗曲總目稿》頁226《子弟書總目》頁99著錄。又《集錦書目》第58句："把那**骨牌名**兒全水滸人名兒活捉短長。"

敘時人打骨牌的情況。據時事編寫。

人辰轍，20韻。

版本：①清鈔本，車王府舊藏，北大圖書館・□812.08/5105/:111（56/19427，二葉半）。過錄本，首圖・甲四2096，首圖整理本55冊頁312-313；北京整理本頁115。過錄本，中大圖書館・91368。［圖400］

②曲盦鈔本，傅惜華舊藏，藝研院・曲 310.651/0.356/1（143230/5）。

③鈔本，傅斯年圖書館藏，T28–349；《俗文學叢刊》400 冊頁 459。

④鈔本，傅斯年圖書館藏，T28–350。

### 葦蓮換笋雞　一回

作者未詳。

百本張《子弟書目録》："葦蓮換笋雞。笑。一回。五佰。" 別埜堂《子弟書目録》："葦蓮換笋雞。一回。三佰六。" 樂善堂《子弟大鼓書目録》著録，書價 "三百文"。民初輯本《子弟書目録》列入 "遊戲子弟書目録"。《子弟書總目》頁 136 著録。又《集錦書目》第 56 句：**"葦連換笋雞**五味調和細品嘗。"《子弟書約選日記》："葦蓮換笋雞。計一回。此一小段，尚有意思。因其嘴饞身懶，卒至廢事，可爲殷鑒也，頗可鈔存。"

演老兵饞嘴換笋雞，因醉酒而誤差事。據時事編寫。

中東轍，47 韻。

版本：①清鈔本，車王府舊藏，北大圖書館・□ 812.08/5105/:112（67/19438，題簽作 "**葦連換笋雞**"，六葉）。過録本，首圖・甲四 2121；首圖縮印本 55 冊頁 108–111；北京整理本頁 136–137。過録本，中大圖書館・91378；中大整理本頁 325–326。[圖 401]

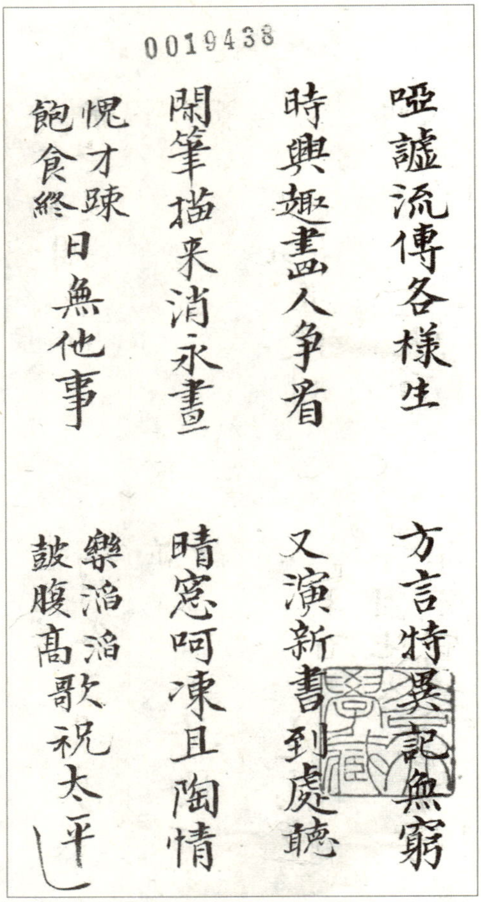
0019438
啞謔流傳各樣生
時興趣盡人爭看
閑筆描來消永晝
愧才疎
飽食終日無他事
方言特異記無窮
又演新書到處聽
晴窗呵凍且陶情
樂滔滔
鼓腹高歌祝太平

[圖 401] 車王府舊藏本《葦連換笋雞》

②別埜堂鈔本，傅氏《總目》謂有自藏本，今未見。

③鈔本，杜穎陶舊藏，藝研院・曲 319.651/0.582/8.166。

④舊鈔本，杜穎陶舊藏，藝研院・曲 319.651/0.582/8.165（藏者重裝時與《齊陳相罵》、《鶴侶自嘆》合綴爲一册，書衣原惟題 "齊陳相罵" 名，別有鉛筆補 "葦蓮换筍雞"、"鶴侶自嘆"）。

⑤民初鈔本，傅氏《總目》謂馬彥祥有藏，今藏處未詳。

**別題：换笋雞**

《中國俗曲總目稿》頁 264、《子弟書總目》頁 123 著録。

版本：①鈔本，傅斯年圖書館藏，T32-391；《俗文學叢刊》398 冊頁 299。
　　　②鈔本，傅斯年圖書館藏，T32-390。

## 拿螃蟹　三回

作者未詳。

百本張《子弟書目錄》："拿螃蟹。滿漢兼。笑。三回。一吊六。"（一本價格作 "一吊二"）別埜堂《子弟書目錄》："拿螃蟹。三回。一吊八。"民初輯本《子弟書目錄》列入 "遊戲子弟書目錄"。並見《中國俗曲總目稿》頁 230、《子弟書總目》頁 102 著錄。又《集錦書目》第 9 句："那**拿螃蟹**的人兒漁家樂。"《子弟書約選日記》："拏螃蟹。計三回。瑣屑之極。不錄。"按：此篇之體制，用滿漢文字相間而成，故稱滿漢兼。

敘旗人吃螃蟹趣事。據時事編寫。

發花轍。第一回有詩篇，43、43、36 韻。

版本：①清鈔本，車王府舊藏，北大圖書館·□ 812.08/5105/:117（187/19558，十五葉半）。過錄本，首圖·甲四 3943；首圖縮印本 55 冊頁 518-542；北京整理本頁 518-542。過錄本，中大圖書館·92696。[圖 402-1]

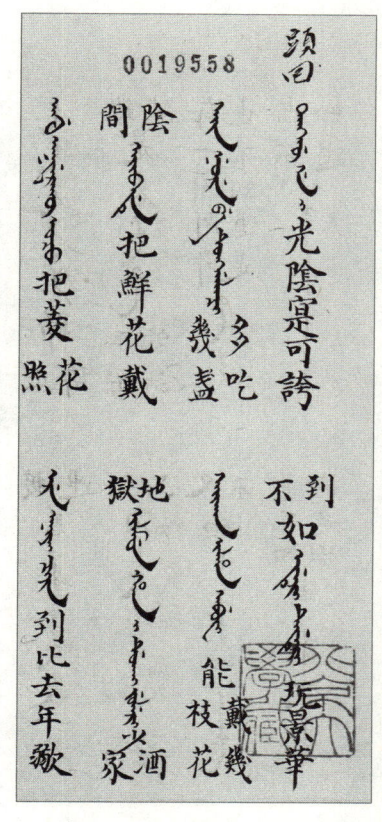

[圖 402-1] 車王府舊藏本《拿螃蟹》

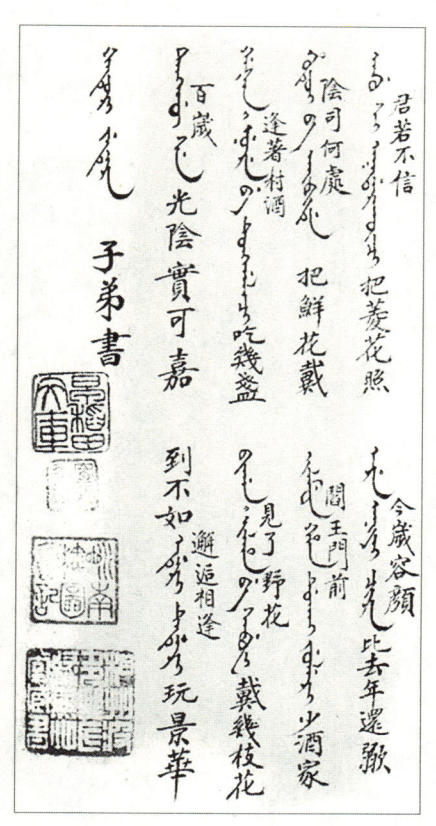

[圖 402-2] 波太野太郎舊藏本《吃螃蟹滿漢兼》

②鈔本，傅斯年圖書館藏，T29-358；《俗文學叢刊》398 冊頁 313。
③別埜堂鈔本，傅氏《總目》謂有自藏本，今未見。

**別題一：螃蟹段兒**

版本：①文萃堂刻本，日本天理圖書館藏。波多野太郎《景印子弟書滿漢兼螃蟹段兒附解題識語校釋再補提要補遺》據以影印（橫濱市立大學紀要 178 號，1968）；《子弟書叢鈔》據以排印。
②文萃堂刻本過錄本，傅惜華舊藏，藝研院・曲 310.651/0.356（148325）。
③舊鈔本，德國科隆大學嵇穆教授藏，波多野太郎《景印子弟書滿漢兼螃蟹段兒附解題識語校釋》據以影印（橫濱市立大學紀要 164 號，1967）；《子弟書叢鈔》頁 771-814 亦據以排印。

**別題二：吃螃蟹**

樂善堂《子弟大鼓書目錄》："子弟書三回起。九佰文。吃螃蟹。"
版本：①清鈔本（滿漢兼），波多野太郎舊藏，今歸早稻田大學圖書館（ヘ 19-3293）。［圖 402-2］

## 謀財顯報 三回

作者未詳。

《中國俗曲總目稿》頁 638 著錄有北平鉛印本，未標注曲類。財勝堂刻本《賢孫孝祖》

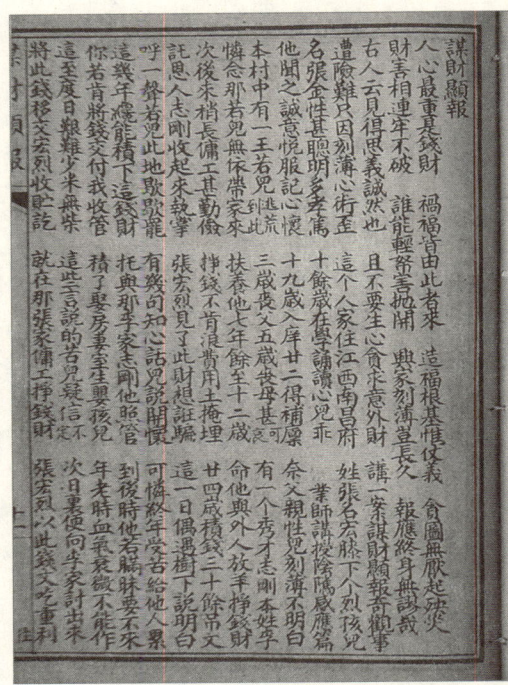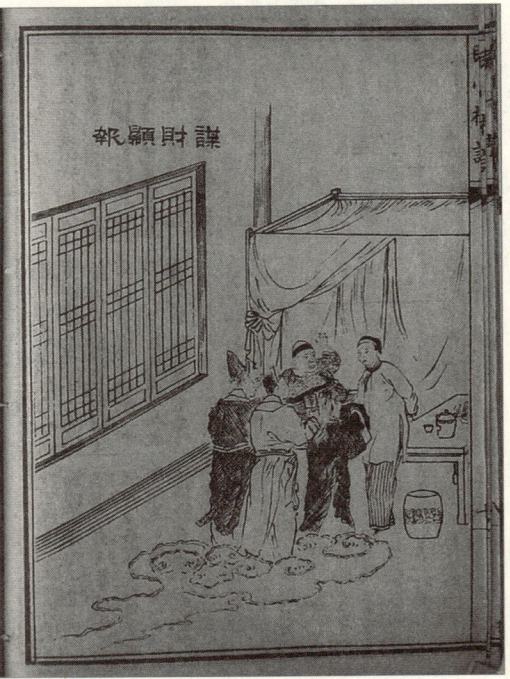

［圖 403］早稻田藏石印本《謀財顯報》

封面題"下接謀財顯報",故予收錄。

演南昌張宏烈謀取王苦兒財物害其性命,遭受報應之事。篇尾有"丙午科入場中了一個舉人",此丙午當是道光二十六年(1846)。

頭回懷來轍,二、三回人辰轍。存本原不分回,據用韻實含三回,每回30韻。

版本:①石印本《繪圖改良新劇》第二十冊(版心題"往"字),早稻田大學圖書館(ヘ19-3031)、天津圖書館等有藏。[圖403]
②民初北平排印本,傅斯年圖書館藏,KUIII-6-126。
③北平學古堂排印本,早稻田大學風陵文庫藏,F400-M262。
④北平中華印刷局排印本,東洋文化研究所倉石文庫藏,集·41659。

### 覆恩往報 二回

作者未詳。

未見著錄。據石印本所收前後各篇同爲子弟書,且體式相同,故予收錄。

演金壽台有恩於某氏,卻反遇枉報之事。據時事編寫。江陽轍,81韻。原不分回,相當於二回。

版本:①石印本《繪圖改良新劇》第十九冊(版心題"暑"字),早稻田大學圖書館(ヘ19-3031)、天津圖書館等有藏。[圖404]

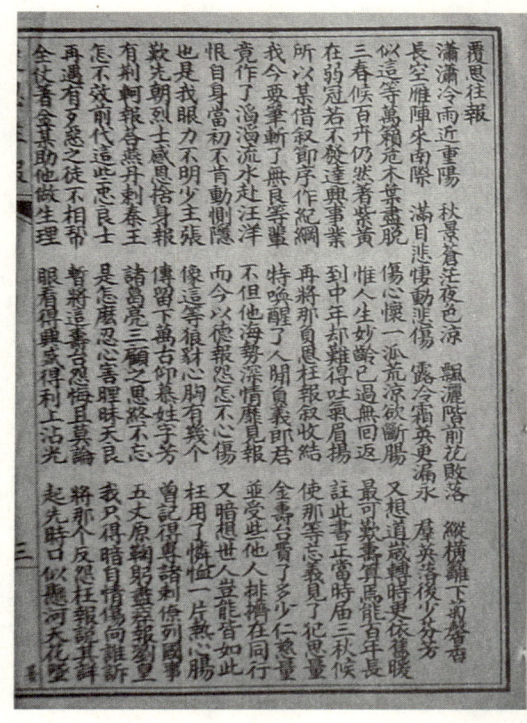

[圖404] 早稻田藏石印本《覆恩往報》

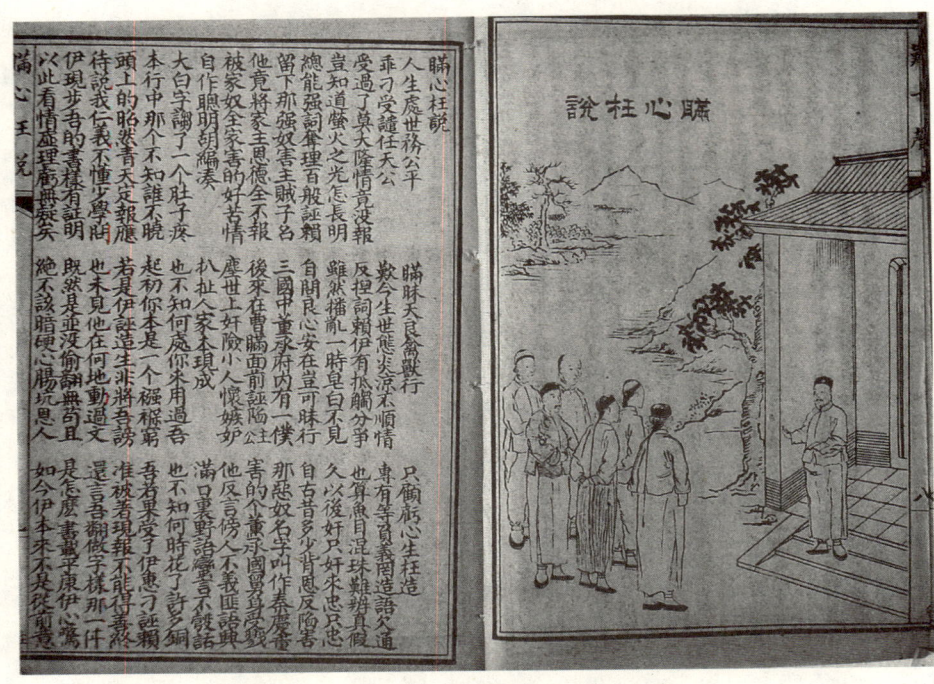

［圖405］早稻田藏石印本《瞞心枉説》

### 瞞心枉説　一回

作者未詳。

未見著録。據石印本所收前後各篇同爲子弟書，且體式相同，故予收録。

演作者自憤被人作書詞誣賴爲負恩枉報，故作此書詞反擊伊瞞心枉説。中東轍，56韻。

版本：①石印本《繪圖改良新劇》第二十册（版心題"往"字），早稻田大學圖書館（ヘ19-3031）、天津圖書館等有藏。［圖405］

### 離情　三回

作者未詳。

《子弟書總目》頁175著録。

演奉省襄平人驛亭烟與一書生相戀而分離的故事。據時事編寫。

頭回中東轍，二回言前轍，三回由求轍。分別爲34、45、57韻。

版本：①光緒二十九年（1903）遼陽三文堂刻本（封面題"光緒癸卯甲寅月新鐫/離情/子弟書　遼陽三文堂藏板"），李嘯倉藏。《子弟書珍本百種》頁470-475據以排印。又，藝研院·曲310.651/0.356（07772/6）。［圖406］

②過録本，傅惜華舊藏，藝研院·曲310.651/0.356（148324）。

別題：俏佳人離情

《中國俗曲總目稿》頁772著録，未標注曲類。

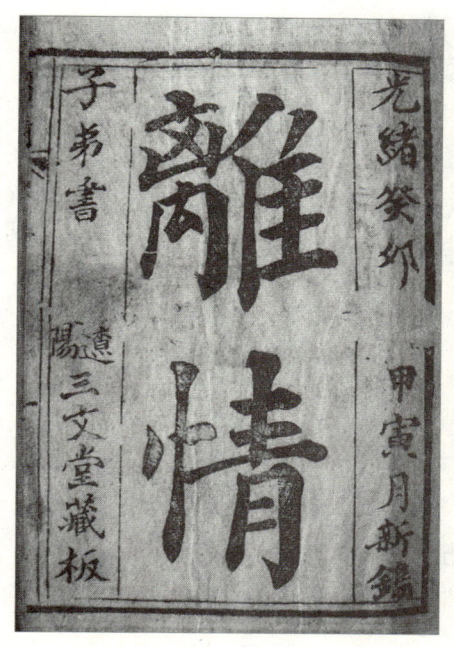

［圖406］李嘯倉藏三文堂刻本《離情》　　［圖407］雙紅堂藏百本張鈔本《瘋和尚治病》

版本：①石印本（版心題"常"字，傅斯年圖書館藏，T-730。
　　　②石印本（版心題"黃"字，與《滕大尹鬼斷家私》等合刊），傅斯年圖書館藏，
　　　　KUIV2-040。

### 瘋僧治病　二回

作者鶴侶。據首回"**鶴侶氏**一段愁腸只自寫"句及結句："於今世態實難寓目，**鶴侶氏**非敢狂狷弄筆饒舌。"《子弟書總目》頁144著錄。

此篇頭回爲"鶴侶自嘆"，內容如題；二回爲"瘋和尚治病"，敘一農家子弟喬裝神僧能治百病，宦家婦女多因崇信而受其辱，事發終被鎖拿入獄。據單行本封面題"東郊馬房村事"，知據當時實事編寫。

本篇兩回，此二回之序次或前後易置，且或以單回獨立流傳，見後文。

頭回發花轍，53韻；二回梭撥轍，44韻。

版本：①清鈔本，車王府舊藏，北大圖書館・□ 812.08/5105/:114（131/19502，十三葉）。
　　　　過錄本，首圖・甲四2185；首圖縮印本55冊頁90-96；北京整理本頁
　　　　293-296。過錄本，中大圖書館・92647；中大整理本頁219-222。
　　　②曲盦鈔本，傅惜華舊藏，藝研院・曲310.651/227.5（150485）。

**別題一：瘋和尚治病**

百本張《子弟書目錄》："瘋和尚治病。二回。八佰。"《子弟書總目》頁144著錄。

版本：①百本張鈔本，雙紅堂文庫藏，戲曲・231；波多野太郎《子弟書集》據以收錄。
　　　　［圖 407］

**別題二：瘋和尚**

《中國俗曲總目稿》頁 292 著錄。

版本：①鈔本，傅斯年圖書館藏，T36-436；《俗文學叢刊》398 冊頁 347。
　　　②鈔本，傅斯年圖書館藏，T36-435。

## 鶴侶自嘆　一回

作者鶴侶。《子弟書總目》頁 180 著錄。

此即二回本《瘋僧治病》第一回之單行本。

版本：①舊鈔本，杜穎陶舊藏，藝研院・曲 319.651/0.582/8.165（重裝時與《葦蓮換筍雞》、《齊陳相罵》綴成一冊，書衣題作"齊陳相罵"，別有鉛筆補"鶴侶自嘆"、"葦蓮換筍雞"）。按：據傅氏《總目》有程硯秋舊藏本，而無杜氏藏本，疑此兩本即是一本。［圖 408］
　　　②《子弟書選》頁 323-325 排印本。

## 瘋僧治病　一回

作者鶴侶。未見著錄。

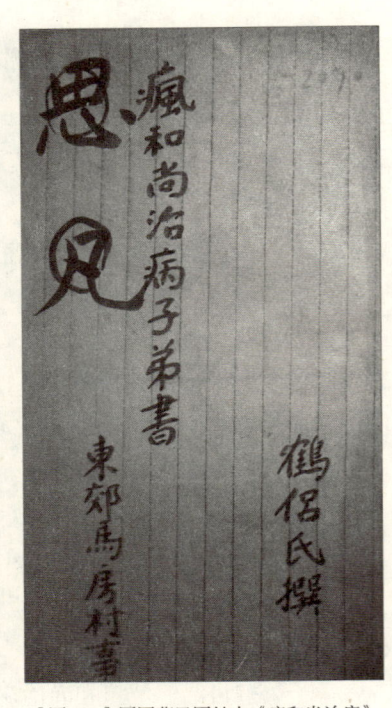

［圖 408］藝研院藏清鈔本《鶴侶自嘆》　　　［圖 409］國圖藏民國鈔本《瘋和尚治病》

此即二回本《瘋僧治病》第二回之單行本。

版本：①民國鈔本，國家圖書館藏，98318。

②民國鈔本，國家圖書館藏，98319（扉頁題"瘋和尚治病子弟書／鶴侶氏撰／東郊馬房村事"）。［圖409］

**別題：瘋和尚治病**

版本：①舊鈔本，杜穎陶舊藏，藝研院・曲319.651/0.582/8.160。

②《子弟書選》頁334–335排印本。

## 風流公子 一回

作者未詳。

百本張《子弟書目錄》："風流公子。時道奢華。一回。四佰。"別埜堂《子弟書目》："風流公子。一回。一吊四佰四。"樂善堂《子弟大鼓書目錄》著錄，書價"二百文"。《子弟書總目》頁83著錄。

敘十八歲阿哥風流奢華，蔭二品前程似錦，唯歎其心善易受促狹之人引誘。據時事編寫。

梭撥轍，40韻。

版本：①清鈔本，車王府舊藏，北大圖書館・□ 812.08/5105/:113（92/19463，五葉）。過錄本，首圖・甲四2147；首圖縮印本54冊頁367–370；北京整理本頁191–192。過錄本，中大圖書館・92603；中大整理本頁314–315。

②百本張鈔本，傅斯年圖書館藏，T-592；《俗文學叢刊》398冊頁375。又一部，T-591。［圖410］

③曲盦鈔本，傅氏《總目》謂有自藏本，今未見。

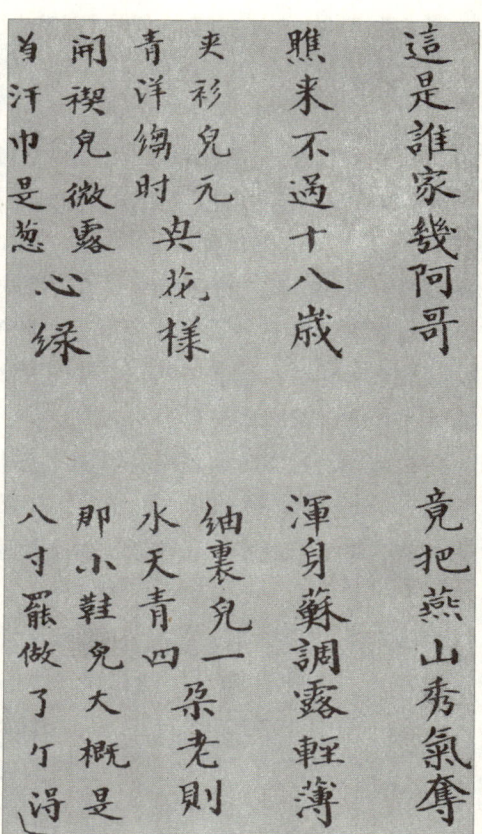

［圖410］傅斯年圖書館藏百本張鈔本《風流公子》

**別題一：才子風流**

《中國俗曲總目稿》頁391、《子弟書總目》頁30著錄；傅目未注其為《風流公子》的別本。

版本：①鈔本，傅斯年圖書館藏，T—541。

**別題二：風流子弟**

民初輯本《子弟書目錄》："遊戲子弟書目錄。風流子弟。一回。"《子弟書約選日記》："風流子弟。計一回。語多猥鄙。不錄。"

## 公子戲環　三回

作者未詳。

百本張《子弟書目錄》："公子戲鬟。上書房送燕窩粥。春。三回。一吊。"別埜堂《子弟書目》："公子戲環。三回。一吊。"樂善堂《子弟大鼓書目錄》："子弟書三回起。六佰文。公子戲鬟。"民初輯本《子弟書目錄》列入"陶情子弟書目錄"。《中國俗曲總目稿》頁413、《子弟書總目》頁40著錄。又《集錦書目》第39句："**公子戲鬟**手拉著嫁妹。"

演老滿州世家公子在書房與送來燕窩粥的丫鬟素秋相戲，兩情正熱時，忽聞太太叫素秋去梳頭。據時事編寫。

由求轍。各本分回處略有不同，據車王府藏本，分別爲33、30、31韻。結尾敘兩人相戲，車王府藏本一句帶過，他本描述較詳。

版本：①清鈔本，車王府舊藏，北大圖書館・□812.08/5105/:118（192/19563，十二葉）。過錄本，首圖・甲四2246；首圖縮印本54冊頁265-270；北京整理本頁565-568。過錄本，中大圖書館・92701；又中大整理本頁310-313。[圖411]

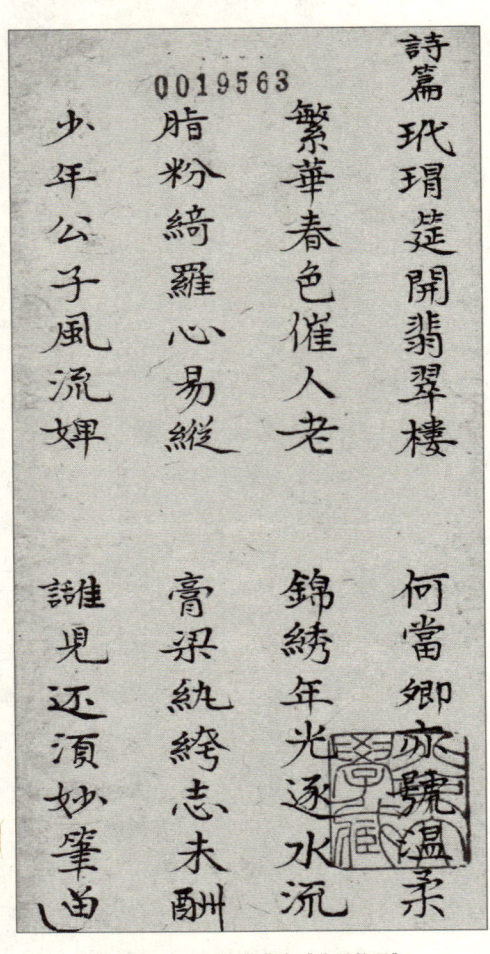

［圖411］車王府舊藏本《公子戲環》

②百本張鈔本，北大圖書館藏，814.7/1741。
③清鈔本，傅惜華舊藏，藝研院・曲310.651/0.356（145817/1）。
④鈔本，傅斯年圖書館藏，T-551；《俗文學叢刊》398冊頁389。
⑤鈔本，傅斯年圖書館藏，T-549。
⑥鈔本，傅斯年圖書館藏，T-550。
⑦聚卷堂鈔本，杜穎陶舊藏，藝研院・曲319.651/0.582/8.123-124。

⑧別埜堂鈔本，傅氏《總目》謂有自藏本，今未見。

### 家主戲環 三回

作者未詳。

百本張《子弟書目錄》"家主戲環。採花。春。三回。一吊。"別埜堂《子弟書目錄》："家主戲環。三回。一吊。"樂善堂《子弟大鼓書目錄》："子弟書三回起。六佰文。家主戲鬟。"民初輯本《子弟書目錄》列入"陶情子弟書目錄"。《中國俗曲總目稿》頁541、《子弟書總目》頁88著錄。

- 演男主人趁太太回娘家，與俏丫環相戲，正在歡洽時，忽聞太太叩門。據時事編寫。人辰轍。分回處各本微有不同，據車王府藏本，分別爲37、40、41韻。

版本：①清鈔本，車王府舊藏，北大圖書館·□812.08/5105/:117（183/19554，十五葉又一行）。過錄本，首圖縮印本54冊423–429；北京整理本頁498–502（有刪節）。過錄本，中大圖書館·92692；中大整理本頁237–241。[圖412-1]

②別埜堂鈔本，傅惜華舊藏，藝研院·曲310.651/0.356/16（150378）。[圖412-2]

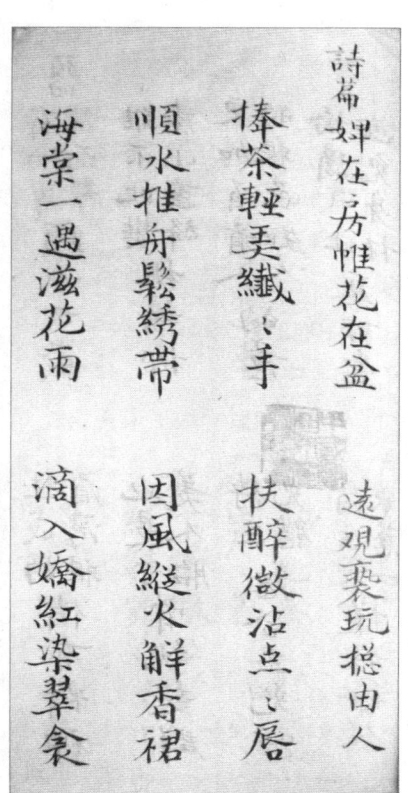

[圖412-1] 車王府舊藏本《家主戲環》　　[圖412-2] 藝研院藏別埜堂鈔本《家主戲環》

③鈔本，傅斯年圖書館藏，T-624；《俗文學叢刊》398 冊頁 415。
④鈔本，傅斯年圖書館藏，T-625。
⑤清鈔本，傅氏《總目》謂有自藏本，今未見。
⑥鈔本，馬彥祥藏，今藏處未詳。

**調春戲姨　二回**

作者未詳。

百本張《子弟書目錄》："調春戲姨。添新句，接緒戲姨。春。二回。八佰。"別埜堂《子弟書目錄》："調春戲姨。接緒戲姨。二回。七佰二。"樂善堂《子弟大鼓書目錄》著錄，書價"四佰文"；民初輯本《子弟書目錄》列入"陶情子弟書目錄"。《中國俗曲總目稿》頁 628、《子弟書總目》頁 154 著錄。

演鰥居的姐夫訪小姨，愛戀相戲。據時事編寫。下接《續戲姨》。

梭撥轍，分別爲 45、42 韻。

版本：①清鈔本，車王府舊藏，北大圖書館・□ 812.08/5105/:115（145/19516，十一葉半）。過錄本，首圖・甲四 2199；首圖縮印本 55 冊頁 117-121；北京整理本頁 348-351。過錄本，中大圖書館・92656；中大整理本頁 246-249。［圖 413］
②聚卷堂鈔本，傅惜華舊藏，藝研院・曲 310.651/0.356（142918/2）。
③鈔本，傅斯年圖書館藏，T-689。
④鈔本，傅斯年圖書館藏，T-690；《俗文學叢刊》398 冊頁 447。
⑤舊鈔本，傅氏《總目》謂馬彥祥有藏，今藏處未詳。

別題一：怨女思春

版本：①鈔本（存第二回，封面題"怨女思春子弟書　式"），傅惜華舊藏，曲 310.651/0.356（142919）。

別題二：戲姨

《綏中吳氏雙梧書屋所藏子弟書目錄》。又《集錦書目》第 63 句："天緣巧配又遇見戲姨兒背著娃子去入府。"

版本：①百本張鈔本，吳曉鈴舊藏，首圖・己 516。

**續戲姨　一回**

作者未詳。

百本張《子弟書目錄》："緒戲姨。調春戲姨以後。春。一回。五佰。"別埜堂《子弟書目錄》亦著錄，"緒戲姨。調春。一回。四佰。"樂善堂《子弟大鼓書目錄》著錄，書價"三佰文"；《子弟書總目》頁 183 著錄。《集錦書目》第 65 句："在續戲姨兒家得鈔買了一疋布。"

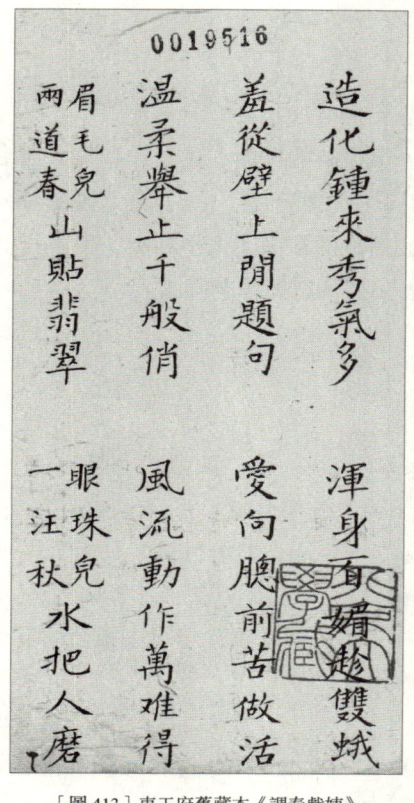

［圖413］車王府舊藏本《調春戲姨》

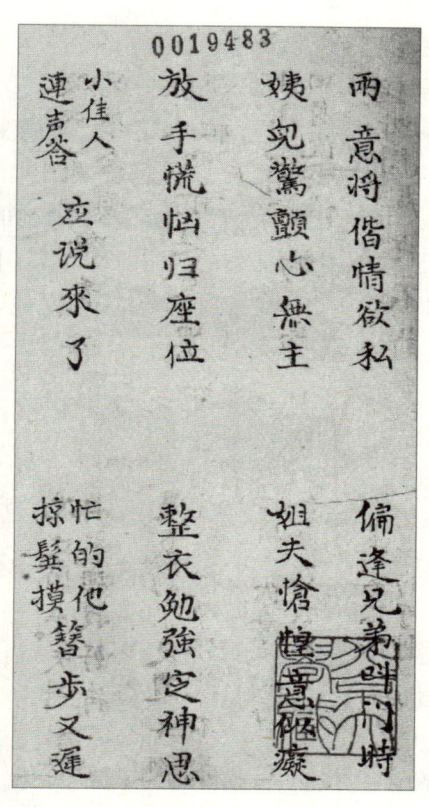

［圖414］車王府舊藏本《續戲姨》

上接《調春戲姨》，演小姨與姐夫正熱絡時，兄弟回家打岔。據時事編寫。
一七轍，42韻。

版本：①清鈔本，車王府舊藏，北大圖書館・□ 812.08/5105/:113（112/19483，五葉半）。過錄本，首圖・甲四 2173；首圖縮印本 55 冊頁 206-208；北京整理本頁 235-236。過錄本，中大圖書館・92623；中大整理本頁 250-251。［圖414］

②百本張鈔本，吳曉鈴舊藏，首圖・己 517。又，國家圖書館藏，153028。

③別埜堂鈔本，傅惜華舊藏，藝研院・曲 319.64/0.864（145362）。

④曲盦鈔本，傅惜華舊藏，藝研院・曲 310.651/0.356（143232/2）。

### 別題一：調春戲姨續

《中國俗曲總目稿》頁 628、《子弟書總目》頁 154 著錄。

版本：①鈔本，傅斯年圖書館藏，T-689。

②鈔本，傅斯年圖書館藏，T-691（封面題"緒戲姨"）；《俗文學叢刊》398 冊頁 473。

③鈔本，傅氏《總目》謂馬彥祥有藏，今藏處未詳。

別題二：傲姨

未見著錄。

版本：①清鈔本，鄭振鐸舊藏，國家圖書館・t3448/20。

【説明】《拐棒樓》子弟書敘在拐棒樓演出子弟書時的場面，述及作者本人演唱此篇之場景："正説著場上換了個鴉片鬼，他的鬚髮蒼白相貌不堪。説了回《後續戲姨》是他自己編的，把那男女的挑鬨的私情作了個全。招惹的在坐諸人生慾火，恨不得就把説書當嬋娟。正出神弦聲忽止書音渺，是他下場去諂笑聳肩與闊老攀談。"

## 捐納大爺　一回

作者未詳。

百本張《子弟書目錄》："捐納大爺。上小旦下處。一回。四佰。"別埜堂《子弟書目錄》："捐納大爺。一回。三佰六。"樂善堂《子弟大鼓書目錄》著錄，書價"二百文"。民初輯本《子弟書目錄》列入"遊戲子弟書目錄"。《中國俗曲總目稿》頁547、《子弟書總目》頁95著錄。《子弟書約選日記》："捐納大爺。計一回。小荒唐鬼，無味之至，不錄。"

演名門世家子弟被誘使吃喝玩樂，捐做老斗，一幫朋友來，慫恿去相公的下處。據時事編寫。

江陽轍，40韻。

版本：①清鈔本，車王府舊藏，北大圖書館・□ 812.08/5105/:113（94/19465，五葉）。
　　　過錄本，首圖・甲四2148；首圖縮印本54冊頁442–445；北京整理本頁195–196。過錄本，中大圖書館・92605；中大整理本頁308–309。
②百本張鈔本，程硯秋舊藏二種，藝研院・曲319.651/0.582/5.57、5.58。又，傅斯年圖書館藏，T-632；《俗文學叢刊》398冊頁485。[圖415]
③鈔本，傅斯年圖書館藏，T-633。
④鈔本，傅斯年圖書館藏，T-634。
⑤曲盦鈔本，傅氏《總目》謂有自藏本，今未見。

## 假老斗嘆　二回

作者鶴侶。據《逛護國寺》子弟書："這是鶴侶氏新編的兩回《時道人》《逛護國寺》。"《子弟書總目》頁117著錄。

演上會舘出份子。據時事編寫。

頭回人辰轍，二回言前轍。分別爲33、32韻。

版本：①清鈔本，車王府舊藏，北大圖書館・□ 812.08/5105/:114（122/19493，九葉）。
　　　過錄本，首圖・甲四2176；首圖縮印本54冊頁469–473；北京整理本頁260–262。過錄本，中大圖書館・92633；中大整理本頁297–299。
②曲盦鈔本，傅氏《總目》謂有自藏本，今未見。

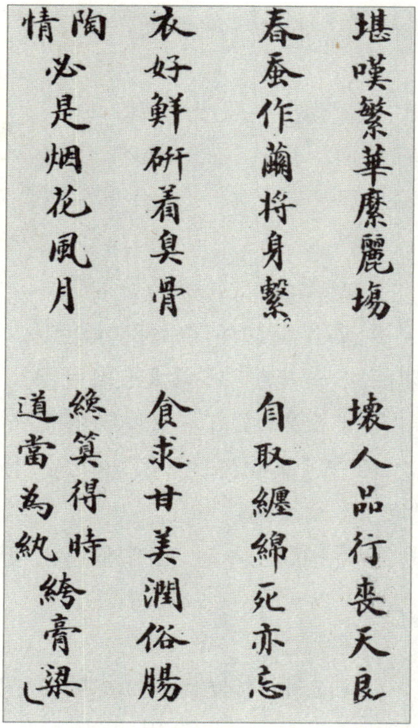
堪嘆繁華靡麗場 壞人品行喪天良
春蚕作繭將身繫 自取纏綿死亦忘
衣好鮮研着臭骨 食求甘美潤俗腸
陶情必是烟花風月 纔算得時道當為紈綺膏梁

［圖 415］傅斯年圖書館藏百本張鈔本《捐納大爺》

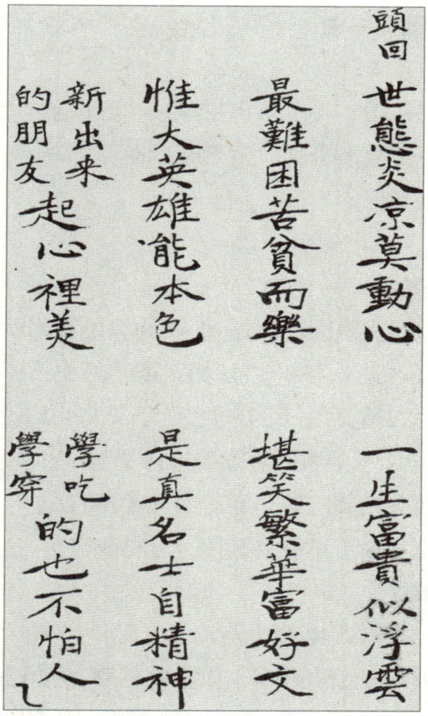
頭回 世態炎涼莫動心 一生富貴似浮雲
最難困苦貧而樂 堪笑繁華富好文
惟大英雄能本色 是真名士自精神
新出来的朋友起心裡美 學吃學穿的也不怕人

［圖 416］傅斯年圖書館藏百本張鈔本《時道人》

**别題一：時道人**

百本張《子弟書目録》别本：“時道人。假老斗。二回。八佰。”樂善堂《子弟大鼓書目録》：“二回。四百文。時道人。假老斗。”民初輯本《子弟書目録》列入“遊戲子弟書目録”。《中國俗曲總目稿》頁 227、《子弟書總目》頁 97 著録。

版本：①百本張鈔本，傅斯年圖書館藏，T28–353；《俗文學叢刊》398 册頁 499。［圖 416］

②别埜堂鈔本，杜穎陶舊藏，藝研院·曲 319.651/0.582/8.103。又，傅氏《總目》謂有自藏本，今未見。

③鈔本，傅斯年圖書館藏，T28–352。

④鈔本，傅斯年圖書館藏，T28–351。

⑤舊鈔本，傅氏《總目》謂有自藏本，今未見。

**别題二：時道人兒**（“兒”或作“爾”）

百本張《子弟書目録》：“時道人爾。上會館出份子。二回。八佰。”别埜堂《子弟書目録》著録相同，惟書價作“七百二”。又《集錦書目》第 38 句：“**時道人兒**將過繼的巧姐兒用肩扛。”

版本：①别埜堂鈔本，程硯秋舊藏，藝研院·曲 319.651/0.582/5.59（題“旹道人爾”）。

### 假羅漢 一回

作者未詳。

民初輯本《子弟書目錄》:"醒世子弟書目錄。假羅漢。一回。"

所演故事未詳。當刺時事而作。

未見傳本。

### 爲賭嗷夫 一回

作者文西園。據結句:"閒筆墨西園草寫傲夫事,欲喚醒賭博場中那些好勝人。"

百本張《子弟書目錄》:"爲賭嗷夫。一回。四佰。"樂善堂《子弟大鼓書目錄》著錄,書價"二佰文"。民初輯本《子弟書目錄》列入"醒世子弟書目錄"。《中國俗曲總目稿》頁534、《子弟書總目》頁119著錄,"嗷"或作"傲"。《集錦書目》第66句:"他那裏爲賭傲夫正鬧饑荒。"《子弟書約選日記》:"爲賭嗷夫。可不錄。"

演丈夫清早赴局賭博,妻自嘆命苦,及夫歸,不待相勸已入夢,夢中猶自在賭局中。據時事編寫。

人辰轍,40韻。

版本:①清鈔本,車王府舊藏,北大圖書館·□ 812.08/5105/:110(10/19381,五葉,封底有"言無二價/不對管換"印)。過錄本,首圖·甲四2064;首圖縮印本54冊356-358;北京整理本頁19-20。過錄本,中大圖書館·91401;中大整理本頁710-711。[圖417]

②曲盦鈔本,傅惜華舊藏,藝研院·曲310.651/0.356(134724/7);《子弟書選》頁380-381據以排印。

③鈔本,傅斯年圖書館藏,T-606;《俗文學叢刊》398冊頁523。

④鈔本,傅斯年圖書館藏,T-607。

### 射鵠子 二回

作者疑爲雪窗。據詩篇:"寒夜雪窗哈凍筆,閒評射藝品媸妍。"

百本張《子弟書目錄》:"射鵠子。笑。二回。八佰。"別埜堂《子弟書目錄》:"射鵠子。二回。七佰二。"樂善堂《子弟大鼓書目錄》著錄,書價"四佰文"。民初輯本《子弟書目錄》列入"遊戲子弟書目錄"。《中國俗曲總目稿》頁231《子弟書總目》頁101。又《集錦書目》第77句:"那射鵠子的差人來借靴説明日慶壽。"《子弟書約選日記》:"射鵠子。計一回。射箭賭輸贏,非良好風俗,不錄。"

嘲諷滿族子弟射箭比賽的種種景況。據時事編寫。

言前轍,分別爲37、30韻。

版本:①百本張鈔本,傅惜華舊藏,藝研院·曲310.651/0.356(142818/2);又,傅斯年圖書館藏二部,T29-359、T29-360。《子弟書珍本百種》頁392-392

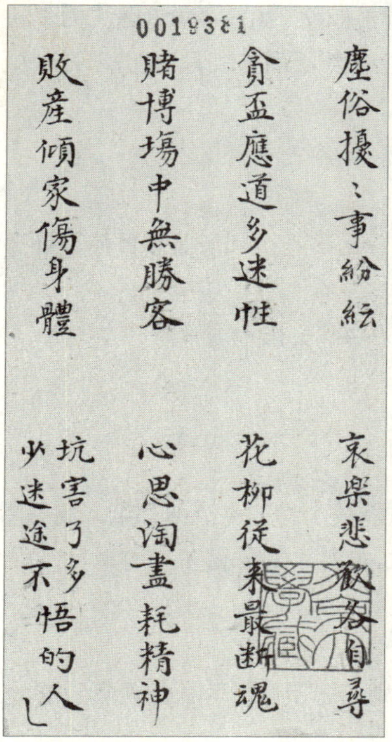
0019381
塵俗擾擾事紛紜 哀樂悲歡各自尋
貪盃應道多迷性 花柳從來最斷魂
賭博場中無勝客 心思淘盡耗精神
敗產傾家傷身體 坑害了多少迷途不悟的人

［圖 417］車王府舊藏本《爲賭嗷夫》

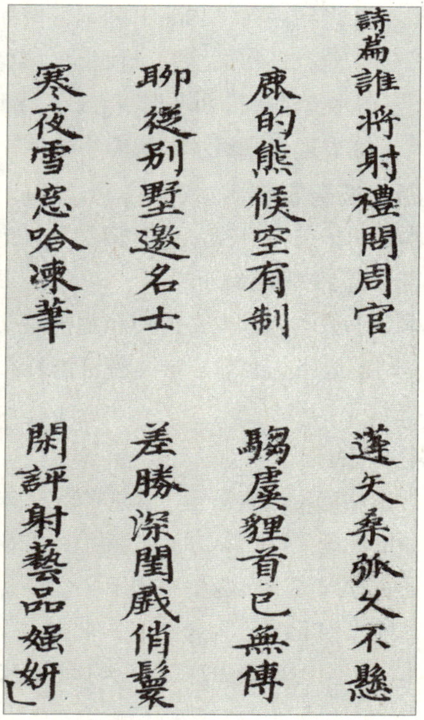
詩篇誰將射禮問周官 蓬矢桑弧久不懸
麋的熊候空有制 騶虞貍首已無傳
聊從別墅邀名士 差勝深閨戲俏鬟
寒夜雪窗哈凍筆 閒評射藝品媸妍

［圖 418］傅斯年圖書館藏鈔本《射鵠子》

據百本張鈔本排印。［圖 418］

②鈔本，傅斯年圖書館藏，T29–361；《俗文學叢刊》398 册頁 535。

③鈔本，傅斯年圖書館藏，T29–362。

**别題：鵠棚爾**

《子弟書總目》頁 173 著録。

版本：①别埜堂鈔本，傅氏《總目》謂有自藏本，今未見。

## 碧雲寺 二回

作者未詳。

别埜堂《子弟書目録》："碧雲寺。二回。七佰二。"《子弟書總目》頁 145 著録。

敘北京碧雲寺之沿革、狀貌，並刺今時僧人貪利，失聖朝與民同樂之本意。據時事編寫。

言前轍，每回 50 韻。

版本：①别埜堂鈔本，杜穎陶舊藏，藝研院·曲 319.651/0.582/8.79；又，傅惜華舊藏，殘存第二回，藝研院·曲 310.651/0.356（142919/7）；《子弟書珍本百種》頁 510–513、《子弟書叢鈔》頁 747–753 據别埜堂鈔本排印。

②光緒丙午（1906）鈔本，傅斯年圖書館藏，T39-450（題"丙午桃月清明前二日初次抄"；封底題"從容主人愛新氏丙午桃月清明前三日抹"）；《俗文學叢刊》398 册頁 555。[圖 419]

③老聚卷堂鈔本，傅氏《總目》謂有自藏本，今未見。

**別題：逛碧雲寺**

百本張《子弟書目録》："逛碧雲寺。二回。一吊。"《中國俗曲總目稿》頁 297、《子弟書總目》頁 117 著録。

版本：①百本張鈔本，傅斯年圖書館藏，T39-449。按：藏者將此本歸於"碧雲寺"題下，實非。參《總目稿》乙正。

## 別善惡　一回

作者未儒流（二凌居士）。據詩篇："未儒流看透了世態炎涼薄如紙，閒筆墨照貓畫虎要扯一回大藍。"《中國俗曲總目稿》頁 150 著録，未標注曲類；《子弟書總目》頁 59 著録。

陳述古今人間及萬物中種種不平之事，慨歎善惡未辨。

言前轍，54 韻。

版本：①上海槐蔭山房石印本"宇"字，題"別善惡子弟書"，李嘯倉藏。按：傅氏《總目》著録李氏所藏爲清鈔本，實誤。[圖 420]

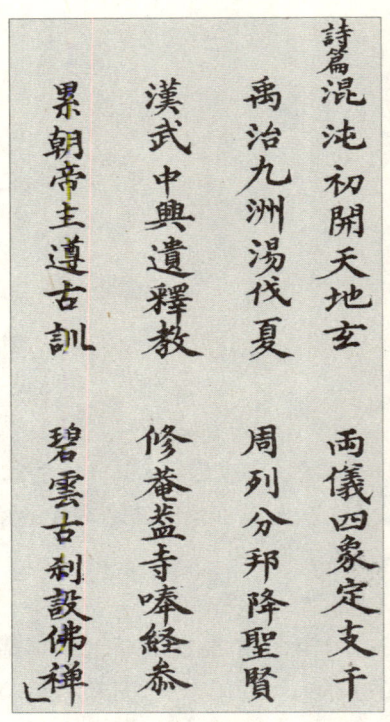

[圖 419] 傅斯年圖書館藏光緒鈔本《碧雲寺》

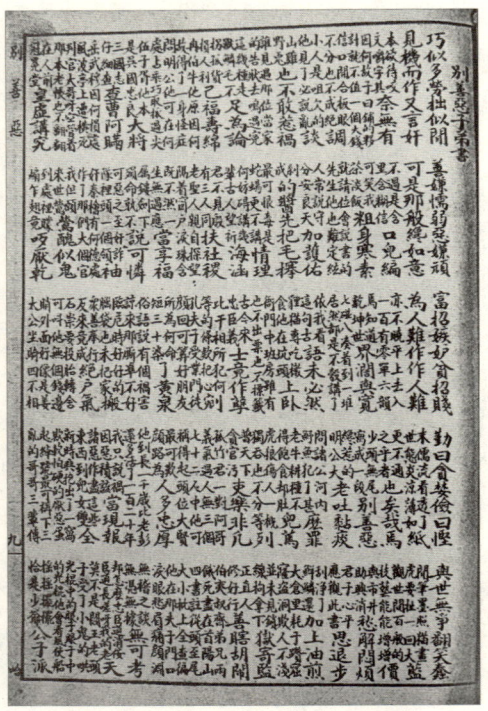

[圖 420] 天圖藏石印本《別善惡》

②久敬齋石印本（與《孔子去齊》、《子路追孔》、《罵城》合刊），藝研院藏，
　曲 310.651/0.356/07772-37。《子弟書珍本百種》頁 504-506 據以排印。
③石印本"鹹"字，傅斯年圖書館藏，T-548。
④石印本"哈"字（與《孔子去齊》《子路追孔》《罵城》合刊），天津圖書館、
　傅斯年圖書館（DG2-019、DG1-013）藏。
⑤北京泰山堂排印本"竹字"，雙紅堂文庫等有藏。
⑥《鼓詞彙集》第一輯排印本頁 276-278。

## 闊大奶奶聽善會戲　一回

作者文西園。據結句："真正是大家氣概多尊貴，**文西園**閑譜尼庵作闊情。"《子弟書總目》頁 167 著錄。

演闊大奶奶在善會上點戲、觀劇、飲宴事。據時事編寫。

中東轍，40 韻。

版本：①清鈔本，車王府舊藏，北大圖書館・□ 812.08/5105/:111（55/19426，六葉）。過錄本，首圖・甲四 2101；首圖縮印本 55 冊頁 130-133；北京整理本頁 113-114。過錄本，中大圖書館・91367；中大整理本頁 260-261。［圖 421-1］

②鈔本，傅氏《總目》謂馬彥祥有藏，今藏處未詳。

**別題一：出善會**

百本張《子弟書目錄》："出善會。闊大奶奶點戲。一回。四佰。"（一本價格作"五佰"）別埜堂《子弟書目錄》著錄相同。並見《中國俗曲總目稿》頁 123、《子弟書總目》頁 47 著錄。

版本：①百本張鈔本，傅惜華藏，藝研院・曲 310.651/0.356（142856）。
②別埜堂鈔本，傅惜華舊藏，藝研院・曲 310.651/0.356（142859/6）。
③光緒三十三年（1907）鈔本，傅斯年圖書館藏，T15-204（題"卅三年六月十九日抄憊記"）；《俗文學叢刊》398 冊頁 587。［圖 421-2］
④鈔本，傅斯年圖書館藏，T15-205。
⑤《子弟書選》頁 378-379 排印本。

**別題二：聽善會戲**

樂善堂《子弟大鼓書目錄》"一回。二佰文。聽善會戲。"
未見傳本。

**別題三：大奶奶出善會**

民初輯本《子弟書目錄》："遊戲子弟書目錄。大奶奶出善會。一回。"
未見傳本。

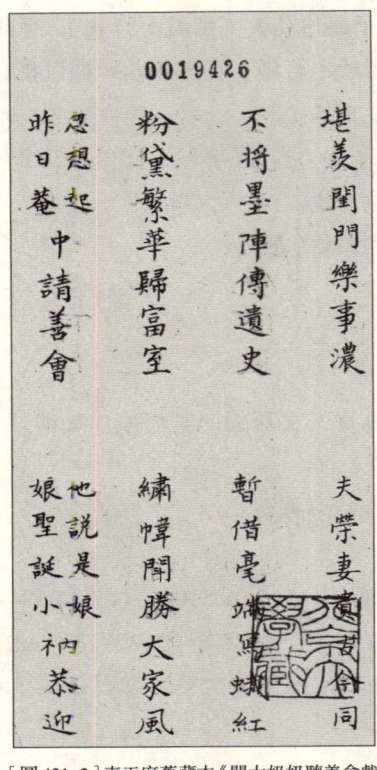 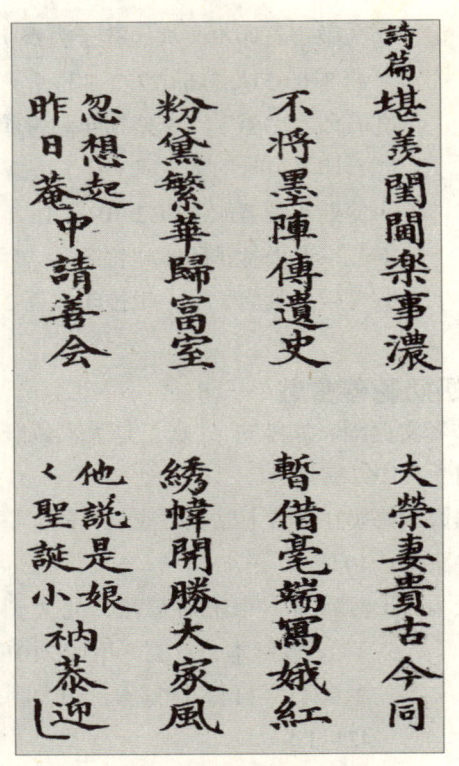

［圖421-2］車王府舊藏本《闊大奶奶聽善會戲》　　［圖421-2］傅斯年圖書館藏光緒鈔本《出善會》

### 闊大奶奶逛二閘　一回

　　作者當爲文西園。本篇與《闊大奶奶聽善會戲》爲姊妹篇，前篇首句謂"堪羨閨門樂事濃"，本篇結句則說"真堪羨宦室閨門雅興酬"；前篇詩篇有句謂"粉黛繁華歸富室"，此篇詩篇則說"粉黛也知適雅興"，顯相承襲，當作於同時。前篇嵌有"文西園"字，此篇亦當出同一作者之手。

　　百本張《子弟書目錄》："闊大奶奶逛二閘。一回。四佰。"別埜堂《子弟書目錄》："闊大奶奶逛二閘。一回。三佰六。"民初輯本《子弟書目錄》列入"遊戲子弟書目錄"。《子弟書總目》頁167著錄。

　　演闊大奶奶逛二閘事。據時事編寫。二閘在北京東郊，爲舊日遊賞勝地。

　　由求轍，40韻。

　　版本：①清鈔本，車王府舊藏，北大圖書館・□812.08/5105/:111（54/19425，五葉）。過錄本，首圖・甲四2095；首圖縮印本55冊頁128-130；北京整理本頁111-112。過錄本，中大圖書館・91366；中大整理本頁262-263。［圖422-1］

　　②曲盦鈔本，傅氏《總目》謂有自藏本，今未見。

　　③鈔本，傅氏《總目》謂馬彥祥有藏，今藏處未詳。

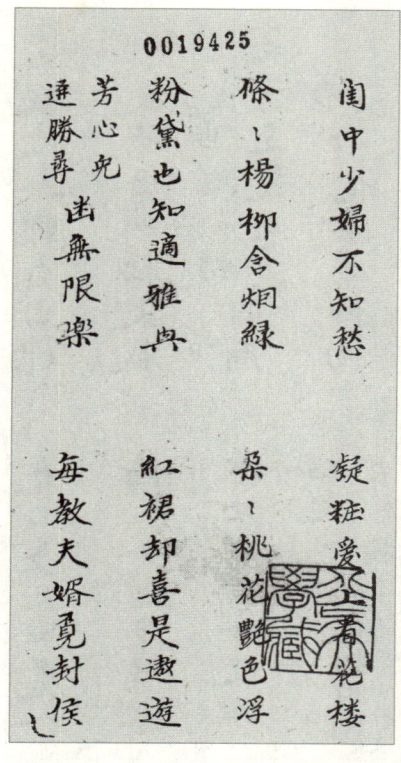
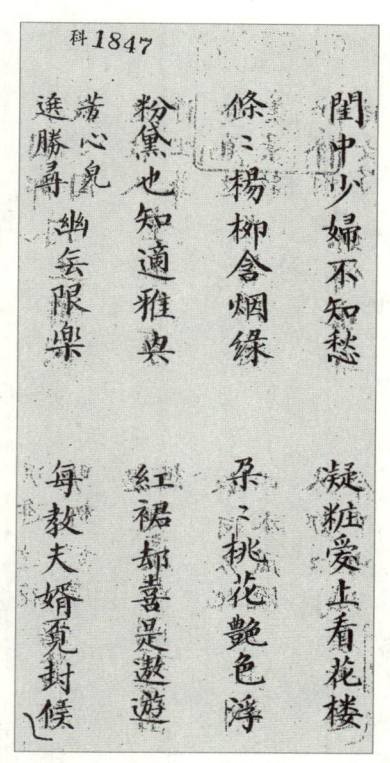

[圖 422-1] 車王府舊藏本《闊大奶奶逛二閘》　　[圖 422-2] 雙紅堂藏百本張鈔本《逛二閘》

**別題：逛二閘**

百本張《子弟書目錄》別本："逛二閘。大奶奶。一回。四佰。"樂善堂《子弟大鼓書目錄》著錄，書價"二佰文"；《中國俗曲總目稿》頁 232、《子弟書總目》頁 117 著錄。又《集錦書目》第 25 句："**逛**過了**二閘**將城進。"

版本：①百本張鈔本，吳曉鈴舊藏，首圖·己 448；又，雙紅堂文庫藏，戲曲·214；波多野太郎《子弟書集》收錄；又，倉石文庫藏，集·41623。[圖 422-2]
②舊鈔本，程硯秋舊藏，藝研院·曲 319.651/0.582/8.166。
③鈔本，傅斯年圖書館藏，T29-363。
④鈔本，傅斯年圖書館藏，T26-320；《俗文學叢刊》398 冊頁 601。
⑤別墅堂鈔本，藝研院·曲 319.651/0.582/8.166（題作"趄二閘"），歸入杜穎陶舊藏；另據傅氏《總目》，有自藏本而無杜氏藏本，疑兩本即同一本。《子弟書叢鈔》頁 754-757 據同一版本排印。

## 逛護國寺　二回

作者鶴侶。二回內有句："這是鶴侶氏新編的兩回《時道人》、《逛護國寺》。"

百本張《子弟書目錄》："逛護國寺。會刻大爺。二回。一吊。"民初輯本《子弟書目錄》

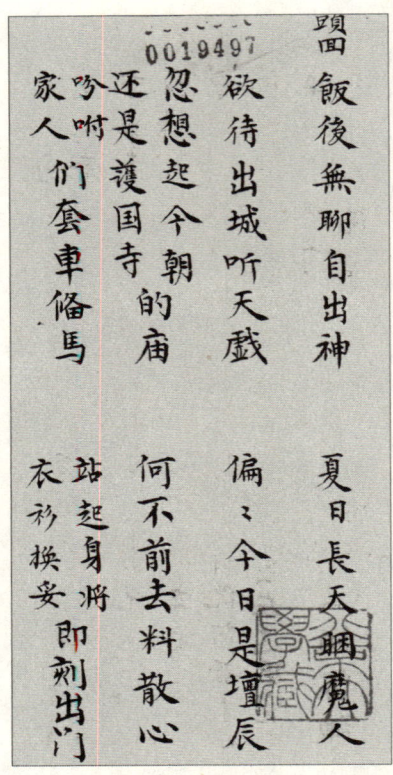
［圖423-1］車王府舊藏本《逛護國寺》

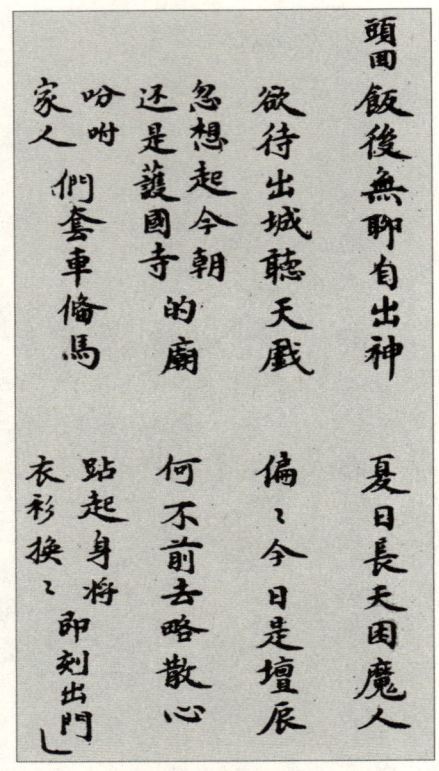
［圖423-2］傅斯年圖書館藏鈔本《逛護國寺》

列入"遊戲子弟書目錄"。《中國俗曲總目稿》頁582;《子弟書總目》頁117著錄。《子弟書約選日記》:"逛護國寺。計二回。遊戲文章,無大意味。不錄。"

演嘗刻大爺逛護國寺廟會事。據時事編寫。

頭回人辰轍,二回懷來轍。各48韻。

版本:①清鈔本,車王府舊藏,北大圖書館·□812.08/5105/:114(126/19497,十二葉)。過錄本,首圖·甲四2180;首圖縮印本54冊頁445-450;北京整理本頁274-278。過錄本,中大圖書館·92637;中大整理本頁327-330。[圖423-1]

②百本張鈔本,程硯秋舊藏,藝研院·曲319.651/0.582/5.60。

③鈔本,傅斯年圖書館藏,T-652;《俗文學叢刊》398冊頁613。

④曲盦鈔本,傅氏《總目》謂有自藏本,今未見。

**別題:護國寺**

《中國俗曲總目稿》頁361、《子弟書總目》頁181著錄。

版本:①鈔本,傅斯年圖書館藏,T44-505。[圖423-2]

### 家園樂　三回

作者未詳。

百本張《子弟書目錄》:"家園樂。三回。一吊。"別埜堂《子弟書目錄》:"家園樂。三回。一吊。"民初輯本《子弟書目錄》作"四回",列入"遊戲子弟書目錄"。《中國俗曲總目稿》頁228、《子弟書總目》頁88著錄。

演告老的官員,與塾師賞月課子弟,與家人觀戲,享受家園之樂。據時事編寫。

中東轍。頭回〈賞月〉,39韻;二回,35韻;三回〈舞戲〉,75韻。按:據回目,疑本是每二回一目,若據第三回之篇幅,實含二回,故民初輯本《子弟書目錄》著錄作"四回"。

版本:①清鈔本,車王府舊藏,北大圖書館·□ 812.08/5105/:118( 203/19674,十九葉)。
　　　　過錄本,首圖·甲四 2257;首圖縮印本 54 冊頁 430–439;北京整理本頁 619–624。過錄本,中大圖書館·92712;中大整理本頁 254–259。[圖 424]
②百本張鈔本,傅氏《總目》謂賈天慈舊有藏,今藏處未詳。
③別埜堂鈔本,程硯秋舊藏,藝研院·曲 319.651/0.582/5.56;又傅氏《總目》謂有自藏本,今未見。

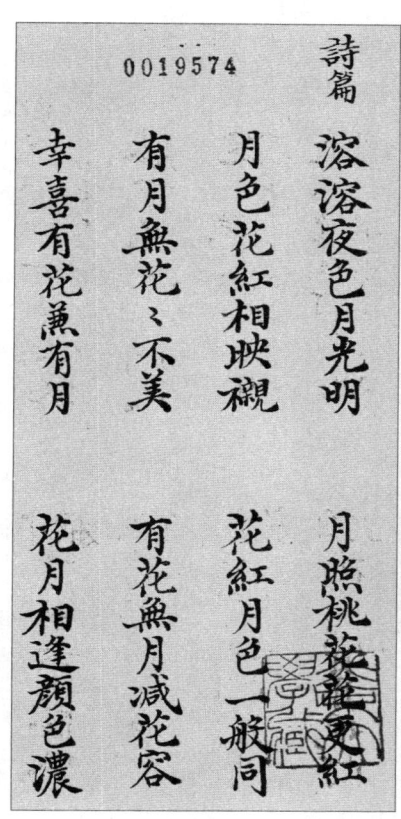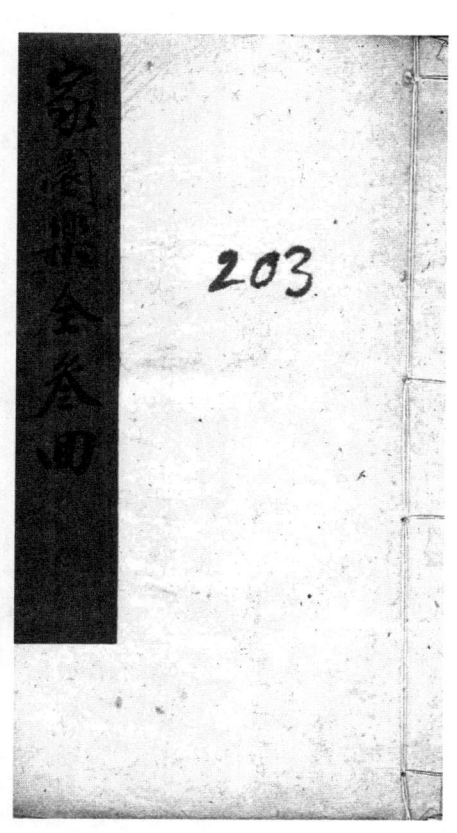

[圖 424] 車王府舊藏本《家園樂》

④鈔本，傅斯年圖書館藏，T29-356；《俗文學叢刊》399冊頁1。

⑤鈔本，傅斯年圖書館藏，T29-355。

⑥鈔本，傅斯年圖書館藏，T29-357。

**活財神** 一回

作者張慎儀。卷尾署："同人見哂。瀛左張慎儀撰並書。"《子弟書總目》頁74著錄。

演瀛左張辛酉，廣施恩惠，並勸人戒貪，人稱活財神。據時事編寫。

人辰轍，34韻。

版本：①清刻本（封面題"新刻/活財神子弟書"），國家圖書館藏，98935。

②清寶文書局刻本，傅目謂阿英曾藏，今藏處未詳。

**活菩薩** 一回

作者張慎儀。據刻本卷尾題："瀛左張慎儀撰並書。"

《子弟書總目》頁74著錄。

所演內容未詳。參上條，疑所演故事相類。

版本：①清寶文刻字局刻本，傅目謂阿英曾藏，今藏處未詳。

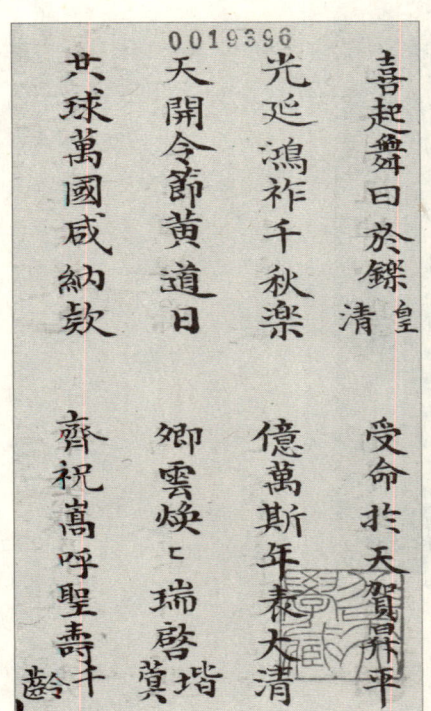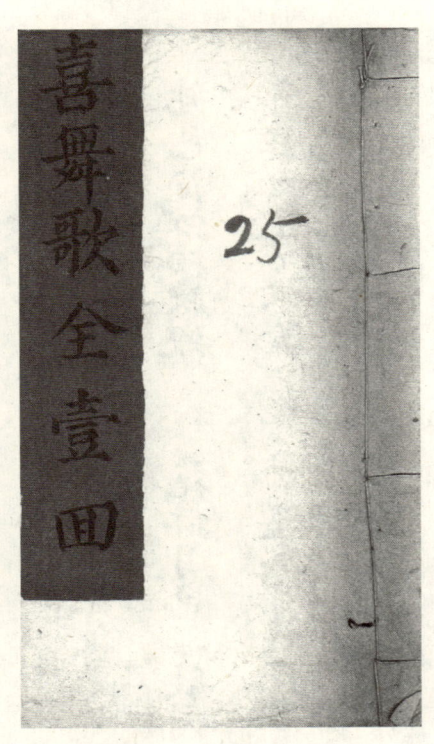

［圖425］車王府舊藏本《喜舞歌》

## 喜舞歌 一回

作者未詳。

百本張《子弟書目錄》："喜舞歌。即念喜起舞曲。一回。四佰。"民初輯本《子弟書目錄》列入"喜慶子弟書目錄"。《子弟書總目》頁123著錄。

簡述滿清發展史，歌頌清功德。此篇係用子弟書形式誦唱《喜起舞曲》。

中東轍，50韻。

版本：①清鈔本，車王府舊藏，北大圖書館・□812.08/5105/:110（25/19396，六葉半）。
過錄本，首圖・甲四2079；首圖縮印本54冊頁489–492；北京整理本頁51–52。過錄本，中大圖書館・92215；中大整理本頁353–354。[圖425]
②曲盦鈔本，傅惜華舊藏，藝研院・曲310.651/0.356/1（143230/4）。
③鈔本，傅斯年圖書館藏，T32–395；《俗文學叢刊》398冊頁639。
④鈔本，傅斯年圖書館藏，T32–394。

別題：喜起舞

《子弟書約選日記》："喜起舞。計一回。稱頌前清功德，不合時局。"

未見傳本。

## 越法交兵 快書 二回

作者未詳。

《快書目錄》："越法交兵。二回。六佰。"《北京傳統曲藝總錄》頁309著錄。

演法國進犯越南，劉永傅（福）設計使自相殘殺，炮攻輪船。劉永福抗擊法軍，發生在光緒十年（1884）前後。

言前轍。

版本：①別埜堂鈔本，傅惜華舊藏，藝研院・曲311.651/0.682（143049）。
②清鈔本，傅斯年圖書館藏，KS4–65；《俗文學叢刊》413冊頁425–430。《快書研究》頁298–300據以排印。[圖426]
③別埜堂清鈔本，程硯秋舊藏，藝研院・曲319.651/0.582/5.106。
④舊鈔本，章學楷《快書選編》頁234–235據以排印。

別題：炮打輪船

《中國俗曲總目稿》頁515、《北京傳統曲藝總錄》頁304著錄。

版本：①清鈔本，車王府舊藏，北大圖書館・□812.08/5105/快書。過錄本，中大圖書館・雜曲・19。
②清鈔本，傅斯年圖書館藏，KS4–65；《俗文學叢刊》413冊頁425–430。

## 日俄交兵 快書 一回

作者未詳。

越法交兵

詩篇法逆專權起波瀾。領廣兵犯中原欺大清欽良將蓬州府縣把教傳純良軍民受塗炭另有他令我不必言蒼天不忍多吟念差遣魁元降越南頭落春云扳表得是大法洋人來犯邊令率領廣兵萬三千送一旦兵至越南宣光界傳令灣下火輪船越南的遠探報上中軍帳怒惱智勇將魁元列永傳忙離虎位出宝帳千里眼对準長仔細觀但見法國輪船会邊岸兵山洲海扎地連天元帥看罢魂飘蕩想退敵人难上难回身近帳归坐位隨征兵將列两边列元帥想起一目相殘害疑兵計必須如此送萊服我不表各省屯兵肴防堵說一回越法交兵炮打輪船二薄春雲板元帥手接一道令叫声李永马張四人聽下人答應上來了父佳軍營二南港元帥說二位接我一道令代領畫兵正三千穿代法周衣合帽各代短刀要藏炭三更後混進法國輪船上須聽号炮吶連天大家念声有努力各亮兵刃莫容寬使法人有相殘害須退後回營交令俱卅官二人領令出帳去元帥坐上又鬧言叫道元豊列永壽二人荅應到帳前元帥說二位接我一道令大爺多預備須等半夜三更天架武船圍繞洋船裡伏下東西正北要围炭但看火箭膛空起沉等們鎗炮齐礟放連环必須要一網打尽在徹隊违悮軍令不容寬二將領令去預備眼看交了三更天。詩曰二更已过三更

《中國俗曲總目稿》頁 422、《北京傳統曲藝總錄》頁 299 著錄。

演日俄交戰，日本東鄉大將大破俄軍波羅艦隊事。此事發生在 1904 年。

江陽轍。

版本：①寶文堂刻本（內封題"子弟快書"），傅斯年圖書館藏，KS4-64 ;《俗文學叢刊》
　　　　413 冊頁 431-450。《快書研究》頁 300-303 據以排印。［圖 427］

**別題：遠東戰略**

《中國俗曲總目稿》頁 612、《北京傳統曲藝總錄》頁 312 著錄。

版本：①寶文堂刻本（正文卷端所題），傅斯年圖書館藏，KS4-64 ;《俗文學叢刊》
　　　　413 冊頁 431-450。

### 袁世凱憶帝非　一回

作者未詳。

《中國俗曲總目稿》頁 870 著錄。石印本副題作"步《憶真妃》原調"，故予收錄。本篇撰於民國初年。

仿唐明皇憶真妃事，演袁世凱深夜宮中憶自己稱帝一事爲非。

中東轍，43 韻。

版本：①民初石印本（"陽"字，封面及卷端均題"新出袁世凱憶帝非 步憶真妃原韻"），
　　　　首圖・集・丁 9418（《鼓詞彙刊》之 15）。［圖 428］

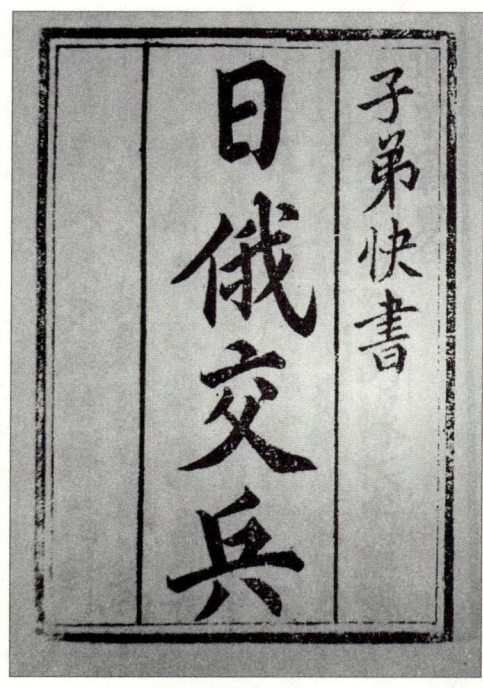

［圖 427］傅藏清刻本《日俄交兵》

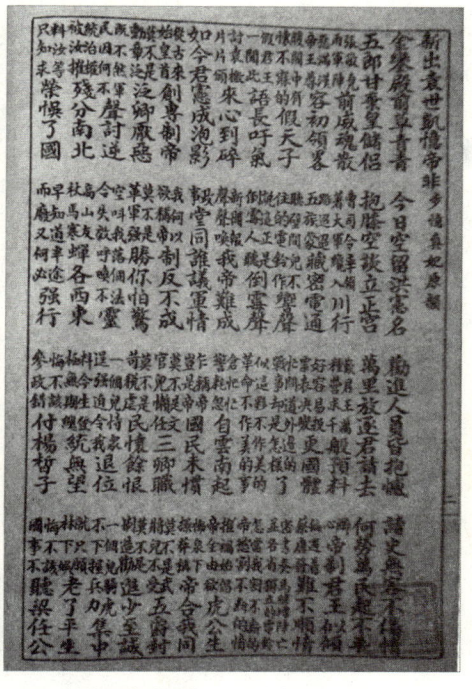

［圖 428］首圖藏石印本《袁世凱憶帝非》

②沈鶴記書莊石印本，傅斯年圖書館藏，Tc19–234。

　　③上海大成書局石印本，傅斯年圖書館藏，JE4–071。

**別題：憶帝非**

《中國俗曲總目稿》頁 329 著錄。

版本：①上海大成書局石印本，傅斯年圖書館藏，JE4–071。

　　②沈鶴記書莊石印本，傅斯年圖書館藏，Tc19–234。

# 《紅樓夢》子弟書

**會玉摔玉** 二回

作者未詳。

民初輯本《子弟書目錄》列入"《紅樓夢》子弟書目錄"。《中國俗曲總目稿》頁596、《子弟書總目》頁139著錄。《子弟書約選日記》："會玉摔玉。計二回。無大意味。"

演寶玉初會黛玉事。本事見《紅樓夢》第三回"林黛玉拋父進京都"。

人辰轍。一回〈會玉〉，40韻；二回〈摔玉〉，43韻。

版本：①鈔本，車王府舊藏，北大圖書館・□812.08/5105/:116（171/19542，十葉半），過錄本，首圖・甲四2225；首圖縮印本55冊頁69-73；北京整理本頁439-442；過錄本，中大圖書館・92680；中大整理本頁1410-1413。[圖429]

②《紅樓夢子弟書》頁1-7據北大藏本排印。

**一入榮國府** 四回

作者韓小窗。據詩篇："小窗酣醉欲狂吟，忽見新籍佇案存。"民初輯本《子弟書目錄》："《紅樓夢》子弟書目錄。一入榮國府。四回。"《子弟書總目》頁23著錄。

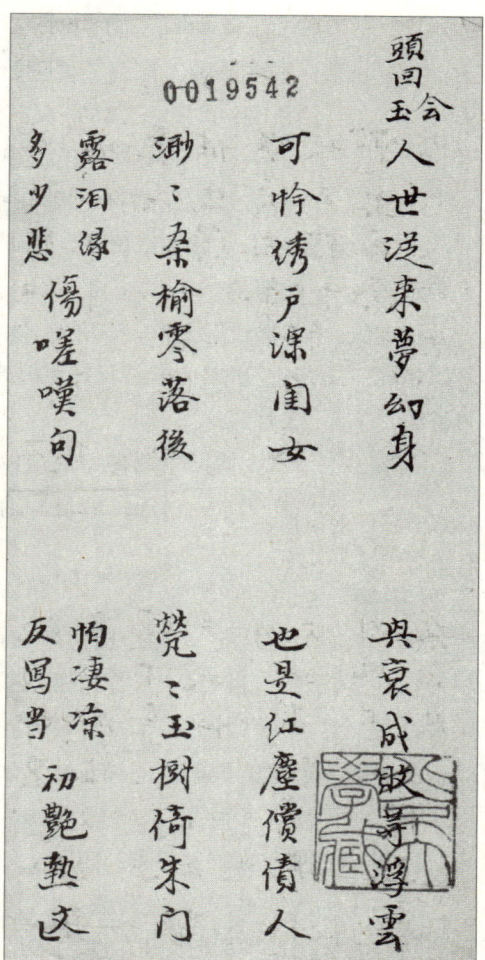

[圖429] 車王府舊藏本《會玉摔玉》

敘劉姥姥初到榮國府求助，鳳姐推託近年府資拮据，贈與劉姥姥數兩銀子。出《紅樓夢》第六回"劉姥姥一進榮國府"。

頭回〈探親〉，人辰轍，53 韻；二回〈求助〉，梭撥轍，43 韻；三回〈借屏〉，梭撥轍，40 韻；四回〈贈銀〉，梭撥轍，40 韻。

版本：①清鈔本，車王府舊藏，北大圖書館・□ 812.08/5105/:119（223/19694，二十三葉）；《紅樓夢子弟書》頁 2-20；過錄本，首圖・甲四 2277；首圖縮印本 54 冊頁 199-209；北京整理本頁 745-751；過錄本，中大圖書館・92013；中大整理本頁 1353-1359；《紅樓夢子弟書》頁 8 據以排印。[圖 430]

②別埜堂鈔本，傅惜華舊藏，藝研院・曲 310.651/0.356（142914/4）；《子弟書選》頁 53-59 據同一版本排印。

③百本張鈔本，梅蘭芳舊藏，藝研院・曲 319.651/0.582/6.96(1-2)；又，吳曉鈴舊藏，首圖・己 467；又，程硯秋舊藏，藝研院・曲 319.651/0.582/5.76（殘存第一、二回）；又傅氏《總目》謂阿英、賈天慈亦有藏，今藏處未詳；《子弟書叢鈔》頁 77-87 據同一版本排印。

④舊鈔本，傅惜華舊藏，藝研院・曲 310.651/0.356（142915/1）。

**別題：一入榮府**

百本張《子弟書目錄》："一入榮府。接二入榮府。四回。一吊六。"別埜堂《子弟書目錄》著錄相同。樂善堂《子弟大鼓書目錄》著錄，書價"一吊二"。《中國俗曲總目稿》頁 368、《子弟書總目》頁 23 著錄。

版本：①鈔本，傅斯年圖書館藏，T-524；《俗文學叢刊》395 冊頁 221。

②民初鈔本，傅氏《總目》謂馬彥祥有藏，今藏處未詳。

**玉香花語** 四回

作者敘庵。據結句："**敘庵**氏挑燈摩寫《紅樓》段，喜遲眠把酒捉毫宵夜長。"

別埜堂《子弟書目錄》："玉香花語。四回。一吊四佰四。"《中國俗曲總目稿》頁 441、《子弟書總目》頁 42 著錄。

演賈寶玉因觀劇與茗烟同訪花襲人家。本事見《紅樓夢》第十九回"情切切良宵花解語，意綿綿靜日玉生香"。

頭回、二回言前轍；三回、四回江陽轍。分別為 32、32、36、33 韻。

版本：①清鈔本，車王府舊藏，北大圖書館・□ 812.08/5105/:120（239/19610，十七葉）；《紅樓夢子弟書》頁 21-26；過錄本，首圖・甲四 2293；首圖縮印本 54 冊頁 270-278；北京整理本頁 845-850（第四回中據清鈔本增兩句）；過錄本，中大圖書館・92230；中大整理本頁 1341-1346。[圖 431]

②《子弟書叢鈔》頁 381-389 排印本，據清鈔本收錄。

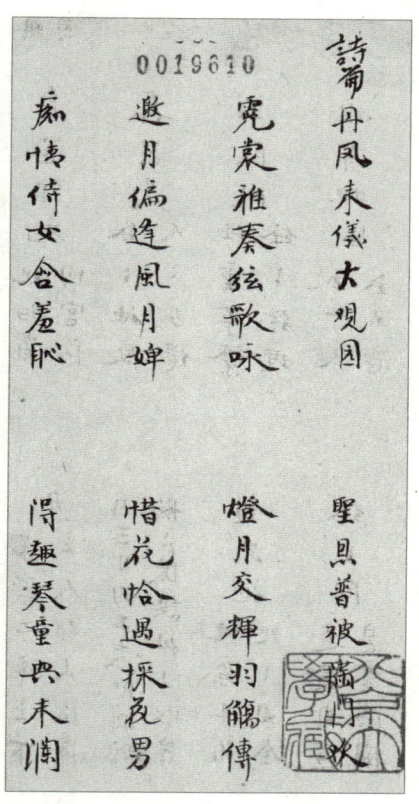

[圖430] 車王府舊藏本《一入榮國府》　　[圖431] 車王府舊藏本《玉香花語》

**別題：玉香**

《子弟書總目》頁42著録。

版本：①別埜堂鈔本，傅氏《總目》謂有自藏本，今未見。

## 玉潤花香　二回

作者未詳。

民初輯本《子弟書目録》"《紅樓夢》子弟書目録。玉潤花香，即寶玉試花。二回。"《子弟書總目》頁42著録。

演寶玉試花事。本事見《紅樓夢》第十九回"情切切良宵花解語，意綿綿静日玉生香"。

版本：①鈔本，傅氏《總目》謂馬彦祥有藏，今藏處未詳。

## 埋紅　一回

作者未詳。

《子弟書總目》頁94著録；標作"二回"，非。

演寶玉、黛玉共葬落花。據《紅樓夢》第二十三回"西廂記妙詞通戲語，牡丹亭艷曲警芳心"改編。

由求轍，48韻。

版本：①百本張鈔本，車王府舊藏，北大圖書館·□812.08/5105/:116（173/19544，六葉，書衣誤題"埋紅全二回"，內容實僅一回；封底有"百本張／別還價"漬痕），《紅樓夢子弟書》頁27-30（題"雙玉埋紅"）；過錄本，首圖·甲四2227；首圖縮印本54冊頁439-442；北京整理本頁447-449（歸入二回本）；過錄本，中大圖書館·92682；中大整理本頁1414-1415（析作二回）。

別題一：雙玉埋紅

百本張《子弟書目錄》："雙玉埋紅。一回。四佰。"別埜堂《子弟書目錄》："雙玉埋紅。一回。三佰六。"樂善堂《子弟大鼓書目錄》著錄，書價"五百文"。《子弟書總目》頁174著錄。

版本：①百本張鈔本，程硯秋舊藏，藝研院·曲319.651/0.582/5.83；又，雙紅堂文庫藏，戲曲·225，波多野太郎《子弟書集》據以收錄。［圖432］

②別埜堂鈔本，程硯秋舊藏，藝研院·曲319.651/0.582/5.84。

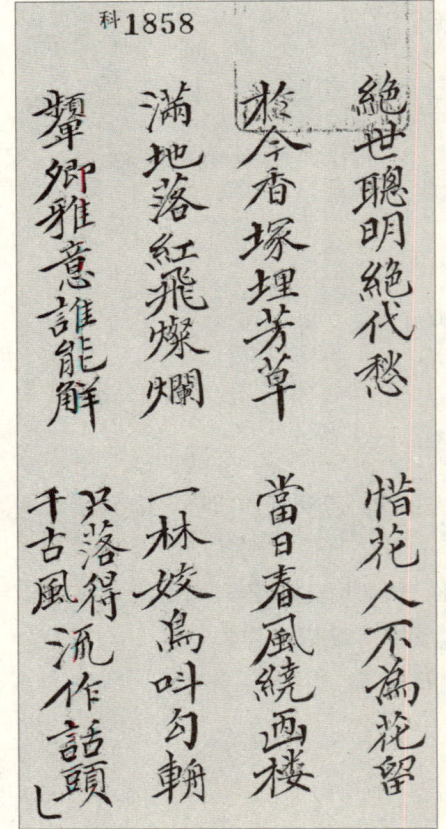

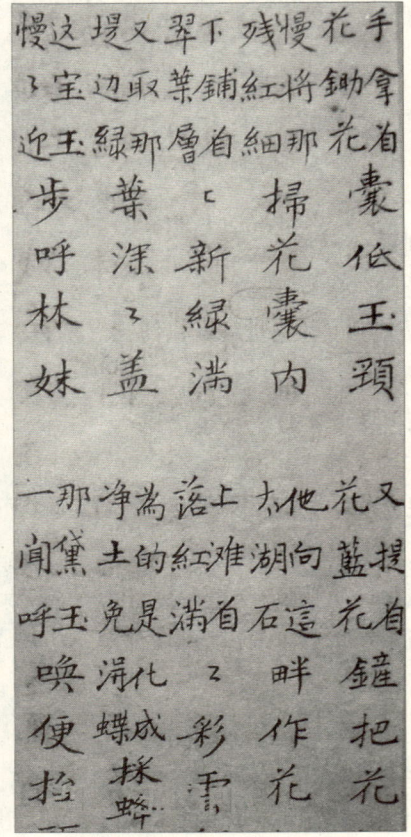

［圖432］雙紅堂藏百本張鈔本《雙玉埋紅》　　［圖433］劉復舊藏鈔本《黛玉埋花》

別題二：黛玉埋花

《中國俗曲總目稿》頁642、《子弟書總目》頁170著錄。

版本：①鈔本，傅斯年圖書館藏，T-697；《俗文學叢刊》395冊頁269。

別題三：埋花

《中國俗曲總目稿》頁642、《子弟書總目》頁170著錄。

版本：①鈔本，傅斯年圖書館藏，T-698。

②清鈔本，鄭振鐸舊藏，國家圖書館·t3448/22。

## 黛玉埋花 一回

原作者未詳，經煦園改訂。《中國俗曲總目稿》頁642、《子弟書總目》頁170著錄。

所敘故事同上。實據上條文字，略加改訂而成。

由求轍，48韻。

版本：①《舊鈔北平俗曲》本（題"煦園改訂"），劉復舊藏，民族圖書館藏。[圖433]

②《子弟書叢鈔》頁293-297排印本（署"煦園改訂"）。

## 傷春葬花 五回

作者未詳。

百本張《子弟書目錄》："傷春葬花。連二次探病。五回。一吊八。"別埜堂《子弟書目錄》："傷春葬花。五回。一吊八。"樂善堂《子弟大鼓書目錄》著錄，書價"一吊文"。《子弟書總目》頁138著錄。

演林黛玉傷春葬花、寶玉探病事。本事見《紅樓夢》二十七回"埋香塚飛燕泣殘紅"。

言前轍。頭回〈傷春〉，41韻；二回〈埋花〉，38韻；三回〈調禽〉，39韻；四回〈謔鵑〉，46韻；五回〈擲帕〉，40韻。

版本：①清鈔本，車王府舊藏，北大圖書館·□812.08/5105/:121（247/19618，二十七葉）；過錄本，首圖·甲四2301；首圖縮印本55冊頁57-68；北京整理本頁904-911；過錄本，中大圖書館·92733；中大整理本頁1416-1424。

②清鈔本，故宮博物院藏，《故宮珍本叢刊》699冊頁295（據書衣題名字跡，知實爲百本張鈔本）。

③聚卷堂鈔本，國家圖書館藏，98810。

別題一：葬花

民初輯本《子弟書目錄》："《紅樓夢》子弟書目錄。葬花。五回。"《中國俗曲總目稿》頁39、《子弟書總目》頁136著錄。

版本：①百本張鈔本，程硯秋舊藏，藝研院·曲319.651/0.582/5.85（闕第三、五回）。

又，雙紅堂文庫藏，戲曲·210；波多野太郎《子弟書集》據以收錄；《紅樓夢子弟書》頁 31-45 據波多野太郎影印本排印。《子弟書叢鈔》頁 474-486 據同一版本排印。[圖 434]

②鈔本，傅斯年圖書館藏，T9-109；《俗文學叢刊》395 冊頁 283。

③鈔本，傅斯年圖書館藏，T9-108。

④別埜堂鈔本，程硯秋舊藏，藝研院·曲 319.651/0.582/5.86（闕第四回）。

⑤鈔本，殘存兩回，國家圖書館藏，98317/1（"葬花""產玉"兩篇合鈔本）。

⑥鈔本，傅氏《總目》謂馬彥祥有藏，今藏處未詳。

⑦鈔本，殘存第四回，杜穎陶舊藏，藝研院·曲 319.651/0.582/8.147。按：疑即程硯秋舊藏別埜堂鈔本所闕之第四回。傅氏《總目》所載程氏舊藏本，今有一批歸於杜氏名下，疑是藏者相混而致，此殘篇亦是一證。

### 別題二：黛玉葬花

《綠棠吟舘子弟書百種總目》卷十五著錄，未標回數。未見傳本。亦未詳其具體內容，姑附於此。俟考。

## 二玉論心（甲） 二回

作者疑為竹窗。據結尾："向**竹窗**寫了回淒淒切切的湘君怨。"

百本張《子弟書目錄》："二玉論心。跺字淨心。二回。八佰。"別埜堂《子弟書目》："二玉論心。跺字淨心。二回。七佰二。"樂善堂《子弟大鼓書目錄》著錄，書價"六佰文"。民初輯本《子弟書目錄》列入"《紅樓夢》子弟書目錄"。《中國俗曲總目稿》頁 380、《子弟書總目》頁 25。又《集錦書目》第 29 句："他二人**二玉論心**已畢忙去遊寺。"《子弟書約選日記》："二玉論心。計二回。無關教育，不錄。"

敘寶玉與黛玉論心事。本事出《紅樓夢》二十九回"痴情女情重愈斟情"。

人辰轍，均為 46 韻。

版本：①清鈔本，車王府舊藏，北大圖書館·□ 812.08/5105/:115（144/19515，十二葉）；《紅樓夢子弟書》頁 295-302；過錄本，首圖·甲四 2198；首圖縮印本 54 冊頁 237-242；北京整理本頁 343-347；過錄本，中大圖書館·92655；中大整理本頁 1425-1428。

②別埜堂鈔本，傅氏《總目》謂有自藏本，今未見。

③百本張鈔本，雙紅堂文庫藏，戲曲·218，波多野太郎《子弟書集》據以收錄；《子弟書叢鈔》頁 331-337 據同一版本排印（題"竹窗"作）。[圖 435]

④鈔本，傅斯年圖書館藏，T-529；《俗文學叢刊》395 冊頁 341。

⑤鈔本，傅斯年圖書館藏，T-530。

⑥鈔本，傅斯年圖書館藏，T-533。

⑦鈔本，傅斯年圖書館藏，鈔本，Tc20-250。

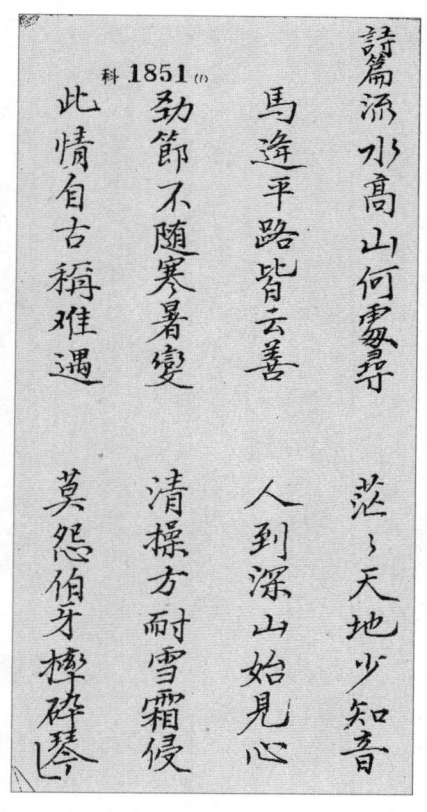

［圖434］雙紅堂藏百本張鈔本《葬花》　　［圖435］雙紅堂藏百本張鈔本《二玉論心》

【說明】此篇卷首作："流水高山何處尋，茫茫天地少知音。馬逢平路皆云善，人到交深始見心。"結句作："向竹窗寫了回淒淒切切的湘君怨，倒只怕一聲聲譜入那流水悲風不耐聞。"

## 二玉論心（乙）二回

作者未詳。

《中國俗曲總目稿》頁380著録。

此篇與前篇同名並同一題材，且頭回兩本有因襲之處；本篇文字近於原著，而前篇則較多發揮。

人辰轍，分別爲47、45韻。

版本：①鈔本，傅斯年圖書館藏，T-531；《俗文學叢刊》395冊頁365。［圖436］
　　　②鈔本，傅斯年圖書館藏，T-532。

【說明】此篇卷首作："本是蓬瀛自在身，只緣情業降凡塵。黛顰第一空偕玉，國色無雙錯遇春。"結句作："況且他弱體難憐惟仗著我，他現在一身無主又靠著傍人。"

按：此篇只每回末有分落號，疑屬硬書。傅目因未親見本篇，故將兩篇合於一目內，

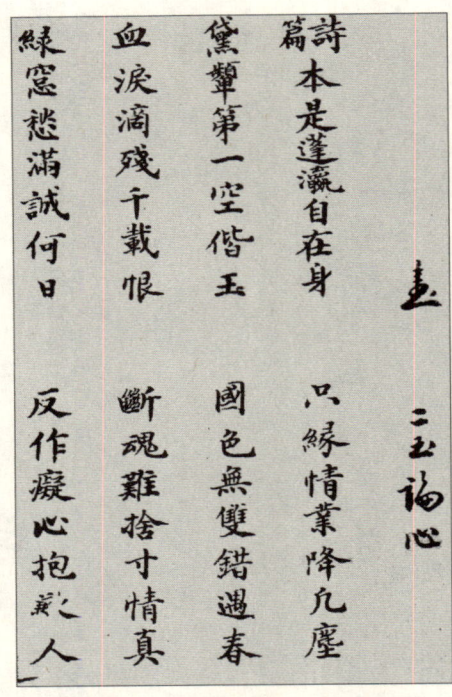 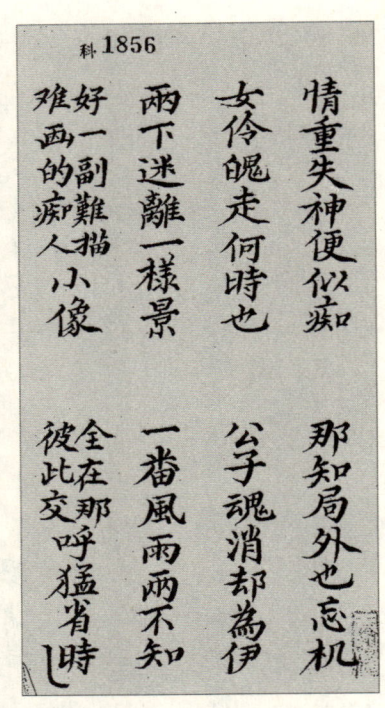

［圖436］傅斯年圖書館藏鈔本《二玉論心》　　［圖437］雙紅堂藏百本張鈔本《椿齡畫薔》

而謂"兩本字句間，略有不同之處"。

### 椿齡畫薔 一回

作者未詳。

百本張《子弟書目錄》："椿齡畫薔。畫十七筆字體，遇寶玉，對著雨。一回。四佰。"別埜堂《子弟書目錄》："椿齡畫薔。一回。三佰六。"樂善堂《子弟大鼓書目錄》著錄，書價"三佰文"。民初輯本《子弟書目錄》列入"《紅樓夢》子弟書目錄"。《中國俗曲總目稿》頁604、《子弟書總目》頁135著錄。《子弟書約選日記》："椿齡畫薔。計一回。描寫情痴，與社會教育不合。"

演賈寶玉遇椿齡反復寫"薔"字遇雨事。據《紅樓夢》第三十回"齡官畫薔痴及局外"改編。

一七轍，50韻。

版本：①清鈔本，車王府舊藏，北大圖書館·□812.08/5105/:110（4/19375，六葉半）；過錄本，首圖·甲四2058；首圖縮印本55冊頁8-11；北京整理本頁7-8；過錄本，中大圖書館·91395；中大整理本頁1337-1338。

②別埜堂鈔本，程硯秋舊藏，藝研院·曲319.651/0.582/5.81；又，傅氏《總目》謂有自藏本，今未見。

③百本張鈔本，雙紅堂文庫藏，戲曲·223，波多野太郎《子弟書集》據以影印，《紅樓夢子弟書》頁 63–66 復據影印本移錄，《子弟書叢鈔》頁 487–490 據同一版本排印。[圖 437]
④鈔本，傅斯年圖書館藏，T–674；《俗文學叢刊》395 冊頁 391。
⑤鈔本，傅斯年圖書館藏，T–673。
⑥《舊鈔北平俗曲》本，劉復舊藏，民族圖書館藏。
⑦曲盦鈔本，傅氏《總目》謂有自藏本，今未見。

### 晴雯撕扇　一回

作者未詳。

今存《舊鈔北平俗曲》本，題"煦園改訂"。

百本張《子弟書目錄》："晴雯撕扇。一回。四佰。"（一本價格作"五佰"）《中國俗曲總目稿》頁 591、《子弟書總目》頁 125 著錄。

演晴雯撕扇事。據《紅樓夢》第三十一回"撕扇子作千金一笑"改編。

中東轍，40 韻。

版本：①清鈔本，車王府舊藏，北大圖書館·□ 812.08/5105/:110（2/19373，五葉）；過錄本，首圖·甲四 2056；首圖縮印本 54 冊頁 486–488；北京整理本頁 3–4；過錄本，中大圖書館·91393；中大整理本頁 1392–1393。

②百本張鈔本，程硯秋舊藏，藝研院·曲 319.651/0.582/5.78；又，吳曉鈴舊藏，首圖·己 466；又，雙紅堂文庫藏，戲曲·222，波多野太郎《子弟書集》據以收錄，《紅樓夢子弟書》頁 67–70 據《子弟書集》影印本排印。[圖 438]

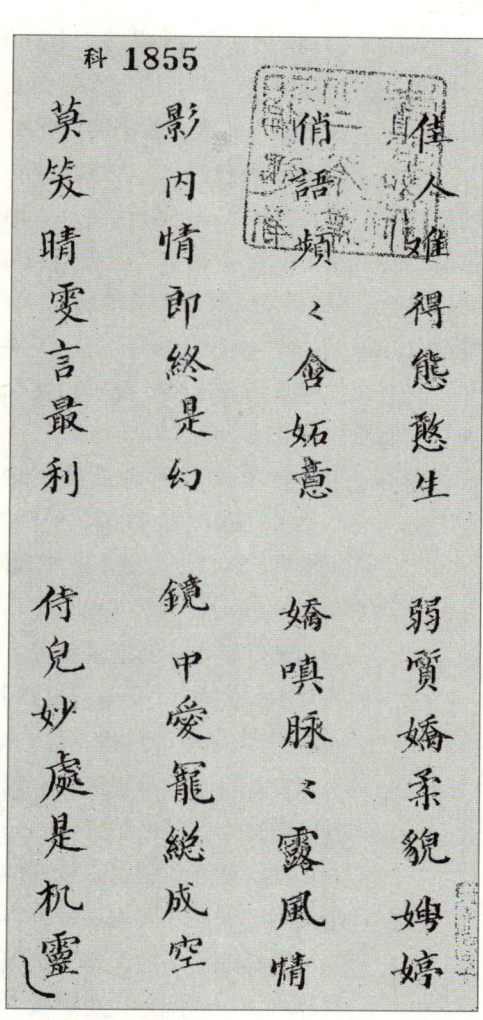

[圖 438] 雙紅堂藏百本張鈔本《晴雯撕扇》

③清鈔本，故宮博物院藏，《故宮珍本叢刊》699 冊頁 323（據書衣題名字跡，知實爲百本張鈔本）。

④鈔本，傅斯年圖書館藏，T-656。

⑤光緒三十四年（1908）鈔本，傅斯年圖書館藏，T-655（内題"晴雯撕扇五篇／光緒戊申清和月初八日付塗／迪元氏抹"）；《俗文學叢刊》395 册頁407。

⑥《舊鈔北平俗曲》本，劉復舊藏，民族圖書館藏（題"煦園改訂"）；《子弟書叢鈔》頁 290-292 據同一版本排印（題"煦園改訂"）。

### 寶釵代綉 一回

或謂作者爲韓小窗，所據爲文内有句云："自喜小窗依枕綉，誰期隔户有人知。此一回柔情醋意真難寫，笑老拙怎比紅樓筆墨奇。"按：此"小窗"實敘書中人物之行動，與韓小窗所嵌字僅屬偶合，故不能據此將本篇歸於韓小窗名下。

百本張《子弟書目録》："寶釵代綉。紅樓。一回。四佰。"（一本價格作"五佰"）別埜堂《子弟書目録》："寶釵代綉。一回。三佰六。"樂善堂《子弟大鼓書目録》著録，書價"二百文"。"民初輯本《子弟書目録》列入"《紅樓夢》子弟書目録"。《中國俗曲總目稿》頁 657 著録；又《子弟書總目》頁 178 著録，謂"作者無考"。《子弟書約選日記》："寶釵代綉。不録。與社會教育不合。"

演寶釵代襲人爲寶玉綉肚兜事。據《紅樓夢》第三十六回"綉鴛鴦夢兆絳芸軒"改編。一七轍，40 韻。

版本：①清鈔本，車王府舊藏，北大圖書館·□ 812.08/5105/:110（7/19378，六葉）；過録本，首圖·甲四 2061；首圖縮印本 55 册頁 188-191；北京整理本頁 13-14；過録本，中大圖書館·91398；中大整理本頁 1404-1406。［圖 439-1］

②別埜堂鈔本，傅惜華舊藏，藝研院·曲 310.651/0.356（142914/2）。

③百本張鈔本，《子弟書叢鈔》頁 88-91 據以排印（作者題"韓小窗"）。

④清鈔本，故宫博物院藏，《故宫珍本叢刊》699 册頁 341（據書衣題名字跡，知實爲百本張鈔本）。

⑤曲盦鈔本，傅惜華舊藏，藝研院·曲 310.651/0.356（134720）。

⑥鈔本，傅斯年圖書館藏，T-714；《俗文學叢刊》395 册頁 423。［圖 439-2］

⑦鈔本，傅斯年圖書館藏，T-713。

⑧《舊鈔北平俗曲》本，劉復舊藏，民族圖書館藏。

⑨鈔本，中研院近代史所藏，《子弟書十種》之第九種。

⑩《子弟書選》頁 60-61 排印本（題"韓小窗"作）、《紅樓夢子弟書》頁 71-74 均據傅惜華藏本排印。

【説明】《紅樓夢子弟書》頁 74 有附録："原本前有十六句詩（阿英藏本中無），疑爲後人所加，附録於後：新春新喜喜相逢，豐福豐壽喜豐贈。增爵贈禄增福壽，壽長壽

［圖439-1］車王府舊藏本《寶釵代綉》首頁　　［圖439-2］傅斯年圖書館藏鈔本《寶釵代綉》首頁

永壽永生，升文升武生貴子，子賢子孝子孫榮。榮華到老重重喜，喜的是福如東海永長寧。飛飛往往燕忙忙，兩兩三三日日長。雨雨風風花寂寂，重重疊疊泪行行。虛虛實實悠悠夢，淡淡濃濃俏俏妝，切切實實君漠漠，傷心心事事茫茫。"按：此十六句車王府舊藏本有之，故宮藏本等無。

## 海棠結社　二回

作者未詳。

《中國俗曲總目稿》頁554、《子弟書總目》頁89（作一回）著錄。

演寶玉等人在秋爽齋籌建詩社事。據《紅樓夢》第三十七回"秋爽齋偶結海棠社"改編。

人辰轍，各40韻。

版本：①清鈔本（未標分回，據詩篇，實是兩回），車王府舊藏，北大圖書館·□812.08/5105/:116（170/19541，十葉）；《紅樓夢子弟書》頁75–80；過錄本，首圖·甲四2224；首圖縮印本54册頁418–422；北京整理本頁436–438；過錄本，中大圖書館·91357；中大整理本頁1333–1336。［圖440］

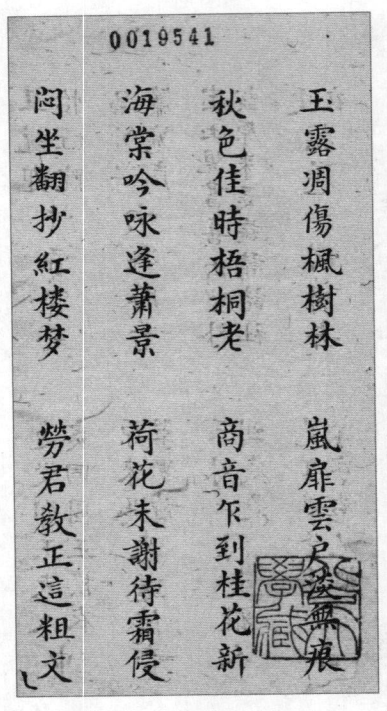 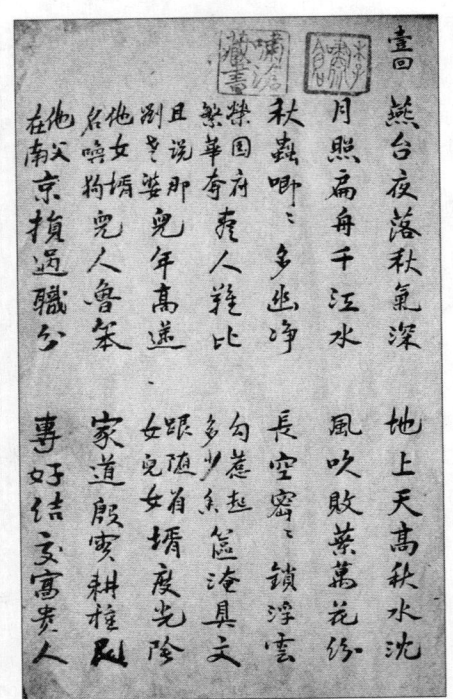

［圖440］車王府舊藏本《海棠結社》　　［圖441］李嘯倉藏鈔本《劉姥姥探親》

②《紅樓夢子弟書》頁75-80據同一版本排印。

**別題：海棠詩社**

別埜堂《子弟書目錄》："海棠詩社。二回。八佰。"

未見傳本。

## 二入榮國府　十二回

作者未詳。

民初輯本《子弟書目錄》："《紅樓夢》子弟書目錄。二入榮國府。十二回。"《子弟書總目》頁25著錄。

演劉姥姥二入榮府，爲賈母說鄉間趣事。據《紅樓夢》第三十九回至四十二回劉姥姥第二次入榮府之情節改編。

人辰轍。頭回42韻，二回40韻，三回38韻，四回41韻，五回39韻，六回40韻，七回47韻，八回30韻，九回40韻，十回40韻，十一回44韻，十二回43韻。

版本：①清鈔本，車王府舊藏，北大圖書館・□812.08/5105/:125（271/19642，六十一葉半），《紅樓夢子弟書》頁81-115；過錄本，首圖・甲四2325；首圖縮印本54冊頁210-237；北京整理本頁1169-1187；過錄本，中大圖書館・92358；中大整理本頁1360-1377；《紅樓夢子弟書》頁81-115。

②清鈔本，故宮博物院藏，《故宮珍本叢刊》699 冊頁 79。

**別題一：二入榮府**

百本張《子弟書目錄》："二入榮府。劉姥姥閙笑兒。十二回。四吊四。"別埜堂《子弟書目錄》："二入榮府。閙笑兒。十二回。四吊四。"樂善堂《子弟大鼓書目錄》著錄，書價"二吊四"；《中國俗曲總目稿》頁 375、《子弟書總目》頁 24 著錄。

版本：①別埜堂鈔本，傅惜華舊藏，藝研院・曲 310.651/0.356（142915/2）。

②鈔本，傅斯年圖書館藏，T-527；《俗文學叢刊》395 冊頁 435。

③鈔本，傅斯年圖書館藏，T-528。

④鈔本，傅氏《總目》謂馬彥祥有藏，今藏處未詳。

**別題二：劉姥姥探親**

《子弟書總目》頁 161。按：傅目將此作爲獨立條目著錄，未考即《二入榮府》。

版本：①清鈔本，李嘯倉藏。[圖 441]

## 信口開河　六段

作者未詳。

《子弟書總目》頁 84 著錄。

演劉姥姥二入大觀園，爲討賈母喜歡，信口編說鄉間奇聞。據《紅樓夢》三十九"村老老是信口開河，情哥哥偏尋根究底"編寫。

今存本未注明爲子弟書，亦未標分回，據用韻實爲六段，每段十韻：一段姑蘇，二段江陽，三段中東，四段言前，五段梭撥，六段灰堆。此篇或係子弟書格式尚未定型時的作品。

版本：①鈔本（書衣題"信口開河"；卷端題"村老兒信口開河"），原中國戲曲研究院藏，今歸中國藝術研究院圖書館。[圖 442]

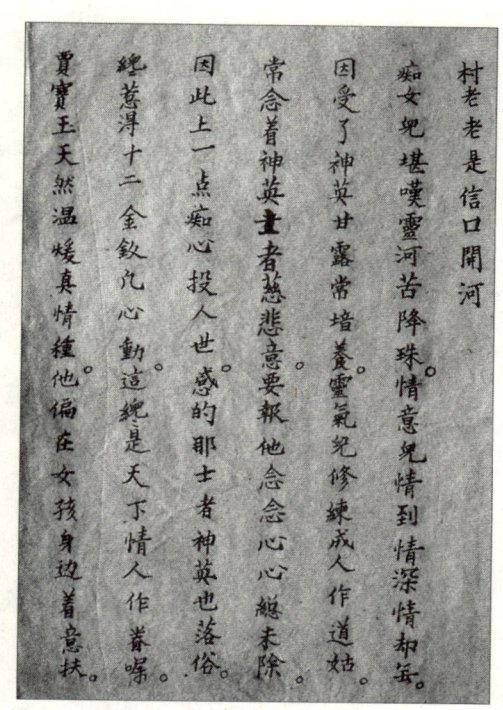

[圖 442] 藝研院藏《信口開河》

## 兩宴大觀園　一回

作者未詳。

百本張《子弟書目錄》："兩宴大觀園。史太君。笑。一回。四佰。"別埜堂《子弟書目錄》："兩宴大觀園。史太君。一回。三百六。"民初輯本《子弟書目錄》列入"《紅樓夢》子弟書目錄"。並見《中國俗曲總目稿》頁 753、《子弟書總目》頁 67 著錄。《子弟書約選日記》:"兩宴大觀園。趣語頗多,可選教盲生。"

演賈母帶劉姥姥再宴大觀園。據《紅樓夢》第四十回"史太君兩宴大觀園"改編。

中東轍。40韻。

版本:①清鈔本,車王府舊藏,北大圖書館·□812.08/5105/:110(6/19377,五葉);過錄本,首圖·甲四2060;首圖縮印本54冊頁317-320;北京整理本頁11-12;過錄本,中大圖書館·91397;中大整理本頁1382-1383。

②百本張鈔本,吳曉鈴舊藏,首圖·己501;又,雙紅堂文庫藏,戲曲·224;波多野太郎《子弟書集》據以收錄;《紅樓夢子弟書》頁123-126據《子弟書集》影印本排印;又,傅斯年圖書館藏,T-726;《俗文學叢刊》395冊頁559。又,傅氏《總目》謂有自藏本,今未見。[圖443]

③清鈔本,故宮博物院藏,《故宮珍本叢刊》699冊頁359-361(據書衣題名字跡,知實爲百本張鈔本)。

④清別埜堂鈔本,傅惜華舊藏,藝研院·曲310.651/0.356(142915/3)。

⑤鈔本(内題"丙午菊月初二日抄/從容居士揮寫"),傅斯年圖書館藏,T-724。

⑥鈔本,傅斯年圖書館藏,T-725。

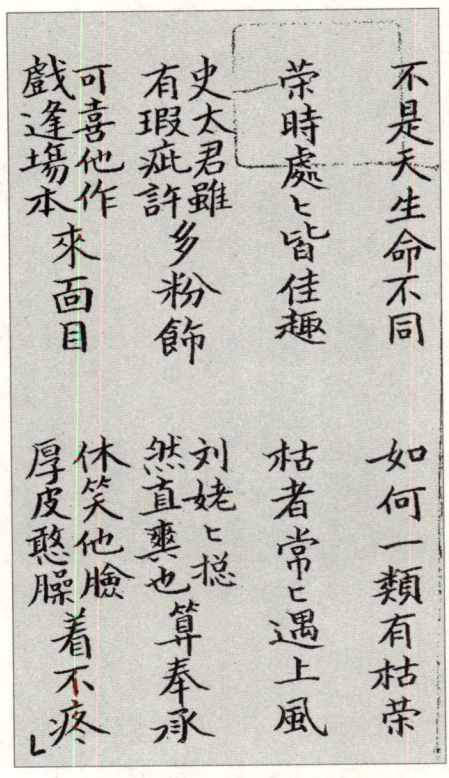

[圖443]雙紅堂藏百本張鈔本《兩宴大觀園》

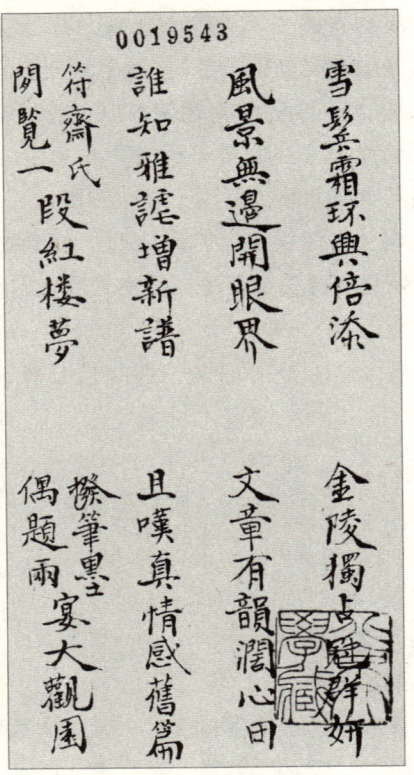

[圖444]車王府舊藏本《議宴陳園》

## 議宴陳園 二回

作者符齋。據卷首詩篇："**符齋氏**閱覽一段《紅樓夢》，撥筆墨偶題兩宴大觀園。"

別埜堂《子弟書目錄》："議宴陳園。一回。三佰六。"民初輯本《子弟書目錄》列入《紅樓夢》子弟書目錄"。並見《中國俗曲總目稿》頁661、《子弟書總目》頁178 著錄。

演史太君請劉姥姥觀賞大觀園事。本事見《紅樓夢》第四十回"史太君兩宴大觀園"。

頭回言前轍，二回江陽轍。各40韻。

版本：①鈔本，車王府舊藏，北大圖書館·□812.08/5105/:116（172/19543，十葉）；
　　《紅樓夢子弟書》頁116–122；過錄本，首圖·甲四2226；首圖縮印本55
　　册頁196–200；北京整理本頁443–446；過錄本，中大圖書館·92681；中
　　大整理本頁1378–1381。[圖444]

　　②鈔本，傅氏《總目》謂馬彥祥有藏，今藏處未詳。

**別題：劉姥姥初進大觀園**

《子弟書總目》頁161 著錄；未考此爲《議宴陳園》之別題。

版本：①清鈔本，傅惜華舊藏，藝研院·曲310.651/0.356（142826/2）。

## 遊亭入舘 一回

作者符齋。據卷首詩篇："**符齋氏**閱覽一段紅樓夢，撥筆墨偶題兩宴大觀園。"

別埜堂《子弟書目錄》："遊亭入舘。一回。三佰六。"又，《子弟書總目》頁132 著錄，但未說明本篇與《議宴陳園》篇的關係。

此即《議宴陳園》頭回之單行本。

版本：①清鈔本，今藏處不詳；《子弟書叢鈔》頁378–380 據以排印。
　　②別埜堂鈔本，傅惜華舊藏兩本，藝研院·曲310.651/0.356（142857/1、
　　142857/2）。[圖445]
　　③《子弟書選》頁410–411 據傅惜華藏本排印，作者題"煦園"，未詳所據。

## 三宣牙牌令 一回

作者未詳。

百本張《子弟書目錄》："三宣牙牌令。金鴛鴦。笑。一回。四佰。"民初輯本《子弟書目錄》列入"《紅樓夢》子弟書目錄"。《中國俗曲總目稿》頁689、《子弟書總目》頁28 著錄。又《集錦書目》第57句："閑消遣**三宣牙牌令**。"《子弟書約選日記》："**三宣牙牌令**。趣語頗多，可選教盲生。"

演賈母在綴錦閣設筵行令，侍女鴛鴦三宣牙牌令。本事見《紅樓夢》第四十回"金鴛鴦三宣牙牌令"。

發花轍，40韻。

版本：①清鈔本，車王府舊藏，北大圖書館·□812.08/5105/:111（32/19403，五葉）；

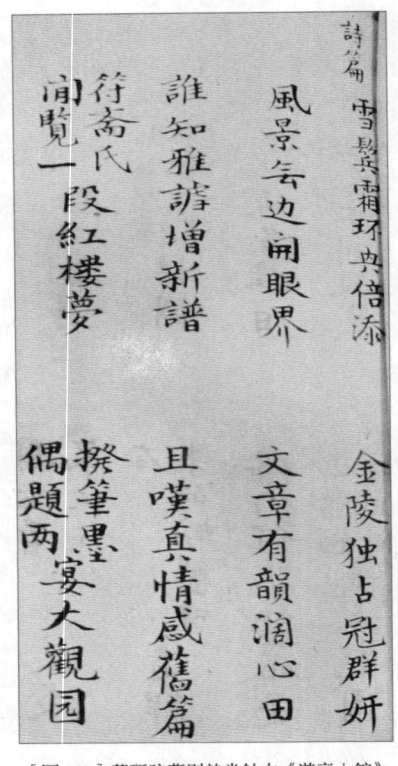
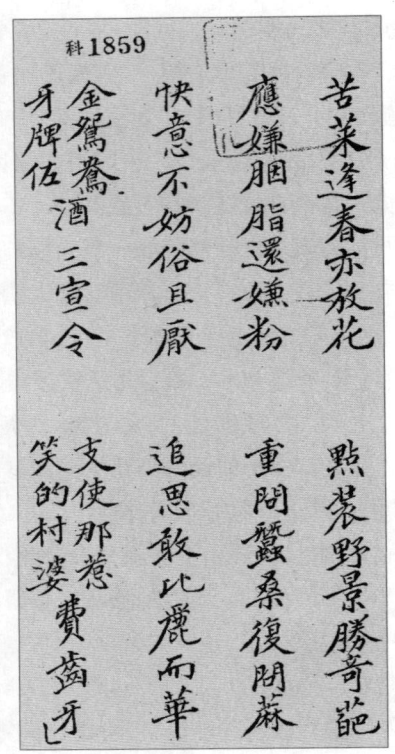

［圖445］藝研院藏別埜堂鈔本《遊亭入館》　　［圖446］雙紅堂藏百本張鈔本《三宣牙牌令》

　　過錄本，首圖・甲四2086；首圖縮印本54冊頁243–245；北京整理本頁65–66；過錄本，中大圖書館・92222；中大整理本頁1384–1385。

②別埜堂鈔本，傅惜華舊藏，藝研院・曲310.651/0.356（142915/4）。

③百本張鈔本，清納哈塔裕壽吟秋山館舊藏，後歸吳曉鈴，首圖・已448；又，雙紅堂文庫藏，戲曲・226，波多野太郎《子弟書集》據以收錄；《紅樓夢子弟書》頁127–130據《子弟書集》影印本移錄。［圖446］

④清鈔本，故宮博物院藏，《故宮珍本叢刊》699冊頁353（據書衣題名字跡，實亦爲百本張鈔本）。

⑤光緒三十三年（1907）鈔本，傅斯年圖書館藏，T–716（內題"元年六月末日常遠峰抄抹"、"卅三年四月廿六日鑲黃漢劉氏塗抹"）；《俗文學叢刊》395冊頁573。

⑥鈔本，傅斯年圖書館藏，T–717。

⑦曲盦鈔本，傅氏《總目》謂有自藏本，今未見。

**別題一：金鴛鴦三宣牙牌令**

《綏中吳氏雙栯書屋藏子弟書目錄》著錄。

版本：①百本張鈔本，吳曉鈴舊藏，首圖・已472。

**別題二：三宣牌令**

別埜堂《子弟書目錄》："三宣牌令。金鴛鴦。一回。三佰六。"

未見傳本。

**別題三：牙牌令**

《綠棠吟舘子弟書百種總目》卷十五著錄。

未見傳本。

**品茶櫳翠庵** 一回

作者未詳。

百本張《子弟書目錄》："品茶櫳翠庵。賈寶玉。笑。一回。四佰。"民初輯本《子弟書目錄》列入"《紅樓夢》子弟書目錄"。《子弟書總目》頁82著錄。《子弟書約選日記》："品茶櫳翠庵。頗可選。"

演賈母、寶玉、劉姥姥在櫳翠庵品茶事。據《紅樓夢》第四十一回"櫳翠庵茶品梅花雪"改編。

言前轍，40韻。

版本：①清鈔本，車王府舊藏，北大圖書館・□ 812.08/5105/:111（31/19402，四葉，題簽寫作"攏"）；過錄本，首圖・甲四2085；首圖縮印本54冊頁362–364；北京整理本頁63–64；過錄本，中大圖書館・92221；中大整理本頁1347–1348。

②百本張鈔本，雙紅堂文庫藏，雙戲曲・228，波多野太郎《子弟書集》據以影印；《紅樓夢子弟書》頁131–134據《子弟書集》影印本排印。[圖447]

③清鈔本，故宮博物院藏，《故宮珍本叢刊》699冊頁350–352（據書衣題名及抄寫字跡，知實爲百本張鈔本）。

④曲盦鈔本，傅氏《總目》謂有自藏本，今未見。《子弟書叢鈔》頁495–498據同一版本排印。

⑤別埜堂鈔本，傅氏《總目》謂有自藏本，今未見。

**別題：櫳翠庵品茶**

別埜堂《子弟書目錄》："櫳翠庵品茶。一回。三佰六。"《中國俗曲總目稿》頁833著錄。

版本：①百本張鈔本，傅斯年圖書館藏，T–743；《俗文學叢刊》395冊頁589。

②鈔本，傅斯年圖書館藏，T–742。

③鈔本，傅斯年圖書館藏，T–744。

④鈔本，"中研院"近代史所藏《子弟書十種》之第十種。

**醉臥怡紅院** 一回

作者未詳。

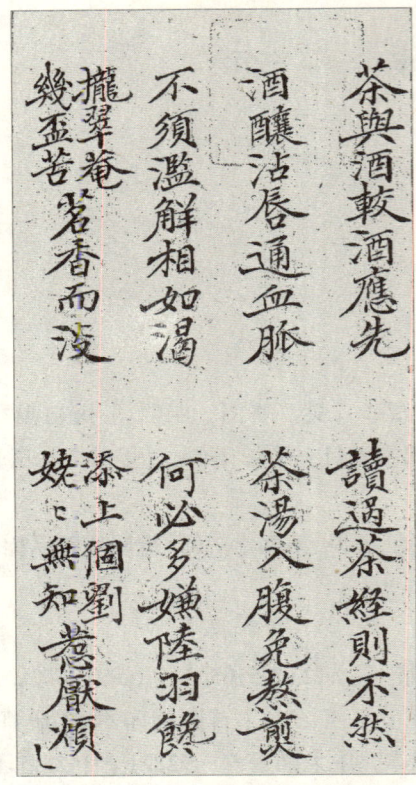
[圖447] 雙紅堂藏百本張鈔本《品茶櫳翠庵》

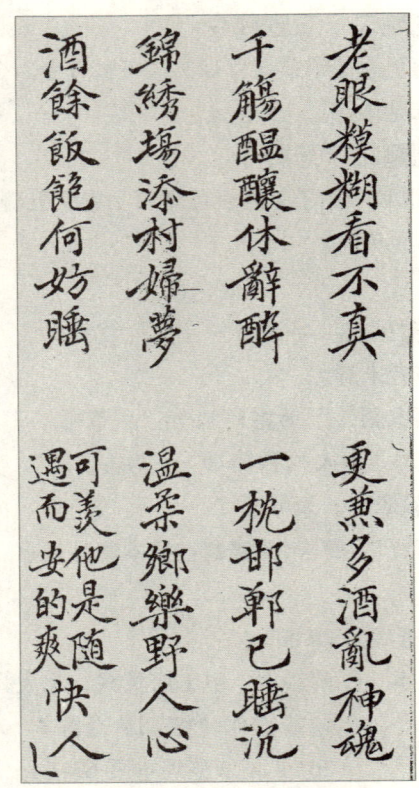
[圖448] 雙紅堂藏百本張鈔本《醉臥怡紅院》

百本張《子弟書目錄》:"醉臥怡紅院。劉姥姥。笑。一回。四佰。"別埜堂《子弟書目錄》:"醉臥怡紅院。劉姥姥。一回。三佰六。"民初輯本《子弟書目錄》列入"《紅樓夢》子弟書目錄"。《中國俗曲總目稿》頁818、《子弟書總目》頁157著錄。

演劉姥姥醉臥怡紅院事。據《紅樓夢》第四十一回"怡紅院劫遇母蝗蟲"改編。

人辰轍,40韻。

版本:①清鈔本,車王府舊藏,北大圖書館·□812.08/5105/:110(8/19379,五葉);過錄本,首圖·甲四2062;首圖縮印本55冊頁122-124;北京整理本頁15-16;過錄本,中大圖書館·91399;中大整理本頁1386-1387。

②百本張鈔本,程硯秋舊藏,藝研院·曲319.651/0.582/5.77;又,雙紅堂文庫藏本,戲曲·229,波多野太郎《子弟書集》據以影印,《紅樓夢子弟書》頁135-138據《子弟書集》影印本移錄;又,傅目著錄有自藏本,今未見。[圖448]

③清鈔本,故宮博物院藏,《故宮珍本叢刊》699冊頁3569(據書衣題名字跡,知實爲百本張鈔本)。

④鈔本,傅斯年圖書館藏,T-741;《俗文學叢刊》395冊頁603。

⑤鈔本，傅斯年圖書館藏，T-740。

⑥鈔本，中研院近代史所藏，《子弟書十種》之第三種。

**別題：劉姥姥醉臥怡紅院**

《子弟書總目》頁162著錄。《子弟書約選日記》："劉姥姥醉臥怡紅院。可鈔存。"

版本：①別埜堂鈔本，傅氏《總目》謂有自藏本，今未見。

②《舊鈔北平俗曲》本，劉復舊藏，民族圖書館藏。

### 過繼巧姐兒 一回

作者未詳。

百本張《子弟書目錄》："過繼巧姐。笑。一回。四佰。"（一本價格作"五佰"）別埜堂《子弟書目錄》："過繼巧姐尔。一回。四百。"民初輯本《子弟書目錄》作"過繼巧姐兒"，列入"《紅樓夢》子弟書目錄"。《中國俗曲總目稿》頁607著錄，無"兒"字；《子弟書總目》頁138著錄。又《集錦書目》第38句："時道人兒將過繼的巧姐兒用肩扛。"按："兒"或作"尔"。

演鳳姐將女兒過繼給劉姥姥，取名巧姐。笑。據《紅樓夢》第四十二回"蘅蕪君蘭言解疑癖"改編。

一七轍，40韻。

版本：①清鈔本，車王府舊藏，北大圖書館·□812.08/5105/:111（33/19404，題作"過繼巧姐尔"，五葉）；《紅樓夢子弟書》頁139-142；過錄本，首圖·甲

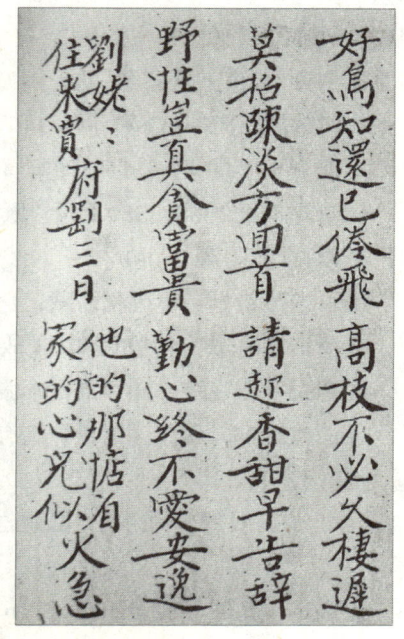

［圖449-1］車王府藏舊本《過繼巧姐爾》　　［圖449-2］故宮藏清鈔本《過繼巧姐尔》

四 2087；首圖縮印本 54 冊頁 467-469；北京整理本頁 67-68；過錄本，中大圖書館・92223；中大整理本頁 1390-1391。《紅樓夢子弟書》頁 139 據以排印。［圖 449-1］

②清鈔本，故宮博物院藏，《故宮珍本叢刊》699 冊頁 344（據書衣題名及抄寫字跡，知實爲百本張鈔本）。［圖 449-2］

③鈔本，傅斯年圖書館藏，T-672；《俗文學叢刊》395 冊頁 629。

④鈔本，傅斯年圖書館藏，T-671。

⑤曲盦鈔本，傅氏《總目》謂有自藏本，今未見。

⑥別埜堂鈔本，傅氏《總目》謂有自藏本，今未見。

**別題：過寄巧姐兒**

《子弟書約選日記》：" 過寄巧姐兒。可選。"

未見傳本。

### 鳳姐尓送行　一回

作者未詳。

百本張《子弟書目錄》："鳳姐尓送行。笑。一回。四佰。"（一本價格作 " 五佰 "）別埜堂《子弟書目錄》："鳳姐尓送行。一回。三佰六。" 民初輯本《子弟書目錄》作 " 鳳姐兒送行 "，列入《紅樓夢》子弟書目錄。《子弟書總目》頁 150 著錄。《子弟書約選日記》："鳳姐兒送行。甚可選。"

演鳳姐爲劉姥姥送行事。據《紅樓夢》第四十二回 " 蘅蕪君蘭言解疑癖 " 改編。

遙條轍，41 韻。

版本：①清鈔本，車王府舊藏,北大圖書館・□ 812.08/5105/:111（34/19405，五葉半），《紅樓夢子弟書》頁 143-146；過錄本，首圖・甲四 2088；首圖縮印本 55 冊頁 111-114；北京整理本頁 69-70；過錄本，中大圖書館・92224；中大整理本頁 1388-1389（題 " 鳳姐兒送行 "）。《紅樓夢子弟書》頁 143-146 據以排印。［圖 450-1］

②百本張鈔本，程硯秋舊藏，藝研院・曲 319.651/0.582/5.82。

③清鈔本，故宮博物院藏，《故宮珍本叢刊》699 冊頁 347-3499（據書衣題名及抄寫字跡，知實爲百本張鈔本）。［圖 450-2］

④曲盦鈔本，傅氏《總目》謂有自藏本，今未見。

**別題：鳳姐送行**

百本張《子弟書目錄》別本："鳳姐送行。笑。一回。四佰。"《中國俗曲總目稿》頁 612 著錄。

版本：①鈔本，傅斯年圖書館藏，T-677；《俗文學叢刊》395 冊頁 615。

②鈔本，傅斯年圖書館藏，T-676。

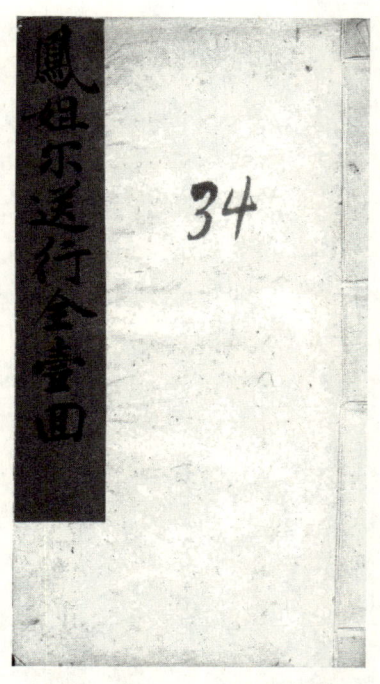
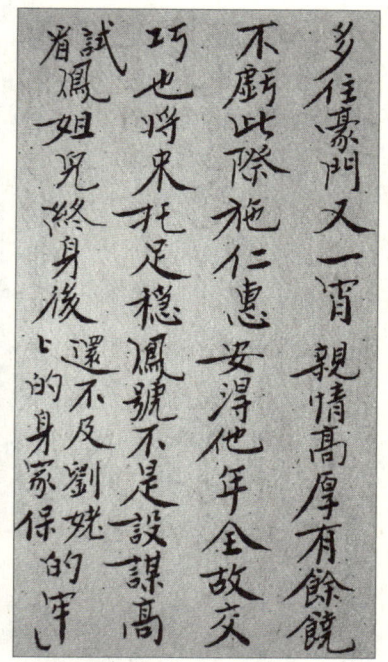

［圖 450-1］車王府舊藏本《鳳姐爾送行》　　［圖 450-2］故宮藏清鈔本《鳳姐尔送行》

## 湘雲醉酒　一回

作者未詳。

百本張《子弟書目録》："湘雲醉酒。吃鹿肉芍藥陰。一回。四佰。"別埜堂《子弟書目録》"湘雲醉酒。芍藥蔭。一回。三佰六。"樂善堂《子弟大鼓書目録》著録，書價"二佰文"。民初輯本《子弟書目録》列入"《紅樓夢》子弟書目録"。並見《緑棠吟舘子弟書百種總目》卷十五、《子弟書總目》頁 120 著録。《子弟書約選日記》："湘雲醉酒。雖屬韻事，然與社會教育不合。"

演湘雲吃鹿肉醉臥芍藥蔭事。本事見《紅樓夢》第六十二回 "憨香雲醉眠芍藥裀"。

發花轍，40 韻。

版本：①清鈔本，車王府舊藏，北大圖書館·□ 812.08/5105/:110（3/19374，五葉）；
　　　　過録本，首圖·甲四 2057；首圖縮印本 54 冊頁 474–476；北京整理本頁 5–6；
　　　　過録本，中大圖書館·91394；中大整理本頁 1339–1340。
　　　②清鈔本，國家圖書館藏，98970。
　　　③百本張鈔本，雙紅堂文庫藏，戲曲·221；波多野太郎《子弟書集》據以影印；
　　　　《紅樓夢子弟書》頁 147–150 據《子弟書集》影印本移録。［圖 451］
　　　④《舊鈔北平俗曲》本，劉復舊藏，民族圖書館藏。

**別題一：史湘雲醉酒**

《子弟書總目》頁 49 著録。

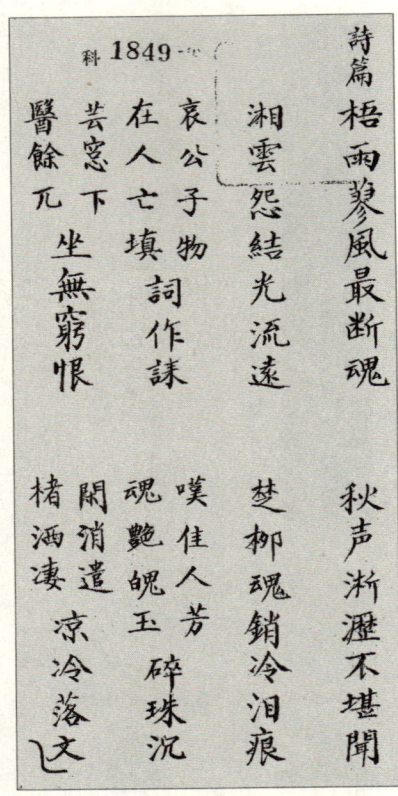

［圖451］雙紅堂藏百本張鈔本《湘雲醉酒》　　［圖452］雙紅堂藏百本張鈔本《遣晴雯》

版本：①百本張鈔本，傅氏《總目》謂有自藏本，今未見。《子弟書叢鈔》頁491–494據百本張鈔本排印。

### 別題二：湘雲醉臥

《中國俗曲總目稿》頁591、《子弟書總目》頁120著錄。

版本：①鈔本，傅斯年圖書館藏，T–657；《俗文學叢刊》395冊。
　　　②鈔本，傅斯年圖書館藏，T–658。

### 別題三：醉臥芍藥陰

《子弟書總目》頁157著錄。

版本：①別埜堂鈔本，傅氏《總目》謂有自藏本，今未見。

## 遣晴雯　二回

作者芸窗。據詩篇："芸窗下醫餘兀坐無窮恨，閑消遣楮灑淒涼冷落文。"惟卷尾又云："蕉窗人剔缸閑看情僧祿，清秋夜筆端揮盡《遣晴雯》。"故作者或爲"蕉窗"。或原即同一人。

百本張《子弟書目錄》："遣晴雯。追香囊。二回。八佰。"別埜堂《子弟書目錄》："遣晴雯。二回。八百。"樂善堂《子弟大鼓書目錄》著錄，書價著錄，"六佰文"。《綠棠吟舘子弟書百種總目》卷十六、《中國俗曲總目稿》頁298、《子弟書總目》頁148著錄。《子弟書約選日記》："遣晴雯。計一回。用意尚純正，可選教盲生。"

演搜檢大觀園追香囊、遣晴雯回家。據《紅樓夢》第七十四回"惑奸讒抄檢大觀園"改編。

頭回〈追囊〉，二回〈遣雯〉。均人辰轍。百本張鈔本每回50韻；車王府舊藏本作40、50韻。故兩本字句間有差異。

版本：①清鈔本，車王府舊藏，北大圖書館‧□812.08/5105/:115（141/19512，十一葉半），《紅樓夢子弟書》頁198-205（作者署作"蕉窗"）；過錄本，首圖‧甲四2195；首圖縮印本55冊頁51-56；北京整理本頁332-335；過錄本，中大圖書館‧92652；中大整理本頁1394-1397；《紅樓夢子弟書》頁198據以排印。

②百本張鈔本，杜穎陶舊藏，藝研院‧曲319.651/0.582/8.118；又，雙紅堂文庫藏，戲曲‧216，又，傅氏《總目》謂賈天慈舊有藏，今藏處未詳；波多野太郎《子弟書集》收錄；《子弟書叢鈔》頁324-330據同一版本排印（題"蕉窗"作）。［圖452］

③清鈔本，故宮博物院藏，《故宮珍本叢刊》699冊290（據書衣題名及抄錄字跡，知實爲百本張鈔本）。

④鈔本，傅斯年圖書館藏，T40-452；《俗文學叢刊》396冊頁1。

⑤鈔本，傅斯年圖書館藏，T40-451。

⑥《子弟書選》頁423-427排印本（題"蕉窗"作）。

⑦別墊堂鈔本，傅氏《總目》謂馬彥祥有藏，今藏處未詳。

別題：追囊遣雯

民初輯本《子弟書目錄》："《紅樓夢》子弟書目錄。追囊遣雯。二回。"《子弟書約選日記》："追囊遣雯。計二回。用意尚純正，可選教盲生。"

未見傳本。

## 遣晴雯 一回

作者未詳。

《子弟書約選日記》："遣晴雯，計一回。用意尚純正，可選教盲生。"

當演遣晴雯回家之事。據《紅樓夢》第七十四回"惑奸讒抄檢大觀園"改編。

別題：遣雯

民初輯本《子弟書目錄》："《紅樓夢》子弟書目錄。遣雯。一回。"

【説明】民初輯本《子弟書目錄》既錄二回本"追囊遣雯"，又錄一回本"遣雯"；《子弟書約選日記》也列有此二本，並注"鈔"，將予鈔錄，則此兩種必是內容不相同者。惜未見傳本。

### 探雯換襖 二回

作者雲田。據詩篇："**雲田氏**長夏無聊消午悶，寫一段寶玉晴雯的苦態形。"

百本張《子弟書目錄》："探雯換襖。咬指甲。情。二回。八佰。"別埜堂《子弟書目錄》："探雯換襖。二回。八佰。"樂善堂《子弟大鼓書目錄》著錄，書價"五佰文"。民初輯本《子弟書目錄》列入《紅樓夢》子弟書目錄"。《子弟書總目》頁110著錄。又《集錦書目》第16句："說是**探雯換襖**回來路過廟場。"《子弟書約選日記》："探雯換襖。計二回。亦屬情痴一路，不可入選。"

演寶玉探望被遣生病的晴雯，晴雯咬下指甲相贈，並互換貼身小襖。據《紅樓夢》七十七回"俏丫環抱屈夭風流"改編。

一回〈探病〉，中東轍；二回〈離魂〉，言前轍。每回40韻。

版本：①清鈔本，車王府舊藏，北大圖書館·□812.08/5105/:115（142/19513，十葉）；《紅樓夢子弟書》頁206–212；過錄本，首圖·甲四2196；首圖縮印本54冊頁457–462；北京整理本頁336–339；過錄本，中大圖書館·92653；中大整理本頁1398–1401。《紅樓夢子弟書》頁206據以排印。[圖453]

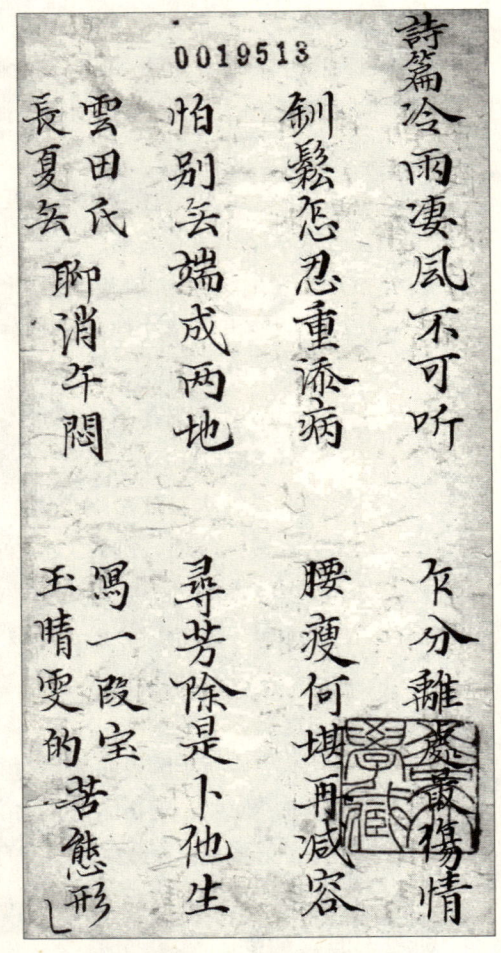

[圖453] 車王府舊藏本《探雯換襖》

②百本張鈔本，吳曉鈴舊藏，首圖·己500；又，傅氏《總目》謂賈天慈舊有藏，今藏處未詳。

③清鈔本，故宮博物院藏，《故宮珍本叢刊》699冊頁330–335（據書衣題名字跡，知實為百本張鈔本）。

④別埜堂鈔本，傅惜華舊藏，藝研院·曲310.651/0.356（142914/1）。

⑤鈔本，傅斯年圖書館藏，T-647；《俗文學叢刊》396冊頁33。

⑥鈔本，傅斯年圖書館藏，T-645。

⑦光緒十六年（1890）鈔本，傅斯年圖書館藏，T-646-1（內題"光緒十六年閏二月廿五日普□□寫於臥月草堂之南牖下"，"探雯"）。

⑧鈔本，傅斯年圖書館藏，T-646-2。

**別題：寶晴換衣**

阿英《紅樓夢書錄》著錄，謂有道光二十三年（1843）北京金梯雲抄本。今存處未詳，內容亦未詳。觀題目所示，疑即《探雯換襖》之別題。

**探雯祭雯　二回**

作者未詳。

民初輯本《子弟書目錄》："《紅樓夢》子弟書目錄。探雯祭雯。二回。"《子弟書總目》頁110著錄。

所敘探雯祭雯事，見《紅樓夢》七十七回"俏丫環抱屈夭風流"、七十八回"痴公子杜撰芙蓉誄"。

版本：①鈔本，傅氏《總目》謂馬彥祥有藏，今藏處不詳。

【説明】民初輯本《子弟書目錄》同時録有《探雯換襖》二回，故兩本並非一書。

**晴雯贄恨　一回**

作者未詳。有煦園改訂本。

百本張《子弟書目錄》："晴雯贄恨。一回。四佰。"別埜堂《子弟書目錄》："晴雯贄恨。一回。三佰六。"《中國俗曲總目稿》頁590、《子弟書總目》頁125著錄。

演寶玉探病，晴雯與之訣別，贄恨以歿事。據《紅樓夢》第七十七回"俏丫環抱屈夭風流"改編。

言前轍，50韻。

版本：①清鈔本，車王府舊藏，北大圖書館·□812.08/5105/:110（1/19372，五葉半），《紅樓夢子弟書》頁213-216；過錄本，首圖·甲四2055；首圖縮印本54冊頁483-486；北京整理本頁1-2；過錄本，中大圖書館·91342；中大整理本頁1402-1403；《紅樓夢子弟書》頁213據以排印。[圖454-1]
②清鈔本，故宮博物院藏，《故宮珍本叢刊》699冊頁326（據書衣題名及抄寫字跡，知實為百本張鈔本）。[圖454-2]
③《舊鈔北平俗曲》本，劉復舊藏，民族圖書館藏（題"煦園改訂"）。
④鈔本，傅斯年圖書館藏，T-654-1；《俗文學叢刊》396冊頁55。
⑤鈔本，傅斯年圖書館藏，T-654-2。
⑥鈔本，傅斯年圖書館藏，T-653。
⑦曲盦鈔本，傅氏《總目》謂有自藏本，今未見。
⑧別埜堂鈔本，傅氏《總目》謂有自藏本，今未見。

**別題：晴雯遺恨**

《綠棠吟舘子弟書百種總目》卷十六著錄。

未見傳本。

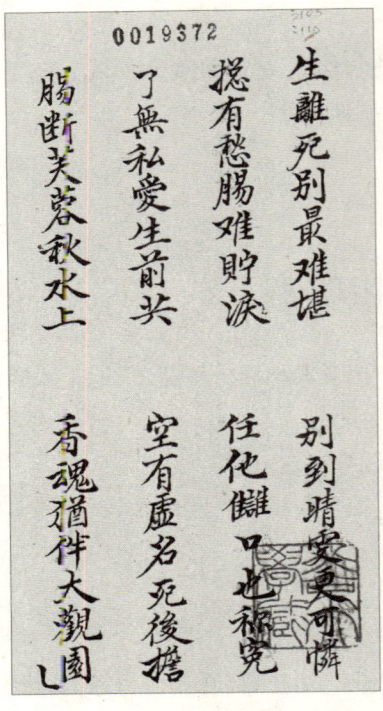
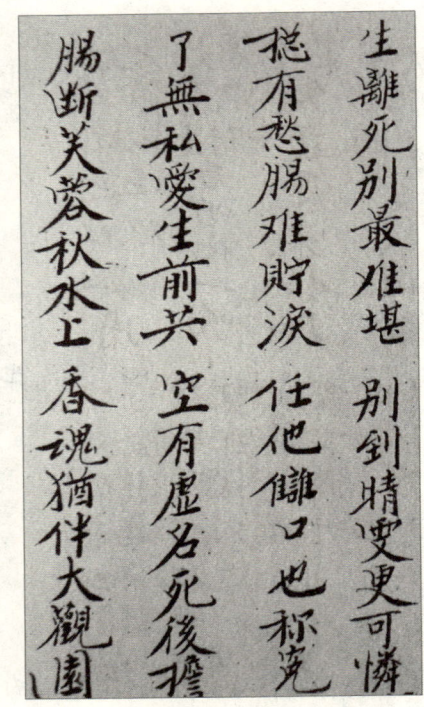

［圖454-1］車王府舊藏本《晴雯賫恨》　　［圖454-2］故宮藏清鈔本《晴雯賫恨》

## 芙蓉誄傳　六卷

作者韓小窗。據第五卷詩篇："小窗筆寫風流況，一段春嬌畫不成。"《子弟書總目》頁71著錄，作"芙蓉誄　六回"，後諸家排印本均從之，不確。

演晴雯補呢、受讒被逐、寶玉相探、歿後寶玉撰《芙蓉誄》以祭。據《紅樓夢》第五十二回"勇晴雯病補雀金裘"、七十四回"惑奸讒抄檢大觀園"、七十七回"俏丫環抱屈夭風流"、七十八回"痴公子杜撰芙蓉誄"改編。

中東轍。全篇分上下冊，每冊分別設目錄，各三目，今姑視作六卷。一卷〈補呢〉，二卷〈讒害〉，三卷〈慟別〉，四卷〈贈指〉，五卷〈遇嫂〉，六卷〈誄祭〉。今存本有闕葉，故句數不詳。據其篇幅與情節，可以析作十九回。

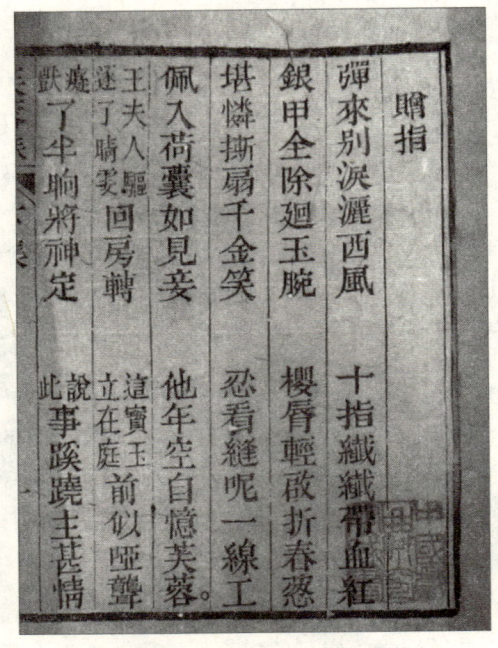

［圖455］藝研院藏清刻本《芙蓉誄傳》

版本：①清道光年間刻本（二册，首册封面題"芙蓉誄傳 第一本 上集"，上、下集目録均作"芙蓉誄目録"，版心刻"芙蓉誄"），傅惜華舊藏，藝研院·曲310.651/0.356（145882-145883）。[圖455]

**別題：芙蓉誄**

《子弟書總目》頁71著録。

版本：①《子弟書選》頁28-52、《紅樓夢子弟書》151-197、《子弟書珍本百種》頁419-439均據道光刻本排印；各本不分回。又，《子弟書叢鈔》頁92-96選録其中第三卷。

【説明】此本今僅見傅惜華舊藏本。此爲後印本，内有兩處闕葉，各脱五十六句。從頁碼看，上册脱十六、十七頁，其十六頁版心作"十六至十八"，下册脱十五、十六頁，其十四頁版心作"十四至十七"。當是原板已失，另刻頁碼以充全本。全書分上下集，各有六目，實即六卷，每卷篇幅相當於三回，可析爲十九回。據結尾句作"下回書鳳姐兒拈酸再找零"，作者似有另一篇子弟書《鳳姐兒拈酸》，今未見傳本。

## 全悲秋　五回

或謂作者爲韓小窗。民初天津排印本《千金全德》有林兆翰附識，謂："韓氏所撰，如《藏舟》、《別女》、《悲秋》之類，皆詞句閑雅，音節蒼涼，真有蕩滌邪穢、消融渣滓之妙。今則此調幾如廣陵散矣。"

百本張《子弟書目録》："全悲秋。五回。一吊八。"《中國俗曲總目稿》頁139、《子弟書總目》頁55著録。

演黛玉悲秋傷情事。據《紅樓夢》第八十七回"感秋聲撫琴悲往事"改寫而成。

中東轍。分別爲40、38、50、29、63韻。

版本：①清鈔本，車王府舊藏，北大圖書館·□812.08/5105/:121（248/19619，二十七葉半）；過録本，首圖縮印本54册頁305-317；北京整理本頁912-920；過録本，中大圖書館·92734；中大整理本頁1429-1437。[圖456-1]

②鈔本，傅斯年圖書館藏，T20-238；《俗文學叢刊》396册頁117-172。

②鈔本（殘），傅斯年圖書館藏，T-702、T-703，兩册。

**別題一：悲秋**

民初輯本《子弟書目録》："《紅樓夢》子弟書目録。悲秋。五回。"《子弟書總目》頁127著録。又《集錦書目》："你看那彩樓上悲秋的人兒同尋夢。"《子弟書約選日記》："悲秋。計五回。可選教盲生。"

版本：①百本張鈔本，傅惜華舊藏，藝研院·曲310.651/0.356（142914/3，存上册三回）。

②清刻本（首行題"新刻悲秋子弟書"），不分回，傅惜華舊藏，藝研院·曲310.651/0.356（142880）；《子弟書選》頁161-169，《紅樓夢子弟書》頁

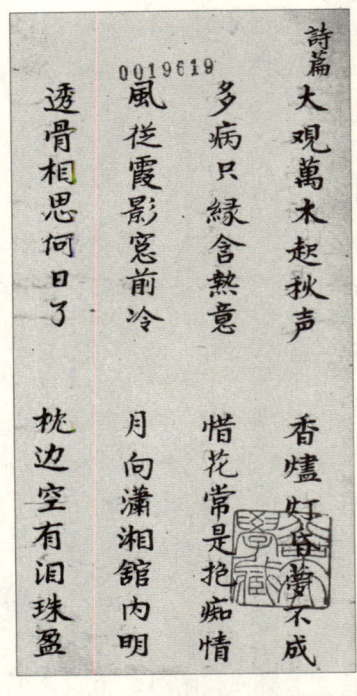 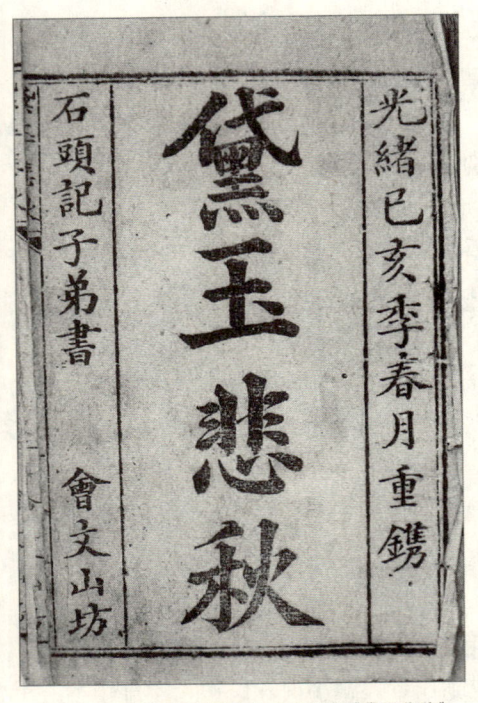

［圖456-1］車王府舊藏本《全悲秋》　　［圖456-2］長田夏樹藏會文山房刻本《黛玉悲秋》

46–47 均據以排印（作者均題"韓小窗"）。又，李嘯倉藏。

③清刻本（封面題"新編全段／黛玉悲秋"，正文作"新刻悲秋子弟書"），國家圖書館藏，98738、98739。

④別墅堂鈔本，程硯秋舊藏，藝研院・曲 319.651/0.582/5.79。

⑤光緒二十七年（1901）惠丞氏鈔本，分上下回，傅惜華舊藏，藝研院・曲 310.651/0.356（139375）。

⑥鈔本，國家圖書館藏，35558（《子弟書》卷十）。

⑦清鈔本，不分回，傅氏《總目》謂賈天慈舊有藏，今藏處未詳。

### 別題二：黛玉悲秋

別墅堂《子弟書目錄》："黛玉悲秋。四回。一吊四佰四。"《綠棠吟舘子弟書百種總目》卷十五、《子弟書總目》頁170著錄。

版本：①清鈔本，故宮博物院藏，《故宮珍本叢刊》699冊頁309–322（據書衣題名字跡，知實爲百本張鈔本）。[圖456-2]

②光緒二十四年（1898）金玉書坊刻本，傅氏《總目》謂有自藏本，今未見。

③鈔本，不分回，天津圖書館藏，集部－曲類－彈詞37489（有"瀋陽尚同間珍藏之印"、"尚同間印"、"同間"印，題"新刻悲秋子弟書"，當據刻本鈔錄，存第三回後半以下）。

④清刻本（封面題"新刻子弟書全段 / 黛玉悲秋 / 京都□□堂梓"，正文題"新刻悲秋子弟書"），國家圖書館藏三部，98524、98525、98847；又，日本九州大學濱文庫藏兩部，集162-26、集162-27。又，山西大學藏一部。

⑤光緒己亥（1899）會文山坊刻本（封面題"光緒己亥季春月重鐫 / 黛玉悲秋 / 石頭記子弟書 會文山坊"。有識語題"二凌居士拜觀"），長田夏樹藏。波多野太郎《子弟書集》據以收錄。

⑥清刻本（封面題"新出－黛玉悲秋"，正文題"新刻悲秋子弟書"），國家圖書館藏兩種，120481、98740，日本九州大學濱文庫藏兩部，集162-25、集162-24；又，傅斯年圖書館藏兩部，T-699、T-700。

⑦槐蔭山房刻本，不分回，今藏處未詳，《子弟書叢鈔》頁97-109據以排印（題"一回"，非。作者署"韓小窗"）。

⑧泰山堂鉛印本，封面題"黛玉悲秋 / 子弟書全段 / 改正準詞 / 北京打磨廠泰山堂印行"，首行題"新刻悲秋子弟書"，T-701。又，雙紅堂文庫藏，戲曲‧190。波多野太郎《子弟書集》據同一版本影印。

⑨成順堂刻本，不分回，馬彥祥藏，今藏處未詳。

⑩《鼓詞彙集》第一輯排印本頁1-9，作三回。又《鼓詞選‧大鼓編》亦有收錄。

**別題三：林黛玉悲秋**

版本：①石印本（書衣題"林黛玉悲秋子弟書"），國家圖書館藏，98633。

②石印本（"宿"字號），傅斯年圖書館藏，T-728。

③石印本（"天"字號），傅斯年圖書館藏，T-727。

④石印本（"騰"字號），東京大學東洋文化研究所永尾文庫，集V5-10。波多野太郎《子弟書集》據同一版本影印。又，首圖‧集‧丁9418（《鼓詞彙刊》之19）。

⑤奉天石印本，藝研院‧曲310.651/0.356（07772/32）。

**別題四：悲秋探病**

樂善堂《子弟大鼓書目錄》："子弟書五回起。一吊文。悲秋探病。"
未見傳本。

【說明】光緒己亥（1899）會文山坊刻本卷首有題識："前人韓小窗，所編各種子弟書詞，頗爲快炙口談，堪稱文壇捷將，乃都門名手。惟此《悲秋》一段，未注姓氏，而句中筆法，可與歐陽賦共賞。描寫傳神，百讀不厭。故將本內錯字，更正無訛，令看官入目了然。書坊主人求余跋序，僅題二句云：乃見煥乎非俗手，不知作者是何人。二凌居士拜觀。"則其時已不詳此本作者爲何人了。

又，得碩亭《草珠一串》所作京都竹枝詞，有"西韻《悲秋》書可聽，浮瓜沉李且歡娛"。《草珠一串》有嘉慶十九年（1814）自序，可知此篇作於嘉慶十九年之前。

### 寶玉探病 二回

作者未詳。

百本張《子弟書目録》："寶玉探病。紅樓夢。二回。七佰。"別埜堂《子弟書目録》："寶玉探病。二回。七佰二。"《子弟書總目》頁 177 著録。

此係擷取《全悲秋》第三首詩篇及第三、四回曲文成書，一字未改。中東轍。第一回有詩篇，50 韻，二回 26 韻。

版本：①百本張鈔本，梅蘭芳舊藏，藝研院・曲 319.651/0.582/6.97。
② 別埜堂鈔本，杜穎陶舊藏，藝研院・曲 319.651/0.582/8.78。
③ 舊鈔本，杜穎陶舊藏，藝研院藏，曲 319.651/0.582/8.147。
④ 北京木刻本，東京大學東洋文化研究所永尾文庫藏（V5-21）。
⑤ 北京中華印刷局排印本，雙紅堂文庫 190 唱本之第 5 帙第 2 册。
⑥《鼓詞選・大鼓編》排印本。

詩篇一寸眉心恨几重 釵環慵整髮蓬鬆
黄花都是形容瘦 秋雨何如泪点盈
薄命凋零知有分 相思解釋嘆無徑
斷腸最是瀟湘館 露冷霜寒泣暮螢

［圖 457］傅斯年圖書館藏鈔本《探病》

別題：探病

《中國俗曲總目稿》頁 31、《子弟書總目》頁 110 著録。

版本：① 百本張鈔本，吴曉鈴舊藏，首圖・己 518；又，程硯秋舊藏，藝研院・曲 319.651/0.582/5.80。
② 鈔本，傅斯年圖書館藏，T7-078（封底題"寶玉探病"）；《俗文學叢刊》396 册頁 97-116。［圖 457］
③ 鈔本，傅斯年圖書館藏，T7-077。

【説明】此篇亦被改作小段鼓書而流行，有題爲"寶玉探病"的刻本及排印本。如早稻田大學藏刻本封面題"紅樓夢段／寶玉探病／□□堂"。首句作"數句隆冬冷似過冰，滴水簷前掛玉釘。什麽人留下的半部紅樓夢，列位不知洗耳聽。"

### 雙玉聽琴 二回

作者未詳。

百本張《子弟書目錄》："雙玉聽琴。紅樓夢。二回。八佰。"別埜堂《子弟書目錄》："雙玉聽琴。二回。七佰二。"樂善堂《子弟大鼓書目錄》著錄，書價"五佰文"。民初輯本《子弟書目錄》列入"《紅樓夢》子弟書目錄"。並見《綠棠吟舘子弟書百種總目》卷十五、《中國俗曲總目稿》頁649、《子弟書總目》頁173著錄。《子弟書約選日記》："雙玉聽琴。計二回。可教盲生，尚須刪改。"

演寶玉、妙玉聽黛玉撫琴事。據《紅樓夢》第八十七回"感秋聲撫琴悲往事"改編。

人辰轍。55、28韻。

版本：①清鈔本，車王府舊藏，北大圖書館・□812.08/5105/:115（143/19514，十一葉）；過錄本，首圖・甲四2197；首圖縮印本55冊頁183–188；北京整理本頁340–342；過錄本，中大圖書館・92654；中大整理本頁1349–1352。《紅樓夢子弟書》頁217–223據以排印（作者題"韓小窗"）。[圖458]

②百本張鈔本，程硯秋舊藏，藝研院・曲319.651/0.582/5.88。

③清鈔本，故宮博物院藏，《故宮珍本叢刊》699冊頁219–224（據書衣題名字跡，知實爲百本張鈔本）。

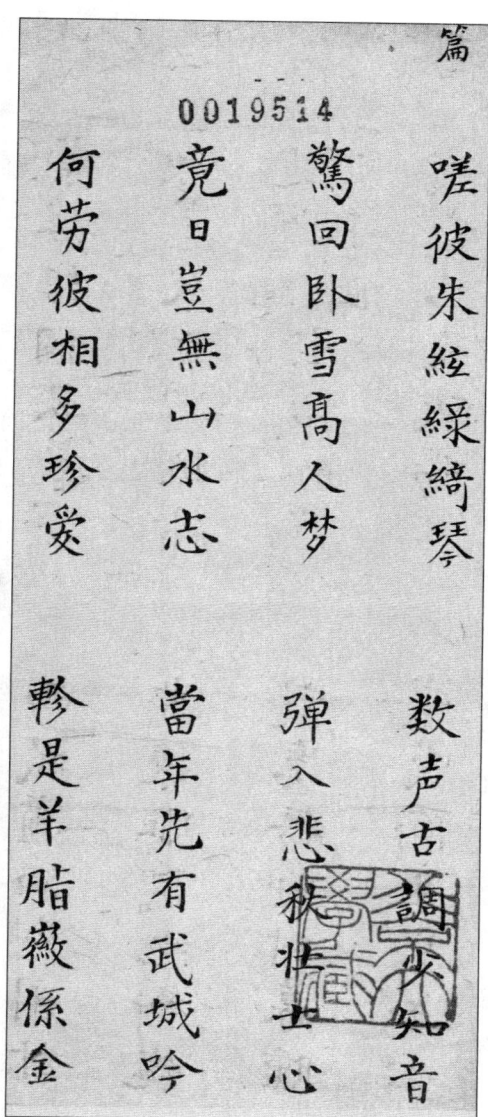

[圖458] 車王府舊藏本《雙玉聽琴》

④光緒二十七年（1901）鈔本，傅惜華舊藏，藝研院・曲310.651/0.356（139375）。

⑤別埜堂鈔本，程硯秋舊藏，藝研院・曲319.651/0.582/5.87。

⑥鈔本，傅斯年圖書館藏，T–706；《俗文學叢刊》396冊頁71。

⑦清刻本，不分回，傅惜華舊藏，藝研院・曲310.651/0.356（142881）。又，國家圖書館藏，98232（卷首脱一葉）。

⑧文萃堂刻本（封面題"新刻子弟書/雙玉聽琴/文萃堂梓行"），國家圖書館藏，98934（有舊藏者識"知音館主存古"）；又，梅蘭芳舊藏，藝研院・曲

　　　　319.651/0.582/6.80。

⑨鈔本，中研院近代史所藏，《子弟書十種》之第五種。

⑩鈔本，傅斯年圖書館藏，T13-165。

⑪清鈔本，天津圖書館藏，集部－曲類－彈詞 37320。

⑫光緒二十四年（1898）文盛堂刻本（封面題"光緒戊戌年次奥伏日梓鎸／雙玉聽琴／清音子弟書－盛京文盛堂"。卷前有撫琴圖一幀。書尾有二凌居士題詩一首"作者當年手非凡，都門名士共相傳。開談不講《紅樓夢》，讀盡詩書是罔然"），不分回，傅惜華舊藏，今歸藝研院；《子弟書叢鈔》頁 499-504 據同一版本排印。

⑬石印本，傅斯年圖書館藏，T-626；T-707。

⑭阿英《紅樓夢書錄》著錄有道光二十三年（1843）北京金梯雲抄本，今存處未詳。

⑮《子弟書選》頁 170-173 排印本。另有上海大成書局石印本、北京排印本等，不具列。

## 黛玉聽琴　□回

作者未詳。

《緑棠吟舘子弟書百種總目》卷十四著錄。

所敘內容及回數均未詳。疑即上條《雙玉聽琴》之別題。俟考。

未見傳本。

## 雙玉緣　三回

作者未詳。

樂善堂《子弟大鼓書目錄》："三回起。一吊八。雙玉緣。"

所演當爲《紅樓夢》寶黛故事。

未見傳本。

## 石頭記　四回

作者未詳。

百本張《子弟書目錄》："石頭記。紅樓。四回。一吊六。"《中國俗曲總目稿》頁 126、《子弟書總目》頁 46 著錄。又《集錦書目》第 6 句："老漁翁在**石頭記**上獨釣寒江。"

演寶玉迎娶寶釵，黛玉焚稿，抑鬱以盡。本事見《紅樓夢》第九十七回"林黛玉焚稿斷痴情"。

中東轍。分別爲 40、48、36、37 韻。

版本：①清鈔本，車王府舊藏，北大圖書館‧□812.08/5105/:119（224/19695，

二十一葉）；《紅樓夢子弟書》頁 224-236；過錄本，首圖·甲四 2278；首圖縮印本 54 冊頁 283-292；北京整理本頁 752-758；過錄本，中大圖書館·92014；中大整理本頁 1438-1444。《紅樓夢子弟書》頁 224 據以排印。[圖 459]

② 百本張鈔本，傅惜華舊藏，藝研院·曲 310.651/0.356（139269）；《子弟書叢鈔》頁 505-515 據同一版本排印。

③ 鈔本，傅斯年圖書館藏，T15-211；《俗文學叢刊》396 冊頁 173。

④ 鈔本，傅斯年圖書館藏，T15-210。

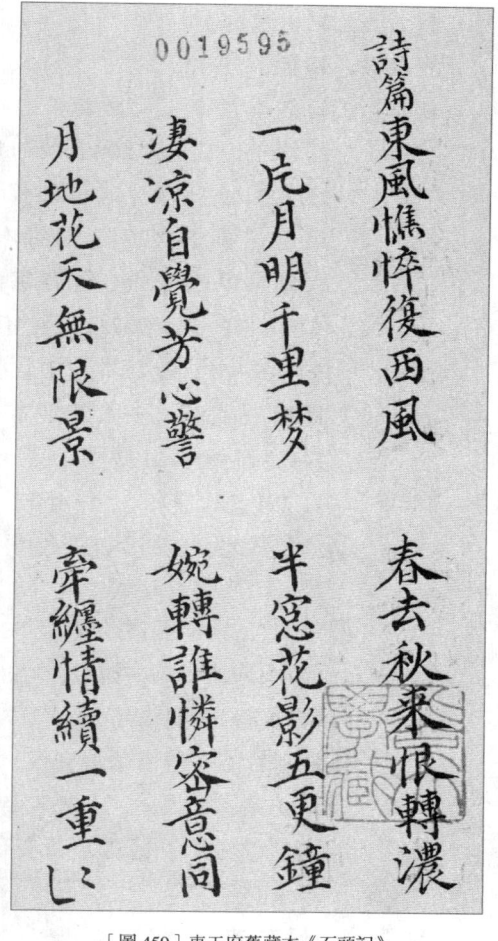

[圖 459] 車王府舊藏本《石頭記》

## 焚稿　四回

作者未詳。

民初輯本《子弟書目錄》："《紅樓夢》子弟書目錄。焚稿。四回。"《子弟書總目》頁 124 著錄。

演黛玉焚稿事。本事見《紅樓夢》第九十七回"林黛玉焚稿斷痴情"。

版本：① 鈔本，傅氏《總目》謂馬彥祥有藏，今藏處不詳。

按：《石頭記》子弟書第四回亦演焚稿事，疑此本《焚稿》或係其別題。

## 思玉戲環　一回

作者未詳。

百本張《子弟書目錄》："思玉戲環。即候芳魂。春。一回。四佰。"別埜堂《子弟書目錄》："思玉戲環。即候芳魂。一回。四佰。"樂善堂《子弟大鼓書目錄》著錄，書價"二佰文"。民初輯本《子弟書目錄》謂"思玉戲環即候芳魂"，列入"《紅樓夢》子弟書目錄"。《綠棠吟舘子弟書百種總目》卷十六、《中國俗曲總目稿》頁 515、《子弟書總目》頁 82 著錄。又《集錦書目》第 84 句："你那裏思玉戲環逗癲狂。"

演寶玉冀與黛玉之芳魂相遇，恍惚間誤認五兒作晴雯。本事見《紅樓夢》第一零九

回 "候芳魂五兒承錯愛"。

言前轍，40韻。

版本：①清鈔本，車王府舊藏，北大圖書館·□812.08/5105/:110 (5/19376，五葉)；《紅樓夢子弟書》頁291–294；過錄本，首圖·甲四2059；首圖縮印本54冊頁364–367；北京整理本頁9–10；過錄本，中大圖書館·91396；中大整理本頁1445–1446。《紅樓夢子弟書》頁291據以排印。[圖460]

②《舊鈔北平俗曲》本，劉復舊藏，民族圖書館藏。

③鈔本，傅斯年圖書館藏，T-582。

④鈔本，傅斯年圖書館藏，T-583；《俗文學叢刊》396冊頁217。

⑤曲盦鈔本，傅惜華舊有藏，今未訪見。

⑥別埜堂鈔本，傅惜華舊有藏，今未訪見。

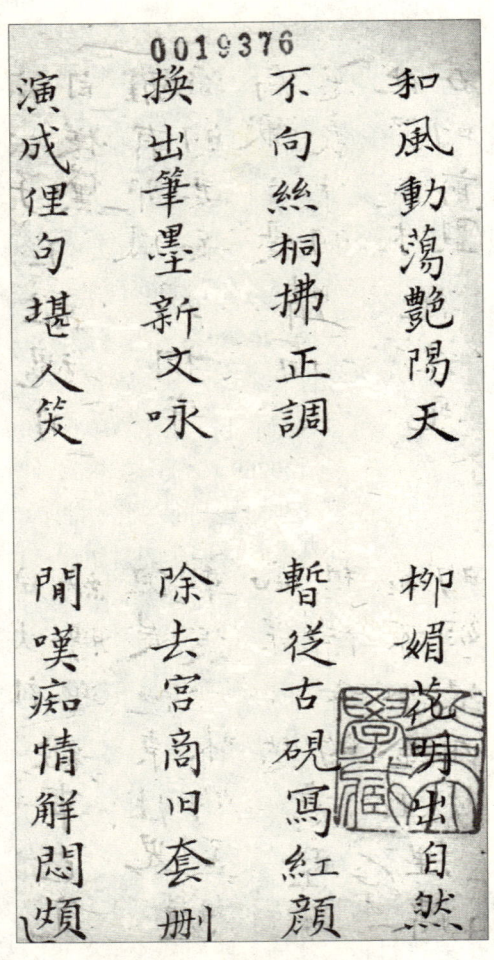

[圖460] 車王府舊藏本《思玉戲環》

**別題一：候芳魂**

民初輯本《子弟書目錄》："《紅樓夢》子弟書目錄。候芳魂。一回。"《子弟書總目》頁101著錄。

版本：①百本張鈔本，傅氏《總目》謂賈天慈舊有藏，今藏處未詳。

**別題二：戲柳**

《子弟書約選日記》："戲柳，計一回。即《紅樓》中'候芳魂五兒承錯愛'一段故事，無非描寫寶玉痴情，不錄。"據內容當即《候芳魂》子弟書，姑列於此。

未見傳本。

## 露淚緣 十三回

作者韓小窗。

百本張《子弟書目錄》："露淚緣。紅樓夢，十三折。十三回。四吊八。"別埜堂《子弟書目錄》："露淚緣。紅樓。十三回。四吊四。"樂善堂《子弟大鼓書目錄》著錄，書價"三吊九"。民初輯本《子弟書目錄》列入"《紅樓夢》子弟書目錄"。《綠棠吟舘子弟書百種總目》

卷十四、《中國俗曲總目稿》頁362、《子弟書總目》頁179著錄。

演王熙鳳設掉包計使寶玉與寶釵結婚，黛玉病歿、寶玉夢中證緣故事。取材於《紅樓夢》第九十六"瞞消息鳳姐設奇謀，泄機關顰兒迷本性"、九十七回"林黛玉焚稿斷痴情，薛寶釵出閨成大禮"、九十八回"苦絳珠魂歸離恨天，病神瑛淚灑相思地"、一百十三回"釋舊憾情婢感痴郎"、一百十六回"得通靈幻境悟仙緣"。

用十三轍韻。頭回〈鳳謀〉，言前轍；二回〈傻洩〉，梭撥轍；三回〈痴對〉，一七轍；四回〈神傷〉，江陽轍；五回〈焚稿〉，人辰轍；六回〈誤喜〉，由求轍；七回〈鵑啼〉，灰堆轍；八回〈婚詫〉，遥條轍；九回〈訣婢〉，懷來轍；十回〈哭玉〉，發花轍；十一回〈閨諷〉，姑蘇轍；十二回〈證緣〉，中東轍；十三回〈餘情〉，乜斜轍。（鈔本十二回爲〈餘情〉、十三回爲〈證緣〉。每回54韻。

版本：①清鈔本，車王府舊藏，首圖藏（題《路林緣》）；首圖縮印本55册頁12-51；北京整理本1531-1556。

②清鈔本，國家圖書館藏，98083。

③百本張鈔本，梅蘭芳舊藏，藝研院·曲319.651/0.582/6.65/1-4。又，中國戲曲研究院原藏，藝研院·曲319.651/0.582（兩卷。無回目。每頁箋有"文化部戲曲改進局鈔藏"字樣。卷末有"一九五一年十一月七日收到"印）。又，雙紅堂文庫·戲曲·200。又，故宮博物院藏，《故宮珍本叢刊》697册頁328-349（闕前四回；八至十回錯簡在第698册頁37-47）。[圖461-1]

④清鈔本，故宮博物院藏，《故宮珍本叢刊》698册頁1-58（內有十頁爲百

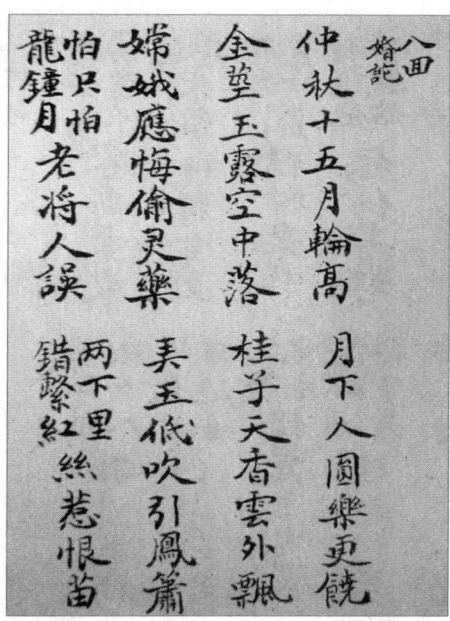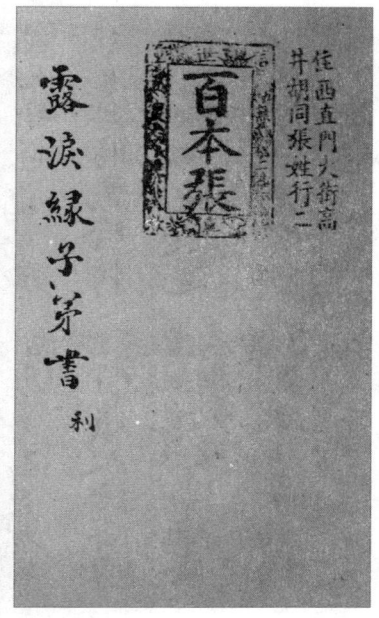

[圖461-1]故宮藏百本張鈔本《露淚緣》

本張鈔本之錯簡，見前文）。

⑤別埜堂鈔本，程硯秋舊藏，藝研院·曲 319.651/0.582/5.3。按：傅氏《總目》所錄程氏藏本作百本張本，當是誤記。

⑥聚卷堂鈔本，杜穎陶舊藏，藝研院·曲 319.651/0.582/8.130-133。

⑦光緒間會文山房刻本，阿英舊藏，今存處不詳，《紅樓夢子弟書》頁 237-290，據會文山房刻本排印。

⑧清刻本，傅斯年圖書館藏，T44-506，《俗文學叢刊》396 册收錄。又，吳曉鈴舊藏，首圖·己 508。

⑨文盛書房刻本（封面："露淚緣 / 新刻子弟書 / 頭本上結黛玉悲秋 / 文盛書房梓行"，有識語題 "二凌居士拜觀"，長田夏樹藏；波多野太郎《子弟書集》據以收錄。又，東京都立圖書館藏，特別買上文庫·8556-1。又，遼寧省圖書館藏。[圖 461-2]

⑩光緒十二年（1886）劉葵海鈔本，馬廉舊藏，北大圖書館·MX814.77/1032。

⑪鈔本（有 "北京圖書館鈔藏" 印），國家圖書館藏，《曲文四種》内，35611。《子弟書叢鈔》頁 110-153 據同一版本排印。

⑫鈔本，傅斯年圖書館藏，Sup-714、T44-508、T44-507 三册合爲一種。

⑬耕心堂鈔本，傅氏《總目》謂賈天慈有藏，今未知藏處。

⑭另有清末民初北京、上海、瀋陽等地石印本、排印本多種，國圖、首圖、藝研院、傅斯年圖書館藏等均有藏，不錄。

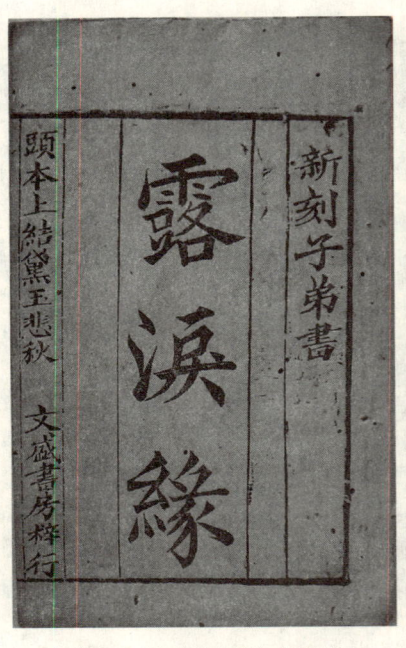

[圖 461-2] 文盛書房刻本《露淚緣》

[圖 461-3] 崇文閣刻本《露淚緣》

別題：紅樓夢

《中國俗曲總目稿》頁 1063、《子弟書總目》頁 88 著錄。

版本：①崇文閣刻本（封面題"新刻露淚緣全段／紅樓夢子弟書／京都崇文閣梓行"，書籤、版心題"露淚緣"），李嘯倉藏。［圖 461-3］

②北京刻本（版心題"露淚緣"），國家圖書館藏，33801。

【説明】會文山房刻本、文盛書房刻本卷首有題識："前人韓小窗，所編各種子弟書詞，頗爲快炙口談，堪稱文壇健將，乃都門名手。惟此《悲秋》一段，未註姓氏，而句中筆法，可與歐陽賦共賞，描寫傳神，百讀不厭。故將本内錯字，更正無訛，令看官入目了然。書坊主人求余跋序，僅題二句云：乃見煥乎非俗子，不知作者是何人。二凌居士拜觀。"

## 紫鵑思玉　一回

作者未詳。

樂善堂《子弟大鼓書目録》："一回。三百文。紫鵑思玉。"《子弟書總目》頁 119 著録。

演紫鵑思念黛玉事。此篇疑即《露淚緣》第十三回"餘情"之單行本。

版本：①百本張鈔本，傅氏《總目》謂賈天慈舊有藏，今藏處未詳。

## 寶釵産玉　二回

作者未詳。

百本張《子弟書目録》："寶釵産玉。産黛玉。緒紅樓。二回。八佰。"別埜堂《子弟書目録》："寶釵産玉。産黛玉。二回。七佰二。"樂善堂《子弟大鼓書目録》著録，書價"四佰文"。民初輯本《子弟書目録》列入"《續紅樓夢》子弟書目録"。《子弟書總目》頁 178 著録。

演寶釵生子、劉姥姥爲接生事。據娜嬛山樵《補紅樓夢》第七回"四喜臨門寶釵産子"改編。

中東轍，分別爲 35、32 韻。

版本：①清鈔本，車王府舊藏，北大圖書館·□ 812.08/5105/:115

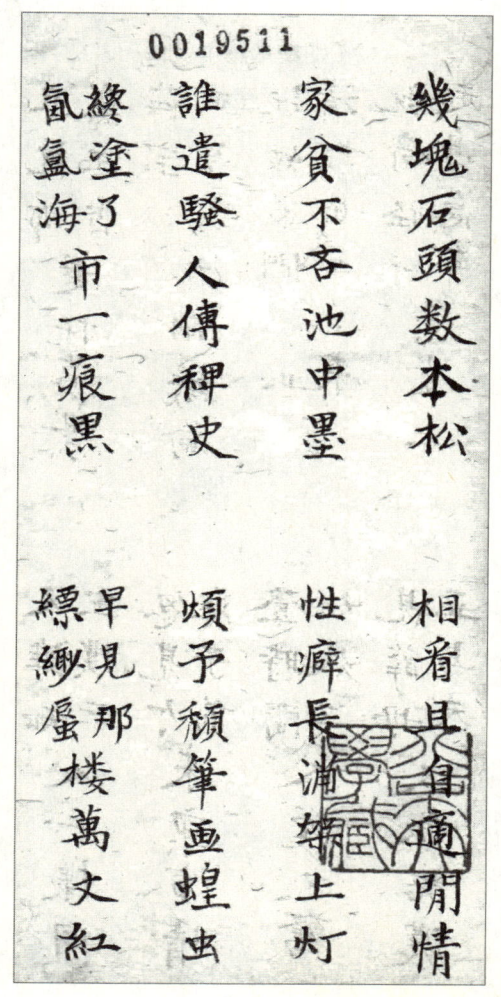

［圖 462］車王府舊藏本《寶釵産玉》

（140/19511，八葉半）；過錄本，首圖‧甲四 2194；首圖縮印本 55 冊頁 192–195；北京整理本頁 329–331；過錄本，中大圖書館‧92651；中大整理本頁 1407–1409。[圖 462]

②清鈔本，故宮博物院藏，《故宮珍本叢刊》699 冊頁 336–340（據書衣題名字跡，知實爲百本張鈔本）。

③百本張鈔本，程硯秋舊藏，藝研院‧曲 319.651/0.582/5.89。

④鈔本，傅氏《總目》謂馬彥祥有藏，今藏處未詳。

### 別題一：産玉

《中國俗曲總目稿》頁 30、《子弟書總目》頁 104 著錄。

版本：①鈔本，國家圖書館藏，98317/2（"葬花"、"産玉"兩種合鈔本）。

②鈔本，傅斯年圖書館藏，T6–074；《俗文學叢刊》396 冊頁 231。

③鈔本，傅斯年圖書館藏，T6–075。

④別垫堂鈔本，傅氏《總目》謂有自藏本，今未見。

### 別題二：寶釵産桂

《綠棠吟舘子弟書百種總目》卷十六著錄。

未見傳本。

# 《聊齋誌異》子弟書

## 俠女傳  一回

原作者未詳。《舊鈔北平俗曲》本題下署"煦園改訂"。

百本張《子弟書目錄》："俠女傳。一回。四佰。"（一本價格作"五佰"）別埜堂《子弟書目錄》著錄相同。《中國俗曲總目稿》頁182、《子弟書總目》頁84著錄。

演俠女與崔生故事。據《聊齋誌異》卷二"俠女"篇改編。

由求轍，40韻。

版本：①清鈔本，車王府舊藏，北大圖書館·□812.08/5105/:111（40/19411，五葉）；

［圖463］劉復舊藏鈔本《俠女傳》

《聊齋誌異說唱集》頁2-4（參校劉復舊藏煦園改訂本）。過錄本，首圖·甲四2103；首圖縮印本55冊頁281-283；北京整理本頁81-82。過錄本，中大圖書館·91277；中大整理本頁1092-1093（題作"俠女"）。
②別埜堂鈔本，程硯秋舊藏，藝研院·曲319.651/0.582/5.69。
③曲盦鈔本，傅惜華舊藏，藝研院·曲310.651/0.356（148726）。
④鈔本，傅斯年圖書館藏，T24-295；《俗文學叢刊》399冊頁153。
⑤煦園改訂本，《舊鈔北平俗曲》內收錄，民族圖書館藏。[圖463]
⑥鈔本，傅斯年圖書館藏，T24-296。

### 蓮香傳 一回

原作者未詳。

《舊鈔北平俗曲》本題下署"煦園改訂"。

百本張《子弟書目錄》："蓮香傳。一回。四佰。"（一本價格作"五佰"）《中國俗曲總目稿》頁316、《子弟書總目》頁159著錄。

敘桑生與狐女蓮香和女鬼李氏之姻緣事。據《聊齋誌異》卷二"蓮香"篇改編。

人辰轍，50韻。

版本：①百本張鈔本，程硯秋舊藏，藝研院·曲319.651/0.582/5.74。

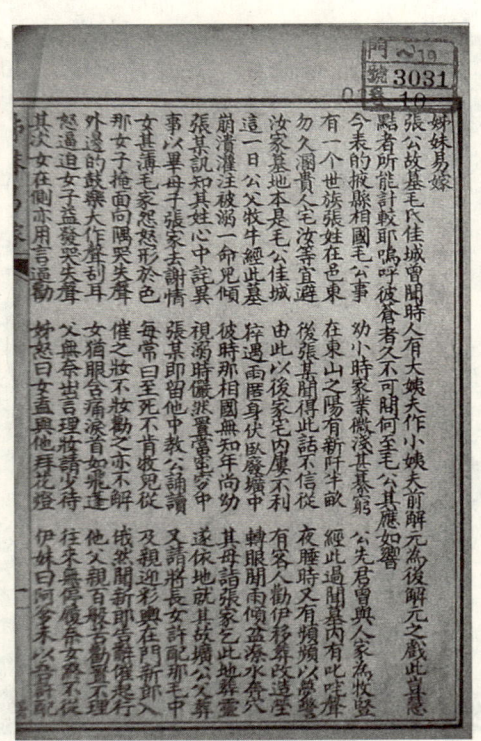

[圖464] 劉復舊藏鈔本《蓮香傳》　　　　[圖465] 早稻田藏石印本《姊妹易嫁》

②鈔本，傅斯年圖書館藏，T41-465；《俗文學叢刊》399 冊頁 165。
③煦園改訂本，《舊鈔北平俗曲》所錄（題下署"煦園改訂"），民族圖書館藏，文字略異。[圖 464]
④鈔本，傅斯年圖書館藏，T41-466。
⑤鈔本，傅斯年圖書館藏，T41-467。

**別題：蓮香**
未見著錄。
版本：①清鈔本，車王府舊藏，北大圖書館・□ 812.08/5105/:111（38/19409，六葉半），《聊齋誌異說唱集》頁 5-7（參校劉復舊藏煦園改訂本）。過錄本，首圖・甲四 2092；首圖縮印本 55 冊頁 445-448；北京整理本頁 77-78。過錄本，中大圖書館・91275；中大整理本頁 1078-1079。
②曲盦鈔本，傅惜華舊藏，藝研院・曲 310.651/0.356（148717）。

## 姊妹易嫁　二回

作者未詳。

《中國俗曲總目稿》頁 476 著錄有北京石印本，未標注曲類名。按：石印本題"新刻姐妹易嫁子弟書詞"，故予收錄。

演毛公因父葬佳塋，註定發跡，張某遂以大女妻之。臨嫁，女不從，其妹願代姊嫁。後毛公果發跡，而其姊則夫死出家，妹雖贈以百金，亦無福消受。據《聊齋誌異》卷四"姊妹易嫁"篇略加點竄而成。

中東轍，66 韻。原不分回，可酌爲分二回。

版本：①石印本（首行題"新刻姐妹易嫁子弟書詞卷一"；版心題"律"，與《玉美人長恨》、《太師回朝》等合刊），傅斯年圖書館（T-719、T-720）、國家圖書館（98636）、早稻田大學風陵文庫等均有藏。
②石印本《繪圖改良新劇》第十九冊收錄，早稻田大學圖書館圖書館藏（ヘ19-3031），按此本有改刪，全篇統一爲十字一句。[圖 465]
③奉天東都石印局石印本，藝研院・曲 310.651/0.356/07772/35。《鼓詞彙集》第四輯頁 134-136，據同一版本排印。

【説明】各本卷首有序詞，改竄《聊齋》小説之"異史氏曰"作："張公故墓，毛氏佳城。曾聞時人有大姨夫作小姨夫、前解元作後解元之戲，此豈慧點者所能計較耶？嗚呼，彼蒼者，久不可部問。何至毛公，其應如響？"

## 大姨換小姨　四回

作者未詳。

民初輯本《子弟書目錄》："陶情子弟書目錄。大姨換小姨。四回。"《子弟書總目》

頁 31 著錄。

所演故事當與《聊齋誌異》卷四"姊妹易嫁"篇相似，故繫於此。

版本：①鈔本，傅氏《總目》謂馬彥祥有藏，今藏處未詳。

## 夢中夢　三回

作者蘭歧華胥未覺叟著，薇原静壽堂主人定。據刻本所署。《中國俗曲總目稿》頁 290 著錄。

演曾某占星獲宰相之候，因入夢，享盡二十年繁華與專橫，後遭劾，被遣遇盜，身首異處。據《聊齋誌異》卷四"續黃粱"篇改寫，多沿用小説詞句，唯所敘至屍橫頭落而止，不敘入地獄諸事。故今傳本似非完整之本。

頭回〈入夢〉，人辰轍，22 韻；二回〈熱夢〉，中東轍，35 韻；三回〈噩夢〉，姑蘇轍，35 韻。

版本：①光緒二十七年辛丑（1901）刻本，藝研院藏，《清音子弟書》合訂本，曲 310.651/0.356( 07772/9 )。《子弟書珍本百種》頁 479–482 據同一刻本排印（題"作者佚名"）。［圖 466］

②石印本（版心題"集"字，與《馬跳潭溪》等合冊），神户外國語大學、天津圖書館、藝研院（傅惜華舊藏，曲 310.651/0.356/1）等均有藏。

③石印本（版心題"初"字），傅斯年圖書館藏，T36–428。

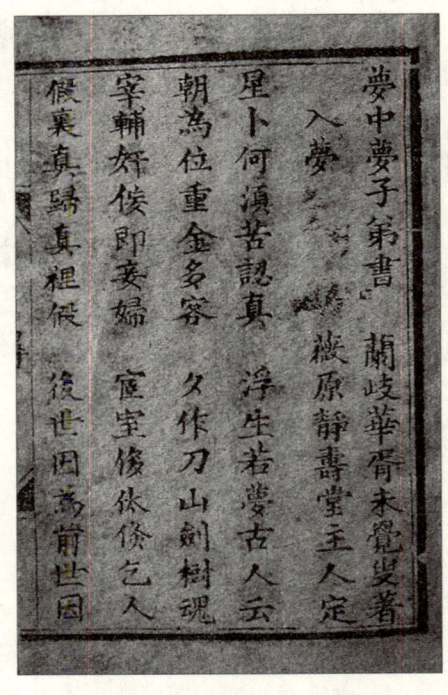

［圖 466］藝研院藏清刻本《夢中夢》

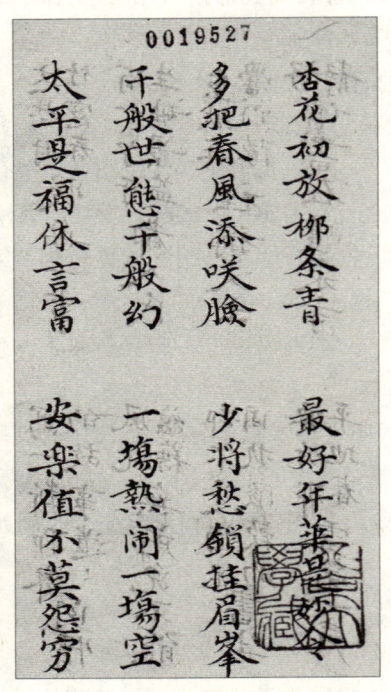

［圖 467］車王府舊藏本《綠衣女》

**別題：續黃粱**

《綠棠吟舘子弟書百種總目》卷十七、《子弟書總目》頁182著錄。又《集錦書目》第14句："長隨嘆說笑他們不醒這蝴蝶夢黃粱。"

未見傳本。

【說明】刻本封面鐫"光緒辛丑年小陽春月鐫，夢中夢，子弟書目錄：入夢、熱夢、噩夢"。卷端題"夢中夢子弟書，蘭歧華胥未覺叟著，薇原靜壽堂主人定"。石印本正文首行題"夢中夢子弟書／蘭歧華胥未覺叟著／薇原靜壽堂主人定"。故石印本實據刻本翻印。

刻本卷首有自序："人生特一夢耳。然夢境不一：或以富夢，或以貴夢，或以老壽夢，或以貧窶夢，究未若曾某之善夢者。忽而孝廉，忽而宰輔，忽而陞，忽而貶，忽而囚，忽而鬼，忽而受冥誅，忽而返陽世，忽而乞人，忽而妾婦，數十年之榮辱死亡，不過須臾夢寐中幻象。雖莊生之蝴蜨，鄭人之蕉鹿，邯鄲之一枕，槐國之南柯，未必有如斯之變態也。然入得夢去，也出得夢來。曾生亦可謂其夢人，非若尋常之夢夢一生者可比。辛丑孟冬月望日黑甜鄉華胥未覺叟自序於夢春草之西堂側。"

**綠衣女** 二回

作者竹窗。據卷首詩篇："這些時竹窗春暖無一事，寫一段聊齋的故事遣遣閒情。"另有聚卷堂鈔本"竹窗"作"小窗"，故或謂韓小窗作。

百本張《子弟書目錄》："綠衣女。誌異。二回。一吊。"別埜堂《子弟書目錄》："綠衣女。誌異。二回。八佰。"《中國俗曲總目稿》頁291、《子弟書總目》頁151著錄。

演于生與幻化成美女的綠蜂相會、相救故事。據《聊齋誌異》卷五"綠衣女"篇改編。頭回中東轍，50韻；二回言前轍，53韻。

版本：①清鈔本，車王府舊藏，北大圖書館·□812.08/5105/:115（156/19527，十三葉）；《聊齋誌異說唱集》頁8–12（作者署"竹窗"）。過錄本，首圖·甲四2210；首圖縮印本55冊頁469–474；北京整理本頁386–389。過錄本，中大圖書館·92667；中大整理本頁1074–1077。[圖467]

②別埜堂鈔本，程硯秋舊藏，藝研院·曲319.651/0.582/5.63；又，杜穎陶舊藏，藝研院·曲319.651/0.582/8.94；《子弟書叢鈔》頁154–160據同一版本排印（作者署"韓小窗"）。

③鈔本，傅斯年圖書館藏，T36–433；《俗文學叢刊》399冊頁235。

④鈔本，傅斯年圖書館藏，T36–434。

⑤聚卷堂鈔本，《子弟書叢鈔》頁160引錄有此本，未見。

**馬介甫** 一回

作者未詳。另有《舊鈔北平俗曲》本，署"煦園改訂"。

百本張《子弟書目錄》："馬介甫。一回。四佰。"（一本價格作"五佰"）《綠棠吟舘

《子弟書百種總目》卷十七、《中國俗曲總目稿》頁209、《子弟書總目》頁93著錄。

演狐仙馬介甫助楊萬石治悍妻而未果之事。據《聊齋誌異》卷六"馬介甫"篇改編。言前轍，50韻。

版本：①清鈔本，車王府舊藏，北大圖書館·□812.08/5105/:111（41/19412，六葉半），《聊齋誌異説唱集》頁13-15（參校劉復舊藏煦園改訂本）。過錄本，首圖·甲四2104；首圖縮印本55冊頁316-319；北京整理本頁83-84。過錄本，中大圖書館·91278；中大整理本頁1054-1055。

②百本張鈔本，程硯秋舊藏，藝研院·曲319.651/0.582/5.67；又，吳曉鈴舊藏，首圖·己448。

③《舊鈔北平俗曲》本，劉復舊藏，民族圖書館藏（題"聊齋馬介甫 煦園改訂"）。[圖468]

④曲盫鈔本，傅惜華舊藏，藝研院·曲310.651/0.356（148718）。

⑤舊鈔本，藝研院·曲319.651/0.581/8.169，歸入杜穎陶舊藏。按：傅氏《總目》著錄有程硯秋藏舊鈔本，而無杜穎陶藏本，疑兩藏本原是一本。

⑥鈔本，傅斯年圖書館藏，T29-319；《俗文學叢刊》399冊頁329（此本據《舊鈔北平俗曲》移錄）。

⑦鈔本，傅斯年圖書館藏，T29-320。

⑧鈔本，傅斯年圖書館藏，T29-321。

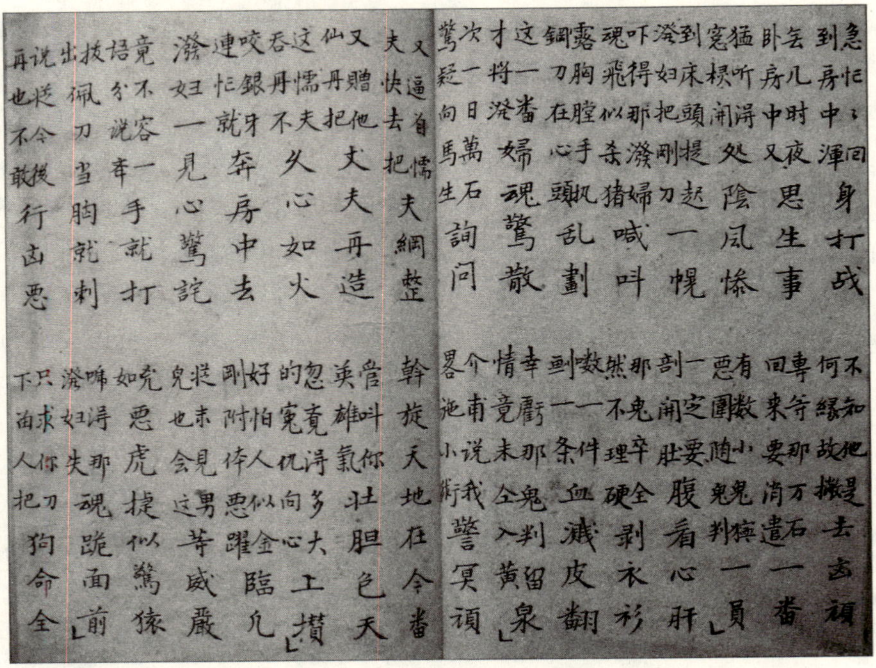

［圖468］劉復舊藏鈔本《馬介甫》

⑨別埜堂鈔本，傅氏《總目》謂有自藏本，今未見。

## 大力將軍 一回

作者未詳。

百本張《子弟書目録》：“大力將軍。一回。四佰。”《子弟書總目》頁 30 著録。

演大力將軍吴六奇因受查伊璜之恩而圖報答之事。據《聊齋誌異》卷六“大力將軍”篇改編。

中東轍，50 韻。

版本：①清鈔本，車王府舊藏，北大圖書館·□ 812.08/5105/:111（36/19407，六葉半），《聊齋誌異説唱集》頁 16–18（參校劉復舊藏煦園改訂本）。過録本，首圖·甲四 2090；首圖縮印本 55 册頁 248–251；北京整理本頁 73–74。過録本，中大圖書館·91273；中大整理本頁 1065–1066。［圖 469］

②百本張鈔本，程硯秋舊藏，藝研院·曲 319.651/0.582/5.68；又，傅斯年圖書館藏，T–540–1（鈐“世傳百本張 / 言無二價 / 童叟無欺”）；又一部，T–540–2（鈐“别還價 / 百本張”印）。

③舊鈔本，藝研院，曲 319.651/0.581/8.169，歸入杜穎陶舊藏。按：傅氏《總目》著録有程硯秋藏舊鈔本，而無杜穎陶藏本，疑兩藏本原是一本。

0019407
身如山岳氣如虹
積雪堆中埋壯士
千金报德非难事
演一回
大力将軍奇士傳
自笑途窮志不窮
旱田院内識英雄
隻眼看人羡此情
他二人的
雅意高懷迥不同

［圖 469］車王府舊藏本《大力將軍》

聊齋大力将軍傳 煦園改訂
身如山岳氣如虹
積雪堆中埋壯士
千金德报非容易
大力将軍奇士傳
莫笑途窮志不穹
旱田院内識英雄
看人巨眼羡查翁
他二人雅意高怀迥不同

［圖 470］劉復舊藏鈔本《大力將軍傳》

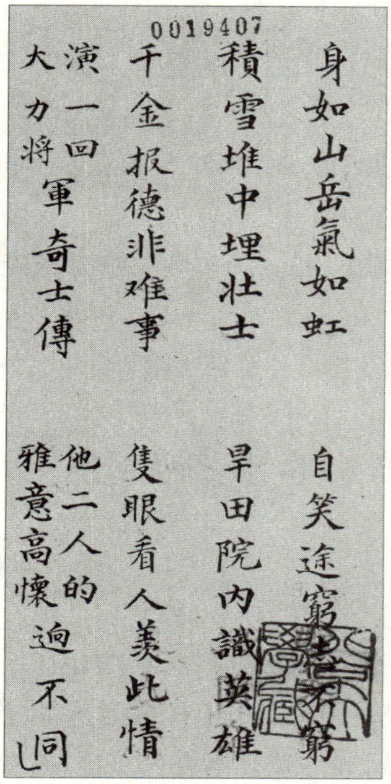

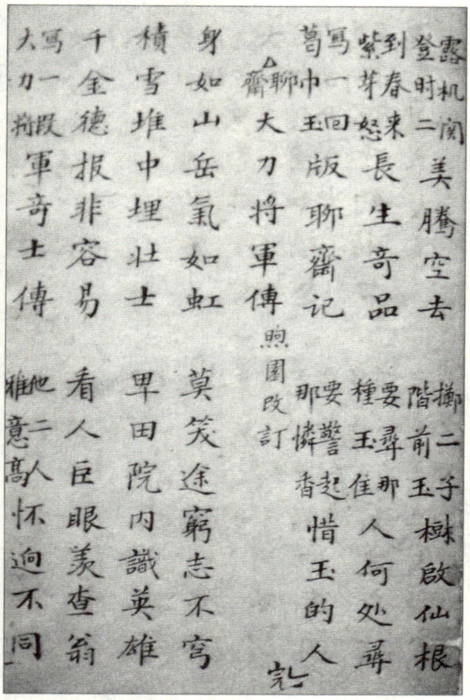

④曲盦鈔本，傅惜華舊藏，藝研院·曲 310.651/0.356（148725）;《子弟書叢鈔》頁 298-301 據同一版本排印。

### 大力將軍傳　一回

此爲煦園改訂本，《舊鈔北平俗曲》本題下所署如此。

未見著錄。

據上條略加改删而成。

版本：①《舊鈔北平俗曲》本（題"聊齋大力將軍傳　煦園改訂"，對原本語句及文字有所改動），劉復舊藏，今歸民族圖書館。[圖 470]

**別題：大力將軍**

《中國俗曲總目稿》頁 391、《子弟書總目》頁 30 著錄。

版本：①鈔本，傅斯年圖書館藏，T-539；《俗文學叢刊》399 册。

②鈔本，傅斯年圖書館藏，T-538。

### 秋容傳　一回

作者未詳。

另有《舊鈔北平俗曲》本，署"煦園改訂"。

百本張《子弟書目錄》："秋容傳。一回。四佰。"（一本價格作"五佰"）《中國俗曲總目稿》頁 195、《子弟書總目》頁 83 著錄。

演鬼女秋容、小謝借屍還魂，與陶望三結婚之事。據《聊齋誌異》卷六"小謝"篇改編。由求轍，40 韻。

版本：①百本張鈔本，程硯秋舊藏，藝研院·曲 319.651/0.582/5.66；又，傅斯年圖書館藏，T25-309。

②《舊鈔北平俗曲》本，劉復舊藏，今歸民族圖書館（題"聊齋秋容傳_煦園改訂"）。[圖 471]

③鈔本，傅斯年圖書館藏，T25-308（題"聊齋秋容傳子弟書"）。

④鈔本，傅斯年圖書館藏，T25-310。

⑤鈔本，傅斯年圖書館藏，T25-311；《俗文學叢刊》399 册頁 345。

⑥鈔本，傅斯年圖書館藏，T25-312。

**別題：秋容**

《子弟書總目》頁 83 作爲"秋容傳"著錄。

版本：①清鈔本，車王府舊藏，北大圖書館·□ 812.08/5105/:111（42/19413，五葉）；《聊齋誌異說唱集》頁 19-21（參校劉復舊藏煦園改訂本）。過錄本，首圖·甲四 2105；首圖縮印本 55 册頁 313-316；北京整理本頁 85-86。過錄本，中大圖書館·91279；中大整理本頁 1061-1062。

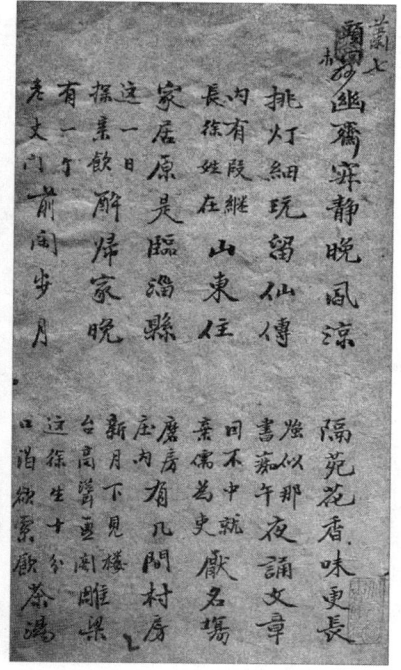

［圖471］劉復舊藏鈔本《秋容傳》　　　　［圖472］國圖藏清鈔本《蕭七》

②曲盦鈔本，傅惜華舊藏，藝研院・曲310.651/0.356（148715）。

## 蕭七　二回

作者未詳。

《綠棠吟舘子弟書百種總目》卷十七著錄。

演徐繼長與狐仙女蕭七之事。據《聊齋誌異》卷六"蕭七"篇改編。

江陽轍，每回48韻。

版本：①清鈔本，北京圖書館藏，98974；此本當即綠棠吟舘鈔本。又，《子弟書珍本百種》頁450–453據以排印。［圖472］

## 菱角　二回

作者煦園。卷首詩篇："**煦園氏**閑閲《聊齋》消午困，拈霜毫把文語翻成俚鄙言。"《綠棠吟舘子弟書百種總目》卷十八著錄。

演胡大成與菱角結姻之事。據《聊齋誌異》卷六《菱角》改寫。頭回言前轍，二回梭撥轍。每回40韻。

版本：①鈔本，北京圖書館藏，52867。此本當即綠棠吟舘鈔本。又，《子弟書珍本百種》頁446–449據以排印。［圖473］

②鈔本，北京圖書館藏，19998。

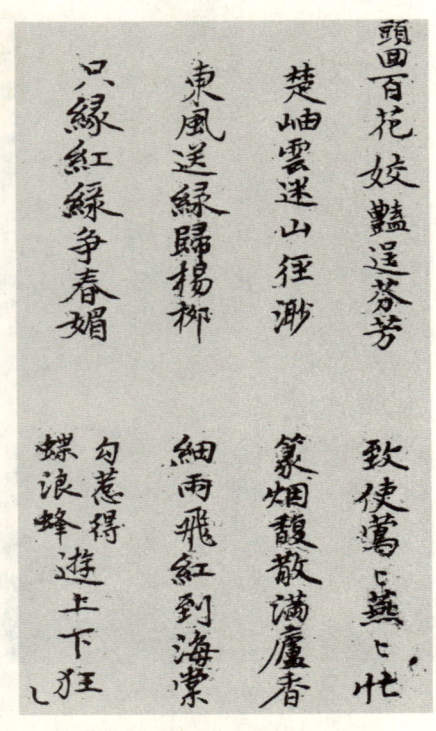

[圖473] 國圖藏鈔本《菱角》　　　　[圖474] 傅斯年圖書館藏鈔本《姚阿綉》

## 姚阿綉　三回

作者未詳。

百本張《子弟書目錄》："姚阿綉。三回。一吊。"別埜堂《子弟書目錄》："姚阿綉。三回。一吊二。"《中國俗曲總目稿》頁190、《子弟書總目》頁85著錄。

演劉子固與姚阿秀在狐仙幫助下終成良緣。據《聊齋誌異》卷七"阿綉"篇改編。

頭回江陽轍，二回中東轍，三回人辰轍。各40韻。

版本：①清鈔本，車王府舊藏，北大圖書館·□ 812.08/5105/:118（207/19678，十五葉）；《聊齋誌異說唱集》頁22–28。過錄本，首圖·甲四2261；首圖縮印本54冊411–417；北京整理本頁641–645。過錄本，中大圖書館·91997；中大整理本頁1080–1084。

②別埜堂鈔本，程硯秋舊藏，藝研院·曲319.651/0.582/5.70。

③鈔本，傅斯年圖書館藏，T25–303；《俗文學叢刊》399冊頁297。[圖474]

④鈔本，傅斯年圖書館藏，T25–302。

⑤鈔本，傅斯年圖書館藏，T25–304。

**別題：阿綉**

《綠棠吟舘子弟書百種總目》卷十七著錄。

版本：①鈔本，國家圖書館藏，120012。按：此本當即綠棠吟舘鈔本。

**鍾生** 三回

作者未詳。

百本張《子弟書目録》:“鐘生。三回。一吊。”(一本作“鍾生”)。《緑棠吟舘子弟書百種總目》卷十七;《中國俗曲總目稿》頁 50(作“鐘生”);《子弟書總目》頁 169 著録。

演鍾慶餘因遇道士而知定數，因事母純孝而感動冥王事。據《聊齋誌異》卷八“鍾生”篇改編。

一回中東轍，二回人辰轍，三回中東轍。各 40 韻。

版本：①清鈔本，車王府舊藏，北大圖書館·□ 812.08/5105/:118(206/19677，十五葉)。過録本，首圖·甲四 2260；首圖縮印本 56 册頁 42–49；北京整理本頁 636–640。過録本，中大圖書館·91996；中大整理本頁 1056–1060。

②百本張鈔本，程硯秋舊藏，藝研院·曲 319.651/0.582/5.62。

又，傅斯年圖書館藏兩種，T12–149、T12–152。

③鈔本，傅斯年圖書館藏，T12–151；《俗文學叢刊》399 册頁 265。[圖 475]

④鈔本，傅斯年圖書館藏，T12–150。

⑤清鈔本，國家圖書館藏，98976。

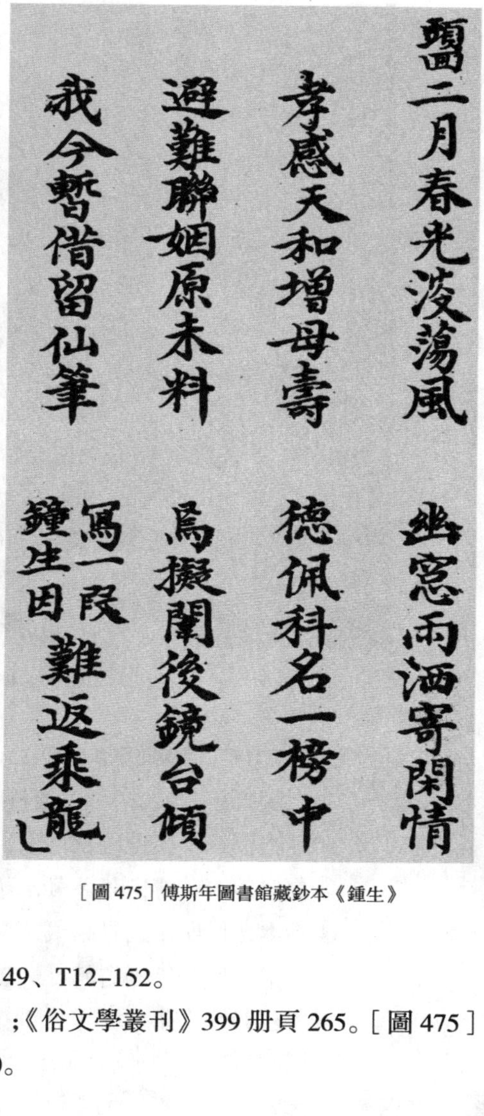
當二月春光潑蕩風　幽窓雨洒寄閑情
孝感天和增母壽　德佩科名一榜中
避難聯姻原未料　爲擬闈後鏡台傾
我今暫借留仙筆　寫一段鐘生因難返乘龍

[圖 475] 傅斯年圖書館藏鈔本《鍾生》

**嫦娥傳** 一回

作者未詳。

另有《舊鈔北平俗曲》本，署“煦園改訂”。百本張《子弟書目録》:“嫦娥傳。一回。四佰。”(一本價格作“五佰”)《中國俗曲總目稿》頁 293、《子弟書總目》頁 151 著録。

演嫦娥下凡與宗子美的愛情故事。據《聊齋誌異》卷八“嫦娥”篇改編。

言前轍，40 韻。

版本：①清鈔本，車王府舊藏，北大圖書館·□ 812.08/5105/:111(43/19414，五葉);《聊齋誌異説唱集》頁 28–30(參校劉復舊藏煦園改訂本)。過録本，首圖·甲

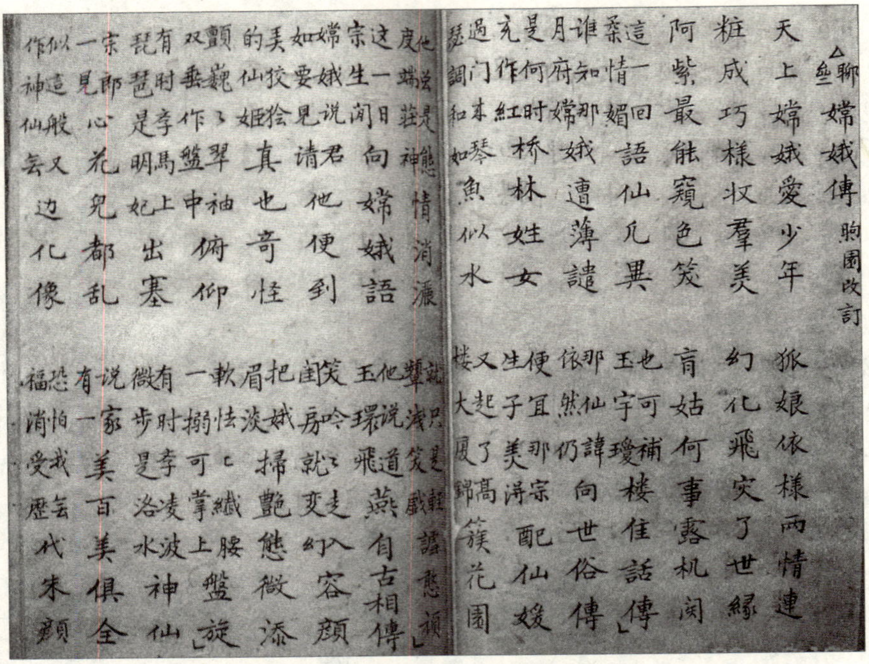

[圖476] 劉復舊藏鈔本《嫦娥傳》

　　四 2106；首圖縮印本 55 冊頁 466-468；北京整理本頁 87-88。過錄本，中大圖書館・91280；中大整理本頁 1090-1091。

②百本張鈔本，程硯秋舊藏，藝研院・曲 319.651/0.582/5.64。

③曲盦鈔本，傅惜華舊藏，藝研院・曲 310.651/0.356（148714）。

④鈔本，傅斯年圖書館藏，T37-440。

⑤鈔本，傅斯年圖書館藏，T37-441；《俗文學叢刊》399 冊頁 409。

⑥《舊鈔北平俗曲》本，劉復舊藏，今歸民族圖書館（題"聊齋嫦娥傳　煦園改訂"）。[圖476]

**別題：嫦娥**

《綠棠吟舘子弟書百種總目》卷十八著錄。

版本：①鈔本，國家圖書館藏，120001。按：此本當即綠棠吟舘鈔本。

②舊鈔本，藝研院・曲 319.651/0.582/8.169，歸入杜穎陶舊藏。按：傅氏《總目》頁 151 著錄有程硯秋藏舊鈔本，而無杜穎陶藏本，疑兩藏本原是一本。

## 鳳仙　三回

作者煦園。據卷首詩篇："煦園氏無事閑潑墨，寫一段鳳仙遺鏡勉東床。"《綠棠吟舘子弟書百種總目》卷十八、《中國俗曲總目稿》頁 42、《子弟書總目》頁 149 著錄。

演劉赤水因狐女八仙作介，遂得與鳳仙歡洽，後因身貧省親受激，鳳仙作別，贈鏡勸勉夫苦讀，終得高中，鳳仙再現，歸家歡宴。據《聊齋誌異》卷九"鳳仙"篇改編。

頭回江陽轍；二回言前轍；三回中東轍。各40韻。

版本：①清鈔本，車王府舊藏，北大圖書館・□ 812.08/5105/:118（208/19679，十五葉）；《聊齋誌異說唱集》頁34-39（題"煦園"作）。過錄本，首圖・甲四2262；首圖縮印本55冊頁455-462；北京整理本頁646-650。過錄本，中大圖書館・91998；中大整理本頁1067-1071。

②百本張鈔本，吳曉鈴舊藏，首圖・己448。又，傅斯年圖書館藏，T20-118；《俗文學叢刊》399冊頁359。[圖477]

③鈔本，傅斯年圖書館藏，T20-119。

④鈔本，傅斯年圖書館藏，T20-117。

⑤清鈔本，國家圖書館藏，98785。

**別題：鳳仙傳**

百本張《子弟書目錄》："鳳仙傳。三回。一吊。"別埜堂《子弟書目錄》："鳳仙傳。三回。一吊二。"

版本：①百本張鈔本，梅蘭芳舊藏，藝研院・曲 319.651/0.582/6.68（第三回闕）。

②別埜堂鈔本，程硯秋舊藏，藝研院・曲 319.651/0.582/5.65。又，杜穎陶舊藏，藝研院・曲 319.651/0.582/8.66。

## 鳳仙傳 一回

作者未詳。據《舊鈔北平俗曲》本，有"煦園改訂"本。百本張、別埜堂《子弟書目錄》均著錄作："鳳仙傳。一回。四佰。"《子弟書總目》頁149著錄。

演狐女鳳仙與書生劉赤水故事。據《聊齋誌異》卷九"鳳仙"改編。

人辰轍，50韻。

版本：①清鈔本，車王府舊藏，北大圖書館・□ 812.08/5105/:111（44/19415，六葉半），《聊齋誌異說唱集》頁31-33（參校劉復舊藏煦園改訂本）。過錄本，首圖・甲四2107；首圖縮印本55冊頁462-465；北京整理本頁89-90。過錄本，中大圖書館・91281；中大整理本頁1072-1073。[圖478]

②曲盦鈔本，傅惜華舊藏，藝研院・曲 310.651/0.356（148724）。

③鈔本，傅斯年圖書館藏，T9-120。

④《舊鈔北平俗曲》本（題"聊齋鳳仙傳 煦園改訂"），劉復舊藏，今歸民族圖書館。

**別題：鳳仙**

《中國俗曲總目稿》頁42、《綏中吳氏雙栖書屋藏子弟書目錄》著錄。

版本：①百本張鈔本，吳曉鈴舊藏，首圖・己448。

②舊鈔本，杜穎陶舊藏，藝研院・曲 319.651/0.582/8.169。按：傅氏《總目》

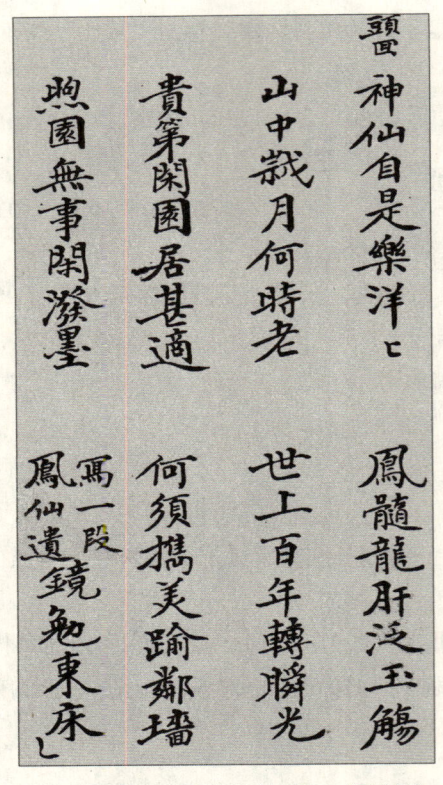 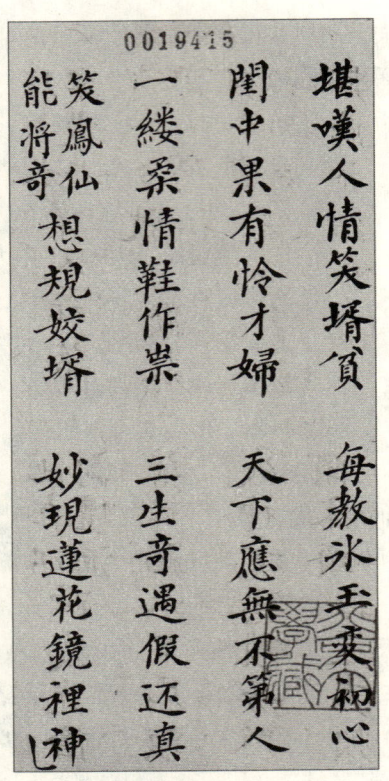

［圖477］傅斯年圖書館藏百本張鈔本《鳳仙傳》　　［圖478］車王府舊藏本《鳳仙傳》

著錄有程硯秋藏舊鈔本，而無杜穎陶藏本，疑兩藏本原是一本。
③鈔本，傅斯年圖書館藏，T9-121；《俗文學叢刊》399 冊頁 373 收錄。

### 績女　二回

作者未詳。《綠棠吟舘子弟書百種總目》卷十八著錄。
演仙女助孀婦紡績事。據《聊齋誌異》卷九"績女"篇改編。
頭回一七轍、二回言前轍。
版本：①鈔本，北京圖書館藏（索書號98997）；此本當即綠棠吟舘鈔本。《子弟書珍本百種》頁 454–457 據以排印。［圖479］

### 胭脂傳　三回

作者漁村。結句云："漁村寫罷胭脂傳，勸世人人間美色莫強求。"
百本張《子弟書目錄》："胭脂傳。聊齋。三回。一吊。"別埜堂《子弟書目錄》："胭脂傳。三回。一吊一。"民初輯本《子弟書目錄》列入"聊齋誌異子弟書目錄"。《中國俗曲總目稿》頁222、《子弟書總目》頁99 著錄。

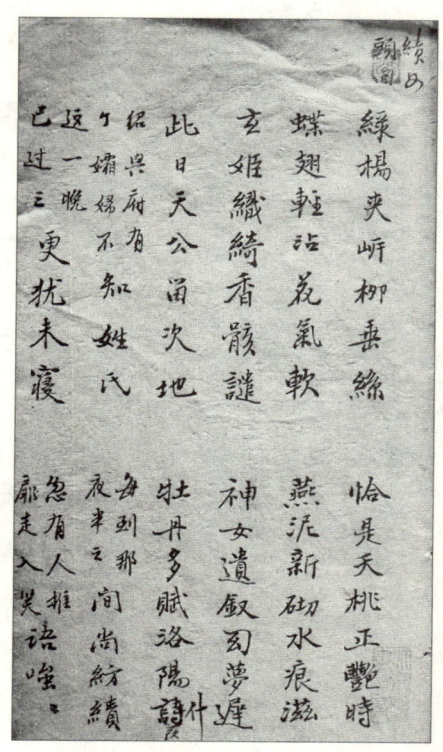

［圖479］國圖藏鈔本《績女》　　［圖480］車王府舊藏本《聊齋胭脂傳》

演鄂秋隼與卞胭脂因冤中冤竟得結合的故事。據《聊齋誌異》卷十"胭脂"篇改編。頭回懷來轍，二回言前轍，三回由求轍。前二回各40韻，三回41韻。

版本：①清鈔本，車王府舊藏，北大圖書館·□812.08/5105/:117（177/19548，十五葉；題作"聊齋胭脂傳"），《聊齋誌異説唱集》頁40–45。過録本，首圖·甲四2231；首圖縮印本55冊頁365–372（題《聊齋胭脂傳》）；北京整理本頁465–469。過録本，中大圖書館·92686；中大整理本頁1085–1089。［圖480］

②百本張鈔本，吳曉鈴舊藏，首圖·已448。又，程硯秋舊藏（頭回闕）藝研院·曲319.651/0.582/5.75。又，傅氏《總目》謂馬彥祥有藏，今藏處未詳；《子弟書叢鈔》頁309–316據同一版本排印。

③鈔本，傅斯年圖書館藏，T28-345；《俗文學叢刊》395冊頁59。

④鈔本，傅斯年圖書館藏，T28-346。

⑤別埜堂鈔本，傅氏《總目》謂有自藏本，今未見。

**別題：胭脂**

《緑棠吟館子弟書百種總目》卷十八著録。

未見傳本。

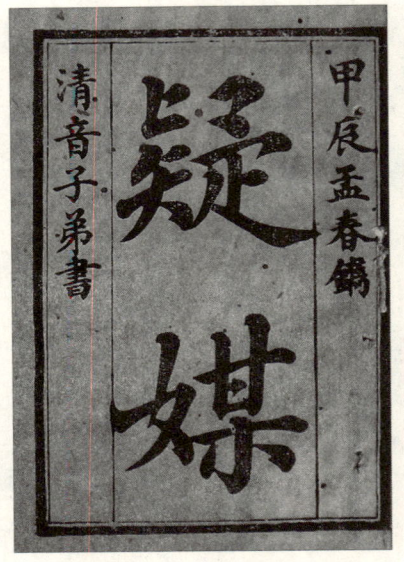

［圖 481］長田夏樹藏甲辰刻本《疑媒》

### 疑媒　二回

作者未詳。

波多野太郎《子弟書集》、《子弟書珍本百種》收錄。

演胭脂私慕書生鄂秋隼，相思成病，請閨友王氏為媒以通款曲。據《聊齋誌異》卷十"胭脂"篇前半部分改編。疑今存本並非完整之本。

頭回江陽轍，二回人辰轍。各 40 韻。

版本：①光緒三十年（1904）刻本（封面題"甲辰孟春鐫 清音子弟書"），藝研院藏，曲 310.651/0.356（07772/7）。又一部，長田夏樹藏，波多野太郎《子弟書集》收錄。［圖 481］

②《子弟書珍本百種》頁 458–461 排印本，謂據"光緒十年（1884）刻本"，"十年"當是"三十年"之訛。

別題：冤外冤

《中國俗曲總目稿》頁 237、259 著錄。

版本：①上海槐蔭山房石印本，傅斯年圖書館藏，T-718。

②民初石印本"辰"字號（每行四句本），傅斯年圖書館藏（KUIV3-046）。

③民初石印本（每行五句本），傅斯年圖書館藏（KUIV5-515）。

### 瑞雲　存三回

作者未詳。

《子弟書總目》頁 134 著錄。

演錢塘名妓瑞雲欲擇佳婿脫籍，得遇賀生，意甚相戀，而賀生貧寒無纏頭錢，只得忍痛以別。據《聊齋誌異》卷十"瑞雲"篇改編。

頭回〈落院〉，江陽轍；二回〈贈詩〉，人辰轍；三回〈後訪〉，言前轍。各40韻。按：今存本未標"完"字，所敘情節亦只敘及小說之前半部分情節。傅氏《總目》亦謂"原書回數不詳，僅存第一回至第三回。"

版本：①清光緒精鈔本（封底另一筆跡墨書，署"甲申五月"，故鈔錄時間不晚於1884年），李嘯倉藏。《子弟書珍本百種》頁440-445據以排印。［圖482］

②過錄本，傅惜華舊藏，曲310.651/0.356（148327）。

## 葛巾傳 一回

作者未詳。另有《舊鈔北平俗曲》本，署"煦園改訂"。

百本張《子弟書目錄》："葛巾傳。一回。四佰。"（一本價格作"五佰"）《中國俗曲總目稿》頁271、《子弟書總目》頁136著錄。

演洛陽常生，因癖好牡丹，遇花妖葛巾、玉版之事。本事見《聊齋誌異》卷十"葛巾"篇。

人辰轍，40韻。

版本：①清鈔本，車王府舊藏，北大圖書館·□812.08/5105/:111（37/19408，五葉）。過錄本，首圖·甲四2091；首圖縮印本55冊頁403-405；北京整理本頁75-76。過錄本，中大圖書館·91274；中大整理本頁1096-1097。［圖483-1］

②《舊鈔北平俗曲》本，劉復舊藏，今歸民族圖書館（題"聊齋葛巾傳　煦園改訂"）。［圖483-2］

③舊鈔本，藝研院藏，曲319.651/0.582/8.169，歸入杜穎陶藏。按：傅氏《總目》著錄有程硯秋藏舊鈔本，而無杜穎陶藏本，疑兩藏本原是一本。

④曲盦鈔本，傅惜華舊藏，藝研院·曲310.651/0.356（148727）；《子弟書叢鈔》

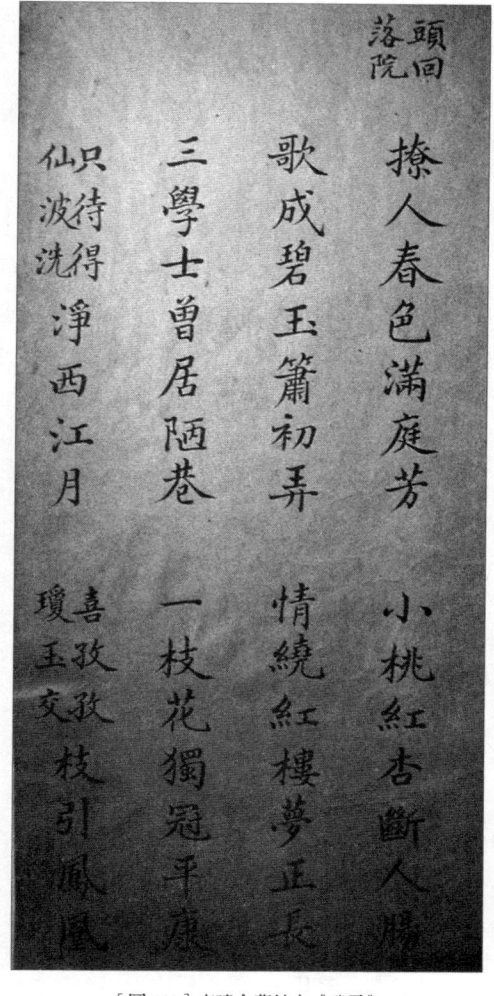

［圖482］李嘯倉藏鈔本《瑞雲》

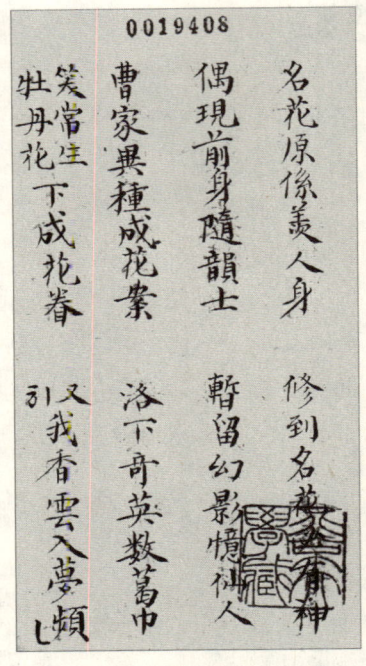 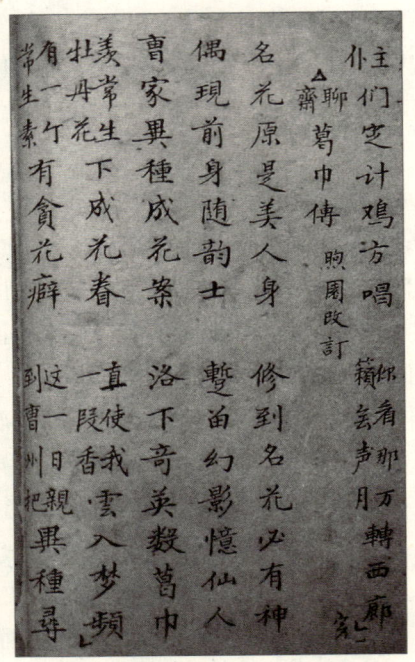

［圖 483-1］車王府舊藏本《葛巾傳》　　［圖 483-2］劉復舊藏鈔本《葛巾傳》

　　頁 302-304 據以排印（題"煦園改訂"）。
　　⑤鈔本，傅斯年圖書館藏，T32-397；《俗文學叢刊》399 册頁 195。
　　⑥鈔本，傅斯年圖書館藏，T32-396。
　　⑦《聊齋誌異說唱集》頁 46-48（以劉復舊藏煦園改訂本爲底本，以車王府鈔本爲參校）。

**別題：葛巾**
　　《綠棠吟舘子弟書百種總目》卷十七著録。
　　版本：①百本張鈔本，程硯秋舊藏，藝研院・曲 319.651/0.582/5.71。
　　按：曲盦鈔本據車王府藏鈔本復鈔。百本張鈔本、《俗文學叢刊》所收本，均出煦園改訂本，與車王府藏鈔本字句間有相異。

### 顏如玉　一回
　　作者未詳。
　　另有《舊鈔北平俗曲》本，署"煦園改訂"。百本張《子弟書目録》："顏如玉。一回。四百。"（一本價格作"五佰"）《中國俗曲總目稿》頁 342、《子弟書總目》頁 170 著録。
　　演書痴郎玉桂於書中得女子顏如玉事。據《聊齋誌異》卷十一"書痴"篇改編。
　　人辰轍，40 韻。
　　版本：①清鈔本，車王府舊藏，北大圖書館・□ 812.08/5105/:111（35/19406，五葉）。

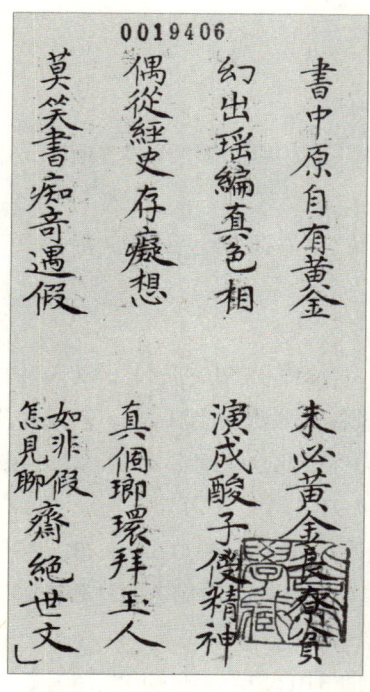

［圖484-1］車王府舊藏本《顏如玉》

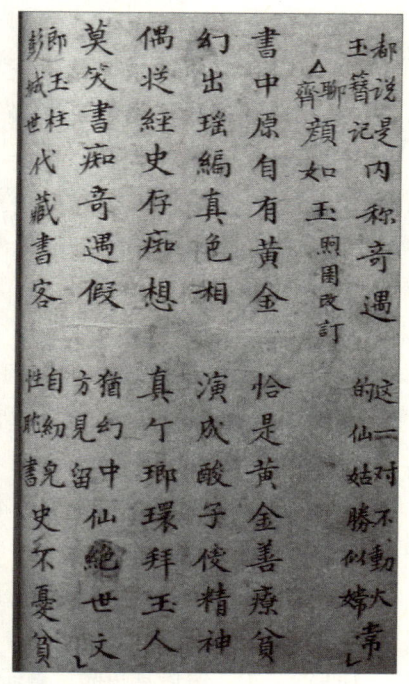

［圖484-2］劉復舊藏鈔本《顏如玉》

　　過錄本，首圖・甲四2089；首圖縮印本56冊頁22-25；北京整理本頁71-72。過錄本，中大圖書館・91272；中大整理本頁1063-1064。［圖484-1］
②百本張鈔本，程硯秋舊藏，藝研院・曲319.651/0.582/5.72；又一部，傅斯年圖書館藏，T43-491（題"顏如玉子弟書"）。
③曲盦鈔本，傅惜華舊藏，藝研院・曲310.651/0.356（148728）。
④《舊鈔北平俗曲》本，劉復舊藏，今歸民族圖書館（題"聊齋顏如玉　煦園改訂"）。又《聊齋誌異說唱集》頁49-49排印本，以劉復舊藏煦園改訂本爲底本，參車王府藏鈔本。［圖484-2］
⑤鈔本，傅斯年圖書館藏，T43-492；《俗文學叢刊》399冊頁207。

## 別題一：如玉

《中國俗曲總目稿》頁10、《子弟書總目》頁56著錄。

版本：①鈔本，傅斯年圖書館藏，T43-490。據《總目稿》所錄，傅斯年圖書館藏品中，今存三種鈔本必有一本原題"如玉"，内一本書衣存，題"顏如玉子弟書"，而藏者今均歸於此題下，恐非是。故移一本於此。

## 別題二：書痴

《綠棠吟舘子弟書百種總目》卷十七著錄。

版本：①鈔本，國家圖書館藏，98817。按：此本當即綠棠吟舘鈔本。

## 陳雲棲　一回

作者未詳。

另有《舊鈔北平俗曲》本，署"煦園改訂"。

百本張《子弟書目錄》："陳雲棲。一回。四佰。"（一本價格作"五佰"）《中國俗曲總目稿》頁249、《子弟書總目》頁113 著錄。

演真毓生與黃州女道士陳雲棲、雲眠轉輾結合之事。據《聊齋誌異》卷十一"陳雲棲"篇改編。

江陽轍，40韻。

版本：①清鈔本，車王府舊藏，北大圖書館·□ 812.08/5105/:111（39/19410，五葉）；《聊齋誌異說唱集》頁52-54（參校劉復舊藏煦園改訂本）。過錄本，首圖·甲四2102；首圖縮印本55冊頁386-388；北京整理本頁79-80。過錄本，中大圖書館·91276；中大整理本頁1094-1095。［圖485］

②百本張鈔本，程硯秋舊藏本，藝研院·曲319.651/0.582/5.73。

③《舊鈔北平俗曲》本，劉復舊藏，今歸民族圖書館（題"聊齋陳雲棲　煦園改訂"）。

④曲盦鈔本，傅惜華舊藏，藝研院·曲310.651/0.356（148716）。

⑤宣統己酉（1909）鈔本，傅斯年圖書館藏，T30-374；《俗文學叢刊》399冊頁181（內有題識"宣統己酉元建菊月念二日早十句中抄，愛新氏繕偶題"）。

⑥清鈔本，杜穎陶藏，藝研院藏，曲319.651/0.582/8.169。按：傅氏《總目》著錄有程硯秋藏舊鈔本，而無杜穎陶藏本，疑兩藏本原是一本。

⑦鈔本，傅斯年圖書館藏，T30-375。

## 洞庭湖　二回

作者未詳。

《中國俗曲總目稿》頁194著錄有北平石印本，未題子弟書。今以石印本同冊首行題"清音子弟書"，故予收錄。石印本源出於清刻本，清刻本今未見。

演柳生落第坐船過洞庭，遇洞庭君，蒙賜王妃侍女織成之事。據《聊齋誌異》卷十一"織成"篇改編。

人辰轍，88韻。存本原不分回，可酌分爲二回。

版本：①北京石印本（版心題"陽"字，每行四句），傅斯年圖書館藏，KU Ⅳ 6-106。

②上海茂記書莊石印本（每行五句），民族圖書館、藝研院（曲310.651/0.356-142932）等藏。

③《鼓詞彙集》第四輯排印本頁106-109。

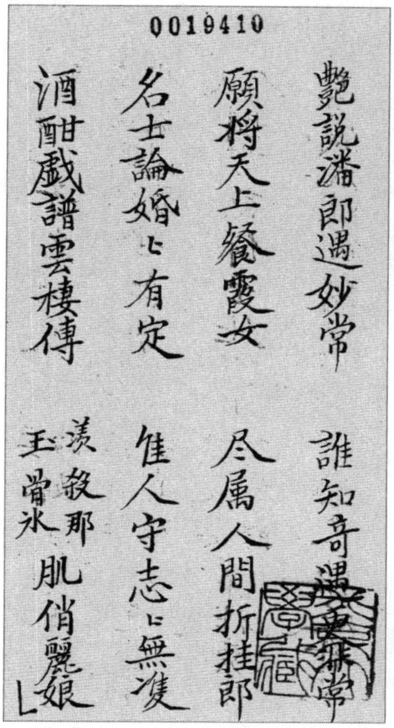

[圖485] 車王府舊藏本《陳雲棲》

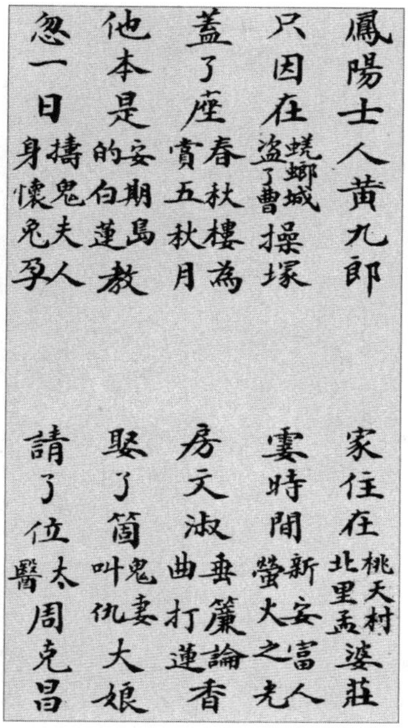

[圖486] 傅斯年圖書館藏鈔本《謎目奇觀》

## 王杏齋  四回

作者未詳。

民初輯本《子弟書目錄》"聊齋誌異子弟書目錄。王杏齋。四回。"

《聊齋誌異》無王杏齋故事，俟考。

未見傳本。

## 謎目奇觀  一回

作者未詳。

《中國俗曲總目稿》頁1209、《子弟書總目》頁167著錄。

本篇集《聊齋誌異》篇名而成書。內鑲嵌《聊齋》篇目共218種。

江陽轍，凡65韻。

版本：①鈔本，傅斯年圖書館藏，T-696；《俗文學叢刊》399冊頁421。[圖486]

**別題**：聊齋目

《綠棠吟舘子弟書百種總目》卷十八著錄。

未見傳本。

# 朝代不明故事

**集錦書目** 一回

　　作者鶴侶。據篇尾："不過是解散窮愁聊自慰，**鶴侶氏**雖極無能不擅此長。"

　　百本張《子弟書目錄》："集錦書目。淨子弟書名。一回。四佰。"別埜堂《子弟書目錄》"集錦書目。子弟書名。一回。三佰六。"《中國俗曲總目稿》頁593、《子弟書總目》頁128著錄。

　　以當時流行的150餘種子弟書名連綴成文。所舉的子弟書，均爲咸豐以前的作品，故可視爲早期的子弟書目錄，以供考鏡源流。

　　江陽轍，45韻。

　　版本：①鈔本，車王府舊藏，北大圖書館·□812.08/5105/:110（85/19456，六葉）；首圖縮印本55冊頁397-400；北京整理本頁176-178。過錄本，中大圖書館·92596；中大整理本頁351-352。[圖487-1]

　　　　②百本張鈔本，傅惜華舊藏，藝研院·曲310.651/0.356（142919/1）；又，吳曉鈴舊藏，首圖·己460；傅斯年圖書館藏，T-659；《俗文學叢刊》399冊頁41。

　　　　③別埜堂鈔本，傅惜華舊藏，藝研院·曲310.651/0.356（150381）；又，杜穎陶舊藏，藝研院·曲319.651/0.582/8.102。[圖487-2]

　　　　④舊鈔本，藝研院·曲319.651/0.582/8.147，歸入杜穎陶舊藏。按：傅氏《總目》著錄有程硯秋藏舊鈔本，而無杜穎陶藏本，疑兩藏本原是一本。

　　　　⑤鈔本，傅斯年圖書館藏，T-660。

　　　　⑥鈔本，傅斯年圖書館藏，T-661-1。

　　　　⑦鈔本，傅斯年圖書館藏，T-661-2。

　　　　⑧鈔本，傅氏《總目》謂馬彥祥有藏，今未詳藏處。

　　　　⑨《子弟書叢鈔》頁249-252據清代舊鈔本排印。

　　　　⑩《子弟書選》頁336-338排印本。

　　**別題：集書目**

　　民初輯本《子弟書目錄》："遊戲子弟書目錄。集書目。一回。"

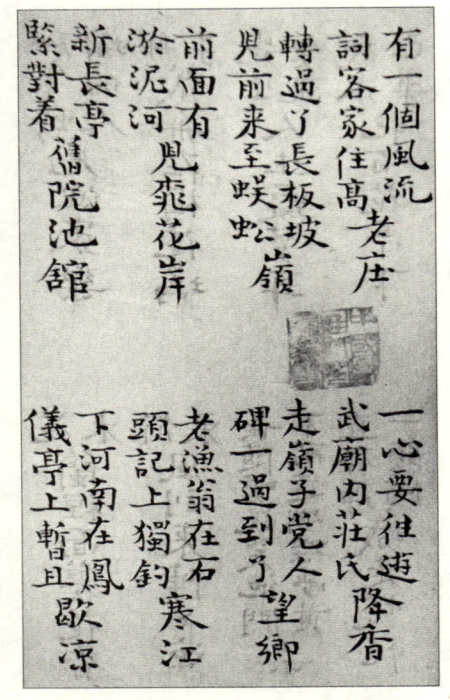

［圖487-1］傅斯年圖書館藏百本張鈔本《集錦書目》　　［圖487-2］藝研院藏別埜堂鈔本《集錦書目》

### 八仙慶壽　一回

　　百本張《子弟書目錄》："八仙慶壽。一回。四佰。"民初輯本《子弟書目錄》列入"喜慶子弟書目錄"。《中國俗曲總目稿》頁379、《子弟書總目》頁26著錄。《子弟書約選日記》："八仙慶壽。詞句過於迷信，與社會教育不合。"

　　敘王母娘娘率群仙下凡，爲人間老壽星祝壽。

　　言前轍，54韻。

　　版本：①清鈔本，車王府舊藏，北大圖書館・□812.08/5105/:110（29/19400，七葉）。過錄本，首圖・甲四2083；首圖縮印本第55冊頁245-247；北京整理本頁59-60。過錄本，中大圖書館・92219；中大整理本頁92-94（94頁末兩句爲《天官賜福》之錯簡）。［圖488］

　　②曲盒鈔本，傅惜華舊藏，藝研院・曲310.651/0.356/1（143230/2）。

**別題：慶壽**

《中國俗曲總目稿》頁48、《子弟書總目》頁155著錄。

　　版本：①鈔本，傅斯年圖書館藏；T11-148，《俗文學叢刊》399冊頁83-98。

　　【説明】此篇卷首作："王母瑤池會群仙，仙桃熟透幾千年。年年歲歲增福壽，福比蓬萊壽比山。"結句作："自從這九仙慶壽諸百順，從此後夫榮妻貴子孝孫賢。"

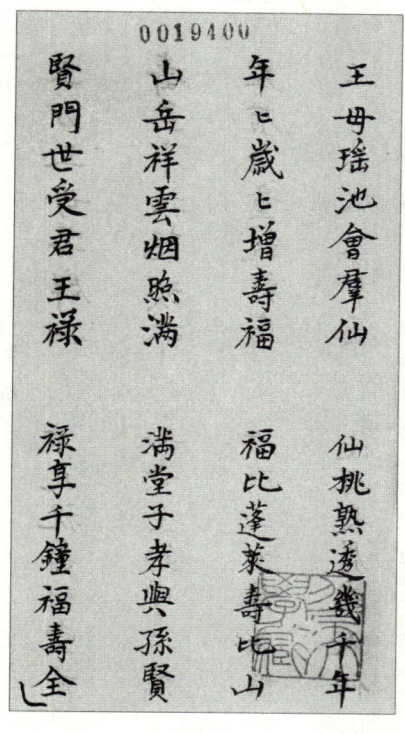
[圖488] 車王府舊藏本《八仙慶壽》

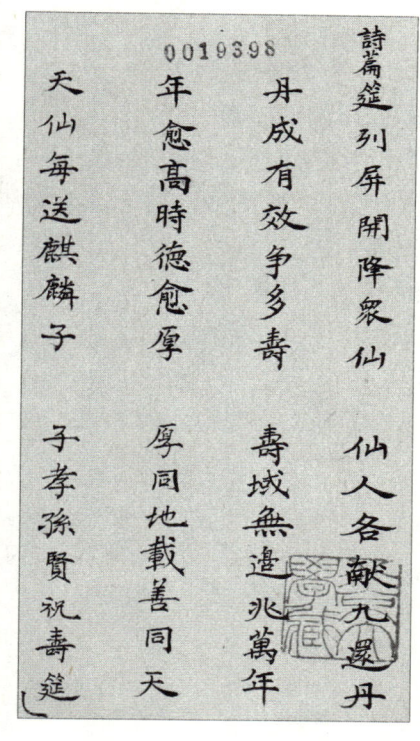
[圖489] 車王府舊藏本《慶壽》

## 慶壽 一回

作者煦園。《舊鈔北平俗曲》收錄本題《八仙祝壽》，題下注："煦園自著"。

百本張《子弟書目錄》："慶壽。吉言壽詞。一回。四百。"《子弟書總目》頁155著錄。

又《集錦書目》第77句："那射鵠子的差人來借靴說明日慶壽。"

敘瑤池金母壽誕，宴招眾仙，漢鍾離等八仙向金母祝壽。

言前轍，40韻。據程硯秋藏本，此篇屬硬書。

版本：①清鈔本，車王府舊藏，北大圖書館‧□ 812.08/5105/:110（27/19398，五葉）。
過錄本，首圖‧甲四2081；首圖縮印本55冊頁489–491；北京整理本頁55–56。過錄本，中大圖書館‧92217；中大整理本頁90–91。[圖489]
②曲盦鈔本，傅惜華舊藏，藝研院‧曲 310.651/0.356/1（143230/10）。
③鈔本（題"慶壽硬書一回"），程硯秋舊藏，藝研院‧曲 319.651/0.582/5.61。
④百本張鈔本，程硯秋舊藏，藝研院‧曲 319.651/0.582/5.123。

### 別題一：群仙祝壽

《中國俗曲總目稿》頁596、《子弟書總目》頁136著錄。

版本：①鈔本，傅斯年圖書館藏，T-664；《俗文學叢刊》399冊頁71–82。
②鈔本，劉復舊藏《舊鈔北平俗曲》收錄，民族圖書館藏，存末段。

③百本張鈔本，程硯秋舊藏，藝研院・曲 319.651/0.582/5.61，書尾題"群仙祝壽全完"。

**別題二：群仙慶壽**

民初輯本《子弟書目錄》著錄作"慶壽詞即群仙慶壽"，列入"喜慶子弟書目錄"。《子弟書約選日記》："慶壽詞。文字明顯對於居家壽事演唱家佳。"

未見傳本。

**別題三：八仙慶壽**

《綠棠吟舘子弟書百種總目》卷一、《中國俗曲總目稿》頁1112、《子弟書總目》頁26著錄。

版本：①清鈔本，故宮博物院藏，《故宮珍本叢刊》第697冊頁380–382。
②清鈔本，故宮博物院藏，《故宮珍本叢刊》第697冊頁385–387。
③清鈔本，故宮博物院藏，《故宮珍本叢刊》第697冊頁382–384（與前本首句不同，作"氤氳繚繞降衆仙，仙人各獻九還丹"）。
④清鈔本，故宮博物院藏，《故宮珍本叢刊》第697冊387–389（有改筆，所改內容同故宮藏第三種，故此本係內廷審查時所作修訂；第三種則是審訂後的重鈔本）。
⑤曲盦鈔本，傅惜華舊藏，藝研院・曲 310.651/0.356/1。
⑥老聚卷堂鈔本，中國社科院圖書館藏。
⑦民初綠棠吟舘鈔本，吳曉鈴舊藏，首圖・己 486。
⑧鈔本，傅斯年圖書館藏，T–662；《俗文學叢刊》399冊頁57–68。

【說明】此篇卷首作："筵列屏開降衆仙，仙人各獻九還丹。丹成有效爭多壽，壽域無邊兆萬年。"結句作："從此後四海升平吉祥富貴，壽同山嶽福禄雙全。"

按："煦園自著"本，存一葉十六行，即各本之篇末十六句。上列版本，車王府藏本、故宮藏本爲一系統；《群仙祝壽》本、老聚卷堂本、綠棠吟舘鈔本爲又一系統。如篇末"海域"後者作"海嶽"；末句"壽同山嶽"後者作"加官進爵"，此種處理則同"煦園自著"本。

又按：以上所錄兩種慶壽子弟書，文字全異，而名則相同，傅目著錄，有相混淆者，今之所錄，均據所見，重新核准。

**䩄靦旎琊（天官賜福） 一回**

作者未詳。百本張《子弟書目錄》："天官賜福。吉祥句。一回。四百。"民初輯本《子弟書目錄》列入"喜慶子弟書目錄"。《子弟書約選日記》："天官賜福。句法頗爲費解。"《子弟書總目》頁35、170著錄。

演天官等奉玉帝之旨下凡賜福予積善之家。崑曲、京劇均有同名劇目，又名《大賜福》。言前轍，37韻。

版本：①清鈔本，車王府舊藏，北大圖書館・□ 812.08/5105/:110（30/19401，五葉）。

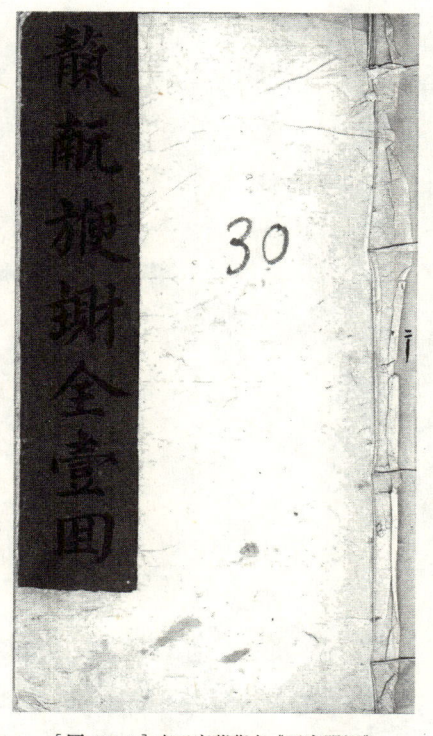

［圖490-1］車王府舊藏本《天官賜福》　　［圖490-2］傅斯年圖書館藏鈔本《賜福》

　　過錄本，首圖・甲四2084；首圖縮印本56冊頁25-27；北京整理本頁61-62。過錄本，中大圖書館・92220；中大整理本頁95-96（末脫兩句，攙入《八仙慶壽》之末）。［圖490-1］
　　②曲盦鈔本，傅惜華舊藏，藝研院・曲310.651/0.356/1（143230/3）。

**別題**：賜福

《中國俗曲總目稿》頁49、《子弟書總目》頁159著錄。

版本：①鈔本，傅斯年圖書館藏，T11-145；《俗文學叢刊》399冊頁99。［圖490-2］
　　　②鈔本，傅斯年圖書館藏，T11-146。

## 面然示警　一回

作者未詳。

百本張《子弟書目錄》："面然示警。一回。四佰。"民初輯本《子弟書目錄》列入"醒世子弟書目錄"。並見《中國俗曲總目稿》頁530、《子弟書總目》頁79著錄。《子弟書約選日記》："面然示警。計一回。唵嗎呢大慈大悲，過迷信。不錄。"

　　演阿難方入定，忽有鬼物，名焰口號面然前來，告以劫數將至，須得設供結善緣，阿難見如來，如來告以原故。本事見《佛說救面然餓鬼陀羅尼神咒經》。面然名焰口，號面然，因前生作孽而墮入鬼道受苦。

言前轍，47韻。

版本：①清鈔本（題作"面然示警"），車王府舊藏，北大圖書館·□812.08/5105/:112（80/19451，六葉）。過錄本，首圖·甲四2143；首圖縮印本55冊頁305-308；北京整理本頁165。過錄本，中大圖書館·92591；中大整理本頁115-117。[圖491]

②百本張鈔本，傅斯年圖書館藏，T-600。

③鈔本，傅斯年圖書館藏，T-599；《俗文學叢刊》399冊頁131。

④鈔本，傅斯年圖書館藏，T-598。

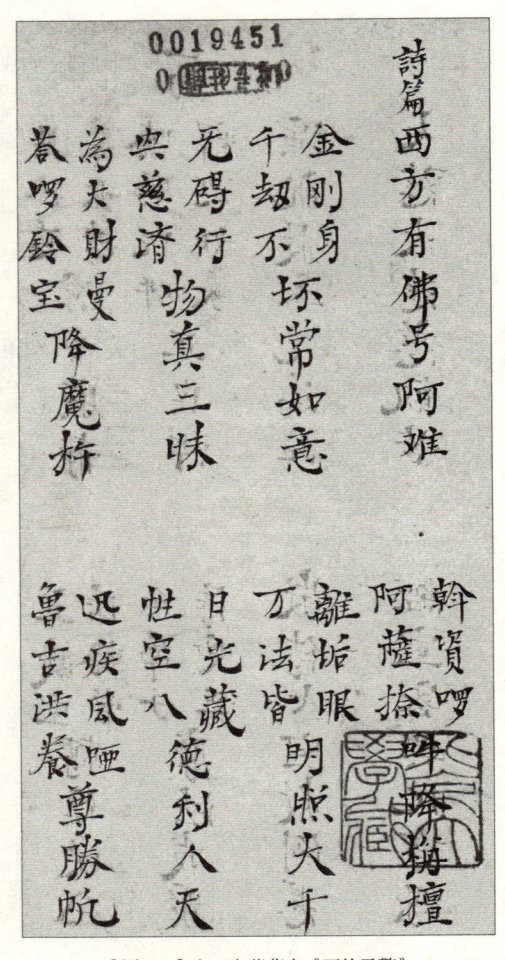

[圖491] 車王府舊藏本《面然示警》

### 佛旨度魔　二回

《子弟書珍本百種》謂"作者正修道人"，未詳所據。

《中國俗曲總目稿》頁474、《子弟書總目》頁60著錄。

演面然示警，阿難詢之於釋迦，佛謂須設華壇誦經懺悔，阿難遂設壇，超度諸魔升天。本事見《焰口惡鬼經》。

言前轍，35、46韻。

版本：①清鈔本，車王府舊藏，北大圖書館·□812.08/5105（150/19132）；《子弟書珍本百種》頁493-497據以排印。[圖492]

### 森羅殿考　一回

作者未詳。

《子弟書珍本百種》收錄。

演窮無告因塵世囂囂、銅臭難忍，欲移住陰間，孰料參加森羅殿考試，也仍不離一"錢"字。

言前轍，40韻。

版本：①鈔本，北京圖書館藏，119999；《子弟書珍本百種》頁498-500據以排印。[圖493]

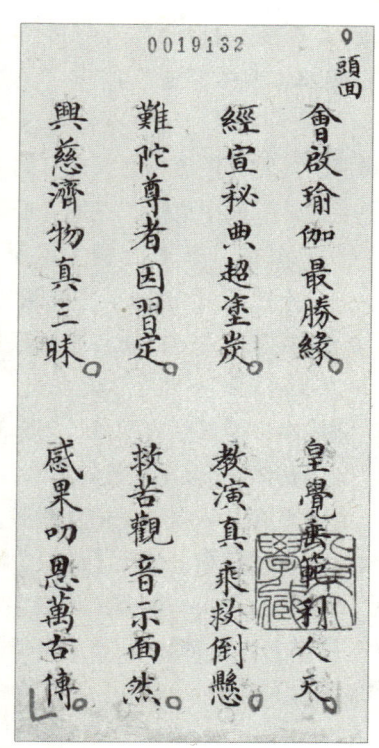

[圖492] 車王府舊藏本《佛旨度魔》

## 花子拾金 三回

作者未詳。

民初輯本《子弟書目錄》："小戲子弟書目錄。花子拾金。三回。"

崑腔有獨腳小劇《化子拾金》，演叫化子范陶拾得黃金一錠，乃手舞足蹈，天南地北，信口高唱一番。清乾隆間編刊的《弦索調時劇新譜》和《納書楹曲譜》均有收錄。皮黃亦有同名劇目。本篇當據戲曲改編。

未見傳本。

## 一疋布 四回

作者藕堂。篇末有句云："藕堂氏偶譜戲文滋興趣，故將諧語載歌傳。"

百本張《子弟書目錄》："一疋布。張國棟借妻。四回。一吊八。"樂善堂《子弟大鼓書目錄》："子弟書四回起。一吊二。一疋

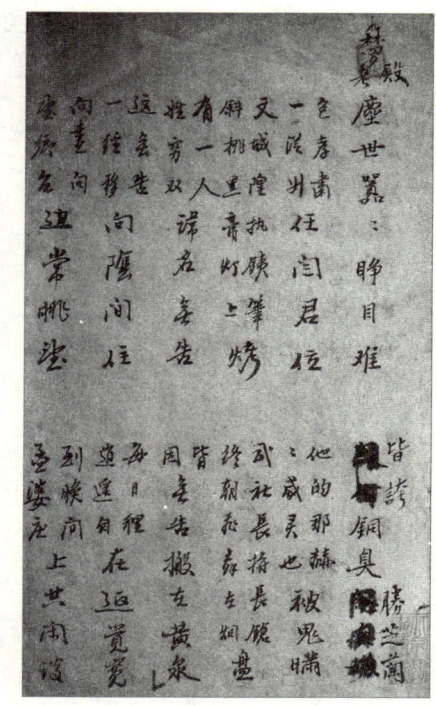

[圖493] 國圖藏鈔本《森羅殿考》

布。"民初輯本《子弟書目錄》列入"小戲子弟書目錄"。《中國俗曲總目稿》頁57、《子弟書總目》頁24（謂作者無考）。又《集錦書目》第65句："在續戲姨兒家得鈔買了一疋布。"

演張國棟因貪財，借妻與李天龍，結果人財並失。據高腔《一疋布》改編。

頭回一七轍，二回中東轍，三回人辰轍，四回言前轍。各48韻。

版本：①清鈔本，車王府舊藏，北大圖書館・□ 812.08/5105/:120（236/19607，二十四葉）。過錄本，首圖・甲2290；首圖縮印本55冊頁233-244；北京整理本頁823-831。過錄本，中大圖書館・92227；中大整理本頁681-688（題"一匹布"）。

②鈔本，國家圖書館藏，35558（《子弟書》卷十二）。

③民初鈔本，天津圖書館集部–曲類–彈詞37490之七（僅錄後三回，無頭回）。

④老聚卷堂鈔本，王伯祥舊藏，中國社科院圖書館藏。[圖494]

⑤聚卷堂鈔本，傅氏《總目》謂有自藏本，今未見。

【說明】此篇卷首作："財非義取必由欺，造物權衡暗主持。趨利不無失利日，安貧終有不貧時。"結句作："依樣葫蘆慚未似，其應請政筆如椽。"

## 一疋布　五回

作者未詳。

民初輯本《子弟書目錄》於"小戲子弟書目錄"內著錄有兩種"四回"本"一疋布"，

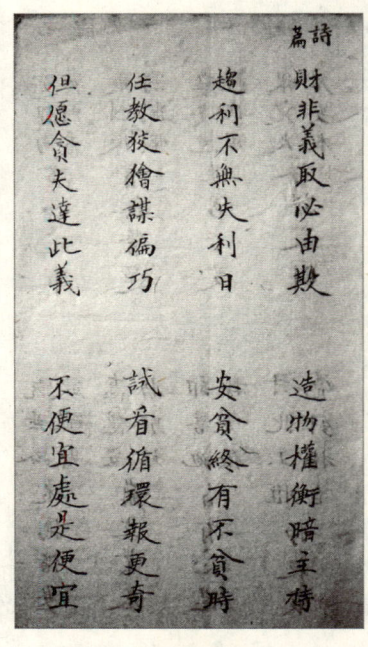

[圖494]社科院圖書館藏老聚卷堂鈔本《一疋布》

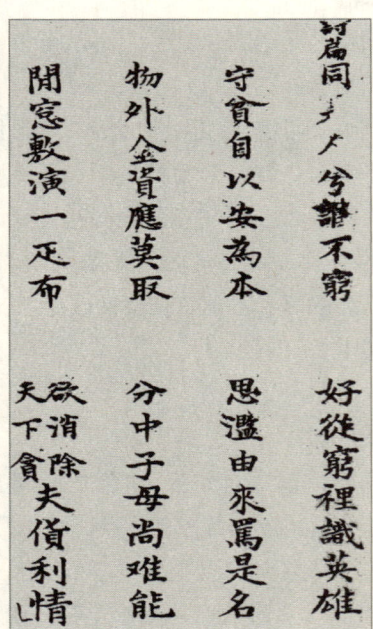

[圖495]傅斯年圖書館藏鈔本《一疋布》

一種當即此本。又《中國俗曲總目稿》頁57、《子弟書總目》頁24（作不知回數）著錄。

演張國棟貪財借妻，人財並失。據高腔《一定布》改編。與四回本《一定布》文字全異。

中東轍。頭回〈索布〉，40韻；二回〈遇友〉，50韻；三回〈妻喬〉，53韻；四回〈驚戶〉，32韻；五回〈堂判〉，40韻。

版本：①鈔本，傅斯年圖書館藏，T13-172；《俗文學叢刊》399册頁437。［圖495］

【說明】此篇卷首作："同是人兮誰不窮，好從窮裡識英雄。守貧自以安為本，思濫由來罵是名。"結句作："閒筆墨品評貨利言雖淺，大都來珍重貪求意最濃。"

## 打門吃醋　四回

作者未詳。

百本張《子弟書目錄》："打門吃醋。四回。一吊六。"別埜堂《子弟書目錄》："打門吃醋。四回。一吊四佰四。"樂善堂《子弟大鼓書目錄》著錄，書價"八佰文"。民初輯本《子弟書目錄》列入"小戲子弟書目錄"。《中國俗曲總目稿》頁436《子弟書總目》頁44著錄。又《集錦書目》第83句："我這裏**打門吃醋**乾生氣。"

演申潭無子而娶妾，然懼內不敢相會，其妻出門則鎖小妾於房內。申潭回，破門求歡，妻歸吃醋，百般折辱小妾，申潭終怒，舉棍欲打其妻。據秦腔《打門吃醋》改編。乾隆間**魏長生**曾演此劇。

頭回人辰轍，34韻；二回梭撥轍，37韻；三回由求轍，37韻；四回懷來轍，36韻。

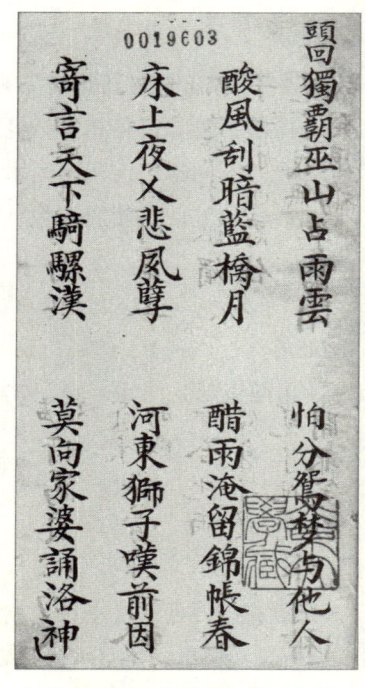 

［圖496-1］車王府舊藏本《打門吃醋》　　［圖496-2］藝研院藏文萃堂刻本《喫醋》

版本：①清鈔本，車王府舊藏，北大圖書館・□ 812.08/5105/:120（232/19603，十九葉半）。過錄本，首圖・甲四 2286；首圖縮印本 55 冊頁 272-280；北京整理本頁 802-807。過錄本，中大圖書館・92021；中大整理本頁 693-698。〔圖 496-1〕

②百本張鈔本，吳曉鈴舊藏，首圖・己 448；又，梅蘭芳舊藏，藝研院・曲 319.651/0.582/6.70-73。

③宣統二年（1910）鈔本，傅斯年圖書館藏，T-559（題"庚戌巧月望二日午草於南窗下/巳酉巧月十日早塗/迪元抹"）；《俗文學叢刊》399 冊頁 495。

④別埜堂鈔本，傅氏《總目》謂有自藏本，今未見。

**別題：喫醋**

《子弟書總目》頁 126 著錄。

版本：①鈔本，殘存第四回，梅蘭芳舊藏，藝研院・曲 319.651/0.582/6.74。

②文萃堂刻本（封面題"京都新刻/喫醋子弟書/文萃堂梓行"，首行題"新刻喫醋子弟書"），傅惜華舊藏，藝研院・310.651/0.356/4（145880-145881）。〔圖 496-2〕

③光緒二年（1876）鈔本，傅氏《總目》謂有自藏本，今未見。

## 打門吃醋　五回

作者未詳。

未見著錄。

演全部申潭懼內之事。前四回同四回本《打門吃醋》，第五回則為此篇獨有。按：四回本至老爺舉棍欲打，戛然而止；第五回演其妻嚎叫撒潑，妻妾口角相爭，老爺遂命妻妾抓鬮以定同房權利，妾得上半月，妻欲相換而妾不允。五回本之前四回與車王府舊藏本文字更近，而百本張鈔本等與車王府藏鈔本略異。故疑故五回本屬於初貌，四回本則經過刪削。

前四回韻句同上條；第五回遙條轍，40 韻。

版本：①清鈔本，鄭振鐸舊藏，國家圖書館・t3448/6。

②民初鈔本，《子弟書十九種》之十五，天津圖書館集部－曲類－彈詞 37014（有"盲生詞曲傳習所"印記）。〔圖 497〕

## 玉兒獻花　一回

作者未詳。

民初輯本《子弟書目錄》："陶情子弟書目錄。玉兒獻花。一回。"《子弟書總目》頁 42 著錄。《子弟書約選日記》："玉兒獻花。計一回。瑣屑兒女情事，不足大雅一顧。"

演丫環玉兒至東鄰獻送菊花，鄰家老太太謂兒子因慕小姐思念成疾，托玉兒說親，

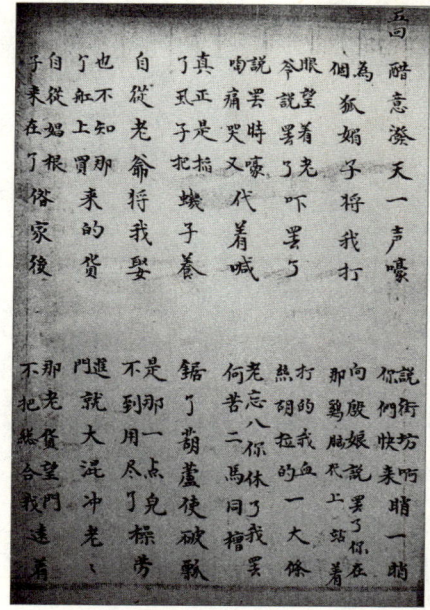

［圖497］天圖藏鈔本《打門吃醋》　　［圖498］傅斯年圖書館藏百本張鈔本《玉兒送花》

玉兒慨然應允。故事出處未詳。

　　灰堆轍，50韻。

　　版本：①清鈔本，車王府舊藏，北大圖書館・□812.08/5105/:113(106/19477，六葉半)。過錄本，首圖・甲四2167；首圖縮印本55冊頁263-266；北京整理本頁221-223。過錄本，中大圖書館・92617；中大整理本頁252-253。

　　　　②百本張鈔本，吳曉鈴舊藏，首圖・己448。

　　　　③曲盦鈔本，傅氏《總目》謂有自藏本，今未見。

　　**別題：玉兒送花**

百本張《子弟書目錄》："玉兒送花。即獻花。一回。四佰。"樂善堂《子弟大鼓書目錄》著錄，書價"三百文"。《中國俗曲總目稿》頁439、《子弟書總目》頁42著錄。

　　版本：①百本張鈔本，傅斯年圖書館藏，T-564；《俗文學叢刊》399冊頁539。［圖498］

　　　　②同樂堂鈔本，國家圖書館藏，98968/1（與《風流詞客》合一冊）。

　　　　③樂善堂鈔本，傅斯年圖書館藏，T-565。

　　　　④鈔本，傅斯年圖書館藏，T-566。

## 幻中緣　二十二回（存五回）

　　作者未詳。

　　民初輯本《子弟書目錄》："陶情子弟書目錄。幻中緣。廿二回。"《中國俗曲總目稿》

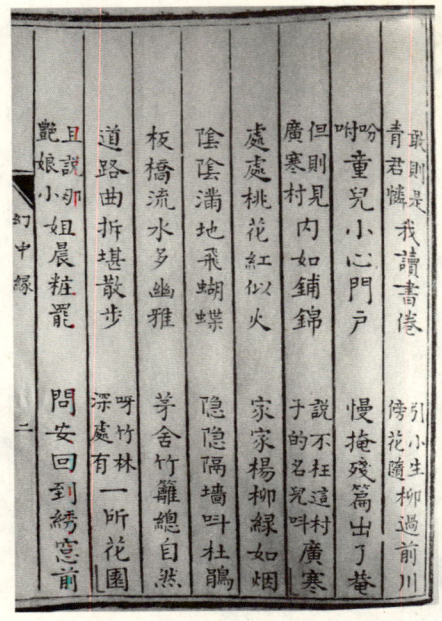 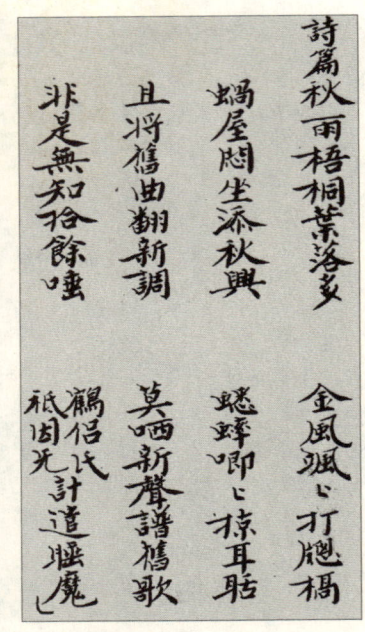

［圖499］國圖藏民國鈔本《幻中緣》　　［圖500］傅斯年圖書館藏百本張鈔本《借靴》

頁99、《子弟書總目》頁40著録，注明回數不詳。《子弟書約選日記》："幻中緣。廿二回。言情文字，不録。"

敍解元化德誤入宰相家花園，丫鬟雪兒見其才貌雙全，願爲小姐冷艷牽紅線。故事出處未詳。按：民初輯本《子弟書目録》著録有二十二回本，今傳本僅存五回，所敍内容僅及園中初會，套問家世，實爲選録本。

言前轍，分别爲47、54、43、52、46韻。

版本：①民國鈔本（選録五回），國家圖書館藏，35558（《子弟書》卷十）。《子弟書珍本百種》頁462–469據以排印。［圖499］

## 借靴　二回

作者鶴侣。據詩篇："且將舊曲翻新調，……非是無知拾餘唾，**鶴侣氏**祇因無計遣睡魔。"

百本張《子弟書目録》："借靴。接趕靴。二回。八佰。"（一本價格作"一吊"）《中國俗曲總目稿》頁27、《子弟書總目》頁101著録。又《集錦書目》第77句："那射鵠子的差人來**借靴**説明日慶壽。"

演張擔向結拜兄弟劉二借靴赴宴事。下篇接《趕靴》。據高腔《借靴》改編。

梭撥轍，每回47韻。

版本：①百本張鈔本，傅斯年圖書館藏，T6-059；《俗文學叢刊》400册頁1。［圖500］

②鈔本，傅斯年圖書館藏，T6-060。
③鈔本，傅斯年圖書館藏，T6-061。
④《子弟書珍本百種》頁489-492排印本，謂據"中國藝術研究院戲曲研究所藏清抄本"，當即杜穎陶藏本，參見下條《借靴趕靴》（三回）。

## 趕靴 一回

作者鶴侶。據結句："**鶴侶氏**自慚才疏無妙句，閑消遣有愧書稱子弟名。"

百本張《子弟目錄》："趕靴。借靴以後。一回。五佰。"《中國俗曲總目稿》頁27《子弟書總目》頁145著錄。傅氏似未見原本，故謂"作者無考"。

演張擔借靴赴宴，起更後猶未回，劉二提燈迎尋，路遇倦睡的張擔。據高腔《借靴》改編。中東轍，49韻。

版本：①清鈔本，車王府舊藏，北大圖書館・□812.08/5105/:112（66/19437，六葉半）。過錄本，首圖・甲四2120；首圖縮印本55冊頁442-444；北京整理本頁134-135。過錄本，中大圖書館・91377；中大整理本頁699-700。
②百本張鈔本，傅斯年圖書館藏，T6-062；《俗文學叢刊》400冊頁31；又一冊，T6-064；又，李家瑞《北平俗曲略・弦子書》據百本張鈔本排印。[圖501]
③鈔本，傅斯年圖書館藏，T6-063。
④鈔本，傅斯年圖書館藏，T6-065。

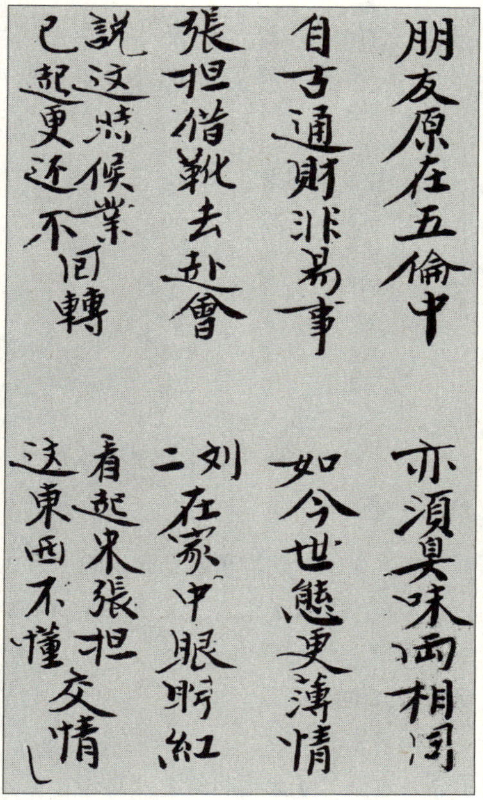

[圖501]傅斯年圖書館藏百本張鈔本《趕靴》

## 借靴趕靴 三回

作者鶴侶。依據見上文。民初輯本《子弟書目錄》："小戲子弟書目錄。借靴趕靴。三回。"
此篇實將二回本《借靴》與一回本《趕靴》合成一篇。參見上文。

**別題：借靴**

此種三回本未見著錄。

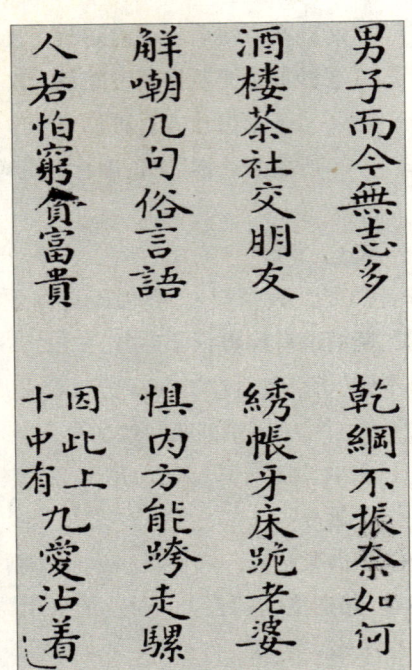

[圖502] 藝研院藏鈔本《借靴趕靴》合鈔本　　[圖503] 傅斯年圖書館藏百本張鈔本《頂燈》

版本：①杜穎陶舊藏，藝研院・曲319.651/0.582/8.151。[圖502]
　　　②《子弟書選》頁298—304排印本，當據杜氏藏本排印。

## 頂燈　二回

作者未詳。

百本張《子弟書目錄》："頂燈。笑。二回。七佰。"別埜堂《子弟書目錄》："頂燈。二回。六佰。"樂善堂《子弟大鼓書目錄》著錄，書價"四佰文"；《子弟書總目》頁109著錄。又《集錦書目》第31句："見滾樓、絮閣直聳百尺將頂燈掛。"

演皮瑾懼內，妻潑悍，令其頭頂油燈跪於床前；皮瑾告以欲請同學到家吃飯，又受妻捶楚，倦夢中見盛宴請客，被饞中饋得人，被犬聲驚醒，方知是夢。

梭撥轍，29、31韻。

版本：①清鈔本，車王府舊藏，北大圖書館・□812.08/5105/:115（149/19520，七葉半）。過錄本，首圖・甲四2203；首圖縮印本55冊頁382—385；北京整理本頁361—363。過錄本，中大圖書館・92660；中大整理本頁678—680。
　　　②百本張鈔本，程硯秋舊藏，藝研院・曲319.651/0.582/5.51；又，傅斯年圖書館藏，T7-091；《俗文學叢刊》400冊頁49。[圖503]
　　　③鈔本，傅斯年圖書館藏，T7-092。

④鈔本，傅斯年圖書館藏，T7-093。
⑤舊鈔本，杜穎陶舊藏，藝研院・曲 319.651/0.582/8.160。按：傅氏《總目》著錄有程硯秋藏舊鈔本，而無杜穎陶藏本，疑兩藏本原是一本。
⑥別埜堂鈔本，藝研院・曲 310.651/0.356（142872）。

**別題：頂鐙（一回）**
民初輯本《子弟書目錄》著錄作"一回"，列入"小戲子弟書目錄"。《子弟書約選日記》："頂燈。計一回。湊趣鬥笑，可選教盲生。"按此篇凡 60 韻，分作二回，篇幅顯小，故亦有合作一回者。
版本：①民初鈔本，傅氏《總目》謂馬彥祥有藏，今藏處未詳。

## 燈草和尚　四回

作者未詳。
百本張《子弟書目錄》："燈草和尚。粉。四回。一吊六。"別埜堂《子弟書目錄》："燈草和尚。四回。一吊四佰四。"民初輯本《子弟書目錄》列入"陶情子弟書目錄"。《中國俗曲總目稿》頁 638 著錄。
演燈花婆婆送燈草小和尚與夫人相戲事。據小説《燈草和尚》改編。小説所敘爲元代時，本篇所敘，則謂不知年代。
頭回言前轍，49 韻；二回梭撥轍，50 韻；三回言前轍，53 韻；四回梭撥轍，51 韻。
版本：①清鈔本，車王府舊藏，北大圖書館・□ 812.08/5105/:120（233/19604，二十七葉半）。過錄本，首圖・甲四 2287；首圖縮印本 56 册頁 7-18；北京整理本頁 808（存目）。過錄本，中大圖書館・92022。［圖 504］
②鈔本，傅斯年圖書館藏，T-692；《俗文學叢刊》400 册頁 327。
③過錄本，傅惜華舊藏，藝研院・曲 310.651/0.356（148329）。

## 要賬該賬大戰脫空　四回

作者未詳。百本張《子弟書目錄》別本："要賬該賬大戰脫空。四回。二吊。"《子弟書總目》頁 76 著錄。
演白賴村的無恥因欠錢不還，被追逼，遂向捕風山無影寺脫空老祖拜師逃債，債主則請鄧通山追魂命仙幫助討債，遂大敗脫空。本事出處未詳。
言前轍，分別爲 53、51、51、50 韻。
版本：①清鈔本，車王府舊藏，北大圖書館・□ 812.08/5105/:120（237/19608，二十七葉半）。過錄本，首圖・甲四 2291；首圖縮印本 55 册頁 293-305；北京整理本頁 832-838。過錄本，中大圖書館・92228；中大整理本頁 712-719。［圖 505］

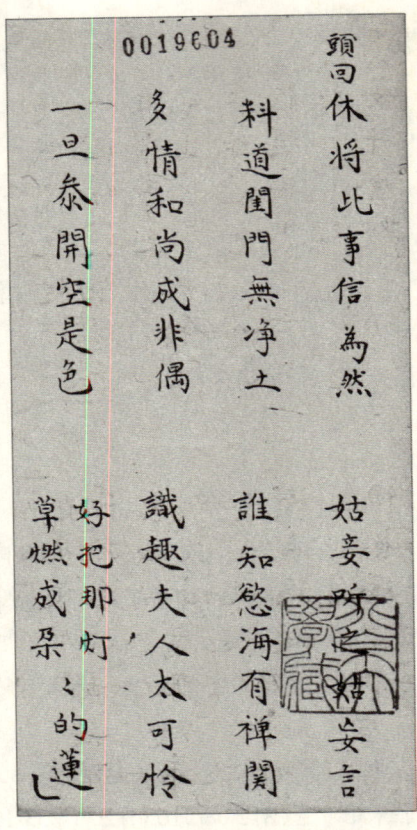
［圖504］車王府舊藏本《燈草和尚》

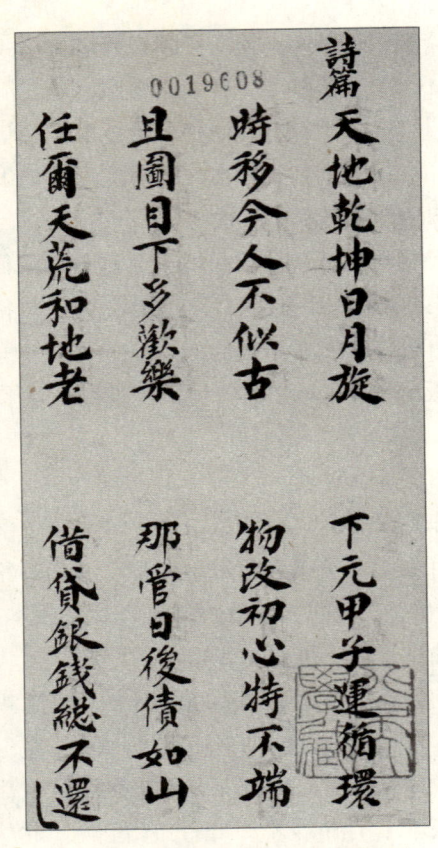
［圖505］車王府舊藏本《要賬該賬大戰脫空》

### 別題一：大戰脫空

百本張《子弟書目錄》："大戰脫空。要賬該賬。四回。二吊。"別埜堂《子弟書目》："大戰脫空。要賬該賬。四回。一吊六。"民初輯本《子弟書目錄》列入"醒世子弟書目錄"。《子弟書總目》頁31著錄。

版本：①百本張鈔本，傅氏《總目》謂杜穎陶、傅惜華舊有藏本，今未見；《子弟書叢鈔》頁758-770據百本張鈔本排印。

②別埜堂鈔本，程硯秋舊藏，藝研院・曲319.651/0.582/5.91（存三、四回）。

### 別題二：要賬大戰

《中國俗曲總目稿》頁533、《子弟書總目》頁76著錄。

版本：①鈔本，傅斯年圖書館藏，T-605；《俗文學叢刊》400冊頁467。

②鈔本，傅斯年圖書館藏，T-604。

### 別題三：脫空老祖

《子弟書總目》頁116著錄。

版本：①舊鈔本，傅氏《總目》謂馬彥祥有藏，今藏處未詳。

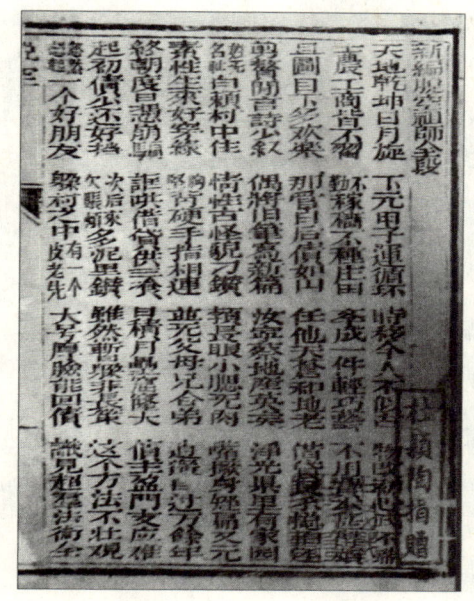

[圖506] 藝研院藏清刻本《脫空祖師》　　[圖507] 車王府舊藏本《鴇兒訓妓》

### 脫空祖師　不分回

作者未詳。

《子弟書總目》頁31著録。

據《要賬該賬大戰脫空》刪改而成。今存刻本，與鈔本差異頗大，故另立一目。篇首作"天地乾坤日月旋，下元甲子運循環。時移今人不似古，物改初心忒不端。"

版本：①清刻本（正文首行題"新編脫空祖師全段"），杜穎陶舊藏，藝研院・曲319.651/0.582/8.81。又，早稻田大學風陵文庫藏，F400-Z560。[圖506]

### 鴇兒訓妓　四回

作者未詳。

百本張《子弟書目録》："鴇兒訓妓。四回。一吊六。"樂善堂《子弟大鼓書目録》著録，書價"八佰文"。《中國俗曲總目稿》頁626、《子弟書總目》頁158著録。

演鴇兒訓導新買的妓女春花，傳授向嫖客獲取錢財的法門。據花部戲曲改編。

發花轍，分別爲39、36、38、40韻。

版本：①清鈔本，車王府舊藏，北大圖書館・□812.08/5105/:120（238/19609，十九葉又補一行）。過録本，首圖・甲四2292；首圖縮印本55冊頁492-500；北京整理本頁839-844。過録本，中大圖書館・92229；中大整理本頁223-228。[圖507]

②鈔本，傅斯年圖書館藏，T-687；《俗文學叢刊》400冊頁525。

③鈔本，傅斯年圖書館藏，T-688。

**別題：訓妓**

民初輯本《子弟書目錄》："醒世子弟書目錄。訓妓。四回。"

版本：①鈔本，傅氏《總目》謂馬彥祥有藏，今藏處未詳。

### 鴇兒入院 四回

作者未詳。

民初輯本《子弟書目錄》："小戲子弟書目錄。鴇兒入院。四回。"

民初輯本《子弟書目錄》著錄有《訓妓》，又有此篇，則表明與入院是兩篇。

內容當據皮黃《入院》改編。

未見傳本。

### 燒靈改嫁 一回

作者未詳。

百本張《子弟書目錄》"燒靈改嫁。一回。四佰。"（一本價格作"五佰"）民初輯本《子弟書目錄》列入"小戲子弟書目錄"。《中國俗曲總目稿》頁641、《子弟書總目》頁164。

演少婦夫亡兒小，家業蕭條，淒涼難忍，適周員外喪妻，央其提親，遂自薦續弦，燒靈改嫁。本事出處未詳。據花部同名戲曲改編。

由求轍，40韻。

版本：①清鈔本，車王府舊藏，北大圖書館・□ 812.08/5105/:113（110/19481，五葉）。過錄本，首圖・甲四2171；首圖縮印本56冊頁1-3；北京整理本頁231-232。過錄本，中大圖書館・92621；中大整理本頁161-162。

②百本張鈔本，程硯秋藏，藝研院・曲319.651/0.582/5.47。又，傅斯年圖書館藏，T-693；《俗文學叢刊》400冊頁385；又，T-695-2。［圖508］

③舊鈔本，程硯秋舊藏，藝研院藏，曲319.651/0.582/8.147。

④曲盒鈔本，傅惜華舊藏，藝研院・曲310.651/0.356/1（143230/6）。

⑤鈔本，傅斯年圖書館藏，T-694。

⑥鈔本，傅斯年圖書館藏，T-695-1。

⑦鈔本，中研院近代史所藏，《子弟書十種》之第七種。

⑧鈔本，傅氏《總目》謂馬彥祥有藏，今藏處未詳。

### 薄命辭灶 二回

作者未詳。

《子弟書珍本百種》收錄。又，《中國俗曲總目稿》頁645著錄有北平石印本一種，

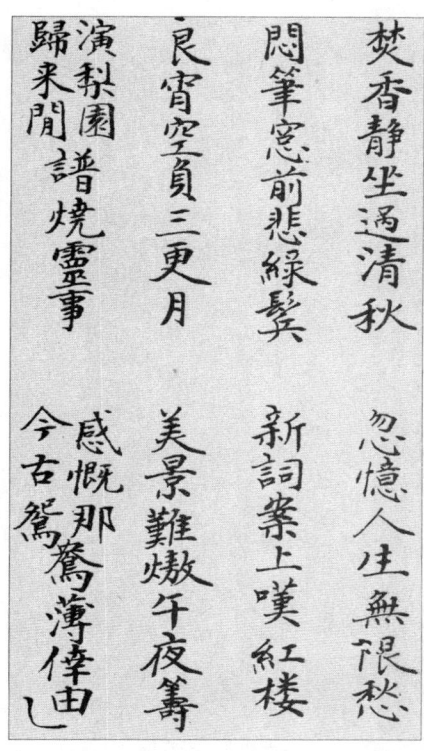
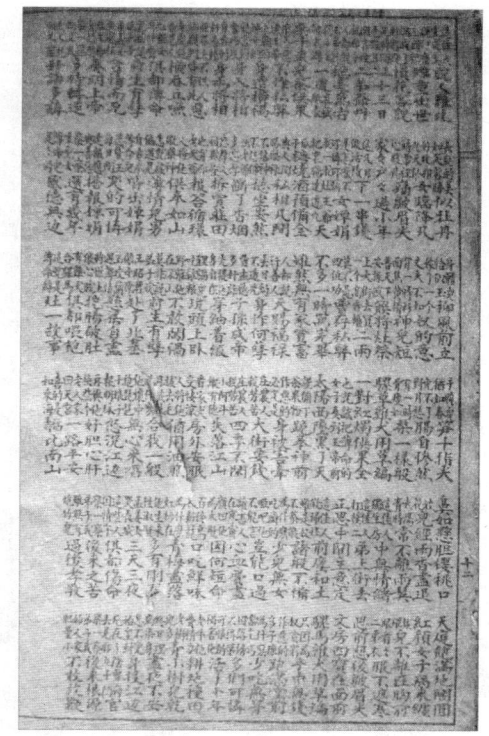

［圖508］傅斯年圖書館藏百本張鈔本《燒靈改嫁》　　　　［圖509］石印本《薄命辭灶》

未題曲類；另有刻本題"清音子弟書"，故予收錄。但觀其體式，與子弟書不甚相合。

演王玉蘭臘月二十三辭灶，願灶王回天宮奏明玉帝，懲惡救善。本事出處未詳。

言前轍，74韻。原不分回，可析作兩回。

版本：①光緒三十一年（1905）盛京財盛書坊刻本（封面題"光緒乙巳年桂月新刊／薄命辭灶／清音子弟書　盛京財勝書坊"），藝研院藏，曲310.651/0.356（07772/13）。《子弟書珍本百種》頁507–509據以排印。［圖509］

②上海大成書局石印本，傅斯年圖書館藏，T–665。

③上海椿蔭書莊石印本，傅斯年圖書館藏，T–749。

④石印本，傅斯年圖書館藏，T–666、T–667、T–668。按：石印本均與《雷峰寶塔》合刊。

### 黔之驢　一回

作者鶴侶。據結句："**鶴侶氏把調兒翻新且陶情。**"

百本張《子弟書目錄》："黔之驢。一回。五佰。"《中國俗曲總目稿》頁327、《子弟書總目》頁166著錄。

演驢入黔地被虎所食之故事。據唐柳宗元《黔之驢》，並結合時事改編。

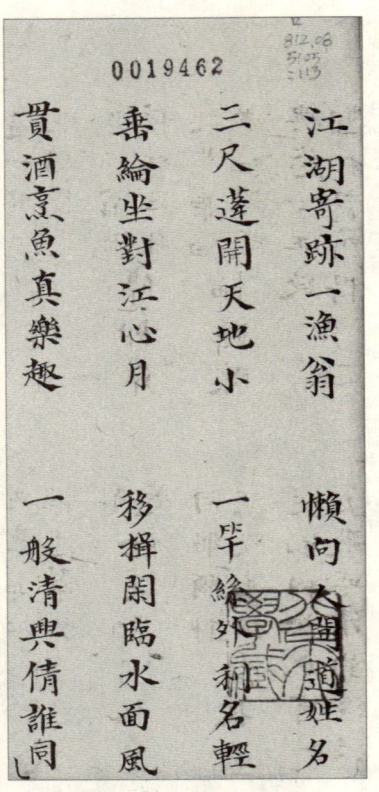

［圖510］傅斯年圖書館藏百本張鈔本《黔之驢》　　［圖511］車王府舊藏本《漁樵對答》

中東轍，57韻。

版本：①清鈔本，車王府舊藏，北大圖書館・□ 812.08/5105/:113（113/19484，七葉半）。過錄本，首圖・甲四2153；首圖縮印本56冊頁19-22；北京整理本頁237-239。過錄本，中大圖書館・92624；中大整理本頁675-678。

②曲盦鈔本，傅惜華舊藏，藝研院・曲310.651/0.356（134727）。

③百本張鈔本，傅斯年圖書館藏，T41-481；《俗文學叢刊》400冊頁601。［圖510］

④鈔本，傅斯年圖書館藏，T41-482。

⑤鈔本，傅斯年圖書館藏，T41-484。

⑥光緒丙午（1906）鈔本（題"光緒丙午年桃月念日燈下抄/愛新氏塗"），傅斯年圖書館藏，T41-485。

⑦《子弟書選》頁317-319據傅惜華舊藏本排印。

## 漁樵對答　一回

作者芸窗。據結句："度炎暄乘閒偶弄芸窗筆，譜新詞爲與知音作品評。"

《子弟書總目》頁142著錄。

演漁翁、樵叟相聚飲酒，談論古今，相互答問，以隱居樂志爲上。

中東轍，40韻。

版本：①清鈔本，車王府舊藏，北大圖書館·□812.08/5105/:113（91/19462，五葉；"對答"作"對達"）。過錄本，首圖·甲四2145；首圖縮印本55冊頁424–426；北京整理本頁189–190。過錄本，中大圖書館·92602；中大整理本頁168–169。［圖511］

②別埜堂鈔本，杜穎陶舊藏，藝研院·曲319.651/0.582/5.95。

③曲盦鈔本，傅惜華舊藏，藝研院·曲310.651/0.356（148729）。

**別題：漁樵問答**

百本張《子弟書目錄》："漁樵問答。吟詩。一回。四佰。"別埜堂《子弟書目錄》："漁樵問答。吟詩。一回。三佰六。"樂善堂《子弟大鼓書目錄》著錄，書價"二佰文"。民初輯本《子弟書目錄》列入"隱逸子弟書目錄"。《綠棠吟舘子弟書百種總目》卷一、《中國俗曲總目稿》頁620、《子弟書總目》頁142著錄。又《集錦書目》第69句："一路上見漁樵問答在武陵源上。"《子弟書約選日記》："漁樵問答。文字清逸，可鈔存，惟須略爲潤色。"

版本：①百本張鈔本，程硯秋舊藏，藝研院·曲319.651/0.582/5.96。

②鈔本，傅斯年圖書館藏，T–683；《俗文學叢刊》400冊頁589。

③鈔本，傅斯年圖書館藏，T–684。

④《舊鈔北平俗曲》本，劉復舊藏，民族圖書館藏（題"魚樵問答"）。

⑤《子弟書選》頁296–297排印本。

## 雪江独釣 一回

作者未詳。

今存《舊鈔北平俗曲》本，署"煦園改訂"。

《子弟書珍本百種》收錄。

演老漁翁雪江独釣之趣。

姑蘇轍，40韻。

版本：①《舊鈔北平俗曲》本，劉復舊藏，今歸民族圖書館藏（題"煦園補訂"）；《子弟書珍本百種》頁483–484據以排印。［圖512］

**別題：寒江独釣**

民初輯本《子弟書目錄》："隱逸子弟書目錄。寒江独釣。一回。"《子弟書約選日記》："寒江独釣。平平。"

未見傳本。

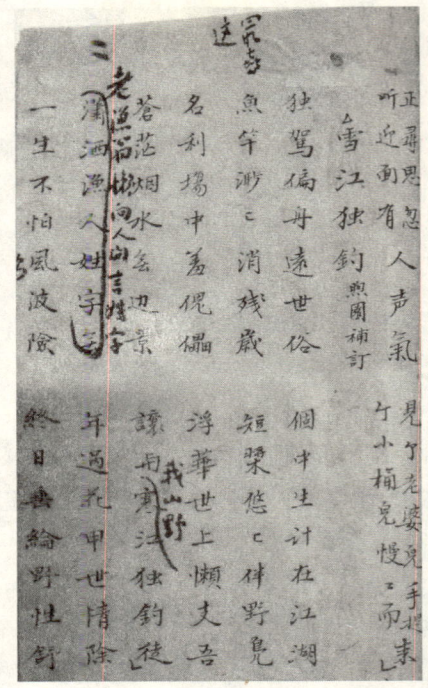 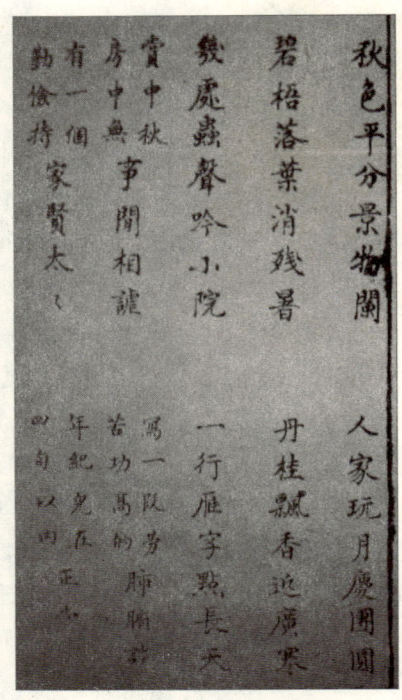

［圖512］劉復舊藏鈔本《雪江獨釣》　　　［圖513］傅斯年圖書館藏鈔本《報喜》

### 報喜　一回

　　作者未詳。

　　《中國俗曲總目稿》頁38著錄。

　　演一年至四十的官家太太思往視今，慨歎家計不易，清晨忽聞喜報，道是老爺高陞。據時事編寫。

　　言前轍。首有詩篇，44韻。

　　版本：①清鈔本，傅斯年圖書館藏，T8–103。［圖513］

　　【說明】此篇卷首作："秋色平分景物闌，人家玩月慶團圓。碧梧落葉消殘暑，丹桂飄香近廣寒。幾處蟲聲吟小院，一行雁字點長天。賞中秋房中無事閒相謔，寫一段勞苦功高的肺腑談。"此本與《軍營報喜》不同。

### 聖賢集畧　五回

　　作者未詳。

　　《子弟書總目》頁136著錄。

　　主要以八字句式，歷述各代聖賢、名人事蹟。

　　江陽轍，共217韻。可酌分五回。

　　版本：①光緒三十二年（1906）盛京老會文堂刻本（封面題"光緒丙午年仲秋月新

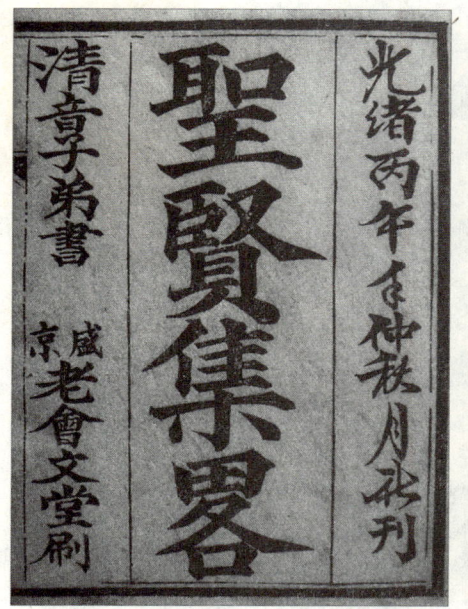 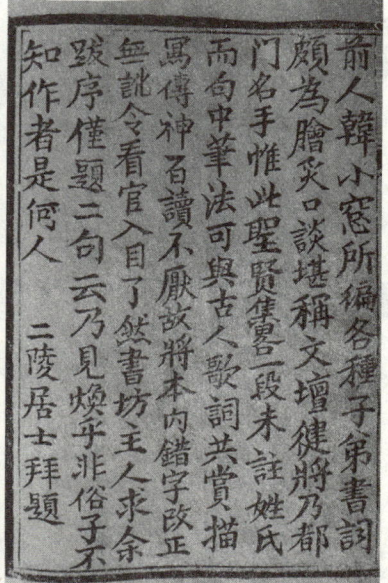

［圖514］藝研院藏老會文堂刻本《聖賢集畧》

刊／聖賢集畧／清音子弟書－盛京老會文堂刷"），傅惜華舊藏，藝研院·曲310.651/0.356（07772/14）。［圖514］

**別題：八字成文**

《中國俗曲總目稿》頁380，未標注曲類名。

**版本：**①光緒三十二年盛京老會文堂刻本，傅惜華舊藏，藝研院·曲310.651/0.356（07772/14）（封面題"光緒乙巳孟夏之月重鎸／捌字成文／子弟書－盛京老會文山房"；卷端題"新刻八字成文全部"）。《子弟書珍本百種》頁517-522據以排印。

②上海文盛書局石印本（"地"字號，四句一行），傅斯年圖書館藏，T-534。

③上海文盛書局石印本（"地"字號，五句一行），傅斯年圖書館藏，T-626。

## 有人心　四回

作者孔素塏。據書末題"道光修皋歲七十二庚孔素塏集。"又，詩篇："素塏本按十三韻，俗語編詞補不足。"《子弟書總目》頁52著錄。

彙集有關勸世之俗語而成篇。分春夏秋冬四回，每數句一轉韻。每回63韻。

**版本：**①道光間北京泰山堂木活字印本，傅惜華舊藏，今歸藝研院。［圖515］

**別題：俗語良言**

前文所列道光刻本封面題作"新出子弟書　俗語良言"，知其一名"俗語良言"。

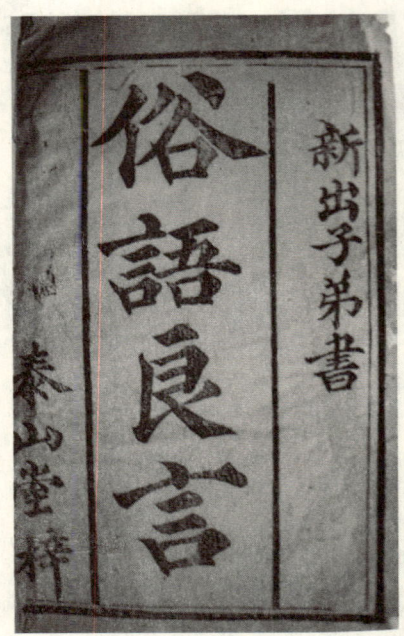 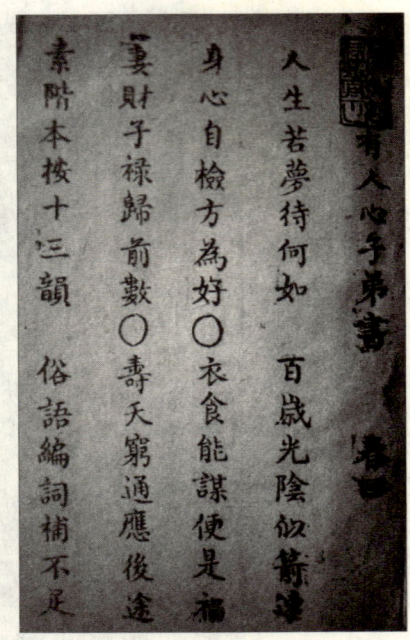

[圖515] 藝研院藏活字本《俗語良言》

### 排難解紛 □回

　　作者未詳。

　　未見著錄。財盛堂刻本《賢孫孝祖》子弟書刻本封面題"上接排難解紛"，知當有此書。

　　內容未詳。

　　未見傳本。

### 賢孫孝祖 四回

　　作者未詳。

　　未見著錄。財勝堂刻本封面題"子弟書"，並題"上接排難解紛，下接謀財顯報"。

　　演陳春山繈褓中喪父，母改嫁，祖父母養大，後中狀元，孝養祖父母，其母愧悔自殺。以勸寡婦當守節。其上篇今未見傳本。又，據此種內容，或移自善書。

　　言前轍，190韻。原不分回，可酌分爲四回。

　　版本：①清盛京財勝堂刻本（封面題"上接排難解紛下接謀財顯報／賢孫孝祖／子弟書－盛京財勝堂"），藝研院·曲310.651/0.356/（07772/26）。[圖516]

### 雙善橋 □回

　　作者未詳。

　　未見著錄。《思親感神》子弟書刻本封面題作"下接雙善橋"，知應有此書。

　　內容未詳。

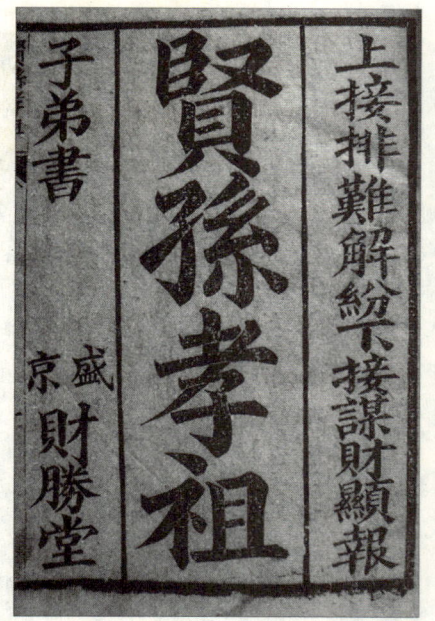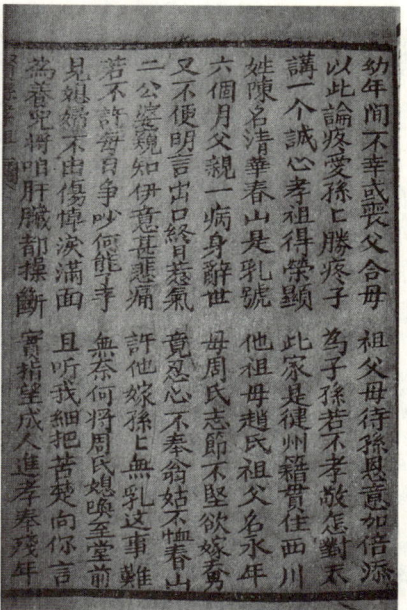

［圖516］藝研院藏財勝堂刻本《賢孫孝祖》

未見傳本。

### 教訓子孫　二回

作者未詳。

未見著錄。有財勝堂刻本題"子弟書"，故予收錄。

勸說應當如何訓育子孫。上接《雙生貴子》（即"麟兒報"），下接《訓女良辭》。人辰轍，100韻。原不分回，相當於二回。

> 版本：①清盛京財勝堂刻本，藝研院・曲310.651/0.356/（07772/24）（封面題"上接雙生貴子、下接訓女良辭/教訓子孫/子弟書—盛京財勝堂梓"）。［圖517］
> 
> ②上海石印本《繪圖改良新劇》第十九冊（版心題"暑"字），早稻田大學圖書館（ヘ19-3031）、天津圖書館等有藏。

### 訓女良辭　四回

作者未詳。

未見著錄。有盛京財勝堂刻本題"子弟書"，故予收錄。

演母親教訓女兒應當遵守各項婦德。上接《訓教子孫》，下接《愛女嫌媳》。原出自宣講。人辰轍，162韻。原不分回，相當於四回。

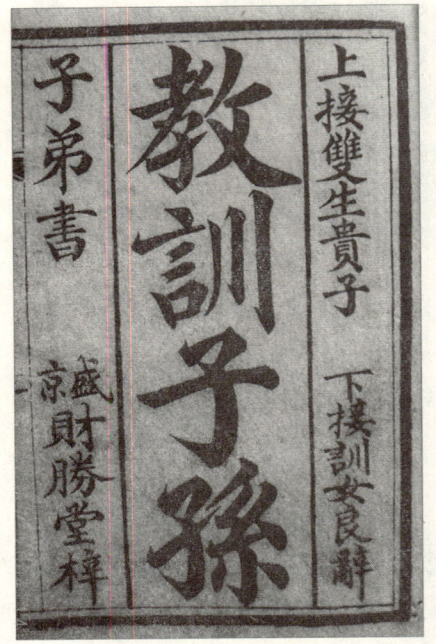

［圖 517］藝研院藏財勝堂刻本《教訓子孫》

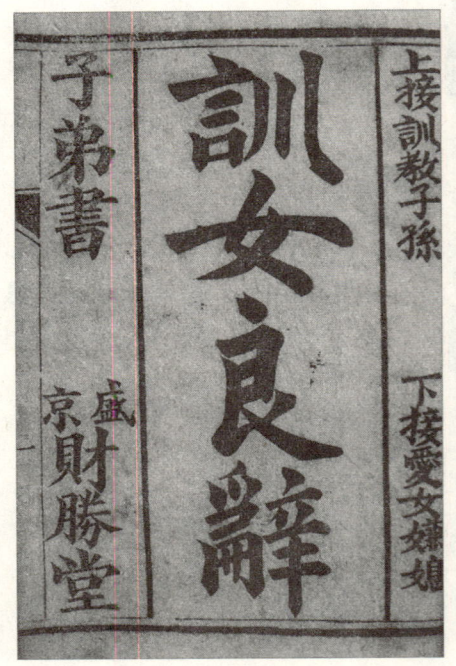

［圖 518］藝研院藏財勝堂刻本《訓女良辭》

版本：①清盛京財勝堂刻本，藝研院・曲310.651/0.356/（07772/25）（封面題"上接訓教子孫 下接愛女嫌媳／訓女良辭／子弟書 盛京財勝堂"）。［圖518］

## 愛女嫌媳　□回

作者未詳。

未見著錄。《教訓子孫》子弟書刻本封面題"下接愛女嫌媳"，知當有此書。

內容未詳。

未見傳本。

## 萬壽山　二回

作者未詳。

《中國俗曲總目稿》頁284著錄。

羅列各地名山。爲祝壽時所用子弟書。

言前轍，112韻，可析作兩回。

版本：①上海茂記書莊石印本（題"清音子弟書"），民族圖書館、藝研院（曲310.651/0.356-142932）、傅斯年圖書館（T36-427）藏。

## 香閨怨　一回

作者未詳。

民初輯本《子弟書目錄》："陶情子弟書目錄。香閨怨。一回。"

內容未詳。

未見傳本。

## 房得遇俠　一回

作者未詳。

《集錦書目》第80句："**房得遇俠**太常寺的贊禮郎"。民初輯本《子弟書目錄》："《今古奇觀》子弟書目錄。房得遇俠。一回。"《子弟書約選日記》："房得遇俠。可存。"《子弟書總目》頁61著錄。

所演內容未詳。

未見傳本。

## 郭橋認子　十回

作者未詳。

樂善堂《子弟大鼓書目錄》："子弟書十回起。二吊文。郭橋認子。"

所演故事未詳。

未見傳本。

### 青草園　□回

作者未詳。

《緑棠吟舘子弟書百種總目》卷二十著錄。

所演故事未詳。

未見傳本。

# 附：子弟書辨僞

## 大瘦腰肢

鄭振鐸《西調選》署作者爲羅松窗。未詳所據。

《世界文庫·西調選》收錄。

版本：①鈔本（附工尺），傅惜華舊藏，藝研院·曲 310.64/0.354。

②清末鈔本（封面題"詩篇子弟書"，又深色墨書"大瘦腰肢。絕妙好辭。"篇末題"丙戌長至北平清風侍者漫抄"），李嘯倉藏。[圖 519]

③《世界文庫·西調選》排印本。

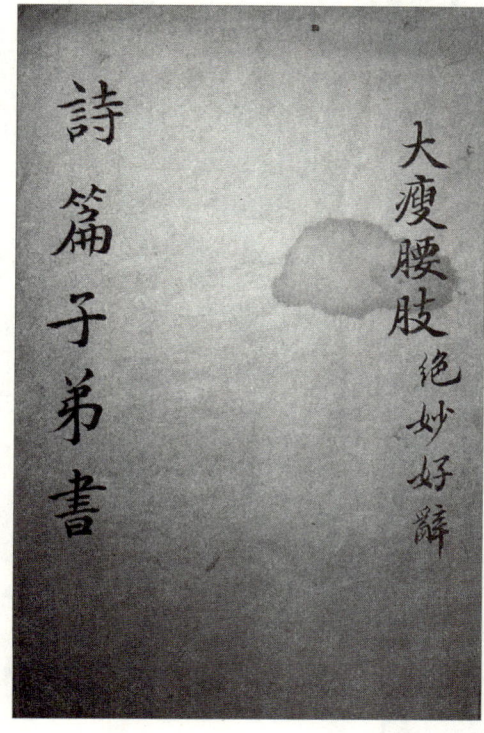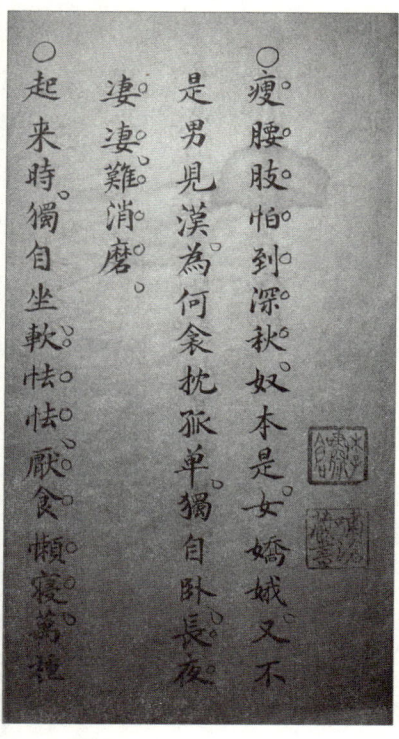

[圖 519] 李嘯倉藏清鈔本《大瘦腰肢》

④《子弟書珍本百種》頁 523–524，據《西調選》排印；又，頁 525–530 據傅惜華藏清鈔本附《大瘦腰肢譜》之工尺。

【説明】此篇僅因封面題有"詩篇子弟書"，鄭振鐸以爲即屬子弟書，故收入《西調選》；亦緣於當時對於子弟書的體裁認識尚不清晰之故。傅惜華本人藏有清鈔本，但其《子弟書總目》未收，表明傅氏並不認同其爲子弟書。而《子弟書珍本百種》仍按《西調選》作爲子弟書録入，不甚妥當。

### 靈官廟  不分回（馬頭調）

作者未詳。

有光緒乙巳（1905）海城裕順堂刻本，封面標作"清音子弟書"。

所演故事及本事來源，參見前文《靈官廟》子弟書。

版本：①光緒裕順堂刻本（封面題："光緒乙巳年荷月上浣新鐫 / 靈官廟 / 清音子弟書 海城裕順堂板"），藝研院・曲 310.651/0.356（07772–22）。［圖 520］

②石印本《繪圖改良新劇》三十册"吕"字，未標曲類，早稻田大學圖書館藏（ヘ 19–3031）。

③石印本，未標曲類，天津圖書館藏。

【説明】此篇首句作"大清一統錦繡家邦，有道的明君聖德無疆"，結句作"一言難盡靈官廟，喜的是蟾宫折桂萬壽無疆"。按：此種實爲馬頭調，而非子弟書。《中國俗曲

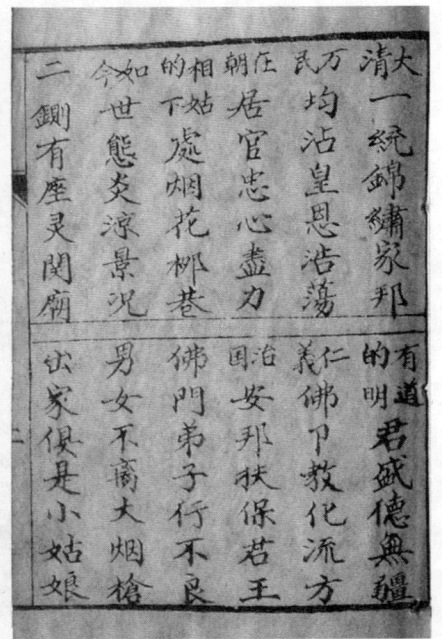

［圖 520］藝研院藏光緒刻本《靈官廟》

總目稿》頁 364、365 著録有兩種,存百本張鈔本,標作"馬頭調",原本今存傅斯年圖書館。故此實即據馬頭調翻刻,而標作"清音子弟書"者。今予剔除。

### 闊大煙嘆 一回

作者未詳。

《中國俗曲總目稿》頁 642 著録有石印本,未標注曲類。《子弟書珍本百種》頁 400-404 作爲子弟書收録。

敘闊闊三原有家財萬貫,錢店無數。因染上煙癮,落得乞討爲生,墳圈安身。死後一令席子卷起來,荒郊野外沒人埋的下場。

版本:①石印本(每行四句),傅斯年圖書館等有藏。
　　　②民國石印本(每行六句),傅斯年圖書館、李嘯倉等有藏;《子弟書珍本百種》據李嘯倉藏本排印。
　　　③上海椿蔭書莊石印本,北大圖書館等藏。

【説明】本篇大半用言前轍,末尾忽雜入人辰轍六韻,由求轍三韻,又以懷來轍十四韻作結。敘述方式、敘述節奏同於鼓詞。觀其體式,實非子弟書,故予剔除。

### 天下景致 不分回

作者未詳。

《中國俗曲總目稿》頁 413 著録,謂有車王府藏本,標注作"子弟書",故《子弟書珍本百種》(頁 514-516)依《總目稿》所注,從北京大學圖書館藏本中檢出,作爲子弟書收録。

按:此篇敘説天下景致與出産。由求轍。存清車王府藏鈔本,原本連行書寫,然觀其體式,並非子弟書。傅惜華《北京傳統曲藝總録》頁 357 將本篇收於卷七"鼓詞小段"内,謂"《中國俗曲總目稿》頁 413 亦著録,調名誤標曰'子弟書',非是。"其説甚是。今予剔除。

### 綱鑑圖 一回

《子弟書總目》頁 151 著録:"作者無考。此書未見著録。清鈔本,李嘯倉藏。"

按:今訪李嘯倉先生遺屬,其所藏子弟書,無"清鈔本"《綱鑑圖》,而有清末民初石印本《綱鑑圖》,與《樊梨花下山》、《馮魁賣妻》、《大烟嘆》、《烟花嘆》同册。其中《大烟嘆》確爲子弟書,其他數種則否。[圖 521]

此種石印本《綱鑑圖》韻目用言前轍。簡述從盤古開天至光緒年歷史上重要人物和歷史事件。其首二韻作:"講了回盤古治世開闢天,計混沌就是十萬零八千。佛主的奥妙無窮神通廣,是怎麼一口清氣噴滿天。"末韻作:"事情小小捕頭大,歸宗落個南頭争光。"體制與子弟書亦不相合。故未予收録。

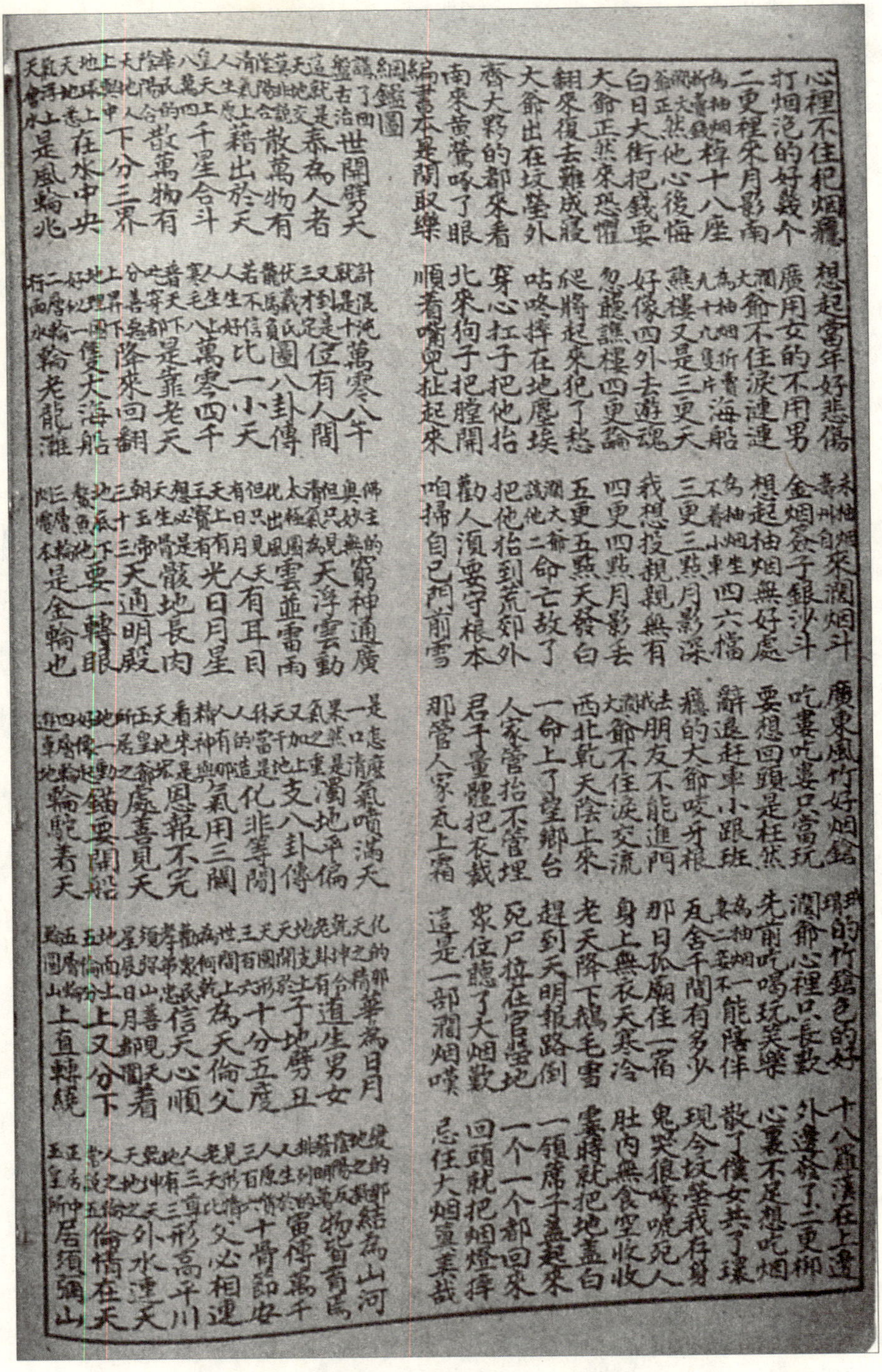

[圖521] 李嘯倉藏石印本《綱鑒圖》

## 古城相會 不分回

作者未詳。《中國俗曲總目稿》頁441著錄有石印本，標注作"子弟書"。

此篇演劉關張兄弟古城相會事。本事見《三國演義》第二十八回"斬蔡陽兄弟釋疑，會古城主臣聚義"。言前轍。

版本：①上海錦章書局石印本，《三國子弟書詞八種》之二，早稻田大學藏。
②北京打磨廠泰山堂排印本（梅花調大鼓），雙紅堂文庫190唱本之第22紮第4冊。
③石印本，傅斯年圖書館藏，T-745；T-746。

按：此篇首句作："大漢江山四百年，朝出董卓呂奉先。夜宿皇宮欺聖主，內欺天子外壓官。……"末句作："這就是古城相會這一段，唱到這裏就算完。說到此處權留住，歇歇喘喘打茶尖。"據首尾體式，實非子弟書。傅惜華刊於《中法漢學研究所圖書館館刊》第二號之《子弟書總目》附"辨偽"，以為此篇"恐為鼓詞之本"，而未收錄。今從之。

## 拆西廂 不分回

作者未詳。《中國俗曲總目稿》頁146著錄，注謂"子弟書"。

演鶯鶯與紅娘議論何以自己宋朝人，被牽涉到唐代張君瑞事，不滿《西廂記》作者誣陷自己事。出處未詳。石印本《西廂子弟書詞六種》卷六收錄，國圖、首圖、史語所、藝研院等均有藏。

傅惜華刊於《中法漢學研究所圖書館館刊》第二號之《子弟書總目》附"辨偽"，謂非子弟書："碧葉館藏有清刻本及排印本，俱無題'子弟書'者。蓋鼓詞中梅花調之曲本，今日尚盛行於歌場者也。"今從之。

另有清寶文堂刻本"新拆西廂"，係大鼓書，文字與此本不同，當即傅氏所說的梅花調鼓詞。

## 王元上壽 一回

作者未詳。存清末瀋陽刻本，封面題："光緒丁未年（1907）桃月新刊/子弟書 遼陽文益堂板"，凡十頁，卷末題："遼陽城里東街路北文益堂存/板發賣鼓詞唱本一概俱全"。[圖522]

按：此篇卷首："大清一統錦江山，君正臣良萬民安。自從打新君登金殿，五穀豐收太平年。"篇末作："這旧是王元上壽一貝（輩）古，福如東海壽比南山。"內文且是韻文与白文相間。故此篇雖封面標有"子弟書"字樣，然其體式實非子弟書。

## 刺虎 四回

《子弟書珍本百種》錄《刺虎》（四回）後，謂北京圖書館藏"雙槐堂鈔本《刺虎》一種，有詩篇，無正文"，並移錄此種"四回"回首詩篇，分別題作"頭回"、"二回"、"三回"、"四回"。

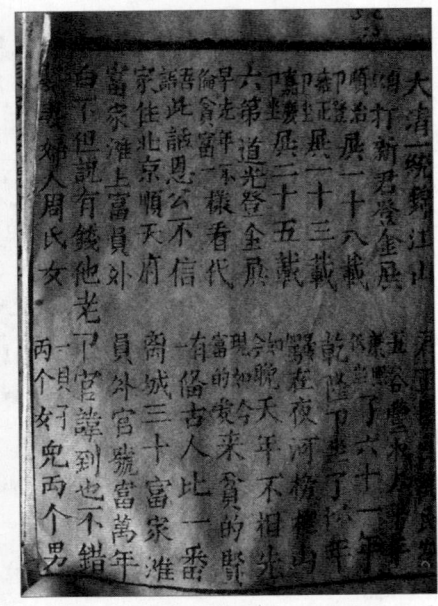

［圖522］藝研院藏清刻本《王元上壽》

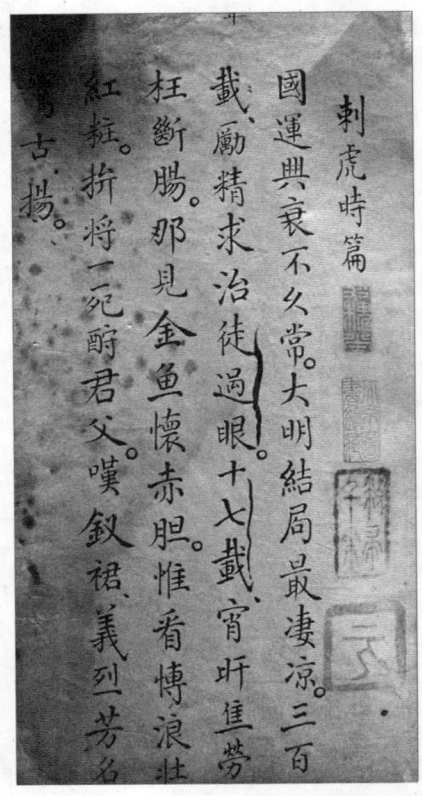

［圖523］國圖藏鈔本《刺虎時篇》首頁與末頁

按：今查國家圖書館所藏此鈔本，書衣題作"刺虎時篇"，共二葉，各詩篇分別題作"第一"、"第二"、"第三"、"第四"，末並錄有題"楊坤一作"的對聯，除所詠之事與《刺虎》子弟書相同外，未見與子弟書有關依據，故不作爲子弟書殘篇列入本目。［圖523］

### 妓女上墳　一回

作者未詳。《子弟書總目》頁31著錄。

演妓女夢中驚見死去的嫖客，次日上墳燒紙錢，恰遇嫖客之妻。

版本：①舊鈔本，杜穎陶舊藏，藝研院·曲319.651/0.582/8.74。
②鈔本，傅斯年圖書館藏，HUII-9-123。［圖524］
③另有民初排印本多種。

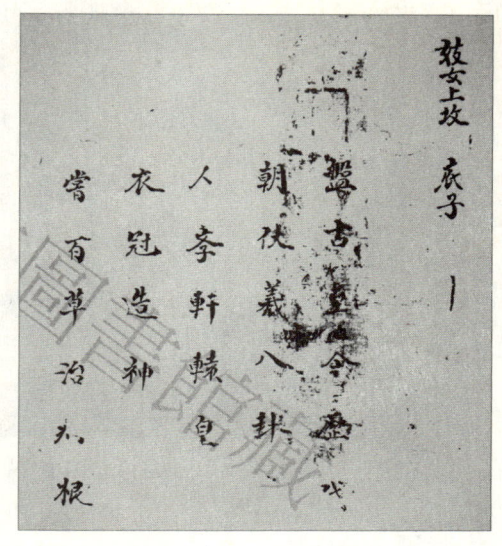

［圖524］傅斯年圖書館藏清鈔本《妓女上墳》

按：傅氏《總目》實據杜穎陶藏本著錄。今核杜氏舊藏本，未標"子弟書"字樣，首有殘缺，因其分行鈔錄，粗觀其體制，約略與子弟書相似，故傅氏予以著錄。然今核傅斯年圖書館所藏同題鈔本，保存完好，書衣題"妓女上墳　底子"，內又標"改唱二簧調"。且其文字近於每句用韻，亦與子弟書體式不合。今予剔除。

### 武松　三本

作者未詳。有刻本卷端題"清音子弟書"，昝紅宇等所編《清代八旗子弟書總目提要》（三晉出版社，2010）頁617據以著錄。

故事謂廣府青河縣孔聖莊武振剛生有二子，大郎、二郎武松，武松習武，赴滄州途中，知五龍堂强人李虎欲搶趙家莊員外之女，遂扮作趙姑娘，擊倒李虎衆人。故事與《水滸傳》不同，另作生發而成。

江陽轍。內分作三本。

版本：①海城聚有堂刻本（封面題："新五龍堂刻/海城/聚有堂　武松　李虎"；殘本），山西大學文學院藏。［圖525］

按：此本篇首作："[詩曰]英雄好汗（漢）少年强，家住山西孔聖莊。該自李虎活倒運，搶來武松當姑娘。家住廣府青河縣，離城十里孔聖莊。"觀其敘述風格，實爲鼓書，而與子弟書體制相去較遠，故不予收錄。

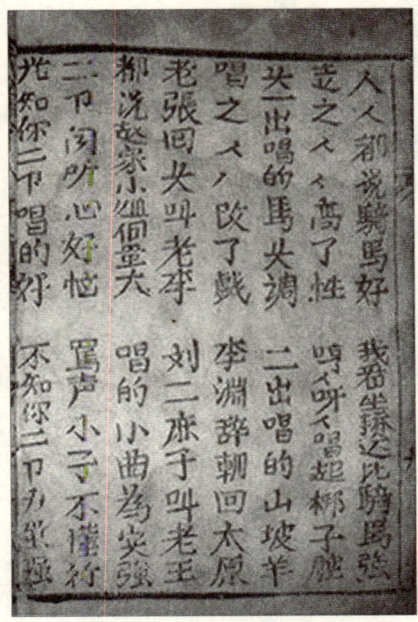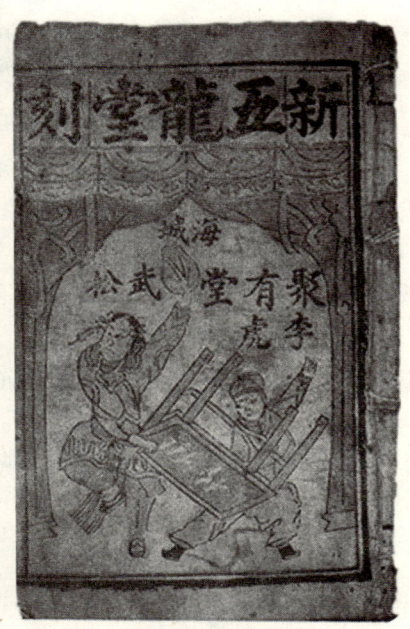

［圖 525］孔夫子舊書網所見五龍堂刻本《武松》書影

## 雄黃酒　一回

作者未詳。《子弟書總目》頁 129 著錄。演端陽節白娘子飲雄黃酒，顯露原形，嚇死許仙。事見《雷峰塔》傳奇十六齣"端陽"。

按：傅氏《總目》謂有清鈔本，李嘯倉藏；但今所見李氏藏本，實是石印本，而無清鈔本，故未知是否傅目誤記。

又，石印本題《白蛇傳雄黃酒》，有上海椿蔭書莊石印本，傅斯年圖書館有藏（T15-203）；傅惜華亦有藏（安東誠文信書房石印本，藝研院・曲 310.651/0.356-142933）。石印本首句作："言的是唐不表來宋不言，宋朝皇帝表大元。浙江有一杭州府，錢塘縣有一書生在少年。"顯非子弟書。

【說明】《鼓詞彙集》第一輯頁 203-209 收錄有《雄黃酒》，體式接近子弟書，其卷首作："夏至熏風天氣長，麥浪迎風遍地黃。眼看時到端陽節，各家人盡賀端陽。門前採艾陳交暑，龍舟驚渡自落江。正是那天下賀此端陽節，因此他才出了事一樁。杭州府有一位姓許名仙讀書客……"

## 鴻雁捎書　快書　一回

作者未詳。《北京傳統曲藝總錄》頁 314 著錄，謂有清鈔本，李嘯倉藏，所演為王寶釧故事。

按：傅氏實未見原書。李氏藏本，所演為王昭君故事。係藝人抄本，頗多別字、訛字。首句作"塞北殺它英列鳳，出了塞的超軍國母判想回城。"結句作"在江邊蓋下一

［圖526］李嘯倉藏鈔本《鴻雁捎書》　　　［圖527］傅斯年圖書館藏石印本《雙鳳奇緣》

座照君娘娘的廟，萬古千秋留下的美名。"觀其體制，實非快書，而係鼓詞。按，《鴻雁捎書》，傅斯年圖書館亦有藏，有寶文堂刻本（KUI-13-243）、《文明大鼓書詞》排印本（KUIII-3-052），文字相同，藏者分類目錄列入"大鼓書"，甚是。[圖526]

### 雙鳳奇緣　一回

作者未詳。《子弟書總目》頁174著錄。

演王昭君出塞和番故事。

版本：①清鈔本，傅氏《總目》謂李嘯倉藏有清鈔本。按，李氏所藏當是石印本。
　　　②石印本（"收"字。與冤外冤、玉天仙痴夢、喬太守亂點鴛鴦譜、比古人合刊），李嘯倉、傅斯年圖書館（T-718）等均有藏。[圖527]

傅氏《總目》據李嘯倉藏本著錄有清鈔本，然其著錄時實未查閱原書，蓋當時李氏所提供或僅是草目，故多有將李氏所藏石印本誤作清鈔本著錄的情況。此書亦是一例。

據石印本，篇末云："賽昭君他是娘娘一舍妹，他的那刀馬精通世無雙。到後來賽昭君坐了昭陽院，只殺的北國達兒來順降。這就是雙鳳奇緣一古段，正正鼓板開正椿。"末數語即"雙鳳"之由來。觀此篇僅一回篇幅，而言前轍、江陽轍相雜，末又插入由求轍四句，與子弟書用韻情況不合。且結尾句也表明原爲鼓詞。今予刪除。

### 後婚

作者未詳。《中國俗曲總目稿》頁 22 著録，未標曲類。

有東泰山堂刻本，傅斯年圖書館藏。

此篇卷首作"閑來無賴我出了城西，看了個老頭泪悲啼。我問老者你哭沓地，你莫非沒有穿無吃的。……"陳錦釗《子弟書之題材來源及其綜合研究》頁 159-160 著録，以爲屬子弟書。

按：其體式實與子弟書不合，亦無其他著録作佐證，故删去不録。

### 借東風 十二回

傅氏《子弟書總目》頁 100 著録："借東風十二回。作者無考。此書未見著録。車王府鈔本，北大圖書館藏。"按：北大圖書館及車王府舊藏本中並無十二回本《借東風》，此當是移録時將"俏東風十二回"誤作"借東風十二回"，故删。

### 逃學 快書

傅斯年圖書館藏，C10-102；《俗文學叢刊》413 册頁 445-466 於"快書"内收録，歸入"朝代不明"類。[圖 528]

此書國圖亦有藏（索書號 98212）。

按：此書封面既題有"快書"兩字，又題作"趕板"，正文則明確題作"逃學趕板"，可知實爲趕板，而非快書。

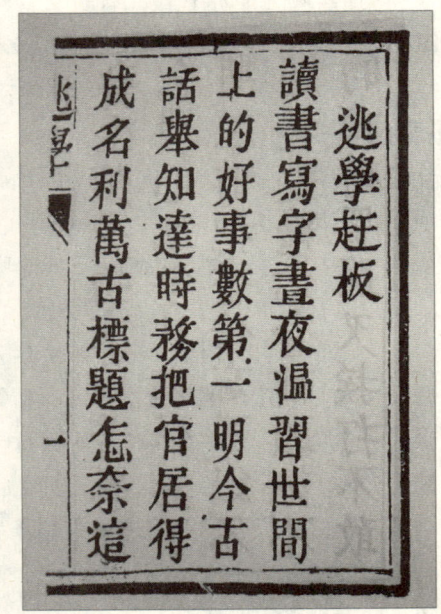

[圖 528] 傅斯年圖書館藏清刻本《逃學》

### 出關　□回

《清代八旗子弟書總目提要》頁 68 著錄。據《集錦書目》第 68 句"打御路一直出關鄉"，以爲寓《出關》篇名。並作按語謂："遍查諸多目錄，僅此著錄。"其前言舉"增加補充曲目"，亦舉此爲例，謂："《集錦書目》中提到有子弟書《出關》，但遍查諸多目錄，僅此一處著錄。"

按：《集錦書目》所敘內容，是否即屬子弟書篇名，實需有其他目錄作印證，方能成立。遍查諸多目錄，均未見著錄，亦未見傳世之本，已足說明此處並非寓有曲名。且將"出關鄉"一詞標作"《出關》鄉"，亦與《集錦書目》寄寓曲名的方式不合。故傅目以降，不以爲此句寓有曲名，原是正確的。

### 綺春閣　十二回

作者未詳。

《子弟書總目》頁 152 著錄。謂有清鈔本（缺第一至第三回），傅惜華舊藏，今未見。

按：樂善堂《子弟大鼓書目錄》於"所有石韻書名附載於後"內著錄有"綺閣春　聊齋誌異・馬介甫　四本　七吊二"，故疑傅目著錄有誤，原當作"綺閣春"，係石派書，所演爲聊齋中的馬介甫故事。

# 主要參考文獻

- 百本堂編鈔，《子弟書目錄》，清鈔本，中國藝術研究院圖書館等藏。
- 別埜堂編鈔，《子弟書目錄》，清鈔本，中國藝術研究院圖書館藏。
- 樂善堂編鈔，《子弟大鼓書目錄》，清鈔本，傅斯年圖書館藏。
- 鶴侶撰，《集錦書目子弟書》，清鈔本，北京大學圖書館藏。
- 佚名編，《子弟書目錄》，稿本，天津圖書館藏。
- 蕭文澄撰，《子弟書約選日記》，稿本，天津圖書館藏。
- 雲深處主人輯，《晴雪梅花錄》，民初鈔本，中國藝術研究院圖書館藏。
- 三畏氏編，《綠棠吟舘子弟書百種總目》，稿本，首都圖書館藏。
- 劉復、李家瑞編著，《中國俗曲總目稿》，中央研究院歷史語言研究所印行，1932。
- 傅惜華撰，《子弟書總目》，上海文藝聯合社，1954。
- 傅惜華撰，《北京傳統曲藝總目》，中華書局，1962。
- 陳錦釗撰，《子弟書之題材來源及其綜合研究》，博士論文，台灣政治大學中國文學研究所，1977，未刊。
- 陳錦釗編撰，《快書研究》，台北民文書局，1982。
- 崔蘊華撰，《書齋與書坊之間——清代子弟書研究》，北京大學出版社，2005。
- ［日］波多野太郎編，《子弟書集》，日本橫濱市立大學紀要第一輯，1975。
- 首都圖書館編，《清蒙古車王府藏曲本》，北京古籍出版社，1991。
- 故宮博物院編，《故宮珍本叢刊》，海南出版社，2001。
- "中央研究院"歷史語言研究所編，《俗文學叢刊》，台灣新文豐出版公司，2004。
- 瀋陽市文學藝術工作者聯合會，《鼓詞彙集》，內部發行，1956。
- 闕名編，《子弟書選》，遼寧人民出版社，1957。
- 趙景深編校，《鼓詞選》，古典文學出版社，1957。
- 傅惜華編校，《西廂記說唱集》，古典文學出版社，1957。
- 中國曲協遼寧分會編，《子弟書選》，內部出版，1979。
- 胡文彬編校，《紅樓夢子弟書》，春風文藝出版社，1983。
- 關德棟、李萬鵬編校，《聊齋誌異說唱》，上海古籍出版社，1983。
- 關德棟、周中明編校，《子弟書叢鈔》，上海古籍出版社，1984。

- 杜穎陶、俞芸編校，《岳飛故事戲曲說唱集》，上海古籍出版社，1985。
- 傅惜華編校，《白蛇傳集》，上海古籍出版社，1987。
- 劉烈茂、郭精銳等編校，《清蒙古車王府鈔藏曲本·子弟書集》，江蘇古籍出版社，1993。
- 北京市民族古籍整理出版規劃小組輯校，《清蒙古車王府藏子弟書》，國際文化出版公司，1994。
- 張壽崇主編，《滿族說唱文學：子弟書珍本百種》，民族出版社，2000。
- 阿英撰，《中國俗文學研究》，中國聯合出版公司，1944。
- 傅惜華撰，《曲藝論叢》，上雜出版社，1953。
- 關德棟撰，《曲藝論集》，中華書局上海編輯所，1958。
- 任光偉撰，《藝野知見錄》，春風文藝出版社，1989。
- 傅惜華撰，《子弟書總目》，載《中法漢學研究所圖書館刊》第二號，1946。
- 胡光平撰，《韓小窗生平及其作品考查記》，載《文學遺產增刊》第12輯，中華書局，1963。
- 張政烺撰，《會文山房與韓小窗》，載《社會科學戰線》，1982年第2期。
- 陳加撰，《關於子弟書作家韓小窗——兼與張政烺先生商榷》，1984年第3期。
- 啟功撰，《創造性的新詩子弟書》，載《文史》二十三輯，1984。
- 陳錦釗撰，《六十年來子弟書的整理與研究》，載《漢學研究之回顧與前瞻》，中華書局，1995。
- 康保成撰，《子弟書作者鶴侶氏生平、家世考略》，載《車王府曲本研究》，廣東人民出版社，2000。
- 黃仕忠撰，《子弟書作者考》，收入《戲曲文獻研究叢稿》，臺北："國家"出版社，2006。
- 李芳撰，《子弟書作者洗俗齋生平考略》，載《文學遺產》，2009年第5期。

# 篇名索引

## A

阿綉／ 482
愛女嫌媳／ 521
安五路／ 103
傲姨／ 420

## Ba

八郎別妻 硬書／ 196
八郎別妻／ 196、198
八郎探母（甲）／ 195
八郎探母（乙）／ 197
八仙慶壽／ 496、498
八陣圖 快書／ 96
八字成文／ 517
芭蕉扇／ 149
霸王別姬／ 35

## Bai

白帝城（甲）／ 97
白帝城（乙）／ 99
白帝城託孤／ 97
白帝託孤／ 98
白娘娘雷峰寶塔／ 267
白蛇傳／ 275
百寶箱／ 317、318、321
百花點將／ 293
百花亭／ 292
百里奚／ 4
百年長恨／ 302

## Ban

拌嘴／ 358

## Bang

謗閻／ 255、257
謗閻快書／ 257
謗閻醒勸／ 257

## Bao

鴇兒入院／ 512
鴇兒訓妓／ 511
寶釵產桂／ 472
寶釵產玉／ 471
寶釵代綉／ 444
寶晴換衣／ 459
寶玉探病／ 464
報喜／ 207、379、516

## Bei

悲歡夢／ 353
悲秋／ 461
悲秋探病／ 463
背娃入府／ 325
背娃子入府／ 326
背子入府／ 26

## Bi

逼休／ 37
碧玉將軍／ 379
碧玉將軍翡翠嘆／ 380
碧雲寺／ 423

## Bian

鞭打蘆花／ 7

## Bie

別姬／34
別善惡／424

## Bo

伯牙摔琴／27
薄命辭灶／512

## Bu

不垂別泪／249

## Cai

才子風流／415
彩樓／201

## Can

慘睹／297

## Cang

蒼舟／46
艙舟／46
藏舟／44、46

## Cao

草船借箭 快書（丙）／77
草船借箭 快書（甲）／75
草船借箭 快書（乙）／76
草詔敲牙／296、297

## Cha

查關／43

## Chai

拆西廂／527

## Chan

襌魚寺 快書／9
襌宇寺／9
產玉／472

## Chang

長坂坡／70
長板坡 快書／72
長板坡救主／71
長生殿／159、161
長隨嘆／389
長亭／180
長亭餞別／179
常峙節傲妻／245
嫦娥／484
嫦娥傳／483

## Chen

沉百寶箱／319
沉香亭／156
陳琳救主／207
陳雲棲／492
趁心願／276
稱心願／277

## Cheng

成功報喜／379

## Chi

吃糠／49
吃螃蟹／410
喫醋／504
痴夢／38
痴訴／198
池館／253
赤壁鏖兵／80
赤壁鏖兵 快書／85
赤壁賦／218
赤壁遺恨／75

## Chong

重耳走國／4

## Chu

出關／ 533
出塞／ 40、42
出善會／ 425
出塔／ 274
出寨／ 294
廚子訴功／ 393
廚子嘆／ 392

## Chun

春梅池館／ 253
春梅遊舊家池館／ 253
春梅遊舊院／ 252
春香鬧學／ 277、278
椿齡畫薔／ 442

## Ci

刺虎／ 336、527
刺虎（甲）／ 333
刺虎（乙）／ 334
刺虎（丙）／ 335
刺梁／ 47、48
刺秦／ 29
刺湯／ 311、312
賜福／ 499
賜珠／ 161

## Cuan

篡鬚子／ 366
篡鬚子論／ 365

## Cui

翠屏山／ 236、238

## Da

打碑／ 221
打朝／ 131、132
打登州／ 116、117
打登州 快書／ 116
打關西／ 190
打花鼓／ 287
打黃蓋 快書／ 78
打門吃醋／ 503、504
打麵缸／ 344
打十壺／ 406
打十湖／ 406
打拾壺／ 407
打拾湖／ 406
打圍回圍／ 383
打御／ 211
大力將軍／ 479、480
大力將軍傳／ 480
大奶奶出善會／ 425
大鬧天宮／ 144
大實話／ 371
大瘦腰肢／ 523
大煙歎／ 380
大爺嘆／ 397
大姨換小姨／ 475
大戰脫空／ 510

## Dai

代數歎／ 399
黛玉悲秋／ 462
黛玉埋花／ 439
黛玉埋花／ 439
黛玉聽琴／ 466
黛玉葬花／ 440

## Dan

單刀会／ 94
單刀會／ 92、93
單刀會 快書／ 94
單刀會 硬書／ 91

## Dang

當絹投水／ 25
党太尉／ 193
擋曹／ 82、84
黨人碑／ 220
蕩子嘆／ 394

## Dao

盜芭蕉扇／ 150
盜甲／ 239
盜令／ 114
盜令牌／ 310

盜牌 / 311

## De

得鈔嗷妻 / 244、247
得書 / 40

## Deng

登樓 / 122
登樓降香 / 122
燈草和尚 / 509
燈謎會 / 405
燈謎社 / 405

## Di

狄梁公投店 / 134

## Diao

弔綿山 / 3
釣魚 / 133
釣魚子 / 132
調春戲姨 / 418
調春戲姨續 / 419
調精忠 / 254

## Ding

丁甲山 / 240
頂燈 / 508
頂鐙 / 509

## Dong

東吳記 / 88
東吳招親 / 87
洞庭湖 / 492

## Dou

竇公訓女 / 189

## Du

杜麗娘尋夢 / 280
杜十娘怒沉百寶箱 / 317、321

## Er

二入榮府 / 447
二入榮國府 / 446
二仙採藥 / 109
二玉論心（甲）/ 440
二玉論心（乙）/ 441

## Fan

樊金定罵城 / 139
反天宮 快書 / 144
范蠡歸湖 / 13
飯會 / 404

## Fang

房得遇俠 / 521
訪普 帶戲 / 191
訪賢 / 192
訪賢代戲 / 192

## Fei

飛熊夢 / 2
飛熊兆 / 2
費宮人刺虎 / 334

## Fen

分宮 / 332
焚稿 / 467
焚宮 / 297、333
焚宮落髮 / 297
焚棉山 / 4

## Feng

封神榜 / 3
風流詞客 / 371
風流公子 / 415
風流子弟 / 416
風月魁 / 112

篇名索引

風雲會／192
瘋和尚／414
瘋和尚治病／413、415
瘋僧掃秦／259
瘋僧治病／413、414
鳳姐尔送行／454
鳳姐送行／454
鳳鸞儔／263
鳳鳴關 快書／100
鳳仙／484、485
鳳仙傳／485
鳳儀亭／58、60
鳳儀亭 快書／60

## Fo

佛門點將／315
佛門點元／315
佛旨度魔／500

## Fu

芙蓉誅／461
芙蓉誅傳／460
腐儒嘆／402
負心恨／169
富春院／308
覆恩往報／411

## Gan

甘露寺／89
趕妓／185
趕靴／507
趕齋／205

## Gang

綱鑑圖／525

## Gao

高老莊／145

## Ge

葛巾／490
葛巾傳／489

## Gong

公子戲環／416
宮娥刺虎／335
宮花報喜／206

## Gu

姑嫂拌嘴／357
古城相會／527
古城相會 快書／66
骨牌名／407

## Gua

掛帛／301
掛帛上墳／302

## Guai

拐棒樓／373

## Guan

官哥／248
官銜嘆／388
官箴嘆／389
關公擋曹／84
關公盤道／65
觀畫／144
觀水／93
觀雪乍冰 帶戲／147

## Guang

光棍嘆／401
光棍歎／401
逛碧雲寺／424
逛二閘／427
逛護國寺／427

## Gui

歸窰祭灶／205
鬼辯（辨）／285
鬼斷家私／298

## Gun

滾樓／11

## Guo

郭棟兒／368
郭橋認子／521
郭子儀／168
郭子儀上壽 硬書／167
過寄巧姐兒／454
過繼巧姐兒／453

## Hai

海棠結社／445
海棠詩社／446

## Han

寒江独釣／515
韓貴貞刺虎／335
韓信封侯／33

## He

合鉢／269
合鉢嗟兒／269
何必西廂／309
荷花記／351
鶴侶自嘆／414

## Hong

紅拂女／114
紅拂女私奔／113
紅拂私奔／114
紅樓夢／471
紅梅閣／283、284
紅娘寄柬／172
紅娘寄簡／173
紅娘下書／172
紅旗捷報／376
紅葉題詩／141、142
鴻雁捎書 快書／530

## Hou

後赤壁／219
後婚／532
候芳魂／468

## Hu

狐狸思春／151
胡迪謗閻／257
胡迪罵閻／254
胡迪罵閻 快書／256
蝴蝶夢（甲）／19
蝴蝶夢（乙）／20
蝴蝶夢（丙）／21
鵠棚爾／423
虎牢關／55
虎牢關 快書（甲）／55
虎牢關 快書（乙）／56
虎牢關斬華雄／56
護國寺／428

## Hua

花別／343
花別妻／342
花大漢別妻／343
花鼓子／287
花諫會／175
花木蘭／110
花叟逢仙／212
花子拾金／501
華容道／83
華容道 快書／84
華容道擋曹／84

## Huan

還魂／282
幻中緣／505
宦途論／387
換笋雞／408
浣沙河／10

## Hui

回煞／301
會玉摔玉／435
會緣橋／185
慧娘鬼辯／285

慧娘魂辨 / 285

## Hun

魂辯 / 285
魂完宿願 / 294

## Huo

活財神 / 430
活菩薩 / 430
活捉 / 228
活捉張三郎 / 229
火燒棉山 / 4
火燒戰船 / 82
火焰山 / 147
火雲洞 / 146

## Ji

擊鼓罵曹 / 62
擊鼓罵曹 硬書 / 61
集錦書目 / 495
集書目 / 495
妓女上墳 / 529
妓女嘆 / 398
祭姬 / 313
祭瀘水 / 100
祭塔 / 273
祭皂 / 204
祭灶 / 203、205
寄柬 / 172
寄信 / 37
績女 / 486

## Jia

家園樂 / 429
家主戲環 / 417
假老斗嘆 / 420
假羅漢 / 422
嫁妹 / 169

## Jian

建文出家草詔 / 297
箭攢羅成 / 123
鐧對棒 / 116
鐧對棒 快書（甲）/ 117

鐧對棒 快書（乙）/ 118

## Jiang

江東計 / 79
姜女尋夫 / 31
降香 / 122

## Jiao

嬌紅記 / 293
叫關 / 124
教訓子孫 / 519

## Jie

嗟兒合鉢 / 269
截江 / 96
截江奪阿斗 / 96
截江奪斗 快書 / 95
借芭蕉扇 / 149
借東風 / 81、532
借東風 快書 / 81
借廂 / 171
借靴 / 506、507
借靴趕靴 / 507
借銀續鈔 / 247

## Jin

金印記 / 24
金鴛鴦三宣牙牌令 / 450
錦水祠 / 166

## Jing

荊軻刺秦 / 29
驚變埋玉 / 162
景陽崗 / 230
敬德打朝 / 131
敬德釣魚 / 133
鏡花緣 / 133

## Jiu

酒樓 / 154
救孤 / 9
救主 / 208、210

## Juan

捐納大爺／ 420

## Jue

絕紅柳／ 370

## Jun

軍妻嘆／ 403
軍營／ 379
軍營報喜／ 378

## Kan

看春秋／ 65
闞澤下書／ 79

## Kao

拷打吉平／ 64
拷紅／ 176、177、178
拷玉／ 211
拷御／ 210

## Kong

空城計 快書／ 103
孔明觀魚／ 74
孔明借箭／ 75
孔子去齊／ 5

## Ku

哭長城／ 30
哭城／ 29
哭官哥／ 247
哭官哥兒／ 247
哭墓／ 51
哭塔／ 273

救主盤盒／ 209
舊奇逢／ 289
舊院池館／ 251

哭塔祭塔／ 274
哭像／ 167
哭諸葛／ 106
苦海茫茫／ 380
苦肉計／ 77、78

## Kuang

曠野奇逢／ 290
闊大奶奶逛二閘／ 426
闊大奶奶聽善會戲／ 425
闊大煙嘆／ 525

## Lan

藍家莊／ 12
藍橋會／ 22

## Lang

廊會／ 52、53、54
浪子歎／ 396

## Lao

老斗嘆（甲）／ 361
老斗嘆（乙）／ 362
老漢嘆／ 397
老漢自嘆／ 398
老侍衛嘆／ 385

## Lei

雷峰寶塔／ 266
雷峰塔／ 267
梨園舘／ 364

## Li

離魂／ 281、282
離情／ 412
李白醉酒／ 154
李逵接母／ 236

## Lian

連環計／57
連環記／57
連理枝／354、355
連陞三級／327
蓮香／475
蓮香傳／474
聯陞三級／327

## Liang

兩宴大觀園／447

## Liao

聊齋目／493

## Lin

林黛玉悲秋／463
林和靖／199
麟兒報／265

## Ling

菱角／481
靈官廟／346、347、524
令公碰碑／195

## Liu

劉高手／292
劉高手看病／291
劉高手探病／291
劉后盤盒／208
劉姥姥初進大觀園／449
劉姥姥探親／447
劉姥姥醉臥怡紅院／453
劉阮入天台／107
柳敬亭／338
六國封印／24

## Long

龍鳳配（甲）／89
龍鳳配（乙）／89
櫳翠庵品茶／451

## Lou

樓會／317

## Lu

祿壽堂／363
路旁花／286
露淚緣／468

## Luan

鑾儀衛／391
鑾儀衛嘆／390

## Lun

論語小段／6

## Luo

羅剎鬼國／152
羅成托夢／124、125、127
羅成托夢 快書／126
羅寶聯姻（聯姻彈詞）／119

## Lv

呂蒙正／203
呂蒙正困守寒窯／201
呂蒙正全事／201
綠衣女／477

## Ma

馬鞍山／25
馬介甫／477
馬上連姻／119
馬上聯姻／118
馬跳潭溪／66
馬跳檀溪／66
馬嵬坡／162
馬嵬驛／162
罵阿瞞／62
罵曹瞞／62
罵城／138、140
罵朗／101、102
罵女／190

罵女代戲 / 189
罵王朗 / 101、103

## Mai

埋紅 / 437
埋花 / 439
埋玉 / 162
買臣休妻 / 37
買胭脂 / 214
賣刀 / 226
賣刀試刀 / 224
賣畫 / 323
賣胭脂 / 213
賣油郎獨占花魁 / 265

## Man

瞞心枉說 / 412
滿床笏 / 167
滿漢合璧尋夫曲 / 31

## Mei

梅妃嘆 / 157
梅妃自嘆 / 156
梅花夢 / 310
梅花塢 / 352
梅嶼恨 / 323
美龍鎮 / 308

## Meng

蒙正趕齋 / 205
蒙正祭灶 / 204
孟姜女哭城 / 31
孟姜女尋夫 / 30
孟子見梁惠王 / 15
夢榜 / 181
夢中夢 / 476

## Mi

謎目奇觀 / 493
糜氏托孤 / 71

## Mian

面然示警 / 499

## Miao

廟會 / 53

## Ming

明妃別漢 / 42

## Mou

謀財顯報 / 410

## Mu

木蘭從軍 / 111
木蘭行 / 112
牧羊圈 / 185

## Na

拿螃蟹 / 409

## Nan

南陽關 快書 / 113
難新郎 / 220

## Nao

鬧昆陽 快書 / 44
鬧天宮 / 144
鬧學 / 277
鬧學全書 / 278

## Ni

尼姑思凡 / 216

## Ning

寧五關 / 330
寧武關（甲）/ 328
寧武關（乙）/ 330

## Niu

牛氏盤夫／ 52

## Nv

女勔斗／ 360
女侍衛嘆／ 383

## Pai

排難解紛／ 518

## Pan

盤夫／ 52
盤盒／ 209
盤盒救主／ 210
盤絲洞／ 151

## Pang

螃蟹段兒／ 410

## Pao

炮打輪船／ 431

## Peng

碰碑 快書／ 194

## Pi

劈棺／ 22
琵琶行／ 170
琵琶記／ 169

## Piao

漂母飯信／ 34
票把兒上台／ 366
票把上場／ 367
票把上台／ 367
票板上台／ 367

## Pin

品茶櫳翠庵／ 451

## Ping

平謎論／ 405
評崑論／ 367

## Po

潑水／ 40

## Pu

葡萄架／ 243

## Qi

七夕密誓／ 160
奇逢／ 289、290
齊陳相罵／ 18
齊景公待孔子／ 5
齊人嘆／ 17
齊人有一妻一妾／ 16
麒麟閣／ 115
綺春閣／ 533

## Qian

千金全德／ 186
千金一笑／ 1
千鍾祿／ 297
黔之驢／ 513
遣春梅／ 248、249
遣梅／ 249
遣晴雯／ 456、457
遣雯／ 457

## Qiao

喬公問答／ 91
喬太守亂點鴛鴦譜／ 212
巧斷家私／ 298
巧團圓／ 325
巧姻緣／ 211
俏東風／ 348、351
俏東風二集／ 350

篇名索引

俏東風集傳／350
俏佳人離情／412

## Qie

竊打朝／131

## Qin

秦瓊觀陣／116
秦氏思子／120
秦氏憶子／120
秦王弔孝／128
秦王降香 硬書／128
秦雪梅弔孝／299
擒張格爾／377

## Qing

青草園／522
青兒哭塔／273
青樓遺恨／318、319
青樓遺恨譜／319
晴雯簀根／459
晴雯撕扇／443
晴雯遺恨／459
請清兵 快書／337
慶壽／496、497

## Qiong

窮鬼嘆／395
窮鬼自嘆／395
窮酸嘆／394

## Qiu

秋容／480
秋容傳／480
秋聲賦／218

## Quan

全悲秋／461
全彩樓／200
全德／188
全德報／187
全掃秦／258

全掃秦／259
全殺山／239
全水滸／222
全西廂／174、182
全憶真妃／165
勸票嗷夫／372

## Que

雀橋／161
雀橋密誓／160
雀緣／110
鵲橋／160、161
鵲橋盟誓／160
鵲橋密誓／159、160、161

## Qun

群仙慶壽／498
群仙祝壽／497
群英會打蓋／79

## Re

熱河圍／383

## Ri

日俄交兵 快書／431

## Rong

榮華夢／403

## Ru

如玉／491
入府／327
入塔／271
入塔數羅漢／271
入塔轉塔／272

## Rui

瑞雲／488

## San

三國事蹟／106
三國事蹟（甲）／106
三國事蹟（乙）／106
三皇會／356
三難新郎／219
三笑姻緣／308
三笑緣／309
三宣牌令／451
三宣牙牌令／449
三戰黃忠 硬書／86

## Sao

掃秦／258

## Sen

森羅殿考／500

## Seng

僧尼會／216

## Sha

殺惜／226

## Shan

山門／223
搧墳／19

## Shang

商郎回煞／300
商林回煞／301
傷春葬花／439
賞雪／194
上場票把／367
上任／261

## Shao

燒靈改嫁／512

少侍衛嘆／384

## She

舌戰群儒／72
舌戰群儒 快書／73
射鵠子／422

## Shen

審頭刺湯／313

## Sheng

陞官圖／242
聖賢集署／516

## Shi

十面埋伏／35
十問十答／64
十字坡／231
石頭記／466
石玉崑／368
時打朝／132
時道人／421
時道人兒／421
時遷盜甲／240
史湘雲醉酒／455
侍衛論／386
侍衛嘆／385、387

## Shou

守樓／339

## Shu

書痴／491
書生歎／400
梳妝跪池／220
庶母訓子／68
數羅漢／270

## Shuai

摔琴／25

篇名索引

549

## Shuang

雙鳳奇緣／ 531
雙官誥／ 304
雙冠誥／ 305
雙郎追舟／ 282
雙美奇緣／ 175
雙善橋／ 518
雙生貴子／ 265
雙玉埋紅／ 438
雙玉聽琴／ 464
雙玉緣／ 466

## Shui

水滸／ 222
水滸綱目／ 222
水滸全人名／ 221
水滸人名／ 222

## Si

司官嘆／ 387
思春／ 151
思凡／ 215、262
思親感神／ 315
思玉戲環／ 467

## Song

宋江怒殺閻婆惜段／ 226
送盒子／ 345
送荊娘／ 191
送枕頭／ 142

## Su

蘇秦嘆／ 25
俗語良言／ 517
訴功 帶戲／ 138

## Suan

算命／ 263

## Sui

隨緣樂／ 369

## Tai

太常侍／ 382
太常寺／ 382
太常寺學念／ 383
太子藏舟／ 46

## Tan

談劍術／ 303
探病／ 464
探親／ 342
探塔／ 272
探雯換襖／ 458
探雯祭雯／ 459
嘆固山／ 390
嘆旗詞／ 390
嘆時詞／ 403
嘆武侯／ 106
嘆武侯 硬書／ 104
嘆煦齋／ 392
歎子弟頑票／ 367

## Tang

唐明皇聞鈴／ 164

## Tao

逃學 快書／ 532
桃洞仙緣／ 108
桃花岸／ 356、358
桃李園／ 153

## Teng

滕大尹鬼斷家私／ 298

## Tian

天閣樓／ 259
天閣樓 硬書／ 257
天台傳／ 107

## Tiao

挑簾裁衣 ／ 241
挑簾定計 ／ 241

## Ting

聽善會戲 ／ 425

## Tou

投店 ／ 134
投店連三不從 ／ 133

## Tuo

托夢 ／ 126
托夢 快書 ／ 127
托兆碰碑 ／ 195
託孤 ／ 99
脫空老祖 ／ 510
脫空祖師 ／ 511

## Wan

萬年歡 ／ 307
萬壽山 ／ 521

## Wang

王婆說計 ／ 242
王杏齋 ／ 493
王元上壽 ／ 527
王允賜環 ／ 58
望兒樓 ／ 129、131
望鄉 ／ 183

天台奇遇 ／ 108
天台緣 ／ 107
天下景致 ／ 525
天仙癡夢 ／ 39
天緣配 ／ 142
天緣巧 ／ 142
天緣巧合 ／ 142
天緣巧配 ／ 140
巔航旒珊（天官賜福） ／ 498

## Wei

韋娘論劍 ／ 304
為賭嗷夫 ／ 422
為票傲夫 ／ 372、373
葦蓮換笋雞 ／ 408
渭水河 ／ 1

## Wen

溫酒斬華雄 ／ 56
溫涼盞 ／ 327
文鄉試 ／ 375
聞鈴 ／ 163、164

## Wu

烏龍院 ／ 229
蜈蚣嶺 ／ 232、233
蜈蚣嶺 快書 ／ 234、235
五娘吃糠 ／ 49
五娘行路 ／ 49
五娘哭墓 ／ 51
五娘描容 ／ 52
五丈原 ／ 104
伍子胥過江 ／ 9
武陵源 ／ 110
武松 ／ 529
武松打虎 快書 ／ 229
武松殺嫂 ／ 231
武鄉侯 硬書 ／ 105
武鄉試 ／ 375

## Xi

西樓記 ／ 317
西廂段 ／ 174
西廂記 ／ 170
西廂全本 ／ 182
喜起舞 ／ 431
喜舞歌 ／ 431
戲鳳 ／ 308
戲金蓮 ／ 243
戲柳 ／ 468
戲秀 ／ 238
戲姨 ／ 418

## Xia

俠女傳 ／ 473

下河南 / 325
下山相調 / 217
下書 / 173

## Xian

先生嘆 / 392
絃杖圖 / 341
賢孫孝祖 / 518

## Xiang

相梁 / 48
相梁刺梁 / 48
相如引卓 / 37
香閨怨 / 521
鄉城罵 / 341、342
湘雲醉酒 / 455
湘雲醉臥 / 456
襄陽會 / 67
像聲麻子 / 371

## Xiao

蕭七 / 481

## Xie

攜琴訪友 快書 / 28

## Xin

心高嘆 / 400
新長亭 / 181
新鳳儀亭 / 59
新拷紅 / 178
新藍橋 / 23
新麵缸 / 345
新奇逢 / 290
新戲蟬 / 60
新鄉城罵 / 342
新昭君 / 41
信口開河 / 447

## Xing

行路 / 51

## Xiong

雄黃酒 / 530

## Xiu

綉荷包 / 359
綉香囊 / 264

## Xu

鬚子論 / 365
鬚子譜 / 365
徐母訓子 / 67
徐母訓子 快書 / 69
許田射鹿 快書 / 61
敘閣 / 158
絮閣 / 157
續別妻 / 344
續鈔借銀 / 246
續得鈔傲妻 / 246
續花別 / 344
續花別妻 / 343
續黃粱 / 477
續靈官廟 / 347
續罵城 / 139
續俏東風 / 350
續戲姨 / 418

## Xue

削道冠爾 快書 / 233
薛蛟觀畫 / 143
薛禮救駕 快書 / 137
薛禮訴功 / 138
學堂 / 278、279
雪江獨釣 / 515
雪梅弔孝 / 299
雪豔刺湯 / 312、313
雪夜訪賢 / 192、193
血帶詔 快書 / 63

## Xun

尋夢 / 280
尋親記 / 211
訓妓 / 512
訓女良辭 / 519
訓子 / 68

## Ya

牙牌令 / 451

## Yan

胭脂 / 487
胭脂傳 / 486
烟花樓 / 227
煙花樓 / 226
煙花嘆 / 398
煙花院 / 399
炎涼嘆 / 25
炎天雪 / 315
顏如玉 / 490
嚴大舍 / 264
嚴大舍算命 / 263

## Yang

陽告 / 214
楊妃絮閣 / 158
楊妃醉酒 / 154
楊令公碰碑 / 195
楊志賣刀 / 225

## Yao

姚阿綉 / 482
要賬大戰 / 510
要賬該賬大戰脫空 / 509

## Ye

夜奔 / 223

## Yi

一顧傾城 / 12
一入榮府 / 436
一入榮國府 / 435
一定布 / 501、502
疑媒 / 488
意中緣 / 322
義俠記 / 230
憶帝非 / 434
憶真妃 / 164
憶子 / 120
議宴陳園 / 449

## Yin

陰魂陣快書（甲） / 14
陰魂陣快書（乙） / 14
陰陽歎 / 398

## Ying

英雄泪 / 36
鶯鶯降香 / 173
鶯鶯夢榜 / 182
鶯鶯聽琴 / 174

## Yong

庸醫嘆 / 402
永福寺 / 250

## You

幽閨記 / 292
遊舊院 / 253
遊龍傳 / 307
遊龍戲鳳 / 308
遊寺 / 170
遊亭入舘 / 449
遊武廟 硬書 / 295
遊園驚夢 / 280
遊園尋夢 / 279
有人心 / 517

## Yu

淤泥河 / 124
淤泥河 快書 / 134、135、137
俞伯牙摔琴 / 28
俞伯牙摔琴謝知音 / 28
漁家樂 / 47
漁樵對答 / 514、515
玉兒送花 / 505
玉兒獻花 / 504
玉美人長恨 / 349
玉潤花香 / 437
玉搔頭 / 306
玉天仙癡夢 / 38
玉香 / 437
玉香花語 / 436
玉簪計 / 262
玉簪記 / 259、261

## Yuan

冤外冤 / 488
鴛鴦扣 / 358
袁世凱憶帝非 / 433
遠東戰略 / 433
怨女思春 / 418

## Yue

月下追賢 / 33
月下追信 / 33
月下追舟 / 261
越法交兵 快書 / 431

## Zan

贊禮郎 / 383

## Zang

葬花 / 439

## Zha

吒美 / 321
乍冰 / 148

## Zhan

斬蔡陽 / 66
斬寶娥 / 316
斬華雄 快書 / 55
戰長沙 快書 / 86

## Zhang

張飛趕船 / 95
張格爾造反 / 377
張君瑞遊寺 / 171
張良辭朝 / 36
張良辭朝紫羅袍 / 37
張生遊寺 / 171
張紫豔盜令 / 115

## Zhao

昭君出塞 / 40、41
詔班師 / 253
趙五娘吃糠 / 49
趙五娘廊會 / 53

## Zhen

珍珠衫 / 305、306

## Zhong

鍾馗嫁妹 / 168
鍾生 / 483

## Zhou

周西坡 / 122
洲西坡 / 124

## Zhu

誅心劍 / 403
諸葛罵朗 / 101、103

## Zhuan

轉塔 / 271

## Zhuang

莊氏降香 / 121
狀元祭塔 / 274
撞天婚 / 146

## Zhui

追囊遺雯 / 457
追信 / 32

## Zi

子弟圖 / 375
子龍趕船 / 95

子路追孔／ 6
子母河／ 148
子胥過江 快書／ 10
子胥救孤／ 8
子虛入夢／ 242
姊妹易嫁／ 475
紫鵑思玉／ 471
紫羅袍／ 36
紫豔托夢／ 115

## Zou

走嶺子／ 231

## Zui

醉打山門／ 222
醉歸／ 238
醉酒／ 155
醉臥芍藥陰／ 456
醉臥怡紅院／ 451

## Zuo

坐樓殺惜／ 226

## 中國俗文學研究目錄叢刊

1. 日藏中國戲曲文獻綜錄（已由廣西師範大學出版社出版）
2. 新編子弟書總目（已由廣西師範大學出版社出版）
3. 新編雙紅堂文庫分類目錄（即將由廣西師範大學出版社出版）
4. 新編木魚書總目（即將由廣西師範大學出版社出版）
5. 新編潮州歌册總目（即將由廣西師範大學出版社出版）